2010年3月5日，国务院总理温家宝在第十一届全国人民代表大会第三次会议上作《政府工作报告》时强调，要积极发展循环经济和节能环保产业。支持循环经济技术研发、示范推广和能力建设。抓好节能、节水、节地、节材工作。推进矿产资源综合利用、工业废物回收利用、余热余压发电和生活垃圾资源化利用

2010年5月14日，中共中央政治局常委、国务院副总理李克强（中）考察国家循环经济试点企业，现场主持召开了国务院有关部门、北京市政府负责人和专家学者、企业家代表参加的循环经济工作座谈会并讲话。他强调，要按照科学发展观的要求，认真贯彻落实国务院节能减排工作电视电话会议精神，加快推广循环经济，着力推动绿色发展，努力实现提高资源利用效率和保护生态环境的双赢

2010年3月15日，国务院正式批复《青海柴达木循环经济试验区总体规划》。3月19日，国家发展改革委和青海省人民政府在北京联合召开《青海柴达木循环经济试验区总体规划》新闻发布会

2010年6月11日，由国家发展改革委、中国工程院联合举办的再制造技术与经验现场交流会在北京召开。图为会议期间国家发展改革委副主任解振华、中国工程院原副院长朱高峰、装甲兵工程学院院长徐航等参观再制造技术展览

2010年1月14~16日，由国家发展改革委、中国工程院联合组织的循环经济专家行活动在甘肃省开展，循环经济专家行调研组先后赴白银市和金昌市进行调研，国家发展改革委副主任解振华参加了在白银市的调研活动

2010年1月15日，甘肃省委、省政府召开甘肃省推进循环经济发展电视电话会议，认真贯彻落实国务院的决策部署和批复精神，对全面启动循环经济示范区建设进行动员和部署

十一届全国人大三次会议新闻中心举行主题为“再制造与汽车产业的可持续发展”的集体采访。国家发展改革委环资司巡视员何炳光出席并回答问题

2010年3月24日，全国妇联副主席、书记处第一书记宋秀岩、中央文明办协调组组长李小满、国家发改委环资司司长赵家荣等在以节能循环利用为主要内容的“低碳家庭•时尚生活”主题活动启动仪式上按触摸球启动活动

2010年6月5日，由环境保护部主办的《废弃电器电子产品回收处理管理条例》宣传活动启动仪式在京举行

2010年3月5日，农业部在山东省济南市召开“全国农作物秸秆能源化利用现场经验交流会”

2010年9月11~12日，“中国矿业循环经济论坛”在大同市举行

2010年5月28日，国家循环经济试点企业国投天津北疆发电厂海水淡化一期项目建成投产，日产淡化海水10万吨，向滨海新区源源不断地提供高纯度淡化纯净水

《中国循环经济年鉴》编辑委员会

《中国循环经济年鉴》编辑部

编辑部主任： 孟赤兵
编辑部副主任： 苟在坪　徐怡珊
编　　　辑： 张　之
版式设计制作： 李贵军　张　之
彩 页 设 计： 李贵军　付　蕾
封 面 设 计： 李贵军　付　蕾

审稿/撰稿（以姓氏笔画为序）

于学军　方　放　王　农　王为明　代春鹏　史佩钊
刘树洲　刘　婷　朱建荣　江晓乐　许海萍　吴国振
李也桃　李永亮　李　兵　李晓阳　李海燕　李彩红
杨安民　杨　帆　杨鑫光　沈　洁　陈大岭　林斌忠
郑　威　郑高春　罗　宏　周志刚　姚聪德　姚　鑫
姜志祥　洪小波　赵宏春　唐　弢　唐俏瑜　贾广义
钱　毅　陶艳芳　高　红　曹庆鑫　银星宇　黄圣彪
黄建梅　焦广辉　程　俊　董　明　蒋海峰　韩兵祥
路言斌　管建军　魏　巍

编辑部地址： 北京市东城区安外大街136号皇城国际A座
北京现代循环经济研究院611室
邮　　编： 100011
电　　话：（010）84119310（兼传真）　13552117074
电 子 信 箱： gzp1616@126.com

编辑说明

一、《中国循环经济年鉴》是全面记载我国循环经济历史的大型典籍类工具书，坚持以毛泽东思想、邓小平理论和“三个代表”重要思想为指导，贯彻落实科学发展观，为推动循环经济发展服务。

二、《中国循环经济年鉴》从2008年出版发行以来，受到了各方面的欢迎和赞许，给了我们继续努力编辑出版《中国循环经济年鉴》以巨大鼓舞和鞭策。

三、《中国循环经济年鉴 2011》内容是2010年中国循环经济的发展状况，采用文章、条目、报表和图片相结合的体例。

四、《中国循环经济年鉴 2011》具有一些明显特点，如载入的事件、信息、数据、资料、图片等都来自官方和公开出版物，具有权威性、真实性；内容比较全面、系统、完整，从中央到地方，以至企业、园区、各个行业、领域，言论、重大活动和事件、法规、政策、科技、典型案例，多层次、全方位，涉及循环经济的方方面面，丰富、翔实；收录了近600幅反映我国循环经济的图片，具有较强的可视性、生动性和可读性。

五、《中国循环经济年鉴 2011》载入了循环经济试点单位实践经验，从而增加了交流和借鉴的价值。

六、《中国循环经济年鉴 2011》在编辑出版过程中，得到了国务院有关部委（局），各省、市、自治区、计划单列市，国家各重点行业及其协会、循环经济试点单位的大力支持，在此深表感谢！

七、《中国循环经济年鉴》编辑部设在北京现代循环经济研究院。

八、由于缺乏经验和水平有限，对于存在的疏漏乃至错误，敬请不吝指正。

Preface

The Chinese Recycle Economy Yearbook is a large–sized reference book to comprehensively record recycle economy history in our country. It was edited with Mao Zedong Thought, Deng Xiao–Ping Theory and the Important Thought of Three Represents as guidance to implement Scientific Outlook on Development and to serve the recycle economy promotion.

Since Chinese Recycle Economy Yearbook is published for the first time in 2008, it is always welcomed and praised. Those compliments strongly encourage us to keep making endeavors to edit Chinese Recycle Economy Yearbook.

The Chinese Recycle Economy Yearbook 2011 records the development of Chinese Recycle Economy in 2010 with the text mode combining with articles, entries, forms and pictures.

The Chinese Recycle Economy Yearbook 2011 has some distinct characteristics, such as all the affairs, information, data, materials and pictures inside coming from official resources or publications with authority and reality; It is comprehensive, systematic and full content covers from the central government to local government and enterprises, industrial parks, every industries, areas, speeches, important events and affairs, laws, policies, sciences and typical cases; It involves in every aspects of the recycle economy from different levels and all orientations; It collects nearly 600 pictures portraying the recycle economy in our country and hence it is interesting to see and read.

The Chinese Recycle Economy Yearbook 2011 records experiences from recycle economy experimental units which enhances its reference value.

During the edition of the Yearbook, it is highly appreciated for the strong support from the ministries and commissions of the State Department, every province, cities, municipalities and cities specifically designated in the state plan, Guiyang City, the Development and Reform Commission of Xinjiang Production and Construction Corps of CPLA, every national important industries and their associations, recycle economy experimental units.

The newsroom of the Yearbook is located in Beijing Modern Recycle Economy Academy （010–84119310，gzp1616@126.com）.

Due to limited experiences and level, please don’t hesitate to let us know if there’s any omission and error.

目 录

中共中央总书记、国家主席胡锦涛重要论述

在主持中共中央政治局第十八次集体学习时的讲话（节录）

要更加注重推动经济发展方式转变和经济结构调整，发挥财政政策作用直接、运用灵活、定点调控的优势，加大“三农”投入，加大推动自主创新和培育战略性新兴产业力度，支持发展环保产业、循环经济、绿色经济，加大统筹城乡区域协调发展力度。

（2010年1月8日）

在人民大会堂同德国总统克勒举行会谈时的谈话（节录）

提升经贸合作。充分发挥各对话磋商机制的作用，加强宏观经济政策的协调，在能源、环保、循环经济等领域开展合作，加强中小企业交流合作，培育经贸合作新的增长点。

（2010年5月17日）

在中共中央、国务院召开的新疆工作座谈会上的讲话（节录）

贯彻落实好新形势下新疆工作的指导思想和目标任务，必须始终按照科学发展观的要求推进新疆跨越式发展，必须始终把提高各族人民生活水平作为一切工作的根本出发点和落脚点，必须始终把握各民族共同团结奋斗、共同繁荣发展的主题，必须始终把促进改革发展同维护社会稳定有机结合起来。要着力推进经济建设，加快经济发展步伐，加快推动资源优势向经济优势转化，扶持优势特色产业发展，加强农业综合生产能力建设，推进基础设施建设，优先安排便民基础设施项目。着力推进社会建设，把更多财力投到公共服务领域、落实到重大公益性项目上，大幅提高社会事业发展水平，加快提高公共服务水平，逐步使各族群众过上现代文明生活。着力推进生态文明建

设，加快构建生态安全屏障，积极发展循环经济，确保新疆山川秀美、绿常在。着力推进体制改革，加快对内对外开放步伐，努力把新疆打造成我国对外开放的重要门户和基地。着力加强对口支援新疆工作，充分发挥我国社会主义制度优越性。

（2010年5月17~19日）

主持中共中央政治局会议时的讲话（节录）

西部地区具有特殊重要的战略地位，应该给予特殊的政策支持。要以更大的决心、更强的力度、更有效的举措，从财政、税收、投资、金融、产业、土地、价格、生态建设、人才、帮扶等方面进一步完善扶持政策，进一步加大资金投入，进一步体现项目倾斜。

要加强生态环境保护，推进重点生态区综合治理，加快重点生态工程建设，加强环境保护和地质灾害防治，着力建设美好家园，构筑全国生态安全屏障。

要发展特色优势产业，建设国家能源基地、资源深加工基地、装备制造业基地、战略性新兴产业基地，大力发展现代服务业，发展循环经济，增强自我发展能力。要强化科技创新，大力发展科技事业，加快人才资源开发。

（2010年5月28日）

在中国科学院第十五次院士大会、中国工程院第十次院士大会上的讲话（节录）

当前，要重点在推动以下科技发展上作出努力，争取尽快取得突破性进展。

第一，大力发展能源资源开发利用科学技术。要坚持系统谋划、节能优先、创新替代、循环利用、绿色低碳、安全持续，加强对我国能源资源问题的研究，制定我国可持续发展路线图。要发展资源勘探开发和高效利用技术，积极发展大陆架和地球深部能源资源勘查和开发，积极发展可再生能源和新型、安全、清洁替代能源，形成可持续的能源资源体系，切实保障我国能源资源有效供给和高效利用，使我国能源资源产业具有国际竞争力。要发展节能建筑、轨道交通、电动汽车技术，加强煤的清洁高效综合利用、煤转天然气、煤制重要化学品技术研发，构建覆盖城乡的智能、高效、可靠的电网体系。

第二，大力发展新材料和先进制造科学技术。要重视材料的环境友好性、可再生循环性、制备使役全过程的节能减排特性，加快推进材料产业结构调整，积极发展先进结构材料和复合材料、功能材料等，积极发展电子信息材料、器件和系统技术。要促进我国制造业结构升级和战略调整，发展先进装备制造业，推进制造业绿色化、智能化，实现制造系统智能运行，形成先进材料和绿色、智能、网络制造和服务体系，保障先进材料和先进装备有效供给和高效清洁循环利用，为加快建设资源节约型、环境友好型社会提供有力支持。

第四，大力发展现代农业科学技术。要发展高产、优质、高效、生态、安全农业和相关生物产业，保障粮食和主要农产品安全，实现农产品优质化、营养化、功能化，推进农业信息化、数字化、精准化，构建我国生态高值农业和生物产业体系，建成农业高值转化的产业体系，形成生态系统持续良性循环、景观优美、功能多样、城乡一体的新型农业。要发展先进育种技术，提高农产品质量、产量和抗逆性，研发推广节约资源、减少面源污染、农业废弃物资源化利用等技术，提高我国农业可持续发展能力和国际竞争力。

第六，大力加强生态环境保护科学技术。要系统认知环境演变规律，提升生态环境监测、保护、修复能力和应对气候变化能力，提高自然灾害预测预报和防灾减灾能力，发展相关技术、方法、手段，提供系统解决方案，构建人与自然和谐相处的生态环境保育发展体系，实现典型退化生态系统恢复和污染环境修复，有效遏制我国生态环境退化趋势，实现环境优美、生态良好。要注重源头治理，发展节能减排和循环利用关键技术，建立资源节约型、环境友好型技术体系和生产体系。

（2010年6月7日）

在亚太经合组织工商领导人峰会上的演讲（节录）

中国将坚持实施节约资源和保护环境的基本国策，通过完善法规和标准，加强自然资源节约和管理，推动形成节约能源资源和保护生态环境的产业结构、增长方式、消费模式。中国将通过经济结构调整，大力发展循环经济和绿色经济，实现经济和生态协调发展。中国将通过科技创新，发展低碳技术、新能源和可再生能源技术，全面增强应对气候变化能力。中国将坚持共同但有区别的责任原则，同国际社会合作应对气候变化。

（2010年11月13日）

在中央经济工作会议上的讲话（节录）

要强化节能减排和应对气候变化，大力发展绿色经济，完善政府节能减排目标责任考核评价体系，进一步发挥市场作用，健全激励和约束机制，增强企业和全社会节能减排内生动力；加强重点节能工程建设，大力发展循环经济和环保产业，加快低碳技术研发应用；加强重点流域、区域、行业污染治理，加快建立生态补偿机制；落实控制温室气体排放行动目标，积极开展应对全球气候变化国际合作。

（2010年12月10~12日）

在2010年上海世博会总结表彰大会上的讲话（节录）

要进一步吸收和运用上海世博会成果。要认真吸收和应用上海世博会所展示的世界最新科技成果，积极研判世界科技发展趋势，积极培育和发展战略性新兴产业，大力发展清洁生产、循环经济，加快培养创新人才，加快建设创新型国家，更好推动产业结构优化升级和人民生活改善。要认真吸收和运用上海世博会所展示的世界城市建设和管理的先进理念，坚持走中国特色城镇化道路，遵循城市发展规律，深入探索城市居住、生活、工作新模式，提高城市文明程度和管理水平，着力统筹城乡一体化发展。要把上海世博会举办期间宣传工作、安保工作、监督检查工作等方面行之有效的做法制度化，牢牢把握正确舆论导向，加强和创新社会管理，继续维护社会和谐稳定。

（2010年12月27日）

中共中央政治局常委、全国人大常委会委员长吴邦国重要论述

参加十一届全国人大三次会议安徽代表团审议时的讲话（节录）

要发展低碳经济、促进节能减排，这是调整结构和产业升级的主攻方向。要大力开展以节能降耗、发展循环经济为核心的企业技术改造，积极发展以绿色经济、低碳经济为重点的新兴产业，培育新的经济增长点。要高度关注民生、促进协调发展。振兴皖北经济是挖掘安徽发展潜力的重要内容，要发挥比较优势，着力做好建设工业园区、承接产业转移、发展县域经济、切实改善民生等几篇大文章，走出一条符合皖北实际的发展之路。

（2010年3月5日）

第十一届全国人民代表大会第三次会议常务委员会工作报告（节录）

要正确处理保增长与调结构的关系，正确处理解决当前困难与实现长远发展的关系，使经济回升建立在结构优化升级的基础上，使应对国际金融危机冲击过程成为增强发展可持续性的过程。一要大力开展以节能降耗、发展循环经济为核心的企业技术改造。二要加强技术创新，加快高端产品研发，实现产业和产品的升级。三要积极发展以绿色经济、低碳经济为重点的新兴产业，培育新的经济增长点。

(2010年3月9日)

在第十一届全国人大常委会第十六次会议上的讲话（节录）

对清洁生产促进法进行执法检查，是这部法律颁布实施以来的第一次。常委会和有关专门委员会高度重视，陈至立、周铁农、陈昌智等副委员长亲自带队，从5月下旬至7月上旬，分赴黑龙江、湖南、山东、陕西等省进行实地检查，并委托北京等11个省区市开展自查。执法检查组事先精心准备，明确检查重点，检查中深入了解情况，广泛听取意见，提出改进工作的意见和建议。审议中，常委会组成人员和列席会议的同志充分肯定执法检查组的工作，普遍赞成执法检查报告。大家指出，我国清洁生产总体仍处在起步阶段，促进清洁生产的政策和机制有待建立健全，企业自主开展清洁生产的积极性还不高，推进清洁生产任务艰巨。希望各地区、各有关方面高度重视清洁生产工作，把它作为加快转变经济发展方式、调整经济结构、促进产业优化升级的重要举措，进一步明确清洁生产的目标任务和工作重点，并将其纳入“十二五”规划，制定激励清洁生产政策措施，建立支持清洁生产体制机制，完善清洁生产标准体系，加大清洁生产核心技术的研发、转化和推广力度，切实从生产过程中削减污染和节约资源，促进经济效益、社会效益和环境效益的统一。

（2010年8月28日）

在宁夏回族自治区调研时的讲话（节录）

搞好煤电、煤化工产业对宁夏今后经济发展至关重要，要坚持科学规划，选准技术路线，引进大企业大集团，加强资源综合利用，进一步延伸产业链，走出一条煤化工的新路子，努力把资源优势转化为经济优势，把宁东建设成为国家重要的煤炭基地、煤化工基地、西电东送基地和循环经济示范区。

（2010年9月10日）

中共中央政治局常委、国务院总理温家宝重要论述

十一届人大三次会议《政府工作报告》（节录）

一、2009年工作回顾

节能减排和环境保护扎实推进。安排预算内资金，支持重点节能工程、循环经济等项目2983个；实施节能产品惠民工程，推广节能空调500多万台、高效照明灯具1.5亿只。继续推进林业重点生态工程建设，完成造林588万公顷，森林覆盖率达到20.36%。综合治理水土流失面积4.8万平方公里。加强“三河三湖”等重点流域水污染防治和工业废水废气废渣治理。“十一五”前四年累计单位国内生产总值能耗下降14.38%，化学需氧量、二氧化硫排放量分别下降9.66%和13.14%。积极开展应对气候变化工作，明确提出2020年我国控制温室气体排放行动目标和政策措施。气象预报预警和地震监测工作得到加强，灾害防御能力不断提升。

二、2010年主要任务

打好节能减排攻坚战和持久战。一要以工业、交通、建筑为重点，大力推进节能，提高能源效率。扎实推进十大重点节能工程、千家企业节能行动和节能产品惠民工程，形成全社会节能的良好风尚。2010年要新增8000万吨标准煤的节能能力。所有燃煤机组都要加快建设并运行烟气脱硫设施。二要加强环境保护。积极推进重点流域区域环境治理及城镇污水垃圾处理、农业面源污染治理、重金属污染综合整治等工作。新增城镇污水日处理能力1500万立方米、垃圾日处理能力6万吨。三要积极发展循环经济和节能环保产业。支持循环经济技术研发、示范推广和能力建设。抓好节能、节水、节地、节材工作。推进矿产资源综合利用、工业废物回收利用、余热余压发电和生活垃圾资源化利用。合理开发利用和保护海洋资源。四要积极应对气候变化。加强适应和减缓气候变化的能力建设。大力开发低碳技术，推广高效节能技术，积极发展新能源和可再生能源，加强智能电网建设。加快国土绿化进程，增加森林碳汇，新增造林面积不低于592万公顷。要努力建设以低碳排放为特征的产业体系和消费模式，积极参与应对气候变化国际合作，推动全球应对气候变化取得新进展。

（2010年3月5日）

主持召开国务院常务会议部署“十一五”节能减排目标（节录）

“十一五”前四年，经过各地区、各部门共同努力，节能减排工作取得重要进展，全国单位国内生产总值能耗

累计下降14.38%，但与“十一五”降低20%左右的目标仍有较大差距，特别是2009年三季度以来，高耗能、高排放行业快速增长，一些淘汰的落后产能死灰复燃，能耗强度下降趋势减缓甚至由降转升，节能减排形势十分严峻。

实现“十一五”节能减排目标是政府向全国人民做出的庄严承诺，2010年是决战之年，现在只有八个月时间了，各地区、各部门必须进一步增强紧迫感、责任感，采取强有力、见效快的措施，确保目标的实现。

一要加大淘汰落后产能力度，2010年关停小火电机组1000万千瓦，淘汰落后炼铁产能2500万吨、炼钢600万吨、水泥5000万吨、电解铝33万吨、平板玻璃600万重箱、造纸53万吨。对未完成淘汰落后产能任务的地区，暂停项目环评、供地、核准和审批；对未完成任务的企业，不予审批和核准新的投资项目，不予批准新增用地，加大执法处罚力度。

二要严控高耗能、高排放行业过快增长，不再审批、核准、备案扩大产能项目，未通过环评、节能审查和土地预审的项目一律不准开工建设。落实限制“两高”产品出口各项政策，控制“两高”产品出口。

三要加快实施节能减排重点工程。中央安排833亿元，支持十大重点节能工程以及污染治理等建设。各地区节能减排专项资金要向能直接形成节能减排能力的项目倾斜。

四要深化能源价格改革，加强用能管理。推行居民用电阶梯价格。压缩高耗能、高排放企业用电。取消一些地方对高耗能企业实行的电价优惠政策，严格执行高差别电价。

五要加强重点用能单位节能管理。突出抓好千家企业节能行动，确保形成2000万吨标准煤的节能能力。加强年耗能5000吨标准煤以上重点用能单位节能监管。

六要抓好建筑、交通、公共机构等重点领域节能减排。2010年底，全国城镇新建建筑执行节能强制性标准的比例达到95%以上，对客车实载率低于70%的线路不得投放新的运力，2010年公共机构能耗指标比去年降低5%。

七要大力推广高效节能产品。继续实施“节能产品惠民工程”，全面推广高效节能空调、节能汽车、节能电机，推广节能灯1.5亿只以上，东中部地区和有条件的西部地区城市道路、公共场所、公共机构全部淘汰低效照明产品。

八要坚决查处违规乱上项目、严重浪费能源资源和污染环境等行为。深入开展节能减排全民行动，倡导绿色消费、适度消费。

（2010年4月28日）

与日本首相鸠山由纪夫举行会谈时的谈话（节录）

要利用中日经济高层对话等机制，加强宏观经济政策协调，探讨和确立合作的发展方向；重点发展新兴战略产业，在能源环境、绿色经济、循环经济等领域推出若干大的合作项目；中方欢迎日本企业扩大对中国投资，在中国设立研发中心，带动双方联合研发和产业融合，共建更多“中小企业产业科技园”；中国政府支持有实力的中国企业赴日本投资，两国政府要为企业合作创造更好的环境。双方要以签署两国食品安全合作框架协议为契机，推动食品生产和贸易合作达到新水平。

（2010年5月31日）

出席日本经济团体联合会举行的欢迎午餐会时的讲话（节录）

中日邦交正常化以来，两国经贸关系取得巨大发展，两国互为重要贸易伙伴，经济联系紧密，合作前景广阔。

希望双方着眼长远，坚持优势互补，扩大在节能环保、循环经济等领域的合作，实现互利共赢。

（2010年5月31日）

会见出席第三次中日经济高层对话的日本外务大臣冈田克也时的谈话（节录）

中日经贸关系经受住了国际金融危机的严峻考验，呈现积极向上的发展势头。中国从日本的进口和对日投资增长较快，循环经济、绿色经济、节能环保有望成为双方合作新亮点。中日在促进区域合作、推动全球经济治理改革、反对贸易保护主义等方面有着共同利益，协调与配合更加密切。这些进展不仅对中日两国具有重要意义，对亚洲乃至世界也产生了积极影响。

（2010年8月29日）

在2010年夏季达沃斯论坛上的讲话(节录)

我们要坚持节约资源和保护环境，着力提高资源利用效率和应对气候变化能力。节约资源和保护环境是我们的基本国策。我们必须加快构建有利于节约能源资源和保护生态环境的产业结构、生产方式和消费模式，促进人与自然的和谐统一。我们将进一步完善法规和标准，强化目标责任考核，推动循环经济发展，全面推进节能、节水、节地、节材和资源综合利用，加强对各种自然资源的节约和管理，加强综合治理，保护与修复生态。我们将大力培育以低碳排放为特征的工业、建筑和交通体系，增加森林碳汇，加快低碳技术研发、示范和产业化，全面增强应对气候变化能力，在“共同但有区别的责任”原则下积极开展应对气候变化国际合作。

（2010年9月13日）

出席中日韩领导人会议时的讲话（节录）

本着务实、灵活的原则，妥善解决分歧，早日完成中日韩投资协议谈判；围绕节能环保、新能源和可再生能源等重点领域，加强科技创新合作；尽早启动“中日韩循环经济示范基地”筹建工作；加强卫生合作；完善三国合作机制。

（2010年10月29日）

中共中央政治局常委、全国政协主席贾庆林重要论述

在上海市调研时的讲话（节录）

森林是“地球之肺”，湿地是“地球之肾”，生物多样性是地球的“免疫系统”。要把生态建设和环境保护放在转变经济发展方式的大背景下，大力植树造林，着力推进节能、节水、节地、节材和资源综合利用，积极发展循环经济、低碳经济，推动绿色增长，形成节约能源资源和保护生态环境的产业结构、增长方式、消费模式，实现经济社会可持续发展。

（2010年1月22日）

在第六届两岸经贸文化论坛开幕式上的致辞（节录）

在加强经济合作中共同推进两岸科技进步和创新，应当把发展战略性新兴产业放在突出地位。战略性新兴产业以重大技术突破和重大发展需求为基础，是新兴科技和新兴产业的深度融合，既代表科技创新的方向，也代表产业发展的方向。发展战略性新兴产业，具有能源资源消耗低、辐射带动力强、综合效益好、就业机会多等特点，可以更好地适应全球需求结构的重大变化，对经济社会长远发展具有重要的引领带动作用，符合两岸推动经济发展方式转变、促进经济结构调整和产业升级的共同目标。大陆已作出加快培育和发展战略性新兴产业的重大决策，将节能环保、新一代信息技术、生物技术、高端装备制造、新能源、新材料及新能源汽车产业作为现阶段发展重点。台湾也提出了六大产业振兴方案和四项智能型产业计划，把发展生物科技、观光旅游、绿色能源、医疗照护、精致农业和文化创意等作为产业再造的重点方向。双方在发展新兴产业的政策规划、发展基础、技术水平、研发能力等方面共同点多、关联度高、互补性强。双方应当充分发挥各自优势，取长补短，携手合作，把发展战略性新兴产业作为两岸经济合作的突出重点，推进产业规划和产业政策的协调与对接，增强两岸经济的国际竞争力与可持续发展能力。

节能环保产业涉及节能降耗和环境保护两大重要领域，在世界各国经济社会和科技发展战略中占有重要地位。发展新能源和节能环保产业，既能够对当前两岸经济社会发展起到重要促进作用，也有助于带动两岸经济结构转型，促进产业升级。两岸目前在这两个领域都不同程度地取得了一些进展，具有一定优势，有些技术处于世界领先水平，未来合作前景十分广阔。当前，要进一步重点加强技术研发、行业标准制定、人才培训、产品开发、市场开拓及知识产权等方面的交流合作，构建信息交流发布平台和常态化的沟通磋商机制，创新投融资体制和合作方式。在这些方面，希望出席这次论坛的产业界人士和专家学者，提出更多可行的建议。

（2010年7月10日）

在全国政协专题协商会上的讲话（节录）

加快经济发展方式转变，关系改革开放和社会主义现代化建设全局，是当前和今后一个时期我国经济社会发展的重大战略任务。要深入研究如何在保持经济平稳较快发展的前提下，着力扩大内需，调整结构，努力在经济发展方式转变上不断取得实质性进展。第一，加快推进产业结构调整。要大力发展战略性新兴产业，加快发展服务业特别是先进生产性服务业。第二，着力优化投资结构。切实加大农田水利工程建设，特别是修复受灾水利设施。全面落实中央关于推进新一轮西部大开发，特别是推进新疆、西藏跨越式发展和长治久安的决策部署。进一步激发民间投资活力，引导民间资本更多投向国家鼓励的产业和薄弱环节。第三，推进节能减排和环境保护。进一步完善和落实节能减排的政策措施，更好地推进重点节能工程建设、发展循环经济、搞好重点流域水污染治理，提高全民的节能环保意识，确保实现节能减排的目标。第四，加快对外经济发展方式转变。积极推动出口贸易从规模速度型向质量效益型转变，鼓励劳动密集型产品提高质量、改进工艺，增加附加值，支持拥有自主知识产权、自主品牌的机电产品和高新技术产品出口，努力建设国际市场的营销网络，积极实施出口市场多元化战略。

（2010年8月17日）

在浙江调研时的讲话（节录）

建设生态文明是推进中国特色社会主义事业的重大战略任务。我们要深入贯彻落实科学发展观，坚持走绿色发展道路，以改善生态环境为目标，以培育生态产业为基础，以发展生态科技为支撑，以健全生态机制为保障，以建设生态文化为引领，大力发展绿色经济，不断把生态文明建设推向前进。要着力加强森林资源保护和经营，转变林业发展方式，充分发挥林业在促进经济社会发展中的重要作用；要合理开发和利用海洋资源，积极提升传统海洋产业，大力发展战略性新兴海洋产业，保护海洋生态环境，切实加强海洋生态文明建设；要扎实推进节能减排和新能源发展，大力发展循环经济，切实提高能源资源利用效率；要积极倡导绿色生产和生活方式，建立健全有利于生态环境保护和建设的体制机制，努力营造建设生态文明的良好氛围。

（2010年9月14日）

中共中央政治局常委、国家副主席
习近平重要论述

在中瑞企业合作与创新论坛上的演讲（节录）

呵护人类共有的地球家园，加快发展绿色经济和低碳技术，积极应对气候变化，实现人口、资源、环境可持续发展，这是世界各国政府和企业的共同责任。瑞典的水处理、垃圾处理、空气净化、清洁能源技术在世界上处于领先地位，中国正在积极发展循环经济和节能环保产业，双方合作有巨大现实需求和发展潜力。中瑞双方应该落实两国政府间环境、能源和可持续发展城市协议，加快推进唐山曹妃甸国际生态城和无锡中瑞生态城等示范和先导项目，携手推进两国经济社会可持续发展。

（2010年3月29日）

在中澳经贸合作论坛午餐会上的主旨演讲(节录）

大力拓展新兴产业合作。在后国际金融危机时期，发展低碳经济等新兴产业的市场空间无比广阔。澳大利亚在水处理、垃圾处理、空气净化、清洁能源等方面的科技水平居世界领先地位，中国减排市场潜力大，正在积极发展循环经济，大力推进新能源、新材料和节能环保等战略性新兴产业。双方应该顺应时代潮流，抓住历史机遇，着眼两国人民和全人类的福祉，在拓展新兴产业合作中增创互利合作新优势。

（2010年6月21日）

在河北唐山曹妃甸新区调研时的讲话（节录）

要深入贯彻落实科学发展观，以转变经济发展方式为主线，以高新技术为支撑，坚持绿色增长的发展方向，大力发展循环经济，着力发展绿色产业、建设绿色城市，努力走出一条资源节约、环境友好、创新驱动的发展道路。

（2010年7月18日）

中共中央政治局常委、国务院副总理李克强重要论述

在达沃斯论坛上的致辞（节录）

1990年到2005年，中国单位GDP能耗及二氧化碳排放强度已下降46%，最近中国政府又决定到2020年二氧化碳排放强度比2005年进一步下降40%到45%，可再生能源和核能等非化石能源占一次能源消费的比重要达到15%左右，这充分显示了中国自主节能减排、加大结构调整力度的决心，我们需要更加注重节能增效和生态环保。加快发展绿色经济、低碳经济、循环经济，积极应对气候变化，使经济增长建立在资源节约和环境友好的基础之上。我们将坚持深化改革，扩大开放，这是中国经济长期较快平稳发展的强大动力和有效保障，需要坚定不移地推进体制机制创新，坚持市场化改革的方向，继续推进价格、财税、金融、投资等领域的改革，更好地发挥市场在资源配置中的基础性作用，进一步转变政府职能，深化国有企业改革，破除垄断、鼓励竞争，促进民营经济发展，增强经济发展的内在内升动力。

（2010年1月28日）

在省部级主要领导干部专题研讨班上的讲话（节录）

要素投入结构不合理，是我国粗放型增长方式难以根本转变的重要原因。推进经济结构调整，要把调整优化要素投入结构作为一项重要任务，从需求和供给两方面进行管理，加强节能增效和生态环保，大力发展绿色经济、循环经济和低碳技术，并从战略上把握好人口发展问题，促进经济社会发展与人口资源环境相协调。

我国石油、天然气人均储量都不足世界平均水平的1/10；即使是比较丰富的煤炭资源，人均储量也不到世界平均水平的40%。我国已成为全球第二大能源消费国，但能源效率不高，一些重化工行业单位产品能耗比世界先进水平高10%~50%，矿产资源总回收率比世界先进水平低20%，加剧了能源资源短缺的状况。目前，我国石油、铁矿石、铝土矿、铜矿等重要能源资源消费对进口的依存度都超过了50%，对涉外工作提出了新的要求。保障能源资源安全的任务重大。

近年来，我国环境治理和生态保护取得明显成效，但生态环境总体恶化的趋势没有根本扭转，对经济社会发展形成严重制约。主要表现在，我国在大气污染治理上取得了一定成效，但城市空气污染问题尚未有效改观，水污染问题更加突出，工业污染依然严重，农村面源污染、生活污染问题进一步凸显，一些地方长期积累的重金属污染严重威胁当地群众健康。环境污染已经成为当前关系社会和谐稳定的一个重大问题，亟待加大防治力度，持续推进治污减排，务求取得进一步的成效。

（2010年2月5日）

在中国发展高层论坛2010年年会上的讲话（节录）

产业结构调整是发展方式转变的重要内容。我们将面向国内外市场需求，紧紧依靠科技管理创新和人力资源开发利用，加快改造提升传统产业，不失时机发展战略性新兴产业，提高服务业产值和就业比重，培育壮大现代产业体系。尤其是以节能增效和生态环保为抓手，强化技术改造，淘汰落后产能，加快发展绿色经济、循环经济和节能环保产业，推广应用低碳技术，积极应对气候变化，实现产业升级和结构优化。

（2010年3月21日）

在绿色经济与应对气候变化国际合作会议开幕式上的演讲（节录）

近年来，我们加快调整产业结构，大力关闭高耗能、高排放的落后生产能力，努力从源头上减少消耗；推进重点领域、重点行业、重点工程和重点企业节能，着力提高能源利用效率；积极发展循环经济和节能环保产业，采取多种措施推动节能增效。同时，加大重点流域水污染防治力度，加快污水处理厂建设步伐；加强大气污染治理，对火电厂进行大规模脱硫改造。实施天然林保护、退耕还林、退牧还草等重点生态工程，增加了大量森林碳汇。过去四年，中国单位国内生产总值能耗下降了14.38%，化学需氧量和二氧化硫排放量分别下降了9.66%和13.14%。中国节能减排和发展绿色经济取得积极成效。

（2010年5月8日）

在北京考察循环经济试点企业并召开座谈会时的讲话（节录）

要按照科学发展观的要求，认真贯彻落实国务院节能减排工作电视电话会议精神，加快推广循环经济，着力推动绿色发展，努力实现提高资源利用效率和保护生态环境的双赢。

发展循环经济是加快经济发展方式转变和经济结构调整的重大任务。消耗高、污染重、难循环是增长方式粗放、结构不合理的一个重要特征，必须尽快加以改变。通过发展循环经济，推动生态化、绿色化改造，把资源吃干榨尽，使废弃物变废为宝，对企业来讲，可以促进产品结构调整，推动技术进步，提高市场竞争力；对全社会来讲，可以优化产业结构，提升经济素质和发展质量，以尽可能少的投入创造尽可能大的经济社会效益。要在发展循环经济中，把节约资源、保护环境与提高经济效益结合起来，把调整经济结构、转变发展方式与培育新兴产业结合起来，走出一条绿色发展的新路子。

促进循环经济发展，应面向实际，突出重点，标本兼治，务求实效。要进一步理顺体制机制，解决不利于循环经济发展的制约因素。加大废旧物资回收再生力度，推进大宗固体废物的综合利用，大力发展机电产品再制造，实现资源节约利用、再生利用和循环使用，弥补我国原生资源的不足。加快淘汰“两高一资”落后产能，从源头上减少资源消耗、污染排放和粗放增长。发挥循环经济示范园区的带动作用，引导企业合理布局、资源集约利用和污染物集中处理。大力改造传统产业，广泛推行清洁生产、节约生产和安全生产。积极发展循环经济先进适用技术、产品、装备和服务，逐步壮大循环经济产业。

循环经济是一项新生事物，是从理念到路径、从模式到方法的一种创新。要总结经验，抓紧完善政策措施。各地区、各有关部门要加强规划引导，抓紧制定今年的推进计划，选择一批循环经济发展项目，认真组织实施，并强化评估和监督检查。加大资金投入力度，落实财税、价格、金融等支持政策，完善相关标准、法规。加大宣传力度，使循环经济深入人心，成为企业生产经营、群众生活消费和政府经济管理的自觉行动。

（2010年5月14日）

在河南省调研时考察天冠集团10万吨二氧化碳全降解塑料项目后的讲话（节录）

像河南省这样一个小麦大省、粮食大省，要利用好这个资源，通过对农产品的综合加工转化，把河南的粮食加工产业发展起来。

希望天冠集团能通过对农业资源的转化，实践循环经济、推动低碳经济，做到对资源的吃干榨净，同时做到生态环保！

发展特色经济和优势产业，逐步形成现代产业体系，是扩内需、调结构，实现工业化、城镇化的重要趋势。要进一步发挥当地比较优势，瞄准国内外市场需求，调整产业结构，优化生产力布局，不断增强中西部地区自我发展能力。

（2010年10月8—9日）

在中国环境与发展国际合作委员会2010年年会开幕式上的讲话（节录）

生态环境问题既是一个发展问题，也是一个民生问题。伴随着中国综合国力的增强、经济规模的扩大和群众生活水平的提高，我们必须更加注重提升经济发展质量和效益，更加注重保障和改善民生。生态文明是加快转变经济发展方式的测量仪和助推器。加快转变经济发展方式是否见到实效，一个基本的衡量标准是发展的资源环境代价是否降低，一个重要的决定性因素是生态环保的力度有多大。我们将把建设资源节约型、环境友好型社会作为加快转变经济发展方式的重要着力点，牢固树立绿色、低碳发展理念，努力构建有利于节约资源、保护环境的产业结构、生产方式和消费模式。

一是推动绿色发展，破解资源环境约束难题。绿色发展是从源头上减少资源消耗、环境污染的有效途径，也有利于再造发展新优势、拓展发展新空间。我们将加快发展资源消耗低、环境污染少的战略性新兴产业、高技术产业和现代服务业，以节能环保为重点对传统产业进行技术改造，继续淘汰落后产能，积极发展循环经济。在全社会倡导绿色消费、合理消费，使节约资源、保护环境成为全社会的自觉行动。中国是一个人口大国，每个人在这方面做一些力所能及的事，乘上13亿人口，就会产生巨大效益。改善人居环境，既是公众的强烈愿望，又是政府的重要责任。我们将顺应人民群众提高生活质量、改善环境状况的新期待，加大污水处理、垃圾处理、清洁能源等设施的建设力度，加快解决水、空气、土壤污染等损害人们身体健康、影响人们生产生活的突出环境问题，为广大人民群众创造宜居环境。

二是遵循自然规律，保障生态系统安全。“天人合一、道法自然”，是中国传统文化的一个重要理念。生态系统一旦遭到破坏，往往不可逆转，会严重影响人的生存与发展。中国虽然幅员辽阔，但区域间自然禀赋和环境承载力的差异大，适宜生存发展的空间相对有限，人与自然的关系比较紧张。必须为子孙后代着想，既给当代提供发展的支撑，又给未来留下发展的基础。我们将加强综合规划与管理，打破行政区划的限制，实施主体功能区战略和差别化的区域环境与发展政策，在保护生态系统整体性、安全性的前提下合理开发，形成各具特色、优势互补的发展格局。坚持保护优先和自然恢复为主，实施好重大生态修复工程，保护好重点生态功能区和重要生态系统，保护好生物多样性，努力改善生态环境。

三是加快改革创新，为生态文明建设提供动力与活力。激励与约束机制是资源节约、环境保护的重要保障。我们将加快体制机制创新步伐，抓紧制定并实施生态文明建设评价指标体系和考核办法，健全相关法规和标准，理顺资源类产品价格关系，实施有利于生态环保的财政、税收、金融、产业等政策。新技术的开发、应用和推广，深刻影响经济社会的发展，也决定着资源开发利用和生态环境保护的能力。我们将把自主创新与国际合作结合起来，大力发展节能环保、新能源、低碳等技术，选择一批重点领域和项目集中力量攻关，广泛推广先进适用技术，不断提高生态文明建设水平。

（2010年11月10日）

《深刻理解<建议>主题主线　促进经济社会全面协调可持续发展》（节录）

要把创新发展与绿色发展有机结合起来，推动形成节约能源资源、保护生态环境和有利于应对气候变化的产业结构、增长方式和消费模式。节约资源和保护环境是我国的基本国策，是经济社会发展的内在要求，也是世界各国发展的共同趋势。无论是发展战略性新兴产业，还是改造传统产业、促进服务业发展、加强基础设施建设，都要切实加强节约增效和生态环保。加快发展绿色经济、循环经济、低碳技术，大力推进节能环保技术改造，努力降低能源消耗强度和二氧化碳排放强度，加强防灾减灾体系建设，把节约和环保贯穿于生产、流通、消费、建设各个领域各个环节，加快建设资源节约型、环境友好型社会，提高生态文明水平，走可持续发展之路。

（2010年11月15日《人民日报》）

出席中欧战略伙伴关系研讨会开幕式时的讲话（节录）

面对国际金融危机和世界经济大变革大调整带来的挑战和机遇，中国将正确处理保持经济平稳较快发展、调整经济结构与管理好通胀预期的关系，把扩大内需、改善民生作为经济发展的立足点和着力点，更加注重提高质量和效益。应对气候变化、保护生态环境是国际社会的共同愿望，也是中国可持续发展的内在要求。加大节能增效力度，发展绿色经济、循环经济、低碳经济，有利于促进资源节约型、环境友好型社会建设，有利于推进产业结构优化升级、培育新的经济增长点，可以也应当作为中国经济结构战略性调整的重要抓手和现实突破口。

（2010年11月19日）

在2010中国绿色产业和绿色经济高科技国际博览会开幕式上的讲话（节录）

发展绿色经济和绿色产业，根本要靠技术创新和体制机制创新。应面向市场需求，加快科研开发步伐，着力突破关键核心技术，促进其产业化、市场化、规模化，大力发展循环经济和节能环保产业，并运用绿色技术改造生产、建设、流通、消费的全流程。同时，建立有利于节约、高效、清洁、安全发展的长效机制，调动各方面绿色发展的积极性。

随着工业化城镇化深入推进，生态环保的任务繁重而艰巨。在区域发展和城乡建设中，要认真借鉴绿色经济的先进理念，推广应用先进技术，解决好人口分布、交通疏导、垃圾污水处理、能源资源集约利用等问题，改善群众生存和发展的环境，倡导低碳文明的生产、生活和消费方式，促进经济社会发展与人口资源环境相协调。

（2010年11月24日）

领导言论

在“2010年中国绿色工业论坛”上的主旨演讲（节录）

全国人大环境和资源保护委员会主任　汪光焘

绿色发展的本质内涵，是通过发展环境友好型产业，降低能耗和物耗，保护和修复生态环境，发展循环经济和低碳经济，使经济社会发展与自然相协调。这就要深入贯彻落实科学发展观，按照以人为本、全面协调可持续发展的要求，大力调整经济结构，转变经济发展方式，积极培育绿色经济、着力推进绿色发展，逐步形成有利于绿色发展的体制机制、法律制度和政策导向。

一是创新经济发展方式。传统的经济增长模式主要依靠增加要素投入、消耗自然资源、追求数量扩张来实现增长。随着资源环境等矛盾日益突出，这种粗放型的增长模式越来越难以为继。坚持科技领先，坚持创新已经成为解决能源资源、生态环境、自然灾害、人口健康等问题的重要途径，成为经济社会发展的主要动力。这就需要把经济结构战略性调整放在国民经济和社会发展更加突出的位置，积极发展战略性新兴产业，大力推进产业结构调整，大力发展能源资源开发利用科学技术、新材料和先进制造科学技术、信息网络科学技术、现代农业科学技术、健康科学技术、生态环境保护科学技术、空间和海洋科学技术、国家安全和公共安全科学技术。同时，也要大力推进企业技术改造，加快传统产业优化升级，坚决关闭淘汰高能耗、高排放的落后生产能力，努力从源头上减少消耗。积极推进重点领域、重点行业、重点工程和重点企业节能，着力提高能源利用效率。切实提升工业经济整体素质和可持续发展能力。

二是积极推进清洁生产和发展循环经济。实施清洁生产和发展循环经济是促进绿色发展的有利措施，是建设资源节约型、环境友好型社会的重要途径。清洁生产是指不断采取改进设计、使用清洁的能源和原料、采用先进的工艺技术与设备、改善管理、综合利用等措施，从源头削减污染，提高资源利用效率，减少或者避免生产、服务和产品使用过程中污染物的产生和排放，以减轻或者消除对人类健康和环境的危害。循环经济是指通过资源循环利用使社会生产投入自然资源最少、向环境排放的废弃物最少、对环境的危害或破坏最小的经济发展模式。核心是资源能源的高效和循环利用，基本特征是低消耗、低排放、高效率，目标是实现经济增长与资源节约、环境保护相协调。全国人大常委会制定了《清洁生产促进法》、《循环经济促进法》等法律，工业企业和社会各界都应当按照法律要求，加大对清洁生产和发展循环经济的推进力度，加强统筹规划，着力解决制约发展的机制和管理问题，完善有关政策和措施，进一步提高发展质量，实现又好又快发展。

（2010年6月26日）

在第十一届全国人民代表大会第三次会议上的报告（节录）

国家发展和改革委员会主任　张平

一、2009年国民经济和社会发展计划执行情况

节能减排取得新成效。安排中央投资和奖励资金支持了1318个重点节能项目，可形成年节能能力7500万吨标准煤。全年新增节能建筑面积9.6亿平方米，可形成900万吨标准煤的节能能力。采用财政补贴方式，推广高效节能房间空调器（定频）500多万台、高效照明灯具1.5亿只，北京、上海、重庆等13个城市节能与新能源汽车示范工作进展顺利。安排中央投资支持了132个循环经济和资源节约重点项目。“节能减排全民行动”等宣传活动向纵深推进。单位国内生产总值能耗下降2.2%，二氧化硫、化学需氧量排放量分别下降4.6%和3.3%。万元工业增加值用水量下降8.2%，超过计划2.6个百分点。工业固体废物综合利用率达66.6%，比上年提高2.3个百分点，超过计划0.7个百分点。

生态建设和环境保护力度加大。天然林资源保护、防护林体系建设、退耕还林、京津风沙源治理、退牧还草等重点生态工程积极推进，完成造林面积588.5万公顷，森林覆盖率达到20.36%。重点地区水土流失治理工作不断加强，岩溶地区石漠化综合治理工程启动实施。“三河三湖”等重点流域水污染防治和工业废水、废气治理工作进展顺利。全国新增城镇污水日处理能力1330万立方米、城镇垃圾日处理能力5万吨，城市污水处理率和生活垃圾无害化处理率分别达到72.3%和69%，比上年提高2.1个和2.2个百分点，超过计划3.3个和2个百分点。发布了11个行业清洁生产评价指标体系，又有1.02亿千瓦火电机组安装了脱硫设施，累计占火电装机总量的72%。

三、2010年经济社会发展的主要任务和措施

大力发展循环经济。深化循环经济示范试点，完善循环经济指标体系，建立循环经济发展专项资金，启动城市矿产等示范工程，制定再制造产业发展意见，大力推进建筑废弃物、餐厨垃圾资源化和秸秆综合利用。2010年，万元工业增加值用水量114立方米，下降2.1%，工业固体废物综合利用率68.4%，提高1.8个百分点。

加强生态建设和环境保护。继续推进京津风沙源治理、天然林资源保护、重点地区防护林体系建设。加大“三河三湖”、渤海、三峡库区、南水北调等重点流域、重点区域污染防治力度。抓紧开展黄土高原综合治理、西藏生态安全屏障的保护与建设，加快实施三江源、石羊河以及石漠化等生态综合治理规划。2010年治理水土流失面积2.16万平方公里，增长1.4%。积极开展农村环境综合整治。

（2010年3月5日）

在“循环经济院士专家行”甘肃站活动中的讲话（节录）

国家发展和改革委员会副主任　解振华

我国应突出循环经济在国家经济社会发展中的战略地位，把发展循环经济作为调整经济结构、转变发展方式，解决资源环境瓶颈约束的根本性举措来抓，采取更加有力的措施，促进循环经济形成较大规模。

目前，我国发展循环经济的法律法规体系尚未健全，鼓励发展循环经济的政策机制还不完善，循环经济统计监测、考核制度及标准体系还未形成，循环经济技术支撑需要进一步加强。

发改委下一步的工作重点：

一是要加强规划指导。研究提出“十二五”规划发展循环经济的重点任务，制定全国发展循环经济总体规划及重点领域专项规划。同时抓紧发布地区循环经济发展规划编制指南，指导各地编制区域循环经济发展规划。

二是深化示范试点。对试点单位开展评估，总结试点经验，组织实施循环经济示范行动计划，拟选择一批城市、乡村和园区开展示范，建设一批示范基地，支持一批循环经济企业加快发展。通过典型示范带动，促进循环经济形成较大规模。

三是实施重点工程。以解决国内短缺资源和战略性资源为重点，组织实施共（伴）生矿产资源综合利用、大宗产业固体废物资源化、再制造产业化、城市矿产、园区生态化改造等循环经济重点工程，实现重点领域发展循环经济的突破。

四是加快建立技术创新体系。组织实施一批循环经济关键和共性技术开发、重大技术装备产业化示范项目；研究制定国家重点循环经济技术目录，加快循环经济先进实用技术推广；支持有关方面建立循环经济共性关键技术装备产业化开发中心；支持建立循环经济技术服务体系。

五是完善政策机制。构建促进循环经济发展的财政、税收、价格、金融政策体系。近期重点研究设立循环经济发展专项资金，研究出台支持循环经济发展的金融政策，推动再制造产业发展的鼓励政策，鼓励脱硫石膏综合利用、烟气脱硫制酸、废水“零”排放的政策，以及鼓励水泥、钢铁企业消纳社会废弃物的政策。

六是加强法规标准建设。按照《循环经济促进法》的要求，加快配套法规的制定进程。近期抓紧研究提出废旧轮胎、包装物回收利用、汽车零部件等机电产品再制造、餐厨垃圾资源化管理办法等配套法规。同时，开展循环经济标准试点，制定汽车零部件再制造、城市典型废物资源化等技术规范。

七是研究建立评价和统计制度。研究建立以资源产出率为核心、反映循环经济发展成效的评价指标体系及统计制度，把资源产出率作为“十二五”规划的一个重要指标，开展循环经济的统计、评价工作。

八是夯实循环经济工作基础。加强物质流分析等循环经济基础理论研究，建立促进循环经济发展的政策、技术、产品、中介、融资等公共信息服务平台；加强循环经济管理人才培训，广泛开展国际交流；开展循环经济的宣传，凝练推广循环经济典型模式。

（2010年1月14—19日）

在全国再制造技术与经验现场交流会上的讲话（节录）

国家发展和改革委员会委副主任　解振华

我国再制造产业发展已取得积极进展，再制造理念逐渐被社会接受，产业规模不断扩大，自动化纳米复合电刷度等关键技术优于国际先进水平，发布了汽车零部件再制造标志。国家发展改革委将会同有关部门抓紧落实11部门联合印发的《关于推进再制造产业发展的意见》，从加强宏观指导力度、深化试点示范、加强关键技术研发示范推广、完善再制造产业发展的政策机制和加强宣传培训等方面来推动再制造产业健康发展，壮大再制造产业规模。如利用中央预算内投资支持再制造重点项目；会同有关部门研究编制《再制造产品目录》，研究相应的税收优惠政策；尽快制定《汽车零部件再制造管理办法》等。

再制造是指对废旧汽车零部件、工程机械、机床等进行专业化修复的批量化生产过程，再制造产品达到与原有新品相同的质量和性能。解振华指出，大力发展再制造产业是实现经济与环境资源效益双赢的重要方式。如与废旧零部件直接回炉相比，再制造可节约成本50%，能产生显著的经济效益。与制造新品相比，再制造具有良好的节能节材效益，可实现节能60%，节材70%，几乎不产生固体废物，大气污染物排放量降低80%以上。

我国再制造产业发展潜力十分巨大。首先，目前我国汽车产销量居世界第一，新增的退役设备和维修需求将不断增加，为再制造提供了广阔的原料来源和产品市场。其次，我国再制造关键技术取得进展。如以徐滨士院士为领军人物的装备再制造国防科技重点实验室，在表面工程等再制造技术方面取得了突破，研发的自动化纳米复合电刷镀等技术已经接近甚至优于国际先进水平。再者，我国再制造保障体系开始形成。如《关于推进再制造产业发展的意见》明确了今后一段时期我国再制造产业发展的指导思想、重点领域和主要任务，提出了完善再制造产业发展的政策保障措施。到目前为止，我国已形成汽车发动机、变速箱、转向机、发电机共23万台套的再制造能力，并在探索旧件回收、再制造生产、再制造产品流通体系及监管措施等方面取得积极进展。

（2010年6月11日）

在“全国工业清洁生产工作会议”上的讲话（节录）

工业和信息化部副部长　苗圩

工业是我国经济的重要组成部分，是资源、能源消耗和污染物排放的重点领域，加快推行工业领域清洁生产发展，不仅是转变工业转型升级的重要抓手，更是转变经济发展方式的根本途径。党中央、国务院高度重视清洁生产推行工作，在国务院有关部门的大力支持下，在地方工业主管部门、协会、企业等共同努力下，工业清洁生产工作取得了很大成绩。2008年组建工业和信息化部以来，工业领域清洁生产工作得到进一步加强。

工业领域推行清洁生产虽然取得了很大成绩，但同时也应该看到，目前工作还不能适应国家发展新形势、新任务要求，还存在着很大的差距和不足。个别地方工业主管部门和部门企业领导对推行清洁生产的认识不到位，没有将清洁生产作为转变经济发展方式，建设资源节约型、环境友好型社会的重要手段和措施，没有认识到清洁生产是源头消减污染、保护环境的根本途径，没有认识到清洁生产是提升产业竞争力、促进工业由大变强的重要抓手。

建设资源节约型、环境友好型社会，加快转变经济发展方式，是党中央、国务院做出的重大战略决策。实施这个战略决策，就要加快推行工业清洁生产，促进产业结构转型升级，转变工业发展方式。推行清洁生产要实现“三个转变”：由“政府推动为主”向“市场引导与政府推动相结合”转变；由“重审核，轻实施”向“审核实施并重”转变；由“关注重点”向“突出重点、全面推行相结合”转变。新时期的工业清洁生产要走以企业为主体、以市场为导向、以政府为推动的新发展道路，提高清洁生产认识水平，加快工作机制创新，加强新技术的研发、推广应用，依靠科技进步促进产业结构调整，转变增长方式。

新时期工业领域推行清洁生产的主要任务是:抓紧编制“十二五”工业清洁生产推行规划；大力开展清洁生产审核，切实抓好清洁生产方案的实施；加强科技创新，提升清洁生产技术水平；完善政策，创新机制；研究推进生态设计，促进清洁生产向更高层次发展。

推行清洁生产工作，是贯彻落实科学发展观的重要措施，是走新型工业化道路的必然选择，是转变工业发展方式的根本途径，更是提升企业竞争力的迫切要求。加快推行清洁生产，需要各方面的共同努力。要充分发挥各方面的积极性，形成国家有关部门引导支持、地方政府组织协调、协会积极服务、企业主体推动的清洁生产促进机制。各地方工业主管部门要切实履行职责，加强组织协调，落实有关政策，积极推进清洁生产。企业作为清洁生产的主体要切实转变观念，把推行清洁生产作为提升企业竞争力的重要途径，把实施清洁生产贯穿于经营战略、企业文化、绩效管理和技术进步等各方面，加快自主创新，不断提升企业核心竞争力，走资源节约型、环境友好型发展道路；特别是中央企业集团，要充分发挥集中管理的组织优势、先进的技术优势和雄厚的资金优势，强化社会责任，率先垂范，做好清洁生产工作。行业协会、清洁生产中心等中介机构要发挥桥梁作用，为企业提供信息咨询和技术服务，不断提高服务质量，加强对行业清洁生产情况的分析，及时向政府部门提出意见和建议。

（2010年10月25日）

抓住机遇 奋力推进 开创清洁生产工作新局面（节录）

环境保护部副部长 吴晓青

一、推行清洁生产对于实现我国经济社会可持续发展具有重要意义

前不久，中国共产党十七届五中全会审议通过了国民经济和社会发展“十二五”规划建议，明确提出把加快转变经济发展方式作为“十二五”规划的首要任务，同时强调要坚持把建设资源节约型、环境友好型社会作为加快转变经济发展方式的重要着力点，努力提高生态文明水平。而推行清洁生产的主要目的，就是通过不断改进设计，使用清洁能源和原料、采用先进的工艺技术与设备、改善管理、综合利用等多种措施，从源头上促进资源能源的节约利用、实现污染物的削减和推动绿色经济发展方式、实现可持续发展的重要途径和有效抓手。

（一）推行清洁生产是环境保护优化经济发展的重要途径

近年来，随着工业化、城市化进程的深入推进，我国面临的资源环境压力越来越大，主要依靠物质投入的粗放型发展方式与资源环境承载能力之间的矛盾日益强化，严重制约着我国经济社会的可持续发展。突破资源环境瓶颈约束并逐步解决经济发展方式问题，关键是必须协调好环境保护与经济发展两者之间的关系，要做到从源头和全过程来减少环境污染，推动环保工作由传统的末端监管向生产、流通和消费全过程延伸，利用环保的倒逼机制来促进

经济结构调整和发展方式转变。清洁生产作为环境污染源头预防和全过程控制的重要举措，既是对传统污染治理方式和传统生产方式的根本变革，也是实现环境保护优化经济发展的重要途径，更充分体现了经济与环境协调发展的内在要求。

（二）推行清洁生产是实现节能减排目标的重要保障

“十一五”期间，国家将资源节约和环境保护工作上升到了前所未有的战略高度，提出了降低单位GDP能耗和减少主要污染物排放量的约束性指标。各地都结合实际纷纷采取了工程减排、结构减排、管理减排等有力措施，提前完成了二氧化硫和化学需氧量排放量降低10%的目标。“十二五”期间，国家还将进一步强化节能减排工作，在“十一五”的基础上增加主要污染物总量控制种类，确定严格的减排考核目标。从短期效应看，工程减排、结构减排等能在较短时间内实现大规模污染物削减的措施已经基本到位，管理减排的潜力也相对有限，节能减排的空间被进一步压缩。而从长远趋势看，推行清洁生产应该成为节能减排的一个重要手段，一方面通过清洁生产可以加快生产工艺的革新，全面推广资源节约型和环境友好型的技术；另一方面，通过清洁生产可以充分发挥“节能、降耗、减污、增效”的综合利用，能够协同推进节能与减排这两项重点工作，因此推行清洁生产是我国实现节能减排目标的有力举措和重要保障。

（三）推行清洁生产是促进绿色发展的重要抓手

在世界范围内，发展绿色经济已经成为一个重要趋势，从广义上理解的话，凡是有利于资源节约、环境保护和可持续发展的经济活动都可归结为绿色经济。许多国家都纷纷实施绿色新政，积极倡导绿色发展理念，大力培育绿色产业，努力抢占未来竞争的制高点。在这样的大背景下，中央也明确提出要树立绿色、低碳发展的理念，加快建设资源节约型、环境友好型社会。而清洁生产强调从设计、生产、使用、回收等各个环节来节约和集约利用能源资源，加快淘汰落后工艺、设备，减少污染物排放，推广绿色技术，开发绿色产品，持续改善生产和管理水平，因此推行清洁生产符合“绿色设计、绿色制造、绿色服务”等绿色发展理念，与绿色经济在本质上在一致并且相互促进的，同时也是促进绿色发展的一个有效抓手。

二、环保部门推进清洁生产工作取得积极进展

（一）建立了较为完善的环保系统促进清洁生产的政策法规体系

为了贯彻落实《清洁生产促进法》，原环保总局出台了《关于贯彻落实清洁生产促进法的若干意见》，提出了在建设项目环境影响评估、排污许可证核定、清洁生产审核、环境保护标准制定、环境标志产品认证、清洁生产技术推广等环境管理的各个环节全面落实《清洁生产促进法》的具体措施。

环境保护部在与国家发展改革委联合发布《清洁生产审核暂行办法》的基础上，又陆续出台了针对重点企业（即“双超双有”企业）实施强制性清洁生产审核的若干政策措施，规范了重点企业强制性清洁生产审核程序，建立了重点企业清洁生产审核评估验收制度，全面推进了重点企业清洁生产工作。特别是根据国务院文件精神，针对重金属污染行业等双有行业和产能过剩行业的污染防治和清洁生产工作，环境保护部今年印发了《关于深入推进重点企业清洁生产的通知》，明确了重点企业清洁生产行业分类管理名录，提出建立多管齐下的政策激励措施和重点企业清洁生产公告发布制度，并就做好重点企业清洁生产制度与现有环境管理制度的衔接提出了一些新的要求，指明了今后一个时期重点企业清洁生产工作的目标、任务和要求。

辽宁、河北等省将清洁生产工作纳入了政府环保目标责任制和污染物减排责任书中。浙江省制定了《浙江省创建绿色企业（清洁生产先进企业）办法》，要求已上市企业和准备上市的企业实施清洁生产审核，积极创新清洁生产先进企业。吉林省把通过清洁生产审核评估验收作为有毒有害化学品进出口登记的前提条件和申请各级环保专项资金、节能减排专项资金等环保资金支持的重要依据。广西壮族自治区制定了《广西重点行业及流域企业清洁生产

推行规划》，以“四江”水污染环境综合治理为切入点，推动重点行业和流域企业开展清洁生产，有效改善了自治区的水环境质量。

（二）强化了环保准入中的清洁生产要求

为了促进建设项目采用清洁生产的技术、工艺和设备，环保部门在项目环境评价审批以及其后的环保监管中均有效纳入了清洁生产的管理内容。一方面，要求环境影响报告书设置清洁生产专章，从原料使用、资源消耗、资源综合利用以及污染物产生与处置等各个环节，进行有关环境保护的经济、技术分析论证；另一方面，要求建设项目在可行性研究和初步设计阶段，在主体工程的生产技术、工艺和设备选择中，优先选用资源利用率高、污染物产生量少的清洁生产技术、工艺和设备。

近期，环境保护部还进一步强化了国家环境保护模范城和国家生态工业园区创建的清洁生产要求，规定国家环境保护模范城和正在创建的城市以及国家生态工业园区，应按要求制定重点企业清洁生产审核年度计划，完成对本辖区内重点行业中全部重点企业的清洁生产审核及评估验收，并经公告后方可具备技术评估和考核验收资格。

各地也在行业、园区等不同层面进一步强化环保准入中的清洁生产要求。例如，广东省要求工业园区制定并严格执行建设项目入园的准入制度，企业在转移过程中不能只是简单搬迁，还必须切实提高清洁生产水平，减少能耗、物耗及污染物的产生量、排放量。福建省以全省皮革行业综合整治工作为契机，要求全省皮革行业分期分批实施清洁生产审核，对在规定时间内无法达到清洁生产水平要求的企业予以关闭淘汰。

（三）构建了清洁生产推进技术支撑网络

一是通过引进消化国际清洁生产审核经验，结合中国国情完善了企业清洁生产审核方法，指导化工、冶金、石油、建材、医药、食品加工、热电力、造纸、电镀、电子、采矿等行业的万余家企业开展清洁生产审核实践。

二是颁布实施了54项行业清洁生产标准、两批需重点审核的有毒有害物质名录和《重点企业清洁生产行业分类管理名录》，编写了多项行业清洁生产审核指南，为清洁生产审核工作提出了技术支持和管理依据。

三是建立了从国家到地方各个层面的清洁生产推进技术支撑网络。目前各省市有500多个清洁生产技术咨询服务单位，负责开展清洁生产信息交流，推广清洁生产技术、方法及示范工程等，为企业开展清洁生产提供了良好的技术支撑和服务。

四是建立了多层次清洁生产培训渠道。从2001年至2009年底，全国已经举办了276期“国家清洁生产审核师培训班”，经培训并考试合格的人员已近15000人，各地也举办了大量的清洁生产培训班，每年培训学员超过50000人次，为企业推行清洁生产输送了大量的专业人才。

五是与国家发改委共同建立了国家清洁生产专家库，河北等省也组建了省级清洁生产专家库，确定了省级重点企业清洁生产审核评估验收技术支撑单位，初步形成了技术咨询、专家指导、评估验收监管的三位一体的技术支持网络。

（四）形成了重点企业清洁生产审核推进机制

近几年，我国重点企业清洁生产推行工作取得明显成效，从公布重点企业名单、开展强制性清洁生产审核到实施评估验收，形成了一套完整的重点企业清洁生产审核推进体系。企业通过开展清洁生产审核，实施清洁生产方案，取得了较好的环境效益和经济效益。

一方面，重点企业清洁生产审核和评估验收工作全面推进。据不完全统计，2003年至2009年，全国环保系统对7000多家重点企业组织开展了强制性清洁生产审核，对5248家企业进行了评估验收。2010年9月，环境保护部发布了第一批全国重点企业清洁生产公告，向社会公布完成清洁生产审核评估验收的第一批2766家重点企业名单。通过发布公告并配套相关激励措施，充分调动企业实施清洁生产的积极性。

另一方面，重点企业清洁生产审核的节能减排绩效显著。据不完全统计，2009年，重点企业通过清洁生产审核实施了42963个清洁生产方案，投入资金总计211亿元，这些方案实施后，预期可削减化学需氧量6.4万吨、二氧化硫27.7万吨，节水4.1亿吨、节电26.2亿度，取得经济效益115.3亿元。广西自治区将主要制糖企业列为强制性清洁生产企业，根据2009年对列入国控重点源的89家制糖企业绩效监督性监测的结果显示，全年化学需氧量排放总量为4249吨，只有2005年糖业排放总量的1.7%。

（五）拓宽了清洁生产筹资合作渠道

为鼓励和保障清洁生产审核与促进项目的实施，各级相关部门积极探索清洁生产筹资方式和合作模式，积累了一些宝贵的经验。

2005年至2008年，原国家环保总局和美国陶氏化学公司合作开展清洁生产审核示范项目，4年间在全国29个省、自治区和直辖市举办了25期培训班，培训了700余名技术人员，共支持化工等12个行业的68家企业开展了清洁生产审核，对各地清洁生产起到了重要的推动和示范作用。

辽宁省每年在安排固定资产及技术改造工程项目中都要优先安排清洁生产示范项目，明确要求各地区必须将排污费总额的10%用于清洁生产试点和示范工作。同时，自2002年开始，将污染治理专项资金世行小额贷款重点用于支持清洁生产项目的实施，共投入资金1.9亿元，并与欧盟合作建立了全国第一个清洁生产周转金，向省内企业提供贷款，支持清洁生产审核产生的中/高费方案。广西自治区环保厅会同金融部门建立了清洁生产绿色信贷机制，凡被列为重点清洁生产企业，在实施清洁生产项目中/高费方案时，均可申请“绿色信贷”；对通过清洁生产审核的企业投资鼓励类项目，可以简化贷款手续。浙江省实施了中德政府合作清洁生产项目，选择医药、化工、印染、电镀、制革、蓄电池等高污染行业的23家企业，开展清洁生产试点，并采用德国先进的管理方法作为清洁生产管理工具。

三、全力推进新时期的清洁生产工作

一是认真编制和实施清洁生产相关规划。积极配合发展改革委等部门，制定清洁生产发展规划，明确实施清洁生产的目标、任务、重点内容、主要措施和进度安排等，并在“十二五”相关规划中纳入清洁生产的内容。要将重点企业清洁生产审核工作纳入“十二五”环保规划中，对“双超双有”企业、重金属污染企业和产能过剩企业的清洁生产审核工作做出具体部署，并按照时间进度和阶段目标做好规划的实施。

二是进一步促进清洁生产与环境管理制度的融合。要将清洁生产工作纳入各级政府及相关部门的环保目标责任制和污染减排责任书中，把清洁生产作为促进产业升级和技术进步、实现节能减排的主要手段。环保部门要逐步建立和完善产污强度准入制度，提高建设项目的环境准入门槛。要把实施清洁生产作为总量控制、限期治理以及有毒有害化学品进出口登记的必要条件。在国家环境保护模范城、生态示范区和国家生态工业园区创建工作中，进一步明确清洁生产的具体指标要求。要把清洁生产作为申请各级环保专项资金、节能减排专项资金等环保资金的重要依据。

三是着力抓好重点企业清洁生产审核。进一步完善重点企业清洁生产审核的相关政策法规，从制度上确保清洁生产审核、评估验收和清洁生产方案的实施效果。狠抓清洁生产审核的绩效评估和中/高费方案的落实，推动企业将清洁生产落实到生产、经营、管理等各个环节。继续深化工业领域重点企业的清洁生产审核，大力推进对农业、服务业等行业“双超双有”重点企业的强制性清洁生产审核，并将涉及铅、锌、铜、铬、镉、汞等重金属以及类金属砷的行业和危险化学品行业作为开展清洁生产审核的重点。

四是切实加强清洁生产技术支撑体系的建设。尽快建立统一完善的覆盖工业、农业、服务业等行业的清洁生产评价指标体系，继续发布清洁生产技术导向目录，把达到国内清洁生产基本水平作为行业准入条件，强化标准在清洁生产中的作用。要进一步完善清洁生产专家库，加强对清洁生产审核从业人员的培训和业务指导，为全面推进清洁生产储备专业技术人才。

五是积极扩展清洁生产的资金渠道。要积极争取建立明确的清洁生产专项资金，用于鼓励企业开展清洁生产审核、支持企业实施清洁生产审核评估确定的中/高费方案，研究解决开展清洁生产技术评估、验收等管理工作所需的经费。积极开拓融资渠道，通过绿色信贷、设立清洁生产周转金、国际合作等方式，为企业开展清洁生产提供资金支持。

六是深入开展清洁生产宣传教育工作。通过开展形式多样的清洁生产宣传教育，使各级政府部门、企业和社会公众充分认识到清洁生产对于转变经济发展方式、建设“两型社会”的重要意义。要面向中小企业积极宣传清洁生产先进的生产与管理理念，引导企业持续开展清洁生产，对开展清洁生产成效显著的企业给予一定的奖励和表彰。同时，要采取激励措施，倡导公众使用清洁产品，营造绿色消费的良好氛围。

2010年省、自治区、直辖市政府工作报告

2010年北京市政府工作报告（节录）

实施污染物总量控制，开展排污权交易改革试点。研究建立循环经济评价指标体系，大力推进清洁生产，扩大循环经济试点。加强宣传教育，营造节约资源能源、保护环境的良好社会氛围。

加大污染防治力度。坚持“增能力、调结构、促减量”，提高生活垃圾减量化、资源化、无害化水平。做好大型生活垃圾循环经济园区选址规划，加快推进垃圾无害化焚烧处理，全面推行餐厨、果蔬、园林垃圾资源化，开展生活垃圾“零废弃”管理试点，加强非正规垃圾填埋场治理。完善分类收集运输体系，新建改扩建居住小区、社会单位全部实行生活垃圾和餐厨垃圾分类处理。健全管理体制，探索垃圾收费改革。强化对危险废物产生和经营单位、涉源单位的监管。加快北运河水系综合治理，推进垡头、沙河等污水处理厂建设，用三年时间完成中心城区污水处理厂升级改造。加强污水和再生水管网建设，完成定福庄至高碑店污水调水工程，提高污水处理和再生水利用水平。认真落实第十六阶段控制大气污染措施，力争二级以上天数达到73％。

加强资源能源保障。实行最严格的水资源管理制度，从战略高度研究建设节水型城市。认真落实各项节水措施，开展阶梯式水价试点。建设新应急水源，加强水源地保护，启动潮白河水资源循环利用工程，加快南水北调市内配套工程建设，实施供水管网改造，确保城乡用水安全。

2010年天津市政府工作报告（节录）

万元生产总值能耗下降4%，二氧化硫和化学需氧量消化当年新增排放量，节能降耗继续保持全国领先水平。

以节能降耗减排为重点，实现生态发展。继续实施绿色照明、电机改造等10项重点节能工程。严格目标考核，加强监督检查，在冶金、石化、电力等行业开展能源管理和清洁生产审核，突出抓好20户重点企业的节能降耗。制定出台落后产能退出机制和补偿政策，加速淘汰落后产能，改造高耗能设备。发展风能、太阳能、地热能等新型清洁能源。广泛开展资源综合利用，推进循环经济国际合作，搞好子牙循环经济产业园、北疆电厂等国家循环经济试点建设，加快发展再生资源利用、海水淡化等新型产业。大力发展绿色经济、低碳经济，增强可持续发展能力。

2010年河北省政府工作报告（节录）

单位生产总值能耗下降4%，化学需氧量、二氧化硫排放量分别削减2.4%和1%以上。

加大节能减排工作力度。围绕“双三十”单位、“双百”企业，切实抓好重点单位、重点工程和重点领域的节能减排，大力削减火电、钢铁、水泥等行业的大气污染物排放量，积极推进城镇污水集中处理、生活垃圾无害化处理设施建设；坚定有序地淘汰落后产能，妥善处理好节能减排和保增长、保民生、保稳定的关系，把握好工作的节奏和力度，有计划、有步骤地关停并转，对适合规模经营的行业加快兼并重组，对量大面广、经营分散行业的企业实行优胜劣汰，对高耗能、高排放的落后产能坚决淘汰；积极推进117家循环经济示范试点和30个示范项目建设，抓好726家重点企业的清洁生产和在线监测；大力发展低碳经济，实施京津风沙源治理等造林绿化工程，切实加强生态保护和环境治理。

2010年山西省政府工作报告（节录）

万元生产总值综合能耗下降4.6%；化学需氧量、二氧化硫排放量分别下降3%和2%。

大力发展循环经济、低碳经济、绿色经济。实施循环经济发展总体规划，加快循环经济重点项目建设，发展循环经济企业、园区、社区和城市，构建循环经济体系，促进能量和物质的循环高效利用。加大以循环经济模式改造传统产业的力度，重点要发挥好煤炭资源的优势，延长发展煤焦化、煤焦铁、煤电铝、煤机械、煤建材、煤安全等产业链；推进粉煤灰、煤矸石等大宗废弃物的资源综合利用；加大煤矿瓦斯和焦炉煤气以及其他工业余热余气的回收利用。积极应对气候变化，大力发展低碳经济，加快建设资源节约型、环境友好型社会，着力增强可持续发展能力。

2010年内蒙古自治区政府工作报告（节录）

节能减排完成“十一五”规划确定的目标。

大力培育新兴产业。要把发展新兴产业作为调整结构、培育新增长点的重要举措，打造具有我区特色的新兴产业体系。一是大力发展清洁能源产业。加快千万千瓦风电基地规划和建设，着力解决电网接入等制约风电发展的突出问题。抓好太阳能、生物质能发电项目建设。积极实施煤制天然气、褐煤化学法提质等项目，着力提高煤的清洁利用、综合利用水平。积极发展甲醇下游产品，延伸甲醇产业链，建设清洁能源醇醚基地。二是大力发展新材料产业。打造以多晶硅、单晶硅、太阳能电池为主的硅材料产业链，推进百万千瓦光伏产业基地建设。加快发展稀土新材料，发挥包头稀土高新区龙头带动作用，加强稀土原料战略储备和资源整合，积极研发稀土应用产品。三是大力发展装备制造业。突出抓好煤矿机械、工程机械、汽车及其配套产业发展，积极承接先进制造业转移。四是大力发展生物和环保产业。加快建设生物发酵产业基地，做大做强生物制药产业。全面推进粉煤灰提取氧化铝等循环经济项目。

2010年辽宁省政府工作报告（节录）

打好节能减排攻坚战和持久战。一要以工业、交通、建筑为重点，大力推进节能，提高能源效率。扎实推进十大重点节能工程、千家企业节能行动和节能产品惠民工程，形成全社会节能的良好风尚。今年要新增8000万吨标准煤的节能能力。所有燃煤机组都要加快建设并运行烟气脱硫设施。二要加强环境保护。积极推进重点流域区域环境治理及城镇污水垃圾处理、农业面源污染治理、重金属污染综合整治等工作。新增城镇污水日处理能力1500万立方米、垃圾日处理能力6万吨。三要积极发展循环经济和节能环保产业。支持循环经济技术研发、示范推广和能力建设。抓好节能、节水、节地、节材工作。推进矿产资源综合利用、工业废物回收利用、余热余压发电和生活垃圾资源化利用。合理开发利用和保护海洋资源。四要积极应对气候变化。加强适应和减缓气候变化的能力建设。大力开发低碳技术，推广高效节能技术，积极发展新能源和可再生能源，加强智能电网建设。加快国土绿化进程，增加森林碳汇，新增造林面积不低于592万公顷。要努力建设以低碳排放为特征的产业体系和消费模式，积极参与应对气候变化国际合作，推动全球应对气候变化取得新进展。

2010年吉林省政府工作报告（节录）

单位地区生产总值能耗下降5.5%。

加大节能减排力度。今年要实现“十一五”节能减排目标，这是一项硬约束。突出抓好工业100户年综合能耗1万吨标准煤以上重点企业节能，搞好冶金、石化等高耗能行业能效对标活动。深入开展公共机构节能和建筑节能工作。认真落实控制温室气体排放的政策措施，支持开发节能环保、低碳能源等技术和企业节能改造，扩大合同能源管理试点，发展清洁生产和循环经济。完善退出机制，淘汰列入计划的落后产能。全面完成纳入国家“十一五”规划的松花江等流域水污染防治项目，研究建立污水、垃圾处理良性运营机制，力求发挥最大效能。加强松花江支流伊通河综合整治。启动向海湿地生态示范区建设，实施天然林保护、水土流失治理等工程，改善生态环境。

2010年黑龙江省政府工作报告（节录）

万元GDP综合能耗下降4.8%，化学需氧量排放量下降3.1%，二氧化硫排放量略有削减。

下大气力培育新能源、新材料、节能环保、生物、信息、现代装备制造等六大战略性新兴产业。新能源产业要大力推进水电、风电、太阳能、地热能和生物质能等清洁能源发电项目，积极开展核电站项目前期工作，尽快提升新能源开发、新能源装备、新能源材料、新能源衍生产业的规模与水平。节能环保产业要积极推动重大节能、节水、综合利用技术改造项目和节能产业化项目，发育壮大节能环保产业。

加快发展循环经济，推行清洁生产，搞好可再生资源的综合利用，继续抓好循环经济示范试点工作。强力推进资源枯竭型城市经济转型，加快发展接续产业。加强项目储备包装，积极发展碳汇交易。继续实施生态环境建设保护工程，确保116个松花江流域水污染防治重点建设项目基本建成并投入运行；推行“一河一策”综合整治方案，逐步消除劣五类水体，促进支流水体改善。加快环境设施建设，减少城市扬尘、工业废气和汽车尾气排放，提高污水处理、垃圾无害化处理率。积极推进乡村环境综合整治，减少农业和农村面源污染，改善农村人居环境。

2010年上海市政府工作报告（节录）

万元生产总值综合能耗进一步下降、完成“十一五”期间下降20%左右的目标，环保投入相当于市生产总值的比例保持在3%左右。

积极应对气候变化，推进节能降耗，加强资源节约和综合利用。严格实施强制性能耗标准和能效标识制度，严把高耗能建设项目和高耗能产品市场准入关。完善节能市场机制，促进合同能源管理和节能服务产业发展。强化节能目标责任考核，积极推进工业、建筑、交通、居民生活等重点领域和重点用能单位的节能改造和管理。统筹协调城市总体规划和土地利用规划，进一步加强规划管理和执法。健全耕地保护共同责任机制和节约集约用地机制，落实最严格的土地管理制度。加强水源地规划和保护，加快青草沙原水系统工程建设，推进二次供水改造。倡导绿色生产方式和生活方式，积极开展循环经济和低碳经济试点。

加强污染减排和防治，推进环境保护和生态建设。强化污染减排目标管理责任制，二氧化硫和化学需氧量排放量在全面完成“十一五”期间分别削减26%和15%目标的基础上，力争进一步下降。实施第四轮环保三年行动计划。加强大气环境治理和保护，有效控制扬尘、机动车尾气等大气污染，积极推进氮氧化物和挥发性有机物的污染治理。完成越江桥隧、高速公路噪声治理工程，加强机动车鸣号、工地施工等的噪声污染控制。加强水环境治理和保护，加快建设白龙港污水处理厂二期扩建等一批污水厂网工程和白龙港、竹园污水处理厂污泥处理工程，城镇污水处理率达到80%。坚持生活垃圾减量化、资源化、无害化，推进生活垃圾处理设施和老港固体废弃物综合利用基地建设。基本完成吴泾工业区环境综合整治。以金山卫化工集中区和宝山大场地区为重点，加快工业污染防治。建成辰山植物园和一批大型公共绿地，继续推进外环生态专项工程等生态绿化建设。深入推进本市太湖流域水环境综合治理项目。加强海洋生态环境保护和海洋资源开发利用。

2010年江苏省政府工作报告（节录）

万元地区生产总值能耗下降4%左右，化学需氧量、二氧化硫排放量分别削减3%和2.2%。

落实节能减排和污染治理重点任务。突出抓好工业、交通、建筑等领域和能源、原材料等行业节能改造，培育一批循环经济示范企业和园区，推动重大节能、低碳技术开发，支持循环经济技术研发、示范推广和能力建设，健全废弃物回收系统。落实控制温室气体排放的政策措施，加强大气区域联防体系建设，提高机动车尾气排放标准，综合治理灰霾污染，改善城市和区域空气质量。全面开展第二轮化工生产企业专项整治。深化城乡环境综合治理，重点改善铁路沿线环境，加强饮用水源地保护，抓好城乡河道治理和农业面源污染防治，推进农作物秸秆综合利用。新增城镇污水日处理能力100万立方米，城市污水处理率达到86%以上。如期完成淮河治污工程，加强沿海主要河流和长江支流综合整治，打造南水北调东线和望虞河、通榆河“清水廊道”。

加大太湖流域水环境治理力度。全面实施太湖流域水环境综合治理方案。加快生态清淤和走马塘等重点工程建设，完成城镇污水处理厂提标改造，开展污染企业强制性清洁生产审核，确保饮用水源安全，确保不发生大面积湖泛。主要污染物排放总量下降5%，国家考核断面水质达标率不低于80%。

2010年浙江省政府工作报告（节录）

单位生产总值能耗下降3%，化学需氧量排放量下降3%，二氧化硫排放量下降3%，全面完成“十一五”节能减排目标。

进一步加强资源要素保障和节能环保。深入实施资源节约和环境保护行动计划，加快生态省和循环经济试点省建设，积极发展低碳经济，强化资金、土地等要素保障和集约节约利用。引导金融机构优化信贷结构，加大对我省实体经济的支持，加快发展创业投资、产业投资，拓展企业上市等融资渠道，努力争取中央国债投资、企业债券发行额度。积极发展中小金融机构和地方金融产业，扩大村镇银行、农村资金互助社和小额贷款公司试点，深化农村信用社改革，推进地方产权交易市场建设。加强土地资源保障和节约集约利用，深化耕地保护和土地使用制度改革，推动市县做好土地利用总体规划修编，做好城乡建设用地增减挂钩工作，抓好节约集约用地六大工程和百万造地保障工程，完善低丘缓坡、滩涂围垦综合开发规划和利用机制，积极合理开发利用地下空间，实施农村土地综合整治示范工程，扩大农村宅基地改革试点。大力实施节能降耗十大工程，严格执行重点耗能行业能耗限额标准，抓好重点耗能企业节能改造和建筑节能，加大高效节能技术和节能产品推广力度，深入推动节水、节材等工作。继续深化重点区域、重点行业、重点企业污染整治，着力解决群众反映强烈的环境问题。加强水环境治理、城市环境污染综合整治和农业农村环境保护，努力改善八大水系、平原河网水质和大气环境质量。加强饮用水源保护，深入推进排污权有偿使用和交易试点，开展各类生态示范区创建工作，完善生态补偿机制，加强森林资源和海洋生态环境保护。大力发展循环经济，启动25个循环经济试点基地和100项循环经济重点项目建设，实施工业循环经济“733”工程，建设一批工业循环经济示范企业、示范园区和循环农业示范区。

2010年安徽省政府工作报告（节录）

单位生产总值能耗、化学需氧量、二氧化硫排放量全面完成“十一五”规划目标。

切实加强资源节约和环境保护。把发展低碳经济与转变发展方式有机结合起来，大力推进高碳产业低碳化改造和低碳技术应用，积极开展低碳经济试点。对高耗能、高排放、高污染行业实行强制性清洁生产审核，强化燃煤电厂烟气脱硫设施运行监控。继续实施工业节能、建筑节能等十大节能重点工程，积极推广能量系统优化、可再生能源利用等节能减排新技术，推广绿色照明产品。深化循环经济试点，发展循环经济产业，加快实施新能源电池、再生资源回收利用、汽车零部件再制造等重点项目。进一步加快污水处理厂及配套设施建设。支持社会资本投资城镇生活污水、垃圾处理等项目。加强农业面源污染治理。推进农村环境建设“以奖促治”，探索建立农村环境卫生管理体制与环境污染治理长效机制。适时开展生态环境补偿、排污权交易试点工作。继续推进矿山地质环境恢复和治理。大力开展植树造林，增加森林碳汇。加强水资源优化配置与节约保护，加快实施淮河、巢湖流域水污染防治规划，启动巢湖流域水污染防治亚行贷款项目前期工作，继续开展淮河流域枯水期和汛期污染联防。

2010年福建省政府工作报告（节录）

单位生产总值能耗降低3.2%，完成二氧化硫和化学需氧量年度减排任务。

培育战略性新兴产业。坚持整合资源、拓展需求、打造平台、循序渐进，发展资源消耗低、带动系数大、综合效益好的新兴产业。节能环保产业以重点工程和龙头企业为依托，推广应用污染防治和节能新技术、新装备、新产品。新能源产业重点扶持发展清洁能源、可再生能源利用和设备制造，培育核电、风电、太阳能、生物质能等产业。生物医药及新药产业重点培育基因工程药物、现代中药等，推进生物资源系列开发。新材料产业重点加快光电材料、催化及光催化材料、改性高分子材料、稀土材料等的产业化，壮大化工轻纺新材料、新型建筑材料、特种金属及陶瓷材料等产业。信息网络产业重点壮大微波通信、计算机及外设、数字视听等产业。突破物联网产业关键技术，加快信息识别和传感技术的产业化，启动示范项目和示范区建设，促进物联网技术在食品安全、灾害监测、现代物流、智能交通等领域的推广应用。海洋新兴产业重点加强中试基地及研发平台建设，争取建立国家区域海洋研究中心，培育海洋生物制药、海水综合利用、海洋能源资源和海洋信息开发等产业，加快建设海洋经济强省。

严格节能减排责任。对新上项目严把产业政策、资源消耗和环境保护关，加快淘汰落后产能，发展低碳经济，推动绿色增长。抓好重点行业、重点企业节能减排，实施十大重点节能工程200个项目，实现每个县（市）至少建成一座垃圾无害化处理场、一座污水处理厂及其配套管网。完善节能减排考核和奖惩机制，严查偷漏排等违法行为。加强重点污染源在线监控，推动节能减排新技术、新装备的研发、引进与应用，支持清洁发展机制项目，发展循环经济。

2010年江西省政府工作报告（节录）

万元生产总值能耗控制在0.85吨标煤以内；化学需氧量排放控制在43.4万吨以内；二氧化硫排放控制在57万吨以内。

大力发展低碳与生态经济。以资源高效利用和生态环境优化为目标，全面推进低能耗、低排放、低污染经济发展，加快构建以生态农业、新型工业和现代服务业为支撑的资源节约型与环境友好型产业体系。以发展生态高效农业为抓手，积极推广“猪-沼-果”等生态农业发展模式，重点开发绿色、无公害的有机茶、水果、蔬菜、油茶、食用菌和畜禽、水产品，促进生产规模化、种养标准化、经营产业化，加快构建高产、优质、高效、生态、安全的现代农业体系。加强化肥、农药使用监管，积极推广使用绿肥、测土配方施肥，严格控制并努力减少面源污染。按照新型工业化的要求，加快节能减排先进技术的推广应用，加强新能源、新材料的研发，大力发展循环经济，加快构建科技含量高、经济效益好、资源消耗低、环境保护好的新型工业体系。启动第三批生态工业园建设试点，力争20%的工业园区建成省级生态工业园区。发挥鄱阳湖生态经济区的资源优势和交通区位优势，依托中心城市，以市场化、社会化、产业化、现代化为方向，着力提升服务业竞争力，逐步形成以生态旅游、特色文化、商贸物流、金融保险和科技服务为重点的现代服务业体系。

2010年山东省政府工作报告（节录）

万元生产总值能耗、二氧化硫、化学需氧量排放量全面完成“十一五”规划目标。

推广农村可再生能源，新增农村户用沼气60万户。

抓好节能减排推进绿色发展。节能减排是转方式、调结构的重要抓手，也是应对气候变化，发展低碳经济、循环经济的必然要求。今年要全面完成“十一五”规划确定的节能减排目标任务。一是抓好淘汰落后。把任务目标分解到市县，把工作责任落实到单位和企业，确保淘汰炼铁产能240万吨，关停小火电100万千瓦。二是抓好节能降耗。完善节能标准体系，加强节能产品认证，推广使用高效节能技术和产品。抓好千户企业能源管理，开展能效水平对标活动。所有新建工程必须严格执行建筑节能新标准，加大既有建筑供热计量和节能改造力度，推进太阳能与建筑一体化。试行用水总量控制，全社会都要节约用水。三是抓好污染治理。执行更加严格的地方污染物排放标准，加强重点流域污染防治，争取年底前省控59条重点污染河流全部恢复鱼类生长。以烟气脱硫除尘、集中供热、城市扬尘和汽车尾气减排控制为重点，进一步改善城市空气环境质量。加强农业面源污染治理和近岸海域污染防治。加快城镇污水和垃圾处理设施建设，提高污水收集率和处理质量，构建城乡垃圾处理一体化、无害化体系。开展损毁山体治理和矿山环境恢复。以南四湖、东平湖和沂、沭、泗、汶河为重点，开展环湖沿河大生态带建设。四是抓好耕地保护。实行最严格的耕地保护制度和最严格的节约用地制度，坚守耕地和基本农田红线，严肃查处违法违规用地行为，搞好对市县新一轮土地利用总体规划的批复和实施指导，加强资源山东建设。

2010年河南省政府工作报告（节录）

单位生产总值能耗降低4.6%以上，化学需氧量、二氧化硫排放量分别下降0.8%和1.2%。

加强节能减排和生态环境建设。大力发展循环经济、绿色经济和低碳经济，加快资源节约型、环境友好型社会建设。强化节能降耗。严格执行“两高”产业淘汰标准，继续淘汰落后产能。制定实施化工、纺织、造纸等行业单位产品能耗限额地方标准，推广先进节能技术和节能设备。在电力、煤炭、有色等8大重点高耗能行业实施节能攻坚。积极开展建筑节能和交通节能，开展城市公交、出租等电动汽车示范运营。继续推进公共机构节能减排工作。强化环境保护和生态建设。推进环境容量预算，创新环评管理机制，优化环境容量资源配置。切实加强饮用水水源保护，继续加强重点流域、重点区域、重点行业污染综合整治和重金属污染防治。建立健全水环境预警制度，从今年起建立水环境生态补偿机制。加快污水垃圾处理和中水回用、污泥处置等设施建设。开展重点排污企业强制性清洁生产审核。加快节水工程建设。深化非电行业脱硫治理和重点涉水企业治理。继续推进林业生态省建设，完成造林面积400万亩，增加森林碳汇。启动生态省建设规划编制工作。大力培育循环经济产业园区和循环经济城市。加快工业固废资源化、农产品加工废弃物资源化等循环经济工程建设。编制实施节能环保产业规划，大力发展节能环保产业。加强土地、矿产资源管理。实行最严格的耕地保护制度和最严格的节约用地制度，提高土地综合利用效率。科学规划城镇建设用地，严控增量，盘活存量。大力推进土地综合整治，完善城乡建设用地增减挂钩政策，保障重点建设用地。推进重要矿产资源整合，促进矿产资源高效集约利用。

2010年湖北省政府工作报告（节录）

单位生产总值能耗下降4%，化学需氧量排放下降0.5%，二氧化硫排放下降1%。

继续推进节能减排。决不能因为提前一年完成“十一五”减排目标而放松节能减排工作。继续实行目标责任制管理。强化排污许可证管理，加大重点排污企业减排力度，突出抓好城镇污水处理厂和垃圾处理设施的建设和运行管理、燃煤电厂脱硫设施的改进。继续实施十大节能工程，积极推进工业、交通、建筑等重点领域和能源、原材料等重点行业节能，加快淘汰电力、钢铁、建材、造纸等行业的落后生产能力。加大环保专项治理力度，实施“蓝天工程”，加强大气污染防治。

大力发展循环经济和低碳经济。大力发展生态经济，推进产业发展生态化。继续抓好国家和省循环经济试点，加快建设一批生态工业园区、再生资源基地，支持一批循环经济重点项目建设。积极推进资源枯竭型城市产业结构转型。加快培育低碳产业，壮大低碳装备制造业，推动低碳技术及产品产业化。编制低碳经济试点方案，把武汉城市圈建设成为全国低碳经济发展示范区。加快实施《湖北应对气候变化行动方案》。

2010年湖南省政府工作报告（节录）

确保实现“十一五”节能减排目标。

培育和发展战略性新兴产业。瞄准国内外高新技术产业发展前沿，选择新能源、新材料、生物医药、电子信息、新能源汽车、航空航天等领域中的关键产业作为主攻方向，使之尽快成为全省产业发展的主导力量。坚持立足产业基础和科技支撑，大力推进新能源产业发展，重点发展核能、再生能源，提升太阳能光伏产业、风电等能源设备制造水平，形成从原材料、零部件到整机的完整产业链，形成装备与材料配套的产业集群。扶持碳碳复合材料等新材料加快发展，尽快做大做强产业。积极推动生物医药产业加快发展，着力培育现代中药、创新药物、生物医学工程，集中力量扶持生物医药重点产业化项目及基地建设。大力发展信息技术产业，积极支持企业加大信息技术应用力度，加快发展网络经济，培育发展软件、消费类整机、新型显示器件和数字动漫等信息产业，打造具有核心竞争力的电子商务产业集群。提高电动汽车等产品研发和生产能力。加大环保产业支持力度，积极发展环保装备制造业、资源综合利用产业、洁净产品制造业和环境服务业，扶持发展一批环保骨干企业。大力发展核能、航空航天、爆破器材、精细化工、船舶等军民两用优势产业，着力培育长沙航空工业园、株洲航空产业园、益阳轻型特种装备产业园等10大军民融合产业基地。

大力推进节能减排。全面完成城镇污水处理设施建设三年行动计划，实现设市城市和县城污水处理设施“全覆盖”；加快垃圾处理设施建设，建成生活垃圾无害化处理场60座。加快推进节能项目建设，切实抓好燃煤锅炉改造、余热余压利用、建筑节能等重点节能工程，推进224个工业污染减排项目的实施。深入开展“百家企业节能行动”，积极促进建筑、交通、商业、民用等领域的节能推广，引导使用太阳能等高效节能技术和产品。进一步抓好6家国家级循环经济试点和省内17家企业、7个园区循环经济试点，推进矿产资源、固体废弃物资源综合利用以及再生资源、水资源的循环利用，推进煤矿瓦斯的综合治理和利用，严格水资源管理，全面推行清洁生产。建立完善推进节能减排的价格及补偿机制，对居民用电、用水实行阶梯价格，适当提高排污费、污水和垃圾处理费征收标准，实施主要污染物排污权交易试点。探索完善发展低碳经济的政策措施，推行有利于节约资源、保护环境的生产生活方式和消费模式，鼓励使用环保产品。

2010年广东省政府工作报告（节录）

单位生产总值能耗下降、二氧化硫和化学需氧量排放总量减排实现“十一五”目标。

狠抓节能减排、生态建设、环境保护和节约集约用地。坚决落实节能减排责任制和问责制，确保完成“十一五”节能减排目标任务。完善和落实促进节能减排的市场准入标准、强制性能效标准和环保标准。制定不同生态功能区产业环境准入机制，提高项目资源环境准入门槛。实施十大重点节能工程，加大节能技术、产品推广力度，推进工业、建筑、交通、公共机构等重点领域节能。加快淘汰小钢铁、小水泥等落后产能。推广工业园区循环经济试点。实施节能发电调度，继续推进小火电关停和火电厂脱硫脱硝设施建设。加大水源保护力度，继续推进重点污染源治理。完善污水处理厂配套管网和垃圾无害化处理设施，加快珠三角地区中心镇污水处理厂建设，推进国控、省控重点污染源在线监控系统。积极应对气候变化，努力控制温室气体排放，优化能源结构，加快发展核电、可再生能源等清洁能源。培育森林资源，增加森林碳汇。

2010年广西壮族自治区政府工作报告（节录）

万元生产总值能耗降低3%，二氧化硫排放总量与上年持平，化学需氧量排放总量削减3.72%，主要江河3类水质达标率在96%以上。

发展清洁生产和循环经济。加快企业技术改造，鼓励开发使用节能降耗、保护环境的新技术、新工艺、新设备，大力发展循环经济，依法推行清洁生产。抓好电力、炼铁、水泥、造纸、酒精等行业落后产能的淘汰工作，对限期淘汰的落后装备实施严格监管。

2010年海南省政府工作报告（节录）

万元GDP能耗下降2个百分点，化学需氧量、二氧化硫排放总量分别控制在9.5万吨、2.2万吨以内。

抓住中央鼓励发展低碳经济的政策机遇，利用海南得天独厚的自然条件，抓好十二项环保、新能源工程建设。一是推广太阳能利用、冰蓄冷、节能灯等节能新技术新产品，健全能源消耗监测网络，强化执法监督，坚决淘汰落后产能，确保完成节能减排年度控制目标。二是采取多种补偿方式，推行在公共建筑和新建12层以下民用住宅使用太阳能热水系统，组织相关企业在我省研发、生产太阳能热水系统产品、组件。三是确保100兆瓦太阳能电池一期建成、二期开工，努力把海南打造成面向东盟的太阳能电池出口基地。四是稳步发展风电，确保东方2个风电场建成。五是新增农村户用沼气4万户，加大沼气的工业化生产和利用。六是加快6万吨生物柴油产品在省内推广使用，开工建设10万吨燃料乙醇。七是推进节能与新能源汽车示范运营。八是确保25个污水和21个垃圾处理项目及配套管网竣工使用，对污水处理设施委托专业化公司运营。九是广泛开展植树造林活动，继续实施海防林建设、天然林保护和退耕还林工程，完成造林11.7万亩。十是加大对南渡江、万泉河、昌化江三大流域和主要水库的水污染防治，加强对珊瑚礁、红树林、海岛等海洋资源与环境的保护。十一是健全资源有偿使用和生态环境补偿机制，将生态公益林管护标准由每亩11元提高到14元，财政安排1.53亿元用于市县生态转移支付。十二是进一步推动生态环境保护立法，健全环境影响评价制度，完善生态环保责任制和问责制，开展生态文明宣传教育，增强居民、游客的环保意识。

2010年四川省政府工作报告（节录）

万元生产总值能耗下降5%，二氧化硫和化学需氧量排放量分别控制在114.4万吨、74.4万吨以内。

突出抓好重点工程和重点领域节能减排。以更大的力度、更务实的举措，力争完成“十一五”节能减排目标任务。以工业节能减排为重点，支持重点用能企业节能技改和低碳技术研发，在重点行业全面推行强制性清洁生产审核。加强园区集中环保处理和节能技术服务。加快淘汰落后产能。实施建筑节能、绿色照明、电机改造等重点节能工程，推进企业节能行动和节能产品惠民工程。抓好交通、服务业等领域节能降耗，推进公共机构节能。强化对绿色、低碳经济的政策扶持。加强重点行业、五大流域和重点湖库污染防治，加快建设城市雨污分流管道和污水处理厂等污染减排重点工程，新增城镇污水日处理能力40万立方米。

积极发展循环经济和节能环保产业。加强生物质能源建设，支持节能环保产业发展。加强水、土地、矿产资源管理，抓好节水、节地、节材工作。开展战略性矿产资源整装勘察，抓好煤炭、煤层气、黑色和有色金属共伴生矿产资源综合利用，推进工业、建筑废弃物回收利用和生活垃圾的资源化利用。

2010年重庆市政府工作报告（节录）

单位生产总值能耗下降4.6%，全社会化学需氧量、二氧化硫排放量分别削减0.5%和1.5%，森林覆盖率提高到36%，主城区空气质量优良天数达到300天以上。

强化节能减排，抑制过剩产能，推动经济加快转入绿色发展轨道。大力发展清洁能源，改善用能结构。实施100项重点节能项目，全面开展企业能耗审计。推广节能共性技术，严格执行节能强制标准。大力推动公共机构节能。加强资源综合利用，提高工业固体废弃物和生活垃圾资源化利用水平。实施主城区第五批企业环保搬迁，完成主城区燃煤设施清洁能源改造。严格控制高能耗、高污染、低产出项目，淘汰一批小水泥、小煤矿、小火电、小钢厂。抓好长寿化工园、白涛工业园、重钢集团等循环经济试点。完善排污权交易和绿色信贷办法，推进环境污染责任保险。建立碳排放统计评估体系，开展低碳经济试点。

2010年云南省政府工作报告（节录）

单位生产总值能耗降低3.67%。

全面完成“十一五”节能减排目标任务。强化节能减排目标考核，继续加大力度推进企业节能技术改造。坚决淘汰落后产能，有效遏制高投入、高消耗和高排放。进一步强化对火电脱硫、糖厂化学需氧量减排等项目的建设和运行监管。加快城镇污水处理厂和生活垃圾处理设施建设，年内所有项目都要开工，确保91个项目建成并投入运行。

积极发展循环经济和低碳经济。按照减量化、再利用和资源化的原则，创建一批循环经济企业和生态产业园区，进一步建立和完善清洁生产机制，抓好一批清洁能源示范县。抓好曲靖市、玉溪市节水型社会建设试点。制定云南低碳经济发展纲要，争取列为国家低碳经济试点省。进一步优化能源结构，积极开发利用新能源和可再生能源。

2010年贵州省政府工作报告（节录）

单位生产总值能耗降低5.5%，化学需氧量和二氧化硫排放量分别下降4%和1.9%。

从制度安排入手，以节能减排、生态环境保护和资源综合利用为突破口，大力推进经济发展方式转变。深入实施建筑节能、绿色照明、电机改造等十大重点节能工程，继续推进工业、交通、建筑等重点领域和能源、原材料等重点行业节能，继续加强对年耗能5000吨标煤以上重点监控企业的能耗监管，积极实施节能产品惠民工程。加强固定资产投资项目节能评估和审查，对不达标的项目限期进行节能整改。继续对限制类和淘汰类高耗能企业实行差别电价政策，探索建立高耗能产品许可证核发与单位产品能耗限额挂钩审查制度。借助清洁发展机制推进循环经济工业基地项目建设。积极开发新能源和可再生能源。加大污染防治和减排力度，全面建成县级以上城镇污水处理设施，加快城镇垃圾处理设施建设，抓好已建成污水和垃圾处理设施运营管理，确保稳定运行。基本完成燃煤火电厂脱硫设施扩容改造，强化环境监督管理，确保已建成火电厂脱硫设施真正发挥作用。继续加强重点流域、饮用水源保护区和煤矿山、煤化工、磷化工等重点区域的污染防治力度，严格执行环保标准和生态恢复政策规定。加强城市机动车排气治理、固体废弃物污染防治和化学品环境管理。加大农业面源污染和土壤污染防治力度。

坚持保障发展与保护资源并重，提高资源集约节约利用水平。认真实施新一轮土地利用总体规划，重新划定永久性基本农田保护区，加大土地整治力度。深化地质找矿改革，进一步加强优势和急需矿种的整装勘查，力争在找矿、找水、找地热等方面实现新的突破。切实做好地质灾害防治工作。加快电力、煤炭、化工、冶金等重点行业废物规模化利用和产业化发展。切实落实国家和省鼓励支持资源综合利用的各项优惠政策。进一步完善资源有偿使用制度。

2010年西藏自治区政府工作报告（节录）

加强生态环境保护与建设。加快实施《西藏生态安全屏障保护与建设规划》，提高生态安全保障能力，推进生态西藏建设。继续抓好草原生态保护奖励机制试点工作。积极探索开展资源开发生态补偿试点。加强气候变化应对工作，提高防灾减灾能力。加强高原生物多样性保护，搞好自然保护区建设。积极开展植树造林，加大水土流失治理力度。实施饮用水水源地保护工程，建立健全饮用水水源安全预警机制。倡导以低碳排放为特征的消费模式，发展低碳经济。高度重视节能减排工作，严格环境监测监管，认真落实规划和建设项目环境影响评价制度，深入开展环保专项行动。加快城镇生活污水和垃圾处理设施建设，推进农牧区薪柴替代和环境综合治理工程。

2010年陕西省政府工作报告（节录）

万元GDP能耗同比下降4.5%以上，二氧化硫、化学需氧量同比均削减3%以上。

制定发展规划，完善政策支持措施，积极培育环保产业。围绕大型环保节能装备、资源综合利用、新型洁净产品三大领域，打造关中污水处理设备及节能装备制造、陕北煤化工废气处理及能量回收设备制造、陕南矿产废渣综合利用设备研发制造三大基地，建设十大环保产业园区，构建环保装备制造、环境服务业两大产业链，使全省环保产业年均增长速度保持在30%左右。

把发展循环经济作为节能减排的治本之策和转变发展方式的重要途径，积极实施陕南循环经济产业发展规划，支持榆林、杨凌国家级循环经济试点和汉中、安康、商洛循环经济园区以及延长集团靖边循环工业产业园建设，支持铜川搞好资源型城市可持续发展试点工作。充分发挥省循环经济工程技术院的作用，加快推进技术与成果转化，为发展循环经济提供有效支撑。大力推进工业废物回收利用和秸秆综合利用，最大限度地提高资源综合利用和循环利用水平。

2010年甘肃省政府工作报告（节录）

万元生产总值能耗降低5%以上。

大力发展循环经济，加大节能减排力度。加快实施《甘肃省循环经济总体规划》，建设“一区七基地”，培育16条产业链，实施72类重点支撑项目，总投资2133亿元。提高煤炭、黑色和有色金属共伴生矿产资源综合利用水平。支持工业园区提升循环经济发展功能。抓好省级43个节水型社会试点建设。加强重点工业行业和160户重点企业的节能工作，落实差别电价政策，淘汰高耗能高污染落后产能。大力实施资源节约和环境保护技术改造项目，开发和推广资源节约替代、回收处理等新产品新技术。加大兰州大气污染治理力度，加快城区污水“全收集、全处理”工程建设进度。加强农业面源污染治理和饮用水源保护，加大工业和重金属污染防治力度。积极推进公共机构节能工作。二氧化硫和化学需氧量排放量分别控制在56.3万吨、16.8万吨以内。

2010年宁夏回族自治区政府工作报告（节录）

单位GDP综合能耗降低5.2%，化学需氧量减少3.6%，二氧化硫排放量减少4.5%。

重点支持一批城镇道路、供排水、集中供热、污水和垃圾处理等项目。农林水利项目完成投资80亿元。推进全国节水型社会示范区、防沙治沙综合示范区建设，重点实施引黄灌区续建配套与节水改造、中北部土地开发整理、中部县内生态移民、高效节水补灌及“六个百万亩”生态林业建设等项目。

以节能减排促进清洁生产。牢固树立“宁可牺牲GDP也要保护好环境”的意识，严格执行“十条铁律”和30条意见。加强固定资产投资项目用能评估，严格重点用能企业的监督考核。继续在铁合金、电石、碳化硅等高耗能行业，实施差别电价和能耗限额管理，奖励节能减排先进企业。完善落后产能退出机制，坚决杜绝限制性高耗能、高排放项目上马。扩大循环经济试点，培育清洁能源等永续产业，提高排放达标率和“三废”利用率。组织实施好10件环保实事。积极应对气候变化，加大植树造林规模，有效增加森林碳汇。

2010年青海省政府工作报告（节录）

万元GDP能耗降低6%以上。

着力提升循环经济发展水平。深入推进资源集约开发、综合利用，延长产业链条，增强竞争能力。以柴达木、西宁经济技术开发区两个重点循环经济试验区总体规划的实施为契机，进一步优化功能定位，完善政策支持体系，强化基础建设、产业布局、资源保障和公共服务。扩大循环经济专项资金规模，加大对示范性、导向性循环经济项目的扶持力度，在积极推进复合肥、氯碱、高精铝板带、250万吨铁矿等项目的同时，继续在油气、盐化工、特钢、有色金属、煤化工等领域谋划一批精深加工项目，构建产业纵向延伸与横向扩展相结合的循环工业体系，打响国家级循环经济试验区的品牌。进一步完善园区发展规划，加快园区工业建设，提高产业集中度，形成相互协作、相互配套的集聚效应。支持建设曹家堡空港综合经济区。

2010年新疆维吾尔自治区政府工作报告（节录）

深入实施可持续发展战略。加强环境立法执法工作，大力推进生态环境保护和建设，加强对重点区域、重点流域和重点行业的规划环评工作。加强全社会特别是重点工程、重点领域节能减排工作，抓好燃煤电厂脱硫项目建设，所有新建、改建、扩建燃煤机组必须同步建成并运用煤气脱硫设施。推进矿产资源开发整合，抓好煤炭、黑色和有色金属等矿产资源加工与综合利用。推进综合废旧物资利用和生活垃圾资源化利用。削减造纸、化工、酿造、印染等行业污染物排放量。对资源开发项目、基础设施建设现场的生态环境实行有效监管；对生态环境造成破坏的，必须进行恢复性建设。加大以乌鲁木齐为重点的城市大气污染治理和城镇污水处理设施建设。大力推进以防沙治沙为主的林业生态、农村防护林、铁路公路绿色通道等10大林业工程建设，不断巩固退耕还林、退牧还草成果。积极推动重点流域湖泊、重点区域环境治理，加强饮用水源地保护。防治农村面源污染和土地污染，改善村庄环境。大力发展循环经济和节能环保产业，加快水能、风能、太阳能等可再生能源开发利用。加强循环经济技术研发、示范、推广和能力建设。加强水、土地、矿产管理，做好节水、节地、节材等工作。

政策文件

国务院政策文件

关于采取综合措施对耐火粘土萤石的开采和生产进行控制的通知

国办发〔2010〕1号

各省、自治区、直辖市人民政府，国务院各部委、各直属机构：

耐火粘土和萤石是可用尽且不可再生的宝贵资源。近年来，一些企业对耐火粘土、萤石过度开采和生产加工，导致资源保有储量快速下降，环境污染严重。为全面贯彻落实科学发展观，保护资源和环境，有必要从矿山开采、生产计划管理、税收、环保、产业准入、出口管理等方面采取综合措施，控制缩减耐火粘土、萤石的开采量和生产量。经国务院批准，现就有关事项通知如下：

一、实行开采和生产总量限制

对耐火粘土、萤石实行开采和生产双重总量控制，使开采量和生产量逐年有所减少。国土资源部下达耐火粘土(高铝粘土矿产)、萤石年度开采总量控制指标和分地区年度开采总量控制指标，各省(区、市)国土资源管理部门负责将相关开采总量控制指标分解下达到相应的矿山开采企业；国家发展改革委研究提出年度生产总量指令性计划，工业和信息化部下达分地区年度生产指令性计划，各省(区、市)工业和信息化主管部门负责将相关生产指令性计划下达到相应的生产企业。各有关部门要做好开采控制指标和生产指令性计划的衔接。各省(区、市)发展改革委、工业和信息化主管部门和国土资源管理部门分别将上一年度指令性计划和控制指标的执行结果上报国家发展改革委、工业和信息化部和国土资源部。

二、严格控制新增开采产能

自本通知印发之日起，国土资源管理部门原则上不再受理新的耐火粘土(高铝粘土矿产)和萤石的勘查、开采登记申请。要加强对耐火粘土(高铝粘土矿产)、萤石资源开采秩序的治理整顿，依法淘汰破坏资源、污染环境、布局不合理和不符合安全生产条件、技术落后的开采企业，依法取缔无证开采。对不符合国家产业政策、市场准入条件的建设项目，国土、规划、建设、环保和安全生产监管部门不办理相关手续。

三、积极推进产业结构调整

各地区、各部门要制定具体措施，支持耐火粘土、萤石企业的环保、节能改造，推广高效率、低能耗、环保型新技术、新工艺，推进产业结构调整。工业和信息化部要会同有关部门制定出台耐火粘土、萤石行业的准入标准，严格规模、技术、节能降耗、环保等方面的要求，淘汰落后生产能力。各地区要严格按照准入条件加强准入管理，防止盲目投资，并按照规定期限淘汰工艺水平低、污染严重的落后生产能力。行业准入标准从2010年3月1日起发布执行。

四、有效实施出口措施

在缩减耐火粘土(高铝粘土矿产)、萤石开采量和生产量的同时，要继续运用现有出口措施，在兼顾国际市场合理需求的前提下，实现开采及生产限制措施与贸易环节管理措施的平衡。海关要加大打击走私力度，确保相关出口措施落到实处。

五、提高资源税税率

为有效缩减耐火粘土和萤石的开采量，合理引导市场需求，保护生态环境，提高耐火粘土和萤石的资源税税率。具体税额标准的调整由财政部商有关部门在现行资源税暂行条例的税额幅度内另行确定。

六、加强环保监督

各地环保部门要依法制定有关加强耐火粘土和萤石环保监督规范，将耐火粘土和萤石相关企业纳入重点监控企业名单，进一步加强执法力度，加大对耐火粘土和萤石开采、生产企业环保状况的监督检查和评估，加强对尾矿处理的监管，并将有关监督检查情况及时上报上级政府环保部门。对超过污染物排放标准或者造成严重环境污染的耐火粘土和萤石开采、生产企业依法责令限期治理；对经限期治理逾期未完成治理任务的单位，依法报经地方政府责令停业、关闭。

七、加强信息引导

工业和信息化部、国土资源部会同行业协会等单位，要加强对国内外耐火粘土和萤石市场变化的研究，及时、准确地发布市场信息，正确引导耐火粘土和萤石的投资、开采和生产，引导企业落实国家产业政策，推广运用先进适用技术，提高竞争力。

八、加强督促检查

各地区和有关部门要加强督促检查，确保上述政策措施落实到位。对开采、生产数量超过当年下达的总量控制指标或指令性计划的省（区、市），国家发展改革委、工业和信息化部和国土资源部分别予以通报批评，并加倍削减下一年度的总量控制指标或指令性计划。

国务院办公厅

二〇一〇年一月二日

关于进一步加大工作力度确保实现“十一五”节能减排目标的通知

国发〔2010〕12号

各省、自治区、直辖市人民政府，国务院各部委、各直属机构：

2006年以来，各地区、各部门认真贯彻落实科学发展观，把节能减排作为调整经济结构、转变发展方式的重要抓手，加大资金投入，强化责任考核，完善政策机制，加强综合协调，节能减排工作取得重要进展。全国单位国内生产总值能耗累计下降14.38%，化学需氧量排放总量下降9.66%，二氧化硫排放总量下降13.14%。但要实现“十一五”单位国内生产总值能耗降低20%左右的目标，任务还相当艰巨。为进一步加大工作力度，确保实现“十一五”节能减排目标，现就有关事项通知如下：

一、增强做好节能减排工作的紧迫感和责任感

“十一五”节能减排指标是具有法律约束力的指标，是政府向全国人民作出的庄严承诺，是衡量落实科学发展观、加快调整产业结构、转变发展方式成效的重要标志，事关经济社会可持续发展，事关人民群众切身利益，事关我国的国际形象。当前，节能减排形势十分严峻，特别是2009年第三季度以来，高耗能、高排放行业快速增长，一些被淘汰的落后产能死灰复燃，能源需求大幅增加，能耗强度、二氧化硫排放量下降速度放缓甚至由降转升，化学需氧量排放总量下降趋势明显减缓。为应对全球气候变化，我国政府承诺到2020年单位国内生产总值二氧化碳排放要比2005年下降40%–45%，节能提高能效的贡献率要达到85%以上，这也给节能减排工作带来巨大挑战。各地区、各部门要充分认识加强节能减排工作的重要性和紧迫性，切实增强使命感和责任感，下更大决心，花更大气力，果断采取强有力、见效快的政策措施，打好节能减排攻坚战，确保实现“十一五”节能减排目标。

二、强化节能减排目标责任

组织开展对省级政府2009年节能减排目标完成情况和措施落实情况及“十一五”目标完成进度的评价考核，考核结果向社会公告，落实奖惩措施，加大问责力度。及时发布2009年全国和各地区单位国内生产总值能耗、主要污染物排放量指标公报，以及2010年上半年全国单位国内生产总值能耗、主要污染物排放量指标公报。各地区要按照节能减排目标责任制的要求，一级抓一级，层层抓落实，组织开展本地区节能减排目标责任评价考核工作，对未完成目标的地区进行责任追究。到“十一五”末，要对节能减排目标完成情况算总账，实行严格的问责制，对未完成任务的地区、企业集团和行政不作为的部门，都要追究主要领导责任，根据情节给予相应处分。各地区“十二五”节能目标任务的确定要以2005年为基数。各省级政府要在5月底前，将本地区2010年节能减排目标和实施方案报国务院。

三、加大淘汰落后产能力度

2010年关停小火电机组1000万千瓦，淘汰落后炼铁产能2500万吨、炼钢600万吨、水泥5000万吨、电解铝33万吨、平板玻璃600万重箱、造纸53万吨。各省级政府要抓紧制定本地区今年淘汰落后产能任务，将任务分解到市、县和有关企业，并于5月20日前报国务院有关部门。有关部门要在5月底前下达各地区淘汰落后产能任务，公布淘汰落后产能企业名单，确保落后产能在第三季度前全部关停。加强淘汰落后产能核查，对未按期完成淘汰落后产能任务的地区，严格控制国家安排的投资项目，实行项目“区域限批”，暂停对该地区项目的环评、供地、核准和审批。对未按规定期限淘汰落后产能的企业，依法吊销排污许可证、生产许可证、安全生产许可证，投资管理部门不予审批和核准新的投资项目，国土资源管理部门不予批准新增用地，有关部门依法停止落后产能生产的供电供水。

四、严控高耗能、高排放行业过快增长

严格控制“两高”和产能过剩行业新上项目。各级投资主管部门要进一步加强项目审核管理，今年内不再审批、核准、备案“两高”和产能过剩行业扩大产能项目。未通过环评、节能审查和土地预审的项目，一律不准开工建设。对违规在建项目，有关部门要责令停止建设，金融机构一律不得发放贷款。对违规建成的项目，要责令停止生产，金融机构一律不得发放流动资金贷款，有关部门要停止供电供水。落实限制“两高”产品出口的各项政策，控制“两高”产品出口。

五、加快实施节能减排重点工程

安排中央预算内投资333亿元、中央财政资金500亿元，重点支持十大重点节能工程建设、循环经济发展、淘汰落后产能、城镇污水垃圾处理、重点流域水污染治理，以及节能环保能力建设等，形成年节能能力8000万吨标准煤，新增城镇污水日处理能力1500万吨、垃圾日处理能力6万吨。各地区要将节能减排指标落实到具体项目，节能减排专项资金要向能直接形成节能减排能力的项目倾斜，尽早下达资金，尽快形成节能减排能力。有关部门要在6月中旬前出台加快推行合同能源管理，促进节能服务产业发展的相关配套政策，对节能服务公司为企业实施节能改造给予支持。

六、切实加强用能管理

加强对各地区综合能源消费量、高耗能行业用电量、高耗能产品产量等情况的跟踪监测，对能源消费和高耗能产业增长过快的地区，合理控制能源供应，切实改变敞开口子供应能源、无节制使用能源的现象。大力推进节能发电调度，加强电力需求侧管理，制定和实施有序用电方案，在保证合理用电需求的同时，要压缩高耗能、高排放企业用电。对能源消耗超过已有国家和地方单位产品能耗（电耗）限额标准的，实行惩罚性价格政策，具体由省级政府有关部门提出意见。省级节能主管部门组织各级节能监察机构于今年6月底前对重点用能单位上一年度和今年上半年主要产品能源消耗情况进行专项能源监察审计，提出超能耗（电耗）限额标准的企业和产品名单，实行惩罚性电价，对超过限额标准一倍以上的，比照淘汰类电价加价标准执行。加强城市照明管理，严格控制公用设施和大型建筑物装饰性景观照明能耗。

七、强化重点耗能单位节能管理

突出抓好千家企业节能行动，公告考核结果，强化目标责任，加强用能管理，提高用能水平，确保形成2000万吨标准煤的年节能能力。省级节能主管部门要加强对年耗能5000吨标准煤以上重点用能单位的节能监管，落实能源利用状况报告制度，推进能效水平对标活动，开展节能管理师和能源管理体系试点。已经完成“十一五”节能任务的用能单位，要继续狠抓节能不放松，为完成本地区节能任务多做贡献；尚未完成任务的用能单位，要采取有力措施，确保完成“十一五”节能任务。中央和地方国有企业都要发挥表率作用，加大节能投入，加强管理，对完不成节能减排目标和存在严重浪费能源资源的，在经营业绩考核中实行降级降分处理，并与企业负责人绩效薪酬紧密挂钩。

八、推动重点领域节能减排

加强电力、钢铁、有色、石油石化、化工、建材等重点行业节能减排管理，加大用先进适用技术改造传统产业的力度。加强新建建筑节能监管，到2010年底，全国城镇新建建筑执行节能强制性标准的比例达到95%以上，完成北方采暖地区居住建筑供热计量及节能改造5000万平方米，确保完成“十一五”期间1.5亿平方米的改造任务。夏季空调温度设置不低于26摄氏度。加强车辆用油定额考核，严格执行车辆燃料消耗量限值标准，对客车实载率低于70%的线路不得投放新的运力。推行公路甩挂运输，加快铁路电气化建设和运输装备改造升级，优化民航航路航线。开展节约型公共机构示范单位建设活动，2010年公共机构能源消耗指标要在去年基础上降低5%。加强流通服务业节能减排工作。加大汽车、家电以旧换新力度。抓好“三河三湖”、松花江等重点流域水污染治理。做好重金属污染治理工作。抓好农村环境综合整治。支持军队加快实施节能减排技术改造。

九、大力推广节能技术和产品

发布国家重点节能技术推广目录（第三批）。继续实施“节能产品惠民工程”，在加大高效节能空调推广的基础上，全面推广节能汽车、节能电机等产品，继续做好新能源汽车示范推广，5月底前有关部门要出台具体的实施细则。推广节能灯1.5亿只以上，东中部地区和有条件的西部地区城市道路照明、公共场所、公共机构全部淘汰低效照明产品。扩大能效标识实施范围，发布第七批能效标识产品目录。落实政府优先和强制采购节能产品制度，完善节能产品政府采购清单动态管理。

十、完善节能减排经济政策

深化能源价格改革，调整天然气价格，推行居民用电阶梯价格，落实煤层气、天然气发电上网电价和脱硫电价政策，出台鼓励余热余压发电上网和价格政策。对电解铝、铁合金、钢铁、电石、烧碱、水泥、黄磷、锌冶炼等高耗能行业中属于产业结构调整指导目录限制类、淘汰类范围的，严格执行差别电价政策。各地可在国家规定基础上，按照规定程序加大差别电价实施力度，大幅提高差别电价加价标准。加大污水处理费征收力度，改革垃圾处理费收费方式。积极落实国家支持节能减排的所得税、增值税等优惠政策，适时推进资源税改革。尽快出台排污权有偿使用和交易指导意见。深化生态补偿试点，完善生态补偿机制。开展环境污染责任保险。金融机构要加大对节能减排项目的信贷支持。

十一、加快完善法规标准

尽快出台固定资产投资项目节能评估和审查管理办法，抓紧完成城镇排水与污水处理条例的审查修改，做好大气污染防治法（修订）、节约用水条例、生态补偿条例的研究起草工作。研究制定重点用能单位节能管理办法、能源计量监督管理办法、节能产品认证管理办法、主要污染物排放许可证管理办法等。完善单位产品能耗限额标准、用能产品能效标准、建筑能耗标准等。

十二、加大监督检查力度

在今年第三季度，国务院组成工作组，对部分地区贯彻落实本通知精神情况进行检查。各级政府要组织开展节能减排专项督察，严肃查处违规乱上“两高”项目、淘汰落后产能进展滞后、减排设施不正常运行及严重污染环境等问题，彻底清理对高耗能企业和产能过剩行业电价优惠政策，发现一起，查处一起，对重点案件要挂牌督办，对有关责任人要严肃追究责任。要组织节能监察机构对重点用能单位开展拉网式排查，严肃查处使用国家明令淘汰的用能设备或生产工艺、单位产品能耗超限额标准用能等问题，情节严重的，依法责令停业整顿或者关闭。开展酒店、商场、办公楼等公共场所空调温度以及城市景观过度照明检查。继续深入开展整治违法排污企业保障群众健康环保专项行动。发挥职工监督作用，加强职工节能减排义务监督员队伍建设。

十三、深入开展节能减排全民行动

加强能源资源和生态环境国情宣传教育，进一步增强全民资源忧患意识、节约意识和环保意识。组织开展好2010年全国节能宣传周、世界环境日等活动。在企业、机关、学校、社区、军营等开展广泛深入的“节能减排全民行动”，普及节能环保知识和方法，推介节能新技术、新产品，倡导绿色消费、适度消费理念，加快形成有利于节约资源和保护环境的消费模式。新闻媒体要加大节能减排宣传力度，在重要栏目、重要时段、重要版面跟踪报道各地区落实本通知要求采取的行动，宣传先进经验，曝光反面典型，充分发挥舆论宣传和监督作用。

十四、实施节能减排预警调控

要做好节能减排形势分析和预警预测。各地区要在6月底前制定相关预警调控方案，在第三季度组织开展“十一五”节能减排目标完成情况预考核；对完成目标有困难的地区，要及时启动预警调控方案。

各地区、各部门要把节能减排放在更加突出的位置，切实加强组织领导。地方各级人民政府对本行政区域节能减排负总责，政府主要领导是第一责任人。发展改革委要加强节能减排综合协调，指导推动节能降耗工作，环境保护部要做好减排的协调推动工作，统计局要加强能源监测和统计。有关部门在各自的职责范围内做好节能减排工作，加强对各地区贯彻落实本通知精神的督促检查，确保实现“十一五”节能减排目标。

国务院

二〇一〇年五月四日

关于加强地沟油整治和餐厨废弃物管理的意见

国办发〔2010〕36号

各省、自治区、直辖市人民政府，国务院各部委、各直属机构：

按照国务院的统一部署，各地区、各有关部门正在深入开展食品安全整顿工作，并取得阶段性成效。但食品安全领域仍存在一些突出问题。一些地方出现用餐厨废弃物提炼的所谓“地沟油”，经非法渠道回流到餐桌，带来严重食品安全隐患，群众对此反映强烈，引起社会广泛关注。为有效解决“地沟油”回流餐桌问题，切实保障食品安全和人民群众身体健康，经国务院同意，现就加强“地沟油”整治和餐厨废弃物管理提出以下意见：

一、开展“地沟油”专项整治

（一）严厉打击非法生产销售“地沟油”行为。各地区、各有关部门要将“地沟油”整治作为食品安全整顿的重要内容，以城乡结合部和城市近郊区为重点，仔细排查和清理非法生产“地沟油”的黑窝点，摸清“地沟油”原料来源和销售渠道，对发现的问题追查到底，对黑窝点一律取缔，严厉打击有关违法犯罪行为。要以集贸市场、批发市场等场所为重点，严肃查处经营假冒伪劣和来源不明食用油的行为。

（二）严防“地沟油”流入食品生产经营单位。以城市（镇）、矿区、旅游景区等餐饮业集中地为重点地区，以食品生产小作坊、小餐馆、餐饮摊点、火锅店和学校食堂、企事业单位食堂、工地食堂等集体食堂为主要对象，加强对食用油购货记录和票证检查，依法查处从非法渠道购进食用油和使用“地沟油”加工食品的行为。对使用“地沟油”的食品生产经营单位依法责令停产停业整顿，直至吊销许可证；涉嫌犯罪的依法移送司法机关，追究刑事责任。

二、加强餐厨废弃物管理

（一）规范餐厨废弃物处置。各地要制定和完善餐厨废弃物管理办法，要求餐厨废弃物产生单位建立餐厨废弃物处置管理制度，将餐厨废弃物分类放置，做到日产日清；以集体食堂和大中型餐饮单位为重点，推行安装油水隔离池、油水分离器等设施；严禁乱倒乱堆餐厨废弃物，禁止将餐厨废弃物直接排入公共水域或倒入公共厕所和生活垃圾收集设施；禁止将餐厨废弃物交给未经相关部门许可或备案的餐厨废弃物收运、处置单位或个人处理。不得用未经无害化处理的餐厨废弃物喂养畜禽。

（二）加强餐厨废弃物收运管理。餐厨废弃物收运单位应当具备相应资格并获得相关许可或备案。餐厨废弃物应当实行密闭化运输，运输设备和容器应当具有餐厨废弃物标识，整洁完好，运输中不得泄漏、撒落。

（三）建立餐厨废弃物管理台账制度。餐厨废弃物产生、收运、处置单位要建立台账，详细记录餐厨废弃物的种类、数量、去向、用途等情况，定期向监管部门报告。各地要创造条件建立餐厨废弃物产生、收运、处置通用的信息平台，对餐厨废弃物管理各环节进行有效监控。

（四）严肃查处有关违法违规行为。加大查处和收缴非法收运餐厨废弃物运输工具的力度，严厉打击非法收运餐厨废弃物的行为；对违法销售或处置餐厨废弃物的餐饮服务单位要依法予以处罚；对机关和企事业单位、学校、医院等内部集体食堂（餐厅）不按照规定处置餐厨废弃物的，除进行处罚外，还要追究食堂（餐厅）所属单位负责人的责任。

三、推进餐厨废弃物资源化利用和无害化处理

要通过开展试点，探索适宜的餐厨废弃物资源化利用和无害化处理技术工艺路线及管理模式，提高餐厨废弃物资源化利用和无害化处理水平。发展改革委、住房城乡建设部、财政部要会同工业和信息化部、环境保护部、农业

部、商务部等部门尽快确定餐厨废弃物资源化利用和无害化处理试点城市，制定试点管理办法，对试点工作及早作出安排；要加强对试点城市的指导，及时总结试点经验，在全国示范推广。要研究完善相关政策和措施，支持餐厨废弃物资源化利用和无害化处理项目建设，积极扶持相关企业发展，引导社会力量参与餐厨废弃物资源化利用和无害化处理。做好技术研发、资源化产品安全性评估等工作，加快建立相应的政策、法规、标准和监管体系，促进餐厨废弃物资源化利用和无害化处理产业发展。各试点城市要高度重视，加强领导，制定切实可行办法，完善相关配套政策措施，认真做好试点工作。其他地区也应结合本地实际，借鉴相关经验，积极推进餐厨废弃物资源化利用和无害化处理工作。

四、明确分工、落实责任

（一）强化食品生产经营单位的主体责任。食品生产经营单位要强化食品安全责任主体意识，坚持诚信守法经营，切实履行社会责任。要严格执行生产卫生标准和操作规范，建立健全并严格落实进货查验、索证索票和全程追溯制度，加强对食品原料的检验检测，发现问题立即处理并向监管部门报告。

（二）建立市（县）长负责制。城市是餐厨废弃物的主要产生地，城市周边是餐厨废弃物收运和“地沟油”提炼的主要集散地。加强餐厨废弃物管理是城市综合管理和公共服务的重要组成部分。各地区特别是各城市要建立“地沟油”整治和餐厨废弃物管理工作市（县）长负责制，加强统一领导和组织协调，结合实际进一步制定具体整治方案，明确工作目标和任务分工，及时研究、协调解决工作中遇到的问题和困难，统筹抓好各项措施落实。各省（区、市）人民政府要加强对本地区“地沟油”整治和餐厨废弃物管理工作的督促指导。

（三）落实部门监管责任。各有关部门要按照部门职责和食品安全整顿任务分工，认真安排和做好有关工作。商务部门要加强餐饮业行业管理，引导餐饮企业诚信经营。质检部门要加强对食品生产加工环节的监管，严厉打击食品生产单位使用“地沟油”加工食品的违法行为。工商部门要加强对流通环节经营食用油的监督，严厉打击经营“地沟油”和非正规来源食用油的行为。食品药品监管部门要加强对餐饮服务单位的监管，监督餐饮服务单位建立并执行食品原料采购查验和索证索票制度，严厉打击购买、使用“地沟油”和非正规来源食用油的行为。卫生部门要会同有关部门加强对食用油的风险监测，完善相关检测方法。

（四）建立健全全程监管和执法联动机制。各地区、各有关部门要加强协调配合，建立健全监管信息交流和反馈机制、监管执法联动机制和监督检查机制，及时通报情况，形成联动打击合力，实现对“地沟油”和餐厨废弃物的全程监管，确保不留隐患和死角。

五、加强监督检查和宣传教育

（一）认真组织督导检查。各地区、各有关部门要对“地沟油”整治和餐厨废弃物管理工作目标任务完成情况，逐级开展督导检查。对工作扎实、效果显著的，要给予鼓励表扬。对问题突出且长期得不到解决的，要通报批评、督促整改，并追究有关负责人的责任。要将“地沟油”整治和餐厨废弃物管理内容，作为创建卫生城市、文明城市等评选活动的重要指标。2010年9月至10月，国务院食品安全委员会将结合督导检查食品安全整顿工作，对各地开展“地沟油”整治情况进行督导检查。

（二）充分发挥社会和舆论监督作用。各地要建立有奖举报制度，支持鼓励群众积极参与“地沟油”整治和餐厨废弃物管理工作。要定期向社会公布在“地沟油”和餐厨废弃物管理方面出现问题的企业和单位，并纳入企业诚信记录。要支持新闻媒体及时报道有关工作措施、进展和成效，对违法使用“地沟油”的餐饮企业和非法制售窝点予以曝光。

（三）大力开展宣传教育活动。要采取多种形式，广泛开展宣传教育，大力普及食用油等方面的食品安全常识和相关法律知识，引导群众科学消费，提高群众的健康意识、食品安全意识和环保意识。强化企业诚信和行业自律教育，加强从业人员培训，提高食品生产经营单位的法律意识和食品安全意识，形成保障食品安全的良好社会环境。

国务院办公厅

二〇一〇年七月十三日

国家发展和改革委员会政策文件

关于启用并加强汽车零部件再制造产品标志管理与保护的通知

发改环资[2010]294号

各省、自治区、直辖市及计划单列市、副省级省会城市、新疆生产建设兵团发展改革委、经贸委（经委、经信委、工信委）、工商行政管理局：

为推进汽车零部件再制造产业发展，根据《中华人民共和国循环经济促进法》，国家发展改革委组织设计了汽车零部件再制造产品标志（以下简称标志）（见附件一），并在国家工商行政管理总局备案保护。现将标志向社会正式发布，开始启用。有关事项通知如下：

一、标志由标准图形和再制造中英文文字组成，所有权归国家发展改革委。未经所有权人允许，任何单位和个人不得使用，伪造或擅自改造标志。

二、标志在国家发展改革委确定的汽车零部件再制造试点企业（简称试点企业）（见附件二）率先使用。汽车零部件再制造试点结束后，将在全国推广使用。

三、汽车零部件再制造产品应在产品外观明显标注标志，对由于尺寸等原因无法标注的产品，应在产品包装和产品说明书中标注。标注在再制造产品上的标志应能永久保持。标志发布之前已销售的再制造产品可不再标注。

四、标志仅表明该产品为再制造产品。可以单独在企业的特约维修点、广告宣传及互联网等场所或媒介等比例放大或缩小使用，也可与再制造企业名称、产品名称及型号等信息组合使用。

五、国家发展改革委和国家工商行政管理总局对标志的使用实行统一监督和管理，地方循环经济发展综合管理部门、工商行政管理部门按照职责分工对所辖区域内标志的使用进行监督与管理。对未经同意擅自使用标志、销售没有标志的再制造产品的行为，由地方工商行政管理部门，依据《中华人民共和国循环经济促进法》、《中华人民共和国商标法》等相关法律进行查处。

六、标志自本通知发布之日启用。

关于标志的使用范围变更，国家发展改革委将会同有关部门另行通知。

附件：一、汽车零部件再制造产品标志（略）

二、汽车零部件再制造试点企业名单（略）

国家发展改革委

国家工商管理总局

二〇一〇年二月二十日

关于支持循环经济发展的投融资政策措施意见的通知

发改环资[2010]801号

各省、自治区、直辖市及计划单列市、新疆生产建设兵团发展改革委、经贸委（经委、经信委、工信委）；中国人民银行上海总部，各分行、营业管理部，省会（首府）城市中心支行；各省、自治区、直辖市银监局、证监局；各政策性银行，国有商业银行，股份制商业银行，中国邮政储蓄银行：

为贯彻落实《中华人民共和国循环经济促进法》（以下简称《循环经济促进法》）和《国务院关于加快发展循环经济的若干意见》（国发[2005]22号），加大对发展循环经济的投融资政策支持力度，促进循环经济形成较大规模，加快调整经济结构，转变经济发展方式，建设资源节约型和环境友好型社会，现就支持循环经济发展的投资融资政策措施意见通知如下：

一、充分认识加大投融资政策支持对发展循环经济的重要意义

（一）发展循环经济是国家经济社会发展的一项重大战略。循环经济是指在生产、流通和消费过程中进行的减量化、再利用、资源化活动的总称，是最大限度地节约资源和保护环境的经济发展模式，是实施可持续发展战略的重要内容。党中央、国务院高度重视发展循环经济。十六届五中全会指出，“要把节约资源作为基本国策，发展循环经济，保护生态环境，加快建设资源节约型和环境友好型社会。”《国民经济和社会发展第十一个五年规划纲要》把发展循环经济作为重大战略任务。党的十七大提出了促进循环经济形成较大规模的更高要求。《循环经济促进法》将发展循环经济确立为国家经济社会发展的一项重大战略。国务院发布了《关于加快发展循环经济的若干意见》，提出要大力发展循环经济，实现经济、环境和社会效益相统一，并对发展循环经济工作做出了全面部署。

（二）发展循环经济需要建立投融资政策支持体系。发展循环经济既要充分发挥市场机制的作用，又要强调政府的主导作用，需要政府综合运用规划、投资、产业、价格、财税、金融等政策措施，建立一个良性、面向市场、有利于循环经济发展的投融资政策支持体系和环境，形成有效的激励机制，引导社会资金投向循环经济，有效解决发展循环经济投入不足的问题。各地区要把发展循环经济作为贯彻落实科学发展观、建设资源节约型和环境友好型社会的内在要求，作为调整经济结构、转变经济发展方式的突破口和重要抓手，增强紧迫感和责任感，建立健全投融资政策支持体系，加快促进循环经济形成较大规模，实现经济社会又好又快发展。同时，有关金融机构要抓住国家大力发展循环经济的有利时机，充分考虑循环经济企业和项目的特点，稳步有序开展促进循环经济发展的金融服务工作，努力通过加大对循环经济的金融支持，寻求新的盈利增长点。

二、充分发挥政府规划、投资、产业和价格政策的引导作用

（一）制定循环经济发展规划。各地循环经济发展综合管理部门要会同有关部门，按照《循环经济促进法》的要求，因地制宜，制定本地区“十二五”循环经济发展规划。发展规划应当包括规划目标、适用范围、主要内容、重点任务和保障措施等，并规定资源产出率、废物再利用和资源化率等指标。要把发展循环经济作为编制地区“十二五”规划的重要指导原则，放在重要位置，用循环经济理念指导编制各类专项规划、区域规划以及城市规划。要通过编制规划，确定发展循环经济的重点领域、重点工程和重大项目，为社会资金投向循环经济指明方向。国家发展改革委将适时发布地方循环经济发展规划编制指南。

（二）加大对循环经济投资的支持力度。各地发展改革委在制定和实施投资计划时，要将“减量化、再利用、

资源化”等循环经济项目列为重点投资领域。对发展循环经济的重大项目和技术示范产业化项目，要采用直接投资或资金补助、贷款贴息等方式加大支持力度，充分发挥政府投资对社会投资的引导作用。

（三）研究完善促进循环经济发展的产业政策。各地发展改革委要依据国家产业结构调整的有关规定，立足现有基础和比较优势，认真清理限制循环经济发展的不合理规定，制定并细化有利于循环经济发展的产业政策体系，引导社会资金投向资源循环利用产业，加大循环经济技术、装备和产品的示范、推广力度，形成新的经济增长点。

（四）研究促进循环经济发展的相关价格和收费政策。各地发展改革委（价格主管部门）要逐步建立能够反映资源稀缺程度、环境损害成本的价格机制。鼓励实施居民生活用水阶梯式水价制度，合理确定再生水价格，提高水资源重复利用水平。要合理调整污水和垃圾处理费、排污费等收费标准，鼓励企业实现“零排放”。要通过调整价格和完善收费政策，引导消费者使用节能、节水、节材和资源循环利用产品，引导社会资金加大对循环经济项目的投入。

三、全面改进和提升支持循环经济发展的金融服务

（一）明确信贷支持重点。对由国家、省级循环经济发展综合管理部门支持的节能、节水、节材、综合利用、清洁生产、海水淡化和“零”排放等减量化项目，废旧汽车零部件、工程机械、机床等产品的再制造和轮胎翻新等再利用项目，以及废旧物资、大宗产业废弃物、建筑废弃物、农林废弃物、城市典型废弃物、废水、污泥等资源化利用项目，银行业金融机构应当按照商业可持续原则，综合考虑信贷风险评估、成本补偿机制和政府扶持政策等因素，要重点给予信贷支持；对列入国家、省级循环经济发展综合管理部门批准的循环经济示范试点园区、企业，银行业金融机构要积极给予包括信用贷款在内的多元化信贷支持，并做好相应的投资咨询、资金清算、现金管理等金融服务；深化延伸对循环经济产业配套服务的支持，积极支持示范市、县、园区的循环经济基础设施、相关公共技术服务平台、公共网络信息服务平台的建设和运营。同时，对生产、进口、销售或者使用列入淘汰名录的技术、工艺、设备、材料或产品的企业，银行业金融机构不得提供任何新增授信支持，原有的授信要逐步压缩和收回。

（二）积极创新金融产品和服务方式。银行业金融机构要充分利用国家实施循环经济发展战略带来的业务发展机遇，加强金融创新，提高金融服务的质量和效率。通过动态监测、循环授信等具体方式，积极开发与循环经济有关的信贷创新产品。拓宽抵押担保范围，创新担保方式，研究推动应收账款、收费权质押以及包括专有知识技术、许可专利及版权在内的无形资产质押等贷款业务。根据本机构的业务规模、授信行业和客户的风险特点，通过加强人员培训，引进有关专业人才，借助第三方评审或外包等方式，积累与循环经济有关的专业知识，努力提高本机构对涉及“减量化、再利用、资源化”的循环型企业和项目的授信管理能力。

四、多渠道拓展促进循环经济发展的直接融资途径

（一）积极通过各类债权融资产品和手段支持循环经济发展。对于综合经济效益好的国家、省级循环经济示范试点园区、企业，在符合条件的情况下，支持其发行企业（公司）债券、可转换债券和短期融资券、中期票据等直接融资工具。探索循环经济示范试点园区内的中小企业发行集合债券。鼓励各类担保机构为债权融资产品的发行提供担保服务。

（二）发挥股权投资基金和创业投资企业的资本支持作用。鼓励依法设立的产业投资基金（股权投资基金）投资于资源循环利用企业和项目，鼓励社会资金通过参股或债权等多种方式投资资源循环利用产业。加快实施新兴产业创投计划，发挥各级政策性创业投资引导基金的杠杆作用，引导社会资金设立主要投资于资源循环利用企业和项目的创业投资企业，扶持循环经济创业企业快速发展，推动循环经济相关技术产业化。

（三）积极支持资源循环利用企业上市融资。充分发挥资本市场在发展循环经济中的作用，鼓励、支持符合条件的资源循环利用企业申请境内外上市和再融资。在符合监管要求的前提下，鼓励企业将通过股票市场的募集资金积极投向循环经济项目。

五、加大利用国外资金对循环经济发展的支持力度

（一）加大国外贷款对循环经济项目的支持。积极支持符合条件的循环经济项目申请使用国际金融组织贷款和外国政府贷款。

（二）支持鼓励循环经济项目申请清洁发展机制项目（CDM）。各地循环经济发展综合管理部门要加强对循环经济项目投资主体的辅导，帮助其熟悉CDM项目基本规则和运作流程，同时引导一些潜在项目开展CDM合作。选择一些资源循环利用项目，支持开展相关的方法学研究。

六、加强工作协作，推动政策有效落实

（一）建立联动机制。各级循环经济发展综合管理部门要会同有关人民银行各分支机构、金融监管部门各派出机构，在政策、法规、规划、技术、项目信息、专家资源、人员培训等方面建立信息共享机制，主动做好企业与金融机构间的对接工作。同时要结合发展循环经济示范试点工作，将循环经济成效好的企业、项目，以及资源环境效益差的企业、项目，告知人民银行各分支机构、金融监管部门各派出机构以及有关金融机构，供其决策参考。有关金融监管部门要对循环经济发展综合管理部门推荐的综合效益好的循环经济园区、企业、项目，在符合条件的前提下，核准证券发行。

（二）加强政策指导。各级循环经济发展综合管理部门要积极研究制定循环经济企业和项目的认定办法或标准，为人民银行各分支机构、金融监管部门派出机构和有关金融机构支持循环经济发展提供支撑。同时要根据各地循环经济的发展特点，会同相关部门研究制定相应的配套政策措施，实现各项政策对循环经济支持的协调配合。人民银行各分支机构、金融监管部门各派出机构要对循环经济金融服务进行跟踪监测，及时总结、评估，并加强与循环经济发展综合管理部门的沟通配合，建立定期通报制度，及时反馈信息。

（三）制定实施意见。各省级循环经济发展综合管理部门要会同人民银行各分支机构、金融监管部门各派出机构将本意见联合转至辖区内相关机构，并根据本意见制定辖区内的具体实施意见，并于2010年5月31日前报国家发展改革委（环资司）、中国人民银行（金融市场司）、中国银监会（政策法规部）和中国证监会（发行部）。本意见贯彻实施情况请及时反馈。

国家发展改革委　人民银行

银监会　证监会

二○一○年四月十九日

关于组织开展城市餐厨废弃物资源化利用和无害化处理试点工作的通知

发改办环资[2010]1020号

各省、自治区、直辖市及计划单列市、新疆生产建设兵团发展改革委（经委、经信委、工信委）、建设厅（委、城管局）、环境保护厅、农业厅，北京市市政市容委，上海市绿化和市容局，天津市市容委，重庆市市容委：

为推动餐厨废弃物资源化利用和无害化处理，变废为宝，化害为利，促进循环经济发展，加快建设资源节约型和环境友好型社会，国家发展改革委、住房城乡建设部、环境保护部、农业部决定组织开展城市餐厨废弃物资源化利用和无害化处理试点工作，现将有关事项通知如下：

一、餐厨废弃物资源化利用和无害化处理的重要意义

我国饮食服务、单位食堂以及家庭等每天都产生大量餐厨废弃物。餐厨废弃物具有明显的资源特性和污染物特性，通过建立完善的回收运输、集中处理等方面的管理制度和激励机制，对其进行资源化利用，生产沼气、工业油脂、生物柴油、肥料等产品，可从源头上治理用"地沟油"加工食用油的非法行为，避免将餐厨废弃物直接作为饲料进入食物链，也可有效解决餐厨废弃物直接排入下水道或通过城市生活垃圾收运处理系统进行填埋或焚烧造成资源浪费和环境污染问题。推动餐厨废弃物资源化利用，变废为宝，化害为利，不仅是发展循环经济的重要内容，也是解决餐厨废弃物引发的食品安全问题的根本性措施。

二、试点工作的目标和主要内容

选择部分具备开展餐厨废弃物资源化利用和无害化处理条件的设区的城市或直辖市市辖区进行试点。

试点工作的目标：建立适合我国城市特点的餐厨废弃物资源化利用和无害化处理的法规、政策、标准和监管体系；探索适合我国国情的餐厨废弃物资源化利用和无害化处理技术工艺路线；形成合理的餐厨废弃物资源化利用和无害化处理的产业链，提高餐厨废弃物资源化和无害化水平。

试点工作的主要内容：

（一）建立餐厨废弃物产生登记、定点回收、集中处理、资源化产品评估以及监督管理体系。

（二）建设餐厨废弃物资源化利用和无害化处理示范项目，不断优化技术路线，提高资源化利用和无害化处理水平。

（三）建立促进餐厨废弃物资源化利用的激励机制。

（四）引导消费者科学消费，减少产生量；开展餐饮业分类存放、清洁生产、资源化利用、无害化处理等方面的宣传教育，促进源头减量化。

三、试点城市（区）基本条件

（一）出台餐厨废弃物管理方面的地方性法规或规章，或初步形成了餐厨废弃物资源化利用方面的相关政策机制。

（二）建立部门之间分工明确、协作配合的工作机制，在餐厨废弃物收运、资源化利用、无害化处理等方面具有一定的工作基础。

（三）已建设或规划建设餐厨废弃物资源化利用和无害化处理项目，技术工艺路线成熟，资源化产品投入产出效益较好，质量安全可靠。

四、组织实施

（一）各省、自治区、直辖市循环经济发展综合管理部门、市容环卫行政主管部门在征求环保部门、农业部门意见基础上，联合向国家发展改革委、住房城乡建设部推荐1~2个城市（区）。计划单列市直接报送有关材料。报送材料包括以下内容：

1、报送文件。各地循环经济发展综合管理部门、市容环卫行政主管部门的联合推荐文件。计划单列市循环经济发展综合管理部门、市容环卫行政主管部门的联合报送文件。

2、工作情况。推荐城市基本情况；近几年开展餐厨废弃物资源化和处理工作情况；开展试点的总体思路、工作目标、重点工作、保障措施，要突出强调餐厨废弃物收运体系建设、资源化利用示范项目及技术工艺路线、资源化产品及其市场定位等方面的内容。

3、相关证明材料。如推荐城市出台的餐厨废弃物管理的地方性法规或规章、规划及项目立项批复、收费政策、经费保障等方面文件的复印件。

（二）国家发展改革委、住房城乡建设部会同环境保护部、农业部等部门共同确定试点城市（区）名单；指导试点城市（区）编制实施方案，并组织专家论证后实施；加强对试点城市餐厨废弃物资源化利用工作的跟踪、指导，对示范项目建设给予相应的支持。

各地要高度重视餐厨废弃物资源化利用的重要意义，加强组织领导，做好部门协调配合，认真做好推荐工作，并于2010年6月10日前将材料报送国家发展改革委（环资司）、住房城乡建设部（城建司）。

国家发展改革委办公厅　住房城乡建设部办公厅

环境保护部办公厅　农业部办公厅

二〇一〇年五月四日

关于开展城市矿产示范基地建设的通知

发改环资[2010]977号

各省、自治区、直辖市及计划单列市、新疆生产建设兵团发展改革委、经贸委（经委、经信委、工信委、工信厅）、财政厅（局）：

为贯彻落实《循环经济促进法》，推动资源循环利用产业发展，促进循环经济形成较大规模，培育新的经济增长点，缓解资源环境瓶颈约束，加快建设资源节约型、环境友好型社会，国家发展改革委、财政部决定组织开展“城市矿产”示范基地建设。现就有关事项通知如下：

一、开展“城市矿产”示范基地建设的重要意义

“城市矿产”是指工业化和城镇化过程产生和蕴藏在废旧机电设备、电线电缆、通讯工具、汽车、家电、电子产品、金属和塑料包装物以及废料中，可循环利用的钢铁、有色金属、稀贵金属、塑料、橡胶等资源，其利用量相当于原生矿产资源。“城市矿产”是对废弃资源再生利用规模化发展的形象比喻。

（一）开展“城市矿产”示范基地建设是缓解资源瓶颈约束的有效途径。当前我国仍处于工业化和城镇化加快发展阶段，一方面，经济增长对矿产资源的需求巨大，2009年我国石油消费量由2000年的2.24亿吨增加到4亿吨，钢消费量从2000年的1.4亿吨增加到5.3亿吨。另一方面，国内矿产资源不足，难以支撑经济增长，重要矿产资源对外依存度越来越高。与此同时，我国每年产生大量废弃资源，如有效利用，可替代部分原生资源。2008年，我国10种主要再生有色金属产量约为530万吨，占有色金属总产量的21%，其中再生铜约占铜产量的50%。

（二）开展“城市矿产”示范基地建设是减轻环境污染的重要措施。“城市矿产”资源已经载有原生资源加工过程中能耗、物耗、设备损耗等。利用“城市矿产”资源就是充分利用废旧产品中的有用物质，变废为宝，化害为利，可产生显著的环境效益。2008年我国废钢利用量达7200万吨，相当于减少废水排放6.9亿吨，减少固体废物排放2.3亿吨，减少二氧化硫排放160万吨。开展“城市矿产”示范基地建设，将拆解、加工环节产生的污染集中处理，能有效减少环境污染。

（三）开展“城市矿产”示范基地建设是发展循环经济的重要内容。发展循环经济的根本目的在于提高资源利用效率，保护和改善环境，实现可持续发展。利用“城市矿产”资源能够形成“资源－产品－废弃物－再生资源”的循环经济发展模式，切实转变传统的“资源—产品—废弃物”的线性增长方式，是循环经济“减量化、再利用、资源化”原则的集中体现。

（四）开展“城市矿产”示范基地建设是培育新的经济增长点的客观要求。随着我国全面建设小康社会任务的逐步实现，“城市矿产”资源蓄积量将不断增加，资源循环利用产业发展空间巨大。同时，利用“城市矿产”资源有助于带动技术装备制造、物流等相关领域发展，增加社会就业，形成新的经济增长点，是发展战略性新兴产业的重要内容。

二、“城市矿产”示范基地建设的主要任务和要求

（一）主要任务

通过5年的努力，在全国建成30个左右技术先进、环保达标、管理规范、利用规模化、辐射作用强的“城市矿产”示范基地（以下简称示范基地）。推动报废机电设备、电线电缆、家电、汽车、手机、铅酸电池、塑料、橡胶等重点“城市矿产”资源的循环利用、规模利用和高值利用。开发、示范、推广一批先进适用技术和国际领先技术，提升“城市矿产”资源开发利用技术水平。探索形成适合我国国情的“城市矿产”资源化利用的管理模式和政策机制，实现“城市矿产”资源化利用的标志性指标。

（二）示范基地建设要求

示范基地建设要按照可复制、可推广、可借鉴的要求，坚持多元化回收、集中化处理、规模化利用。具体要求如下：

1. 回收体系网络化。示范基地要积极创新回收方式，通过自建网络或利用社会回收平台，形成覆盖面广、效率高、参与广泛的专业回收网络。

2. 产业链条合理化。示范基地要形成分拣、拆解、加工、资源化利用和无害化处理等完整的产业链条，着力于资源化深度加工。推动示范基地内企业之间构建分工明确、互利协作、利益相关的产业链。

3. 资源利用规模化。示范基地要通过吸纳企业入园、重组兼并等方式，实现企业集群、产业集聚效应，提高产业集中度。要结合本地区实际，开展多种“城市矿产”资源的循环利用。

4. 技术装备领先化。示范基地要通过产学研相结合，开展共性关键技术开发，引进、消化、吸收国外先进技术，培育形成具有成套处理装备研发、设计、制造能力的企业。要加快推广应用先进适用技术，淘汰落后工艺、技术，向产品高端化发展。

5. 基础设施共享化。示范基地要加快建设完善的基础设施，实现“五通一平”，建立物流体系，组织搭建促进资源循环利用的公共服务、信息服务、技术服务等平台。

6. 环保处理集中化。示范基地要建立完善的污染防治设施，对废水、废气和固体废物实行集中收集和处理，严禁产生二次污染。支持示范基地开展清洁生产审核、质量管理体系和环境管理体系认证。

7. 运营管理规范化。示范基地要建立完善的规章制度和指标考核体系，建立符合现代企业制度要求的组织结构，实现行业管理规范化、高效化，切实解决单个企业“小、散、乱”的问题。

三、组织实施

（一）示范基地条件。各地推荐的园区（企业）应具备以下基本条件：

1. 已被确立为国家或省级循环经济试点单位；

2. 实行园区化管理；

3. 符合土地利用总体规划和城市总体规划；

4. 有符合标准的各项环保处理设施；

5. 年可利用的资源量不低于30万吨，有合理产业链，加工利用量占“城市矿产”资源量的30%以上，且工艺技术水平国内领先。

（二）地方组织推荐。各地循环经济发展综合管理部门、财政部门根据本地“城市矿产”资源状况，将经营管理规范、规模化回收和加工利用、符合示范基地条件、资源环境效益突出的园区或企业，联合向国家发展改革委（环资司）、财政部（经建司）推荐。推荐截止期为2010年6月15日。

（三）编制实施方案。被推荐园区（企业）要按照“城市矿产”示范基地建设的任务和要求，制定具体的实施方案，包括本地区资源循环利用现状，开展示范基地建设的指导思想、重点任务、重点内容、标志性目标、主要措施（包括重点工程项目和技术进步项目）和实施进度安排等。并经所在地省级循环经济发展综合管理部门、财政部门联合审核后报国家发展改革委、财政部。报送截止期为2010年7月15日。

（四）确定示范基地。国家发展改革委、财政部会同有关部门组织专家分批对被推荐园区（企业）报送的实施方案进行评审，确定纳入国家示范基地建设的名单。对实施方案获得批复的园区（企业），可在适当位置标注“国家循环经济——城市矿产示范基地”标志。标志式样由国家发展改革委、财政部另行发布。

（五）落实建设任务。示范基地要按照批复的实施方案开展建设工作。各地循环经济发展综合管理部门、财政部门要加强跟踪，督促落实，并帮助协调解决示范基地建设中遇到的问题。国家发展改革委、财政部适时开展督查，并帮助示范基地落实相关政策措施。

（六）组织评估验收。对已实现“城市矿产”示范标志性目标的基地，向省级循环经济发展综合管理部门、财政部门提出验收申请，省级循环经济发展综合管理部门、财政部门联合向国家发展改革委、财政部申请验收。国家发展改革委、财政部适时组织专家进行评估验收。

（七）落实支持政策。中央和地方要加强协调配合，共同推进示范基地设施建设、公共信息服务平台建设、技术开发和资源循环利用等相关工作。中央财政资金主要发挥引导和鼓励作用，地方财政应立足自身做好示范基地建设的相关资金支持和政策引导工作。积极落实支持循环经济发展的金融政策措施，同时研究完善土地、税收等优惠政策。对示范基地建设中实施效果好、先进适用的技术、工艺、设备、材料和产品，国家发展改革委将列入国家鼓励的技术、工艺、设备、材料和产品目录，促进示范与推广的有机结合。

（八）加强监督管理。各级循环经济发展综合管理部门、财政部门要加强对示范基地的监督管理，确保示范基地严格执行国家产业政策，环保法规和标准，职业安全的法规和标准。国家发展改革委、财政部将不定期组织抽查，对达不到要求的，责令限期整改，经整改仍达不到要求的，取消示范基地称号。

（九）开展宣传推广。国家发展改革委、财政部对通过评估验收的示范基地进行模式总结和推广，采取制作案例、召开现场会等方式，利用电视、广播、报刊、网络等各种媒介进行宣传推广。

根据资源循环利用产业发展现状及循环经济试点成效，首批选择天津子牙循环经济产业区、宁波金田产业园、湖南汨罗循环经济工业园、广东清远华清循环经济园、安徽界首田营循环经济工业区、青岛新天地静脉产业园、四川西南再生资源产业园区等7家区域性资源循环利用园区开展“城市矿产”示范基地建设（建设目标见附件）。请有关园区按本通知要求抓紧编制方案，率先实施。

各地要高度重视“城市矿产”示范基地建设，加强统筹协调，合理优化资源循环利用发展布局，切实提高资源循环利用水平。对工作中出现的新情况、新问题要认真研究解决，并及时向国家发展改革委（环资司）、财政部（经建司）提出意见和建议。

附件：“城市矿产”示范基地名单（第一批）（略）

国家发展改革委

财政部

二〇一〇年五月十二日

关于推进再制造产业发展的意见

发改环资[2010]991号

各省、自治区、直辖市、计划单列市及新疆生产建设兵团发展改革委、经贸委（经委、经信委、工信委、工信厅）、科技厅（委、局）、公安厅（局）、财政厅（局）、环境保护厅（局）、商务厅（局）、国税局、地税局、工商局、各出入境检验检疫局、质量技术监督局，海关总署广东分署、天津、上海特派办，各直属海关，国务院有关部门：

为全面贯彻落实《循环经济促进法》，培育新的经济增长点，促进我国循环经济尽快形成较大规模，建设资源节约型环境友好型社会，现提出推进我国再制造产业发展的意见：

一、推进再制造产业发展的重大意义

再制造是指将废旧汽车零部件、工程机械、机床等进行专业化修复的批量化生产过程，再制造产品达到与原有新品相同的质量和性能。再制造是循环经济“再利用”的高级形式。

加快发展再制造产业是建设资源节约型、环境友好型社会的客观要求。再制造与制造新品相比，可节能60%，节材70%，节约成本50%，几乎不产生固体废物，大气污染物排放量降低80%以上。再制造有利于形成“资源－产品－废旧产品－再制造产品”的循环经济模式，可以充分利用资源，保护生态环境。

加快发展再制造产业是培育新的经济增长点的重要方面。我国汽车、工程机械、机床等社会保有量快速增长，再制造产业发展潜力巨大。2008年汽车保有量达4957万辆（不含低速汽车），机床保有量达700多万台，14种主要型号的工程机械保有量达290万台。其中大量装备在达到报废要求后将被淘汰，新增的退役装备还在大量增加。发展再制造产业有利于形成新的经济增长点，为社会提供大量的就业机会。

加快发展再制造产业是促进制造业与现代服务业发展的有效途径。再制造是制造与修复、回收与利用、生产与流通的有机结合。汽车零部件再制造产品主要用于维修，既能提高维修技术质量，又能提高维修效率和效益。国外经验表明，当再制造零部件占维修配件市场的65%时，汽车维修速度将增加8倍。发展再制造产业还能使制造企业有能力投入更多精力进行新产品研发和设计，形成良性循环，对推动我国制造业的产业结构调整、产品更新换代、技术进步和人员素质提高十分有利。

二、我国再制造产业发展现状

2005年，国务院在《关于加快发展循环经济的若干意见》中明确提出支持发展再制造。2005年，经国务院批准，国家第一批循环经济试点将再制造作为重点领域。2008年，《循环经济促进法》将再制造纳入法律范畴进行规范。目前，我国汽车零部件再制造试点取得了初步成效，到2009年底，已形成汽车发动机、变速箱、转向机、发电机共23万台套的再制造能力，并在探索旧件回收、再制造生产、再制造产品流通体系及监管措施等方面取得积极进展。再制造基础理论和关键技术研发取得重要突破，开发应用的自动化纳米颗粒复合电刷镀等再制造技术达到国际先进水平。工程机械、机床等再制造试点工作也已开展。

目前我国再制造产业发展面临的突出问题是：再制造产业发展尚处于起步阶段，再制造作为新的理念还没有被消费者及社会广泛认同；再制造旧件来源及再制造产品销售渠道不够畅通；再制造技术和管理水平不高，产品质量良莠不齐；报废汽车回收管理等相关法规亟待修订，有关管理制度急需健全，技术标准还不完善；缺乏政策激励。

三、推进再制造产业发展的指导思想和基本原则

（一）**指导思想**。以邓小平理论和“三个代表”重要思想为指导，深入贯彻科学发展观，落实节约资源和保护环境的基本国策，紧紧围绕提高资源利用效率，从提高再制造技术水平、扩大再制造应用领域、培育再制造示范企业、规范旧件回收体系、开拓国内外市场着手，加强法规建设，强化政策引导，逐步形成适合我国国情的再制造运行机制和管理模式，实现再制造规模化、市场化、产业化发展，努力将再制造产业培育成为新的经济增长点，推动循环经济形成较大规模，加快建设资源节约型、环境友好型社会。

（二）**基本原则**。一是坚持政府引导与市场机制相结合。通过法规规范、政策引导，发挥市场配置资源的基础性作用，调动市场主体的积极性。二是坚持统筹规划与重点突破相结合。加强规划指导，防止低水平重复建设，继续推进再制造试点示范，由点到面，有序推进。三是坚持科技创新与体系建设相结合。鼓励科技创新，解决再制造共性、关键技术问题，加强再制造标准体系、旧件回收体系、再制造产品流通体系等建设。四是坚持严控质量与加强监管相结合。不断提高产品质量，降低产品成本，加强对再制造产品和市场监管，维护消费者权益。

四、推进再制造产业发展的重点领域

（一）**深化汽车零部件再制造试点**。以推进汽车发动机、变速箱、发电机等零部件再制造为重点，加大资金投入，消除制度瓶颈，完善回收体系，规范流通市场，努力做大做强。在此基础上，将试点范围扩大到传动轴、压缩机、机油泵、水泵等部件。同时，继续推进大型旧轮胎翻新。

（二）**推动工程机械、机床等再制造**。组织开展工程机械、工业机电设备、机床、矿采机械、铁路机车装备、船舶及办公信息设备等的再制造，提高再制造水平，加快推广应用。

五、加强再制造技术创新

（一）**加快再制造重点技术研发与应用**。加强再制造产品设计技术和产品剩余寿命评估、经济环保的拆解和清洗、微纳米表面工程、无损检测等技术的研发，开展旧件性能评价、再制造产品安全检测等方面的技术攻关。鼓励生产企业、研究设计单位开展有利于再制造的环境友好设计。

（二）**加强再制造技术研发能力建设**。依托国内有基础的技术研发单位和企业，加快建立再制造国家工程研究（技术）中心和再制造产品质量检验检测中心，鼓励科研院所和企业开展联合攻关和产业化示范。做好国外先进技术与国内成熟适用技术的衔接，形成再制造关键设备生产研发体系。

六、加快再制造产业发展的支撑体系建设

（一）**完善再制造旧件回收体系**。加快完善有利于再制造产业发展的废旧汽车零部件、工程机械、机床等的逆向回收物流体系，加强有效分类和回收管理，形成与再制造规模相匹配的旧件收集能力。

（二）**建立再制造产业发展标准体系**。研究建立再制造标准体系，制定再制造技术标准和规范，包括再制造技术通则、旧件检测与评价技术标准、再制造工艺技术规范和再制造管理标准等。

（三）**规范再制造环保安全保障体系**。根据国家相关标准和技术规范，对再制造过程中产生的各类废物分类储存管理，提高后续废物再利用潜力，减少废物的处理处置量，消除再制造产品的安全环保隐患。

（四）**推动再制造服务体系建设**。在部分定点维修网点（含汽车“4S”店）设立再制造产品专柜，建立再制造产品连锁示范店和售后服务点。选择若干制造企业和维修企业，开展再制造产品生产与售后服务一体化试点。

七、完善再制造产业发展的政策保障措施

（一）**编制再制造产业发展规划**。按照《循环经济促进法》的要求，组织编制再制造产业发展规划，明确近期中期发展目标和重点，提出促进再制造产业健康发展的政策措施，分步骤、分阶段组织实施。

（二）**完善促进再制造产业发展相关法规**。尽快修订《报废汽车回收管理办法》，适当取消对报废汽车“五大

总成”强制回炉的限制。根据再制造产品原料自身的安全环保风险及国内实际需要，建立鼓励、限制、禁止进口的分类管理制度，制定再制造旧件和再制造产品的进出口管理目录及管理办法，并规范再制造企业管理，强化企业社会责任意识。

（三）**完善促进再制造产业发展的经济政策**。制定发布《再制造产品目录》，研究对列入目录的再制造产品的财政税收优惠政策；推动银行业金融机构为再制造提供信贷、担保等投融资服务。循环经济专项资金要将再制造技术研发、示范和推广项目作为支持重点，推动再制造产业发展。鼓励政府机关、事业单位优先采用再制造产品。

（四）**建立再制造监督管理制度**。完善再制造产品标识制度，有效保护知识产权和消费者权益，建立再制造信息管理系统，加强对拆解企业的监管，防止可再制造的旧件流失，加强进出口旧机电产品检验和监管。

（五）**培养专业人才**。鼓励在高等院校和职业技术学校有关专业课程中设立再制造课程，通过校企合作、订单式培训、在岗人员技能培训等多种模式，加快培养技术人才，为再制造产业发展提供人才保障。

（六）**加大宣传力度**。广泛宣传再制造在节约资源、保护环境中的重要意义。通过编写针对不同用户和消费群体的宣传资料，设立再制造产品体验馆，举办再制造技术、产品、工艺设备展览会和再制造发展论坛，召开现场会、经验交流会等多种形式，普及再制造知识，引导用户和消费者使用再制造产品。

八、加强对再制造产业发展的组织领导

（一）**建立协调机制**。各级循环经济发展综合管理部门要充分发挥牵头作用，切实履行循环经济组织协调、监督管理的职责，工信、科技、公安、财政、环保、商务、海关、税务、工商、质检等各有关部门要按照各自职责，密切配合，建立再制造产业发展协调机制，及时解决再制造产业发展中的问题，促进再制造产业健康发展。

（二）**充分发挥行业协会和中介组织的作用**。要充分发挥行业协会和中介组织在政府与企业之间的桥梁和纽带作用，开展再制造产业发展预测分析、法规政策研究、提供咨询服务、加强技术推广、宣传培训和国际交流与合作。

国家发展改革委　科技部　工业和信息化部　公安部

财政部　环境保护部　商务部

海关总署　税务总局　工商总局　质检总局

二〇一〇年五月十三日

关于发挥试点示范作用为实现“十一五”节能减排目标作贡献的通知

发改环资[2010]1158号

各省、自治区、直辖市及计划单列市、新疆生产建设兵团发展改革委、经贸委（经委、经信委、工信委），国家循环经济试点单位：

当前节能减排形势严峻，实现“十一五”单位国内生产总值能耗降低20%左右的目标，任务相当艰巨。为此，国务院印发了《关于进一步加大工作力度确保实现“十一五”节能减排目标的通知》（国发〔2010〕12号）（以下简称《通知》），并召开电视电话会议进行部署。国家循环经济试点单位要发挥试点示范作用，率先完成《通知》和国务院电视电话会议部署的相关工作，为实现“十一五”节能减排目标作贡献。现将有关事项通知如下：

一、把发展循环经济作为推进节能减排的重要举措。循环经济强调从源头上降低能源资源的消耗强度，并对废弃物进行再生利用，节能减排效果十分明显，例如利用含铜废料生产再生铜比用铜矿石生产原生铜可以节能80%~85%，减排80%以上。国家循环经济试点单位要切实贯彻《循环经济促进法》确定的“减量化”优先原则，实现生产过程的“减物质化”；坚持“再利用、资源化”原则，遵循物质流循环的要求，构建循环型产业链，实现资源再生利用。

二、国家循环经济试点省、市（区）要率先完成“十一五”节能减排目标，鼓励超额完成；有节能减排目标任务的国家循环经济试点企业、园区也要超额完成；没有责任目标的，也要开展自身节能减排指标与国内乃至国际上同行业的对比分析，查找不足，采取措施，为完成“十一五”节能减排目标作出积极贡献。

三、国家循环经济试点单位要认真落实国家发展改革委批复的循环经济试点实施方案，抓住重点区域、重点行业、重点企业、重点环节，加快实施一批节能减排和循环经济重大项目。

四、各省级循环经济发展综合管理部门要加强对本地区国家循环经济试点单位的跟踪、指导和检查。同时要加强对省级循环经济试点单位的管理，开展中期评估和总结验收，确保其在本地区发挥节能减排的示范作用。

五、国家发展改革委将适时开展中期评估和总结验收，对不按照循环经济试点实施方案开展工作，完不成国家、当地政府下达节能减排指标的国家循环经济试点省、市和园区、企业，取消试点资格，予以通报，并适当削减“十二五”期间“资源节约和环境保护”中央预算内投资项目安排。对节能减排、发展循环经济成效显著的试点单位予以表彰，并优先支持相关项目。

请各试点单位将循环经济发展情况及节能减排任务完成情况及时报送我委（环资司）。

国家发展改革委

二○一○年五月二十八日

《废弃电器电子产品处理目录（第一批）》和《制定和调整废弃电器电子产品处理目录的若干规定》

（国家发改委等公告　2010年第24号）

《废弃电器电子产品处理目录（第一批）》和《制定和调整废弃电器电子产品处理目录的若干规定》，已经国务院批准，现予以公布，自2011年1月1日起施行。

附件：一、废弃电器电子产品处理目录（第一批）

二、制定和调整废弃电器电子产品处理目录的若干规定

国家发展改革委　环境保护部　工业和信息化部

二〇一〇年九月八日

附件一：

废弃电器电子产品处理目录（第一批）

序号	产品种类	产品范围
1	电视机	阴极射线管（黑白、彩色）电视机、等离子电视机、液晶电视机、背投电视机及其他用于接收信号并还原出图像及伴音的终端设备。
2	电冰箱	冷藏冷冻箱（柜）、冷冻箱（柜）、冷藏箱（柜）及其他具有制冷系统、消耗能量以获取冷量的隔热箱体。
3	洗衣机	波轮式洗衣机、滚筒式洗衣机、搅拌式洗衣机、脱水机及其他依靠机械作用洗涤衣物（含兼有干衣功能）的器具。
4	房间空调器	整体式空调器（窗机、穿墙式等）、分体式空调器（分体壁挂、分体柜机等）、一拖多空调器及其他制冷量在14000W及以下的房间空气调节器具。
5	微型计算机	台式微型计算机（包括主机、显示器分体或一体形式、键盘、鼠标）和便携式微型计算机（含掌上电脑）等信息事务处理实体。

注：列入《目录》的进口和出口电器电子产品适用的海关商品编码由国家发展改革委会同海关总署、环境保护部等有关部门另行发布。

附件二：

制定和调整废弃电器电子产品处理目录的若干规定

第一条　制定依据

为科学、客观、有效地制定和调整《废弃电器电子产品处理目录》（以下简称《目录》），制定本规定。

第二条　制定主体

国家发展改革委会同环境保护部、工业和信息化部成立《目录》管理委员会，负责《目录》的制定和调整工

作，下设专家小组、行业小组、企业小组（具体机构职责和人员组成见《发改办环资[2010]545号》）。

第三条　制定原则

制定《目录》遵循以下原则：

（一）社会保有量大、废弃量大；

（二）污染环境严重、危害人体健康；

（三）回收成本高、处理难度大；

（四）社会效益显著、需要政策扶持。

第四条　制定程序

制定和调整《目录》按照以下程序：

（一）《目录》管理委员会委托有关机构，依据本规定第三条有关原则，研究提出《目录》备选范围；

（二）专家小组对纳入《目录》备选范围的产品进行评估，提出评估意见，形成《目录》初稿；

（三）行业小组和企业小组对《目录》初稿提出修改意见，完善后形成《目录》征求意见稿；

（四）《目录》征求意见稿征求国务院有关部门、行业协会、相关企业等各方面意见，完善后形成《目录》送审稿；

（五）《目录》送审稿经国务院批准后发布实施。

第五条　评估与调整

《目录》管理委员会不定期组织对《目录》实施情况的评估，并根据评估结果以及经济社会发展情况，对《目录》进行调整。《目录》的调整包括增补、变更、取消等情形。

第六条　参照标准

制定和调整《目录》参照现行相关电器电子产品的国家及行业标准。

第七条　海关商品编码

列入《目录》的进口和出口电器电子产品适用的海关商品编码由国家发展改革委会同海关总署、环境保护部等有关部门另行发布。

第八条　解释与发布

本规定由国家发展改革委会同环境保护部、工业和信息化部联合发布并负责解释。

废弃电器电子产品处理目录（第一批）适用海关商品编号

（国家发改委等公告　2010年第35号）

根据经国务院批准的《制定和调整废弃电器电子产品处理目录的若干规定》第七条规定，我们组织制定了《废弃电器电子产品处理目录（第一批）适用海关商品编号（2010年版）》（以下简称《目录海关商品编号》），现予以公布，自2011年1月1日起施行。进出口列入《目录海关商品编号》的电器电子产品适用《废弃电器电子产品回收处理管理条例》的有关规定。

附件: 废弃电器电子产品处理目录（第一批）适用海关商品编号（2010年版）

国家发展改革委　海关总署　环境保护部　工业和信息化部

二〇一〇年十二月二十一日

附件:

废弃电器电子产品处理目录（第一批）适用海关商品编号（2010年版）

序号	产品名称	税则号列	
1	电视机	彩色的卫星电视接收机（在设计上不带有视频显示器或屏幕的）	85287110
		其他彩色的电视接收装置（在设计上不带有视频显示器或屏幕的）	85287180
		黑白的或其他单色的电视接收装置（在设计上不带有视频显示器或屏幕的）	85287190
		其他彩色的模拟电视接收机，带阴极射线显像管的	85287211
		其他彩色的数字电视接收机，阴极射线显像管的	85287212
		其他彩色的电视接收机，阴极射线显像管的	85287219
		其他彩色的模拟电视接收机	85287291
		其他彩色的数字电视接收机	85287292
		其他彩色的电视接收机	85287299
		黑白或其他单色的电视接收机	85287300
		彩色的液晶显示器的模拟电视接收机	85287221
		彩色的液晶显示器的数字电视接收机	85287222
		其他彩色的液晶显示器的电视接收机	85287229
		彩色的等离子显示器的模拟电视接收机	85287231
		彩色的等离子显示器的数字电视接收机	85287232
		其他彩色的等离子显示器的电视接收机	85287239

2	电冰箱	容积>500升冷藏–冷冻组合机（各自装有单独外门的）	84181010
		200升<容积≤500升冷藏–冷冻组合机（各自装有单独外门的）	84181020
		容积≤200升冷藏–冷冻组合机（各自装有单独外门的）	84181030
		容积>150升压缩式家用型冷藏箱	84182110
		压缩式家用型冷藏箱（50升<容积≤150升）	84182120
		容积≤50升压缩式家用型冷藏箱	84182130
		半导体制冷式家用型冷藏箱	84182910
		电气吸收式家用型冷藏箱	84182920
		其他家用型冷藏箱	84182990
		制冷温度≤–40℃的柜式冷冻箱（容积不超过800升）	84183010
		制冷温度>–40℃大的其他柜式冷冻箱（大的指500升<容积≤800升）	84183021
		制冷温度>–40℃小的其他柜式冷冻箱（小的指容积≤500升）	84183029
		制冷温度≤–40℃的立式冷冻箱（容积≤900升）	84184010
		制冷温度>–40℃大的立式冷冻箱（大的指500升<容积≤900升）	84184021
		制冷温度>–40℃小的立式冷冻箱（小的指容积≤500升）	84184029
		装有冷藏或冷冻装置的其他设备，用于存储及展示（包括柜、箱、展示台、陈列箱及类似品）	84185000
3	洗衣机	干衣量≤10kg全自动波轮式洗衣机	84501110
		干衣量≤10kg全自动滚筒式洗衣机	84501120
		其他干衣量≤10kg全自动洗衣机	84501190
		装有离心甩干机的非全自动洗衣机（干衣量≤10kg）	84501200
		干衣量≤10kg的其他洗衣机	84501900
		干衣量>10kg的洗衣机	84502000
4	房间空气调节器	独立窗式或壁式空气调节器（装有电扇及调温、调湿装置，包括不能单独调湿的空调器）	84151010
		制冷量≤4000大卡/时分体式空调，窗式或壁式（装有电扇及调温、调湿装置，包括不能单独调湿的空调器）	84151021
		制冷量＞4000大卡/时分体式空调，窗式或壁式（装有电扇及调温、调湿装置，包括不能单独调湿的空调器）	84151022
		制冷量≤4000大卡/时热泵式空调器（装有制冷装置及一个冷热循环换向阀的）	84158110
		制冷量＞4000大卡/时热泵式空调器（装有制冷装置及一个冷热循环换向阀的）	84158120
		制冷量≤4000大卡/时的其他空调器（仅装有制冷装置，而无冷热循环装置的）	84158210
		制冷量＞4000大卡/时的其他空调（仅装有制冷装置，而无冷热循环装置的）	84158220
5	微型计算机	便携式自动数据处理设备（重量≤10kg，至少由一个中央处理器、键盘和显示器组成）	84713000
		微型机	84714140
		其他数据处理设备（同一机壳内至少有一个CPU和一个输入输出部件，包括组合式）	84714190

关于印发《循环经济发展规划编制指南》的通知

发改办环资[2010]3311号

各省、自治区、直辖市及计划单列市、新疆生产建设兵团发展改革委（经信委、工信委、工信厅）：

为全面贯彻落实《循环经济促进法》，指导各地科学编制本地区的循环经济发展规划，充分发挥规划的宏观指导作用，国家发展改革委组织编写了《循环经济发展规划编制指南》（以下简称《指南》），现印发给你们，并就有关事项通知如下。

一、加强组织领导

编制循环经济发展规划是一项具有开创性的工作，难度大，综合性强。各地区要按照《循环经济促进法》的要求，结合实际认真做好本地区循环经济发展规划的编制工作。各地循环经济发展综合管理部门要明确一名负责同志牵头，切实加强对规划编制的统筹协调和组织领导，组织得力的规划编制人员及专家开展工作。

二、确保工作进度

循环经济规划要与国民经济和社会发展规划的编制时间协调一致，要制定工作方案和计划，深入开展调查研究，广泛征求各方面意见。各地要安排必要的资金，为规划编制工作提供经费保障。

三、加强沟通协调

各地要按照政府组织、部门协作、公众参与的方针，做好循环经济发展规划编制工作。要加强规划的前期研究和论证工作，充分发挥专家的作用；要与环境保护等相关部门加强沟通，做好与其他规划的衔接；要采取多种形式，扩大公众参与度，增强规划编制的公开性和透明度。

本次印发的《指南》是各地规划编制的指导性文件，各地编写时应充分与本地区经济社会发展实际相结合，在内容、发展重点等方面体现本地特色，在形式、目标上有所创新和突破。各地可将规划编制情况报送国家发展改革委（环资司）。

附件：《循环经济发展规划编制指南》。

国家发展改革委办公厅

二〇一〇年十二月三十一日

附件：

循环经济发展规划编制指南

为全面贯彻科学发展观，大力发展循环经济，加快建设资源节约型、环境友好型社会，提高我国生态文明水平，按照《循环经济促进法》的明确要求，各地循环经济发展综合管理部门应会同同级环境保护等有关部门编制《循环经济发展规划》（以下简称《规划》）。为加强对各地编制《规划》的宏观指导，提高编制水平，制定《循环经济发展规划编制指南》（以下简称《指南》）。

本次印发的《指南》是各地规划编制的指导性文件，各地编写规划时应充分体现本地特色，与本地区经济社会发展实际相结合，在内容、发展重点等方面有所创新突破。

一、编制背景和总体要求

（一）背景

改革开放以来，我国经济社会持续快速发展，与此同时，资源和环境压力日益加大。未来一段时期，我国仍将处于工业化和城镇化快速发展的阶段，资源和环境形势将更加严峻。循环经济是对“大量生产、大量消费、大量废弃”的传统增长模式的根本变革，是最大限度节约资源和保护环境的经济发展模式，是解决我国资源环境瓶颈约束的根本性举措。

党中央、国务院高度重视发展循环经济。“十一五”规划纲要把发展循环经济作为一项重大战略任务。2005年国务院印发的《关于加快发展循环经济的若干意见》是我国循环经济的纲领性文件。党的十七大明确提出使“循环经济形成较大规模”的要求。《循环经济促进法》2009年1月正式实施，标志着我国循环经济发展进入法制化轨道，该法明确规定：“设区的市级以上地方人民政府循环经济发展综合管理部门会同本级人民政府环境保护等有关主管部门编制本行政区域循环经济发展规划”。《中共中央关于制定国民经济和社会发展第十二个五年规划的建议》提出：“大力发展循环经济，以提高资源产出效率为目标，加强规划指导、财税金融等政策支持，完善法律法规，实行生产者责任延伸制度，推进生产、流通、消费各环节循环经济发展”。制定和实施《规划》，是落实《循环经济促进法》的重要举措，也是各级循环经济发展综合管理部门的一项重要职责。

在党中央、国务院的正确领导下，在各地各部门的共同努力下，我国循环经济发展取得积极进展。短短几年时间，循环经济从理念变为行动，在全国范围内得到迅速发展，在理论上、实践上、政策体系和制度创新上都取得了重要突破，初步形成了发展循环经济的政策环境和社会氛围，凝炼出了一批各具特色的循环经济典型模式。但同时也应看到，我国循环经济发展还处于初级阶段，推进循环经济发展还面临诸多问题和困难，循环经济的发展需要综合协调各方面的因素，必须通过规划加以引导规范，统筹安排，合理布局。制定和实施《规划》，是理清循环经济发展方向，明确工作重点，为循环经济尽快形成较大规模指明方向和提供保障的有效措施。

（二）总体要求

《规划》编制要落实十七大及五中全会精神，突出宏观性、战略性和全局性。循环经济发展是从可持续发展的高度，遵循自然规律、经济规律和社会发展规律，将发展循环经济与发挥地区比较优势、转变经济发展方式、提高经济增长质量、保护生态环境相结合，促进生产和消费模式的根本转变，是促进人与自然协调发展的宏伟蓝图和行动纲领。

《规划》编制要遵循法律要求，体现一致性。《规划》编制要充分体现“减量化、再利用、资源化，减量化优先”原则，坚持技术可行、经济合理和有利于节约资源、保护环境的要求。开展减量化，再利用及资源化等各项活动都要建立在充分的资源减量的基础上。

《规划》编制要结合本地优势特色，坚持创新性。《规划》要体现各地资源、环境以及产业特点，在经济发达、科技力量较强的地区，应加强科技对循环经济的支撑作用；在大宗废弃物产生较多的地区，就应在废弃物资源化利用上有大的突破；在资源型城市和地区，要满足产业转型需要。不同区域和层次的规划，重点也应各有侧重。大中城市的《规划》，可在构建循环型城市方面有所侧重，如循环经济基础设施体系、废弃物管理和资源化利用、人文生态及社会消费等；省级循环经济发展规划，应突出宏观性、战略性，在整体构建循环经济发展体系，制定促进循环经济发展的法规、规章等方面形成特色。

《规划》编制要深入调研，具有操作性。编制循环经济发展规划要深入调查研究、广泛听取社会各方面意见、综合各种调节手段。制定的循环经济发展规划要具有可操作性，要根据区域经济和产业布局，提出切实可行的循环经济发展的方向和重点领域。必要时可考虑编制从属于循环经济规划的相关的专项规划，例如：“三废”综合利用规划、共伴生矿综合利用规划、农业废弃物综合利用规划、节水规划等；以及专门针对某种废弃物的专项规划，如脱硫石膏综合利用规划、煤矸石综合利用规划等；还可以开展重点区域（工业带、农业区、矿区等）循环经济发展重大问题研究及专项规划等。

《规划》编制要与相关规划紧密衔接，保持协调性。《规划》要与国民经济和社会发展总体规划、区域规划及相关专项规划、主体功能区规划和城市规划紧密衔接。目前，全国循环经济发展规划的编制工作已经启动。在国家规划正式发布前，建议各地在制定《规划》时留有一定可调的空间，如在制定某些预期性指标时，可提出指标范围，以便在与国家规划衔接时进行适当调整确定。

二、《规划》的框架内容

（一）前言

简述编制规划的背景、必要性、适用范围、规划期限、编制依据、总体思路、主要内容及组织工作等。规划期可按五年考虑，以便与国家五年规划相结合和衔接。

（二）规划区域的基本情况

1.规划区域概况

主要包括：地理位置、地理特点、气候条件等。

2.规划区域经济社会发展基本情况

（1）总体经济发展情况；

（2）产业结构情况：一、二、三产业结构情况，支柱产业和重点产业情况；

（3）产业布局情况：各产业的空间布局情况，园区和产业集群；

（4）社会发展情况：人口、科教文卫等情况。

3.规划区域资源环境基本情况

资源情况主要包括：土地、水、能源、矿产、森林等主要资源的品种、储量、开采、消耗情况等。

环境情况主要包括：水环境、大气环境、土壤环境质量以及各种废弃物的排放情况，环境保护基础设施建设及运行情况等。

应对资源承载能力和环境容量进行分析与评价。

（三）发展循环经济的紧迫性、有利条件及制约因素

1.“十一五”期间取得的成效

各地区应对本地“十一五”期间循环经济发展情况及预期目标的完成情况进行回顾和总结。

2. 发展循环经济的紧迫性

充分考虑本地区环境资源以及气候变化等面临的形势，结合当前转变发展方式、调整经济结构的任务和压力，比较本地区在绿色发展方面与先进国家、地区的差距，对本地经济、社会发展情况进行分析，论述发展循环经济的紧迫性和重要意义。

3.发展循环经济的有利条件

可从自然条件、基础设施、财政能力、产业基础、空间布局、人文基础、管理水平、政策法规的颁布和实施以及社会经济发展等方面分析论述发展循环经济的有利条件和基础，特别是总结本地已开展的循环经济工作及成效，以及典型的循环经济发展模式等。

4.制约因素

主要论述在发展循环经济中存在的主要问题、制约因素和通过发展循环经济拟解决的关键问题等。

（四）发展循环经济的指导思想、基本原则和发展目标

1.指导思想

指导思想是指导规划编制和实施的方向，要明确规划的使命，体现发展方向和工作重点。

2.基本原则

规划原则是规划的具体指导方针，是对指导思想的进一步深化和具体化。要符合指导思想的要求并面对具体的规划内容，把指导思想的具体要求贯彻到规划的重点领域中。

3.发展目标

制定五年的循环经济发展目标。目标要定性与定量相结合。要能够体现规划实施效果，要与地区总体发展目标相协调。其中，定量目标要有指标体系表。

根据《循环经济促进法》以及国家发展改革委、原国家环保总局和国家统计局联合公布的《关于印发循环经济指标体系的通知》(发改环资[2007]1815号）的要求，循环经济指标体系应包含资源产出率、废物再利用和资源化率，以及资源消耗、资源综合利用和废物排放（含处置）降低等四大类指标；此外还要列出体现当地循环经济特点的特色指标。对于有国家强制性规定的，指标体系中要达到或优于国家强制性指标。指标要可量化、可考核，易统计；指标体系应包含规划基准年数据、阶段性指标和规划终期指标。

各地在“十二五”期间原则上应开展物质流分析。物质流分析是对社会经济活动中物质流动进行分析，了解和掌握社会经济体系中物质的流向、流量及相互关系，从中找出减少资源消耗、有效利用资源、减少污染物排放、改善环境的途径，是发展循环经济的重要理论基础。国家已在部分省市开展了循环经济统计试点工作，并取得了积极成果。《循环经济统计试点方案》（发改办环资[2010]1755号）提出了省域层面资源产出率的测算方法，各地区在“十二五”期间应尽快完善各项基础条件，参照这一方案对省域层面资源产出率进行测算，并作为本地区循环经济发展规划的重要指标。

建议1:

关于“体现当地循环经济特点”：若当地处于缺水地区，指标中应重点体现对水的节约、循环利用、污水减排、海水淡化等非传统水源的利用等情况；若当地产业比较落后，能耗高，污染较严重，则应重点体现产业节能、降耗、减排的相关指标；若当地的可再生能源发展较好、重视建筑节能，或秸秆利用、脱硫石膏利用等较为突出，拟作为循环经济发展规划期重点，则在指标体系中均应有所体现。

4.目标可达性分析

根据现状，结合发展设想，采取定性与定量相结合的方法对主要目标进行可达性分析。可比性强的指标可以结合国内外该指标情况进行分析。

（五）发展循环经济的重点任务

重点任务要涵盖一、二、三次产业及整个社会生活的各个领域，构建一、二、三次产业相互耦合的循环经济体系和整体框架。要谋划循环经济发展的总体布局；大力推动循环型农业发展；优化产业结构，打造循环经济产业链，大力培育和促进循环经济新兴产业发展；构建包括第三产业在内的社会循环经济体系。建设资源回收利用网络体系，挖掘“城市矿产”，强化废弃物的资源化利用。要加强宣传教育，推广绿色消费模式。要高度重视循环经济技术、低碳技术的研发和应用，尤其是涉及原料的减量化利用、有毒有害原料的替代利用、有利于多次循环利用技术的开发以及产业间链接耦合关键技术的开发和应用。要重视配套技术政策、标准、规范的制定；要开展制度体系建设，体现空间布局，并体现“四节一综合”，即节能、节水、节地、节材和综合利用的相关内容。

建议2：关于农业循环经济

可考虑重点围绕生态农业（含畜禽养殖业、林牧业等）、新农村建设以及农林产品加工业开展工作。农业循环经济应向农业与农产品加工等工农业复合集成发展的产业组织模式方向发展，将种植业、养殖业、林业、饲料工业、食品工业、造纸工业、林板加工业、橡胶提取工业、农产品深加工产业、沼气等生物能产业、高效生物有机肥产业、太阳能利用、节水技术、农业废弃物循环利用等产业和技术进行高效集成，与科学施用化肥农药技术相结合，用高效生物有机肥和生物农药替代部分化肥和化学农药，降低面源污染，全面促进农业经济增长，增加农村就业、促进农业升级、增加农民收入、实现食品安全、高效利用水源、集约利用土地、促进碳素循环、提高碳汇效率、削减温室气体，全面提高农业可持续发展能力，实现经济、生态和社会效益的统一，实现生产、生活、生态的和谐共赢。

建议3：关于工业循环经济

（1）企业层面

对已有企业，可重点考虑开展清洁生产的相关工作，结合产业发展，采用高新技术改造传统生产方式，淘汰落后、节能减排、综合利用，构建企业内部的小循环，努力实现废弃物的“零”排放；应重点开展大宗固体废弃物的综合利用以及共伴生矿产资源的综合利用等。

（2）产业融合和产业链构建

通过产业链接，调整和优化结构，构建新的产业组织形式，实现资源、能源的循环利用和梯级利用，促进资源利用的最大化和废物排放的最小化。

（3）新兴产业发展

对于发展循环经济的新兴特色产业，应结合区域特点、资源条件、产业基础等因素，规划布局符合循环经济理念、具有发展潜力的产业，如再制造产业等。

（4）园区循环经济

园区是发展循环经济的重要载体，应从提高园区能源与资源的利用效率、优化园区的企业布局、对园区按照生态工业物质流动模式进行规划。对于新建园区，要着重产业的循环化构建；对于已有园区，重点要放在循环化改造方面。可重点考虑区内主导产业的发展布局及相关产业的共生和循环，不断完善产业链，包括动脉产业发展、静脉产业布局，资源能源的循环利用、梯级利用以及污染控制措施等，应建立起促进循环经济发展的管理体制和管理办法。对于以再生资源产业为主的园区，应注重开展废旧产品和废弃物质深度资源化的关键技术研发和国外先进资源化技术的引进，通过各种静脉产业项目的实施和基础设施的完善，实现园区内物质、能源的集约利用、梯级利用以及基础设施和信息的共享，防止二次污染和二次浪费，实现固体废物综合利用的最大化和废物“零”排放。

建议4：关于社会循环经济体系（涵盖第三产业）

在循环型社会体系建设方面，应围绕循环型、节约型社会建设，倡导形成绿色消费模式，建设绿色行政体系；城市要注重基础设施、公共设施的建立和完善，大力挖掘“城市矿产”潜力，开发“城市矿产”，推动餐厨废弃物资源化和建筑废弃物的资源化利用，建设再生资源回收网络和再生资源产业物流园，形成覆盖全社会的资源循环利用体系；建立循环经济统计体系和统计制度，开展物质流分析与管理；促进中水等非传统水源的规模化利用；发展绿色建筑，推广应用新型建筑材料、节能建筑和集中供热，提升建筑节能技术水平和能源利用率；推动发展循环型服务业，发展信息服务业，构筑废物资源化的信息平台，建立循环经济信息发布系统，建设节能服务体系；要厉行节约，鼓励使用再生利用产品及原材料，限制一次性产品和过度包装，减少不合理消费，推广绿色消费模式；发展现代物流业、生态旅游业等，通过循环型社区、绿色办公场所、绿色交通、循环型旅游景点等建设，带动全社会循环经济建设。

（六）空间布局

作为区域性的循环经济发展规划，要明确循环经济发展的空间布局，如区域发展重点、产业园区布局等，体现资源配置的优化。

（七）发展循环经济的重点领域、重点工程及关键技术与装备

1.重点领域和重点工程

循环经济的重点领域和重点工程是实现规划目标和落实规划任务的重要抓手。编制《规划》时，要根据国家循环经济发展综合管理部门提出的循环经济发展重点领域并结合当地实际，提出本地区发展循环经济的重点领域和重点工程。

发展循环经济的重点领域，主要涉及的是如何促进原材料利用的减量化、促进“废弃物”的再利用和资源化、促进产业之间的相互链接。企业的清洁生产、行业之间形成副产品和废弃物再利用及资源化的纵向延伸和横向耦合、企业之间能量的梯级利用、水资源的循环再利用、再制造产业、“城市矿产”示范、产业废弃物资源化、市政废弃物资源化、餐厨废弃物资源化、建筑废弃物资源化、农林废弃物资源化、循环型服务业、产业园区的循环化改造和新建园区的循环化构建等领域均为循环经济发展的重点领域。

重点工程是实现规划目标的重要工程技术措施。要符合国家产业政策的要求，符合本地区产业发展方向和布局要求，要能够对规划目标的实现发挥关键作用。如一些产业关联度高、资源节约和节能减排效果显著的重大工程、“零”排放工程、循环经济关键节点工程、带动产业结构调整和产业升级的重点工程，循环经济关键技术产业化工程，可显著体现循环经济效果的社会发展工程项目等。重大项目要说明与规划指标的关联性和贡献度。规划中提出的重点工程要能够在规划期内完成。

2.关键技术与装备

《规划》应根据地区循环经济发展重点，提出发展本地区循环经济的关键技术和装备，构建循环经济技术支撑体系。应主要涵盖：（1）需要大力推广应用的成熟适用技术和装备；（2）加快实现产业化的先进支撑技术和装备；（3）需要进一步创新研发的关键技术和装备等。

如认为必要，《规划》可附循环经济重点工程及关键技术实施计划表或专栏。

3.循环经济产品及服务

支持企业开展产品的生态设计。生产并提倡使用再生品、耐用品、可降解、易拆解品，政府优先采购选用，鼓励循环消费、绿色消费。推动建设咨询服务、研发推广平台，鼓励专业化废弃物回收利用企业对园区、生产企业开展统包式或嵌入式服务。

规划中应包含区域布局图以及循环经济产业链示意图等。

（八）实施效果分析

定性、定量分析规划的实施效果，如规划完成后对资源产出效率、生态环境优化、节能降耗方面的作用等。

（九）发展循环经济的保障措施

1.地方需要采取的措施

规划是否能够顺利实施并取得预期效果，建设保障体系是必不可少的组成部分。一般情况下，涉及思想保障（宣传教育）、组织保障、法律法规保障、政策保障、管理保障（服务保障）、科技保障、人才保障、土地保障、资金保障、基础设施保障等等。保障措施要务实，具有可操作性，避免空洞的表述。

2.需要争取的外部支持

为了规划的顺利实施和全面落实，各级政府也可适当提出对于保障循环经济发展的政策需求，供主管部门和上一级政府参考。

工业和信息化部政策文件

关于印发《赤泥综合利用指导意见》的通知

工信部联节［2010］401号

各省、自治区、直辖市及计划单列市、新疆生产建设兵团工业和信息化、科技主管部门，有关行业协会、中央企业：

为贯彻落实国务院《有色金属产业调整和振兴规划》，提高赤泥综合利用率和综合利用技术水平，减少赤泥堆存对环境、安全造成的影响，促进赤泥综合利用工作。工业和信息化部、科技部联合编制了《赤泥综合利用指导意见》，现印发你们，请遵照执行。

工业和信息化部

二〇一〇年八月十日

附件：

赤泥综合利用指导意见

为贯彻落实国务院《有色金属产业调整和振兴规划》，提高赤泥综合利用率和技术水平，减少赤泥堆存对环境、安全造成的影响，促进赤泥综合利用工作，提出赤泥综合利用指导意见如下：

一、充分认识赤泥综合利用的重要性和紧迫性

赤泥是以铝土矿为原料生产氧化铝过程中产生的极细颗粒强碱性固体废物，每生产一吨氧化铝，大约产生赤泥0.8~1.5吨。我国是氧化铝生产大国，2009年生产氧化铝2378万吨，约占世界总产量的30%，产生的赤泥近3000万吨。目前我国赤泥综合利用率仅为4%，累积堆存量达到2亿吨。随着我国氧化铝产量的逐年增长和铝土矿品位的逐渐降低，赤泥的年产生量还将不断增加，预计到2015年，赤泥累计堆存量将达到3.5亿吨。赤泥大量堆存，既占用土地，浪费资源，又易造成环境污染和安全隐患。

目前，赤泥综合利用仍属世界性难题， 国际上对赤泥主要采用堆存覆土的处置方式。我国赤泥综合利用工作近年来得到各方面的高度重视，开展了跨学科、多领域的综合利用技术研究工作，如赤泥提取有价金属，配料生产水泥、建筑用砖、矿山胶结充填胶凝材料、路基固结材料和高性能混凝土掺合料、化学结合陶瓷（CBC）复合材料、保温耐火材料、环保材料等。但这些研究尚处于实验室阶段，还未实现产业化。

当前赤泥综合利用存在的主要问题：

一是缺乏大量消纳赤泥和具有产业竞争力的关键技术。赤泥具有碱性强、比表面积大、各种组分互相包裹、嵌布等特征，使其综合利用难以借鉴其他领域一些成熟的工艺、技术和设备，在我国尚未形成高效利用和适于大规模推广的技术支撑体系。

二是缺乏相应标准，产品市场认可度低。当前，已经开发出的部分赤泥综合利用产品，由于缺少国家标准或行业标准的支撑，如赤泥作建筑材料，只有参照其他同类产品标准，市场认可度低，造成产品应用受到限制，难以大规模推广。

三是缺乏针对性的扶持政策。在我国现行财税优惠政策中，未充分考虑赤泥强碱性造成综合利用难度远大于其他工业废渣的特殊性，缺乏有针对性的扶持政策，企业利用赤泥的积极性不高。

四是对赤泥的综合利用重视程度有待提高。赤泥综合利用是氧化铝企业的非主营业务，处于产业的末端，经济效益差，多数企业采取一堆了之的处置方式。赤泥堆存的环境风险和安全隐患具有长期性和隐蔽性，导致企业和相关部门的重视程度不够。

开展赤泥综合利用，是落实科学发展观，转变经济发展方式，发展循环经济，建设资源节约型和环境友好型社会的重要体现，是解决赤泥堆存造成环境污染和安全隐患的治本之策，也是我国氧化铝工业可持续发展的必由之路。相关地区和企业必须高度认识赤泥综合利用的紧迫性和重要性，积极开展赤泥综合利用工作。

二、指导思想、基本原则和目标

（一）指导思想

全面贯彻科学发展观，落实资源节约和环境保护基本国策，以发展循环经济、提高赤泥综合利用技术和利用效率为目标，加强工作指导，加快技术创新，建立标准体系，完善政策措施，实现赤泥科学、高效利用，促进铝工业与社会、环境和谐发展。

（二）基本原则

1.坚持技术创新原则。鼓励技术创新，加大研发力度，开发一批具有自主知识产权的关键技术。通过技术攻关、技术集成、产业化示范推广，促进赤泥综合利用产业发展的市场化、规范化和集约化。

2.坚持政策激励原则。发挥财税政策的鼓励、引导作用和市场配置资源的基础性作用，调动市场主体开展赤泥综合利用的积极性，激发企业开展赤泥综合利用的内在源动力。

3.坚持安全清洁利用原则。以赤泥坝安全为前提，鼓励赤泥入坝前综合利用，开发高附加值综合利用产品并实现产业化。避免利用过程中造成二次污染，提高赤泥综合利用效率，实现经济效益、社会效益和环境效益的统一。

4.坚持因地制宜原则。充分考虑赤泥废物属性和资源属性的双重特点，因地制宜，制定并实施符合赤泥资源特征、适应当地条件的高效综合利用方案。对含有潜在应用价值组分的赤泥，要考虑当前利用和长远利用有机结合。

（三）主要目标

到2015年，力争赤泥综合利用率达到20%。推广应用一批先进适用技术；建成一批具有带动效应的应用示范和推广示范项目；创建2~3 个具有一定规模的赤泥综合利用示范基地，形成多途径、高附加值赤泥综合利用发展格局。

三、重点技术和重点工程

（一）鼓励研发和攻关共性关键技术

1.低成本赤泥脱碱技术。低成本赤泥脱碱技术不仅可以为赤泥的大宗高值利用奠定基础，还能回收利用其中的碱。技术攻关要点：（1）低成本赤泥脱碱的基础物理化学条件优化；（2）低成本赤泥脱碱技术的短流程清洁生产工艺开发；（3）赤泥脱碱溶液的低成本浓缩技术；（4）赤泥脱碱过程中的节能与能源梯级利用关键技术；（5）低成本赤泥脱碱的成套设备研制。

2.高铁赤泥及赤泥铁精矿深度还原再选铁技术。高铁赤泥（含铁量在30%以上）直接深度还原和赤泥铁精粉深度还原再选铁技术，可以使还原铁粉的品位达到90%以上，实现赤泥中铁回收率达到90%以上。技术攻关要点：

（1）深度还原反应气氛和过程的准确控制技术；（2）深度还原过程中还原废气的回收利用、能源的梯级利用；（3）深度还原工艺过程关键工艺参数优化；（4）深度还原过程中抑制硅酸铁的生成及抑制物料与耐火材料的粘连技术；（5）深度还原过程中铁粒的生长控制技术、自净化控制技术与非金属矿物物相控制技术；（6）深度还原产物高效磁选分离技术。

3.赤泥制备路基固结材料技术。赤泥与石灰、粉煤灰、矿渣、脱硫石膏、自燃煤矸石及其他固体废弃物混合制备路基固结材料技术。技术攻关要点：（1）赤泥与其他固体废弃物在路基固化过程中的地球化学过程优化控制；（2）赤泥及其他固体废弃物与路基土的配合比与粒级优化控制；（3）赤泥路基固化材料在路基土中的高效分散技术；（4）抑制赤泥固化路基碱溶出过程的优化控制；（5）赤泥路基固化材料大规模生产、储运工艺优化，应用施工的现代化装备配套；（6）赤泥路基固化材料应用环境效应评价。

4.赤泥循环流化床锅炉脱硫技术。充分利用赤泥中氧化钠、氧化钙等碱性物质含量高的特点，进行烟气脱硫、脱硝、脱碳技术。技术攻关要点：（1）赤泥在燃煤烟气中与二氧化硫、三氧化硫、氮氧化合物和二氧化碳等酸性成分反应过程控制；（2）用于循环流化床锅炉的赤泥低成本干燥与预处理工艺；（3）干粉状赤泥大规模输送与准确计量技术；（4）浆状赤泥直接用于燃煤锅炉烟气脱硫技术；（5）赤泥脱硫产物综合利用技术。

5.烧结法赤泥生产高性能混凝土掺合料技术。利用烧结法赤泥碱金属含量相对较低，且含有大量亚微米和纳米级超细矿物颗粒的特点，将赤泥团聚体颗粒大部分分散到原始的粒级后，少量掺入到高性能混凝土中取代水泥或其他掺合料，提高混凝土强度和耐久性技术。技术攻关要点：（1）利用微磨球效应对烧结法赤泥进行低成本超细分散技术；（2）超细赤泥与混凝土外加剂在高性能混凝土中的相容性优化；（3）超细赤泥在高性能混凝土中的水化过程优化控制及复盐生长优化控制；（4）赤泥高性能混凝土专用胶凝材料配合比优化控制。

6.赤泥生产新型建筑材料技术。利用赤泥中含有粘土矿物且粒度极细的特点，经初步脱水后与煤矸石、粉煤灰及其他工业废渣混合生产烧结空心砌块及其他新型建筑材料技术。技术攻关要点：（1）各种固体废弃物的粒级与配比的多重协同优化及大规模低成本预均化技术；（2）烧成过程中碱挥发抑制技术和各种设备的碱腐蚀保护技术；（3）物料高效拌合及水分预均化技术、泥料的表面活性剂增塑增滑挤出技术；（4）快速煅烧过程中温度均化和反应控制技术及碱组分在硅铝网络体中的电荷平衡固化控制技术；（5）赤泥免烧建筑材料的低成本技术和碱控制技术；（6）大规模流水线生产自动控制技术。

7.赤泥制备环境修复材料技术。利用赤泥具有巨大的比表面积和含有大量纳米和亚微米级孔隙的特点，生产具有可控孔结构、高气孔率、高比表面积和高强度赤泥环境修复材料技术；利用赤泥的高碱性及其他特征制备非烧结型环境修复材料技术。技术攻关要点：（1）烧结型赤泥基环境修复材料成孔剂、扩孔剂与赤泥性能的协调性优化；（2）赤泥基环境修复材料成型和烧结过程中纳米级和亚微米级孔隙结构活化技术；（3）大规模工业化生产中碱组分迁移、碱污染和碱蚀沉积控制与能源梯级利用技术；（4）赤泥基环境修复材料应用过程中的反应调控技术；（5）赤泥基环境修复材料的环境效应综合评价。（6）赤泥基环境修复材料成套生产设备研制。

8.拜耳法高铁赤泥强磁选技术。对部分拜耳法高铁赤泥进行强磁选，从中提取铁品位在50%以上的铁精粉技术。技术攻关要点：（1）赤泥不入库，在流程中进入强磁选铁环节，控制赤泥入选量、入选浓度和强磁选生产设备的匹配以及流量调节和赤泥中间仓调控的系统技术；（2）抑制氧化铁矿物与非氧化铁矿物的物理团聚与化学团聚技术；（3）高效低能耗的低温超导强磁提铁工艺技术及设备；（4）提高铁精粉品位和回收率的成套设备改进和配套技术优化。

9.拜耳法赤泥砂作为水泥生料中的硅质原料生产干法水泥技术。部分拜耳法赤泥经水力旋流器分级处理后可分离出富含石英颗粒的高铁赤泥砂，用于代替现有干法水泥生产中所采用的页岩等硅质原料和铁质原料配制生料技术。技术攻关要点：（1）控制水泥熟料烧制过程中赤泥砂的碱走向技术；（2）控制碱挥发再沉积导致水泥窑及其他热工设备结圈、结核和运行不畅的技术；（3）优化工艺参数，提高赤泥砂的利用效率技术；（4）优化赤泥砂原料的粒级配比，提高赤泥砂在水泥熟料煅烧过程中反应性能技术。

10.赤泥生产化学结合陶瓷（CBC）复合材料技术。利用赤泥单体颗粒的亚微米和纳米超细特征，将赤泥和农作物秸秆碎屑、木屑、林业三剩物碎屑与树脂复合，生产化学结合陶瓷（CBC）复合材料技术。技术攻关要点：（1）赤泥在树脂中的低成本超细分散、与树脂及其他填料的相容性优化技术；（2）赤泥CBC复合材料刚度、韧性、强度、抗老化性、阻燃性和容重等性能的协调优化技术；（3）赤泥CBC复合材料工业生产过程中三废控制技术及能源梯级利用技术；（4）赤泥CBC复合材料生产成套设备研制。

11. 综合回收赤泥中多种有价组分技术。我国部分地区赤泥中含有镓、钪、铌、锂、钒、铷、钛、锆、钍等多种有价伴生组分，部分赤泥中铁、铝、钠等主要组分含量较高。攻关要点：（1）多种有价组分在氧化铝生产过程中的低成本综合回收技术；（2）存量赤泥中多种有价组分的低成本综合回收技术；（3）多种有价组分综合回收过程中的节能节水关键技术；（4）多种有价组分综合回收过程中的二次污染控制技术；（5）多种有价组分综合回收的成套设备研制。

（二）应用示范工程

1.拜耳法赤泥旋流分级综合利用工程。本示范工程将建设处理能力100万吨/年以上的拜耳法赤泥旋流分级综合利用工程。利用水力旋流器处理部分拜耳法赤泥，将其分选为较粗粒的富氧化铁和石英砂部分，以及较细的富碱尾渣部分。较粗部分再进行强磁选铁，剩余的富石英的高铁赤泥砂作为水泥厂配制水泥生料的原料，较细富碱尾渣经强磁选铁后返回烧结法作为生产氧化铝的原料，或配制采矿充填料。该工程年产品位50%以上铁精粉20万吨，富石英的高铁赤泥砂20万吨，富碱尾渣（钠硅渣）60万吨。

2.赤泥胶结充填料用于矿山充填工程。本项示范工程将建成年产5万吨赤泥胶凝材料示范生产线、50万吨矿山胶结充填料生产线和20万立方米/年的胶结充填采矿生产线。以拜耳法低铁赤泥或选铁后的赤泥尾渣或选砂、选铁后的富碱尾渣（钠硅渣）与高炉水淬矿渣、脱硫石膏、粉煤灰、循环流化床炉渣、自燃煤矸石等固体废弃物为主要原料配制成可替代水泥的矿山充填用胶凝材料，其中赤泥用量不低于30%。

（三）推广示范项目

1.拜耳法高铁赤泥砂作为干法水泥生产的铁质原料。到2015年，完成10条以上水泥干法生产线利用拜耳法高铁赤泥砂作为配料生产水泥，每条生产线年消纳高铁赤泥砂10万吨以上。

2.赤泥制备新型燃煤脱硫剂。到2015年，推广10台以上循环流化床锅炉应用赤泥脱硫工程建设，形成年处理赤泥100万吨生产能力。

3.拜耳法高铁赤泥选铁。到2015年，建设50~10条拜耳法高铁赤泥选铁生产线，选铁回收率达到70%以上，形成年处理赤泥1000万吨以上生产能力，可回收铁精粉200万吨以上。

4.赤泥制备工业窑炉用耐火保温材料。到2015年，建设5~10条赤泥制备工业窑炉用耐火保温材料生产线，形成年产20万吨的工业窑炉用耐火保温材料和年利用赤泥10万吨的生产能力。

四、保障措施

（一）加强政策引导和资金支持

建立和完善赤泥综合利用的扶持政策，加大中央财政资金支持力度，选择一批赤泥综合利用应用示范项目和推广示范项目给予中央财政清洁生产专项资金支持；把赤泥综合利用纳入国家技术改造专项资金支持重点，加大技术改造资金支持力度。继续实施赤泥综合利用产品税收优惠政策。鼓励采购使用一定比例赤泥原料制成的产品。

（二）加强赤泥综合利用的基础研究与科技攻关，建立赤泥综合利用标准体系

将赤泥综合利用若干共性关键技术纳入国家科技计划体系，解决制约赤泥综合利用的重大共性关键技术问题。

鼓励产学研紧密结合，加强自主创新和原始创新能力，促进先进适用技术和成套装备产业化，加快推广应用。

大力推进赤泥综合利用产品标准体系建设，加强赤泥综合利用产品质量监督，积极推进赤泥综合利用产品推广应用。

（三）加强组织协调，扎实推进工作

各级工业和信息化、科技主管部门应加强对赤泥综合利用工作的指导，相互协调、配合，推动赤泥综合利用产业发展。行业协会应充分发挥技术指导作用，推动赤泥综合利用指导意见的实施。相关企业应加强赤泥综合利用工作的领导，制定并落实方案，全面推进赤泥综合利用工作。

（四）加强国内外交流与合作

加强赤泥综合利用交流与合作，引进和吸收国外先进经验和适用技术，建立赤泥综合利用技术和经验交流推广机制，促进赤泥综合利用产业良性循环，提升赤泥综合利用水平。

关于水泥工业节能减排的指导意见

工信部节［2010］582号

各省、自治区、直辖市及计划单列市、新疆生产建设兵团工业和信息化主管部门，中国建筑材料联合会，有关中央企业，相关单位：

为贯彻落实科学发展观，促进水泥行业提高能源资源利用效率、降低污染物排放，实现水泥行业可持续发展，现就进一步加强水泥行业节能减排工作，提出如下意见：

一、充分认识加强水泥行业节能减排工作的重要意义

水泥行业是我国国民经济建设的重要基础材料产业，也是主要的能源资源消耗和污染物排放行业之一。2009年全国水泥总产量16.5亿吨，水泥行业能源消耗总量约占全国能源消耗总量的5%，颗粒物排放量约占工业排放总量的30%左右。

"十一五"以来，水泥行业按照国家节能减排总体要求，加快产业结构调整步伐，大力推广新型干法水泥生产工艺，2009年新型干法水泥产量比重达到70%；大型新型干法水泥生产技术、余热发电技术等一批技术和装备达到国际先进水平；水泥行业节能减排工作取得积极进展，吨水泥综合能耗明显降低，颗粒物排放总量不断减少，年消纳、利用各类工业废弃物超过4亿吨。

但是，水泥行业能源资源消耗高、环境负荷重的局面还未得到根本改变，节能减排仍有很多突出的问题亟待解决：

单位产品能耗、排放与国际先进水平比较仍有差距。水泥行业工艺水平参差不齐，技术装备差距较大，行业整体能效水平不高。污染物和颗粒物排放水平与国际先进水平相比仍有一定差距。

落后产能还占一定比重，节能减排技术和装备推广力度不够。东西部地区淘汰落后产能差异较大，部分企业未达到国家能耗和环保相关标准要求。立磨、辊压磨等高效粉磨技术和变频调速技术没有得到充分应用。目前大约有300条新型干法水泥生产线未建成低温余热发电系统。

水泥行业消纳废弃物的潜力未得到充分发挥。水泥行业对工业废物的利用主要集中在混合材的使用上，重点是粉煤灰和矿渣，处置利用手段比较单一，利用新型干法水泥工艺及回转窑无害化、资源化协同处理工业可燃废弃物、生活垃圾及污泥技术等尚处于起步阶段。

水泥行业节能减排管理水平需进一步提高。水泥行业节能减排统计、监测和考核体系还有待建立和完善。现有的节能减排标准和规范还不完善，也未得到认真实施。相当多的企业节能减排管理职能机构不健全。

当前我国正处于工业化、城镇化加速发展的重要阶段，经济社会发展面临着严峻的资源和环境双重约束。水泥行业作为我国主要的高能耗、高排放产业，是工业领域节能减排的重点和难点，其节能减排效果对完成我国能源消耗目标、工业可持续发展起着举足轻重的作用。加大节能减排力度，已成为水泥行业面临的一项艰巨而紧迫的任务。

二、指导思想和主要目标

(一)指导思想

全面贯彻落实科学发展观，严格执行产业政策，以降低能源资源消耗、减少污染物排放为目标。加快科技进

步，大力推广应用先进节能减排技术、工艺、装备；加大淘汰落后产能力度，推行清洁生产；加强综合利用，发展循环经济，强化科学管理，努力构建资源节约与环境友好型水泥行业，促进水泥行业节约、清洁、低碳和可持续发展。

（二）主要目标

到“十二五”末，全国水泥生产平均可比熟料综合能耗小于114千克标准煤/吨，水泥综合能耗小于93千克标准煤/吨。水泥颗粒物排放在2009年基础上降低50%，氮氧化物在2009年基础上降低25%，二氧化碳排放强度进一步下降。在新型干法水泥生产线上普遍应用余热发电、高效粉磨技术、电机变频等技术，重点水泥企业加快建设能源管理中心。大城市周边的水泥企业基本形成协同处置城市生活垃圾和城市污泥的能力，使水泥工业转变为兼顾污染物处置的新兴环保产业。

三、重点任务

（三）严格控制新增产能，加快淘汰落后产能。严格执行国家水泥工业产业政策，执行等量或超量淘汰落后产能的原则，防止盲目扩张和重复建设，完成近期内淘汰落后产能的预定目标。严格执行《水泥行业准入条件》，指导水泥生产企业合理布局。积极推动企业联合重组，鼓励延长产业链并形成新的经济增长点。

（四）加快科技进步，提高水泥生产的能效水平。采用大型立磨、辊压机等代替传统的球磨机。优化预分解窑炉工艺设计，形成高能效窑炉设备系列，支持新型节能型窑炉技术的研究和创新。继续开发推广应用水泥窑余热发电技术。支持采用高压变频调速和高效电机等节能技术措施，实现水泥生产能耗的显著下降。

（五）大力推行清洁生产，降低污染物排放。加大水泥行业先进、适用清洁生产技术的推广应用，加快研发烟气有害组分减排技术，重点研究氮氧化物减排控制技术，推广高效袋式除尘技术。加强生产过程中粉尘无组织排放的控制，推广设备降噪新技术，显著降低噪声污染。积极开展清洁生产审核，到2015年大中型企业完成一轮审核。完善清洁生产评价体系，提高清洁生产水平。

（六）推动信息化、智能化建设，提高水泥生产的信息化水平。支持产学研结合开发生产信息化、智能化管理技术，开发能源、资源消耗信息化管理和分析系统。研究、推广和应用矿山开采信息管理和优化开采方案，努力实现矿山开采的零排放。研究、推广和应用生产过程集散控制系统、水泥生料在线自动监测系统、熟料生产线专家系统等信息化技术，实现生产技术水平的大幅度提升。重点推广企业能源管理中心建设，用3–5年时间，加快推动大中型企业能源管理中心建设。

（七）加快研发低碳技术，逐步降低单位二氧化碳排放强度。大力支持工业废渣的再利用，减少水泥生产的过程排放，加强水泥熟料低温煅烧技术研究。开展水泥生产二氧化碳分离、应用技术及其碳捕集、封存的可行性研究。逐步建立水泥行业碳排放的基础数据库，建立评价指标体系，逐步实现水泥行业二氧化碳排放水平的降低。

（八）鼓励资源综合利用，完善循环经济发展模式。继续鼓励水泥生产企业对矿渣、粉煤灰、副产石膏等大宗工业废弃物进行综合利用。推动废弃物替代燃料的技术开发和应用，支持有条件的企业进行废弃物（包括一些危险废弃物）的协同处置。鼓励利用水泥窑炉处置市政污泥和城市生活垃圾，建立一批处置污泥和生活垃圾的示范生产企业，加强与市政部门有关政策协调。加强矿山资源的综合利用，充分有效使用低品位石灰石，提高矿产资源利用率，减少废弃物排放。

（九）积极开展资源节约、环境友好型企业创建活动。选择一批有代表性的先进水泥企业，积极开展“资源节约型、环境友好型”企业创建试点工作，争取在较短时间内建设一批典型示范企业，建立“资源节约、环境友好型”水泥企业统计指标体系和评价标准。积极总结先进典型经验，加强经验交流和推广，研究制定鼓励“资源节约、环境友好型”企业发展的具体政策，推进全行业向资源节约型、环境友好型发展模式转变。

（十）实施水泥行业节能减排重点工程建设。以实施节能减排重点工程为牵引，大幅度提高水泥行业资源利用效率、降低排放。实施低温余热发电、高效粉磨、高压变频、能源管理中心建设等节能改造工程，形成年节约750万吨标准煤的能力。实施电改袋除尘改造和有害气体排放控制治理工程，有效减少有害气体排放。实施消纳工业废弃物和协同处置市政污泥及生活垃圾工程，实现年处理能力约4200万吨。（节能减排重点工程具体建设内容见附件。）

四、政策措施

（十一）加强监督管理。各级工业主管部门要进一步加强对企业重点用能设备、排放设备、计量器具配备、能源利用、目标责任考核等工作的监督管理，建立和完善水泥行业节能减排统计、监测和考核体系，定期组织相关分析，开展预测预警工作。认真贯彻落实国家水泥工业产业政策，严格执行水泥行业准入条件。加快研究制订水泥行业改扩建项目节能评估审查具体办法，从严控制水泥企业盲目扩张。定期公告落后产能企业名单，进一步完善落后产能退出的资金补贴政策机制，加大政策执行力度。

（十二）建立完善节能减排新机制和优惠政策。鼓励专业节能服务公司为水泥企业提供能源审计、节能减排工程服务、合同能源管理、节能项目融资等一系列节能减排技术应用服务。引导水泥企业积极参与有序用电、科学用电等电力需求侧管理工作，降低环境污染，实现系统节能。积极研究有利于支持水泥行业利用废弃物的优惠政策，完善废弃物管理体系，理顺废弃物来源渠道，鼓励废弃物收集和处理的专业化，促进水泥行业废弃物预处理产业的发展。

（十三）完善节能减排标准体系。充分发挥科研院所和专业标准化委员会的作用，制修订水泥行业节能减排的技术标准，建立较完善的限额标准体系、检测标准体系、审核和认证标准体系。推动制定水泥行业二氧化碳计算统计系列标准、水泥窑等主要耗能设备效率测定与评价标准，不断完善水泥行业资源综合利用标准体系。加强对行业能效对标活动的指导，鼓励行业协会在现有能效对标研究成果的基础上，进一步加强对企业能效对标工作的技术指导，完善细化水泥行业能效对标指南等技术文件，通过开展行业对标推广活动，提高水泥行业的能源利用效率。

（十四）积极鼓励水泥行业技术创新。推动国家级水泥工业节能减排工程技术研究中心建设，建立跨部门、跨行业产学研紧密结合的科技创新体系。针对我国水泥行业在节能环保方面存在的突出技术问题，加大技术改造和新技术研发资金投入，开展行业共性、关键性支撑技术的研发与工程应用。鼓励装备制造骨干企业提升制造水平，实现高效、节能、环保水泥生产线装备的国产化、大型化，带动水泥产业的升级和技术进步。在水泥成套技术装备出口退税方面加大支持和引导力度。

（十五）明确节能减排主体，加强企业能力建设。要进一步明确生产企业是节能减排的主体，充分发挥企业的积极性。企业要强化节能减排管理制度建设，设立能源管理负责人，明确岗位责任和目标考核要求。依据能源管理体系标准，在行业中积极开展试点工作，逐步提升行业及企业能源管理能力。依据节能减排统计、监测和考核体系的要求，进一步完善企业内部能源计量在线检测、分析工作，提高企业的能效管理水平。

（十六）加强组织领导。各地工业主管部门要加强对水泥行业节能减排工作的组织领导，结合本地区实际，按照国家水泥工业产业政策和本意见要求，加强组织和协调，确保各项措施落实，推动水泥行业节能减排取得实效。要充分发挥行业协会、中介组织的作用。相关行业协会要进一步做好节能减排调研、数据采集、统计分析等工作，鼓励行业协会和中介组织搭建节能减排技术和产品交流平台。发动社会各界力量做好节能减排宣传工作，通过会议、论坛、网络媒体等多种形式，大力开展宣传培训活动，广泛宣传国家节能减排的法律法规和政策措施，提高节能减排意识。

二〇一〇年十一月二十五日

关于印发《金属尾矿综合利用专项规划（2010–2015年）》的通知

工信部联规[2010]174号

各省、自治区、直辖市及计划单列市、新疆生产建设兵团工业和信息化主管部门、科技厅、国土资源厅、安全监管局，有关行业协会中央企业：

为深入贯彻落实科学发展观，大力发展循环经济，提高资源综合利用率，解决金属尾矿大量堆存带来的资源、环境、土地等方面的影响和问题，工业和信息化部、科技部、国土资源部、国家安全监管总局等有关部门组织编制了《金属尾矿综合利用专项规划（2010～2015）》。铜铝铅CNMN.COM.CN锌锡镍，中国有色网，小金属,废旧金属。现印发你们，请遵照执行。铜铝铅CNMN.COM.CN锌锡镍，中国有色网，小金属,废旧金属。

工业和信息化部　科学技术部

国土资源部　国家安全质量监督总局

二○一○年四月十一日

附：

金属尾矿综合利用专项规划（2010～2015年）

一、前言

随着我国经济快速发展，传统粗放型的经济增长方式使得我国资源短缺的矛盾越来越突出，环境压力越来越大。走中国特色新型工业化道路、大力发展循环经济、提高资源利用率，是解决当前我国资源、环境对经济发展制约的必由之路。

金属尾矿综合利用难度大、牵涉面广，既关系企业和行业生存与发展，又影响环境与安全，是社会关注的热点。与粉煤灰、煤矸石等固体废弃物相比，尾矿的综合利用技术更复杂、难度更大。目前，我国工业固体废弃物综合利用率在60%左右，而金属尾矿的综合利用率平均不到10%，相比之卜，尾矿的综合利用大大滞后于其它大宗固体废弃物。尾矿已成为我国工业目前产出量最大、综合利用率最低的大宗固体废弃物。

做好尾矿的综合利用是落实科学发展观，统筹人与自然和谐发展，发展生态文明，建设资源节约型、环境友好型社会的具体表现。依据《中华人民共和国循环经济促进法》、《中华人民共和国国民经济和社会发展第十一个五年规划纲要》，研究制定金属尾矿综合利用专项规划，规划期为2010–2015年。

本规划中所涉及的尾矿系指金属矿山选矿过程中排出的固体废弃物。

二、我国尾矿基本现状及综合利用情况

（一）我国尾矿基本现状

我国现有尾矿库12718座，其中在建尾矿库为1526座，占总数的12%，已经闭库的尾矿库1024座，占总数的8%，截止2007年，全国尾矿堆积总量为80.46亿吨。仅2007年，全国尾矿排量近10亿吨。尾矿的大量堆存带来资

源、环境、安全和土地等诸多问题：

1.占用土地

尾矿堆存需要占用大量土地。截至2005年，我国尾矿堆放占用土地达1,300多万亩，随着老的尾矿库闭库，新的尾矿库不断增加，必将占用更多的土地。

2.浪费资源

我国矿产资源80％为共伴生矿，由于我国矿业起步晚，技术发展不平衡，不同时期的选冶技术差距很大，大量有价值资源存留于尾矿之中。例如，我国铁矿尾矿的全铁品位平均为8–12%，有的甚至高达27%。以当前铁尾矿总堆存量45亿吨计算，尾矿中相当于存有铁5亿吨左右。我国黄金尾矿中含金一般在0.2–0.6克/吨，以当前总堆存量5亿吨计算，其中尚含有黄金300吨左右。尾矿中的非金属矿物不但存量巨大，而且有些已经具备高附加值应用的潜在特性。随着技术的进步其潜在价值将远远超过金属元素的价值。这些尾矿资源如不能综合回收利用，将造成巨大浪费。

3.环境污染

矿石选矿过程中有的需要加入药剂，这些药剂会残留在尾矿中。尾矿所含重金属离子，甚至砷、汞等污染物质，会随尾矿水流入附近河流或渗入地下，严重污染河流及地下水源。自然干涸后的尾砂，遇大风形成扬尘，吹到周边地区，对环境造成危害。

4.安全隐患

很多尾矿库超期或超负荷使用，甚至违规操作，使尾矿库存在极大安全隐患，对周边地区人民财产和生命安全造成严重威胁。建国以来，我国多次发生过尾矿库溃坝事故，造成大量人员伤亡。2008年“9・8”山西襄汾新塔矿业有限公司尾矿库溃坝，造成270多人死亡，更是一次血的教训。

尾矿综合利用不仅有利于提高资源综合利用率，减少占用土地，保护环境，也是消除尾矿库安全隐患的治本之策。

（二）我国尾矿综合利用情况

1.尾矿再选

开展尾矿再选，从尾矿中回收有价成分，是提高资源利用率的重要措施。近几年由于国内外金属矿产品价格快速攀升，我国尾矿再选的规模发展非常迅速。一些特大型矿山企业在尾矿再选技术开发方面已经进行了很多探索，不仅提高了资源回收率，也给企业带来巨大的经济效益。但目前我国尾矿再选整体存在着规模小、技术落后、回收率低、能耗高、成本高等问题。由于缺乏统一的规划和管理，有的甚至造成严重的二次污染，或对尾矿库安全造成危害。

2.尾矿生产建筑材料

尾矿的主要组分是富含SiO2、Al2O3、CaCO3等资源的非金属矿物，可以通过现有的成熟工艺生产一种或若干种建筑材料。目前尾矿生产建筑材料已有一些成熟技术，但主要是借鉴建材行业已有的成熟工艺，原始创新性不足，产品附加值低，销售半径小，没有显示出生产成本、运输成本和产品质量的综合优势，难以大范围推广。一些尾矿高值利用技术，如尾矿制备微晶玻璃、超耐久性尾矿高强混凝土技术等，已经在关键技术和工艺方面取得了突破，有望成为将来大量利用尾矿的有效技术。

3.尾矿用于制作肥料

有些尾矿中含有植物生长所需要的多种微量元素，经过适当处理可制成用于改良土壤的微量元素肥料。上世纪90年代马鞍山矿山研究院将磁化尾矿加入到化肥中制成磁化尾矿复合肥，并建成一座年产1万吨的磁化尾矿复合肥厂，起到了变废为宝的效果。但这些只是停留在对少量尾矿的利用上，还无法减少大宗尾矿的堆存。

4.充填矿山采空区

矿山采空区回填是直接利用尾矿最行之有效的途径之一。尤其对于无处设置尾矿库的矿山企业，利用尾矿回填采空区就具有更大的环境和经济意义。胶结充填采矿法目前已属于成熟技术，可以使地下采矿回采率提高20－50%，并使原来根本无法开采的位于水体下面、重要交通干线下面和居民区下的矿体能够被开采出来。理想的胶结充填采矿法可完全避免地表塌陷和基本避免破坏地下水平衡造成重大危害。

5.尾矿库复垦

尾矿库复垦是解决尾矿库表面沙化的重要措施。尾矿库复垦不仅防止扬沙，而且美化环境，减少污染，兼具经济效益、社会效益和环境效益。尾矿库复垦为我国矿山企业废弃尾矿库治理探索出了一条经济、可行的新路子。

（三）我国尾矿综合利用存在的问题

1.尾矿利用率低

目前我国绝大多数尾矿尚未被综合利用，综合利用率不足10%，尤其是铁尾矿和有色金属尾矿的利用率更低。随着我国矿产资源开采力度的不断加大，尾矿排出量会每年不断递增，加快尾矿的综合利用已迫在眉睫。

2.基础工作薄弱，缺乏数据支撑

在我国经济发展统计体系中还没有关于资源综合利用的基础数据统计，更没有关于尾矿综合利用的数据统计。不利于提出科学的政策措施，更不利于根据实际情况对政策措施做出实时调整。尾矿污染防治技术标准体系不健全，阻碍了相关污染治理工作的有效开展。

3.尾矿综合利用技术攻关投入不足

目前，企业缺少投资开发尾矿综合利用重大关键技术的动力和积极性。同时国家在尾矿综合利用的前瞻性技术开发方面投入不足，导致大多数尾矿综合利用工艺只停留在简单易行的技术上，缺乏能够使尾矿高效利用和大宗高值利用的原创性技术研发。

4.现有政策支持力度不够

尽管与原矿采选相比，尾矿综合利用社会效益好，但资源品位低，利用成本高，经济效益差。现有资源综合利用政策缺乏针对性，支持力度不够，企业利用尾矿的积极性不高。

三、指导思想和发展目标

（一）指导思想

以邓小平理论和“三个代表”重要思想为指导，深入贯彻科学发展观，贯彻落实资源节约和保护环境基本国策，以提高尾矿利用率和效益为目标，以技术创新为动力，以企业为实施主体，以税收优惠政策为杠杆，政府资金引导为手段，加强法制建设，建立标准体系，完善政策措施。逐步建立政府大力推进、市场有效驱动、全社会积极参与的适合我国国情的尾矿综合利用管理体系和发展模式，促进循环经济发展，建设资源节约型、环境友好型社会。

（二）基本原则

1.坚持技术创新的原则。鼓励技术创新，加大基础性、共性技术研发力度，开发一批具有针对性的自主知识产权技术，加强先进适用技术的推广应用。

2.坚持减量化的原则。采取源头控制措施，降低全国尾矿排出总量增加速度，促使全国尾矿排放总量逐年减少，年综合利用量逐渐增加，最终实现年综合利用量超过排放量，堆存总量逐年减少。　3.坚持安全清洁的原则。选择堆存量大、资源化潜力大的尾矿为重点，以坚持尾矿库安全为前提，鼓励掺入比例大、低耗能和无二次污染的技术和项目快速发展，实现经济效益、社会效益和环境效益的有机统一。

4.坚持因地制宜的原则。充分考虑尾矿特性、排放条件、存储条件，考虑区域产业结构的合理性与市场需求，因地制宜，实施符合具体尾矿特征、适应当地条件的高效的尾矿综合利用方案。 5.坚持政策激励原则。在现有资源综合利用的各项激励政策的基础上，对于目前尾矿整体、高效利用和大宗利用的项目和技术给予特殊优惠政策，调动市场主体开展尾矿综合利用的积极性。

6.坚持市场导向原则。尾矿综合利用的激励政策应保证在现有的经济技术与社会条件下，企业在尾矿综合利用环节有一定经济效益。充分发挥市场配置资源的基础性作用，激发企业开展尾矿综合利用的内在源动力。

（三）发展目标

到2015年全国尾矿综合利用率达到20%，尾矿新增贮存量增幅逐年降低，已实现安全闭库的尾矿库50%完成复垦。攻克一批具有原创性、前瞻性和自主知识产权的尾矿综合利用重大共性关键技术，在尾矿综合利用各重点领域建成一批具有带动效应的示范项目。

四、尾矿综合利用的重点领域、重点技术与重点项目

（一）重点领域

1.铁尾矿的综合利用

重点攻克铁尾矿伴生多金属的高效提取、富铁老尾矿低成本再选、传统尾矿建材的低成本高效率生产、低铁富硅尾矿高值整体利用、低成本充填、铁尾矿农用和用于生态环境治理等方面的共性关键技术难题，建成一批具有带动效应的示范项目。重点支持一批具有原始创新和集成创新特色的产品的产业化及其工程应用。初步建成3－5个具有鲜明循环经济特征和清洁生产特征的铁尾矿综合利用示范基地。

2.有色金属尾矿的综合利用

重点攻克有色金属尾矿中残余有用组分和伴生有用组分高效分离提取、非金属矿物高值利用、低成本高效胶结充填、尾矿酸性废水减排和尾矿库高效复垦等共性关键技术难题，建成一批具有带动效应的示范工程。重点支持资源濒临枯竭的矿区以尾矿综合利用为突破口建成新的综合资源基地。形成2－3个具有无废矿山特色的循环经济产业基地。

3.黄金尾矿的综合利用

重点攻克残留贵金属高效再选、氰化法替代技术、伴生有色金属综合回收、硫资源高效回收、非金属矿物高值利用、低成本高效胶结充填采矿、酸性污染物排放控制、尾矿库高效复垦等共性关键技术难题，建成一批具有带动效应的示范项目。重点支持3－5个以胶结法充填采矿技术为龙头，以高标准清洁生产工艺为基础的无废矿山的建设。

（二）重点技术

1.多金属伴生铁矿尾矿有价元素综合利用技术

推广钒钛磁铁矿型尾矿中残余钒、钛、铁及其他有价金属元素高效分离回收的产业化技术；推广白云鄂博型铁尾矿中残余的铌、稀土及其他伴生金属元素的高效分离回收的产业化技术；开展尾矿中有价非金属矿物的高效分离提取实验室及中试关键技术研究，因地制宜推广部分成熟技术。

2.有色多金属矿尾矿中有价元素综合利用技术

推广有色多金属尾矿中有价元素高效分离回收的产业化技术，攻克生物技术综合回收有色多金属矿尾矿中有价元素的共性关键技术。攻克多元素回收产业化过程中的污染源头减排技术、流程节能关键技术和有价组分梯级回收关键技术。

3.铁尾矿老尾矿库中可选铁矿物的高效分选技术

推广大型尾矿库尾矿高效安全回采技术；尾矿的高效输送与磁选分离技术。攻克铁尾矿低能耗再磨再选工业试验技术；高铁难选铁尾矿高效联选和深度还原再选中试技术，闪速焙烧再选工业化技术。解决新药剂合成、矿物表

面作用、硅酸铁还原与控制及物料与耐火材料粘连等技术基础问题。

4. 贵金属尾矿中多元素综合回收利用技术

推广贵金属尾矿中黄铁矿及其他单矿物高效分选与高值利用产业化技术。攻克尾矿中残余贵金属提取过程中氰化替代技术，特别是低污染生物选矿关键技术。攻克贵金属尾矿中伴生有价金属再选工业生产过程中的短流程技术、能源梯级利用技术和废水循环利用关键技术。

5.赤泥综合利用技术

推广赤泥中回收铁技术，赤泥生产耐火材料技术，赤泥生产建筑材料和路基技术。研发赤泥脱碱关键技术、赤泥生产充填胶结剂技术、循环流化床锅炉赤泥脱硫技术和赤泥生产陶瓷材料、CBC复合材料技术并产业化

6.富硅尾矿生产超耐久性尾矿高强混凝土技术

攻克“微磨球效应”优化技术；粗细尾矿高效分级技术；级配与活性双重协同优化技术。攻克超耐久性尾矿混凝土生产成套装备技术。攻克富硅尾矿制备超耐久性大跨度桥梁预制件、超高强铁路轨枕、地铁盾构管片、管桩和大孔洞率人工鱼礁关键技术。

7.尾矿生产微晶玻璃技术

攻克尾矿微晶玻璃大规模生产过程中的熔料控制技术、结晶控制技术、着色控制技术。攻克尾矿微晶玻璃一次结晶连续生产和能源梯级利用技术。攻克尾矿微晶玻璃大规模生产成套装备技术，特别是自动控制技术。开发尾矿微晶玻璃在工业领域及尖端科技领域的应用技术及新产品检测技术。

8.尾矿低成本生产建筑砌块技术

推广生产铺地砌块、建筑砌块过程中减少胶凝材料用量技术；免烧免蒸尾矿砌块大规模工业化生产过程中的快硬早强技术及耐久性改进技术。攻克大孔洞率、低成本和高强尾矿空心砌块大规模工业化生产技术。攻克尾矿透水砖的高透水率、高强度和抗冻融技术。攻克各种尾矿砌块生产的大规模成套设备及自动控制技术。

9.尾矿高效回填采空区技术

推广尾矿干排技术。攻克尾矿高效回填采空区大规模工程化过程中尾矿低成本浓缩技术、尾矿高浓度大泵量井下输送技术、采空区快速充填关键技术和井下充填污染控制技术。攻克选矿尾矿不入库、连续回填采空区技术。攻克尾矿高效回填采空区成套装备及自动控制技术。研究尾矿回填采空区的低下含水层技术。

10.尾矿胶结充填采矿技术

因地制宜推广现有全尾砂胶结充填采矿技术。攻克尾矿胶结充填用低成本高效新型胶凝材料大规模生产技术、似膏体胶结充填料高效制备技术、似膏体胶结充填料大泵量高效输送技术。攻克复杂采空区高效密闭技术。攻克尾矿胶结充填料在采空区快速充填、快速固化技术。攻克尾矿胶结充填采矿成套装备关键技术。

11.尾矿农用技术

研究尾矿大规模农用过程中生态影响评价技术、尾矿农用过程中与其他植物营养组分协同作用关键技术。攻克尾矿农用成套装备关键技术。

12.尾矿库闭库后的高效复垦技术

因地制宜推广现有尾矿库复垦生态相容性快速植被技术、干旱及半干旱地区复垦保水技术；生态相容性经济林复垦技术。研究开发复垦安全评价技术、复垦生态效应评价技术；尾矿库表层土壤增肥增效技术、污染物生物控制技术及生物水土保持技术。

（三）重点项目

1.尾矿中有价金属及其它高值组分的回收

分别在铁尾矿、有色金属尾矿和黄金尾矿综合利用的项目中选择一批技术成熟或基本成熟，工艺装备先进、管

理水平高、产品市场前景好、在区域可持续发展中具有带动作用并有大范围推广价值的尾矿再选有价金属及其它高值组分的项目。重点规划建设30-40个项目，总投资约100亿元。

2.尾矿整体利用生产建筑材料

选择有较好技术基础、经济效益较好、实力强的特大型企业并与大型科研机构和高等院校建立产业联盟，解决整体利用尾矿生产建筑材料的共性关键技术问题并进行工程示范及推广应用。重点规划建设130-150个项目，总投资约180亿元。

3.尾矿充填采空区及露天矿坑

选择具有较好技术基础的矿山分别在地下采空区非胶结充填、露天矿坑回填和胶结充填采矿三个方面进行工程示范，使充填成本不断下降，充填效率和质量不断提高。重点规划建设150-180个项目，总投资约150亿元。

4.尾矿的农用

选择在尾矿农用方面已经有较好基础的实验室成果和大田试验成果，在逐步扩大试验面积的基础上对各种农作物生长数据，土壤性能数据和环境生态效应数据进行深入调研和系统总结。在此基础上进行各种因素相互作用和相互影响的机理研究，提出系统的理论，并进一步扩大范围，逐步推广。重点规划建设15-20个项目，总投资约10亿元。

5.尾矿库复垦

分别在铁矿山、黄金矿山和有色金属矿山具有典型尾矿成份特征和区域特征的尾矿库中选择具有较好绿化复垦基础的尾矿库作为示范项目，进行系统的植物学、土壤学以及综合生态学研究，提出进一步改进绿化复垦的具体措施，逐步推广。重点规划建设200-300个项目，总投资约100亿元。

本规划重点项目约500 - 700个，总投资约540亿元。

五、保障措施

（一）开展统计调查工作，加强尾矿综合利用统计与评价能力建设

1、建立基础数据统计体系和报表制度。建立尾矿资源综合利用信息网络平台，逐步建立起尾矿的数据收集、整理和统计体系，建立尾矿排放、贮存及资源综合利用状况公报制度。重点掌握不同行业、不同特点的尾矿产生、贮存、排放情况和综合利用的重点领域、重点行业、重点企业及重点利用途径的基本情况和基础数据，为尾矿综合利用工作的长期开展和分阶段重点实施提供决策依据。开展金属尾矿环境污染现状调查工作，为开展尾矿污染治理工作提供决策依据。

2、建立尾矿资源综合利用评价系统和评价机构。针对尾矿信息的复杂性、海量性、异质性、不确定性和动态性特点，采用系统设计方法，通过过程控制、数据驱动、层次分析等技术手段，研究构建集尾矿库信息管理、综合利用安全评价、综合利用方法和方案选择于一体的尾矿综合利用评价决策支持系统，对尾矿的资源性、综合利用的经济性、合理性、安全性和环境生态友好进行综合评价。

（二）加强政府的政策引导和资金支持

1. 加强中央和地方财政对尾矿综合利用支持力度。研究制定尾矿综合利用专项扶持政策；推动将符合标准的、与政府采购密切相关的尾矿综合利用产品纳入政府采购政策扶持范围，拉动尾矿综合利用产品的消费市场；进一步体现“生产者责任制”原则，建立矿山环境治理和生态恢复责任机制，矿山企业按照规定足额提取矿山环境治理恢复保证金，加强尾矿库治理及环境修复。

2. 启动尾矿综合利用示范项目。分别选择若干个资源濒临枯竭的大型矿山、生态环境破坏严重的大型矿山集中区域、尾矿库安全闭库后复垦已经有较好基础的矿山作为示范项目，进行复垦级别及高附加值大宗利用技术应用试点，国家从财政现有资金渠道、投融资政策等方面给予支持。

3. 对于尾矿综合利用效率高的企业或项目在资源配置和土地使用等方面给予适当的鼓励。加大尾矿综合利用技术改造支持力度。通过国债专项资金、世界银行贷款、外国政府贷款和其他政策性银行贷款等多渠道融资，促进尾矿综合利用先进技术和成套设备的产业化，促进适用成熟技术的推广，特别是扶持高新技术产品的原创性开发、试验和生产

4. 建立尾矿减排责任制体系。对于已经建成的矿山，其尾矿新增贮存量增幅要逐年降低；对于新建矿山企业，其尾矿的综合利用率应大于20%；有条件的地方，要逐步做到尾矿综合利用与矿山开采和生态恢复“三同时”。鼓励将尾矿减排的任务纳入对企业绩效的考核；对于尾矿产出集中区和生态环境脆弱地区，将尾矿减排管理纳入对各级政府工作的考核体系。

5. 出台尾矿库闭库后的复垦强制性措施。研究出台对于新建尾矿库征用土地更严格的限制措施和对消纳尾矿后腾空土地及复垦后所增加土地资源的优惠使用政策。

（三）加强尾矿综合利用的前瞻性、基础性科学技术研究，建立尾矿综合利用产品标准体系

1. 以源头控制为导向，将尾矿综合利用若干基础科学问题纳入国家科学技术理论研究和基础研究项目重点范畴。夯实尾矿综合利用中的理论基础与技术基础，加强我国在尾矿资源综合利用方面的自主创新能力和原始创新能力。

2. 通过国家高科技发展计划、国家科技支撑计划等渠道，加大对制约我国尾矿综合利用技术进步的基础理论问题、原始创新问题和重大共性关键技术研发的支持力度，建立尾矿综合利用科技支撑体系。

3. 以原始创新带动集成创新，开发尾矿综合利用成套技术与成套装备。加强适用先进技术的引进、消化和吸收，形成自主创新与引进、吸收相结合。大力推进尾矿综合利用成套技术与成套装备示范与推广应用。

4. 大力推进尾矿综合利用产品标准体系建设工作，建立健全尾矿综合利用产品的质量监督检测体系和污染防治技术标准体系，积极推进尾矿综合利用产品的推广应用工作。

（四）实施有效的监督管理

加强立法，明确尾矿产生企业的责任、义务，落实“生产者责任制”，建立有效的政府监督管理机制。规范尾矿综合利用项目的审批制度，防止短期行为及其他不良后果。加大环境监督力度，防止二次污染。有关部门应相互协调、配合，推动规划的实施。地方主管部门应制定适合本地区情况的尾矿综合利用专项规划。对于限制开采矿种的尾矿中提取的金属量应纳入矿产资源规划确定的总规模进行统筹考虑，再确定开发利用方向。

建立尾矿综合利用后评估制度，不断总结经验，促进技术开发和先进适用技术的推广应用，提升尾矿综合利用水平，研究建立尾矿综合利用奖惩机制。

（五）加强宣传，提高尾矿综合利用意识

通过新闻媒体和社会舆论工具，广泛宣传有关尾矿综合利用的法律、行政法规及有关知识，转变企业生产观念，提高尾矿综合利用意识。对尾矿综合利用成绩突出的企业和项目大力宣传，发挥示范和带动效应。

（六）加大国内外交流力度

加强国内外交流与合作，引进和吸纳国外先进经验和适用技术，建立尾矿综合利用方面的技术和经验交流推广机制，促进尾矿综合利用产业良性循环，提升尾矿资源综合利用水平。

财政部政策文件

关于调整环境标志产品政府采购清单的通知

财库[2010]31号

党中央有关部委，国务院各部委、各直属机构，全国人大常委会办公厅，全国政协办公厅，高法院，高检院，有关人民团体，各省、自治区、直辖市、计划单列市财政厅（局）、环保厅（局），新疆生产建设兵团财务局、环保局:

为进一步扩大环境标志产品政府采购范围，加大环境标志产品政府采购工作力度，我们对已发布的“环境标志产品政府采购清单”（以下简称环保清单）进行了调整。现将调整后的第五期环保清单印发你们，并将有关事项通知如下：

一、采购人购买的产品属于政府强制采购节能产品范围的，应当按照《国务院办公厅关于建立政府强制采购节能产品制度的通知》（国办发[2007]51号）和财政部、发展改革委公布的第七期“节能产品政府采购清单”，在强制采购节能产品范围内购买。对于其中同时列入环保清单和“节能产品政府采购清单”的产品，应当优先于只获得其中一项认证的产品。

二、采购人购买轻型汽车产品时，应当按照中共中央办公厅、国务院办公厅关于党政机关汽车配备使用标准的有关规定执行。国家公布新的党政机关汽车配备使用标准时，财政部将会同环境保护部及时调整环保清单中的相关产品。

三、环保清单将于2010年9月再次调整并公布，财政部将会同环境保护部对2010年7月底前获得环境标志认证的产品进行审核和公示。

四、相关企业应当保证环保清单所列产品在本期环保清单有效期内稳定供货，凡因企业自身原因出现停产、无货等拒绝参加政府采购活动、拒绝提供环保清单所列产品及相应服务，或者以环保清单以外产品替代环保清单内产品等情况，应当向财政部反映，核实后将从本期环保清单中取消相应产品资格，同时，两年内该企业所有产品不再列入环保清单，并在中国政府采购网（http://www.ccgp.gov.cn/）、国家环境保护部网（http://www.mep.gov.cn/）、中国绿色采购网（http://www.cgpn.org/）上公告。

五、各级政府机构和采购代理机构在执行优先采购环境标志产品制度时，应当以本期环保清单中所列产品为准，不再执行此前公布的环保清单。未列入本期环保清单的产品不属于政府优先采购的环境标志产品范围。凡违反上述规定的，财政部门将依照有关规定予以处理。

六、政府采购工程项目应当严格执行环境标志产品政府优先采购制度。在确定工程总包单位时，采购人及其委托的采购代理机构应当明确落实环境标志产品政府采购政策要求。

七、环保清单在中国政府采购网（http://www.ccgp.gov.cn/）、国家环境保护部网（http://www.mep.gov.cn/）、中国绿色采购网（http://www.cgpn.org/）上发布，请各采购当事人到上述网站查阅、下载。为确保上述信息的准确性，未经财政部、环境保护部允许，不得转载。

八、各级政府机构和采购代理机构在采购环保清单所列产品，需要获取相关销售联系方式的，可向环境保护部环境认证中心查询。

请遵照执行。

附件：环境标志产品政府采购清单（第五期）（略）

财政部　环境保护部

二〇一〇年三月三十日

关于调整高效节能空调推广财政补贴政策的通知

各省、自治区、直辖市、计划单列市财政厅（局）、发展改革委（经委、经贸委、经信委、工信委、工信厅），新疆生产建设兵团财务局、发展改革委，有关企业：

自2009年6月1日采取财政补贴方式推广高效节能空调以来，高效节能空调市场份额快速提高，产品整体能效水平显著上升，对促进节能减排、拉动国内消费、推动产业升级起到了重要作用。为进一步推广使用高效节能空调，扩大节能产品惠民工程成效，与新修订的《房间空气调节器能效限定值及能源效率等级》国家标准（以下简称“新能效标准”）相衔接，财政部、国家发展改革委决定对《关于印发〈“节能产品惠民工程”高效节能房间空调器推广实施细则〉的通知》（财建[2009]214号）中有关政策内容进行相应调整。现将有关事项通知如下：一、政策实施期限。现行财政补贴政策实施到2010年5月31日后，按新能效标准继续对能效等级2级及以上的推广产品给予补贴，实施期限为2010年6月1日到2011年5月31日。二、推广产品范围。2010年6月1日后，推广产品调整为额定制冷量7500W（含）以下的分体式房间空调，并研究适时推广变频空调。三、补贴标准。2010年6月1日后，高效节能空调推广财政补贴标准调整为：

额定制冷量（W）	财政补贴标准（元/台（套））	
	能效等级1级	能效等级2级
额定制冷量≤4500	200	150
4500<额定制冷量≤7500	250	200

请各地财政部门、节能主管部门督促相关企业采取有效措施，按照上述内容尽快调整，继续做好高效节能空调推广工作。

财政部　国家发展和改革委员会

二〇一〇年四月三十日

关于印发《节能产品惠民工程高效电机推广实施细则》的通知

各省、自治区、直辖市、计划单列市财政厅（局）、发展改革委（经委、经信委、经贸委），新疆生产建设兵团财务局、发展改革委：

为贯彻落实国务院《关于进一步加大工作力度确保实现“十一五”节能减排目标的通知》（国发[2010]12号）精神，财政部、国家发展改革委将组织开展高效电机推广。根据《财政部国家发展改革委关于开展“节能产品惠民工程”的通知》（财建[2009]213号），我们制定了《节能产品惠民工程高效电机推广实施细则》，现印发给你们，请遵照执行。

附件：节能产品惠民工程高效电机推广实施细则

财　政　部

国家发展改革委

二〇一〇年五月三十一日

附件：

节能产品惠民工程高效电机推广实施细则

一、推广产品范围

（一）额定功率为0.55千瓦（含）—315千瓦（含），额定电压为690伏及以下的低压三相异步电动机（以下简称低压三相异步电机）。

（二）额定功率为355千瓦（含）—25000千瓦（含），额定电压为6000伏或10000伏的高压三相异步电动机（以下简称高压三相异步电机）。

（三）额定功率为0.55千瓦（含）—315千瓦（含），额定电压为690伏及以下的稀土永磁三相同步电动机（以下简称稀土永磁电机）。

二、推广产品及企业条件

（一）申请推广的高效电机须满足以下要求：

1. 在中国大陆境内生产和使用。

2. 低压三相异步电机效率达到国家标准GB18613《中小型三相异步电动机能效限定值及能效等级》现行版本中能效等级2级及以上水平，产品通过能效标识备案和“节”字标志节能产品认证。

3. 高压三相异步电机效率保证值不低于规定指标（具体要求见附件1）。

4. 同一品牌只能由一家生产企业申请推广，且在近三年内国家产品质量监督抽查和能效标识市场专项检查中，该品牌的电机产品无不合格记录。

（二）申请推广高效电机的生产企业须满足以下要求：

1. 具有完备的产品销售及用户信息管理系统，销售的高效电机能追溯到最终用户。

2. 低压三相异步电机和高压三相异步电机年推广量不少于30万千瓦，或稀土永磁电机年推广量不少于1万千瓦。

三、推广补贴标准

产品类型	额定功率（千瓦）	补贴标准（元/千瓦）	
		1级	2级
低压三相异步电机	0.55≤额定功率≤22	40	35
	22<额定功率≤315	20	15
高压三相异步电机	355≤额定功率≤25000	12	
稀土永磁 电机	0.55≤额定功率≤22	60	
	22<额定功率≤315	40	

四、推广资格申请和确定

申请高效电机推广的生产企业，将高效电机推广申请报告（包括申请书、企业基本情况、推广产品信息、推广方案等内容及电子版本，具体格式见附件2）及下列材料逐级上报，经省级节能主管部门、财政部门审核后，报国家发展改革委、财政部。

（一）营业执照和税务登记证（复印件加盖公章）；

（二）推广产品“节”字标志节能产品认证证书和能效标识备案证明（仅限于低压三相异步电机）；

（三）推广产品能效检测报告；

（四）商标注册证明及授权书；

（五）银行出具的资信证明；

（六）其他相关材料。

国家发展改革委、财政部对上报材料进行审核，并公告推广产品目录。

五、补贴资金申请和拨付

（一）推广企业将推广信息及时录入“节能产品惠民工程”信息管理系统，于月度终了后10日内上报财政部（具体格式见附件3）。

（二）地方财政部门、节能主管部门通过“节能产品惠民工程”信息管理系统对本地区产品推广情况进行审核。

（三）财政部根据推广企业月度推广情况，预拨补贴资金。

（四）年度终了后30日内，推广企业提出年度补贴资金清算报告，逐级上报财政部。

（五）财政部根据地方财政部门、节能主管部门审核结果和专项核查情况进行补贴资金清算。

六、其他要求

（一）推广企业在推广产品的本体和包装上按要求加施“节能产品惠民工程”标识和字样（样式见附件4）。

（二）推广企业须在销售合同中写明推广产品的效率，注明推广产品不得用于出口。

（三）推广企业违反相关规定的，按照《高效节能产品推广财政补助资金管理暂行办法》（财建[2009]213号）进行处理。

关于印发《矿产资源节约与综合利用专项资金管理办法》的通知

财建[2010]312号

中央有关部门，有关中央管理企业，各省、自治区、直辖市、计划单列市财政厅(局)、国土资源厅(局)：

为了提高矿产资源开发水平，加强矿产资源综合利用，促进矿产资源领域循环经济发展，中央财政从分成的矿产资源补偿费及探矿权采矿权使用费和价款中安排专项资金，用于支持矿产资源节约与综合利用。为了加强资金管理，提高资金使用效益，我们制定了《矿产资源节约与综合利用专项资金管理办法》，现印发给你们，请遵照执行。

附件：矿产资源节约与综合利用专项资金管理办法

财政部

国土资源部

二○一○年六月十七日

附件：

矿产资源节约与综合利用专项资金管理办法

第一章　总 则

第一条　为加强和规范矿产资源节约与综合利用专项资金(以下简称专项资金)管理，提高资金使用效益，根据国家有关法律法规的规定，制定本办法。

第二条　专项资金由中央财政通过分成的矿产资源补偿费及探矿权采矿权使用费和价款收入安排，包括奖励资金和循环经济发展示范工程资金(以下简称示范工程资金)两部分。

奖励资金采取“以奖代补”方式，对节约与综合利用矿产资源取得显著成绩的矿山企业给予奖励，支持矿山企业提高矿产资源开采回采率、选矿回收率和综合利用率(以下简称“三率”)。

示范工程资金主要用于实施以矿山企业为主体的矿产资源领域循环经济发展示范工程，推进油页岩、煤矸石、难选冶黑色金属、共伴生有色多金属、矿山固体废弃物和多金属尾矿资源等综合开发利用。

第三条　专项资金专款专用，任何单位和个人不得截留、挤占和挪用。

第二章　安排原则及条件

第四条　专项资金安排坚持以下原则：

(一)围绕国民经济和社会发展需要，促进矿产资源节约与综合利用，提高矿产资源对经济社会可持续发展的保障能力。

(二)以绩论奖，推进科技进步，提高管理水平，激励矿山企业采用先进技术、先进工艺，完善管理制度，不断提高矿产资源开发利用水平。

(三)示范引导，推广先进适用技术，促进矿产资源领域循环经济发展。

(四)公平、公正、公开，接受社会监督。

第五条 申请专项资金的矿山企业必须具备以下基本条件：

(一)法定证照齐全、有效；

(二)依法履行采矿权人的法定义务，已按时、足额缴纳国家有关税费；

(三)管理机构健全，有专门的矿山地质、采矿、选矿管理机构和技术人员；

(四)矿产资源节约与综合利用水平达到设计或国土资源行政主管部门核定的标准；

(五)近三年矿产资源开发利用年度检查合格，无违法违规记录；

(六)近三年无重大生产安全事故和环境污染事故；

(七)列入矿产资源开发整合方案的，已完成资源整合，并实现规模化、集约化开发利用。

第六条 申请奖励资金的矿山企业应当建立矿山储量动态监测机制，各类资源储量资料齐全，动用、采出、损失量和“三率”管理资料台账清楚、规范，并且符合以下条件之一：

(一)开采回采率高于设计标准或国土资源行政主管部门核定的标准，并在国内同类矿山企业中处于先进水平；

(二)选矿回收率高于设计标准或国土资源行政主管部门核定的标准，并在国内同类矿山企业中处于先进水平；

(三)共、伴生矿产综合利用水平高于设计标准或国土资源行政主管部门核定的标准，并在国内同类矿山企业中处于先进水平；

(四)矿山生产中尾矿得到充分利用并取得显著成效；

(五)充分利用低品位矿并取得显著成效；

(六)利用废石(煤矸石)、矿山废水等废弃物取得显著成效；

(七)近三年矿山企业已自筹资金完成技术改造项目，矿产资源节约与综合利用取得显著成效。

第七条 申请示范工程资金应符合矿产资源规划及以下条件：

(一)技术方法先进，具有规模效应，示范效果显著，可大幅度提高资源利用水平。

(二)有关工作已纳入矿山企业发展规划，确保资源综合利用工作得到及时有效开展。具有较强的资金筹措能力，可以落实配套资金。

(三)矿山企业在相关领域和专业具有较强的技术优势和创新能力，具备必备的人才条件、技术装备和组织管理能力。

第三章 支持方式及使用

第八条 财政部会同国土资源部根据全国矿山企业矿产资源节约与综合利用和矿山企业地区分布情况，并结合当年预算安排，确定当年各省(自治区、直辖市、计划单列市)、中央矿山企业申请奖励资金支持的奖励名额及示范工程资金支持的项目数量。

第九条 奖励资金划分为四个类别：一类1000万元，二类800万元，三类 500万元，四类200万元。对矿产资源节约与综合利用成效特别突出的，给予 2000万元特殊奖励。

第十条 奖励等级根据综合评价指标排序确定。

综合评价指标指：矿山企业前三年度因“三率”高于规定标准而增加的矿产品销售收入和用于矿产资源节约与综合利用直接投资金额两项指标综合计算结果。计算公式为：

$$P=(\varDelta F+I)\times \lambda$$

P——综合评价指标(单位：万元)；

$\varDelta F$——矿山企业前三年度因“三率”指标高于规定标准而增加的矿产品销售收入(单位：万元)；

I——矿山企业前三年度完成的用于提高“三率”、并取得显著成效的项目直接投资额(单位：万元)；

λ——专家评判系数。

财政部、国土资源部根据矿产资源急缺程度，可适时对不同矿种根据上述公式计算结果进行调整。

第十一条 示范工程资金支持额度原则上不超过项目总投资的50%。具体支持额度根据资源综合利用水平、规模效应和技术进步等因素确定。

第十二条 矿山企业获得的奖励资金专项用于进一步提高“三率”的技术改造和研究开发，不得用于职工个人奖励或工资、福利性支出；示范工程资金专项用于实施循环经济发展示范工程项目。

第十三条 当年获得奖励资金的矿山企业次年不能再次申报，但获得奖励资金后在矿产资源节约与综合利用方面有突出成效的除外。

第四章 申报程序及预算管理

第十四条 财政部会同国土资源部发布专项资金申报指南。

申请专项资金的矿山企业，按照申报指南要求编制申报材料。

第十五条 归口中央有关部门和中央企业管理的矿山企业申报材料，需经矿山所在地省级国土资源行政主管部门出具审查意见，并由归口主管部门(企业)审核汇总后报送财政部、国土资源部。

非中央所属的矿山企业申报材料，按属地管理原则，由省级财政部门、国土资源部门审核汇总后报送财政部、国土资源部。

除特殊情况或另有规定外，专项资金申报材料应于每年4月30日前报送财政部、国土资源部。

第十六条 财政部、国土资源部组织专家对申报材料进行审核论证。

第十七条 财政部商国土资源部根据审核论证结果确定资金预算，并按照预算管理程序一般于每年6月30日前下达预算。

第十八条 专项资金拨付按照财政国库管理制度的有关规定执行。

第十九条 专项资金预算一经下达，原则上不作调整；如确需调整，须按照规定程序报财政部和国土资源部批复。

第五章 监督管理

第二十条 财政部会同国土资源部负责组织对专项资金使用情况进行监督检查，建立绩效评价制度。

第二十一条 中央有关部门和中央企业、省级财政部门和国土资源部门应加强专项资金监督管理，建立专项资金使用约束机制，认真审查矿山企业申报材料的真实性、可靠性。重大事项及时向财政部和国土资源部报告。

第二十二条 矿山企业应严格遵守国家有关法律法规和财务制度，并积极配合有关部门开展监督检查。

第二十三条 违反本办法规定，截留、挤占、挪用专项资金或造成专项资金损失的，依照《财政违法行为处罚处分条例》(国务院令第427号)的规定处理。涉嫌犯罪的，移送司法机关处理。

第六章 附则

第二十四条 本办法所称矿山企业，指依法登记的采矿权人或大型矿业集团公司所属的独立矿山。

第二十五条 本办法由财政部会同国土资源部负责解释。

第二十六条 本办法自2010年6月1日起施行。

关于调整节能产品政府采购清单的通知

财库〔2010〕82号

党中央有关部委，国务院各部委、各直属机构，全国人大常委会办公厅，全国政协办公厅，高法院，高检院，有关人民团体，各省、自治区、直辖市、计划单列市财政厅（局）、发展改革委（计委）、经贸委（经委），新疆生产建设兵团财务局、发展改革委、经委：

为了加大节能产品政府采购工作力度，根据《国务院办公厅关于建立政府强制采购节能产品制度的通知》（国办发[2007]51号）和财政部、发展改革委发布的《节能产品政府采购实施意见》（财库[2004]185号）的规定，我们对已发布的“节能产品政府采购清单”（以下简称节能清单）进行了调整。现将调整后的第八期节能清单印发给你们，并将有关事项通知如下：

一、第八期节能清单中的空调机、照明产品、电视机、电热水器、计算机、打印机、显示器、便器、水嘴等九类产品为政府强制采购节能产品（以“★”标注）。

二、节能清单将于2011年1月再次调整并公布，财政部将会同国家发展改革委对2010年11月底前获得节能认证的产品进行审核和公示。

三、相关企业应当保证节能清单所列型号/系列的产品在本期节能清单有效期内稳定供货，凡发生制造商及其代理商不接受参加政府采购活动邀请、列入“节能清单”的产品无法正常供货以及其他违反《承诺书》内容情形的，采购人及其他相关当事人应当及时将有关情况向财政部反映，财政部经核实，根据具体违规情形，对制造商做出列入不良供应商行为记录、暂停列入“节能清单”三个月至两年的处理，并在中国政府采购网（http://www.ccgp.gov.cn/）、国家发展改革委网站（http://hzs.ndrc.gov.cn/）和中国质量认证中心网站（www.cqc.com.cn）上公告。

四、各级政府机构和采购代理机构在执行优先采购和强制采购节能产品制度时，应当以本期节能清单中所列产品为准，不再执行此前公布的节能清单。未列入本期节能清单的产品不属于政府优先采购和强制采购的范围。凡违反上述规定的，财政部门将依照有关规定予以处理。

五、已经确定实施的政府集中采购协议供货产品涉及节能清单产品类别的，集中采购机构应当按照本期节能清单重新组织协议供货活动或进行调整。

六、政府采购工程项目应当严格执行节能产品政府优先采购和强制采购制度。在确定工程总包单位时，采购人及其委托的采购代理机构应当明确落实节能产品政府采购政策要求。

七、节能清单在中国政府采购网、国家发展改革委网站和中国质量认证中心网站上发布，请各采购当事人到上述网站查阅、下载。

八、节能清单中产品的相关销售渠道和联系方式将在上述网站公布。

请遵照执行。

财政部

国家发展和改革委员会

二〇一〇年七月三十日

环境保护部政策文件

关于深入推进重点企业清洁生产的通知

（环发[2010]54号）

各省、自治区、直辖市环境保护厅（局），新疆生产建设兵团环境保护局：

为贯彻落实《国务院批转发展改革委等部门关于抑制部分行业产能过剩和重复建设引导产业健康发展若干意见的通知》（国发2009〕38号）、《国务院办公厅关于落实抑制部分行业产能过剩和重复建设有关重点工作部门分工的通知》（国办函〔2009〕116号）和《国务院办公厅转发环境保护部等部门关于加强重金属污染防治工作指导意见的通知》（国办发〔2009〕61号）精神，深入扎实推进重点企业清洁生产工作，现将有关要求通知如下：

一、依法公布应实施清洁生产审核的重点企业名单

当前要将重有色金属矿（含伴生矿）采选业、重有色金属冶炼业、含铅蓄电池业、皮革及其制品业、化学原料及化学制品制造业五个重金属污染防治重点防控行业，以及钢铁、水泥、平板玻璃、煤化工、多晶硅、电解铝、造船七个产能过剩主要行业，作为实施清洁生产审核的重点。各省可按照《重点企业清洁生产行业分类管理名录》（附件一，以下简称《名录》），确定本辖区内需实施清洁生产审核的其他重点企业。各省级环保部门应依据《中华人民共和国清洁生产促进法》的规定，将应实施清洁生产的重点企业名单在省级环保部门政府网站公布并同时抄报我部，有条件的地方可在当地主要媒体同时公布。

二、积极指导督促重点企业开展清洁生产审核

积极开展清洁生产审核培训，加强对重点企业实施清洁生产审核的技术指导。加强对清洁生产审核服务机构的监督管理，及时公布具备审核条件的机构名单及其审核业绩，并对问题较突出的审核服务机构予以通报。及时调度各重点企业清洁生产审核工作进度，督促各重点企业将清洁生产审核报告和审核结果及时报送当地省级环保部门和相关部门。

三、强化对重点企业清洁生产审核的评估验收

各省级环保部门应按照《重点企业清洁生产审核评估、验收实施指南》（环发〔２００８〕60号附件二）要求，加快评估验收工作进度。加强对评估验收工作的规范和日常监督管理，根据工作需要可依托省级清洁生产中心等有关机构开展评估验收。进一步加大对评估验收工作的资金支持力度，应继续按照环发〔2008〕60号要求，安排专项资金用于支持重点企业清洁生产审核的评估验收工作，并同时积极争取节能减排等各方面资金的支持。

四、及时发布重点企业清洁生产公告

各省级环保部门应加强对重点企业实施清洁生产有关信息的统计和汇总工作，定期公告本地区重点企业清洁生产审核和评估验收情况。将本地区已经通过评估验收的重点企业名单，在每季度第一个月内上报我部。我部将定期发布“重点企业清洁生产公告”，公布各地通过清洁生产评估验收的重点企业名单，同时抄送中国银行业监督管理

委员会、中国证券监督管理委员会、国务院国有资产管理委员会等有关部门。

五、制定清洁生产推行年度计划

各省级环保部门应制定本地区重点企业清洁生产审核及评估验收年度工作计划。主要内容应包括：本年度应实施清洁生产审核的重点企业名单、审核及评估验收工作进度安排、监督管理措施等。总体进度要求是：五个重金属污染防治重点行业的重点企业，每两年完成一轮清洁生产审核，2011年年底前全部完成第一轮清洁生产审核和评估验收工作；七个产能过剩行业的重点企业，每三年完成一轮清洁生产审核，2012年年底前全部完成第一轮清洁生产审核和评估验收工作；《名录》确定的其他重污染行业的重点企业，每五年开展一轮清洁生产审核，2014年年底前全部完成第一轮清洁生产审核及评估验收。2011年起，各地应于每年3月31日前，制定本地区本年度清洁生产推行计划，并报送我部，同时向社会公布。

六、完善促进重点企业实施清洁生产的政策措施

应将实施清洁生产审核并通过评估验收，作为《名录》所列行业的重点企业申请上市（再融资）环保核查和有毒化学品进出口登记的前提条件，作为申请各级环保专项资金、节能减排专项资金和污染防治等各方面环保资金支持的重要依据，作为审批进口固体废物、经营危险废物许可证和新化学物质登记的重要参考条件。将实施清洁生产的减污绩效作为核算重点企业主要污染物总量减排数据的重要依据，未通过清洁生产审核评估验收的重点企业，由于实施清洁生产形成的总量减排成果不予认可。各地要加大资金支持力度，对经审核确定的重点企业清洁生产改造项目，各级环保专项资金和节能减排专项资金应予以支持。对通过实施清洁生产达到国内清洁生产先进水平的重点企业可给予适当经济奖励。

七、充分发挥国家环境保护模范城市和国家生态工业园区的带头示范作用

按照《“十一五”国家环境保护模范城市考核指标及其实施细则（修订）》（环办〔2008〕71号）规定，国家环境保护模范城市和正在创建的城市以及国家生态工业园区，应按要求制定重点企业清洁生产审核年度计划，完成对本辖区内《名录》所列重点行业中全部重点企业的清洁生产审核及评估验收，并将通过评估验收的重点企业名单、审核报告和相关证明文件，由所在省级环保部门汇总报送我部，并经我部发布“重点企业清洁生产公告”后，方可具备技术评估和考核验收资格。

八、加强对重点企业实施清洁生产的监督检查

严格执行《中华人民共和国清洁生产促进法》有关规定，对于使用有毒、有害原料进行生产或者在生产中排放有毒、有害物质，但不实施清洁生产审核或者虽经审核但不如实报告审核结果的企业，责令限期改正；对拒不改正的依法从重处罚。对于污染物超标排放或者污染物排放总量超过规定限额的污染严重企业，不公布或者未按规定要求公布污染物排放情况的，依法从重处罚。

为适时发布“重点企业清洁生产公告”，请各地于2010年5月17日前，将本辖区内已经开展清洁生产审核并通过评估验收的重点企业名单（按附件二格式）报送我部，同时请报送电子件。请各地于2010年6月30日前，制定完成本地区2010年度清洁生产审核工作计划并报送我部，同时对社会公开。我部将对各地开展重点企业清洁生产审核及评估验收情况进行年度监督检查，并将检查结果予以通报。

二〇一〇年四月二十二日

关于发布《废弃电器电子产品处理发展规划编制指南》的公告

公告2010年第82号

为贯彻落实《废弃电器电子产品回收处理管理条例》，指导各地区编制废弃电器电子产品处理发展规划，提高规划编制的规范性和科学性，我部制定了《废弃电器电子产品处理发展规划编制指南》。现予以发布，请各省级环境保护行政主管部门参照执行。

附件：废弃电器电子产品处理发展规划编制指南

二○一○年十一月十五日

附件：

废弃电器电子产品处理发展规划编制指南（摘录）

一、依据和目的

为贯彻落实《废弃电器电子产品回收处理管理条例》（以下简称《条例》）关于“省级人民政府环境保护主管部门会同同级资源综合利用、商务、工业信息产业主管部门编制本地区废弃电器电子产品处理发展规划”的规定,指导各地区编制废弃电器电子产品处理发展规划（以下简称“规划”），提高规划编制的规范性和科学性，制定本指南。

二、原则要求

规划应当落实《条例》关于国家对废弃电器电子产品实行集中处理制度的要求，促进本地区废弃电器电子产品处理产业规范发展。

三、基本框架

（一）总则

1. 规划依据

列举但不限于以下依据：各省（区、市）国民经济和社会发展中长期规划，《固体废物污染环境防治法》、《条例》，《危险废物经营许可证管理办法》、《电子废物污染环境防治管理办法》等国家相关政策法规和标准规范，国家及本地区环境保护规划、再生资源回收处理规划等。

2. 规划原则

统筹规划，合理布局；因地制宜，集中处理。

3. 规划范围

以省（区、市）为单元进行规划。

鼓励跨省（区、市）开展区域联合规划。

4. 规划年限

原则上，以五年为一个规划期，如2011年至2015年。

（二）现状和问题

1. 区域基本情况

本地区域概况、自然环境和社会经济发展概况。包括：地域、面积、人口、社会经济、城镇、交通运输等。

本地区电器电子产品生产消费基本状况。包括：生产量、消费量、城镇/农村居民百户拥有量等。

2. 前期规划执行情况

对照前期规划的目标和主要任务，对完成情况和实施效果进行总结。如编制2016–2020年规划时，应对2011–2015年规划实施情况进行总结。

3. 废弃电器电子产品回收处理现状

（1）废弃电器电子产品产生现状。包括各类废弃电器电子产品的数量、地域分布状况、跨区域流动状况、产生源状况（家庭或企事业单位）。

（2）废弃电器电子产品回收现状。包括回收渠道现状和特点，回收网点建设和运行情况。

（3）废弃电器电子产品处理现状。包括处理企业、处理设施的数量及其分布，处理企业技术人员数量，相关处理技术和处理设备水平，各类废弃电器电子产品的设计处理能力（台/年）、实际处理量、处理能力利用率、处理成本等。

（4）问题分析。对现行废弃电器电子产品回收处理方式、处理设备运行状况及回收处理管理体制等进行分析，提出改进建议及措施。

4. 主要经验、存在问题及其原因

简述本地区废弃电器电子产品回收处理的主要经验。简述并分析目前存在的主要问题及其原因，并以典型事例加以说明。结合废弃电器电子产品回收处理的要求和问题，在把握和确定回收处理目标和需求等方面提出建议。

（三）需求预测

以至少过去5年（如2005–2009）的数据为基础对以下内容进行分析预测（家电“以旧换新”政策最大限度促进了废旧家电的集中回收和处理，有关试点省市废旧家电回收的统计数据见附录，可供参考）：

1. 各类废弃电器电子产品产生量、回收量预测。

2. 各类废弃电器电子产品处理能力需求预测。

3. 各类废弃电器电子产品回收网点建设需求预测。

（四）目标任务

科学合理确定各类废弃电器电子产品回收处理量，总体处理能力，处理企业数量、结构、规模和建设布局，处理技术与设备的发展，回收网点建设等目标任务。

考虑到废弃电器电子产品的数量有限，根据家电“以旧换新”工作的经验，各省（区、市）应严格控制处理企业数量。

（五）实施计划

从年度安排、部门职责、分级落实、考核指标等方面提出规划实施安排的意见。

（六）保障措施

结合本地实际，从加强组织领导、完善政策措施、加强技术支撑、强化环境监管、加大宣传教育等方面提出保障规划顺利实施的措施。

四、编制步骤

（一）前期准备工作

1. 成立规划编制领导小组和工作小组

规划编制领导小组由省级人民政府环境保护主管部门会同同级人民政府资源综合利用、商务、工业和信息化主管部门组成。成员包括主要负责同志和具体承办同志。

规划编制工作小组由熟悉本地区废弃电器电子产品回收处理工作的管理人员，长期从事电器电子产品生产，废弃电器电子产品回收处理，以及相关协会和环境保护领域等方面的专业人员和专家组成。

2. 制定工作方案

制定详细周密的工作方案，确保规划编制工作有条不紊地进行。

3. 资料收集、调查和分析评估

收集和调查有关废弃电器电子产品回收处理的相关政策法规、标准规范；国内外各类废弃电器电子产品处理技术和设备发展现状和趋势；本辖区和周边地区内各类废弃电器电子产品跨区流动和回收处理的现状及趋势等资料，并进行分析评估。

（二）起草规划

规划编制工作小组在规划编制领导小组的指导下，可先编制规划大纲；依据规划大纲，起草规划。

（三）专家评估

邀请相关专业人员和专家，对规划的科学性和可行性等进行论证评估。

（四）公开征求社会意见

通过政府网络、报刊等，将规划向社会公开征求意见，并进一步修改完善。

（五）报省级人民政府有关部门审查

将规划报送省级人民政府环境保护主管部门会同同级资源综合利用、商务、工业和信息化主管部门审查。

（六）报环境保护部审定备案

省级人民政府环境保护主管部门依法将规划报环境保护部审定备案。

（七）发布实施

省级人民政府环境保护主管部门会同同级资源综合利用、商务、工业和信息化主管部门在本辖区内发布规划并实施。

五、规划文本格式要求（略）

商务部政策文件

关于进一步推进再生资源回收行业发展的指导意见

商商贸发187号

各省、自治区、直辖市、计划单列市及新疆生产建设兵团商务主管部门：

近年来，随着我国资源节约型、环境友好型社会建设的深入推进，再生资源回收行业得到了快速发展，但与发展循环经济的要求相比仍有较大差距，发展潜力巨大。为进一步推动再生资源回收行业发展，促进经济发展方式转变和经济结构调整，现提出以下意见：

一、充分认识再生资源回收行业发展的重要意义

我国人口众多、人均资源占有量远低于世界平均水平，重要资源短缺已成为制约经济社会发展的主要因素，加快转变经济发展方式、保持经济平稳较快发展已刻不容缓。再生资源回收不仅有助于解决我国资源短缺问题，有利于保护生态环境，而且使用再生资源具有比使用原生资源消耗低、污染物排放少的特点，对于转变经济发展方式和调整经济结构，促进经济又好又快发展具有重大的现实意义。

二、促进再生资源回收行业发展的指导思想、主要目标和任务

（一）指导思想。

深入贯彻落实科学发展观，按照保增长、扩内需、调结构、惠民生的总体要求，以“政府推动、市场运作、社会参与”为原则，以构建再生资源回收体系、提高回收利用率为核心，以科技创新和管理创新为动力，以发展循环经济和实现节能减排为目标，转变再生资源回收发展方式，加强环保无害化配套措施，推进产业结构调整和优化升级，实现再生资源回收行业健康、有序发展。

（二）总体目标。

围绕经济社会发展需求，制定完善的法律、法规和标准，形成再生资源回收政策促进体系；探索灵活的再生资源收购方式，力争通过五年左右的努力，在全国大中城市建成完善的覆盖城乡、多品种的再生资源回收网络体系，规范建设50个左右区域性集散市场，使再生资源主要品种回收率达到80%以上，实现再生资源回收的产业化发展。

（三）主要任务。

1. 加快推进再生资源回收体系建设。各地要在规范和整合现有再生资源回收渠道基础上，采取“先试点、后推广，先局部、再全局”的原则，科学规划，合理布局，分步实施，规范建设，在总结试点地区经验的基础上，逐步推开，形成回收、分拣、集散为一体的再生资源回收体系。

一是规范回收网络。引导回收企业采取连锁经营方式，整合个体回收人员，按照“便于购销、保护环境”的原则，采取现代流通方式，改造和建设统一、规范的回收站点；

二是探索多元化回收机制。根据地方实际和再生资源品种特性，积极采用多样化的收购方式，研究探索灵活的回收办法，完善“以旧换新”回收机制；

三是提高分拣加工能力。采用现代化机械设备，提升再生资源分拣加工能力，形成符合环保要求的专业化分拣加工中心；

四是完善市场功能。要加强集散市场基础设施和环境设施建设，完善其仓储、集散、初加工、交易、信息发布等功能，逐步将功能单一的交易市场升级为集交易、加工、集散于一体的再生资源市场，实现再生资源产需高效衔接。

2.建立和完善现代化信息系统。要加强信息统计工作，研究建立再生资源回收行业管理信息系统和统计指标体系。同时，积极引导企业利用信息技术改造传统回收方式，以信息化促进再生资源回收行业发展。

3.培育龙头企业。充分发挥骨干企业在再生资源回收体系建设中的带动作用和辐射效应，推动龙头企业按市场规律收编和整合个体经营户，规范回收网络，提升再生资源产业化经营水平。同时，鼓励龙头企业技术创新，提高行业科技水平。

4.加强行业管理。要进一步加强对再生资源回收行业的监督管理，规范企业行为和行业经营秩序。要多部门联合，对再生资源回收过程中的违法违规行为进行严肃查处，采取相应防范措施，促进回收行业有序发展。

5.强化从业人员培训。要加强培训工作和培训制度建设，组织开展不同层次的培训。针对不同层次人员有针对性地开展回收政策、法规和职业技能培训，提高从业人员的职业道德、服务意识和业务水平。

三、进一步完善促进再生资源回收行业发展的政策措施

（一）健全行业管理机制。

各地要结合当地实际，建立由商务主管部门牵头，发展改革、公安、财政、环保、工商等部门共同参与的再生资源回收行业管理工作机制，建立再生资源回收行业指导、监督和管理的组织机构和管理制度。

（二）制定行业发展规划。

加快发展再生资源回收行业涉及多个方面，是一项十分复杂的系统工程。要结合本地“十二五”经济社会发展规划，提出再生资源回收行业发展的总体思路、目标和具体措施，有步骤、有计划、有重点地推进。要将再生资源回收体系建设规划纳入城市总体发展规划，实现合理布局，争取社会效益和经济效益最大化。

（三）完善法律法规标准。

各地要依据《再生资源回收管理办法》，加快研究制定和完善相关法律法规，逐步将再生资源回收工作纳入法制化轨道。同时，加强再生资源回收标准化工作，制定相关技术标准，努力提高再生资源回收的规范化水平。

（四）加大政策支持力度。

要制定促进再生资源回收行业发展的财税政策，积极争取地方人民政府和有关部门对再生资源回收体系建设及加工利用重点项目给予投资配套资金和贷款贴息支持，并在土地使用、融资、发展规划等方面给予扶持。

（五）发挥行业协会作用。

要积极发挥行业协会作用，推动再生资源回收行业协会的发展，发挥其在服务企业、行业自律、加强企业与政府沟通等方面的作用，并支持行业协会开展行业标准制定、统计分析与预测预警，为企业提供信息咨询、宣传培训、国际交流与合作等方面的服务。

（六）加强宣传教育和舆论引导。

再生资源回收涉及各行各业和千家万户，需要动员全社会的力量积极参与。要组织开展多种形式节约资源和保护环境的宣传活动，提高全社会对开展再生资源回收重要意义的认识，把再生资源回收变成全体公民的自觉行为，在全社会形成资源节约的良好氛围。

中华人民共和国商务部

二〇一〇年五月二十八日

关于印发《家电以旧换新实施办法（修订稿）》的通知

商商贸发[2010]231号

各省、自治区、直辖市、计划单列市及新疆生产建设兵团商务、财政、发展改革、工业和信息化、环境保护、工商、质检主管部门：

根据《商务部 财政部 环境保护部关于印发家电以旧换新推广工作方案的函》（商商贸发〔2010〕190号）精神，现将《家电以旧换新实施办法（修订稿）》印发给你们，请

遵照执行。

附件：家电以旧换新实施办法

商务部　财政部　发展改革委　工业和信息化部

环境保护部　工商总局　质检总局

二〇一〇年六月二十一日

附件：

家电以旧换新实施办法（修订稿）

第一章　总则

第一条　为进一步促进扩大消费需求，提高资源能源利用效率，减少环境污染，促进节能减排和循环经济发展，根据《商务部财政部环境保护部关于印发家电以旧换新推广工作方案的函》（商商贸发〔2010〕190号），制定本办法。

第二条　本办法所称“家电以旧换新”是指消费者交售旧家电并购买新家电的行为。

第三条　家电以旧换新政策推广实施期暂定为2010年6月1日至2011年12月31日。期间做好与《废弃电器电子产品回收处理管理条例》（国务院令第551号）规定的从2011年起设立废弃电器电子产品处理基金政策的衔接工作。

第四条　家电以旧换新工作遵循“手续简便、直接补贴、安全高效、节能环保”的原则。

第二章　补贴政策

第五条　补贴方式及对象：

1、凡在实施家电以旧换新省份登记注册的法人或具有本省户口的个人（以下简称购买人）将废弃旧家电交售到中标回收企业，并到中标销售企业购买新家电的，可以享受家电补贴。交售旧家电与购买新家电的购买人必须一致。已享受“家电下乡”补贴政策的新家电不得重复享受以旧换新补贴。

2、在政策实施期内从购买人手中收购旧家电并交售给指定拆解处理企业进行拆解处理的中标家电回收企业（以下简称回收企业），可享受运费补贴。

3、在政策实施期内对购买人交售的旧家电完成拆解处理的拆解处理企业，可享受拆解处理补贴。

4、政策实施期内，个人购买新家电的，总量不超过5台；单位购买新家电的，总量不超过50台。购买新家电不受交售旧家电品种对应限制。

第六条　以旧换新补贴家电产品范围：电视机、电冰箱（含冰柜）、洗衣机、空调、电脑。补贴产品范围如需调整，由商务部会同财政部、工业和信息化部、环境保护部等部门研究提出具体意见报国务院批准后组织实施。

第七条　补贴标准为：

1、家电补贴。按新家电销售价格的10%给予补贴，补贴上限为：电视机400元/台，电冰箱（含冰柜）300元/台，洗衣机250元/台，空调350元/台，电脑400元/台；

2、运费补贴。根据回收旧家电类型、规格、运输距离分类分档给予定额补贴。具体补贴标准详见附件。运输距离是指回收企业实际所在地与拆解处理企业实际所在地间的公允距离，具体标准由地方相关主管部门核定并公布。

3、拆解处理补贴。根据拆解处理企业实际完成的拆解处理以旧换新旧家电数量给予定额补贴。具体补贴标准为：电视机15元/台、电冰箱（含冰柜）20元/台、洗衣机5元/台、电脑15元/台，空调不予补贴。

第八条　以旧换新的新家电要符合国家有关安全、环保等标准要求。

第三章　操作流程

第九条　家电销售企业和回收企业由各地商务主管部门会同财政部门以招标方式确定，招标结果在15个工作日内报商务部、财政部备案，并向社会公布中标家电销售、回收企业的名单和联系方式。拆解处理企业由各地环境保护行政主管部门从现有拆解处理企业中筛选，报政府确定，确定结果由政府在15个工作日内报环境保护部、财政部备案。

第十条　购买人选择回收企业，通过网络、电话及其他方式提出交售旧家电申请，回收企业及时上门收购旧家电；或购买人先购买新家电，中标企业在向购买人配送新家电的同时回收旧家电，同时向购买人开具国家统一制定的家电以旧换新凭证。

任何单位和个人不得将家电以旧换新凭证进行转让、出售，套取财政补贴。

回收企业要及时准确地将家电以旧换新凭证的所有信息，包括回收旧家电的类别、品牌、产品制造商、型号、机身序列号、购买人姓名和身份证件号码、旧家电回收价格、以旧换新凭证序列号等录入家电以旧换新管理信息系统，在没有机身序列号的旧家电上粘贴系统生成的机身序列号。

第十一条　购买人选择中标销售企业，凭有效身份证件、家电以旧换新凭证，到家电销售企业购买新家电。对符合条件的，家电销售企业在销售新家电时直接向购买人垫付补贴资金，并将相关信息录入家电以旧换新管理信息系统。

第十二条　回收企业收购的旧家电一律交售给指定拆解处理企业进行拆解处理。对符合条件的，拆解处理企业向回收企业垫付运输费用补贴，并将相关信息录入家电以旧换新管理信息系统。

第十三条　家电销售企业凭新家电销售发票、以旧换新凭证和《家电以旧换新（家电）补贴资金申报表》等材料，经当地商务部门或地方政府确定的相关业务主管部门审核后，到同级财政部门申领补贴资金。

第十四条　拆解处理企业凭以旧换新凭证和《家电以旧换新（运费）补贴资金申报表》、《家电以旧换新（拆解处理）补贴资金申报表》等材料，经当地环境保护主管部门审核后，到当地财政部门申领已垫付的运费补贴和拆解处理补贴。

第四章　家电回收企业

第十五条　为方便购买人交售旧家电，旧家电回收采取多元化回收的方式。家电生产企业（售后服务机构）、销售企业、专业回收企业等均可参加所在地有关部门组织的家电以旧换新回收企业招投标活动。

第十六条　招标确定的家电回收企业应当具有相应的服务能力，信誉好并且具备以下基本条件：

1、有布局合理、覆盖面广的回收网点；

2、回收网点有通过家电以旧换新管理信息系统记录、查验以旧换新有关信息的能力；

3、有符合环保要求的存储场地和足够的运输保障能力；

4、有经过培训、具备一定专业技术知识的回收人员；

5、近三年内经营资信状况良好。

第十七条　各地商务主管部门会同财政部门根据本地实际情况，在本办法规定的基本条件的基础上，制定家电回收企业招投标的具体条件，具体条件中不得设置地方保护门槛。

第十八条　各地商务主管部门将回收企业及符合条件的回收网点报商务部、财政部备案。指导回收企业到当地工商行政管理部门申请增加再生资源回收经营范围，并到当地商务主管部门申请再生资源企业备案，按照《再生资源回收管理办法》的规定规范经营。符合财税〔2008〕157号文件规定条件的回收企业，可以享受有关增值税优惠政策。

第十九条　回收企业要签订承诺协议，并缴纳履约保证金，保证及时按合理价格收购购买人交售的旧家电，规范发放以旧换新凭证，严格按照有关规定检查回收旧家电，回收的旧家电全部交售给指定的拆解处理企业，不倒卖以旧换新凭证和旧家电，不擅自拆解处理旧家电，不弄虚作假，不从事制售以旧充新等违法行为。

第五章　家电销售企业

第二十条　专业家电连锁销售企业、综合性大型零售企业、家电生产企业（销售机构）等均可参加各地有关部门组织的家电以旧换新销售企业招投标活动。

第二十一条　招标确定的销售企业应当具有较强实力、信誉好、销售网络健全，并且具备以下基本条件：

1、销售网点覆盖面广，所在省的销售企业网点覆盖到县一级；

2、销售网点有通过家电以旧换新管理信息系统记录、查验以旧换新有关信息的能力；

3、具有较强的仓储及配送能力；

4、具备完善的家电送货、安装、调试、维修的售后服务体系；

5、近三年内经营资信状况良好。

第二十二条　各地商务主管部门会同财政部门根据本地实际情况，在本办法规定的基本条件的基础上，制定家电销售企业招投标的具体条件，具体条件中不得设置地方保护门槛。

第二十三条　各地商务主管部门将中标家电销售企业及符合条件的销售网点报商务部、财政部备案。

第二十四条　中标销售企业要签订承诺协议，并缴纳履约保证金，保证按市场正常价格销售新家电，严把进货关，杜绝假冒伪劣、以次充好、以旧充新的产品进入市场流通。

第六章　拆解处理企业

第二十五条　政策实施期间，各地应按照合理布局、集中处理的原则确定拆解处理企业，非指定的拆解处理企业不得收购和处理以旧换新的旧家电。

第二十六条　拆解处理企业应符合国家环境保护的有关法律法规的要求，并且具备以下基本条件：

1、依据《电子废物污染环境防治管理办法》（原国家环境保护总局令第40号）列入电子废物拆解利用处置单位名录（包括临时名录）的独立法人单位，不包括个体工商户；

2、具有相关环境、质量、安全等管理和技术人员；

3、具有与拆解处理旧家电相适应的分类、包装、贮存、拆解、处理的相关设施和设备；

4、对不能深度处理的旧家电及其拆解产物应具有妥善利用或处置方案；

5、具有通过家电以旧换新管理信息系统记录、查验旧家电拆解处理数据的能力；建立旧家电经营情况记录簿制度；

6、近三年内未受到环境保护部门的相关处罚。

第二十七条　各地环境保护行政主管部门要根据本地实际情况，在本办法规定的基本条件的基础上，制定确定拆解处理企业的具体条件，保障旧家电拆解处理能力。

第二十八条　拆解处理企业要签订承诺协议，并缴纳履约保证金，保证不无故拒收回收企业交售的旧家电，不将收购的旧家电再流通，不从事制售以旧充新等违法行为，在各地环境保护行政主管部门规定的时限内将废家电拆解处理完毕。

拆解处理企业原则上应在接收旧家电后30个工作日内拆解处理完毕。

第二十九条　拆解处理企业应于2010年10月31日前设立视频监管系统，对厂区所有进出口、拆解处理和贮存等重点区域进行24小时不间断监管。拆解处理厂区应只设一个进口，一个出口。

第三十条　拆解处理企业应在厂内显著位置设立标识牌，公开每日旧家电的接收、拆解处理和贮存情况，并按周将接收、拆解处理和贮存情况上报所在地的环境保护行政主管部门备案。相关记录旧家电接收、拆解处理和贮存情况的原始凭证应妥善保存备查。

第三十一条　各级地方环境保护部门要在政府网站上设立专门栏目，公开拆解处理企业报送的旧家电接收、拆解处理和贮存情况。

第七章　补贴资金申报、审核及兑付

一、家电补贴

第三十二条　购买人交售旧家电，从回收企业取得国家统一制定的家电以旧换新凭证。回收企业须在以旧换新凭证上注明旧家电的产品品牌、规格、型号、机身序列号、购买人姓名及身份证件号等信息。

第三十三条　购买人购买新家电时直接申报家电补贴，销售企业予以审核。对符合补贴条件的，销售企业按销售价格向购买人开具发票，指导购买人填写《家电以旧换新（家电）补贴资金申报表》，当场兑付补贴资金，按照新家电的正常销售价格减去补贴后的金额收取货款。不符合补贴条件的，应立即告知购买人，按销售价格收取货款。

第三十四条　购买人申报补贴时应当提供的资料：（1）以旧换新凭证；（2）购买新家电的发票；（3）《家电以旧换新（家电）补贴资金申报表》；（4）购买人居民身份证件或相关法人单位的相关证明。

第三十五条　家电销售企业根据以旧换新销售情况定期对购买人的申报资料进行整理，经当地商务部门审核后，到当地财政部门申领家电补贴。财政部门审核确认后，将补贴资金通过国库集中支付方式直接支付到家电销售企业在银行开设的基本账户。各级财政、商务部门要加强对家电销售企业垫付补贴情况的监督检查，防止骗补行为的发生。

二、运费补贴

第三十六条　回收企业将收购旧家电销售给拆解处理企业，向拆解处理企业开具销售发票，发票要注明交售旧家电的产品类别、规格、型号、数量和价格等信息。

第三十七条　根据实际销售旧家电数量，回收企业直接申报运费补贴，由拆解处理企业予以审核，对符合规定的，直接垫付运费补贴，同时指导回收企业填写《家电以旧换新（运费）补贴申报表》。不符合补贴规定的，应立即告知回收企业。

第三十八条　回收企业申报补贴时应当提供的资料：（1）以旧换新凭证；（2）销售旧家电的销售发票；（3）《家电以旧换新（运费）补贴申报表》。

第三十九条　拆解处理企业定期对回收企业的申报资料进行整理，经当地环境保护主管部门审核后，到当地财政部门申领运费补贴。财政部门审核确认后，将补贴资金通过国库集中支付方式直接支付到家电拆解处理企业在银行开设的基本账户。各级财政、环保部门要加强对拆解处理企业垫付补贴的监督检查，防止骗补行为的发生。

三、拆解处理补贴

第四十条　拆解处理企业定期对完成拆解处理的以旧换新旧家电产品品种、数量进行统计，填写《家电以旧换新拆解处理补贴申报表》，经当地环境保护主管部门审核后，向当地财政部门申领补贴资金。财政部门审核确认后，将补贴资金直接拨付到拆解处理企业在银行开设的基本账户。

第四十一条　拆解处理企业申报拆解补贴应当提供以下资料：（一）《家电以旧换新拆解处理补贴申报表》；（二）家电以旧换新凭证；（三）家电回收企业开具的旧家电销售发票（附购货清单）；（四）拆解处理企业垫付运费凭证（附运费收据）；（五）拆解记录表及拆解产物销售凭证或处理证明。

第四十二条　拆解处理企业要对收购的以旧换新旧家电逐一核对，旧家电实物与以旧换新凭证、家电以旧换新管理信息系统提供的产品类别、规格、型号等信息应保持一致。对审核不符的，不得申报拆解补贴。要按照环保主管部门的要求，在规定时间完成旧家电拆解处理工作，不得倒买倒卖以旧换新的旧家电。

第四十三条　各级地方环境保护部门应加强对拆解处理企业申报补贴表的初审工作，对旧家电是否拆解完毕、处理程序是否符合规定、拆解产物流向等内容进行审核。要会同财政部门加强对拆解处理企业的监督管理，建立定期核查制度，防止弄虚作假、虚报冒领等行为，确保财政资金安全。

第八章　补贴资金来源、拨付及清算

第四十四条　补贴资金按照专项转移支付有关规定，实行国库集中支付。

第四十五条　补贴资金的管理和使用遵循公开透明、分级负担、定向使用和动态监管的原则。

第四十六条　补贴资金由中央财政和省级财政共同负担。其中，中央财政负担80%，省级财政负担20%。

对内蒙古、广西、西藏、宁夏、新疆5个自治区以及国家确定的汶川地震51个重灾县、青海玉树地震重灾县，补贴资金由中央财政全额承担。

第四十七条　财政部会同商务部根据各地旧家电存量、家电拆解处理能力、经济发展水平等，测算补贴资金规模，将中央财政应负担的补贴资金预拨到省级财政部门。

第四十八条　省级财政部门收到中央财政拨付的补贴资金后，应当落实地方应负担的补贴资金，及时下达补贴资金预算分解文件，并根据预算文件，按需求进度和上述程序支付补贴资金。实施过程中，如实际需支付补贴资金超预算，由省级财政部门先行垫付。

第四十九条　省级财政部门会同商务、环保部门在政策实施期内的每年4月底前，核实汇总本地区上年度补贴资金使用情况，报财政部进行审核清算。

第九章　部门职责分工

第五十条　商务部会同财政部、发展改革委、工业和信息化部、环境保护部、工商总局和质检总局等有关部门按照部门职责分工和本办法的规定，共同组织实施家电以旧换新工作。

商务部会同财政部、发展改革委、工业和信息化部、环境保护部等部门组织实施家电以旧换新工作并发布实施办法，会同财政部指导各地确定家电回收企业、销售企业，负责家电以旧换新管理信息系统开发和培训工作，负责印制和组织发放家电以旧换新凭证。

财政部会同商务部、发展改革委、工业和信息化部、环境保护部等部门负责制定家电以旧换新补贴政策，负责财政补贴资金管理。

发展改革委负责加强以旧换新家电的价格指导和监管工作。

环境保护部负责旧家电拆解处理的组织实施和监督管理，并会同财政部指导各地确定拆解处理企业。

工业和信息化部负责对家电产品生产企业的管理，督促指导生产企业提高和保障家电产品质量。

质检、工商等部门在各自职责范围内依法加强家电产品生产和市场监督管理。

第十章　组织实施

第五十一条　各地人民政府负责本地区家电以旧换新工作的组织实施。各地人民政府要成立家电以旧换新工作领导小组，组成工作班子，明确工作责任和分工，落实工作经费，精心组织，加强监管。

第五十二条　各地人民政府有关部门要按照《商务部财政部环境保护部关于印发家电以旧换新推广工作方案的函》（商商贸发〔2010〕190号）和本办法的要求，尽快制定具体的操作细则，包括购买人以旧换新流程，家电回收企业、销售企业和拆解处理企业的确定，补贴申报程序，补贴资金兑付，产品售后服务，市场秩序监督，政府保障措施等内容，并报商务部、财政部、环境保护部等部门备案。

第五十三条　各地人民政府有关部门要制定回收旧家电主要零部件完整性规定，监督中标的家电回收企业按公平合理的价格回收旧家电。

第五十四条　各地商务主管部门会同财政、环境保护等有关部门负责管理本地区家电以旧换新进程，通过建立与回收企业、销售企业和拆解处理企业的联系机制，建立顺畅的信息渠道，监督和管理家电回收、销售企业及网点和拆解处理企业，建立工作档案，及时掌握工作动态，督促企业做好以旧换新工作。

第五十五条　各地人民政府有关部门负责本地区家电以旧换新的政策宣传和培训工作。

第五十六条　各地商务主管部门会同财政、发展改革、工信、环境保护部门建立工作报告制度，定期将工作进展情况、存在问题和建议向商务部、财政部、发展改革委、工业和信息化部、环境保护部等部门报告。

第十一章　监督管理

第五十七条　参与家电以旧换新的各类企业应当遵守有关法律、法规和本办法的相关规定，一经查实有违反规定、骗取财政补贴的行为，要严格采取追回财政补贴资金、没收履约保证金、罚款、取消资格及向社会公示等处罚措施。

第五十八条　拆解处理企业有以下情形之一的，由所在地的省（自治区、直辖市）环境保护行政主管部门报政府暂停直至取消拆解处理企业的资格。2011年《废弃电器电子产品回收处理管理条例》实施后，三年内不得授予废弃电器电子产品处理资格。

1、违反环境保护法律、法规的；

2、骗取国家运费及拆解处理等补贴的；

3、将收购的旧家电再流通的；

4、从事制售以旧充新等违法行为的；

5、其他违反规定的行为。

第五十九条　各地人民政府负责本地区家电以旧换新工作的监督管理。通过建立家电以旧换新工作监督管理制度，保障以旧换新工作有序开展。

第六十条　各级财政部门加强对家电以旧换新补贴资金使用的监督和管理，确保补贴资金及时、足额发放。

第六十一条　各级商务主管部门建立中标家电回收、销售企业经营行为的监督制度，制定家电以旧换新凭证管理办法和使用情况报告制度，对已申领的凭证进行全程跟踪管理。

第六十二条　各级环境保护部门加强对旧家电拆解处理环节的监督管理，必要时可驻厂监管。

第六十三条　各级工商行政管理部门要充分发挥12315消费者申诉举报网络的作用，及时受理和依法处理消费者对以旧换新家电产品的申诉举报，切实维护消费者的合法权益。

第六十四条　各级质监部门查处违反质量等法律法规行为，从源头上打击假冒伪劣产品违法活动。

第十二章　附则

第六十五条　各地可根据本办法制订具体实施细则。

第六十六条　本办法自发布之日起执行。

第六十七条　本办法由商务部、财政部、发展改革委、工业和信息化部、环境保护部、工商总局、质检总局按职责分工负责解释。

附件：

家电以旧换新运费补贴标准表

品种	规格		标准(元)	
			150公里以内（含）	150公里以上
电视机	CRT电视	显示屏21吋及以下	20	30
		显示屏21吋以上	30	40
	平板电视	显示屏25吋及以下	20	30
		显示屏25吋以上	25	35
电冰箱（含冰柜）	容积220升及以下		30	40
	容积220升以上		40	50
洗衣机	洗衣量5公斤及以下		30	40
	洗衣量5公斤以上		40	50
空　调	窗式空调		20	30
	挂壁式空调		30	40
	柜式空调		40	50
电　脑	显示屏14吋及以下		20	30
	显示屏14吋以上		25	35

说明：考虑到单纯回收中标企业（指仅经营再生资源回收、分拣，不参与家电销售或拆解的回收企业）单程往返，运费高，在上述补贴标准基础上每台提高10元（不分品种和运距）。

国土资源部政策文件

关于印发《矿产资源节约与综合利用专项工作管理办法》的通知

国土资发〔2010〕122号

中央有关部门，有关中央企业，各省、自治区、直辖市国土资源厅（国土资源环境厅、国土资源局、国土资源和房屋管理局、规划和国土资源管理局），部机关有关司局：

为规范矿产资源节约与综合利用专项管理工作，根据财政部、国土资源部印发的《矿产资源节约与综合利用专项资金管理办法》，部制定了《矿产资源节约与综合利用专项工作管理办法》，现印发给你们，请遵照执行。

国土资源部

二〇一〇年八月十七日

附件：

矿产资源节约与综合利用专项工作管理办法

第一章　总则

第一条　为规范矿产资源节约与综合利用专项工作(以下简称专项工作)的管理，依据《中华人民共和国矿产资源法》及配套法规和《矿产资源节约与综合利用专项资金管理办法》，制定本办法。

第二条　专项工作包括“以奖代补”和示范工程。

“以奖代补”是指通过考核矿山企业矿产资源开采回采率、选矿回收率和综合利用率(以下简称“三率”)，对节约与综合利用矿产资源取得显著成效的矿山企业给予资金奖励。

示范工程主要是以矿山企业为主体，推进油页岩、煤矸石、难选冶黑色金属、共伴生有色多金属、矿山固体废弃物、多金属尾矿等综合开发利用，引导和带动矿产资源领域循环经济的发展。

第三条　专项工作遵循以下原则：

(一)围绕国民经济和社会发展的需要，促进矿产资源节约与综合利用，提高矿产资源对经济社会可持续发展的保障能力。

(二)以绩论奖，推进科技进步，提高管理水平，激励矿山企业采用先进技术、先进工艺，完善管理制度，不断提高矿产资源节约与综合利用水平。

(三)示范引导，推广先进适用技术，促进矿产资源领域循环经济发展。

(四)按照公开、公平、公正的要求，遴选获奖和示范工程资金补助的矿山企业，接受社会监督。

第四条 矿山企业获得的奖励资金专项用于进一步提高“三率”技术改造和研究开发，不得用于职工个人奖励或工资、福利性支出；示范工程资金专项用于实施循环经济发展示范工程。

第五条 国土资源部、财政部组织制定并不断完善考核标准，开展绩效评估和考核，加强资金使用的审计和监管，宣传、推广矿山企业成功的做法和经验。

第二章 管理职责

第六条 国土资源部负责专项工作管理制度的制定和监督管理。中国国土资源经济研究院要组织专门工作班子和人员，承担具体组织实施工作。

第七条 国土资源部职责：

(一)协商财政部发布专项资金申报指南，组织制定专项工作相关管理办法。

(二)组织制定专项工作实施方案，审定下达示范工程年度计划，研究制定资源节约与综合利用鼓励、限制、淘汰技术指导目录。

(三)组织制定相关技术标准、考核办法和评估验收标准。

(四)协商财政部审定拟奖励的矿山企业名单和奖励等级，审定拟补助的示范工程名单和补助金额，并向社会公示。

(五)宣传和推广矿产资源节约与综合利用先进技术、先进工艺和管理经验。

(六)组织获奖和实施示范工程的矿山企业指导其他矿山企业开展矿产资源综合利用。

第八条 省级国土资源行政主管部门职责：

(一)协商省级财政部门组织“以奖代补”和示范工程申报。

(二)协商省级财政部门按要求组织专家论证和初步审查，并汇总报国土资源部、财政部。

(三)协商省级财政部门开展专项工作执行情况的监督检查，并按规定报送专项工作总结材料。

(四)承担国土资源部、财政部委托的其他工作。

第九条 中央企业主管部门或中央企业职责：

(一)组织所属矿山企业申报“以奖代补”和示范工程。

(二)按要求审核所属矿山申报材料，并汇总报国土资源部、财政部。

(三)开展专项工作执行情况的监督检查，并按规定报送专项工作总结材料。

第十条 组织实施单位职责：

(一)拟订专项工作实施方案和相关技术标准、考核办法、评估验收标准，建立评审专家数据库，拟订专家评审办法。

(二)按照部的安排，承担对“以奖代补”和示范工程申报材料专家审查的具体工作，汇总专家审查意见、提出示范工程年度计划建议报部。

(三)根据专家审查意见，开展必要的实地核查。

(四)承担示范工程验收和专项工作实施情况评估的具体工作。

(五)承担专项工作数据库建设与管理工作。

(六)承担国土资源部委托的其他事项。

第三章　申请条件和程序

第十一条　申请奖励和示范工程资金补助的对象为采矿权人，但大型矿业集团公司下属的独立矿山可以作为申请对象。

第十二条　申请奖励资金或示范工程资金补助的矿山企业必须具备以下基本条件：

(一)法定证照齐全，并在有效期内。

(二)依法履行了采矿权人的法定义务，按时、足额缴纳了国家有关的税费。

(三)管理机构健全，有专门的矿山地质、采矿、选矿管理机构和技术人员。

(四)矿产资源节约与综合利用水平达到设计或国土资源行政主管部门核定的标准。

(五)近三年矿产资源开发利用年度检查合格，无违法违规记录。

(六)近三年无重大生产安全、环境污染事故发生。

(七)列入矿产资源开发整合方案的，应完成资源整合，实现了规模化、集约化开发利用。

第十三条　国土资源部、财政部发布专项资金申报指南。申请专项资金的矿山企业，按照申报指南要求编制申报材料。

归口中央有关部门和中央企业管理的矿山企业申报材料，需经矿山所在地的省级国土资源行政主管部门出具审查意见，并由归口的主管部门(企业)审核汇总后报送国土资源部、财政部。

非中央所属单位申报材料，按属地管理原则，由省级国土资源部门、财政部门审核汇总后报送国土资源部、财政部。

第十四条　省级国土资源部门、财政部门组织国家级矿产督察员、有关专家对矿山企业的申请材料进行初审，必要时组织专家进行实地核实。

省级国土资源部门、财政部门和中央企业主管部门(企业)对申报的矿山企业排序后报送国土资源部、财政部。报部材料包括文件、矿山申报情况汇总表和经核准后的矿山企业申报材料(纸质和电子数据光盘各三份)，并按要求进行网络申报。

第十五条　国土资源部、财政部组织专家对申报材料进行审核论证。组织实施单位做好相关的具体工作。

第十六条　国土资源部、财政部依据专家审查意见对申报材料进行审核，并将审核结果向社会公示。

第四章　“以奖代补”管理

第十七条　“以奖代补”工作重点支持运用新技术、采用新工艺、加强管理，矿产资源“三率”指标明显高于规定标准，矿产资源节约与综合利用取得显著成效的矿山企业。

第十八条　申请奖励资金的矿山企业应当建立矿山储量动态监测机制，各类资源储量资料齐全，动用、采出、损失量和“三率”管理资料台账清楚、规范，并且符合以下条件之一：

(一)开采回采率高于设计标准或国土资源行政主管部门核定的标准，并在国内同类矿山企业中处于先进水平。

(二)选矿回收率高于设计标准或国土资源行政主管部门核定的标准，并在国内同类矿山企业中处于先进水平。

(三)共、伴生矿产综合利用水平高于设计标准或国土资源行政主管部门核定的标准，并在国内同类矿山企业中处于先进水平。

(四)矿山生产中尾矿得到充分利用并取得显著成效。

(五)充分利用低品位矿并取得显著成效。

(六)利用废石(煤矸石)、矿山废水等废弃物取得显著成效。

(七)近三年矿山企业自筹资金完成的技术改造项目，矿产资源节约与综合利用取得了显著成效。

第十九条 矿山企业的申报材料，主要包括如下方面：

(一)矿山企业矿产资源节约与综合利用奖励资金申请书。

(二)矿山企业矿产资源节约与综合利用奖励资金申请报告，主要内容如下：

1. 矿山企业基本情况。包括企业发展历程、开采方法、选矿工艺，资源储量的占用、消耗、保有情况，设计(核定)和实际的“三率”指标；

2. 申请理由；

3. 提高矿产资源节约与综合利用水平的主要做法；

4. 矿山企业近三年完成的用于提高“三率”的项目投资情况；

5. 矿山企业矿产资源节约与综合利用经济效益计算与说明。填写矿山企业矿产资源节约与综合利用收入增量计算表和矿山企业矿产资源节约与综合利用项目投资表；

(三)近三年符合矿山储量动态监管要求的矿山储量年报和矿产资源补偿费缴纳凭证。

(四)近三年矿山的资产负债表、现金流量表、损益表，以及提高矿产资源节约与综合利用经济效益有关的财务报表。

(五)矿山企业法定证照复印件，符合申请条件的相关证明材料等。

(六)省级国土资源行政主管部门的初审意见。

(七)其他材料。

第二十条 国土资源部、财政部根据矿山企业矿产资源节约与综合利用和矿山企业地区分布情况，并结合当年预算安排，确定当年各省(区、市)、中央矿山企业申请奖励资金支持的奖励名额及示范工程资金支持的项目数量。计划单列市列入所属相关省统筹管理。

第二十一条 奖励资金划分为四个类别：一类1000万元，二类800万元，三类500万元，四类200万元。对矿产资源节约与综合利用成效特别突出的，给予2000万元特殊奖励。

“以奖代补”工作采取资金奖励和精神奖励相结合的方式。

第二十二条 奖励等级根据综合评价指标排序确定。

综合评价指标是指：矿山企业前三年度因“三率”高于规定标准而增加的矿产品的销售收入(简称“增量收入”)和用于矿产资源节约与综合利用项目直接投资金额(简称“直接投资”)两项指标的综合计算结果。计算公式分：

$$P=(\Delta F+I)\times\lambda$$

式中：p——综合评价指标(单位：万元)；ΔF——矿山企业前三年度因“三率”指标高于规定标准而增加的矿产品的销售收入(单位：万元)；I——矿山企业前三年度完成的用于提高“三率”并取得显著成效的项目直接投资额(单位：万元)；λ——专家评判系数。

国土资源部、财政部根据矿产资源急缺程度，可适时对不同矿种根据上述公式计算结果进行调整。

第二十三条 当年获得奖励资金的矿山企业次年不能申报，但获得奖励资金后在矿产资源节约与综合利用方面有突出成效的除外。

第二十四条 矿山企业必须按照规定用途在三年内安排使用奖励资金。当年奖励资金的使用情况和取得成效的总结报告，必须于下年度的7月底之前报送省级国土资源部门、财政部门。

省级国土资源部门审核、汇总后，并连同矿山企业的总结报告，于8月底前报送国土资源部。

国土资源部、财政部共同组织专家对矿山企业奖励资金使用情况和取得的成效进行评估，并对评估结果进行通报。

第五章　示范工程管理

第二十五条　示范工程重点支持资源综合利用水平处于国内领先，具有较大规模效应、技术先进、示范效果显著的矿产资源循环经济示范工程。

第二十六条　示范工程需符合以下条件：

(一)符合矿产资源规划支持的重点及方向，符合国家相关产业政策。

(二)技术方法先进可行，具有规模效应，示范效果显著，可大幅度提高资源利用水平。

(三)符合矿产资源节约与综合利用鼓励、限制、淘汰技术指导目录的有关要求。

(四)示范工程有关工作已纳入矿山企业发展规划，确保资源综合利用工作得到及时有效开展。具有较强的资金筹措能力，可以落实配套资金。

(五)示范工程实施单位在相关领域和专业具有较强的技术优势和创新能力，具备必备的人才条件、技术装备和组织管理能力。

第二十七条　示范工程申请材料包括申请报告和可行性研究报告。可行性研究报告应包括：立项背景及意义，总体目标，技术路线，重点任务与进度安排，资金预算，预期成果及经济社会效益，组织实施及保障措施等。

第二十八条　示范工程年度计划按照以下原则安排：

(一)优先安排纳入矿产资源规划的国家紧缺矿产资源和能源矿产的综合利用示范工程，以及国家重要矿产资源基地、资源型城市和矿业经济区的示范工程。

(二)优先安排技术先进、有市场、有竞争力、效益好、示范效应显著和已经完成前期准备工作当年可以开工的示范工程。

(三)优先安排具备建设绿色矿山条件的示范工程。

(四)优先安排大宗难利用矿产资源综合利用技术应用示范工程。

第二十九条　示范工程资金支持额度原则上不超过项目总投资的50%。具体支持额度根据资源综合利用水平、规模效应和技术进步等因素确定。

第三十条　示范工程的预算编制和管理严格遵照有关专项资金管理办法的规定执行，严格按照有关规定确定支出范围。示范工程补助经费预算经批准下达后必须严格执行，任何单位和个人未经批准不得随意调整。

专项资金预算一经下达，原则上不作调整；如确需调整，须按照规定程序报财政部和国土资源部批复。

第三十一条　示范工程完成后，矿山企业应及时提出验收申请，经省级国土资源部门、财政部门审核同意后由国土资源部、财政部组织验收。

示范工程的验收应当对任务完成情况、主要技术指标的实现程度、成果资料及有关数据、经费使用的合理性等进行审查验收。重点对专项实施的预期效益、示范效应、资源利用提高情况。进行审查验收。

第三十二条　矿山企业按照批准的实施方案开展工作，实施过程中应精心组织、健全制度、严格管理，确保进度和质量，及时落实配套资金。定期报送示范工程实施情况，重要进展和重大事项随时报告。

第六章　保障措施

第三十三条　部机关相关司局和组织实施单位按照职责分工做好专项实施的管理工作，充分发挥行业协会的技术支撑作用，以保障专项工作的顺利实施。

国土资源部根据进展情况，组织有关专家对矿山企业实施情况进行抽查。

专项实施相关工作费用按照有关规定编制预算和管理。

第三十四条　省级国土资源行政主管部门或中央有关部门(企业)要加强对专项工作的领导，落实人员，建立联络员制度，为专项工作提供组织保障。

中央有关部门和中央企业、省级财政部门和国土资源部门应加强专项资金监督管理，建立专项资金使用约束机制，认真审查矿山企业申报材料的真实性、可靠性。重大事项及时向国土资源部和财政部报告。

第三十五条 矿山企业在专项申报和实施过程中要保证相关材料真实可靠，国土资源部门、财政部门要加强专项工作的监督管理，发现并核实矿山企业弄虚作假的，取消矿山企业的申请资格，已获奖励资金和示范工程补助资金的，要全部收回资金并取消奖励或示范称号。

第三十六条 加强矿山储量动态监管、矿产督察员管理、矿产资源开发利用年度检查等工作，结合日常管理，全面考察、科学评价矿山企业，将专项资金使用情况纳入矿山日常监管和年度检查内容，以保障专项工作取得成效。

第三十七条 结合专项工作的实施开展重大课题的研究，完善相关政策措施，为矿产资源节约与综合利用的管理提供业务支撑。

第七章　附则

第三十八条 本办法由国土资源部负责解释。

第三十九条 本办法自公布之日起施行。

关于印发《矿产资源节约与综合利用鼓励、限制和淘汰技术目录》的通知

国土资发〔2010〕146号

各省、自治区、直辖市国土资源厅（国土环境资源厅、国土资源局、国土资源和房屋管理局、规划和国土资源管理局），部机关各司局、各有关单位：

为加快推进资源节约与综合利用，转变矿业经济发展方式，提高资源合理利用水平，按照全国矿产资源规划的统一要求，特制定《矿产资源节约与综合利用鼓励、限制和淘汰技术目录》（以下简称《技术目录》），现予以印发，并将有关事项通知如下：

一、充分发挥《技术目录》的政策导向作用。各级国土资源行政管理部门要督促企业认真执行《技术目录》，自觉采用先进适用技术方法，提高矿产资源开发利用的效率和水平。

二、切实加强矿产资源开发利用的监督管理。各级国土资源行政管理部门应按要求加强矿产资源开发利用的准入管理，新建矿产资源开发项目不得采用限制类和淘汰类技术，已采用限制类技术的，应督促企业加大改造力度，逐步淘汰落后产能。

三、《技术目录》是享受国土资源相关优惠政策、安排落实矿产资源节约与综合利用示范工程等相关专项和指导绿色矿山建设的重要技术依据。

四、各级国土资源行政管理部门在制定规划、出台政策时应依据本目录，采用法律、经济、技术、行政等多种手段，有力推动，促进矿产资源开发利用水平的提高。

今后，将根据经济社会发展需求和国家产业政策调整，结合资源利用技术发展状况，适时对《技术目录》进行调整修订。

附件：矿产资源节约与综合利用鼓励、限制和淘汰技术目录（略）

国土资源部部

二〇一〇年九月九日

法律法规和标准

关于发布《废弃电器电子产品处理污染控制技术规范》的公告

（环境保护部公告　2010年第1号）

为贯彻《中华人民共和国固体废物污染环境防治法》、《中华人民共和国清洁生产促进法》和《中华人民共和国废弃电器电子产品回收处理管理条例》，保护环境，保障人体健康，现批准《废弃电器电子产品处理污染控制技术规范》为国家环境保护标准，并予发布。

标准名称、编号如下：

废弃电器电子产品处理污染控制技术规范（HJ 527—2010）

该标准自2010年4月1日起实施，由中国环境科学出版社出版，标准内容可在环境保护部网站（bz.mep.gov.cn）查询。

特此公告。

附件：废弃电器电子产品处理污染控制技术规范（HJ 527—2010）（略）。

环境保护部

二○一○年一月四日

中央企业节能减排监督管理暂行办法

（经国务院国有资产监督管理委员会第86次主任办公会议审议通过，2010年3月26日公布并施行）

第一章　总则

第一条　为督促中央企业落实节能减排社会责任，建设资源节约型和环境友好型企业，根据《中华人民共和国节约能源法》、《中华人民共和国环境保护法》、《中华人民共和国循环经济促进法》、《中央企业负责人经营业绩考核暂行办法》等有关法律法规和规章，制定本办法。

第二条　本办法所称中央企业，是指国务院国有资产监督管理委员会（以下简称国资委）根据国务院授权履行出资人职责的国家出资企业。

第三条　中央企业应当严格遵守国家节能减排法律法规和有关政策，依法接受国家节能减排主管部门的监督管理。中央企业各级子企业依法接受所在地县级以上地方人民政府节能减排主管部门的监督管理。

第四条　国资委联系中央企业节能减排工作，履行以下职责：

（一）指导监督中央企业贯彻落实国家节能减排有关法律法规、政策和标准，研究制定中央企业节能减排工作意见；

（二）指导监督中央企业统筹规划，建立健全科学、规范的节能减排组织管理、统计监测和考核奖惩体系，切实履行社会责任；

（三）建立健全中央企业负责人节能减排考核奖惩制度，将节能减排目标完成情况纳入中央企业负责人经营业绩考核体系；

（四）组织或参与对中央企业节能减排的监督检查，配合有关部门开展专项审计，建立问责制度；

（五）组织对中央企业节能减排工作的宣传、培训、交流。

第五条 国资委对中央企业节能减排实行分类监督管理。按照企业能源消耗及主要污染物排放情况，将中央企业划分为三类（附件1）。

（一）重点类企业。主业处于石油石化、钢铁、有色金属、电力、化工、煤炭、建材、交通运输、机械行业，且具备以下三个条件之一的：

1.年耗能超过200万吨标准煤；

2.年二氧化硫排放量超过50000吨；

3.年化学需氧量排放量超过5000吨。

（二）关注类企业。重点类企业之外具备以下三个条件之一的：

1.年耗能在10万吨标准煤以上；

2.年二氧化硫排放量在1000吨以上；

3.年化学需氧量排放量在200吨以上。

（三）一般类企业。前两项以外的中央企业为一般类企业。

国资委对前款规定的三类企业分类实行动态监管。根据中央企业所处行业、企业能耗和污染物排放量的变化进行适时调整并对外公布。

第六条 中央企业应当制定节能减排工作专项规划并纳入企业发展规划和年度计划，健全节能减排规章制度，落实节能减排责任。

第二章　节能减排工作基本要求

第七条 中央企业应当建立健全节能减排组织管理体系。

中央企业应当建立健全节能减排领导机构，负责本企业节能减排总体工作，研究决定节能减排重大事项，建立工作制度和例会制度。

中央企业根据分类管理的要求建立与生产经营相适应的节能减排协调、监督管理机构。

（一）重点类企业应当设置负责节能减排协调、监督管理的职能部门，或者在有关职能部门中设置专职负责协调、监督管理工作的内部机构，负责节能减排日常管理和监督工作。

（二）关注类企业应当在有关职能部门中设置负责协调、监督管理工作的内部机构，配备专职管理人员。

（三）一般类企业应当设立节能减排管理岗位，配备节能减排管理人员，负责节能减排工作的计量、统计、分析和监督检查。

第八条 企业主要负责人对本企业节能减排工作负主要领导责任。企业分管节能减排工作的负责人统筹组织各项节能减排制度和措施的落实，对节能减排工作负分管领导责任。

第九条 中央企业应当建立和完善企业内部节能减排考核奖惩体系，层层分解落实节能减排责任。考核结果应当作为相关领导和人员综合考核评价的重要内容。

第十条 中央企业应当加强节能减排专业队伍建设，建立健全节能减排教育培训制度，落实对企业负责人、节能减排监督管理人员、节能减排重点岗位人员的培训。

第十一条 中央企业应当把节能减排与企业发展战略、结构调整紧密结合，优化产业结构、产品结构和能源消费结构，优化生产工艺和流程，淘汰高污染、高耗能落后生产技术、工艺和装备，推广应用节能减排新技术、新材料、新工艺、新产品。

中央企业应当按照国家产业发展规划，科学有序推进风能、太阳能、生物质能等可再生能源的开发与利用，提高能源综合利用效率。

第十二条 中央企业应当认真编制节能减排年度经费预算，多方筹集资金，加大科研投入力度，加快技术改造，在节能减排重点领域形成一批具有自主知识产权的核心技术，开发新型高效节能环保产品。

第十三条 中央企业新建和改扩建项目应当符合国家产业政策和节能环保标准，依照有关政策，实行环境影响评价和节能评估审查制度。

第三章 节能减排统计监测与报告制度

第十四条 中央企业应当建立健全节能减排统计监测体系，加强对生产过程中能源消耗和污染物排放的统计监测，提升节能减排信息化水平。

第十五条 中央企业应当加强节能减排计量、定额、统计等基础管理工作，建立能源消耗及污染物排放统计台账，严格按照国家规定的口径、范围、折算标准和方法对能源消耗指标和污染物排放指标进行定期收集、汇总和分析。

第十六条 中央企业应当确保节能减排统计数据的完整性和准确性，通过企业自我检查、第三方检测、内部审计、外部审计等多种形式对节能减排效果进行评估和核定。

第十七条 中央企业应当建立健全节能减排工作报告制度。

中央企业应当建立内部节能减排工作逐级汇总报告制度，并定期将本企业节能减排汇总报表和总结分析报告报送国资委。

重点类、关注类和一般类企业分别按季度、半年度和年度上报汇总报表和总结分析报告。年度汇总报表和总结分析报告应当于次年2月28日前报送；季度报表、半年报表和总结分析报告应当于报告期满之次月20日前报送。

中央企业节能减排总结分析报告应当包括本企业能耗和主要污染物排放状况及变化、节能减排管理情况、节能减排措施、节能减排成效、存在的问题及改进措施等内容。重点类和关注类企业应当开展与同行业节能减排技术指标的对标和分析。

第十八条 中央企业应当将本企业节能减排重要科研成果、重大违规和环保事故、各级政府有关部门对本企业及其所属企业年度考核情况等重要事项及时报告国资委。

第四章 节能减排考核

第十九条 国资委将中央企业节能减排工作纳入中央企业负责人经营业绩考核体系，作为对中央企业负责人经营业绩考核的内容。

第二十条 国资委对中央企业节能减排实行分类考核。重点类和关注类企业考核反映企业行业特点的综合性能耗指标和主要污染物排放指标。一般类企业根据行业特点确定定量或定性考核指标。

第二十一条 中央企业应当根据国家节能减排有关政策、企业所处行业特点和节能减排水平，对照同行业国际国内先进水平，提出科学合理的节能减排考核目标。

第二十二条 国资委对中央企业节能减排考核目标进行审核，并在中央企业负责人任期经营业绩考核责任书中明确。

第二十三条 国资委对中央企业节能减排考核目标执行情况实施动态监控。

第二十四条　中央企业节能减排按照下列程序进行考核：

（一）中央企业负责人任期经营业绩考核期末，中央企业对任期节能减排考核目标完成情况进行审查和总结分析，对本企业及其所属企业与政府主管部门签订的节能减排考核目标完成情况进行专项说明，并将审查结果和分析报告报送国资委。

（二）国资委对企业报送的节能减排考核目标完成情况进行审核。对于经过国家节能减排主管部门考核和监测的企业，国资委依据节能减排主管部门审查的相关数据进行核实；对于其他企业，国资委通过审核企业节能减排总结分析报告、现场核查、委托中介机构专项审计等方式，对节能减排目标完成情况进行审核确认。

（三）国资委将中央企业节能减排考核情况与企业负责人经营业绩考核结果一并对外公布。

第五章　节能减排奖惩

第二十五条　中央企业发生下列情形之一的，对中央企业负责人经营业绩考核结果予以降级处理（附件2）：

（一）节能减排数据严重不实，弄虚作假的；

（二）发生重大（含重大）以上环境责任事故，造成重大社会影响的；

（三）发生节能减排重大违法违规事件，造成恶劣影响的。

第二十六条　中央企业发生下列情形之一的，对中央企业负责人经营业绩考核结果给予扣分处理（附件2）：

（一）未完成任期节能减排考核目标的；

（二）发生较大和一般环境责任事故的；

（三）被国家节能减排主管部门通报，造成较大负面影响的。

第二十七条　对节能减排成效突出的中央企业，国资委授予“节能减排优秀企业奖”，并给予适当奖励。

第二十八条　授予“节能减排优秀企业奖”的中央企业应当符合下列条件：

（一）完成与国资委签订的任期节能减排考核目标和与政府主管部门签订的节能减排考核目标；

（二）建立较为完善的节能减排组织管理、统计监测和考核奖惩体系；

（三）中央企业负责人任期经营业绩考核结果为C级及以上。

（四）除符合以上三项基本条件外，还应当具备下列条件之一：

1.中央企业负责人任期经营业绩考核期末，企业主要产品单位能耗、污染物排放水平达到国内同行业最好水平，接近或达到国际同行业先进水平；

2.中央企业负责人任期经营业绩考核期内，能源利用效率、单位综合能耗降低率、主要污染物排放总量降低率在中央企业居于前列；

3.中央企业负责人任期经营业绩考核期内，在节能减排技术创新方面取得重大突破，在推动全行业、全社会节能减排方面作出突出贡献。

第二十九条　国资委对节能减排工作成绩突出的企业和个人予以表彰。

第六章　附则

第三十条　本办法所指环境责任事故，依据《国家突发环境事件应急预案》确定。

第三十一条　本办法由国资委负责解释。

第三十二条　本办法自公布之日起施行。

附件（略）。

关于印发《生活垃圾处理技术指南》的通知

建城[2010]61号

各省、自治区、直辖市、计划单列市住房和城乡建设厅（建委、建设局）、发展改革委、环境保护厅（局），北京市市政市容委，上海市绿化和市容管理局，天津市市容园林委，重庆市市政管委，新疆生产建设兵团建设局、发展改革委、环境保护局：

为进一步提高我国生活垃圾无害化处理的能力和水平，指导各地选择适宜的生活垃圾处理技术路线，有序开展生活垃圾处理设施规划、建设、运行和监管工作，住房城乡建设部、国家发展改革委、环境保护部共同组织编写了《生活垃圾处理技术指南》，现印发给你们，请结合本地区实际情况参照执行。

住房和城乡建设部

国家发展和改革委员会

环境保护部

二〇一〇年四月二十二日

附件：

生活垃圾处理技术指南

生活垃圾处理是城市管理和公共服务的重要组成部分，是建设资源节约型和环境友好型社会，实施治污减排，确保城市公共卫生安全，提高人居环境质量和生态文明水平，实现城市科学发展的一项重要工作。

我国已颁布的《城市生活垃圾处理及污染防治技术政策》与我国经济发展水平相适应，符合国际生活垃圾处理技术发展方向，在其指导下，我国生活垃圾处理设施建设与处理水平有了较大提高。但是，随着我国经济社会的快速发展和城镇化进程的加快，城市人口不断增加，生活垃圾产生量持续上升同处理能力不足间的矛盾日益凸显，生活垃圾处理与管理工作面临严峻挑战。

为保障我国生活垃圾无害化处理能力的不断增强、无害化处理水平不断提高，指导各地选择适宜的生活垃圾处理技术路线，有序开展生活垃圾处理设施规划、建设、运行和监管，根据《中华人民共和国固体废物污染环境防治法》等相关法律法规、标准规范和技术政策，制定本指南。

1. 总则

1.1 基本要求

1.1.1 生活垃圾处理应以保障公共环境卫生和人体健康、防止环境污染为宗旨，遵循“减量化、资源化、无害化”原则。

1.1.2 应尽可能从源头避免和减少生活垃圾产生，对产生的生活垃圾应尽可能分类回收，实现源头减量。分类回收的垃圾应实施分类运输和分类资源化处理。通过不断提高生活垃圾处理水平，确保生活垃圾得到无害化处理和处置。

1.1.3 生活垃圾处理应统筹考虑生活垃圾分类收集、生活垃圾转运、生活垃圾处理设施建设、运行监管等重点环节，落实生活垃圾收运和处理过程中的污染控制，着力构建“城乡统筹、技术合理、能力充足、环保达标”的生活垃圾处理体系。

1.1.4 生活垃圾处理工作应纳入国民经济和社会发展计划，采取有利于环境保护和综合利用的经济、技术政策和措施，促进生活垃圾处理的产业化发展。

1.2 生活垃圾分类与减量

1.2.1 应通过加大宣传，提高公众的认识水平和参与积极性，扩大生活垃圾分类工作的范围和城市数量，大力推广生活垃圾源头分类。

1.2.2 将废纸、废金属、废玻璃、废塑料的回收利用纳入生活垃圾分类收集范畴，建立具有我国特色的生活垃圾资源再生模式，有效推进生活垃圾资源再生和源头减量。

1.2.3 鼓励商品生产厂家按国家有关清洁生产的规定设计、制造产品包装物，生产易回收利用、易处置或者在环境中可降解的包装物，限制过度包装，合理构建产品包装物回收体系，减少一次性消费产生的生活垃圾对环境的污染。

1.2.4 鼓励净菜上市、家庭厨余生活垃圾分类回收和餐厨生活垃圾单独收集处理，加强可降解有机垃圾资源化利用和无害化处理。

1.2.5 通过改变城市燃料结构，提高燃气普及率和集中供热率，减少煤灰垃圾产生量。

1.2.6 根据当地的生活垃圾处理技术路线，制定适合本地区的生活垃圾分类收集模式。生活垃圾分类收集应该遵循有利资源再生、有利防止二次污染和有利生活垃圾处理技术实施的原则。

1.3 生活垃圾收集与运输

1.3.1 加快建设与生活垃圾源头分类和后续处理相配套的分类收集和分类运输体系，推进生活垃圾收集和运输的数字化管理工作。

1.3.2 应实现密闭化生活垃圾收集和运输，防止生活垃圾暴露和散落，防止垃圾渗滤液滴漏，淘汰敞开式收集方式。

1.3.3 应逐步提高生活垃圾机械化收运水平，鼓励采用压缩式方式收集和运输生活垃圾。

1.3.4 应加强生活垃圾收运设施建设，重点是区域性大中型转运站建设。

1.3.5 拓展生活垃圾收运服务范围，加强县城和村镇生活垃圾的收集。

1.4 生活垃圾处理与处置

1.4.1 应结合当地的人口聚集程度、土地资源状况、经济发展水平、生活垃圾成分和性质等情况，因地制宜地选择生活垃圾处理技术路线，并应满足选址合理、规模适度、技术可行、设备可靠和可持续发展等方面的要求。

1.4.2 应在保证生活垃圾无害化处理的基础上，加强生活垃圾的分类处理和资源回收利用。单独收集的危险废物或处理过程中产生的危险废物应按国家有关规定处理。具备条件的城市可采用对多种处理技术集成进行生活垃圾综合处理，实现各种处理技术优势互补。规划和建设生活垃圾综合处理园区是节约土地资源、加强生活垃圾处理设施污染控制、全面提升生活垃圾处理水平的有效途径。

1.4.3 应依法对新建生活垃圾处理和处置的项目进行环境影响评价，符合国家规定的环境保护和环境卫生标准，从生活垃圾中回收的物质必须按照国家规定的用途或者标准使用。

1.4.4 应保障生活垃圾处理设施运行水平，确保污染物达标排放。运行单位应编制生产作业规程及运行管理手册并严格执行，按要求进行环境监测，做好安全生产工作。

1.4.5 加强设施运行监管，实现政府监管与社会监管相结合，技术监管与市场监管相结合，运行过程监管和污染排放监管相结合。

2. 生活垃圾处理技术的适用性

2.1 卫生填埋

2.1.1 卫生填埋技术成熟，作业相对简单，对处理对象的要求较低，在不考虑土地成本和后期维护的前提下，建设投资和运行成本相对较低。

2.1.2 卫生填埋占用土地较多，臭气不容易控制，渗滤液处理难度较高，生活垃圾稳定化周期较长，生活垃圾处理可持续性较差，环境风险影响时间长。卫生填埋场填满封场后需进行长期维护，以及重新选址和占用新的土地。

2.1.3 对于拥有相应土地资源且具有较好的污染控制条件的地区，可采用卫生填埋方式实现生活垃圾无害化处理。

2.1.4 采用卫生填埋技术，应通过生活垃圾分类回收、资源化处理、焚烧减量等多种手段，逐步减少进入卫生填埋场的生活垃圾量，特别是有机物数量。

2.2 焚烧处理

2.2.1 焚烧处理设施占地较省，稳定化迅速，减量效果明显，生活垃圾臭味控制相对容易，焚烧余热可以利用。

2.2.2 焚烧处理技术较复杂，对运行操作人员素质和运行监管水平要求较高，建设投资和运行成本较高。

2.2.3 对于土地资源紧张、生活垃圾热值满足要求的地区，可采用焚烧处理技术。

2.2.4 采用焚烧处理技术，应严格按照国家和地方相关标准处理焚烧烟气，并妥善处置焚烧炉渣和飞灰。

2.3 其他技术

2.3.1 其他技术主要包括生物处理、水泥窑协同处置等技术。

2.3.2 生物处理适用于处理可降解有机垃圾，如分类收集的家庭厨余垃圾、单独收集的餐厨垃圾、单独收集的园林垃圾等。对于进行分类回收可降解有机垃圾的地区，可采用适宜的生物处理技术。对于生活垃圾混合收集的地区，应审慎采用生物处理技术。

2.3.3 采用生物处理技术，应严格控制生物处理过程中产生的臭气，并妥善处置生物处理产生的污水和残渣。

2.3.4 经过分类的生活垃圾，可作为替代燃料进入城市附近大型水泥厂的新型干法水泥窑处理。

2.3.5 水泥窑协同处置要符合国家产业政策和准入条件，并按照相关标准严格控制污染物的产生和排放。

3. 生活垃圾处理设施建设技术要求

3.1 卫生填埋场

3.1.1 卫生填埋场的选址应符合国家和行业相关标准的要求。

3.1.2 卫生填埋场设计和建设应满足《生活垃圾卫生填埋技术规范CJJ17》、《生活垃圾卫生填埋处理工程项目建设标准》和《生活垃圾填埋场污染控制标准GB 16889》等相关标准的要求。

3.1.3 卫生填埋场的总库容应满足其使用寿命10年以上。

3.1.4 卫生填埋场必须进行防渗处理，防止对地下水和地表水造成污染，同时应防止地下水进入填埋区。鼓励采用厚度不小于1.5毫米的高密度聚乙烯膜作为主防渗材料。

3.1.5 填埋区防渗层应铺设渗滤液收集导排系统。卫生填埋场应设置渗滤液调节池和污水处理装置，渗滤液经处理达标后方可排放到环境中。调节池宜采取封闭等措施防止恶臭物质污染大气。

3.1.6 垃圾渗滤液处理宜采用“预处理－生物处理－深度处理和后处理”的组合工艺。在满足国家和地方排放标准的前提下，经充分的技术可靠性和经济合理性论证后也可采用其他工艺。

3.1.7 生活垃圾卫生填埋场应实行雨污分流并设置雨水集排水系统，以收集、排出汇水区内可能流向填埋区的雨水、上游雨水以及未填埋区域内未与生活垃圾接触的雨水。雨水集排水系统收集的雨水不得与渗滤液混排。

3.1.8 卫生填埋场必须设置有效的填埋气体导排设施，应对填埋气体进行回收和利用，严防填埋气体自然聚集、迁移引起的火灾和爆炸。卫生填埋场不具备填埋气体利用条件时，应导出进行集中燃烧处理。未达到安全稳定的旧卫生填埋场应完善有效的填埋气体导排和处理设施。

3.1.9 应确保生活垃圾填埋场工程建设质量。选择有相应资质的施工队伍和质量保证的施工材料，制定合理可靠的施工计划和施工质量控制措施，避免和减少由于施工造成的防渗系统的破损和失效。填埋场施工结束后，应在验收时对防渗系统进行完整检测，以发现破损并及时进行修补。

3.2 焚烧厂

3.2.1 生活垃圾焚烧厂选址应符合国家和行业相关标准的要求。

3.2.2 生活垃圾焚烧厂设计和建设应满足《生活垃圾焚烧处理工程技术规范CJJ90》、《生活垃圾焚烧处理工程项目建设标准》和《生活垃圾焚烧污染控制标准 GB 18485》等相关标准以及各地地方标准的要求。

3.2.3 生活垃圾焚烧厂年工作日应为365日，每条生产线的年运行时间应在8000小时以上。生活垃圾焚烧系统设计服务期限不应低于20年。

3.2.4 生活垃圾池有效容积宜按5–7天额定生活垃圾焚烧量确定。生活垃圾池应设置垃圾渗滤液收集设施。生活垃圾池内壁和池底的饰面材料应满足耐腐蚀、耐冲击负荷、防渗水等要求，外壁及池底应作防水处理。

3.2.5 生活垃圾在焚烧炉内应得到充分燃烧，二次燃烧室内的烟气在不低于850℃的条件下滞留时间不小于2秒，焚烧炉渣热灼减率应控制在5%以内。

3.2.6 烟气净化系统必须设置袋式除尘器，去除焚烧烟气中的粉尘污染物。酸性污染物包括氯化氢、氟化氢、硫氧化物、氮氧化物等，应选用干法、半干法、湿法或其组合处理工艺对其进行去除。应优先考虑通过生活垃圾焚烧过程的燃烧控制，抑制氮氧化物的产生，并宜设置脱氮氧化物系统或预留该系统安装位置。

3.2.7 生活垃圾焚烧过程应采取有效措施控制烟气中二噁英的排放，具体措施包括：严格控制燃烧室内焚烧烟气的温度、停留时间与气流扰动工况；减少烟气在200℃¯500℃温度区的滞留时间；设置活性炭粉等吸附剂喷入装置，去除烟气中的二噁英和重金属。

3.2.8 规模为300吨/日及以上的焚烧炉烟囱高度不得小于60米，烟囱周围半径200米距离内有建筑物时，烟囱应高出最高建筑物3米以上。

3.2.9 生活垃圾焚烧厂的建筑风格、整体色调应与周围环境相协调。厂房的建筑造型应简洁大方，经济实用。厂房的平面布置和空间布局应满足工艺及配套设备的安装、拆换与维修的要求。

4. 生活垃圾处理设施运行监管要求

4.1 卫生填埋场

4.1.1 填埋生活垃圾前应制定填埋作业计划和年、月、周填埋作业方案，实行分区域单元逐层填埋作业，控制填埋作业面积，实施雨污分流。合理控制生活垃圾摊铺厚度，准确记录作业机具工作时间或发动机工作小时数，填埋作业完毕后应及时覆盖，覆盖层应压实平整。运行、监测等各项记录应及时归档。

4.1.2 加强对进场生活垃圾的检查，对进场生活垃圾应登记其来源、性质、重量、车号、运输单位等情况，防止不符合规定的废物进场。

4.1.3 卫生填埋场运行应有灭蝇、灭鼠、防尘和除臭措施，并在卫生填埋场周围合理设置防飞散网。

4.1.4 产生的垃圾渗滤液应及时收集、处理，并达标排放，渗滤液处理设施应配备在线监测控制设备。

4.1.5 应保证填埋气体收集井内管道连接顺畅，填埋作业过程应注意保护气体收集系统。填埋气体及时导排、收集和处理，运行记录完整；填埋气体集中收集系统应配备在线监测控制设备。

4.1.6 填埋终止后，要进行封场处理和生态环境恢复，要继续导排和处理垃圾渗滤液和填埋气体。

4.1.7 卫生填埋场稳定以前，应对地下水、地表水、大气进行定期监测。对排水井的水质监测频率应不少于每周一次，对污染扩散井和污染监视井的水质监测频率应不少于每2周一次，对本底井的水质监测频率应不少于每月一次；每天进行一次卫生填埋场区和填埋气体排放口的甲烷浓度监测；根据具体情况适时进行场界恶臭污染物监测。

4.1.8 卫生填理场稳定后，经监测、论证和有关部门审定后，确定是否可以对土地进行适宜的开发利用。

4.1.9 卫生填埋场运行和监管应符合《城市生活垃圾卫生填埋场运行维护技术规程 CJJ 93》、《生活垃圾填埋场污染控制标准GB 16889》等相关标准的要求。

4.2 焚烧厂

4.2.1 卸料区严禁堆放生活垃圾和其他杂物，并应保持清洁。

4.2.2 应监控生活垃圾贮坑中的生活垃圾贮存量，并采取有效措施导排生活垃圾贮坑中的渗滤液。渗滤液应经处理后达标排放，或可回喷进焚烧炉焚烧。

4.2.3 应实现焚烧炉运行状况在线监测，监测项目至少包括焚烧炉燃烧温度、炉膛压力、烟气出口氧气含量和一氧化碳含量，应在显著位置设立标牌，自动显示焚烧炉运行工况的主要参数和烟气主要污染物的在线监测数据。当生活垃圾燃烧工况不稳定、生活垃圾焚烧锅炉炉膛温度无法保持在850℃以上时，应使用助燃器助燃。相关部门要组织对焚烧厂二噁英排放定期检测和不定期抽检工作。

4.2.4 生活垃圾焚烧炉应定时吹灰、清灰、除焦；余热锅炉应进行连续排污与定时排污。

4.2.5 焚烧产生的炉渣和飞灰应按照规定进行分别妥善处理或处置。经常巡视、检查炉渣收运设备和飞灰收集与贮存设备，并应做好出厂炉渣量、车辆信息的记录、存档工作。飞灰输送管道和容器应保持密闭，防止飞灰吸潮堵管。

4.2.6 对焚烧炉渣热灼减率至少每周检测一次，并作相应记录。焚烧飞灰属于危险废物，应密闭收集、运输并按照危险废物进行处置。经处理满足《生活垃圾填埋场污染控制标准GB 16889》要求的焚烧飞灰，可以进入生活垃圾填埋场处置。

4.2.7 烟气脱酸系统运行时应防止石灰堵管和喷嘴堵塞。袋式除尘器运行时应保持排灰正常，防止灰搭桥、挂壁、粘袋；停止运行前去除滤袋表面的飞灰。活性炭喷入系统运行时应严格控制活性炭品质及当量用量，并防止活性炭仓高温。

4.2.8 处理能力在600吨/日以上的焚烧厂应实现烟气自动连续在线监测，监测项目至少应包括氯化氢、一氧化碳、烟尘、二氧化硫、氮氧化物等项目，并与当地环卫和环保主管部门联网，实现数据的实时传输。

4.2.9 应对沼气易聚集场所如料仓、污水及渗滤液收集池、地下建筑物内、生产控制室等处进行沼气日常监测，并做好记录；空气中沼气浓度大于1.25%时应进行强制通风。

4.2.10 各工艺环节采取臭气控制措施，厂区无明显臭味；按要求使用除臭系统，并按要求及时维护。

4.2.11 应对焚烧厂主要辅助材料（如辅助燃料、石灰、活性炭等）消耗量进行准确计量。

4.2.12 应定期检查烟囱和烟囱管，防止腐蚀和泄漏。

4.2.13 生活垃圾焚烧厂运行和监管应符合《生活垃圾焚烧厂运行维护与安全技术规程 CJJ 128》、《生活垃圾焚烧污染控制标准 GB 18485》等相关标准的要求。

关于发布国家环境保护标准《农业固体废物污染控制技术导则》的公告

（环境保护部公告　2010年第75号）

为贯彻《中华人民共和国环境保护法》，保护环境，加强农业面源污染防治，保障人体健康，现批准《农业固体废物污染控制技术导则》为国家环境保护标准，并予发布。

标准名称、编号如下：

农业固体废物污染控制技术导则(HJ 588-2010)。

该标准自2011年1月1日起实施，由中国环境科学出版社出版，标准内容可在环境保护部网站（bz.mep.gov.cn）查询。

特此公告。

环境保护部

二〇一〇年十月十八日

地方规章

山东省清洁生产促进条例（节录）

（2010年7月30日山东省第十一届人民代表大会常务委员会第十八次会议通过，2010年7月30日山东省人民代表大会常务委员会第49号公告公布，自2010年11月1日起施行）

第一章　总则

第一条　为了促进清洁生产，提高资源利用效率，减少和避免污染物的产生，保护和改善环境，保障人体健康，促进经济与社会可持续发展，根据《中华人民共和国清洁生产促进法》和有关法律、行政法规，结合本省实际，制定本条例。

第二条　在本省行政区域内从事生产和服务活动的单位以及从事相关管理活动的部门，依照法律、行政法规和本条例的规定，组织、实施清洁生产。

第三条　本条例所称清洁生产，是指不断采取改进设计、使用清洁的能源和原料、采用先进的工艺技术与设备、改善管理、综合利用等措施，从源头削减污染，提高资源利用效率，减少或者避免生产、服务和产品使用过程中污染物的产生和排放，以减轻或者消除对人类健康和环境的危害。

第四条　清洁生产促进工作应当遵循政府引导、统筹规划、单位实施、依法监督的原则，坚持与经济结构调整、企业技术进步、资源综合利用和生态环境保护相结合。

第五条　县级以上人民政府应当加强对清洁生产工作的领导，将清洁生产纳入国民经济和社会发展规划以及环境保护、资源利用、科技发展、产业发展、区域开发等规划，制定有利于清洁生产的政策措施，引导实施清洁生产。

第六条　省经济和信息化行政主管部门和设区的市、县（市、区）人民政府负责清洁生产工作的部门（以下称清洁生产行政主管部门），负责组织、协调本行政区域内的清洁生产促进工作。

县级以上人民政府环境保护、发展改革、国土资源、科学技术、农业、渔业、商务、住房城乡建设、水利和质量技术监督等部门，按照各自职责，负责清洁生产促进的有关工作。

第七条　鼓励单位和个人开展清洁生产的科学研究、技术开发、推广应用和国际合作，促进清洁生产技术进步。

第八条　建立清洁生产表彰奖励制度。对在清洁生产监督管理、清洁生产技术研究开发以及推广应用中做出显著成绩的单位和个人，由县级以上人民政府或者有关部门按照规定给予表彰和奖励。

第二章　清洁生产推行

第九条　省人民政府应当根据国家产业政策以及全省国民经济和社会发展规划，制定有利于实施清洁生产的产业政策、技术开发和推广政策。

省经济和信息化、环境保护、科学技术、农业、渔业、水利、商务、住房城乡建设等行政主管部门，应当组织编制清洁生产指南和技术手册，指导实施清洁生产。

省标准化主管部门应当会同有关行政主管部门组织制定和完善地方清洁生产标准，并向社会公布。

第十条 县级以上人民政府清洁生产行政主管部门，应当会同环境保护、发展改革、国土资源、科学技术、农业、渔业、商务、住房城乡建设、水利和质量技术监督等部门，制定本行政区域内的清洁生产推行规划，报本级人民政府批准后组织实施。

清洁生产推行规划应当包括资源消耗和污染现状分析、实施清洁生产的目标任务、重点内容以及保障措施等。

第十一条 县级以上人民政府清洁生产行政主管部门应当会同有关部门，按照国家发布的清洁生产技术、工艺、设备和产品导向目录，组织推广和使用清洁生产技术、工艺、设备和产品。

对列入国家限期淘汰名录的电力、钢铁、建材等行业落后的生产技术、工艺、设备和产品，由县级以上人民政府清洁生产行政主管部门监督企业限期淘汰。

第十二条 县级以上人民政府科学技术行政主管部门和其他有关部门，应当指导和支持科研单位、高等院校、企业开展清洁生产技术应用研究和关键技术联合攻关，促进清洁生产技术创新和成果转化。

第十三条 新建、改建和扩建项目应当进行环境影响评价和节能评估，环境影响评价文件和节能评估报告应当对清洁生产进行专题分析；不符合清洁生产要求的，不予办理环境影响评价文件和节能评估报告的审批手续。

第十四条 县级以上人民政府在政府采购中，同等条件下应当优先采购政府采购清单中有国家节能标志和环境保护标志的产品。

第十五条 县级以上人民政府农业、畜牧兽医、渔业等行政主管部门应当组织开展清洁生产技术研究以及成果转化推广，加强对生产过程以及化肥、农药、饲料等生产投入品的清洁生产管理，提高农业、畜牧业、渔业资源的利用效率。

第十六条 县级以上人民政府清洁生产行政主管部门应当会同有关部门组织和支持清洁生产信息系统和技术咨询服务体系建设，向社会提供有关清洁生产方法和技术、再生资源供求以及清洁生产政策等信息和服务。

第十七条 县级以上人民政府及其有关部门应当组织开展清洁生产的宣传、教育和培训，提高国家工作人员、企业经营管理者和公众的清洁生产意识，培养清洁生产管理和技术人员。

新闻出版、广播电视等单位以及行业协会、科研单位、高等院校，应当发挥各自优势，做好清洁生产宣传工作。

第三章 清洁生产实施

第十八条 企业应当将清洁生产纳入企业发展规划，明确清洁生产目标和责任，建立健全清洁生产组织机构和管理制度，依法实施清洁生产。

第十九条 企业应当按照国家鼓励发展的清洁生产技术、工艺、设备和产品导向目录实施清洁生产，并按照国家公布的限期淘汰的生产技术、工艺、设备和产品名录，限期淘汰落后的生产技术、工艺、设备和产品。

企业新建、改建和扩建项目，不得使用国家公布淘汰的生产技术、工艺、设备或者产品。

鼓励企业制定并实施严于国家标准、行业标准和地方标准的企业清洁生产标准。

第二十条 企业应当按照国家产品包装标准对产品进行包装，在包装设计、生产和销售环节优先采用易回收、易拆解、易降解、无毒无害或者低毒低害的材料，降低资源消耗，减少废物产生，方便包装物回收利用。

生产列入强制回收目录的产品和包装物的企业，应当设置回收站点，或者委托销售者、其他组织，对废弃产品和包装物进行回收利用。

第二十一条 企业利用再生资源从事生产，应当符合清洁生产的要求，防止和减少污染，提高再生资源综合利用效率。

第二十二条 农业生产者应当改进种植、养殖和灌溉技术，优先使用有机肥料、配合饲料，采用低毒、低残留农药和兽药，推广使用生物降解农用薄膜，发展生态农业，实现农产品的安全、优质，保护农业生态环境。

第二十三条 从事餐饮、娱乐、宾馆、物流、旅游等服务活动的单位，应当采用节能、节水、节材以及其他有利于资源节约和环境保护的技术、设备和产品，减少使用或者不使用浪费资源、污染环境的消费品。

医疗卫生机构应当采用环保医疗设备和用品，降低医疗消耗，减少医疗污染，对医疗废弃物进行集中无害化处理。

第二十四条 建筑工程的建设、设计、施工和监理单位，应当按照国家和省有关清洁生产的规定和标准，进行设计、施工和监理。

建设单位应当对工程施工中产生的建筑废物进行综合利用；不具备综合利用条件的，应当委托具备条件的生产经营者进行综合利用或者无害化处理。

第二十五条 开采矿产资源，应当统筹规划，采用合理的开采顺序、方法和选矿工艺，加强采选矿产生的废水治理和对铁矿、金矿等尾矿的利用，提高资源综合利用水平。

第二十六条 从事生产和服务活动的单位应当对生产和服务过程中产生的固体废物、废水、废气、余热、余压等自行回收利用，或者转让给其他单位利用。

第四章　清洁生产审核

第二十七条 建立清洁生产审核制度。从事生产和服务活动的单位，应当按照规定的程序，对生产和服务过程进行调查和监测，找出能耗高、物耗高、污染重的原因，选定并实施可行的清洁生产方案。

清洁生产审核分为自愿性审核和强制性审核。

第二十八条 鼓励从事生产和服务活动的单位自愿实施清洁生产审核，根据国家和省有关标准，提出进一步节约资源、削减污染物排放的目标和措施。

第二十九条 有下列情形之一的单位，应当按照下列规定，实施强制性清洁生产审核：

（一）污染物排放超过国家和地方规定的排放标准，或者超过县级以上人民政府核定的污染物排放总量控制指标；

（二）使用有毒、有害原料进行生产或者在生产中排放有毒、有害物质；

（三）未完成节能任务。

属于前款第一项规定的实施强制性清洁生产审核的单位名单，由省环境保护行政主管部门确定后，抄送省经济和信息化行政主管部门；属于前款第二项规定的实施强制性清洁生产审核的单位名单，由省环境保护行政主管部门会同省经济和信息化行政主管部门确定；属于前款第三项规定的实施强制性清洁生产审核的单位名单，由省经济和信息化行政主管部门确定后，抄送省环境保护行政主管部门。

第三十条 从事生产和服务活动的单位实施清洁生产审核，可以自行组织进行，也可以委托相关的咨询服务机构进行。相关咨询服务机构应当出具真实、有效的清洁生产审核报告，保守商业秘密。

第三十一条 从事清洁生产审核的咨询服务机构，应当具备下列条件：

（一）具有独立的法人资格；

（二）拥有熟悉相关行业生产工艺、技术和清洁生产知识，掌握清洁生产审核程序的人员；

（三）具备为清洁生产审核提供公平、公正、高效服务的制度措施。

从事清洁生产审核的咨询服务机构应当向省经济和信息化、环境保护行政主管部门备案。省经济和信息化、环境保护行政主管部门应当将备案的咨询服务机构联合向社会公告，并加强监督管理。

第三十二条 实施清洁生产审核的单位，应当按照有关规定和标准实施清洁生产审核，在审核完成后如实编制清洁生产审核报告，并按照报告提出的实施计划，组织实施清洁生产方案。

第三十三条 实施强制性清洁生产审核的单位，应当自确定实施清洁生产审核之日起一年内，在基本实施清洁生产方案后，向作出强制性清洁生产审核决定的部门报送清洁生产审核报告，由作出强制性清洁生产审核决定的部门组织专家进行评估验收。

组织清洁生产审核评估验收的部门，应当按照国家和省有关规定，对单位开展清洁生产审核的过程、审核报告、已实施清洁生产方案取得的绩效等进行评估验收。

第三十四条 实施强制性清洁生产审核的单位，经评估验收合格的，由组织清洁生产审核评估验收的部门向社会公布；评估验收不合格的，由组织清洁生产审核评估验收的部门责令其限期整改，并限制其享受节能、节水、资源综合利用以及技术进步等扶持政策。

第三十五条 自愿实施清洁生产审核的单位完成审核后，可以向县级以上人民政府清洁生产行政主管部门提出认定申请，由县级以上人民政府清洁生产行政主管部门会同有关部门组织专家，根据国家和省有关标准进行审查认定。通过审查认定的单位在认定有效期内没有发生本条例第二十九条规定的情形，不再实施强制性清洁生产审核。

第五章　鼓励措施

第三十六条 县级以上人民政府应当设立清洁生产专项资金，用于支持清洁生产技术的研究开发以及示范推广、重点清洁生产项目的补助和表彰奖励等。

第三十七条 在中小企业发展专项资金中，应当安排适当资金用于支持中小企业实施清洁生产。

第三十八条 县级以上人民政府财政部门和环境保护行政主管部门应当在排污收费中安排一定比例的资金，用于资源综合利用率高、污染物产生量少的清洁生产技术、工艺的推广应用。

第三十九条 自愿实施清洁生产审核的单位经认定合格的，由省或者设区的市人民政府清洁生产行政主管部门会同有关部门授予清洁生产单位称号；清洁生产成效显著的，授予清洁生产先进单位称号。

对清洁生产先进单位，县级以上人民政府有关部门应当在产业结构调整、环境保护、节能等专项资金方面优先予以安排。

第四十条 县级以上人民政府清洁生产行政主管部门应当会同有关部门编制本行政区域内的清洁生产重点项目目录，并定期向社会公布。

发展改革、经济和信息化、环境保护、国土资源、科学技术、财政、住房城乡建设、水利、农业、渔业、商务等行政主管部门安排有关扶持项目时，应当对清洁生产重点项目优先予以安排。

金融机构应当按照有关规定对清洁生产重点项目给予信贷支持。

第四十一条 县级以上人民政府应当采取财政补贴、价格调控、落实税收优惠政策等措施，鼓励公众购买和使用有利于节能、节水、环境保护、废物综合利用的设备和产品。

第四十二条 从事生产和服务活动的单位实施节能、节水、资源综合利用以及技术进步等清洁生产项目，符合国家规定条件的，可以享受减免税优惠政策。

从事生产和服务活动的单位用于清洁生产审核和培训的费用，可以列入经营成本或者相关费用科目。

第六章　监督管理

第四十三条 县级以上人民政府应当建立健全清洁生产监督管理体系，解决清洁生产工作中的重大问题，督促和监督所属部门及下级人民政府履行清洁生产相关职责。

第四十四条 县级以上人民政府清洁生产行政主管部门应当建立和完善清洁生产工作协调机制，加强对清洁生产工作的监督检查，指导和监督有关单位落实清洁生产实施方案。

第四十五条 省环境保护行政主管部门应当加强对企业污染物排放的监督，依据企业污染物排放情况，定期公布污染物超标排放或者污染物排放总量超过规定限额的企业名单，方便公众监督。

第四十六条 建立清洁生产投诉和举报制度。县级以上人民政府清洁生产行政主管部门和环境保护行政主管部门应当设立投诉和举报电话，受理对清洁生产违法行为的投诉和举报，并及时做出处理。

第七章 法律责任（略）

第八章 附则

第五十三条 本条例自2010年11月1日起施行。

湖北省农村可再生能源条例（节录）

（2010年7月30日湖北省第十一届人民代表大会常务委员会第十七次会议通过，2010年7月30日湖北省人民代表大会常务委员会公告第109号公布，自2010年10月1日起施行）

第一章　总则

第一条　为了促进农村可再生能源的开发利用和建设管理，保护和改善生态环境，推进社会主义新农村建设，根据有关法律、行政法规，结合本省实际，制定本条例。

第二条　本条例所称农村可再生能源，是指农村生产生活所使用的生物质能（沼气及其他生物质燃气、秸秆、薪柴、生物炭等）、太阳能、风能等非化石能源。

第三条　在本省行政区域内从事农村可再生能源开发利用及建设管理等活动，适用本条例。

第四条　开发利用农村可再生能源应当坚持因地制宜、多能互补、综合利用、讲求效益和节约与开发并举的方针，遵循政府扶持、市场引导、群众自愿、社会参与的原则。

农村可再生能源的开发利用应当与新农村建设、生态农业、环境保护、卫生防疫（血防）等相结合，发挥综合效益。

第五条　县级以上人民政府应当加强领导，统筹规划，将农村可再生能源开发利用纳入国民经济和社会发展规划，与节能减排的总体要求相适应，作为优先发展的产业，制定相应的优惠政策和保障措施，加大对农村可再生能源开发利用和建设管理的投入，提高利用效率，促进农村可再生能源事业的可持续发展。

第六条　农村可再生能源开发利用和建设的管理工作由县级以上人民政府农业行政主管部门具体负责，其他相关行政主管部门按照各自的职责，做好农村可再生能源开发利用管理工作。

乡镇人民政府应当确定专职或者兼职人员，协助做好农村可再生能源开发利用管理工作。

第二章　开发与推广应用

第八条　各级人民政府应当鼓励支持科研单位、大专院校、企业和其他组织、个人，以多种形式开展农村可再生能源新技术、新产品的研究开发和科技成果转化；安排专项资金，用于支持农村可再生能源新技术、新产品的研究开发以及农村可再生能源开发利用示范工程的建设。

鼓励开展秸秆沼气发酵、生物质热解气化、沼气进出料、沼肥综合利用等技术研究及其成套设备的开发。

第九条　自主开发或者引进的农村可再生能源新技术，应当经省人民政府农业行政主管部门会同相关部门组织专家进行可行性论证和评估，证明具有先进性、安全性和适用性后，方可推广。

引进国外新技术和新产品的，应当符合国家有关规定。

第十条　鼓励科技人员依照国家有关规定通过技术转让、技术入股、技术咨询与服务等形式，加快农村可再生能源科技成果转化。

第十一条　县级以上人民政府应当将农村可再生能源技术推广纳入农业技术推广体系。

农业行政主管部门应当根据实际情况因地制宜地推广下列农村可再生能源技术与设备：

（一）户用沼气及其综合利用、大中型沼气集中供气和生活污水厌氧净化等技术与设备；

（二）秸秆气化、固化、炭化技术与设备；

（三）太阳能、风能利用技术与设备；

（四）省柴节能炉灶、炒茶灶、取暖设施等节能技术与设备；

（五）其他先进适用的农村可再生能源技术及配套设备。

第十二条 各级人民政府应当引导和支持乡镇兴建沼气净化工程，将户用沼气建设与改厨、改厕、改圈相结合，纳入村镇建设规划，分类指导，整体推进。

鼓励企业和个人利用规模化养殖场（小区）的有机废弃物，建设沼气集中供气（发电）工程。

农业行政主管部门应当组织沼气生产单位和个人对沼渣、沼液实行综合利用，发展无公害、绿色和有机农产品。

第十三条 各级人民政府应当加强对秸秆能源化、太阳能、风能开发利用的指导。

鼓励企业和个人兴建秸秆气化集中供气工程。农村新建或者改建、扩建公益性公共设施，具备条件的应当采用太阳能供水供热等技术和设备。农村居民住宅利用太阳能供水供热的，农业、建设等行政主管部门应当在规划、安装、使用和通用设计方案方面给予指导和帮助。

第三章　政府扶持与服务

第十四条 农业行政主管部门应当根据当地农村可再生能源资源、用能结构、用能水平和经济社会发展现状，科学制定农村可再生能源开发利用规划和计划，按照规定程序报同级人民政府批准后实施。

第十五条 县级以上人民政府应当把开发利用农村可再生能源所需资金列入本级财政预算，并根据农村可再生能源发展需要逐步增加。

对国家和省下达的农村可再生能源利用项目，下级人民政府应当按照规定落实配套资金。

第十六条 各级人民政府及其相关部门应当建立、完善农村可再生能源开发利用和建设管理的相关制度，以提高农村可再生能源项目的利用率为目标，充分发挥农村可再生能源建设项目及资金的使用效益，并对开发利用规划、计划的执行情况和项目、资金的建设使用情况进行考核评价。

第十七条 利用秸秆气化技术向农村集中供气以及应用秸秆气化、固化技术的项目所购置的设备，享受国家和省对沼气、农机设备的优惠扶持政策。农村居民住宅利用太阳能供水供热或者购买使用省柴节能炉灶的，享受国家和省的补贴。

鼓励金融机构对利用荒山、荒坡或者边际土地发展能源植物，利用农作物秸秆、农业废弃物等生产生物质能的，在信贷资金方面给予优惠。

第十八条 各级人民政府应当引导和支持农村可再生能源产业化经营，鼓励各种投资主体参与农村可再生能源工程项目建设，支持其开发、生产和经营农村可再生能源设备和产品，并依法保护投资者和生产经营者的合法权益。

第十九条 农业行政主管部门应当安排专项资金对从事农村可再生能源推广与服务的专业技术人员进行安全知识、职业技能等培训，按照国家有关规定评定相应技术职称，保持专业技术人员队伍相对稳定。

第二十条 省人民政府农业行政主管部门应当建立和完善农村可再生能源开发利用信息系统，为农村可再生能源生产者、经营者和使用者提供市场供求、新产品及新技术推广、科研成果和农村可再生能源管理等信息服务，并公布农村可再生能源项目建设及资金的使用情况。

第二十一条 农业行政主管部门应当建立和完善乡、镇农村可再生能源利用公益性服务网络，在政策咨询、规划设计、技术指导、安全检查等方面为用户提供便捷、高效的服务。

加强农村可再生能源利用市场建设，支持组建相应的专业合作经济组织和村级服务网点，开展专业化、规范化服务。鼓励企业或其他组织、个人向农村可再生能源用户提供物资、技术及劳务等方面的社会化服务。

第四章　质量监督与安全管理

第二十二条 农业行政主管部门及其他相关部门应当加强对农村可再生能源开发利用的质量监督和安全管理，制定和完善安全操作规程，建立应急预案。

第二十三条 农村可再生能源设备和产品的生产应当执行相关的国家标准、行业标准或者地方标准。

第二十四条 生产涉及生命、财产安全的农村可再生能源设备和产品，应当按照国家规定办理工业产品生产许可证；销售此类产品的，应当按照规定查验设备和产品的生产许可证和编号。

第二十五条 农业行政主管部门应当引导和督促农村可再生能源设备和产品的生产经营者推广安全可靠的技术、设备和产品，对用户传授安全操作知识，避免造成人身伤害和财产损失。

农村可再生能源设备和产品的生产经营者，应当对其所生产经营设备和产品的质量负责。禁止生产、销售和使用国家明令淘汰的设备和产品。

第二十六条 兴建下列农村可再生能源工程，应当由农业行政主管部门会同有关部门审核设计和施工方案：

（一）单池容积100立方米以上的沼气工程和生活污水厌氧净化工程；

（二）总装机容量在1千瓦以上50千瓦以下的风力或者太阳能发电工程；

（三）日供气量300立方米以上的生物质气化工程（供气或者发电）；

（四）集热面积100平方米以上5000平方米以下的太阳能集中供水供热工程。

第二十七条 从事农村可再生能源工程施工、设备安装以及维修服务的技术人员，应当按照国家有关规定获得相应资格证书后，方可上岗。

任何单位不得聘用未获得相应资格证书的人员从事农村可再生能源工程施工、设备安装以及维修服务。

第二十八条 农业行政主管部门及其他相关部门应当定期组织对农村可再生能源工程、设备和产品的适用性、安全性、可靠性和售后服务状况进行检测、检查，并公布结果。

从事农村可再生能源开发利用的单位和个人，应当按照要求如实提供有关数据和资料。

第二十九条 农业、质量技术监督、工商行政管理部门应当及时受理和查处有关农村可再生能源设备和产品质量的举报和投诉。

第五章　法律责任

第三十条 违反本条例规定，法律、行政法规有处罚规定的，从其规定。

第三十一条 违反本条例第九条规定，擅自推广未通过论证、评估的农村可再生能源新技术的，由农业行政主管部门没收违法所得，责令停止违法行为；逾期不改正的，并处5000元以上1万元以下的罚款；给他人造成损失的，应当依法予以赔偿。

第三十二条 违反本条例第二十六条规定，设计和施工方案未经审核擅自开工建设的，由农业行政主管部门责令限期改正；逾期不改正的，处以5000元以上3万元以下的罚款。

第三十三条 违反本条例第二十七条规定，聘用未获得相应资格证书的人员从事农村可再生能源工程施工、设备安装以及维修服务的，由农业行政主管部门责令限期改正；逾期不改正的，处以1000元以上5000元以下的罚款。

第三十四条 农业行政主管部门及其他有关部门工作人员在农村可再生能源开发利用管理工作中，滥用职权、玩忽职守、徇私舞弊的，依法给予行政处分；构成犯罪的，依法追究刑事责任。

第六章　附则

第三十五条 本条例自2010年10月1日起施行。

甘肃省再生资源回收综合利用办法

（甘肃省人民政府令第70号，经2010年9月3日省人民政府第62次常务会议讨论通过，2010年9月9日公布，自2010年11月1日起施行）

第一章　总　则

第一条　为促进再生资源回收综合利用，节约资源，保护环境，推动循环经济发展，根据有关法律、法规，结合我省实际，制定本办法。

第二条　本办法所称再生资源，是指在社会生产和生活过程中产生的，已经失去原有全部或部分使用价值，经过回收、加工处理，能够使其重新获得使用价值的各种废旧物质。

再生资源分为生产性再生资源、生活性再生资源和其他特定废旧物品：

(一)生产性再生资源包括：生产过程中产生的黑色金属和有色金属废料等，报废的机械设备、机动车辆等，作为废旧物资处理的仓储积压产品、残次品，废柴油、机油等；

(二)生活性再生资源包括：生活过程中产生的废旧金属、塑料、纸张、棉麻、毛、骨、玻璃、橡胶等；

(三)其他特定废旧物品包括：废旧电子产品、电池、医疗器械等。

第三条　在本省行政区域内从事再生资源回收、综合利用及相关活动的单位和个人，应遵守本办法。

法律法规对危险废物、严控废物等回收综合利用另有规定的，从其规定。

第四条　再生资源回收综合利用应当有利于防止环境污染，有利于资源的循环利用，有利于改善城乡容貌，有利于维护社会治安秩序。

第五条　县级以上人民政府应当将再生资源回收综合利用发展规划纳入地方国民经济和社会发展规划，并制定落实优惠政策，促进再生资源回收综合利用事业发展。

第六条　商务行政主管部门是再生资源回收管理的行业主管部门，负责制定和实施再生资源回收产业政策、回收标准和回收行业发展规划。

发展和改革行政主管部门负责组织拟订并协调实施除工业和通信业以外的再生资源综合利用规划及政策措施；负责资源节约和综合利用重大问题的协调和重大示范工程的组织实施。

工业和信息化行政主管部门（以下与发改部门统称为“再生资源综合利用主管部门”）负责拟订并组织实施全省工业、通信业资源综合利用规划和年度计划；负责资源综合利用项目的审批、核准和备案；负责资源综合利用产品减免税收的认证；负责推广应用再生资源综合利用新产品、新技术、新设备、新材料。

县级以上财政、公安、工商、环保、规划、科技、城管等部门，按照各自职责协同做好再生资源回收综合利用管理的有关工作。

第七条　再生资源回收利用行业协会要充分发挥行业自律性组织的作用，配合再生资源回收行业主管部门研究制定行业标准、发展规划以及经营网络体系建设规划，反映会员的正当要求，维护行业利益，协助加强行业管理和维护行业经营秩序，加强对从业人员的职业技能培训和规范化管理。

第八条　鼓励各行业和城乡居民积攒、分类交售再生资源。

鼓励对再生资源进行无害化、资源化循环利用，建立再生资源回收和综合利用相链接的示范化基地，支持建设再生资源交易市场并发展拆解中心、综合利用基地，形成再生资源回收、分类再使用、再生利用联动发展的产业链。

第九条 各级人民政府应当加强再生资源回收综合利用的宣传工作，普及再生资源综合利用的知识，增强全社会节约资源、保护环境的意识。

第十条 县级以上人民政府应当安排再生资源回收和综合利用资金，用于扶持再生资源回收体系和综合利用的产业发展和科学研究。

第二章 回收管理

第十一条 再生资源回收行业主管部门应当会同有关部门，按照统筹规划、合理布局、保护环境的原则，结合本地经济发展水平、人口密度、环境和资源等情况，制定再生资源回收体系建设规划，建立规范的再生资源回收利用网络，提高再生资源回收利用率。

鼓励各级供销合作社开展再生资源回收业务，参与再生资源回收利用体系建设，充分利用现有再生资源回收综合利用网点，建设回收、分拣和加工利用一体化经营的再生资源回收利用网络体系。

第十二条 设立再生资源回收经营场地应当符合本地区行业发展、网络体系建设规划和环保要求，不得在城市主干道、排洪道、河道两侧、水源保护地500米区域内建设再生资源回收集散市场。

第十三条 逐步建立以城市社区和乡镇为基础的再生资源回收网络。

新建住宅区的规划设计，应当按照再生资源经营网络体系建设规划预留社区回收站(点)所需场地。

已经建成的住宅区，由业主委员会或者业主委托的物业管理企业按照再生资源经营网络体系建设规划，提供社区回收站(点)所需场地。

鼓励社区自主建立再生资源回收网点，指导社区居民分类处置生活废弃物。

第十四条 从事再生资源回收活动的企业和个体经营者应当符合再生资源回收从业标准以及工商行政管理登记条件，工商行政管理部门办理注册登记时应当在经营范围中注明回收再生资源的类别。

第十五条 再生资源回收企业和个体经营者在取得营业执照后30日内，应当向登记注册地工商管理部门的同级再生资源回收行业主管部门备案；备案事项发生变更时，再生资源回收企业和个体经营者应当自变更之日起30日内向再生资源回收行业主管部门办理变更手续。

回收废旧金属的再生资源回收企业和个体经营者除向再生资源回收行业主管部门备案外，还应当在取得营业执照后15日内，向经营场所所在地县区级公安机关备案；备案事项发生变更时，回收废旧金属的再生资源回收企业和个体经营者应当自变更之日起15日内向所在地公安机关办理变更手续。

备案事项包括登记注册名称、日期、法定代表人或负责人、经营场所、性质、经营范围、营业期限等。

第十六条 设立回收站(点)应当具备下列条件:

(一)与环境卫生设施统一规划布局，不得影响社区容貌；

(二)有围墙、顶棚等必要的防扩散、防渗漏设施，不得影响社区环境；

(三)占地面积与回收业务相适应；

(四)对回收物品及时清运，回收站至中转站和再生资源集散市场间配备相应的封闭式运输设备。

第十七条 再生资源的分拣、集散、储存，初加工等应当在集散市场进行，集散市场应当具备下列条件:

(一)与居民区、医院、学校、办公区等公共场所相对隔离；

(二)设有隔离围墙，不影响城市容貌；

(三)地面硬化，运输道路畅通；

(四)再生资源分类储存，采取防扬撒、防渗漏等防止污染环境的措施；

(五)定期消毒；

(六)具备防火防盗设施；

(七)法规、规章规定的其他条件。

第十八条 废旧市政公用设施、生产性废旧金属应当由在工商部门注册的“生产性再生资源回收”经营企业进行收购和处置，签订收购合同，并对出售者情况进行登记，登记资料保存期限不得少于两年。

废旧市政公用设施收购合同应当如实登记出售单位名称、经办人姓名、住址、身份证号码，不得收购无出售单位出具报废证明的废旧市政公用设施。运输废旧市政公用设施时应当持有注明物品品种、数量的收购合同。

生产性废旧金属收购合同应当如实登记物品的名称、数量、规格、新旧程度等；出售人为单位的，应当查验出售单位开具的证明，并如实登记出售单位名称、经办人姓名、住址、身份证号码；出售人为个人的，应当如实登记出售人的姓名、住址、身份证号码。

第十九条 再生资源回收可以采取上门回收、流动回收、固定地点回收等方式。

第二十条 再生资源回收企业和个体经营者从事流动回收活动时，不得在机关、学校、医院、部队和居民住宅区内高声唱收、噪声扰民，影响单位和居民的正常工作和生活；要做到日收日清，不得超时堆放、焚烧废物。

第二十一条 再生资源回收企业和个体经营者禁止收购下列物品:

(一)无报废证明的井盖、井蓖等市政公用设施；

(二)枪支、弹药和爆炸物品；

(三)剧毒、放射性物品及其容器；

(四)无合法来源证明的铁路、油田、供电、通信、矿山、水利、测量、消防等专用器材；

(五)公安机关通报寻查的赃物或者有赃物嫌疑的物品；

(六)法律法规禁止回收的其他物品。

第二十二条 再生资源回收企业和个体经营者在经营活动中发现有公安机关通报寻查的赃物或有赃物嫌疑的物品时，应当立即报告公安机关。

第二十三条 再生资源的收集、储存、运输、处理等全过程应当遵守国家有关污染防治标准和技术规范。

再生资源回收企业和个体经营者，不得随意对废弃物进行焚烧。

第二十四条 鼓励在乡镇建立废旧农膜回收站（点），并结合地膜补贴开展“交旧领新”或“以旧换新”工作；鼓励建立乡村物业管理站，建设田间垃圾收集设施，对农村垃圾（废旧农膜、塑料制品、农资包装瓶袋等）进行定点堆放、定期处理。

第二十五条 公民、法人和其他组织有义务按照避免资源浪费，抑制废弃物产生，促进资源回收再利用的原则，尽可能延长用品的使用年限，鼓励使用再生制品。

第三章 综合利用

第二十六条 县级以上人民政府应当培植再生资源利用企业，支持再生资源利用企业技术改造和产品研发，扶持再生资源利用产业发展。根据当地实际，可以采用贴息等方式向再生资源利用科研开发和推广应用项目提供贷款。

第二十七条 鼓励单位和个人投资建设技术含量高、工艺先进的再生资源利用项目。符合有关规定的，可以享受高新技术企业、项目和技术改造的优惠政策。

第二十八条 支持开展再生资源回收综合利用的科学研究、技术开发和推广运用。对符合有关规定的，可以享受相应的经费扶持和优惠政策。

第二十九条 开办再生资源综合利用企业，应当按照规定获得环境保护行政主管部门的环境影响评价审批后，到工商行政主管部门办理登记手续，并自登记之日起一个月内向所在地同级再生资源综合利用主管部门备案。

第三十条 工业企业应当将再生资源综合利用纳入技术改造计划，建立和完善再生资源综合利用设施，推广先进适用技术，发展高新科技，全面推行清洁生产，减少污染，提高再生资源综合利用效率。

再生资源综合利用企业应当推广先进适用技术，发展高新科技，改造传统产业，淘汰落后工艺、技术和设备，限制高消耗、高污染产业发展。禁止转让、生产或者采用列入淘汰名录的技术、工艺、设备和产品。

第三十一条 在城市规划区范围内建设再生资源综合利用项目，经工业和信息化行政主管部门和建设行政主管部门审核，报同级人民政府财政、发改部门批准，可减免城市建设配套费。

第三十二条 企业应当在可回收利用的产品、产品零部件及包装物上标注可回收利用标识，便于识别其材料的性质和种类。

利用再生资源生产的产品、产品零部件及包装物上，应当标注再生品标识，便于循环使用。

第三十三条 再生资源综合利用产品的生产、销售，应当符合安全生产、卫生、质量等有关法律、法规的规定。

第三十四条 建立再生资源综合利用产品认定制度。

再生资源利用综合利用产品认定工作，由省工业和信息化行政主管部门会同省财政、税务部门按照国家和省有关规定组织实施。

符合国家相关规定的再生资源综合利用产品认定实行由企业申报，市州工业和信息化行政主管部门组织初审，省资源综合利用认定委员会集中审定的制度。

第三十五条 经认定并获得省工业和信息化行政主管部门颁发《资源综合利用认定证书》的再生资源综合利用产品生产企业，按照国家有关规定享受税收优惠政策。

第三十六条 再生资源综合利用企业，应当按照有关规定定期向市州、县市区再生资源综合利用主管部门报送再生资源综合利用情况的统计报表。

第三十七条 企业设计、生产产品和包装物，应当提高原材料的利用效率，优先使用可再利用和可资源化的材料，抑制产品的过度包装，促进产品包装的减量化和再利用。

提倡企业利用自身生产过程中产生的可以利用的再生资源；不能自行利用的，应当及时向回收经营者交售，无法回收再利用的应当负责妥善处理。

第三十八条 鼓励和扶持废旧农膜回收及加工，对废旧农膜回收加工的企业建设项目给予贴息和相应的税收支持。

第三十九条 鼓励优先购买再生资源综合利用产品。在性能、技术、服务等指标相等条件下，政府采购应当优先选择采购再生资源综合利用产品。

第四十条 司法或者行政执法主管部门处理没收的假冒伪劣商品、违法的音像制品和书刊等，在不违反有关法律、法规的前提下，应当进行再生资源综合利用，所获收益按照国家有关规定办理。

第四章　法律责任

第四十一条 违反本办法第十二条规定的，由再生资源回收行业主管部门责令限期改正；逾期不改的，可处以1万元以上3万元以下罚款。

第四十二条 违反本办法第十五条第一款规定的，由再生资源回收行业主管部门给予警告，责令限期改正；逾期不改的，可处以500元以上2000元以下罚款。

违反本办法第十五条第二款规定的，由公安机关责令限期改正；逾期不改的，可处以500元以上2000元以下罚款。

第四十三条 违反本办法第十八条、第二十一条、第二十二条规定的，由公安机关依据《治安管理处罚法》予以处罚。

第四十四条 违反本办法第二十规定的，由再生资源回收行业主管部门给予警告，责令限期改正；逾期不改的，处以500元以上3000元以下罚款。

第四十五条 违反再生资源综合利用有关规定的，按照《甘肃省资源综合利用条例》予以处罚。

大连市循环经济促进条例

（2010年6月22日大连市第十四届人民代表大会常务委员会第十七次会议通过，2010年7月30日辽宁省第十一届人民代表大会常务委员会第十八次会议批准，2010年8月16日大连市人民代表大会常务委员会予以公布，自2010年10月1日起施行 ）

第一章 总则

第一条 为了促进循环经济发展，提高资源利用效率，保护和改善环境，实现可持续发展，根据《中华人民共和国循环经济促进法》，结合本市实际，制定本条例。

第二条 大连市行政区域内循环经济发展工作，适用本条例。

第三条 本条例所称循环经济，是指在生产、流通和消费等过程中进行的减量化、再利用、资源化活动的总称。

本条例所称减量化，是指在生产、流通和消费等过程中减少资源消耗和废物产生。

本条例所称再利用，是指将废物直接作为产品或者经修复、翻新、再制造后继续作为产品使用，或者将废物的全部或者部分作为其他产品的部件予以使用。

本条例所称资源化，是指将废物直接作为原料进行利用或者对废物进行再生利用。

第四条 发展循环经济应当遵循统筹规划、合理布局，因地制宜、注重实效，政府推动、市场引导，企业实施、公众参与的方针。

第五条 市及区（市）县人民政府循环经济发展综合管理部门负责组织协调、监督管理本行政区域的循环经济发展工作；市及区（市）县人民政府有关主管部门按照各自职责负责有关循环经济的监督管理工作。

第六条 市及区（市）县人民政府应当开展循环经济宣传、教育和科学知识普及工作，推广发展循环经济的经验。

新闻媒体应当开展循环经济发展情况的宣传报道，普及循环经济科学知识。

第七条 对在发展循环经济工作中作出突出贡献的单位和个人，由市或者区（市）县人民政府给予表彰和奖励。

市人民政府有关部门和区（市）县人民政府不履行本条例规定职责的，依法对直接负责的主管人员和其他直接责任人员给予处分。

第二章 一般规定

第八条 市人民政府循环经济发展综合管理部门应当依据国家循环经济评价指标体系，会同有关主管部门拟定本市的循环经济评价指标体系和统计、核算制度，报市人民政府批准后公布实施。

市人民政府根据本市循环经济评价指标，对区（市）县人民政府定期进行考核，并将主要指标完成情况作为对区（市）县人民政府及其负责人考核评价的内容。

第九条 市人民政府循环经济发展综合管理部门应当会同有关主管部门建立发展循环经济的信息系统和技术服务体系。

鼓励、支持单位和个人参与发展循环经济的信息系统和技术服务体系建设，向社会提供相关的信息和技术服务，在发展循环经济的信息和技术服务等方面开展国内外交流与合作。

第十条 市及区（市）县人民政府有关主管部门应当按照管理范围制定再生水利用及再生水利用设施建设规划，废物回收、处理、再利用规划，公共机构既有建筑节能改造计划；有关区（市）县人民政府相关主管部门应当指导本行政区域各类农业园区制定循环经济发展规划；各类产业园区及其他产业聚集区（以下简称产业聚集区）应当制定循环经济发展规划。

制定前款规定的产业聚集区循环经济发展规划，应当包括产业定位、产业链选择、能量梯级利用、土地集约利用，水的分类利用、再利用及再生利用，企业共同使用的基础设施及基础设施建设等内容，并由循环经济发展综合管理部门组织有关专家进行论证。

第十一条 鼓励单位和个人参与制定资源节约、综合利用及减少污染物排放的国家标准、行业标准、地方标准和企业标准。鼓励企业建立健全企业标准体系，制定严于国家标准的企业标准并予以执行。

第十二条 企业应当依照国家、省和本市有关资源节约、综合利用及减少污染物排放的规定组织生产、经营活动。

鼓励和支持中介机构、学会和其他社会组织开展循环经济宣传、技术推广和咨询服务；鼓励和支持居（村）民委员会开展与循环经济有关的活动；鼓励和支持科研机构和科研人员开展循环经济科学技术的研究，积极推广应用循环经济科学技术研究成果。

第十三条 从事生产、建设、经营活动对生态造成破坏或者影响的，应当根据其对生态的破坏或者影响程度进行补偿。

市循环经济发展综合管理部门负责组织对生产、建设、经营活动破坏或者影响生态情况的评估，并会同有关部门制定生态补偿的具体办法，报市人民政府批准后实施。

第三章 减量化

第十四条 包装物的设计和生产，应当符合产品包装标准，提高包装材料利用效率，优先使用可再利用或者可再生利用的材料。

产品生产者应当在产品或者包装物的显著位置，标明产品及其包装物被最终使用后进行再利用或者处置方法等信息。禁止过度包装。

第十五条 鼓励和支持对新建民用建筑严于国家节能标准进行设计，多渠道筹集资金对具有改造价值的既有民用建筑按照国家节能标准进行改造。

第十六条 鼓励利用无毒无害的固体废物生产建筑材料。禁止生产黏土砖。

编制建设工程设计文件，应当明确要求建设工程采用散装水泥、预拌混凝土、预拌砂浆以及新型墙体材料等。建设工程设计文件纳入建设工程竣工档案管理。

第十七条 鼓励建设单位提供产业化装修一次到位的成品房，提高建筑资源利用效率。

第十八条 市人民政府农业、水务等主管部门及有关区（市）县人民政府应当建设和管护农业节水灌溉设施，有计划地修缮和改造漏失率高的农业节水灌溉设施，提高用水效率。

第十九条 城市公共设施的所有人或者使用人应当采取措施，加强对城市公共设施的管理和维护，延长其使用寿命。

非因公共利益需要，不得拆除和更换仍在合理使用寿命内的城市公共设施。

第二十条 固定资产投资行政主管部门应当严格控制公共机构建设项目的建设规模和标准，统筹兼顾节能投资和效益，对建设项目进行节能评估和审查；对未通过节能评估和审查的项目，不予批准或者核准建设。

公共机构建筑装修完成后八年内能够正常使用的，不得再次装修。

第二十一条 城市用水逐步实行阶梯式水价制度。

限制并逐步禁止将自来水作为城市清扫、绿化和景观用水。

洗车业应当建立水循环利用系统。

第四章 再利用与资源化

第二十二条 新建、改建、扩建各类产业聚集区应当依法进行环境影响评价。

产业聚集区在引入企业时，应当注重引入企业的废物交换利用和能量梯级利用。鼓励产业聚集区引入有利于废物交换利用和能量梯级利用的企业；鼓励新建、改建、扩建产业聚集区引入集群企业。

第二十三条 鼓励企业围绕清洁生产对生产工艺进行改造或者再设计，在销售新产品时回收报废产品，对生产、经营过程中产生的废物、余热自行回收或者依照相关规定转让给有回收条件的其他单位和个人。

鼓励企业之间进行产业链整合和资源优化集成。

第二十四条 鼓励产品使用者对符合有关标准并在规定使用期限内的产品，应当尽可能使用。超过规定使用期限的，其材料和零部件可以再利用或者资源化的，鼓励其再利用或者资源化；不能再利用或者资源化的，应当依法进行处理。

第二十五条 建筑废物回收及建筑废物综合利用主管部门应当建立建筑废物的回收、利用体系。

建设单位应当对施工中产生的建筑废物进行综合利用；不具备利用条件的，应当委托具备条件的单位进行综合利用或者无害化处理。

第二十六条 市及区（市）县人民政府有关部门及有关单位，应当依照法律、法规和国家有关规定，设置或者建设废物回收设施。

单位和个人应当配合回收废物，按照要求对废物进行分类，并放置于回收设施或者场所。

第二十七条 废物持有者对废物可以再利用或者资源化的，鼓励其再利用或者资源化；不能再利用或者资源化的，应当依法进行处理。废物的再利用、资源化和处理应当安全、可靠，不得造成新的环境污染。

新建废电器电子产品、报废机动车辆、废轮胎、废铅酸电池等特定产品拆解利用项目，应当在市人民政府有关部门规定的区域内建设，该区域的建设和管理应当符合相关规定。

危险废物处理实行专业化经营，经营单位应当取得有关主管部门的经营许可证。

第二十八条 新建、改建、扩建各类产业聚集区，应当建设污水处理及再生水利用设施。邻海或者近海产业聚集区内企业循环冷却用水或者锅炉用水总量达到一定规模的，应当建设海水直接利用系统或者海水淡化系统。

鼓励新建居民小区时建设再生水回用系统，鼓励有条件的地区、单位和个人建设雨污分流和集雨设施。

第二十九条 市及区（市）县人民政府应当建立城乡生活垃圾分类收集和资源化、减量化设施，完善垃圾分类回收体系建设。

不得将生活垃圾或者污水处理产生的污泥直接进行填埋处理。

第三十条 有关区（市）县人民政府应当建立农村废物回收利用体系，对废农用薄膜、包装物等物资进行回收、加工和再利用；应当组织有关单位和个人对秸秆资源科学合理利用。

第三十一条 新建畜禽养殖区的规模和选址应当符合相关规定，并同步建设畜禽粪污无害化处理或者资源化利用设施；已有畜禽养殖区未建设畜禽粪污无害化处理或者资源化利用设施的应当补建。

鼓励农村建设大中型和户用沼气设施。

第五章 激励措施

第三十二条 市及区（市）县人民政府应当设立专项资金，支持循环经济的科技研究开发、循环经济技术和产品的示范与推广、重大循环经济项目的实施、发展循环经济的信息服务等。具体办法由市及区（市）县人民政府财政部门会同有关部门制定。

第三十三条 企业使用或者生产列入国家清洁生产、资源综合利用等鼓励名录的技术、工艺、设备或者产品的，按照国家有关规定享受税收优惠。

第三十四条 固定资产投资行政主管部门在制定和实施投资计划时，应当将节能、节水、节地、节材、资源综合利用等项目列为重点投资领域。

第三十五条 政府采购应当优先采购节能、节水、节材和有利于保护环境的产品及再生产品。

第六章 附则

第三十六条 大连经济技术开发区管理委员会等市人民政府派出机构根据授权，负责组织协调、监督管理范围内的循环经济发展工作。

第三十七条 本条例自2010年10月1日起施行。

部委特稿

深入推进循环经济　以环境保护优化经济发展

环境保护部科技标准司

“十一五”收官之年，我国经济社会保持了稳定快速发展的势头。与此同时，经济快速发展导致的资源能源消费持续增长，人口增长与消费转型对环境的压力不断增强，全球和区域环境问题日益显现，制约我国经济社会发展的资源环境瓶颈作用日趋强化，对实现我国的可持续发展提出了更高的新要求。环境保护部一直将发展循环经济作为突破资源环境约束、推进经济发展方式转变和生态文明建设的重要举措，从政策法规制定、试点示范推进、体制机制建设等方面入手，积极倡导、深入推进，为我国循环经济的理论研究和政策体系建设及推广实践奠定了扎实基础。

一、完善政策法规体系，指导循环经济稳步健康推进

一是积极参与循环经济立法工作。《循环经济促进法》立法之初，环境保护部从环境保护优化经济发展的角度对循环经济立法草案提出了修改意见，提出了加强生态工业园区管理，制定高污染、高环境风险产品名录，对流通、消费后的废物进行无害化处置等方面的建议，为《循环经济促进法》最终的颁布实施起到了重要而积极的作用。

二是建立起国家生态工业示范园区管理体系。“十一五”期间，环境保护部印发了《国家生态工业示范园区管理办法（试行）》和《生态工业园区建设规划编制指南》，针对综合类、行业类和静脉产业类等三类不同的生态工业园区分别制定了相应的标准，并强化了园区发展低碳经济的要求，为规范国家生态工业示范园区的管理提供了政策依据。

三是逐步完善清洁生产相关政策法规体系。在发布一系列落实清洁生产促进法配套行政规章、政策性文件的基础上，2010年，又印发《关于深入推进重点企业清洁生产的通知》（环发[2010]54号），进一步促进了重点企业清洁生产制度与现有环境管理制度的融合；发布了《铜冶炼业清洁生产标准》（HJ558–2010）、《铜电解业清洁生产标准》（HJ559–2010）、《制革工业（羊革）清洁生产标准》（HJ560–2010）、《酒精制造业清洁生产标准》（HJ581–2010）等4项清洁生产行业标准，并与发改委等其他部委联合启动了化工、纺织、电子、医药等123项行业清洁生产评价指标体系的编制工作。截至2010年底，环境保护部已发布58项行业清洁生产标准，其中“十一五”期间发布55项，涉及钢铁、有色、石化、煤炭、造纸、建材、酿造、制革、纺织等重点污染行业，为推行重点企业清洁生产提供了有力的保障。

四是加强循环经济发展模式的研究和指导。“十一五”期间，环境保护部组织编制了盐化工、煤化工等行业发展循环经济环境保护导则，发布了钢铁工业、铝工业等行业发展循环经济环境保护导则，为提高循环经济和生态工业试点示范工作的科学性和示范性提供了技术支撑。

二、开展试点示范，推动循环经济理论指导实践

（一）推动生态工业园区试点

环境保护部将国家生态工业示范园区的建设作为在区域层面发展循环经济的具体实践形式，促进工业园区的生态化改造，以破解我国各类、各级工业园区和工业集中区经济发展与资源环境制约之间矛盾。2010年，由环境保护部、商务部和科技部组成的国家生态工业示范园区建设领导小组共批准常州钟楼经济开发区、上海漕河泾新兴技术开发区、合肥高新技术产业开发区、上海闵行经济技术开发区、重庆永川港桥工业园区、合肥经济技术开发区、郑州经济技术开发区、东营经济技术开发区、南通经济技术开发区、株洲高新技术产业开发区、宁波高新技术产业开

发区、太原经济技术开发区、南昌经济技术开发区、江阴经济技术开发区、长沙经济技术开发区等15个园区开展国家生态工业示范园区建设，批准日照经济技术开发区、上海莘庄工业园区、昆山经济技术开发区、张家港保税区暨扬子江化学工业园区、扬州经济技术开发区、上海金桥出口加工区、北京经济技术开发区等7个园区正式命名为国家生态工业示范园区。截止到2010年年底，共有13个园区被正式命名为国家生态工业示范园区，还有41个园区正在开展国家生态工业示范园区的建设。在这些园区中，行业类园区10个，综合类园区43个，静脉产业类园区1个；西部地区7个，中部地区9个，东部地区38个。各园区在按照循环经济理念构建生态体系、节能减排、推进生态理念和文化等方面取得了显著成果，国家生态工业示范园区的社会影响逐步扩大，示范引领作用日益突出。

（二）深化生态建设示范区试点

生态建设示范区是实现环境保护进入经济建设、社会发展主战场的有效形式，是现阶段建设生态文明的基本目标模式，对于发展循环经济、建设资源节约型、环境友好型社会具有重要意义。2010年1月，环境保护部印发《关于进一步深化生态建设示范区工作的意见》（环发[2010]16号）。在此文件的指导下，天津西青区等26 个市（县、区）通过了生态建设示范区技术评估，辽宁省沈阳市沈北新区等19 个市（县、区）通过了生态建设示范区考核验收，生态建设示范区工作得到了各地的积极响应。各地以生态建设示范区的创建工作为抓手，优化经济增长、调整产业结构、强化节能减排、加强城乡环境保护，提升了公众环保意识，生态文明理念日益深入人心。

三、完善运行机制，保障循环经济持续发展活力

（一）强化环保准入

严格淘汰落后技术、工艺和装备，提高节能环保市场准入门槛，结合环评审查，积极引导各类建设项目采用清洁生产工艺，加强资源综合利用，切实推进污染物的减量化、再利用和资源化。通过开展环保专项行动，对造纸等重污染行业开展后督察，淘汰落后产能，加快节能减排，促进产业结构调整和循环经济水平的提高。

（二）推进重点企业清洁生产审核

对重点企业实施清洁生产审核是在行业和企业层面发展循环经济的重要内容和有效工具。充分发挥重点企业清洁生产审核在节能减排工作中的作用，通过进行预防分析和评估活动，制定各种清洁生产方案，实现消除和削减污染，提高经济效益，是实现循环经济的主要方法和途径。2010年，环境保护部在既有工作成果的基础上，进一步建立了全国重点企业清洁生产公告制度，首次汇总了各地实施清洁生产审核并通过评估验收的重点企业名单，并发布两批“全国重点企业清洁生产公告”，向全社会公布了全国4396家通过清洁生产审核评估、验收的重点企业及基本信息。

（三）积极倡导可持续消费

随着我国经济的持续增长和人民生活水平的不断提高，消费结构进入到升级转型的新阶段，为此积极倡导绿色消费就显得重要而紧迫。环境保护部以环境标志产品认证为重要抓手，以政府绿色采购为重要平台，引导公众自觉选择可持续的消费模式。2010年，环境保护部与财政部共同发布了第五、六期《环境标志产品政府采购清单》，绿色采购产品发展到23大类、450多家企业的17000多种规格型号的产品。多年累计发布86类产品的环境标志标准，涉及建材、纺织品、汽车、日化用品、电子产品、包装制品等行业，已有2400多家企业，30000多种型号产品通过中国环境标志认证，环境标志产品产值达1000多亿元。2010年，环境保护部在中国环境标志的框架下，发布了家用制冷器具等4项中国环境标志低碳产品标准，正式启动了低碳产品认证工作。2010年9月，环境保护部与新闻出版总署签署了《实施绿色印刷战略合作协议》，建立了绿色印刷环保体系，促进了印刷行业可持续发展。“十一五”期间，我国还与德国、日本、韩国、新西兰、澳大利亚、泰国、北欧等国家地区签署了环境标志互认协议，开拓了中国环境标志开展国际合作的新道路。

（四）加大科技支撑力度

环境保护部积极针对我国循环经济发展和管理方面体制、机制和技术等方面存在的不足，积极推动科技创新，保障循环经济建设的稳步推进。在“十一五”期间通过组织开展“环保系统推进循环经济机制的建设”等环境保护专项计划项目和“我国静脉产业园区布点规划技术研究”等环保公益性科研专项，研究制定重点行业和重点区域推进循环经济发展的环境技术政策以及推进计划，探索循环经济发展模式，建立环保系统推进循环经济的工作机制。

同时，通过制定相关技术标准、组建相关工程技术中心等方式，加大科研投入，强化对循环经济发展的科技支撑。

（五）构建交流宣教平台

为了加大循环经济的推广力度，环境保护部通过举办培训班、研讨会、论坛、经验交流会，出版循环经济读物以及举办竞赛等方式对循环经济的理念进行系列宣传，在《中国环境报》等新闻媒体上对循环经济推进工作进行跟踪报道，对我国循环经济的发展起到良好的推动作用。2010年7月，在大连成功召开中国静脉产业发展研讨会，促进了我国与静脉产业相关的管理部门、园区、企业、研究单位之间的沟通，对我国静脉产业健康、快速发展起到了积极的推动作用。2010年11月，环境保护部与国家发改委联合召开全国清洁生产工作会议，为总结交流各地区各领域推行清洁生产的主要做法和经验、全面部署清洁生产推行工作提供了良好的交流平台。

（六）加强循环经济领域国际合作

一是组织召开及参加各类相关国际会议，如中日韩三国循环经济研讨会、中国—东盟环境标志与清洁生产研讨会、环境治理与可持续发展国际研讨会、可持续消费国际研讨会等，充分利用国际会议的机制与平台开展循环经济相关研究。二是切实推进国际合作项目，包括世行—意大利信托资金“促进中国循环经济发展的政策研究”项目、“中日技术合作推进循环经济”项目等，对我国循环经济内涵、发展模式和循环经济发展体系进行了详细的研究，探索了中国循环经济政策体制和发展方向。此外，还先后开展了中意能效审计、中挪水泥窑危废共处置项目、清洁发展机制（CDM）项目等循环经济国际合作项目。三是积极参与国际培训，与日本国际协力机构等国际组织合作开展了针对地方环保官员、科研人员以及企业有关人员的循环经济培训，全面介绍国际上循环经济领域的政策、法规、措施和技术，在加强循环经济领域能力建设方面取得了良好的效果，有效地推动了循环经济工作的开展。

以科技进步与创新为支撑 推进废物资源化利用

科技部社会发展科技司

废物资源化通常指退出生产领域或消费环节的固体物质，通过技术、经济手段与管理措施，在实现无害化处置和减少污染物排放的同时，回收大量有价物质，提高废物综合利用率，具有公益性和经济性双重特性。废物资源化是加强环境保护、促进循环经济发展的必然要求，也是培育和发展节能环保战略性新兴产业的重要任务，对我国建设资源节约型和环境友好型社会具有重要的意义。

《国民经济和社会发展第十二个五年规划纲要》提出要完善再生资源回收体系、推进典型废物资源化利用、构筑链接循环的产业体系、加快资源循环利用产业发展。以科技进步与创新为支撑，推进废物资源化利用，已成为科技创新和实现可持续发展的重要任务。

一、发展现状

提高废物资源化水平与规模的关键是依靠科技进步与创新。“十一五”期间，我国废物资源化技术创新取得较大进展，在废旧金属再生利用、城市垃圾资源化等核心技术与装备研发方面取得了一批具有重要影响的成果，如研发的500吨/日大型垃圾炉排焚烧炉成套装备已实现国产化，市场占有率接近20%。

（一）再生资源利用技术

一是废旧金属再生利用方面。研发废旧金属先进预处理和冶金精炼专用技术与装备，以及先进的二次污染控制技术，实现废旧金属的保级或升级利用，是国内外废旧金属再生利用技术发展的主要方向。废旧金属低能耗清洁生产工艺和成套装备已在发达国家普遍应用。我国消费领域累积废旧金属资源超过2亿吨，但废旧金属再生利用技术仍处于发展初期。“十一五”期间，在消化、吸收国外引进先进技术的基础上，再生铜低能耗精炼除杂、再生铝反射炉低烧损熔炼、再生铅低温连续熔炼等技术和装备实现了产业化。

二是废旧电子电器拆解利用方面。我国废旧电子电器产品年产生量达300万吨（以2010年计），预计到2015年我国废旧电子电器产生量将超过600万吨；废旧家电整机破碎、废线路板资源化、有毒有害部件拆分等技术和装备的进步，对于实施废旧家电“以旧换新”发挥了积极作用。

三是废旧机电产品再制造方面。我国汽车、工程机械、大型机电设备等已进入报废高峰期，2010年报废汽车超过300万辆，工程机械报废量将达43万台；已在汽车零部件、工程机械、机床等领域再制造技术和设备研发方面取得了一些进展，分别开展了汽车零部件和机电产品再制造试点，斯太尔汽车发动机、坦克发动机等再制造技术已初步满足产业化需求。

四是废旧高分子材料高值利用方面。对于塑料、橡胶、纺织品等废旧高分子材料，开发废旧橡胶超细胶粉制备与改性利用、废旧塑料智能预处理与高附加值产品制备等梯级利用技术和高附加值产品，实现废旧材料全生命周期利用是国内外技术研发的热点。我国废橡胶、废塑料、废纤维等废旧高分子材料年产生量达2300多万吨（2009年计），预计2015年我国废旧高分子材料产生量超过4000万吨；已在废橡胶粉碎改性、废旧轮胎翻新等技术研发方面取得了一定进展，利用废旧轮胎生产的精细胶粉已推广应用到北京奥运会、上海世博会、天津滨海新区等标志性工程建设。

（二）工业固废资源化技术

一是粉煤灰和煤矸石资源化利用方面。我国2009年粉煤灰和煤矸石产生量近10亿吨，预计到2015年，我国粉煤灰和煤矸石产生量将达13亿吨；已在建材建工、矿井充填、煤矸石低热值发电等资源化技术研发与应用方面取得了一定成效，开发的高铝粉煤灰提取氧化铝和铝硅合金技术也基本具备产业化条件。

二是金属废渣综合处置方面。我国选冶废渣因资源品位较低，废渣排放量大、成分复杂、有害成分含量高，环境污染严重。2009年仅有色选冶废渣产生量就达到2.7亿吨，综合利用率为60%，处置技术主要以简单处理堆存和生产建筑材料等为主。围绕大宗矿产资源选冶废渣，开发经济可行、规模消纳的无害化与资源化技术，已成为提高选冶废渣综合处置能力的重要需求。

三是工业副产石膏综合利用方面。我国磷石膏、脱硫石膏、盐石膏、氟石膏等工业副产石膏排放量巨大，年产生量高达1.22亿吨；利用工业副产石膏生产建材的技术水平与国外先进水平差距不大，脱硫石膏和磷石膏制备水泥缓凝剂、纸面石膏板等技术已实现工业化应用，脱硫石膏改良盐碱地技术进入工程应用阶段。但以生产低端建筑材料为主的工业副产石膏利用技术模式，受市场容量和产品销售半径的限制，很难实现大规模消纳，工业副产石膏综合利用率仅为33%（以2009年计）。

四是工业生物质废物资源化利用方面。我国工业生物质废物占整个工业固废的11%，食品加工、酿造、纺织等行业是主要来源，生物质废物固废资源化技术主要以生产饲料和肥料为主，综合利用率不到10%。近年来，我国对工业生物质废物提取高蛋白、热解燃气利用等技术开发给予了支持，特别是在酿造和中医药生物质废物集中式燃气利用技术研发与工程示范方面强化了支持力度，养殖园区生物质废物生产燃气技术已规模化推广应用。

（三）垃圾与污泥资源化技术

一是城市生活垃圾资源化利用方面。生活垃圾、餐厨废物和果蔬垃圾等城市生活垃圾蕴涵大量生物质，可以被有效地转化成多种形式的能源。目前，城市生活垃圾资源化利用方式主要以焚烧发电、填埋气利用、生物质燃气利用等能源化利用技术为主。近年来，生活垃圾生产生物质燃气技术及成套设备在欧洲得到快速推广。2010年，我国城市生活垃圾年产生量近1.6亿吨，主要以卫生填埋为主（占处理量的78%），资源化利用主要是焚烧发电方式（占处理量的19%），垃圾堆肥利用方式较少。随着我国新能源战略的实施，城市生活垃圾生产生物质燃气技术得到高度重视，“十一五”期间启动了垃圾厌氧消化技术与工业示范装置的研究工作。

二是污泥处置与资源化利用方面。城镇污水处理厂污泥及轻工业污泥中含有大量的有机质及硫、磷、钾等元素，以及重金属、病原微生物等有毒有害物质。目前，能源化利用已成为污泥处置与资源化技术研发的热点，包括低能耗污泥干化预处理技术、大型厌氧消化技术、混合焚烧与协同处理技术等。我国城镇污水处理厂污泥2010年产生量约3000万吨，约有75%的污泥尚未实现无害化处理处置，主要采用污泥堆肥、干化焚烧、生产建材等技术。近年来，污泥厌氧发酵生产生物质燃气、水泥窑协同处理污泥等技术研发与示范已经得到工程应用。

（四）废物资源化全过程控制支撑技术

一是废物资源化标准标识方面。建立废物资源化利用技术、装备与产品的标准及标识是实现废物资源化技术推广应用的重要保障。自20世纪80年代以来，国际标准化组织从全生命周期角度开展了生态设计、环境管理、废物回收、废物再利用和再制造等共性技术标准和产品标识的研究，制定了一批废物资源化国际标准，基本形成了较完善的环境管理体系和废物资源化标准体系，对推动国际废物大循环及废物资源化利用产生了重要影响。我国已发布废物资源化标准90余项，制定了再制造产品通用标识和汽车零部件再制造标识，但废物资源化技术标准与再生产品标识体系尚不完善，废物资源化标准覆盖率不足10%，迫切需要加强废物资源化技术标准研究，制订资源化产品和再制造产品的标识认证标准及管理办法。

二是废物资源化全过程监控方面。废物资源化全过程监测是指在废物产生、分类、回收、运输、处置和利用等过程进行废物自动识别、实时监控和风险控制，是建立完善的废物收运体系的重要内容。我国“十一五”已开始探索RFID技术在垃圾计量监测的应用，但废物回收网络尚未形成有利于资源化的体系，环境风险控制薄弱，需要通过智能监测和管理控制等进行完善升级，急需研发基于物联网的废物收运系统监测技术和传感识别装备，推动区域性废物交换平台的建设，实现废物回收、加工、再利用各环节的控制和监督，提高废物回收、监测、交易的效率和环境风险控制能力。

二、“十二五”科技发展重点

《国家中长期科学和技术发展规划纲要（2006–2020年）》将“引导和支撑循环经济发展”和“促进环保产业

发展”作为环境领域科技发展思路，将“综合治污与废物循环利用”作为优先主题。针对我国环境现状与废物禀赋特性，以再生资源、工业废物、垃圾与污泥等量大面广的废物为重点，加快高效环保废物资源化关键技术与装备研发，推动多学科交叉融合，建立废物资源化产业技术创新链，引领和支撑废物资源化健康快速发展，已成为“十二五”科技发展的重要任务。

（一）发展思路

深入贯彻落实科学发展观，围绕资源节约型和环境友好型社会建设，突出公益性与经济性相结合，以创新发展为主线，统筹技术开发、设备研制、应用示范、基地建设、人才培养、市场培育等关键环节，指导和推进全国相关领域科技力量集中攻关，完善废物资源化技术创新链，建立健全废物资源化科技创新体系，推动废物利用的全过程清洁化，提高废物资源化利用效率，为大力发展循环经济，加快转变经济发展方式提供有效支撑。

（二）基本原则

一是立足节能减排、着眼产业发展。二是着力创新发展、打造创新链条。三是依托示范工程、培育市场需求。四是优化创新环境、推动持续发展。

（三）总体目标

“十二五”期间，重点选择再生资源、工业固废、垃圾与污泥等量大面广和污染严重的废物，以废物资源化全过程清洁控制为基本前提，加强废物循环利用与污染控制理论研究，大力推进废物资源化全过程污染控制技术研发，发展废物预处理专用技术与装备，加快废物资源化利用技术研发，形成100项左右重大核心技术，开发100项左右市场前景好、附加值高的废物资源化产品。选择特色鲜明的城市、区域，推进100项左右示范工程建设；统筹技术研发、创新基地、创新团队、中介服务、公共平台等建设，完善技术标准规范与产品认证体系，健全有利于废物资源化技术研发、成果转化和产业发展的创新环境，加快先进适用技术的推广普及，提高科技进步对废物资源化的贡献。

采取切实有效措施 大力发展农业循环经济

农业部科技教育司

2010年，农业部认真贯彻落实科学发展观，加强农业资源环境保护工作，采取切实有效措施，加大科研攻关力度，大力发展循环农业、生态农业、现代农业，推广应用农业清洁生产技术，节约农业生产成本，保护农业资源，资源化利用农村废弃物，防治农业面源污染，通过多项措施，发展农业循环经济，缓解资源约束和确保农产品有效供给，降低农业生产成本，保障农民收入持续增长，促进农村社会和谐发展。

一、促进农业清洁生产，推进农业废弃物资源化利用

（一）继续开展农村清洁工程试点建设

2010年，农业部继续开展农村清洁工程建设，推进农村环境综合整治。中央安排1032.5万元财政经费，重点支持17个省、直辖市和计划单列市农业环境主管部门，开展农村清洁工程示范，共建设126个农村清洁工程示范村。在中央财政经费的带动下，省级、县级分别自筹经费1158万元和7708万元（包括农民自筹）用于开展农村清洁工程建设。示范村农田化肥、农药一般减施在20%以上，农作物秸秆、人畜粪便、生活垃圾和污水资源化利用率一般在90%以上，基本实现了垃圾不出村，污水不入河，用能不出烟，清洁田园，废弃物不出田，实现农业生产无害化、废弃物资源化，创建了一批新的农村清洁工程示范点，新农村建设的样板村。

（二）扩大规模建设农村沼气

2010年中央投资52亿元，引导地方政府加大沼气补助资金力度，在中央投资带动和各方面共同努力下，农村沼气实现了跨越式发展，中国沼气用户已达4000万户，年产量140亿立方米，受益人口1.55亿人，形成2500万吨标准煤节能能力，减排二氧化碳6000万吨。中国沼气已经进入了建管并重、多元发展的新阶段，成为重要的民生工程和新农村建设的亮点，在改善农村生产生活条件，促进农业发展方式转变，推进农业农村节能减排以及保护生态环境等方面发挥了重要作用。

二、节约农业生产成本，减少农业生产污染

（一）稳步推进测土配方施肥行动

2010年，中央财政投入9.5亿元，支持2498个项目县（场、单位）实施测土配方施肥补贴项目，项目覆盖到54.9万个村、1.6亿农户，技术推广面积11亿亩以上。据统计，测土配方施肥示范区一般每亩减少不合理施肥量1~2公斤（折纯），全国减少不合理施肥150万吨，相当于节约燃煤400万吨、减少二氧化碳排放量约1000万吨，节能减排效果明显。

（二）启动保护性耕作工程建设规划

2010年农业部会同国家发改委启动了《保护性耕作工程建设规划（2009~2015年）》，以在北方15个省份建立600个保护性耕作工程区。工程建设以县（农场）为项目单元，新增保护性耕作面积1.7亿亩。

三、保护农业资源，促进农业可持续发展

（一）农作物物种资源保护工作全面开展

2010年，农业部组织各省（区、市）农业部门对黄芪、蒙古口蘑（白蘑）、柱筒枸杞、小米椒、苦丁茶、兰科（所有属所有种）、百合科百合属（所有种）等143个物种进行了系统调查，共发现2028个分布点，并进行了GPS定位。在全面调查的基础上，分别对野生稻、野生大豆、小麦野生近缘植物、野生茶树、野生桑树、野生苎麻和野生柑桔类植物13个物种进行了抢救性收集，共收集各类资源1000多份（次），妥善保存于国家种质库或种质圃中。

（二）水生生物资源保护成效显著

2010年11月，农业部发布并实施《全国水生生物增殖放流总体规划》，规划了我国356片重要放流水域和167个增殖放流物种，构建特色鲜明、定位清晰、布局合理、效益明显的水生生物增殖放流体系。2010年全国共投入增殖放流资金7.1亿元，共放流苗种289.4亿尾，其中放流海洋经济物种128.9亿尾、淡水经济物种160.4亿尾，珍稀濒危物种1913万尾。2010年12月，农业部审定公布了第四批60个国家级水产种质资源保护区，审议并通过《水产种质资源保护区管理暂行办法》，进一步完善了涉及水产种质资源保护区的工程建设项目环境影响评价程序。海洋伏季休渔制度和长江禁渔期制度平稳有序执行，2010年实施休渔禁渔的渔船达16万艘，渔民100多万人，为控制并减少捕捞强度、保护并恢复渔业资源发挥了重要作用。国务院批准从2011年起在珠江流域实行禁渔期制度，这是我国第三个在国家层面设定的休渔禁渔期制度，也是第二个流域性统一禁渔期制度。制度的实施将进一步树立我国负责任渔业国家的良好形象，提高社会环境保护意识，为养护珠江生物资源，促进渔业可持续发展和生态文明建设发挥重要作用。

（三）草原保护有序开展

2010年农业部继续组织实施退牧还草、京津风沙源草原治理等工程项目，集中治理严重退化沙化和生态脆弱草原。落实中央投资20亿元，在内蒙古、四川、云南、西藏、青海、甘肃、宁夏、新疆等省区和新疆生产建设兵团实施退牧还草工程，建设草原围栏1亿亩，开展严重退化草原补播改良4050万亩。落实中央投资5600万元，在内蒙古实施京津风沙源草原治理工程，建设草原围栏92万亩，建设牲畜棚圈12万平方米。落实中央投资630万元，在内蒙古、新疆、四川、甘肃、青海、云南等6省区飞播种草14万亩。开展草原灾害防控应急职守与督导检查，加强灾害的监测预警和防控指导。落实中央投资1800万元，在内蒙古、甘肃、新疆和新疆生产建设兵团边境草原建设防火隔离带2800公里。落实中央投资2830万元，在内蒙古、四川、甘肃、新疆、青海、宁夏、西藏等省区新建和续建草原防火物资站22个。落实中央投资8850万元，在内蒙古、四川、西藏、陕西、青海、甘肃、新疆等省区和新疆生产建设兵团防治草原虫害6627万亩。落实中央投资2400万元，在内蒙古、四川、西藏、陕西、青海、甘肃、新疆等省区和新疆生产建设兵团防治草原鼠害7744万亩。2010年制定出台了草原生态保护补助奖励政策，从2011年开始，中央财政每年安排资金136亿元，在内蒙古、新疆、西藏、青海、四川、甘肃、宁夏、云南等8省区和新疆生产建设兵团实施草原禁牧补助、草畜平衡奖励、牧民生产补贴和绩效奖励考核政策，逐步建立促进草原生态保护和牧民生产生活持续健康发展的长效机制。

地方循环经济

北京市循环经济

北京市发展和改革委员会

2010年是开展“绿色北京”行动计划的第一年，在国家发展改革委等中央部委的指导下，在北京市委、市政府的正确领导下，北京市将加快发展循环经济作为调整经济结构，转变发展方式和建设资源节约型、环境友好型社会的重要举措，循环经济工作取得一定成绩。

一、2010年北京市循环经济工作成效

2010年，北京市以生产领域的减量化和废弃物的再生资源化为重点，全面推动循环经济体制机制建设，在推进资源综合利用、提高资源能源产出率和加快生态环境建设等方面取得了显著成效。

（一）能源和水资源利用效率显著提高

2010年，全市新能源和可再生能源占能源消耗总量的3%，约208.4万吨标煤，比2005年增加了2.3倍；全市万元GDP能耗为0.582吨标煤，达到全国最低水平，“十一五”期间累计下降26.5%，下降幅度居全国第一位；万元GDP水耗为29.9立方米，“十一五”期间累计下降39.6%；2010年污水处理能力达到14.7亿立方米，比2005年增加了41.3%，再生水利用量达到6.8亿立方米，比2005年增加了1.6倍，再生水利用率达到60%；工业用水连续10年负增长，规模以上工业增加值水耗累计下降48.21%，重复利用率达到97%。

（二）资源综合利用水平大幅上升

2010年全市居住小区生活垃圾分类资源化率达到41%，比2005年提高21个百分点。全市生活垃圾产生量同比下降5%；全市再生资源回收量达到467万吨，回收品种包括废旧纸张（纸箱）、玻璃、塑料、金属、电子废弃物等五大类物品；综合利用各种矿山开采固体废弃物4470万吨；工业固体废弃物利用率达到98%以上。

（三）主要污染物排放明显下降

2010年，全市二氧化硫和化学需氧量排放量分别为11.51万吨和9.2万吨，比2009年各下降了3.07%和6.88%。“十一五”期间，二氧化硫排放量削减了39.73%，名列全国第一；化学需氧量排放量削减了20.67%，名列全国第二。

（四）生态环境日益改善

2010年全市空气质量二级和好于二级天数达到286天，占全年总天数的78.4%。各区县的空气质量也同步改善，优良天数比例在68.8%至83.3%之间。大气中二氧化硫年均浓度值为每立方米0.032毫克，同比下降5.9%，优于国家二级标准，创近12年新低，一氧化碳的年均浓度同比下降了6.3%。二氧化氮年均浓度值为每立方米0.057毫克，优于国家二级标准，与去年相比基本持平，略有上升。可吸入颗粒物年均浓度值为每立方米0.121毫克，与2009年持平，超过国家二级标准21%。

二、推进循环经济工作的具体措施

（一）不断完善循环经济政策规章，健全体制机制建设

出台《绿色北京行动计划（2010~2012年）》，提出了绿色生产、绿色消费、生态环境三大类16项指标，指导北京市循环经济发展；研究制定《北京市“十二五”循环经济发展规划》，提出了北京市循环经济要向纵深发展，从生产领域向流通、消费领域延伸，在资源产出指标、资源综合利用指标、绿色消费指标上实现率先垂范作用。

（二）以循环经济试点示范为载体，探索发展方向

作为首批全国循环经济试点城市，北京市积极推进密云县十里堡镇、北京水泥厂有限责任公司、朝阳区中兴再生资源回收利用公司、金运通大型轮胎翻修厂、盈创再生资源有限公司等五家国家循环经济试点单位开展循环经济综合利用项目建设，通过开展中期评审督导，单位产品能耗、水耗、原材料消耗等指标均有不同幅度降低，废弃物产生和污染物排放量大幅度降低。

获批全国循环经济统计试点，在全市688家企业开展主要资源消费量统计调查工作，了解北京市主要资源循环利用现状，探索计算综合反映循环经济发展的资源产出率指标，科学评价北京市资源消费与产出情况。

（三）系统强化节能调控，完善节能协调机制

根据全市节能形势，先后会同相关部门制定《2010年节能降耗预警调控方案》和《2010年第四季度节能调控措施方案》，确定了节能调控的主要措施。深入完善节能调控协调机制，会同市统计局、市经济信息化委员会等部门建立节能形势不定期会商机制，分析重点行业能耗变化情况和趋势；协调市相关部门制定本行业调控方案，分解可量化调控目标；建立节能形势预警机制，及时通过简报等形式发布各区县节能预警等级。

（四）加快产业结构调整，淘汰“三高”企业

随着资源、能源供应不足的矛盾愈加凸显，生态建设和环境保护的形势日趋严峻，北京市积极推进产业结构调整，2010年第三产业增加值占全市GDP比重达到75%，第三产业单位增加值能耗为0.35吨标准煤左右，仅为全市平均水平的60%；有序推进首钢压产及调整搬迁工作，实现首钢全面停产。

大力推进清洁生产发展。2010年推进全市42家企业自愿开展清洁生产审核工作，提出各类改进方案160余个，预计方案实施后年经济效益约1.3亿元、节水210余万吨、节电2800余万千瓦时、削减烟尘400余吨、削减二氧化硫150余吨、削减化学需氧量120余吨。

（五）大力推进资源综合利用，提高废弃物资源化水平

积极推进资源综合利用工作，对生产过程中产生的废渣、废水（液）、废气、余热余压等进行回收和合理利用，按照相关政策，开展两批资源综合利用认定工作。全市297家认定有效期内的资源综合利用企业实现相关产值198亿元。

积极促成相关企业联合科研院所加大资源综合利用科技成果转化与高技术产业化，开发一批具有国际先进水平、自主知识产权的综合利用技术与装备。其中，钢渣高温熔渣快速粒化技术、微晶陶瓷技术等几十项技术获得国家专利，大掺量粉煤灰、煤矸石制砖技术达到国际先进水平，为缓解资源短缺，减少环境污染，提高经济增长的质量和效益，保障国民经济持续、快速、健康发展发挥了重要作用。

（六）推广循环经济技术经验，节约各类资源能源

连续三年制定发布《节能节水减排技术推荐目录》，大力推广变频调速、高效燃烧、余热回收等先进使用技术45类200多项；完成1200万只高效照明产品推广任务，预计年可节电5.5亿千瓦时，在全国率先基本实现居民家庭、公共机构绿色照明全覆盖；扩大节能超市试点范围。新增王府井百货大楼、西单商场两个大型综合性百货商场和苏宁电器紫竹桥店为试点，全市节能超市试点企业达到3家，节能产品专营店增至4个。数据调查显示，全市主要家电节能产品市场占有率达到60%左右；大力推广雨水综合利用工程683项，年回收利用雨水1260万立方米；在全市固定资产投资项目中推行节能登记和审查制度，通过优化方案，推广节能技术，2010年累计减少能耗近8万吨标煤。

（七）减少各类垃圾产生，促进垃圾再生资源化

深入推进“限塑”行动。北京市实施“限塑”三年以来，以大型商场、超市、酒店、餐饮单位、集贸市场等商品零售场所为重点，明确集市开办者“限塑”第一责任人制度，促进塑料袋减量使用。三年来共减少使用12.24亿个塑料袋，减少塑料消耗3.08万吨，节约石油18.36万吨，节约标煤25.5万吨，减少二氧化碳排放51万吨。推进生活垃圾源头分类减量。在全市3000个小区、行政村开展生活垃圾分类减量试点工作，逐步提高可回收物、有害垃圾（含汞光源、电池等）、大件垃圾、废旧衣物等的分类投放和回收水平。

新建一批生活垃圾处理设施，2010年全市生活垃圾处理能力达到16680吨/日，焚烧、生化和填埋处理的结构比例由2:8:90优化为10:10:80。大力推广生活垃圾焚烧发电技术，新建高安屯生活垃圾焚烧发电项目，年处理生活垃圾58.3万吨（1600吨/日），发电量达到2.2亿度（上华北电网），相当于节约7万吨标煤，处理工程中产生的12万吨炉渣和1.4万吨飞灰将用于制砖和烧制陶粒，实现资源循环利用的目标。

（八）推进回收体系建设，促进资源再生利用

按照“规范站点、物流配送、专业分拣、厂商直挂”的原则，进一步完善社区回收网络，建立由21家主体回收企业、15个分拣中心、近4000个回收站点组成的回收网络体系，社区覆盖率超过了70%，向居民住户免费发放了约50万套垃圾分类桶、9000多万个垃圾分类袋，配备了一批垃圾分类收集和运输设备。

使用5000多万元政府资金重点支持废纸、废塑料、报废汽车、废旧家电等一批再生资源回收再利用项目，实现年处置废旧家电约170万台、电子废弃物200万台、报废汽车5.5万辆、废塑料9.8万吨，废钢材25万吨的规模，相当于节约铁矿石75万吨，节约原油58.8万吨。

（九）积极提倡绿色消费，培养居民绿色消费意识

在社会消费环节，大力提倡绿色消费。树立可持续的消费观，提倡健康文明、有利于节约资源和保护环境的生活方式与消费方式，以传媒渠道为依托，开展形式多样、全民参与的系列活动，将北京节能环保展、“节能医生”、“节能警察”、“节能小天使”等打造成为品牌宣传活动；组织“节能节水教育进课堂”、“少开一天车”、“绿色北京，限塑活动”等大型公益活动；鼓励使用绿色产品，如能效标识产品、节能节水认证产品和环境标志产品等。2010年，政府采购的节能产品、环境标志产品占同类产品采购比重分别超过75%和45%，二级及以上能效产品市场占有率达60%；抵制过度包装等浪费资源的行为，系统开展食品、化妆品的过度包装限制工作，推进产品包装物的标准化设计生产，防止过度包装，试点推行绿色账户制度，通过累计积分兑换小礼品等方式鼓励市民对大型包装物的合理回收，推动包装箱与商品的分离销售与回收利用。

踧十斷成功举办“生态新城·绿色北京”研讨会鲄实现“1+4”签约成果

2010年11月26日鲄“生态新城·绿色北京”研讨会暨签约仪式在北京饭店举行鲄刘淇、郭金龙等市领导会见了瑞典方面出席研讨会的主要代表，并出席了合作备忘录签约仪式，双方共签署“1+4”合作意向，即市发展改革委与瑞典驻华大使馆签署市级层面的合作谅解备忘录，通州新城管委会、北京未来科技城开发建设有限公司、顺义区政府和平谷区政府等4个单位分别与瑞典驻华大使馆环境科技中心签署了合作谅解备忘录。此次合作谅解备忘录的签署，为北京市借鉴国际先进经验探索“北京特色”的生态新城可持续发展模式奠定了基础，并将有利于双方进一步开展多种形式的沟通与交流，不断深化循环经济方面的务实互利合作，实现共赢发展。

三、2010年北京市循环经济典型单位及项目

（一）神华国华国际电力股份有限公司北京热电分公司

循环经济模式特征：以热电冷三联供为核心、废弃物全部利用的都市热电厂循环经济发展模式。

循环经济模式描述：按照“减量化、再利用、资源化”原则，探索热电联产企业循环经济发展的新途径，构筑了企业与城市协调发展的新局面。一是通过加大节煤、节电、节水改造和治污设施建设力度，从源头上降低原料消耗，减少废气、烟尘的排放和噪声污染，实现厂界噪声全达标；二是以热电冷三联供技术为核心，实现高焓值蒸汽用于发电，低焓值热能用于供周边商务区冬季供热和夏季供冷，使能源梯级利用进一步得到拓展；三是引进石膏制板装置，将脱硫副产品制成新型绿色环保建材并商品化，粉煤灰全部外销用于商品混凝土添加剂，燃煤废渣也外销用于生产建筑材料；四是以城市污水处理厂再生后的中水作为循环冷却水，循环后全部送回河道作为景观用水，每年节水170万吨。

循环经济模式成效：2010年与2005年相比，在总产值提高9.9%，能源产出率提高42%的同时，二氧化硫排放量下降26.6%。2010年，工业固体废物综合利用率达100%。

（二）北京水泥厂有限责任公司

循环经济模式特征：以协同资源化处理城市和产业废弃物为特征的水泥企业循环经济发展模式。

循环经济模式描述：北京水泥厂有限责任公司通过实施低温余热发电、固废综合利用、协同资源化处理城市污水厂污泥和污染土等工程，探索出传统水泥行业发展循环经济的道路。一是实施低温余热发电改造工程，既大量回收余热用于热电联供，又减少了废气及粉尘污染，实现了整个热力系统不燃烧一次能源的目标；二是加强废弃矿山的再开发，将废弃石灰石矿区改造建设成为温泉度假村；三是利用自身窑炉开展协同资源化处理城市废弃物，完善

了企业利用水泥窑处置废弃物的技术规范，实现了污水厂污泥、垃圾焚烧厂飞灰、污染土等废弃物的协同资源化利用，构建了企业小循环与社会大循环的良性互动。

循环经济模式成效：2010年协同处置危险废物约3.3万吨，综合利用废渣约15.1万吨。2010年与2005年相比，总产值提高55.5%，能源产出率提高33.1%，单位工业增加值用水量下降17.5%，二氧化硫排放下降24.2%。2010年，工业固体废物综合利用率达100%，污水实现“零排放”。

（三）北京德青源农业科技有限公司

循环经济模式特征：以养殖业为主导、废弃物完全资源化利用为特色的农业企业循环经济发展模式。

循环经济模式描述：北京德青源农业科技股份有限公司以现代设施化蛋鸡养殖为主导产业，构建了“生态养殖—蛋品清洁加工—废弃物制沼发电—沼渣制肥—绿色种植”五位一体的生态农业循环经济体系。在种植环节，发展订单式有机农业，把种植废弃物加工成养鸡厂的饲料原料；在养殖环节，建设大型沼气发电工程，将养殖、食品加工废弃物和废水转化为绿色电力和热源，在完全解决企业对热、电需求的基础上，还供周边居民生活使用，实现了全流程能源的正输出；在废弃物利用环节，建设了鸡粪从鸡舍到发酵场的封闭式地下传送系统，降低了气味污染；利用发酵残留的沼液沼渣等制备有机肥，用于自身的有机种植业，实现了100%无废化养殖。

循环经济模式成效：2010年与2005年相比，总产值提高125.6%，单位工业增加值用水量降低37.9%。2010年，沼气发电1400万千瓦时，相当于减排温室气体8.4万吨。

天津市循环经济

天津市发展和改革委员会

2010年，是天津加快推进国家循环经济试点城市建设取得显著成绩的一年。在市委、市政府的高度重视下，天津市按照国家统一部署和要求，把发展循环经济作为贯彻落实科学发展观、转变发展方式的重要抓手，不断加大工作力度，推动试点城市建设取得新成果。一年来，“城市矿产”示范基地建设积极推进，循环经济示范试点规模发展扩大，政策资金支持力度不断加大，循环型社会体系扎实构建，国家下达的“十一五”节能减排目标任务超额完成，中日循环型城市合作进展顺利，循环经济理论研究持续深入，为全面完成试点城市建设任务奠定了良好基础。

一、入选“城市矿产”示范基地，提升循环经济发展水平

位于天津静海县西南部的子牙循环经济产业区，是国家第二批循环经济试点，国家级废旧电子信息产品回收拆解处理示范基地和国家进口废物“圈区管理”园区，国家首批“城市矿产”示范基地。园区以废旧电子信息产品处理加工业、报废汽车拆解处理业、废旧橡塑加工业、废旧机电产品拆解处理业、精深加工再制造业、节能环保新能源产业为主导产业，统一建设污水处理、中水回用、雨水收集、废弃物处理等为一体的综合节能环保系统。同时，还将天津市所有报废汽车和废弃电器电子回收处理企业整合入驻园区，在国内同行业领域中起到示范带动作用。

2010年，子牙循环经济产业区各项开发建设工作取得了积极进展。基础设施方面，以道路及附属工程、市政公用设施、标准示范厂房、服务大厦、示范小城镇、林下经济带等为重点的基础设施工程，全部开工建设；项目建设方面，入驻各类企业140家，TCL奥博废旧家电和电子信息产品加工处理项目一期工程完工，国联报废机动车回收拆解项目、同和绿天使等一批专业化拆解处理项目开工建设；试点示范方面，国家发改委、财政部将子牙循环经济产业区列为国家首批“城市矿产”示范基地，并下达中央财政专项补助资金24370万元，对园区的22个重点项目进行支持。子牙“城市矿产”示范基地的建设目标是形成年加工利用废铜70万吨、废钢铁80万吨、废铝40万吨、橡塑100万吨、其他材料50万吨的能力，园区内固体废物和废水实现“零”排放。该基地的建设对于推动天津市资源循环利用产业规模化发展，提升循环经济管理和技术水平具有重要意义。

二、深化示范试点建设，壮大循环经济发展规模

按照天津建设国家循环经济试点城市工作的总体部署，到2012年，天津市将建设100个国家级、市级循环经济试点。经报请市政府同意，天津市分别于2008年、2009年向社会公布了第一、二批共39个市级循环经济示范试点，培育了一批资源综合利用和循环利用水平较高的循环型企业、园区和小城镇。通过对试点经验的摸索与总结，初步形成了泰达、子牙、临港、北疆、华明五种特色鲜明的循环经济发展模式。泰达模式是在综合性园区形成的企业类型多样、产品链接紧密、资源高效利用的发展模式；子牙模式是对废旧机电、家电、汽车等集中拆解和深加工，动静脉产业结合的发展模式；临港模式是新建园区按循环经济规划建设、产业链招商的发展模式；北疆模式是将发电、海水淡化、浓海水制盐、化学品提取、粉煤灰制砖和土地节约有效链接，能量物料梯级循环综合利用的发展模式；华明模式是“以宅基地换房”方式建设示范小城镇，形成土地集约利用、农民生态型集中居住、发展循环型产业的发展模式。五种模式的形成和推广，对全市循环经济发展产生了积极的示范和带动作用。

2010年3月，天津市启动了第三批市级循环经济示范试点的申报评审工作。按照统筹兼顾、注重实效、特色鲜明、典型示范的原则，从全市循环经济产业布局、产业链建设、园区循环化改造和建设的需求出发，结合现代制造业、高新技术产业、现代服务业、都市型农业的发展，针对资源减量、回收、再生及综合利用领域，由各部门、各区县、集团公司等推荐，经专家评审，遴选出一批发展基础较扎实、能形成一定示范效应的试点单位。第三批试点

工作除继续从重点企业、产业园区和小城镇三个层面开展外，更进一步突出了前两批涉及较少、对全市循环经济发展具有重要意义的再生资源和服务业领域。2010年12月，市发改委组织开展了第三批市级循环经济示范试点实施方案的评审工作。

三、加大政策资金支持力度，增添循环经济发展活力

一是安排2010年循环经济专项资金。天津市继续发挥每年2000万元市级发展循环经济专项资金的支持引导作用，对技术、工艺先进，利用各类废弃物延伸循环经济产业链，具有显著节能、节水、节材效果的循环经济项目，给予资金支持。2010年共支持子牙循环经济产业区、北疆电厂、大港东宝润滑油脂有限公司等12个项目，总投资113738万元，建成达产后新增年销售收入417219万元，新增利税、经济效益67767万元，同时具有节煤、节水、废弃物资源化利用、减少污染物排放的社会环境效益。截至2010年底，天津市利用循环经济专项资金共支持了53个项目，对促进天津市循环经济发展，加快循环经济试点园区、企业建设，发挥了较好的推动作用。

二是积极争取国家政策资金支持。2010年，天津市天铁、中环新光、临港工业区和裕川置业等4个资源节约和环境保护项目，获国家发改委年度重点节能工程、循环经济和资源节约重大示范项目等资金支持；天津港东疆港区一期污水处理工程、天津滨海新区汉沽市政污泥干化处理项目等5个垃圾、水处理项目，获国家发改委城镇污水垃圾处理设施项目资金支持；一汽丰田、一汽夏利多款车型列入国家“节能产品惠民工程”节能汽车推广目录；天津工业大学室内照明项目列入国家半导体照明产品应用示范工程；经积极推荐，天津市还被列为国家首批确定的10个甩挂运输试点省市之一，探索推广甩挂运输方式促进交通运输业节能减排的深入开展。

四、推进资源再生和综合利用，加快完善社会循环体系

一是再生资源产业逐渐壮大。天津市作为商务部确定的再生资源回收体系建设试点城市，近几年再生资源回收利用体系建设有了较快发展。截至2010年底，天津市再生资源回收经营单位2000余家，回收站点5100多个，从业人员3万余人；已建及在建初级分拣加工中心9个，专业加工中心12个，产业园区1个，信息中心1个。据对326家企业的监测统计，2010年回收总量达650万吨，销售额达200亿元。二是不断加大城市基础设施投入。天津市正式投入运营的生物质发电厂有3座，总装机容量3.8万千瓦，年垃圾处理能力60万吨。正在建设中的垃圾焚烧发电厂3座，年垃圾处理能力120万吨，装机容量5.9万千瓦。三是大力推进工业废物资源化利用。全市工业固体废物综合利用率多年来保持在98%以上。万元工业增加值用水量降至11.8立方米，居国内领先水平。四是积极推进秸秆资源综合利用。到2010年底，天津市农村新建户用沼气池3.73万户，大型沼气工程12处，养殖小区沼气粪污处理工程173处，生活污水沼气净化工程8处，秸秆气化集中供气工程55处，年产沼气达到1931万立方米。五是积极开展餐厨废弃物资源化利用和无害化处理试点工作。为促进循环经济发展，解决社会反映强烈的“泔水猪”、“地沟油”问题，按照国家发改委、住建部、环保部和农业部四部委要求，天津市积极开展餐厨废弃物资源化利用和无害化处理试点工作，在充分调研的基础上，研究提出天津市开展试点工作的总体思路和推荐单位。目前，天津市津南区被推荐列入国家初选试点，正抓紧编制实施方案。

五、节能减排工作深入开展，生态环境建设稳步推进

天津市委、市政府高度重视节能减排工作。“十一五”时期，天津市通过建立节能减排工作机制、制度体系、激励机制，制定节能减排实施方案，实施节能减排重点工程，不断加大工作力度。

节能方面，积极推进产业结构调整，坚决遏制高耗能、高污染行业过快发展；重点抓好工业节能，狠抓冶金、电力等重点耗能行业和“千家企业”节能，大力推进建筑、交通、公共机构和农村节能工作；不断完善节能降耗考核管理体系，对电力、石化、化工、冶金等行业的重点耗能企业实行能源消费总量控制，并建立旬报制度实施监测。

减排方面，制定实施《天津市“十一五”主要污染物总量减排统计办法》、《天津市“十一五”主要污染物总量减排监测办法》和《天津市“十一五”主要污染物总量减排考核办法》，加快减排统计体系、监测体系、考核体系等“三大体系”建设；以火电企业脱硫治理、污水处理厂建设、关停淘汰落后产能为重点，采取“倒逼机制”、“上大压小”、减量置换和限期淘汰等措施，全面落实工程减排、管理减排和结构减排措施，污染治理设施基础建设取得显著进展。全市万元GDP能耗五年累计下降21%，二氧化硫、化学需氧量排放量分别下降11.26%和9.61%，

超额完成国家下达“十一五”节能减排目标任务；全市环境空气质量达到和好于二级良好水平的天数年保持在83%以上。结合生态市建设和市容环境整治，积极开展植树造林和城市绿化，通过重点实施京津风沙源治理、“三北”和沿海防护林体系、外环线外侧绿化、重点高速公路绿化、退耕还林等工程，每年造林20万亩，全市林木覆盖率从2000年的16%提高到2010年的21.5%，增加5.5个百分点。

六、中日循环型城市合作取得积极进展

围绕天津市循环经济发展和子牙循环经济产业区建设，2010年3月组织环保专家和子牙循环经济产业区相关负责同志赴日参加“东北亚循环经济城市论坛”，再次向中日韩三国中央政府和地方城市代表、企业界人士宣传天津市和子牙园区的规划及最新建设成果。另外，在天津与日本北九州循环型城市合作的框架下，两市企业间的务实合作取得新进展，天津市绿天使再生资源回收公司与日本同和商社合资组建了绿天使同和顶峰废旧家电拆解处理有限公司，并在子牙循环经济产业区举行了开工仪式；国联报废机动车回收拆解有限公司与日本相关企业的合作也有了积极进展。截至目前，根据《北九州 — 天津市循环型城市建设合作项目协议》内容，需要实施的工作已圆满结束，天津市将与有关部门保持密切联系，积极探索新的合作方向。

七、积极开展理论实践研究，提升循环经济发展质量

“十二五”时期是天津市深入贯彻落实科学发展观，实现科学发展、和谐发展、率先发展的关键时期，是全面推进滨海新区开发开放，加快经济发展方式转变，实现天津城市定位的决定性时期。我们要把发展循环经济摆到更加突出的战略位置，努力建立具有特大型老工业城市特色的循环型产业体系和循环型社会体系。为此，在《天津市循环经济试点实施方案（2008—2012年）》的基础上，结合循环经济发展面临的形势和国家宏观政策要求，积极开展循环经济理论与实践研究，对统筹和促进全市循环经济发展、加快经济发展方式转变具有十分重要的意义。

完成了“十二五”循环经济发展关键政策研究。为进一步优化天津市循环经济发展路径、创新循环经济发展思路，天津市发改委与南开大学“985工程”循环经济哲学社会科学创新基地共同完成了国家自然科学基金课题《“十二五”时期我国转变经济增长方式、实现科学发展的循环经济关键政策研究》。该课题通过对国际、国内及天津市循环经济的发展现状及趋势分析，提出了促进循环经济发展的经济激励、部门协调和科技投入等方面的关键政策，为天津市“十二五”时期循环经济发展提供了重要决策依据。目前已形成国家自然科学基金项目成果《“十二五”时期我国经济社会发展若干关键问题政策研究》之专题报告“循环经济发展政策”。

编制了天津市循环经济发展“十二五”规划。按照《循环经济促进法》有关规定和天津市开展“十二五”重点专项规划的统一部署，2010年天津市全面启动了天津市循环经济发展“十二五”规划的编制工作，组建了规划起草小组，开展了分析调研，进行了多方衔接论证。在规划编制过程中，始终把握天津特大型工业城市、资源能源依靠外部输入的特点，紧紧围绕加快转变发展方式这一主线，紧紧把握规划具有的宏观性、指导性和可操作性，通过对天津市典型企业、典型区域和重点产业的发展现状、存在问题、面临形势分析，提出“十二五”期间实现循环经济深入发展的总体思路、目标、重点任务和保障措施。

“十二五”时期，天津市要在生产、流通、消费领域全面贯彻“减量化、再利用、资源化”原则，在全市范围内推进循环经济重点区域、循环经济产业体系和循环型社会建设，促进循环经济形成更大规模。主要有五方面：一是推进循环经济重点区域建设。以滨海新区为重点，建设现代制造业循环经济产业聚集区。以子牙循环经济产业区为依托，打造国家“城市矿产”示范基地。二是推进循环经济产业体系建设。围绕三次产业互动的发展格局，大力推进循环经济示范企业和园区建设；继续优化各产业或企业间的产业关联度或潜在关联度，培育打造25条较大规模、较高水平、特色鲜明的循环经济产业链。三是推进循环型社会建设。以节水、节地、节材和资源综合利用为核心，推进资源的节约和高效利用；规范完善天津市再生资源回收体系，形成覆盖全市、辐射周边、连通国际的再生资源回收体系；积极推广垃圾分类和处理；探索适宜的餐厨废弃物资源化利用和无害化处理模式；着力发展绿色建筑，提升建筑垃圾综合利用水平；在全社会倡导绿色消费模式和生活方式。四是实施一批循环经济重大示范项目。五是从组织管理、政策法规、科技人才、资金支持、宣传教育等方面完善政策措施，助推循环经济深入发展。

河北省循环经济

河北省发展和改革委员会

2010年，在河北省委、省政府的正确领导下，各地各部门认真贯彻落实《中华人民共和国循环经济促进法》等政策法规，把发展循环经济作为调整经济结构、转变发展方式、缓解资源环境瓶颈约束的重要抓手，采取一系列有力措施，促进循环经济取得明显成效。

一、主要做法及成效

（一）狠抓节能降耗，能源利用效率明显提高

一是认真落实目标责任。年初核定下达了各设区市目标任务，实行万元GDP能耗降低率、累计进度和能源消费量三重控制。组织开展了节能减排“双三十”行动，与能耗大、污染重的30家重点县（市）和企业签订了目标责任状，并严格兑现奖惩。通过强化目标责任有效保障了节能目标任务的完成。2010与2005年相比，全省万元GDP能耗下降到1.583吨标煤，累计下降20.11%。二是提升改造传统产业。实施“十大”重点节能工程，开展企业对标行动，通过节能技改提升行业技术工艺水平。2010年与2005年相比，全省吨钢综合能耗下降到580.78吨标准煤，累计下降15.58%；吨水泥综合能耗下降到91.1吨标准煤，累计下降37.6%。三是淘汰落后产能。印发了《河北省人民政府关于控制钢铁产能推进节能减排加快钢铁工业结构调整的实施意见》，组织开展了淘汰落后产能集中行动，淘汰了400立方米及以下高炉、30吨及以下转（电）炉等一批落后产能。2010年，全省累计淘汰落后炼铁产能1181万吨、炼钢346万吨、平板玻璃474万重量箱、水泥1314万吨、焦化126万吨、造纸35.48万吨、酒精3万吨、印染1.23亿米、制革583.8万标张。

（二）加强环境保护，环境质量得到逐步改善

一是狠抓环保工程建设。围绕工程减排、结构减排和管理减排，加快重点项目建设，不折不扣地落实了各项减排目标任务。2010年，全省在工程减排上共接转和完成污染减排项目2411个，其中新建城镇污水处理厂48座，新增设计能力117万吨/日，新增实际处理能力80万吨/日；新建46台共计6016平方米烧结机烟气脱硫工程。二是强化大气污染防治。以“三年大变样”为契机，按照“四调整五治理”的思路，积极推进城市规划、产业结构、能源结构、生态功能调整，下力量治理燃煤烟尘、工业粉尘、施工扬尘、机动车尾气、餐饮业油烟污染，在全省组织开展“拔除烟囱、净化蓝天”活动。通过深化城市大气污染防治，有力地促进了全省城市大气环境质量的改善。2010年，全省设区市平均达到或优于Ⅱ级的优良天数为337天，比2005（“十五”末）年提高了42天。三是加强环保项目运行管理。开展“污染防治设施运营管理年”活动，印发了《河北省污染防治设施运行管理年实施方案》，组织建立了定期调度和每季通报制度，对重点案件进行督办，有效保障了城镇污水处理厂、燃煤电厂脱硫设施及国控、省控重点企业污染治理设施正常运行。

（三）推广试点示范，循环经济重点领域发展迅速

一是培育静脉产业。开展“城市矿产”示范基地工程建设，指导唐山再生资源循环利用科技产业园等多家静脉产业园区编制城市矿产示范基地实施方案，进一步明确静脉产业园区发展目标、重点任务和保障措施，促其尽快发展壮大。目前，唐山再生资源循环利用科技产业园已列为国家“城市矿产”示范基地。二是健全城市回收体系。组织开展再生资源回收体系建设试点城市，加快城市社区和集散市场回收站点建设，规范再生资源回收体系，逐步提高回收集散加工能力，促进再生资源行业健康、有序发展。河北省石家庄市和张家口市已被商务部列为再生资源回收体系建设试点城市。三是建设低碳城市。加强对保定国家低碳试点城市的指导，组织编制了《保定低碳城市试点

实施方案》，明确了保定低碳城市建设的发展思路，加大了对保定光伏产业的支持力度，为低碳城市建设奠定了更加坚实的基础。

（四）完善政策机制，循环经济调控体系不断健全

一是健全法律体系。出台了《关于支持循环经济发展的投融资政策》、《河北省水资源费征收使用管理办法》、《河北省生态补偿金管理办法》等一系列法律法规，为培育低能耗、低污染、高效益的产业营造了良好的市场环境，为发展循环经济提供了有力保障。二是深化价格改革。对高耗能行业实行了差别电价加价标准，取消了对高耗能氯碱企业的电价优惠政策，对超能耗（电耗）企业实行惩罚性电价政策。目前，已累计收取惩罚性电价收入1.9亿元。三是创新管理机制。积极推行合同能源管理机制，深化“以奖代补”、“以奖促治”以及采用财政补贴推广高效节能产品等支持机制，探索建立主要污染物排放权交易制度，进一步扫除了阻碍循环经济发展的体制机制性障碍。

二、循环经济重点工程

（一）曹妃甸循环经济示范园区

曹妃甸循环经济示范区是国家发展改革委确定的首批循环经济试点单位。目前，该园区已形成两条循环经济特征明显的产业链。一条以精品钢铁项目为龙头，主要围绕首钢京唐公司千万吨级精品板材基地，对生产过程中的余热、余压、余气、废水、含铁物质和固体废弃物充分循环利用，实现废弃物零排放，构建了钢铁循环经济产业链。另一条以华润海水冷却火电项目为龙头，以提高燃煤发电效率、海水替代淡水、热能梯级利用、灰渣综合利用为重点，发展海水淡化、废弃物资源化再利用工程，构建了电力循环经济产业链。

（二）唐山再生资源循环利用科技产业园“城市矿产”示范基地

河北唐山再生资源循环利用科技产业园，由唐山中再生资源开发有限公司、唐山市再生资源有限公司、河北荣泰再生资源开发利用有限公司、唐山兴宇橡塑工业有限公司共同出资建设。科技产业园坐落于唐山市玉田县后湖工业聚集区，规划占地1600亩，总投资30亿元，主要业务范围包括废旧轮胎、废旧钢铁、废旧塑料、废旧汽车、废旧家电等回收再利用。到2015年，该科技产业园将形成回收处理可利用再生资源180万吨的产能，年可拆解废弃电器电子产品250万台、含汞废旧灯管2500吨、报废汽车1.5万辆，回收加工废钢铁60万吨、废机电设备12万吨、废旧轮胎50万吨。科技产业园项目全部建成达产后，年可实现销售收入60亿元以上，解决15000人就业，成为华北地区重要的再生资源集散地和再生制品生产基地。

（三）中航上大循环经济工业园

中航上大循环经济工业园的前身为中航上大金属再生科技有限公司（河北上大再生资源科技有限公司与中航重机股份有限公司合作组建），园区主要加工利用航空特种合金、高档特种钢以及多种含镍废料，是中国航空集团的循环经济基地。目前，园区内拥有国内第一条特种合金废料超声波清洗线和特种合金再生应用生产线，掌握5项纯净化技术专利，年可净化处理废旧合金15万吨，生产各种中间合金15万吨，再生特种合金供货能力和供货量为国内最大。

（四）保定国家低碳试点城市

2008年，保定市入选世界自然基金会（WWF）“中国低碳城市发展项目”试点城市。2010年，国家发展改革委正式确定保定市为国家低碳试点城市，并先后被国家科技部、国家发展改革委确定为“国家可再生能源产业化基地”、“国家太阳能综合应用科技示范城市”、“十城万盏”试点城市和“新能源产业国家高技术产业基地”。目前鈍“保定·中国电谷”设有太阳能光伏发电设备、风力发电设备国家实验室鈍拥有太阳能、风能及输变电、蓄能设备制造骨干企业170多家，已初步形成了太阳能光伏发电设备、风力发电设备、输变电设备、新型储能设备、高效节能设备及电力自动化设备等六大产业体系。

三、下一步工作思路

一是加强宏观指导。编制《河北省“十二五”循环经济规划》和《河北省“十二五”节能减排专项规划》，编制清洁生产推行规划，指导各地做好规划编制和实施工作。深化循环经济示范试点，分类型、分行业推广循环经济典型模式，力争在5年内培育3个循环经济示范市、20个示范县、50个示范园区（企业），每年滚动实施50个循环经济示范项目。

二是加快调整产业结构。实行严格的节能审查和污染物总量控制制度。加大落后产能淘汰力度，完善落后产能退出机制。加快用先进适用技术改造提升传统产业，推动企业工艺技术水平的提高。加快发展新能源、新一代信息、生物医药、高端装备制造、新材料、节能环保等战略性新兴产业。

三是强化重点领域节能减排。重新筛选30个重点县（市、区）和30家重点企业，实施“双三十”示范工程。筛选1000家重点耗能企业和1000家环保重点企业实施“双千”企业节能工程，加大企业节能改造步伐和监管力度。推进建筑、交通、农业农村、商贸流通和公共机构等重点领域节能减排。

四是推动再生资源产业化利用。加快建设城市社区和乡村回收站点、分拣中心、集散市场“三位一体”的再生资源回收体系，抓好5个“城市矿产”示范基地建设，推进再生资源规模化利用。完善再制造旧件回收体系，重点发展汽车零部件及机电产品再制造，推动再制造产业化发展。

五是加快垃圾资源化利用。建立健全城市生活垃圾分类回收制度，完善分类回收、密闭运输、集中处理体系，鼓励垃圾焚烧发电和供热、填埋气体发电、餐厨废弃物资源化利用。鼓励工业过程协同处理城市生活垃圾和污泥，抓好石家庄国家级餐厨废弃物资源化利用城市试点工作。

山西省循环经济

山西省发展和改革委员会

2010年，按照山西省委省政府的部署，我们把循环经济作为基本路径，积极推进以能源原材料产业为支柱的资源型地区转型升级，大力实施《山西省循环经济发展总体规划》，以煤炭、焦化、冶金、电力、化工、建材、农业等产业为突出重点，加快推进重大项目建设，循环经济工作取得良好进展。

一、2010年主要工作情况

一是围绕省委省政府安排的十九个课题中有关循环经济研究的“煤炭循环化发展”子课题，通过调研考察，在摸清现状、总结经验、查找问题、分析原因的基础上，初步明确了“十二五”期间山西省发展煤炭循环经济的总体思路和目标，提出了发展煤炭循环经济的主要任务、重点建设项目和若干政策措施建议，形成了《关于山西煤炭产业循环发展情况的调研报告》；并据此进一步提出《关于推进煤炭行业循环发展的指导意见》，为全省煤炭行业发展循环经济指明方向。

二是按照全国人大重点建议“支持山西省煤炭循环经济园区建设”，配合国家发改委、省人大就该“建议”对山西省重点煤炭循环经济园区进行调研，在此基础上，向国家提出山西省需要支持的优惠政策建议，争取国家发改委予以支持。

三是按照袁纯清书记的要求，编制完成《“十二五”山西省煤矸石综合利用实施方案》。在对全省煤炭企业的煤矸石分布、数量、品位及规划项目情况等基础资料统计汇总后，《方案》力求为山西省“十二五”煤矸石综合利用找到科学合理的出路，向国家争取项目核准等优惠政策。

四是为贯彻落实国家发展改革委会同人民银行、银监会、证监会联合下发的《关于支持循环经济发展的投融资政策措施意见的通知》（发改环资〔2010〕801号文）精神，加大对山西省发展循环经济的投融资政策支持力度，会同省经信委、人行太原支行、银监局、证监局等部门制定了《山西省关于支持循环经济发展的投融资政策措施实施意见》，充分发挥政府投资对社会投资的引导作用。

五是争取到国家将山西省列为唯一在全省范围内开展循环经济统计的省份，全力做好国家循环经济统计试点工作，对近万家企业的原生资源和资源性产品的消耗情况开展统计循环经济统计试点省，在全省范围内开展主要资源消耗量统计调查试点，探索在区域层面计算综合反映循环经济发展的资源产出率指标。同时2010年太原、长治、晋城、运城4市被确定为首批国家级循环经济标准化试点城市，山西省质监局和发改委联合发布了《山西省国家级循环经济标准化试点城市建设管理办法》。根据该办法，试点建设任务主要是建立并完善以技术标准为主体，包含管理标准、工作标准在内的循环经济标准体系。通过上述试点的实施，山西省将率先建立循环经济发展的评价标准体系

六是加大《山西省循环经济发展总体规划（2008~2012）》的实施力度，一批循环经济重点项目建设进度加快，继续利用省煤炭可持续发展基金4亿元，加大对循环经济项目的支持力度，太钢集团烧结烟气脱硫制酸项目完成主体设备安装；双良水泥公司利用太钢固体废渣建设日产2500吨熟料水泥生产线项目已进入试运行阶段。在推动一批资源综合利用项目有效实施的同时，有力促进了发展方式的转变。

七是继续开展宣传。全年在《山西经济日报》设立24期循环经济专版，促进会创立“山西循环经济”网站，连续发行《山西循环经济》双月刊，逐步营造出有利于发展循环经济的浓厚氛围。

二、2011年发展循环经济重点工作

2011年是“十二五”开局之年，全省循环经济工作要在总结“十一五”工作的基础上，坚持把循环经济作为

转型跨越发展的基本路径，作为新上项目的基本准入条件，坚持黑色资源绿色发展，强化“多联产、全循环、抓高端”，突出用循环经济全面改造提升煤焦冶电等传统产业，着力建设和改造循环工业园区，延伸产业链、价值链、盈利链，在少挖煤、用好煤上下功夫、见成效。

一是推进立法。《山西省循环经济促进条例》已经列入人大2011年正式立法计划，我委起草的《条例》初稿已提交省政府法制办，下一步法制办将组织对条例具体内容进行调研和征求意见，进一步修改、完善具体条款内容。争取于年底前提交省人大常委会讨论通过。

二是严格准入。2011年起所有新上项目必须把循环经济作为基本的市场准入标准、技术原则和生产方案。在编制项目申请报告和可行性研究报告时，增设“循环经济方案专篇”，在核准和审批时由有相应审批权限的固定资产投资主管部门一并进行审查，逐步促进各行业重大项目建设都遵循循环经济发展理念。

三是扩大试点。拟在发挥原有试点太钢、潞安、西山煤电、同煤塔山等示范企业园区的带动作用的同时，再增加循环经济试点企业、园区的数量，使“每县1企、每市1园”。着力建设一批高水平的循环经济产业园区，重点覆盖煤焦电冶化建等六大传统行业，提升循环经济试点的层次，推进煤焦化、煤气化、煤液化、煤电材、煤电铝等工业循环产业链向高端化拓展延伸。对试点单位采取动态调整管理，实行半年一检查，一年一评估制度，年底总结循环经济工作经验，工作开展好的试点单位要升格，工作开展差的试点单位要淘汰。

四是项目推进。重点推动三大标志性项目群，煤矸石、煤泥、洗中煤发电项目要实现3000万千瓦装机容量，实现投资1500亿进而带动3000亿的投资规模；粉煤灰提取氧化铝、白炭黑项目要围绕形成年利用1000万吨粉煤灰的目标，开展相关工作；煤层气、焦炉煤气项目要围绕实现年利用100亿立方米的能力，开展相关工作。

五是统计认证。在国家发改委、统计局的指导下，继续在全省范围内开展资源产出率试统计工作，要结合循环经济统计试点省的工作，与省统计局联合完善循环经济统计制度，便于今后工作中数据的采集和评估。总结和推广循环经济发展模式，制定循环经济示范企业、工业示范园区、农业示范园区、绿色社区标准，研究循环经济的资源效率标准、能源效率标准、废弃物排放标准等，对经过认证达标的试点单位授予“循环经济示范单位”。

六是加大投入。以推进《总体规划》中已明确的100个重大示范项目建设为重点，严格按照国家项目管理的有关程序组织实施，对符合项目管理规定、前期工作到位、资源节约效益明显、示范意义重大的项目，一方面积极申请国家资金支持，另一方面山西省也将采用直接投资或以奖代补、贴息补助等方式支持，严格与企业节能减排额度挂钩，引导各类金融机构给予信贷支持。

七是政策激励。建立细化、量化的循环经济配套支持政策，包括环保政策、土地政策、信贷政策、税费政策、价格政策，电力、运力等组成的综合保障体系。

八是召开大会。筹备召开全省发展循环经济工作大会，从更高层次、更大范围谋划循环经济，推进从资源、生产到加工、运输、销售、消费各个环节循环经济发展。

九是大力宣传。要抓好循环经济重要意义的宣传普及工作，通过网站、杂志及主流媒体抓宣传、抓认识，加强循环经济的宣传力度，不断提升全社会对循环经济的认识。

总之，“小循环、企业兴，中循环、区域兴，大循环、全省兴”，山西省将以循环经济为路径，坚持全循环、抓高端、多联产，加快传统产业改造升级，大力发展新兴产业，走出一条资源型地区绿色发展、清洁发展、低碳发展、循环经济的转型升级之路。

内蒙古自治区循环经济

内蒙古自治区发展和改革委员会

随着资源环境约束日益加强，节能减排的压力越来越大，全面、协调、可持续发展成为必由之路。内蒙古自治区以科学发展观为指导，认真贯彻落实《中华人民共和国循环经济促进法》、《中华人民共和国清洁生产促进法》、《中华人民共和国节约能源法》和《国务关于加快发展循环经济的若干意见》等法规文件精神，以节能减排、清洁生产、资源综合利用工作为核心的循环经济工作得到进一步深化，资源节约型和环境友好型社会建设得到全面推进，为保增长、保民生、保稳定作出了突出贡献。

一、2010年循环经济工作进展情况

"十一五"期间，内蒙古自治区以《内蒙古自治区人民政府关于建设工业循环经济示范区的指导意见》指导循环经济的发展，在资源节约、资源综合利用、清洁生产和环境保护等各方面工作取得了一定成效。到2010年底，共有52个企业和工业园区被列入国家和自治区级循环经济试点单位。

2010年，内蒙古自治区单位地区生产总值能耗为1.92吨标煤，同比下降4.5%，"十一五"内蒙古自治区单位地区生产总值能耗累计下降22.6%。二氧化硫排放量139.41万吨，较2005年下降了4.2%，全区化学需氧量排放量27.51万吨，较2005年下降了7.5%，此外，2010年全区一次能源消费总量达到18882.66万吨标煤，其中工业能源消费量为11199.48万吨标煤，同比上升7.1%;工业烟尘排放量47.59万吨，同比上升48.5%;万元GDP用水量156立方米，同比下降21.2%；单位工业增加值用水量44立方米/万元，同比下降4.3%;资源回收率达到60%，采煤机械化水平达到90%;工业固体废物综合利用率达到56.3%，"三废"综合利用产品产值达到 27.2亿元。2010年关闭小火电机组53.15万千瓦，淘汰落后产能电石16.1万吨、水泥143.5万吨。内蒙古自治区发展循环经济工作已初具规模，企业、产业、园区、地区等各个层面的循环经济格局正在逐步形成，发展循环经济的内在机制正在建立，为今后加快循环经济和低碳经济发展奠定了良好的基础。

二、循环经济工作采取的主要措施

"十一五"以来，内蒙古自治区主要在加强循环经济试点创建、淘汰落后产能、加强节能技术进步、加快清洁生产、推进资源综合利用等方面做了大量的工作。

（一）大力推进重点用能企业的节能降耗

我区年耗能5000吨标煤以上的工业企业1012户，能耗

占工业用能的97.34%，占全社会用能的66%以上；年耗能10万吨标煤以上的企业153户，能耗占全区工业用能的80.4%，占全社会用能的53%以上，重点用能企业是我区节能工作的重点。一是积极开展"千家企业"节能行动。2010年内蒙古自治区参加国家"千家企业"考核的企业为35户（破产、停产、重组后实际为30户，以下简称35户企业）。2010年35户企业共完成节能技改项目100余项，共投入技改资金30亿元，实际完成节能量59.92万吨标准煤。"十一五"期间35户企业累计完成节能量502.69万吨标准煤。二是开展重点用能企业能源审计。通过对企业能源消耗进行检查、评价、分析，使企业及时掌握能源管理水平和用能状况，提出切实可行的改进措施和技术改造方案。三是实行重点用能行业单位产品能耗限额管理。按照国家22项强制性能耗限额标准和自治区主要工业产品耗能定额限额（第一批）规定，对主要工业产品能耗实施了限额管理。对产品超过耗能限额的企业，下达《征收超限额消耗能源加价费告知书》，对超过国家和自治区能耗限额的产品在执行限制类企业电价的基础上加价0.10元。

（二）加快试点示范企业（园区）建设

内蒙古自治区发展循环经济工作进展顺利，取得较好成效。截止2010年，列入国家和自治区循环经济试点示范企业（园区）增加到52个，其中企业27个，工业园区25个，涉及钢铁、有色、建材、化工、电力、煤炭、医药、木材加工、农畜产品加工业和高新技术产业等十个重点行业，覆盖全区12个盟市;列入循环经济示范城市1座。这些试点示范企业（园区）和示范城市在发展循环经济的基础工作、补链项目建设、完善产业链及配套工程等方面取得显著成效。通过循环经济试点企业（园区）的示范作用，进一步带动了全区一大批园区和企业开展了循环经济工作，以循环经济模式发展工业经济的格局得到进一步深化。

（三）优化产业结构调整

产业结构调整、淘汰落后产能是发展循环经济、实现节能减排目标的关键。内蒙古自治区制定下发了《内蒙古自治区淘汰落后产能工作实施方案》，确定了“十一五”期间淘汰落后产能的总体目标和年度计划，明确了各级政府及各有关部门的责任，制定了电石、铁合金、炼铁、水泥、造纸、焦炭、玻璃等行业落后生产能力的核定标准和关停、淘汰落后产能验收办法并把淘汰落后产能工作情况作为各地区年终考核的重要指标。

通过采取以上措施，2010年，内蒙古自治区关闭小火电机组53.15万千瓦，淘汰落后产能电石16.1万吨、铁合金10万吨、炼铁104万吨、水泥143.5万吨、焦炭36万吨、有色金属0.001万吨、造纸6.82万吨、玻璃34万重箱。内蒙古自治区产业结构调整进一步优化，企业技术装备水平显著提高。

（四）加大节能减排资金投入

自治区加大了节能减排资金投入和争取力度，累计争取国家扶持资金和安排自治区本级节能减排专项资金23亿元（区财政15亿元），重点支持节约和替代石油、燃煤工业锅炉（窑炉）改造、余热余压利用、电机系统节能、能量系统优化等“十大节能工程”、淘汰落后产能、循环经济、城镇污水处理管网及垃圾处理等工程，通过政府资金引导带动企业投入节能减排资金200多亿元，实现节能量360万吨标煤，利用粉煤灰197万吨，利用各种废弃物15.8万吨，节水3707万立方米，减排COD1.65万吨，利用二氧化碳1.5万吨，处理铬渣11万吨，有效促进了节能减排和环境保护。

在冶金、电力、水泥等高污染、高耗能行业，重点支持了清洁生产、工业窑炉改造、工业废水利用、矿热炉节能改造、煤炭提质深加工、可再生能源利用等节能项目关键技术的研发推广。

（五）加强清洁生产审核

自“十一五”开展清洁生产审核以来，结合全区产业特点和污染物排放现状，在电力、冶金、化工、建材、有色行业的高耗能、高污染企业中积极推行强制性清洁生产审核。截至2010年底，共确定173家重点企业开展强制性清洁生产审核。

2010年，全区共完成强制性清洁生产审核企业7家，共实施清洁生产审核方案250个，其中中/高费方案实施59个、无/低费方案实施191个；实施清洁生产方案总计投资14734.33万元；因实施清洁生产削减化学需氧量34.5吨、二氧化硫2740吨、氮氧化物484吨；减少废水排放107.06万吨、减少废气排放6.48万立方米、减少固体废弃物2586.13吨；节水195.72万吨、节煤9.7万吨、节油1300吨、节电3193.2万度，年取得经济效益11955.65万元。通过实施强制性清洁生产审核，促进了企业减少污染物的排放，节约了能源，减轻了环境压力，取得了较好的环境效益、经济效益、社会效益和示范效应。

（六）加大资源综合利用力度

在国家实施鼓励企业开展资源综合利用政策以来，内蒙古自治区积极推进循环经济工作，资源综合利用率不断 提高，利用废物的领域进一步拓宽。2010年全区工业固体废物综合利用率达到55%。其中，煤矸石综合利用率为65%。目前，已利用的废物扩展到炉渣、粉煤灰、煤矸石、洗中煤、页岩、尾矿、废轮胎、杂骨、林业三剩物、沙柳、余热、二氧化碳、二氧化硫等十几种类，利用废物生产的产品品种不断增多，如水泥、墙体材料、纤维板、胶制品、电力以及纳米碳酸钙、超细煅烧高岭土等高科技产品，产品档次及附加值也明显提高。

在开展资源综合利用工作中，重视工作的组织管理。主要措施包括：一是制定实施了《内蒙古自治区资源综合利用认定管理办法实施细则》，进一步规范资源综合利用认定工作。同时配套《实施细则》制定了资源综合利用产品、工艺（技术）申报及认定规程，认真落实好国家鼓励资源综合利用的优惠政策。二是制定了《内蒙古自治区

"十一五"资源综合利用规划》，提出了内蒙古自治区资源综合利用的指导思想、发展目标、重点领域、重点工程和保障措施，指导和推动了自治区资源综合利用工作。三是开展了重点领域的资源综合利用工作。结合全区重点行业结构调整规划，促进电力行业健康发展和粉煤灰综合利用工作，出台了《内蒙古自治区粉煤灰综合利用管理办法》。五是启动餐厨废弃物资源化和无害化处理工作。加强对餐厨废弃物回收、运输、处理的监督管理，积极探索推广餐厨废弃物资源化和无害化处理技术，开展餐厨废弃物资源化和无害化处理示范工程，提高餐厨废弃物资源化和无害化处理水平。鄂尔多斯市已被列入国家首批餐厨废弃物无害处理试点城市。

（七）开展"限塑"工作，倡导绿色消费

自2008年"限塑令"实施以来，全区各级质监部门认真贯彻落实国务院的有关规定，建立健全了定期检查、日常巡查和质量抽查相结合的监督机制。据统计，本次"限塑"行动全区共动执法人员6739人（次），检查商品零售场所9254个，经营户16228户，查处超薄塑料购物袋298.4万个，涉及货币金额4.621万元。同时，加大宣传力度，营造良好的社会舆论氛围，引导群众树立了节能减排、环保消费、绿色消费的生活理念。

三、今后工作重点

一是推进实施节能降耗工程。2011年是 "十二五"开局之年，节能降耗任务依然艰巨。因此，2011年要进一步强化工作措施，为完成"十二五"单GDP能耗下降16%的目标开好头、起好步。一要完善政策措施。制定出台《内蒙古自治区"十二五"节能减排综合性工作方案》，编制《内蒙古自治区"十二五"节能减排规划》，加强宏观指导；二要严格落实目标责任，将"十二五"及年度节能减排目标分解落实到盟市、企业和责任人，强化行政约束；三要建立节能减排会商和预警机制，加强对节能减排跟踪调度和预警工作；四要加强重点领域节能工作，严格落实固定资产投资项目节能评估审查制度和差别电价政策，加大淘汰落后产能力度，强化重点用能企业监督力度，深入推进建筑、交通、公共机构等重点领域节能工作。

二是推进实施循环经济示范工程。编制《内蒙古自治区"十二五"循环经济发展规划》，从区域、园区、企业等层面完善循环经济总体布局，抓好重化工业集聚区和工业园区发展循环经济，推进产业链横向耦合，纵向延伸，实现能源、资源循环利用，推动相关产业在现有循环经济试点示范单位中建设一批既有行业代表性又有地区特点的循环经济示范工程。

三是推进清洁生产示范工程。一要进一步完善重点企业清洁生产审核政策激励机制;二要大力推进重点企业清洁生产审核工作;三要将清洁生产审核与污染物减排有机的结合；四要制定推动清洁生产审核工作的优惠政策。

四是推进实施资源综合利用工程。着重推进工业固体废物和生物质领域的资源综合利用。在煤矿集中的地区重点推进矸石综合利用项目建设;在火电厂集中的地区重点推进粉煤灰、脱硫石膏综合利用项目建设;在金属、非金属矿区集中的地区重点推进尾矿综合利用项目建设，在鄂尔多斯、巴彦淖尔、通辽等地区重点推进沙柳和农作物秸秆综合利用项目建设。

五是推进"再制造"试点工程。"再制造产业化"是循环经济的重点工程之一。"十二五"时期，要大力发展"再制造"产业，加大宣传，加强引导，落实政策，完善服务体系。建设扶持一批"再制造"试点示范工程。

辽宁省循环经济

辽宁省发展和改革委员会

辽宁省是我国第一批开展循环经济工作的试点省份之一。2010年辽宁省积极推行循环经济试点，狠抓环境保护、生态省建设、清洁生产、节能节水和废弃物的综合利用，较好地完成了节能减排各项指标，实现了经济发展和环境保护的共同进步。提前一年完成了国家下达辽宁省的减排任务，2010年二氧化硫排放量102.22万吨，比2005年下降14.6%；2010年化学需氧量排放量54.16 万吨，比2005年下降15.95%；单位GDP能耗达到 20.01% ，圆满完成了节能降耗任务，实现了节能减排工作的双丰收。

一、循环经济示范试点，取得新的突破

一是国家第二批试点市阜新市，以循环经济试点工作为契机，把发展循环经济作为调整经济结构、转变发展方式的重要抓手，通过加强规划指导、完善政策措施、加大资金投入、加快技术研发、强化宣传培训等一系列措施，循环经济从理念逐步变为行动，逐步发展，取得了积极成效，资源产出率稳步提高，单位产品能耗物耗明显降低，废物循环利用水平取得较大提高，污染物排放得到一定程度的控制，形成了一批循环经济的典型企业和产业园区，为节能减排作出了积极贡献。2010年，能源产出率为0.49亿元/万吨标准煤，比2005年增长25.64%；工业固体废弃物综合利用率已达65%，比2005年增长15%;万元工业增加值用水量比2005年下降15%;城市垃圾无害化处理率为83%，比2005年增加9%。如期完成了“十一五”节能减排约束性指标。

抚矿集团在被国家确定为循环经济试点企业后，积极开展工作，建立了循环经济培训体系，加强了国际交流与合作，加大了科技研发力度，建立了资源回用信息网络。矿业集团页岩炼油厂利用煤炭开采过程中伴生的舍弃物油母页岩为原料生产页岩油。油母页岩的大量综合利用，避免了固体废物对环境的污染，缓解了对西排土场土地复垦的难度，每年上缴税金1.5亿元。目前，抚顺矿业集团页岩炼油厂已被国家发展改革委列为全国唯一的油母页岩综合利用示范基地。2010年综合利用产品实现产值13亿多，实现利润4亿多。共利用固体废物尾矿100548吨、粉煤灰150599吨、煤矸石229379吨、脱硫石膏62375吨、钢渣8407吨、有色金属25117吨、冶炼其他废渣1400万吨。这些固体废物的利用减少了对水体、大气、土壤的环境污染，取得了较好的经济效益，缓解了社会的就业压力。循环经济核心项目——页岩炼油厂扩建工程按计划稳步实施。新增页岩原油生产能力15万吨，生产规模达到35万吨；引进加拿大技术的ATP型干馏炉按计划正在建设中。开发利用页岩干馏剩余瓦斯发电，装机容量达到了4.1万千瓦；油母页岩烧结砖厂达到年产1.2亿块标砖已投产；省级试点企业抚顺石化公司，大力开展资源节约，积极推广污水回用技术，开展凝结水回收工作，提高了水资源综合利用水平和废弃资源再生利用，优化了资源配置，提高了资源利用效率。其他各试点企业及园区都取得了较大的进展。

二、开展了资源综合利用和再生资源回收利用工作

全面推进以共伴生资源综合开发利用、固体废物综合利用等八大领域的资源综合利用工作，一批企业在尾矿利用、钢渣开发、转炉煤气回收、油母页岩炼油、矿区复垦、煤层气利用、矿井水综合利用、煤泥深加工、再生资源回收利用等方面均取得了实质性进展。

三、狠抓节能减排，全面推行清洁生产工作

以重点行业、重点企业为突破，相继开展重大节能、节水工程，推行清洁生产。一是组织实施了十大重点节能工程、城镇污水处理设施及配套管网建设、水污染防治、节能环保能力建设等节能减排重点工程；二是推广先进节能技术和产品，实施“节能产品惠民工程”。 支持节能服务公司采用合同能源管理机制对企业实施节能改造。三

是推动工业领域、建筑领域、交通领域和公共机构领域节能降耗工作，组织开展重点耗能企业节能行动，推动落实目标责任，开展能源审计，编制节能规划，实施能效水平对标等，通过以上工作，辽宁省重点行业主要产品单位能耗均有较大幅度下降，能效整体水平得到提高。在冶金、石化、电力、建材、轻工、有色、矿山等行业的重点企业中，积极推行清洁生产，初步实现了由末端治理向污染预防和生产全过程的控制转变，实现了清洁生产“节能、降耗、减污、增效”的目的。

四、积极开展了节水工作

大力发展农业喷灌、滴灌技术，调整农业种植结构，推进集雨工程建设。提高农业用水效率，加快农业节水灌溉设施建设，积极开发利用再生水、海水和雨洪水资源，依据用水需求，加快建设再生水回用管网，同步建设再生水利用设施。不断强化大生活节水。实行阶梯性水价制度，推广节水器具，加大节水宣传力度，采取多种方式促进大生活节水。推进“节水型”城市建设。加强工业和生活节水，重新核查行业企业用水定额，调整水价，强化重点用水行业管理。

五、全面开展环境保护工作

实施了对辽河、浑河、太子河、大小凌河等流域的全面治理。制定了环渤海辽宁域内的渤海环境保护规划，新建了114座污水处理厂，16座垃圾处理厂，全面启动和实施了辽宁省生态省建设规划。

六、积极推广循环经济技术

组织实施了以锦州石化公司、凌源钢铁公司等为重点的20多个循环经济示范项目。重点推进了变频调速、炉外精炼、中水回用、余热余压发电、绿色照明、蓄热式加热炉、75吨/时干法熄焦、化工碱渣回收技术、磷石膏制硫酸联产水泥技术、煤矸石硬塑和半硬塑挤出成型砖技术和装备、煤矸石和煤泥混烧发电、纯烧高炉煤气发电等100多项循环经济先进技术，技术水平和装备水平不断提高，产业化进程明显加速。

七、积极开展循环型生态农业示范工作

全省已建成多个高标准集沼气池、畜禽舍、厕所、日光温室“四位一体”的北方农村能源建设模式、现代农业示范园区和有机食品基地。盘锦市启动建设了太平农场、鼎翔公司、西安生态养殖场、石山种畜场等四个生态农业示范园区，西安生态养殖场以生产和利用水生植物为核心，牧渔农相结合，实行四级净化、五步利用、资源多层次开发、多级循环利用的复合生态模式，成为联合国环境署命名的全球500佳之一。阜新市以双汇、大江等加工企业为龙头建立养殖业和有机农业、绿色农业发展链条，已建成千亩以上农业园区15个。阜新美中鹅业工贸有限公司在经营鹅等家禽收购、屠宰加工及产品销售、熟食产品加工中，以“公司+基地＋农户”的经营模式，形成了以市场牵龙头、以龙头带基地、以基地连农户的产供销一条龙、农工贸一体化的产业化格局，实现了鹅业废弃物的高附加值利用。

八、进一步建立了法制机制框架

辽宁省“十一五”时期先后颁布了《辽宁省固体废物污染环境防治办法》、《辽宁省新型墙体材料开发应用管理规定》等规章。陆续制定出台了《辽宁省资源综合利用认定管理办法》、《辽宁省资源综合利用电厂（机组）认定管理办法实施细则》、《辽宁省重点用能单位管理办法》、《辽宁省报废汽车回收管理办法》等，编制了《辽宁省行业用水定额》。为加强产业政策导向，调整产业、产品结构，编制发布了《辽宁省产业发展指导政策目录》。沈阳、鞍山、抚顺3个市还相继制定并颁布实施了节能、节水和建筑节能方面的地方性法规。推动了循环经济的进一步发展。

吉林省循环经济

吉林省发展和改革委员会

在国家发展改革委的大力支持下，在省委、省政府的正确领导下，按照《循环经济促进法》和《国务院关于加快发展循环经济的若干意见》要求，吉林省积极发展循环经济，在振兴东北老工业基地的过程中，全面融入循环经济理念，大力开展资源节约和综合利用，积极推行清洁生产，充分发挥资源优势和技术优势，优化产业结构和产业布局，改变传统的经济发展方式，有力地促进了全省经济、社会、环境的协调发展，使吉林经济步入又好又快的发展轨道。

一、循环经济指标完成情况

2010年是"十一五"的收官之年，为实现"十一五"循环经济发展目标，全省各地区、各部门认真贯彻党中央和国务院的决策部署，把发展循环经济作为调整经济结构、转变发展方式、推动科学发展的重要抓手，放在更加突出的位置，采取一系列强有力的政策措施，全省资源利用率显著提高，废物最终处置量明显减少，循环经济取得显著成效，全面完成了"十一五"的目标任务，并为"十二五"的发展奠定了坚实基础。2010年，吉林省单位地区生产总值（GDP）能耗实现1.14吨标煤/万元，同比下降5.3%，累计下降22.04%；主要污染物化学需氧量（COD）、二氧化硫（SO_2）排放量分别控制在35.22万吨、35.63万吨以内，超额完成"十一五"节能减排目标任务。每万元工业增加值取水量下降42.5%;工业固体废弃物资源综合利用率达到65%，秸秆综合利用率达到65%;废旧物资回收利用率达70%;城镇生活垃圾无害化处理率达60%;固体废物无害化处理率达100%。

二、循环经济工作情况

（一）加快推行清洁生产

全面贯彻落实《清洁生产促进法》、《吉林省关于加快推行清洁生产的意见》，引导鼓励企业采用先进的工艺、技术和设备，改善生产和管理，减少或避免废弃物的产生。实行强制性清洁生产审核，对列入"十一五"松花江流域、辽河流域水污染防治规划的重点企业，国家和省循环经济试点单位，超标准、超总量和使用及排放有毒有害物质的企业强制进行了清洁生产审核，有效地降低了能源消耗，减少了污染物排放。同时，采取"以奖代补"的方式，安排专项资金，对开展清洁生产审核的重点企业予以支持，调动了企业积极性。"十一五"期间，吉林省154户点企业开展了清洁生产审核，实施无低费方案3140项，中高费方案835项。通过审核，年可节煤58.04万吨、节水12237.3万吨、节电162189万度，减少排放废水2930.2万吨、固体废弃物28.8万吨、二氧化硫排放9697.1吨、COD排放7887.2吨。

（二）积极开展循环经济试点工作

2010年吉林省重点抓好国家循环经济试点单位吉林亚泰集团、吉林市再生资源有限责任公司、四平循环经济示范区、白山市、一汽集团的循环经济试点工作。按照国家批复的循环经济试点工作实施方案的要求，深化试点工作，探索循环经济发展模式，努力在淘汰落后产能、减少废弃物排放，加快再生资源回收体系建设、提高资源利用率，加强基础设施建设、实现资源共享，调整产业结构、全面提升经济发展质量，启动汽车零部件再制造、减少资源消耗等方面取得突破。

同时按照《吉林省发展循环经济"十一五"规划》要求，积极培育、扶持一批省级循环经济试点单位。开展了吉林化学工业循环经济示范区、前郭县长山循环经济工业集中区、吉林八宝工业园区、通化市二道江循环经济示范区、珲春循环经济产业园、一汽综合利用有限公司等省级循环经济试点工作。按照循环经济理念、加快调整产业结构、产品结构和能源消费结构，限制和淘汰能耗高、物耗高、污染重的落后工艺、技术和设备，进一步优化生产力布局，围绕核心资源发展相关产业，发挥产业集聚和生态工业效应，形成资源高效循环利用的产业链条，提高了资源产出率。

目前吉林省循环经济在城市层面、园区层面、领域层面、企业层面、汽车零部件再制造和餐厨垃圾资源化利用等方面均有国家和省级循环经济试点单位，带动了全省循环经济的发展。

（三）加快推进资源综合利用

吉林省认真宣传贯彻国家有关资源综合利用的方针政策，落实国家相关税收优惠，全力支持综合利用重点项目建设，强化资源综合利用认证工作。在推行资源综合利用工作中，我们优先支持具有示范意义的共伴生矿产资源综合利用，工业废渣资源化利用，木材节约代用，农业废弃物综合利用以及以提高专业化、规模化水平为主要内容的再生资源回收利用产业化项目，提高资源的利用率。在国家循环经济试点中，白山市、亚泰、一汽集团和吉林市再生资源有限公司均建立起废旧资源综合利用体系。同时针对吉林省是农业大省，农作物资源丰富的特点，积极开展农作物秸秆综合利用，畜禽粪便无害化、资源化处理，结合“城镇化建设工程”和“新农村建设工程”建设，依托有实力的企业，采用先进的处理工艺和设备，对吉林省农作物秸秆和畜禽粪便进行综合利用，既改善了农村生态环境，又实现了资源化利用，提高了农民的经济收入。

（四）推动循环经济重点项目建设

省政府每年投入循环经济及节能减排专项资金4000万元，扶持培育一批省级循环经济试点单位，并实施了一批循环经济重点项目。目前全省已有通化钢铁集团、吉林燃料乙醇有限责任公司、吉林化纤集团公司、白城通威新型建材有限公司、吉林裕丰米业股份公司、吉林玲珑家具有限公司等省级循环经济重点单位50余家，实施重点节能、节水、综合利用、循环经济类项目137个，总投资115亿元。

（五）启动餐厨废弃物资源化和无害化处理工作

为保障人民群众的身体健康，切断“地沟油”“垃圾猪”的源头，吉林省启动餐厨废弃物资源化和无害化处理工作。加强了对餐厨废弃物回收、运输、处理的监督管理，积极探索餐厨废弃物资源化和无害化处理技术，开展餐厨废弃物资源化和无害化处理示范工程，同时加强宣传，引导消费者合理订餐、科学消费，促进源头减量。

吉林省白山市在餐厨废弃物资源化利用和无害化处理工作中走在前面。白山市成立了餐厨垃圾治理工作领导小组，明确了部门之间分工、协作的工作机制；研究制定白山市餐厨垃圾管理办法，初步形成了餐厨废弃物资源化利用方面的相关政策机制；开展了年5.4万吨餐厨废弃物资源化利用项目建设，积极探索适合本地实际的餐厨废弃物资源化利用和无害化处理的技术工艺路线，加快形成合理的餐厨废弃物资源化利用和无害化处理的产业链，提高餐厨废弃物资源化和无害化水平。

（六）开展“城市矿产”示范基地建设

吉林省加强对“城市矿产”等废旧资源、再生资源的循环利用、规模利用和高值利用。加大废旧物资回收网络和市场的建设与管理力度，促进废旧物资与再生资源的流通。加快推进废钢铁、废有色金属、废旧轮胎、废旧汽车、废旧电子产品等的加工处理和再制造。目前吉林省已建立吉林再生资源有限责任公司、一汽综合利用有限公司、吉林市金属回收有限责任公司、通化市二道江循环经济示范区等具有一定规模和水平的“城市矿产”示范基地。建立了建设不同层次、不同类型、不同规模的废旧物资回收集散地和规范化的废旧物资交易市场，促进废弃物回收、加工、利用的规模经营和一体化进程，有利推动了循环经济的发展。

（七）开展循环经济宣传教育

充分利用吉林日报、吉林电视台、经济视角等新闻媒体，通过专版、专栏等形式，对全省发展循环经济取得成果进行了广泛的宣传报道，全面提高了全民参与发展循环经济的积极性，资源节约和环境保护意识明显增强。“十一五”期间，《吉林日报》累计出刊120版，吉林电视台播出节能减，发展循环经济宣传片2350次，《经济视角》出刊20期，《东西南北生态天地》出刊4期，《吉林省节能减排工作动态》出刊70期。

三、循环经济工作存在的问题

吉林省在发展循环经济，实施可持续发展战略等方面取得了一定成绩，但与发达地区相比还有很大差距。吉林省高能耗、高排放的粗放型增长方式还没有得到根本性改变，建设资源节约型、环境友好型社会的任务仍十分艰巨。主要体现在以下几方面：

一是发展循环经济的认识有待进一步提高。虽然吉林省循环经济得到较大发展，循环经济理念不断加深增强，但对发展循环经济的认识还需进一步提高。特别是仍有片面追求GDP增长的倾向，对发展循环经济缺乏主动性，在某种程度上制约了循环经济的发展。

二是资源化水平需要有一个大的提升。吉林省再生资源量大，特别是农村秸秆、畜禽粪便量大，还没有得到很好的利用，同时资源利用规模小，资源化水平低，没有形成高附加值、高技术含量，在市场上具有竞争力的产品，造成资源的浪费和二次污染，成为城乡环境的一大隐患。

三是发展循环经济的资金投入不足。吉林省属经济欠发达地区，财政收入较低，各级政府支持发展循环经济的稳定投入机制还未形成，政府资金的引导作用发挥的不充分。企业本身也缺乏加大投入的内在动力和外在压力，在发展循环经济的投入上主动性不强。

四是循环经济产业链条需要不断的延伸。目前企业内部循环和企业之间循环的产业链没完全形成，各产业之间相互关联、相互协调、相互配套的关系比较松散，企业内部循环经济发展模式、各种开发区和工业园区内的产业链模式仅处于探索阶段，资源共享还没有实现。

五是产业结构调整仍需进一步加强。目前看，全省高新技术产业、现代服务业比重偏低、重工业特别是一些高耗能、高污染行业增长依然偏快，产业结构还不尽合理；很多本应淘汰的落后产能还没有退出市场；一些企业的用能设备相对陈旧，一些本应淘汰的设备还在使用，影响了循环经济的发展。

四、2011年重点工作任务

2011年是“十二五”的开局之年，是吉林省夯实基础、积蓄能量、调整结构，加快发展方式转变，推动工业化、城镇化、农业现代化，全面建设小康社会的关键时期，资源能源消耗将大幅增长，环境保护压力将持续加大，保证能源资源安全，做好循环经济工作意义重大。吉林省将以邓小平理论和“三个代表”重要思想为指导，树立和落实以人为本、全面协调可持续的科学发展观，按照减量化、再利用、资源化，减量化优先的原则，以提高资源产出率为目标，在生产、流通、消费各环节，在企业、园区、社会各层面，推动循环经济发展，加快构建覆盖全社会的资源循环利用体系。

（一）积极推进节能减排

严格落实目标责任，明确2011年节能减排任务指标，制定《2011年推动落实节能减排工作安排部门分工》。加快产业结构调整步伐，积极发展战略性新兴产业和现代服务业。推进节能技术改造升级，落实好相关退出机制，全面淘汰落后产能。加强重点用能企业监管，开展重点用能单位能源审计、能耗水平对标活动。实施“节能产品惠民工程”，做好高效照明产品推广、1.6升及以下小排量汽车推广目录、节能空调、高效电机推广工作。积极组织实施一批燃煤锅炉改造、余热余压利用及垃圾污水等重点节能减排工程。在巩固工业节能、重点实施建筑节能的基础上，积极探索建筑领域节能新机制。建立健全节能减排的各项政策措施，会同统计局、建设厅、交通厅等部门，完善交通、建筑领域的节能标准、统计、监测、考核和评价体系。严格执行固定资产投资项目节能评估审查制度，合理控制能源增长。积极推进合同能源管理、电力需求侧等节能新机制。

（二）加快循环经济发展步伐

加快推行清洁生产，对原有工艺设备进行清洁生产审核，严格执行新上项目节能评估审查、环境评价制度，从源头上减少废弃物的产生和排放。加强对吉林、白山、延边等老矿区共伴生矿产及尾矿综合利用，提高资源采出率和综合回收率；加快建设回收站点、集散市场、分类拆解“三位一体”的回收网络，建立健全垃圾分类回收制度，推进餐厨废弃物等垃圾资源化利用和无害化处理，推进再生资源规模化利用；加快推进一汽集团汽车零部件再制造、吉林市再生资源回收利用和白山市餐厨垃圾资源化利用试点，积极开展“城市矿产”基地建设。

（三）扎实开展资源综合利用

继续开展新型建材、再生资源回收利用、农林剩余物综合利用等产品的认定工作，帮助企业享受税收减免等优惠政策。大力推进钢铁、化工、火电等行业粉煤灰、脱硫石膏等大宗工业固体废弃物和建筑、道路废物以及农林废弃物资源化利用；全面贯彻国家“限塑令”，开展“限制生产销售使用塑料购物袋”监督检查工作。巩固“禁实”工作成果，大力推广使用新型墙体材料。

（四）全力推进节水型社会建设

加快推进大中型灌区续建配套与节水改造、小微型农田基础设施建设等工程建设，促进农业节水增效。推进重点工业领域节水技术改造，在火力发电、石油石化、钢铁、纺织等高耗水行业，实施节水工艺改造及循环水利用。加强城市节约用水，强制推广应用节水产品和器具。加快城市供水管网改造、居民社区节水示范、城市污水处理回用等工程建设。加快节水技术、设施研发与推广应用，建立用水计量与节水监督服务体系。

（五）加大循环经济宣传力度

深入开展发展循环经济的主题宣传活动，利用省内主流媒体、节能减排动态，对节能减排、发展循环经济取得的成果进行集中报导，推广先进经验，曝光反面典型，提高全社会发展循环经济的参与意识和积极性。

黑龙江省循环经济

黑龙江省发展和改革委员会

在国家发改委的指导下，在黑龙江省省委、省政府的正确领导下，黑龙江省按照“规划统筹、分段实施、以点带面、整体推进”的原则，重点推进了循环型工业、循环型农业、循环型社会建设，努力实现企业、园区、城镇和区域等多层面的循环发展，加快转变经济发展模式，全面推进节能减排工作。经过全省上下的共同努力，“十一五”期间全省万元GDP能耗下降20.8%，化学需氧量排放量减少11.77%，二氧化硫排放量减少3.52%，节能减排和发展循环经济取得明显成效。

一、“十一五”循环经济工作进展情况

（一）努力推动循环经济工作的开展

一是探索不同类型的循环经济发展模式。几年来，在国家发改委的大力支持下，黑龙江省积极探索5个国家级试点建设，积极推进以园区建设为主、产业链互补的牡丹江国家级经济试点园区模式，以农业循环经济为典型的望奎模式，以煤炭循环经济为主体的七台河模式，以提高煤炭资源回收率、减少地表沉降和废物资源化利用为着力点龙煤集团鸡西分公司模式，以“林木资源循环开发、木材加工业之间相互带动、林下资源循环利用、多种经营全面发展、生态旅游相互促进”的朗乡林业局模式；同时，从全省100个备选单位中选择了10个不同类型的企业、园区、县（市）开展省级循环经济试点，循环经济理念和实践经验在探索中不断得到深化和加强，为做好黑龙江省“十二五”循环经济发展总体布局打下了坚实基础。

二是推进循环经济产业化项目建设。“十一五”期间，黑龙江省大力推进利用煤矸石、粉煤灰生产新型节能墙体材料，煤矸石、粉煤灰综合利用实现了产业化发展，双鸭山、鸡西、七台河、鹤岗、伊春等地已建成16条煤矸石多孔砖生产线，形成年产7.85亿块标砖的生产能力，2010年全省新增煤矸石制砖项目22个、粉煤灰综合利用项目13个，新增煤矸石利用量880余万吨、粉煤灰综合利用量320余万吨；鸡西矿业集团煤矿瓦斯发电，七台河宝泰隆焦炉煤气、焦油闭合循环利用，望奎生物质热电联产及混合燃料灰综合利用，朗乡热能系统应用生物质能改造、牡丹江长效微生物有机肥等一批资源循环利用项目陆续投入建设，循环经济各领域产业化得到快速推进。

三是全面推行清洁生产。黑龙江省以矿井水、煤层气净化利用，改造热电厂燃料结构，优质高效煤炭洗选重介工艺改造，锅炉改造等为突破点，在石化、煤炭、电力、建材、冶金、森工、医药、造纸等重点行业推行清洁生产，初步实现了能耗、物耗、水耗和污染物排放等的有效控制。哈尔滨制药总厂、大庆石化公司、大庆炼化公司等170家企业被列为实施强制性清洁生产审核的企业，2010年，我委对21家企业开展了清洁生产审核，全省产生清洁生产方案1053项，预计可减少废水排放量186.35万吨，削减COD排放量1484.03吨，削减SO_2排放量2547.9吨，削减粉尘量19747吨。

四是加强资源综合利用认定管理。严格执行国家资源综合利用税收优惠政策，成立了由发改、财政、国税、地税等相关部门组成的省资源综合利用认定委员会，审议资源综合利用企业资格，建立了对资源综合利用企业的年检制度，从而确保国家税收优惠政策的真正贯彻落实。2009和2010年，黑龙江省对80户资源综合利用企业实施所得税减免，减免金额总计1.4亿余元，为黑龙江省资源循环利用企业的发展壮大提供了必要的政策支持。

（二）推进循环经济的主要做法和措施

一是强化理念抓决策。“十一五”期间，黑龙江省坚持把循环经济纳入国民经济和社会发展计划，并将任务分解落实到各有关单位和部门。2005年，省政府制定下发了《加快建设节约型社会近期重点工作的实施意见》，把发

展循环经济作为重要的原则指导编制“十一五”规划，明确了全省发展循环经济的总体思路；2006年，省政府把加快发展循环经济和构建节能型产业结构作为重大决策立项，开展系统研究；2007年省政府印发了《黑龙江省节能减排综合性工作方案》，进一步明确了全省循环经济发展方向和重点，同年《黑龙江省循环经济发展规划纲要》编制印发，纲要中提出了发展循环经济的战略任务和战略重点，明确了发展循环经济的推进措施。

二是编制规划抓指导。2007年，我委组织省内各相关部门及有关专家，历时8个月，编制完成了《黑龙江省循环经济发展规划纲要》，确定了以循环型工业、循环型农业、循环型服务业、循环型社会为发展重点的总体框架，并配套编制了《黑龙江省“十一五”矿井水利用规划》、《“十一五”资源综合利用规划》、《黑龙江省农作物秸秆综合利用规划》等专项规划，加强了规划指导作用。

三是突出重点抓推进。按照总体规划、分步实施、层层推进的发展思路，黑龙江省确定了推进清洁生产、城市垃圾处理、城市污水处理及中水回用、煤矿矿井疏干水开发再利用、粉煤灰制造新型墙体材料、城市集中供热供气、土地复垦、农业标准化示范工程建设等重点工程。在循环经济试点建设中，着力引导企业采用高新技术改造提升传统工艺，努力实现企业、车间、工艺流程之间的产品循环利用，减少废弃物排放量，同时加快环保设施建设，大力开展产品生态设计，为循环经济发展积累经验。

四是落实政策抓配套。产业政策方面，对照国家宏观调控的有关政策，列出了产业发展明细目录，对鼓励类项目优先发展，对限制类项目不予支持，对禁止类项目一律不予引进、不予审批、不准建设；财税政策方面，按照国家政策精神制定下发了《黑龙江省支持循环经济发展的投融资政策实施意见》，同时对符合循环经济要求和国家鼓励的项目，由财税部门对照有关规定制定细则，确保各项优惠政策落实。在土地政策方面，对循环经济发展规划中的基础设施项目，按照政策规定优先保证土地供应，该减免的费用一律减免，同时实施土地复垦工程，提高土地利用效率；服务政策方面，对循环经济建设的重点项目和重点工作，有关部门跟踪服务，努力打造绿色通道，最大限度地保护投资者的合法权益，促进循环经济项目的实施。

二、循环经济“十二五”发展思路

“十二五”期间，黑龙江省工业化和城镇化进入加速发展阶段，面临的资源能源约束将更加严峻。黑龙江省将继续通过发展循环经济和发挥黑龙江省比较优势、转变经济发展方式、提高经济增质量、保护生态环境相结合，促进生产和消费模式的根本转变。

（一）建立一、二、三产业相互耦合的循环经济体系和整体框架，初步完成循环经济发展的总体布局

大力推动循环型农业发展；优化产业结构，培育和促进新兴产业发展；建立包括第三产业在内的社会循环经济体系；建设资源回收利用网络体系，挖掘“城市矿产”；开展制度体系建设，体现空间布局，并体现“四节一综合”，即节能、节水、节地、节材和综合利用；突出抓好国家级循环经济试点和省级循环经济试点建设，定期对试点单位进行阶段性评估，发挥示范试点的带动作用。

一是全面促进农业清洁、循环和可持续发展。重点围绕生态农业（包括畜禽养殖业、林牧业等）、新农村建设以及农林产品加工业开展工作。推动农业循环经济向农业与农产品加工等工农业复合集成发展的产业组织模式方向发展，将种植业、养殖业、林业、食品工业、林板加工业、农产品深加工产业、农业废弃物循环利用等产业和技术进行高效集成。

二是实施工业循环经济改造升级。企业方面：结合产业发展，采用高新技术改造传统生产方式，通过淘汰落后、节能减排、综合利用，构建企业内部的小循环，努力实现废弃物的“零”排放；重点开展大宗固体废弃物的综合利用以及共伴生矿产资源的综合利用等。产业融合和产业链构建方面：通过产业链接，调整和优化结构，构建新的产业组织形式，实现资源、能源的循环利用和梯级利用，促进资源利用的最大化和废物排放的最小化。新兴产业发展方面：规划布局矿山机械再制造、废弃电子产品拆解、城市矿产资源综合利用、可再生能源资源等资源循环利用产业。园区循环经济方面：对于新建园区，着重产业的循环化构建；对于已有园区，重点放在循环化改造方面，重点考虑区内主导产业的发展布局及相关产业的共生和循环，资源能源的循环的利用、梯级利用以及污染控制措施等，实现园区固体废物综合利用的最大化和废物“零”排放。

三是带动全社会循环经济建设。围绕循环型、节约型社会建设，倡导形成绿色消费模式，建设绿色行政体系；

注重基础设施、公共设施的建立和完善，大力挖掘“城市矿产”潜力，开发“城市矿产”，以哈尔滨等大中城市为重点，推动餐厨废弃物资源化和建筑废弃物的资源化利用，建设鸡西等地再生资源回收网络和再生资源产业园区，形成覆盖全社会的资源循环利用体系；建立循环经济统计体系和统计制度，开展物质流分析与管理；促进中水等非传统水源的规模化利用；推广应用新型建筑材料、节能建筑和集中供热，提升建筑节能技术水平和能源利用率；推动循环型服务业，发展信息服务业，构筑废物资源化的信息平台，建立循环经济信息发布系统，建设节能服务体系；鼓励使用再生利用产品及原材料，限制一次性产品和过度包装，减少不合理消费，推广绿色消费模式；发展现代物流业、生态旅游业等。

（二）构建循环经济主导产业体系

按照加大产业项目建设要求，研究做好循环型产业链总体框架设计，如钢铁、有色产业链，石油化工产业链、煤电化工产业链，清洁能源产业链、节能建材产业链，农业及农副产品加工产业链、装备制造业产业链等，并以此为基础构建如油气化工、伴生矿产综合利用、煤炭综合利用、可再生能源、大宗工业固废、林业三剩物综合利用、建筑节能、农产品加工等产业体系。同时开展资源支撑能力分析和配套体系建设，如矿产、能源、土地、水资源的支撑能力分析，交通运输、水利工程、能源工程及先进适用技术的应用与研发。

（三）加快建立循环经济评价指标体系及效果分析

会同省环保、统计、科技、商务等相关部门，研究建立发展循环经济评价指标体系，定性、定量分析实施效果，如资源产出率、生态环境优化、节能降耗方面的指标等。

（四）强化制度管理，探索促进循环经济发展的新机制

抓好节能减排目标责任评价考核、固定资产投资项目节能评估审查、能耗限额管理等制度的执行与落实；积极探索建立淘汰落后产能、强化节能监察、推动节能市场化等有利于节能减排工作和发展循环经济的新机制，做好源头减量、产业链接等发展循环经济关键环节的指导与监管。

三、2011年发展循环经济重点工作

一是加快循环经济地方立法和相关政策的制定。在认真宣传贯彻落实《循环经济促进法》的同时，以《循环经济促进法》为核心，加快循环经济促进条例的立法进程，建立完善相关配套制度，研究制定有利于发展循环经济的价格和财政支持政策，依法推进循环经济发展。

二是编制完成《黑龙江省“十二五”循环经济发展规划》。以全面落实省委“八大经济区”、“十大重点工程”的战略部署为出发点，在哈尔滨等经济发达、科技力量较强的地区，加强科技对循环经济的支撑作用；在鸡西、鹤岗、双鸭山、七台河、伊春、大兴安岭、黑河等资源型城市和地区，在满足产业转型需要的基础上，开展资源循环化利用；在农作物秸秆、大宗工业固废产生较多的市地，在资源循环利用方面取得较大突破。

三是加快示范推广，促进循环经济形成较大规模。开展对5个国家级循环经济试点的总结、评估，抓好省级循环经济试点的组织实施，力争省级循环经济试点个数达到100个。进一步拓展农作物秸秆、畜禽粪便、林业三剩物利用途径，加快农林废弃物综合利用。以建设“城市矿产”示范基地为重点，加大对有色金属、废钢铁、废橡胶等回收利用力度，推进资源再生利用产业化。抓好城市生活垃圾和餐厨废弃物，粉煤灰、煤矸石、城市建筑垃圾等大宗固体废弃物综合利用。强化资源综合利用认定管理，落实好国家鼓励资源综合利用的财税政策，认定资源综合利用企业100家。

四是实施循环经济重点工程及关键技术与装备推广。推进节约型农业技术推广工程，农作物秸秆综合利用工程；重点实施化工、有色、钢铁、电力、建材和食品等行业的“零排放”试点示范工程建设；重点支持在电子废弃物、废旧电池、废塑料、餐厨垃圾、建筑废弃物资源化等领域，形成具备成套处理装备设计、制造能力，并具有一定规模的装备制造企业；加快再生金属、橡胶、塑料、玻璃、皮革及铜、铝、锌、铅等有色金属高纯度循环利用产品生产。

五是继续深入开展企业清洁生产。在全面完成重点污染企业清洁生产强制审核的同时，加快创建清洁生产先进企业，使单位产品的能耗、物耗、水耗和污染物排放强度达到国内或国际先进水平。

六是积极推进城市中水回用和矿井水利用。加快建设中水回用设施，提高中水回用利用率。继续推广住宅小

区、学校、医院、宾馆等中水回用示范工程。建立健全中水回用制度，充分发挥市场机制的作用，运用经济杠杆加速中水回用技术的推广。在城市绿化、洗车、景观用水等领域强制使用中水，鼓励居民使用中水作为卫生用水。

七是加快循环经济关键链接项目建设。积极搭建促进关键链接项目建设的信息交换平台，对项目实施跟踪、协调，营造便利条件。通过对企业能量流、物质流的分析，引入关键链接技术，实施技术改造，在生产的全过程降低资源、能源的消耗和污染物的产生；积极寻求可作为原料利用的废弃物，通过建设关键链接项目变废为宝，增加企业经济效益，减少区域内污染排放。

上海市循环经济

上海市发展和改革委员会

2010年是"十一五"的收官年，在市委、市政府领导的正确指引下，在发展改革委领导的关心支持下，上海以科学发展观为指导，紧紧围绕实现"十一五"规划确定的节能减排和土地保护等目标，充分利用2010年世博会的发展机遇，认真贯彻落实国家推进循环经济的相关政策法规，积极实施《上海市循环经济试点工作方案》，坚持开发节约并重、节约优先的方针，强化技术和体制创新，加强政策引导和法制建设，着力推进能源资源节约和环境优化保护，取得了良好成绩。

一、上海市2010年循环经济工作进展情况

（一）稳步开展上海市循环经济"十二五"发展规划编制工作

根据《上海市人民政府办公厅关于开展本市国民经济和社会发展"十二五"市级专项规划编制工作的通知》（沪府办〔2010〕26号）精神，上海正式启动了循环经济"十二五"规划的编制工作。

市发展和改革委员会高度重视规划编制工作，严格按照规划编制程序要求，经过广泛调研、科学研究、编制初稿、意见征求、修订完善等一系列过程，现规划仍旧在编制过程中，已经形成初稿。

规划以科学发展观为指导思想，紧紧围绕实现"四个率先"、建设"四个中心"和现代化国际大都市的总体目标；坚持减量化、资源化、再利用，坚持经济效益和环境效应兼顾，坚持统筹谋划、重点突破，坚持市场导向、政府推动，坚持科技支撑、社会参与等原则。立足上海经济社会发展现状，以加快结构调整和发展方式转变为契机，以资源节约、综合利用、清洁生产为载体，以科技进步为动力，转变较多依赖资源能源消耗的经济发展方式，把发展循环经济作为结构调整和转变发展方式的结合点和重要发展方向。

规划在确立具体发展目标和建立循环经济指标体系的基础上，在工业固体废弃物、电子废弃物、农业废弃物、生活垃圾、建筑废弃物和再制造领域安排了主要任务和项目，并根据上海市循环经济的总体布局合理安排了循环经济的重点示范区县和园区。

规划还建议上海加快循环经济理论、政策、技术等创新，实施以产业循环为目标的产业结构调整和优化产业空间布局，加快资源使用结构调整和资源再生产业发展，实现以末端治理为主向以输入控制为主的循环经济发展模式转变，构建以单个企业清洁生产、多个企业协同共生和社会生产与消费循环为架构、运转高效协调的循环经济产业体系。统筹发展人口、产业、基础设施、资源和环境五大要素，率先构建资源消耗持续降低、社会民生和生态环境逐步改善的、城市综合实力全面提升的、具有上海特色的循环经济发展模式，实现经济、社会和生态环境的和谐发展。

（二）节能减排工作全面推进

一是以结构、技术、管理节能等措施多管齐下，大力推进各领域和重点工程项目节能，积极推广节能产品。"十一五"期间，上海积极推进产业结构调整和节能技改，五年累计淘汰落后产能2873项，实施节能技术改造重点工程804项，节约能源725万吨标准煤；积极推进建筑、交通、商业、机关事业单位等各领域节能，积极推广可再生能源应用，建成东海大桥10万千瓦海上风电场、京沪高铁上海站6.5兆瓦光伏发电工程等国内首创、技术领先项目。实施"节能产品惠民工程"，推广节能空调164万台，推广高效节能灯具2400万只。

二是以提高环境质量，营造生态家园为目标，加大环境基础设施投入和减排工程建设，多渠道削减污染物排放。"十一五"期间，上海依托环保三年行动计划工作平台，狠抓重点减排工程建设，新改扩建污水处理厂30余座，全面完成燃煤发电机组脱硫工程，启动了氮氧化物（NOx）控制试点，积极推进燃煤发电机组低氮燃烧改造和

SCR烟气脱硝建设。按期关停了178.4万千瓦小火电机组。开展重点地区环境综合整治，实现铁合金行业和平板玻璃生产行业的整体退出。通过“十一五”期间的持续推进，上海累计实施的产业结构调整项目实现削减COD1200多吨、二氧化硫2200多吨。

三是扎实推进各项基础工作，不断加强技术支撑，不断健全标准制度，队伍建设卓见成效。“十一五”期间，上海全面摸清用能“家底”，不断完善统计方法制度，推进节能标准化工作，加大节能监察执法力度。同时，节能机构力量不断加强，初步形成了一支节能专业人才队伍。在减排方面，“十一五”期间，本市制定了对各区县和各责任单位主要污染物总量减排考核细则，初步形成了监督性监测和在线监测有机结合的监测监控体系，污染减排统计体系不断完善。

经过努力，上海较好完成了“十一五”节能减排目标。“十一五”时期本市万元生产总值能耗从2005年的0.889吨标准煤/万元，下降至2010年的0.71吨标准煤/万元左右，五年累计下降超过20%，完成“十一五”规划目标，相当于节约2800万吨标准煤，减少二氧化碳排放5600万吨。目前，上海万元生产总值能耗水平在全国列前三位。同时，截至2010年底，经环保部核定，2010年上海市COD排放量为21.98万吨，比2005年减排27.71%，完成“十一五”减排目标的187%。SO2排放量为35.81万吨，比2005年减排30.2%，累计完成“十一五”任务的116.48%。

（三）初步建成节水型社会框架

2010年，上海深入贯彻落实科学发展观，积极践行可持续发展的治水思路，不断完善节水管理的体制和机制，提高政府部门节水综合管理的效能；逐步建立与水资源和水环境承载能力相适应的国民经济体系，使得经济结构及产业布局与水资源、水环境的承载能力相适应。同时，加大对现有用水设施的节水配套改造，推广使用节水型器具，提高用水效率，以节水示范点带动全社会的节水行为。

上海在着力推进节水型社会基本框架体系建设的同时，在全国首次提出了构建节水综合管理、节水经济结构、节水工程技术和节水行为规范等四大体系，在全社会形成节水的动力机制和制约机制，使得各行各业和社会成员既有节水的约束又有节水的意愿。

据初步核算，本市2010年万元GDP用水量75立方米，万元工业增加值用水量133立方米，分别比2005年下降40%和32.5%，超额完成“十一五”预期目标。工业用水重复利用率由80.9%增至82.4%，增加1.5个百分点；全市地下水年开采量由2005年的7452万立方米压缩至2010年的1971万立方米，压缩幅度达到73.6%。

（四）不断提高土地集约化利用水平

2010年，上海不断提升土地资源节约集约水平，一是推进产业发展集约节约用地的科学指导，“十一五”期间，上海基本建立了各类项目用地定额标准体系、开发区用地评估考核机制和用地规范。初步建立了土地利用绩效评价体系。二是完善土地利用规划管理，土地利用总体规划是统筹城乡发展、协调各业用地的重要依据，是调控用地总量、结构和布局的重要手段。上海按照国土资源部的要求，加快了土地利用总体规划修编工作。规划对加强土地资源宏观管理，实现耕地总量动态平衡、土地用途管制、资源可持续利用等起到了积极作用，有效地保障了上海经济社会的快速发展。三是着力建立节约集约用地的长效机制。通过制定用地的量化标准，加强土地标准化、规范化建设；通过调整优化行政审批流程，完善项目用地的部门会审机制，保证项目质量，提高审批效率。通过土地利用绩效评估初步形成土地节约利用评价的有关标准、规范、程序；通过建设全市产业用地数据库，为产业用地集约利用奠定基础。四是加大土地执法监察力度。在发现机制上，通过加强土地巡查，实施土地网格化管理，并依托乡镇房地管理所和基层信息员队伍，快速掌握新增建设用地的动态变化情况；在判别机制上，依托土地审批等业务信息系统，及时判别新增建设用地中的违法用地情况；在会审机制上，对违法用地进行会审，按照法律法规提出处置意见；在处置机制上，按照发现、调查、处置、执行相分离的原则，加快形成职责明确、相互制约、优势互补的执法监察体制，加大对违法用地的查处力度；在通报制度上，将违法用地情况定期向各区县政府通报。

（五）积极推进材料节约和废弃物利用

“十一五”以来，上海认真贯彻落实国家推进循环经济的相关政策法规，依托产业结构调整和工艺技术进步，注重减少全社会一次资源能源投入以及合理规划利用，不断提高输出端资源节约和综合利用水平，针对本地区发展情况，实施激励政策和手段，有效地促进了上海源头减量和末端利用水平。

一是工业固废综合利用成效显著。“十一五”期间，上海各类工业固体废弃物均得到了有效的处置和利用。冶炼渣、粉煤灰、脱硫石膏等固体废弃物的利用率保持在95%以上，上海主要工业固体废弃物综合利用率超过95%。

二是电子废物处理处置和综合利用初见成效。截至“十一五”末，上海市已建立三线一体的电子废物拆解利用体系，共有8家单位进入电子废物拆解利用临时名录，其中，5家以废弃“四机一脑”拆解处理为主，年拆解处理能力达到347万台；3家以工业电子废弃物处理为主，年处理能力达到2560吨。国家“家电以旧换新”政策的实施有效得促进了本市电子废物回收利用行业的发展，2009年9月至2010年底，本市共回收废弃“四机一脑”410万台，完成拆解处理405万台。

三是循环农业取得较大进展。“十一五”期间，上海围绕发展高效生态农业，大力推进秸秆还田、畜禽粪便处理工作，推广林下经济模式，提高农业废弃物综合利用水平。截至2010年底，上海市农作物秸秆的还田利用率达到72.8%，年生产商品有机肥18万吨，年处理鲜粪约占全市畜禽粪便总量的30%以上。同时，上海积极探索种养结合生态模式，研发和推广应用农业节约技术，有效减少了化肥、农药的用量、提升了农产品品质。

四是建筑垃圾处置利用效果良好。“十一五”期间，上海市建设废弃物产生量从2007年开始呈现猛增的趋势，于2009年达到4128万吨，基本实现对建筑废弃物的100%合理处置。

五是工业再制造产业方兴未艾。“十一五”期间，上海市在汽车、机电、冶金等领域逐步推进工业再制造的步伐，形成了以上海大众联合发展公司、上海宝钢设备检修有限公司和卡特彼勒再制造工业有限公司为典型的一批工业再制造示范企业和示范工程。

六是危险废物的集约化处置程度提升。“十一五”期间，上海借鉴国内外发达城市的成功经验，实施多项污泥处理工程。在苏州河底泥疏浚工程中实现大规模疏浚和安全处置与土地利用。着力打造“危险废物与医疗废物集约化处置循环经济产业基地”，为上海市危险废物管理水平及上海城市环境安全提供有力保障。

七是生活废弃物分类收集处理格局显现。“十一五”期间，上海积极推进垃圾回收和资源化利用，在全市中心城区近开展生活垃圾分类收集，覆盖面超过65%。对生活垃圾进行生物转化、能源转化利用，建立全程分类物流系统，基本形成生活垃圾的填埋、生化处理、焚烧等多种方式并存的处理系统，一次性塑料饭盒、餐厨垃圾等专项生活垃圾管理处置水平不断提升。

八是适度包装工作不断前行。“十一五”期间，上海制定了商品适度包装暂行办法和月饼适度包装暂行办法，月饼适度包装合格率达到95%。积极执行国家“限塑令”，禁止商场、百货公司、大卖场以及农贸市场的超薄塑料袋使用，积极研发可降解、绿色环保的替代物品。大力推广散装水泥和商品砂浆，水泥散装率达到95%以上。

（六）不断完善再生资源回收体系建设

上海作为商务部推进再生资源回收体系建设的第一批试点城市，“十一五”期间，上海加快回收网络建设，在扎实推进“点、站、场”三级回收网络建设的同时，创新回收模式，搭建信息化平台，开展“在线收废”网络建设，实现了收废方式从街头摇铃到鼠标点击的转变。实施“双卡”示范工程，加大物联网技术应用力度，打造智能回收网络。对回收人员推行IC卡，建立个人信息库，进行实名制管理；对市民推广“阿拉环保卡”，设立自助回收箱完成自助交售，享受积分奖励。据不完全统计，2010年上海全年回收量达到720万吨，比2009年增长24%，包括537万吨废旧金属、83.6万吨废纸、11.6万吨废橡塑、55万吨废玻璃、3.1万吨报废车辆、8万吨电子废弃物等。

（七）深入推进第四轮环保三年行动计划

2010年，上海按照“建设生态文明”的要求，抓住世博契机，深入贯彻落实科学发展观，以污染减排和持续改善环境质量为核心，充分体现“以人为本、治本为先、城乡一体、争创一流”的工作思路和要求，在具体工作实践中，坚持污染防治与生态保护并举，基础设施建设和体制机制完善并举，中心城区与郊区并举；坚持整合条块力量，形成工作合力，整合管理手段，提高环境管理水平和效率，整合推进机制，实现全社会共同参与的原则，综合运用经济、法律、技术和必要的行政手段，继续推进第四轮环保三年行动计划中循环经济和清洁生产相关项目推进工作。目前，27个项目已全部启动，2个项目已经完成，其余大部分项目进展顺利。

（八）深刻总结循环经济试点工作

“十一五”期间，上海市共有循环经济试点单位共33家，其中，国家级试点单位6家，市级试点单位28家，涉及区县、园区、企业、社区、等不同类型和层面。今年是试点工作的收关之年，上海在继续做好对试点单位的指导服务工作基础上，对国家级和市级试点单位的试点工作在指标完成情况，项目进展情况等方面进行了全面梳理，在建设组织情况、激励机制和约束机制等方面总结了先进典型经验，初步形成了指导手册，在业内进行推广应用。

（九）循环经济管理能力进一步加强

一是积极研究制定地方政策。2010年，根据国家相关文件精神，结合《上海市秸秆综合利用规划（2010¯2015年）》（沪发改环资(2009]91号)要求和世博会召开对秸杆禁烧契机，上海研究制定了《上海市推进农作物秸秆综合利用实施方案》，并在《实施方案》中，提出了本秸秆综合利用的近、中远期目标，确定了主要任务，补贴政策、操作流程和部门职责分工等。同时，上海还结合2009年实际操作中暴露的问题，在深入调研、听取各方意见的基础上，对《上海市循环经济发展和资源综合利用专项扶持暂行办法》（沪发改环资(2009]31号)进行了修订完善，制定出台了《上海市循环经济发展和资源综合利用专项扶持办法（修订）》(沪发改环资(2010) 31号）。对支持范围、项目申报条件秘资金拨付程序等进行了调整，更利于办法的实际操作。

此外，上海还组织开展循环经济立法可行性调研。根据《循环经济促进法》要求和市人大立法计划，同时，结合“循环经济规划编制调研”，上海的相关单位开展一系列调研走访，针对立法的可行性和必要性、立法具体思路、重要问题与制度建议等进行了深度分析，目前已形成研究提纲。

二是积极争取国家资金支持。2010年，根据国家要求，上海积极组织申报国家资源节约和环境保护2011年中央预算内投资备选项目。经过政府部门初审、专业机构评估以及综合平衡和认真遴选，确定申报单位5家，涉及节能、循环经济、污染防治等领域。项目总投资4. 39亿元，其中拟申请2011年中央预算内投资2932万元。同时，还对所有项目（包括此次未选报的项目）建立了项目信息库，以便跟踪项目的进展情况，为今后申请国家及本市财政资金支持做好项目储备工作。

三是加大专项资金扶持力度。根据新修订的《上海市循环经济发展和资源综合利用专项扶持办法（修订）》(沪发改环资(2010)31号），上海在2010年9月组织开展了2010年度循环经济发展和资源综合利用专项扶持项目申报和资金补贴工作。经过企业申报、专家评估、现场核实、部门评审等程序，共确定10个项目基本符合办法的支持范围和条件，列入本市2010年度循环经跻专项扶持计划，项目涉及农业、电子废弃物处理、机电产品再制造、废弃物回收体系建设等多个领域，总投资1. 96亿元，扶持资金为2841.4万元。

四是全力开展本市城市矿产示范基地建设申报工作。根据国家发展改革委、财政部《关于开展城市矿产示范基地建设的通知》的要求，上海全力开展了辖区内城市矿产示范基地建设申报工作。经过认真遴选审核，上海共推荐宝钢产业链城市矿产示范基地、嘉定工业区示范基地、上海燕龙基再生资源利用基地、鑫广再生资源（上海）有限公司等四家单位申报国家城市矿产示范基地。目前，城市矿产示范基地的申报正在国家层面接受审核。开展“城市矿产”示范基地建设将有助于上海缓解资源瓶颈约束，减轻环境污染，提升上海循环经济的发展质量，并为上海培育新的经济增长点。

二、2010年上海世博会的循环经济实践

围绕世博“城市，让生活更美好”的主题，上海在世博园区设计方面以“正生态城市”为原则、在世博举办全过程以“绿色和低碳”为理念，充分开展循环经济的实践，成效显著。

“正生态城市”指的是在特定区域内不仅节能，而且采能产能，实现区域负排放。世博园区在净水、采能、减排、降温四个方面展示了“正生态”的循环经济理念。

净水方面，世博会以面积达14公顷的后滩公园为天然净水器，运用水生植物、水生动物及微生物等生物群落构成的生态净化功能对黄浦江的劣五类水净化为三类水，然后引入世博园区，供浇灌花卉、清扫场地使用。后滩公园日净化2400立方米黄浦江水，可以满足世博浦东园区1/3的灌溉和道路冲洗用水需求。

采能方面，世博园区充分利用可再生能源，形成能源联供系统，实现多能源的联合供应、储存、再循环的局面。这些新能源包括太阳能、硫化钠电池系统、燃料电池、潮汐水能、风能、生物能等。不仅实现节能，而且实现

能源再生产。

减排方面，世博园区内共有162辆新能源公交车辆和70辆氢燃料观光车投入运营。由于这些车辆均通过新能源驱动，因此实现了尾气的零排放。

降温方面，世博园用喷雾降温的方式替代了传统高耗能的空调降温。园区运用了自然净化的黄浦江潮汐水进行喷雾，形成凉岛，达到降温的作用。

世博会举办全过程对于"绿色和低碳"理念的贯彻，主要集中体现在五方面：一是在世博园区建设、运营等各个环节贯彻"绿色和低碳"理念。如：世博园区选址结合了黄浦江两岸的旧城改造，关停搬迁了272家污染企业；园区内建设了100多万平方米的公园绿地；保留利用了1/6的老厂房、老建筑等。二是在世博园区广泛应用、并集中展示"绿色和低碳"技术和实践。如：世博园区太阳能光伏发电总装机容量达到4.7兆瓦左右，景观照明普遍采用节能环保的LED光源，各国、各地、各组织的场馆及展示内容几乎都以低碳环保、可持续发展、人与自然和谐等为主题或重要理念。三是为努力实施碳中和安排了一系列碳补偿项目。包括加快推进公交优先、节能减排和种植"世博碳汇林"、开发可再生能源等项目。四是为有良好自愿减排意愿的企业和参观者搭建参与平台。如已推出"绿色出行"、"绿色出行交通卡"、"低碳计算器"、"人人一棵树"等自愿减排活动，并正在设计其他便于企业和参观者参与的自愿减排渠道和平台，欢迎社会各界的积极参与。五是加强绿色低碳的宣传和活动组织。世博会六个主题论坛之一就是"环境变化与城市责任"，同时上海还通过开展"迎世博百万市民环保知识培训"等活动营造全社会良好的循环经济发展氛围。

三、上海发展循环经济的基本经验

借力世界博览会，2010年上海循环经济实现了较快发展，并积累了丰富的经验，主要体现在以下几方面：一是要把发展循环经济作为贯彻落实科学发展观、构建社会主义和谐社会的重大举措来抓，把发展循环经济作为切实转变经济发展方式的重要突破口来推进，把发展循环经济作为成功建设资源节约型和环境友好型社会的必由之路来走；二是领导充分重视，部门协调配合，企业大力支持，群众积极响应是形成全社会共同推进循环经济良好发展格局的必要条件；三是发展循环经济既要注重统筹规划，又要明确阶段性目标和工作重点，聚焦影响城市可持续发展的能源、土地等资源节约和环境保护重点领域、关键环节；四是开展循环经济试点有利于调动各方参与的积极性，有利于整合资源，可以及时发现问题，积累经验，抓好各类循环经济试点是推进循环经济建设的有效途径；五是充分发挥市场机制在循环经济发展中的重要作用，重视政府在发展过程中的引导和支持的功能，在市场机制无法触及或者失灵的领域，政府应通过财政、金融、税收、投资等政策予以积极的支持。六是要充分调研本地情况，结合地域特点安排循环经济工作，注意扬长避短，切忌搞齐步走、一刀切、一风吹。

四、"十二五"上海循环经济发展思路和2011年工作重点

"十二五"期间，上海将继续坚持减量化、资源化、再利用的"3R"原则，兼顾经济效益与环境效益，以再生资源为原料来源，把社会生产活动纳入自然循环过程。将总体规划与试点重点相结合，从市、区县、镇村各层面，从生产、流通、消费和回收利用等各环节，全面有序地推进上海建设资源节约型社会。同时，坚持市场导向、政府推动的原则，在充分利用市场手段的前提下，充分发挥政府的职能作用，建立循环经济运行的外部条件，制定一定的激励政策，鼓励企业和社会各界参与循环经济的运行和宣传，在技术的研发、资金、基础设施和社会意识等层面推动循环经济的健康发展。

一是继续抓好节能减排和清洁生产工作。上海可供挖掘的节能减排潜力越渐减少。下一步，上海将坚持能耗和排放强度约束，更加注重能源消费和污染物排放总量控；坚持以结构调整为根本，更加注重技术进步和强化管理挖掘节能减排潜力；坚持以政府推动为引领，更加注重运用市场机制和法律手段推动节能减排和低碳发展；坚持以工业领域为重点，更加注重多领域、全社会节能减排。

二是继续推进节水节地节材等资源节约工作。建立以体制健全为依托、制度建设为核心、公众参与为基础、科技推动为手段的节水型社会建设推进机制，确定以工业节水为先导、城市节水为重点、积极引导全社会参与节水的行动方针，努力建成一批具有示范效应的节水型小区、节水型校区、节水型企业和节水型工业园区。加强土地资源需求调控和管理，严格控制新增用地规模，加大闲置土地处置力度和土地二次开发利用，积极推进地下空间有效利

用。继续拓展建设领域综合利用固体废弃物的途径和方式，加强工业固废在建筑建材产品生产过程中的再利用，积极开展建筑废弃物再生利用的技术研究，加紧落实污泥资源化利用。继续推进农作物秸秆机械化还田、畜禽粪便的资源化、生态化利用和商品有机肥的推广。结合生活垃圾分类收集源头减量工作开展废旧衣物、废玻璃、包装废弃物等综合利用工作。

三是继续提升资源综合利用能力和水平。通过完善静脉产业平台，进一步规范工业废弃物市场和建设工业废弃物处理园区，积极搭建资源综合利用平台和网络，鼓励企业之间资源综合延伸利用，提升工业废弃物的综合利用能级；稳步推进废旧汽车零部件的再制造，逐步扩大再制造零部件范围；鼓励建筑废弃物用于再生混凝土、路基材料、路面砖、新型墙体材料的生产，大力提升建设废弃物资源化利用水平；重点推进电子废弃物、废旧轮胎等大件废弃物综合利用；完善废旧物资回收网络以及深化资源回收区域合作，加强行业建设，加快多元化回收体系的建设。

四是加快建设一批循环经济示范工程。建设一批循环经济示范企业和项目，实施325循环经济示范工程，并依据政策重点培养并予以补贴；努力建设若干国家级的“城市矿产”示范基地，同时参考国家“城市矿”产示范基地建设标准，在重点领域培育若干市级“城市矿产”示范基地。

五是积极探索循环经济服务业。发展以培育大众循环经济意识为目标的循环经济普及教育；发展以循环经济企业为对象，依托知名高校和科研机构雄厚研究实力的循环经济技术服务；以全球碳交易体系为基础，围绕低碳展开的各种金融活动，配套发展循环经济保险服务、循环经济融资服务，废弃物原料期货、再生资源产品期货服务、循环经济投资银行业务等；结合工业旅游，设计循环经济企业或者产业园的旅游服务。

六是继续促进完善循环经济发展的法律法规和政策体系。完善支持循环经济发展的政策体系，制定和完善分行业的能耗、水耗、土地占用标准。积极开展汽车及机电产品再制造、建筑废弃物、生活垃圾分类收运处置、餐厨垃圾处置、废旧物资回收利用等方面的政府规章和政策的研究制定工作。研究落实再生资源回收及资源化利用企业、技术、设备、产品等推广应用的相关扶持政策。推进制定全市循环经济的分类、统计、再生资源利用、再制造等标准体系，开展园区、企业等不同类型的循环经济标准化示范试点建设。

2011年，上海将在以下几个方面加大循环经济工作的推进力度：一是完成上海循环经济“十二五”发展规划。认真总结“十一五”期间上海市循环经济发展的经验，充分调研其他重点省市“十二五”时期循环经济的发展计划，在规划初步成果的基础上，针对新的发展要求和重点，进一步开展“十二五”循环经济发展规划的编制工作。二是深入研究《循环经济促进法》的立法可行性。在深入学习贯彻《中华人民共和国循环经济促进法》的基础上，以课题形式，重点研究上海出台本市《循环经济促进法》的可行性，研究本市循环经济条例立法的可行性，研究《循环经济促进法》相关配套经济政策的制定工作，研究如何建立起政府推动、市场引导、企业实施、公众参与的有利于循环经济发展的良好机制。三是总结循环经济试点的成功经验，形成行业指导手册予以业内推广。按照建设国家循环经济试点城市的要求，加强对循环经济试点单位的跟踪和指导，及时总结国家及本市循环经济试点单位经验，并形成指导手册加以推广，扩大其示范辐射功能。归纳区县、园区、社区、企业等不同层次和领域的循环经济发展模式。指导支持汽车零部件再制造、节水型社会等专项试点工作，力求在为这些领域的标准制定、模式推广积累经验。四是继续推进完善第四轮环保三年行动计划“循环经济和清洁生产转系那个”中各项目的实施。按照“建设生态文明”的要求，以科学发展观为指导思想，坚持“三重三评”的原则，继续推进完成循环经济和清洁生产专项的27个项目，重点是在上海化学工业区等9个工业园区按国家标准开展循环经济试点和生态工业示范园区建设，完成“建成国家环境保护模范城市，使上海的环保工作继续走在全国前列”的行动计划目标。五是加大财政对循环经济支持力度。2011年，上海将在已出台的相关循环经济财政支持政策的基础上，就如何继续加大财政对循环经济项目的支持力度，如何扩大财政支持的收益面，如何实施按量补贴等事宜展开研究。同时积极申报国家资源综合利用等支持项目。六是继续认真执行相关市级专项补贴扶持政策。上海将继续按照循环经济发展和资源综合利用的专项资金扶持办法和本市推进农作物秸秆综合利用项目实施方案的相关规定，组织实施2011年度的财政补贴申报工作，支持一批循环经济项目的发展，培育一批循环经济试点示范的龙头企业。

江苏省循环经济

江苏省经济和信息化委员会

发展循环经济是建设资源节约型、环境友好型社会，提高生态文明建设水平的重要措施。工业作为各种中间产品和最终产品的主要生产者，在发展循环经济过程中处在关键和核心地位。为推动工业循环经济发展，破解资源环境制约，提高绿色制造水平，根据《中华人民共和国循环经济促进法》和《江苏省国民经济和社会发展第十二个五年规划纲要》等，制定本规划。

一、江苏省“十一五”发展循环经济做法与成效

“十一五”期间，特别是2005年江苏省被国家列为首批循环经济试点省份以来，全省工业战线按照国家和省委省政府的部署要求，将发展循环经济作为贯彻落实科学发展观、转变发展方式、构建资源节约型和环境友好型工业体系的重大举措，大胆探索，大力推进，取得积极成效。

资源产出率明显提高。全省单位工业增加值能耗和水耗逐年下降，2010年全省单位工业增加值能耗为1.017吨标准煤/万元，比2005年下降39.1%；万元工业增加值用水量为24立方米/万元，比2005年下降63%。“十一五”期间，江苏省以工业能源消费年均7.5%的增速、水资源消费基本不增加的情况下，支撑了年均17%的工业增速。

资源化水平继续领先。以综合利用共生、伴生矿产资源、工业“三废”、废旧再生资源、农林水产废弃物为重点，推进资源综合利用产业化、规模化。“十一五”以来，全省共有2603家企业被认定为资源综合利用企业。2010年全省工业固体废弃物综合利用率达到96.2%，远高于全国69%的平均水平，比2005年上升5个百分点，继续保持全国领先水平。资源综合利用产业初具规模，2010年实现主营业务收入已达705亿元，比2005年增长35%。以常州逸盛橡胶制品有限公司、南通回力集团公司、江苏春兴合金(集团)有限公司为骨干，分别建成全国最大的废旧轮胎翻新（28万条/年）、再生胶（10万吨丁基再生胶/年）、无污染再生铅（20万吨/年）基地。

清洁生产规模扩大。制定实施《江苏省清洁生产“十一五”行动纲要》，围绕重点流域和化工、印染、酿造等重点行业，加大清洁生产审核组织力度。“十一五”以来，先后有约6000家企业实施审核，占规模以上工业企业10%，位全国前列。据统计，上述企业在审核基础上，五年中，累计投资55亿元，共实施4300多项中高费改造方案，实现节能480万吨标准煤、节水12.8亿立方米，减排COD8.15万吨、二氧化硫31万吨，企业主要污染物平均削减20%。国内首创的柠檬酸色谱法工艺、合成氨纯氧加压造气工艺、对氨基苯酚连续催化加氢还原工艺在宜兴协联热电有限公司、灵谷化工有限公司和扬农集团得到应用，成为全国示范。

实践形式不断创新。按照《江苏省发展循环经济规划》、《江苏省循环经济试点实施方案》明确的总体目标，先后分两批在9个省辖市、6个县级市、20个园区、155家企业开展循环经济试点，积极探索发展循环经济的有效实现形式，形成一批具有江苏特色的典型模式。江苏春兴集团有限公司积极构筑“废铅回收—冶金精炼—铅合金加工—铅产品再生”的循环体系，每年回收利用20万吨废旧铅酸蓄电池，已成为国内最大的再生铅生产企业。宜兴协联热电公司运用柠檬酸生产的高浓度废水作为电厂烟气脱硫微生物碳源、用污水处理产生的沼气直接加热脱硫净烟气等新工艺，形成了“发电—供热—生物发酵”产业生态链。柏科（常熟）电机有限公司汽车零部件、徐工集团工程机械、富士施乐爱科制造（苏州）有限公司办公信息设备再制造、无锡市前程包装工程有限公司机电产品包装节材代木等试点工作取得新的进展。

攻克了一批共性关键技术。省科技部门组织实施科技支撑行动，重点攻克和开发推广一批关键共性技术并实现转化应用，一批重大节能技术装备及高新技术产品填补国内空白。南京大学在全国率先突破应用大孔树脂处理高浓

度有机废水技术，大幅度提高了有机物回收率。国电南自联合其他单位成功开发干法活性焦烟气脱硫技术，打破国外公司对我国的技术封锁，成功应用于国家循环经济示范工程。苏州市城市生活垃圾无害化处理与资源化利用技术集成应用、城市污泥两阶段发酵法生产高附加值产品关键技术与装备、餐饮垃圾分类处理与资源化利用成套技术、秸秆水泥质高性能关键技术应用示范项目建成投产。

政策体系初步建立。一是财政政策。设立省级发展循环经济专项资金，支持了一大批节能和循环经济项目的实施。二是价格政策。加大差别水价实施力度，对苏南地区工业污水处理费（政府定价部分）按高于生活污水处理费0.2元/吨征收，重污染行业污水处理费按高于一般工业、服务业1.5倍的幅度征收。提高排污费征收标准，废气排污费由每当量0.60元提高到1.20元，污水排污费由每当量0.7元提高到0.9元及至到1.4元。三是环境保护政策。在太湖流域实施更加严格的污染排放标准和区域环境准入条件。参照国际先进标准，对太湖地区城镇污水处理以及印染、化工、造纸、钢铁、电镀等行业实施新的污染排放标准，提高COD、氨氮和总磷排放限值，并从2008年1月1日起实施。其他行业全面执行国家《污水综合排放标准》或相应行业一级排放标准。

二、2010年循环经济概况

2010年，面对严峻的节能减排形势和前所未有的挑战，我委认真贯彻国务院和省委省政府委决策部署，切实履行职责，狠抓相关重点工作措施落实，取得积极成效。2010年，全省万元地区生产总值能耗为0.7343吨标准煤/万元，比2009年下降3.56%。按照“十一五”期间单位GDP能耗下降20%的总体目标，江苏省“十一五”期间单位GDP能耗累计降低率达20.44 %，超额完成国家下达的节能目标；全省主要污染物COD和SO_2排放量分别为78.80万吨和105.05万吨，分别比2009年下降4.1%和2.2%，“十一五”期间累计分别下降122%和131%，全面完成“十一五”国家下达的减排目标。

（一）加强节能减排综合协调

认真贯彻落实国务院节能减排工作电视电话会议精神，配合省政府召开电视电话会议，迅速起草上报《江苏省进一步加大工作力度确保实现2010年度及“十一五”节能减排目标实施方案》及部门分工。分解下达2010年度13个省辖市节能目标，会同省发展改革委、监察厅、统计局等10个部门赴13个省辖市，对各地贯彻落实国务院和省政府节能减排工作电视电话会议精神等情况进行督查，对2009年节能目标责任进行现场评价考核，通报考核情况，向社会公告考核结果。加强对上的沟通，及时汇报江苏省工作进展情况，积极争取国家有关部门对江苏省节能工作的理解和支持。

（二）切实加强用能管理

组织全省各级节能监察机构近300人，对全省1900多家年耗能5000吨标准煤以上的重点用能单位上一年度和2010年上半年主要产品能源消耗情况进行监察审计，对重点用能单位使用国家明令淘汰的用能设备或生产工艺情况进行拉网式排查，对能源利用状况报告制度、固定资产投资项目节能评估和审查制度执行情况等进行监督检查，提出一批超国家和省限额指标、使用国家明令淘汰用能设备的企业名单。根据国家有关规定，联合省物价局、电监办对23家单位主要产品能耗超限额企业实施惩罚性电价，对全省149家企业的部分淘汰用能设备，按每千瓦时0.3元的加价标准，实行淘汰类差别电价。在上述政策措施强力推动下，相关企业积极整改，已有近50%的企业年内更新了淘汰设备，有4家企业的产品能耗指标达到国家和省标准要求。

（三）加快实施节能重点工程

突出重点行业和企业，以工业锅炉（窑炉）节能改造、余热余压利用、电机系统节能、能量系统优化等为重点，推进实施一批节能改造项目，项目建成后可形成320多万吨标准煤的节能能力。其中，有75个重点节能技术改造项目列入中央预算内投资计划和节能技术改造财政奖励计划，年节能量约120万吨标准煤。调整优化省级节能专项引导资金支持重点，加大对示范性强、节能量大的改造项目和合同能源管理项目的支持力度，支持了306个节能循环经济改造项目、13个合同能源管理项目，合计直接节能量206万吨标准煤。加强节能项目的建设管理，督促企业加快项目建设，保证质量，尽快发挥节能效益。认真做好节能产品惠民工程的组织实施，全年推广节能灯400万支，向国家推荐省内9家企业3247个电机产品、3家企业372个型号空调器进国家推广目录。开展了高效节能空调推广信息核查工作，按国家要求共核查了26.8万台空调，江苏省核查工作组织得力、方法适用、措施到位，入户核查率高，得到了国家发改委和财政部的通报表扬，并将江苏省核查方法推广至全国。

（四）全面推进重点领域节能

深入推进千家企业、百家企业节能行动，组织开展对千家企业和百家企业2009年节能目标责任评价考核，督促考核结果为未完成等级和节能目标完成进度达不到时序进度的企业提出整改措施，布置、督促千家百家企业开展“十一五”节能目标自查。启动节能标杆企业和循环经济示范企业、示范基地创建工作。加强综合协调，积极推动交通、建筑及政府机构节能工作。

（五）加强节能法制化建设

配合省人大对《江苏省节约能源条例》进行修订，修订后的节能条例于2010年11月19日，经省十一届人大常委会第十八次会议审议通过，已于今年2月1日起施行。修订后的《节能条例》明确县级以上地方人民政府经济和信息化管理部门为节能工作主管部门，扩大了调整范围，进一步完善了节能管理基本制度，强化了政策激励措施和节能法律责任，为做好新形势下的节能工作提供了有力的法律保障。

（六）实施节能预警调控

为遏止用能过快增长势头，确保实现节能目标，会同有关部门研究制定全省节能预警调控方案，省政府办公厅转发《关于实施节能预警调控的意见》（苏政办发〔2010〕97号），在全省范围内启动节能预警调控，结合迎峰度夏，对纳入“两高一低”和重点调控目标范围的用能单位，实施有序用电管理。罗志军省长亲自召开节能工作推进会议，明确全省将节能工作由预警调控转为应急调控，明确层层级级确保目标任务完成的工作责任。按照省政府的决策部署，加强节能形势分析，密切监测、跟踪各地调控实施情况，深入省内外调查研究，及时研究应对措施，提出工作建议。全省节能调控实施以来，用电秩序总体保持稳定，全社会用电量高位增长的势头得到有效控制。

（七）积极推动循环经济发展

研究制定循环经济示范园区、企业标准，开展创建循环经济示范园区、企业活动。指导列入国家机电产品再制造试点单位做好实施方案的修改完善工作，按时上报国家。加快推进循环经济标准化试点。大力推进工业废弃物资源综合利用，全省共有1700多家通过资源综合利用企业，2010年可实现产值350多亿元，减免增值税和所得税约12亿元。开展新一轮清洁生产审核，完成954家企业审核，“十一五”累计审核6000家，在全国名列前茅。推动清洁生产技术示范应用。积极组织申报国家2010年工业清洁生产示范项目，江苏省共有两个项目被工信部列入国家级应用示范，获国家财政资金补助2000万元，占全国总数的17.4%，位列全国第一。

（八）大力发展节能环保产业

编制完成《江苏省节能环保产业发展规划纲要》，于2010年4月由省政府颁布实施，国家发改委、工信部对江苏省在全国率先编制出台节能环保产业规划给予高度评价，并在全国会议上作专题介绍。编制完成《江苏省节能环保产业2010年度行动计划》，编制发布《江苏省重点推广节能技术目录》。先后举办节能新产品、新技术推介会、2010年第四届中国（苏州）节能环保产品与技术展览会和首届宜兴国际环保科技成果展示交流会，制定下发《江苏省节能环保产业统计实施方案》，初步建立江苏省节能环保统计制度和统计体系，推进节能环保产品技术推广应用。积极推动节能服务产业发展，研究制定《江苏省合同能源管理财政奖励资金管理暂行办法》，向上推荐上报60家合同能源管理公司列入国家审核备案备录。

三、江苏省“十二五”循环经济规划

今后五年，是江苏省全面实现“第一个率先”并向“第二个率先”迈进的关键期，也是加快转变发展方式、推动经济转型升级的攻坚期。江苏作为工业大省、资源能源消耗大省，进一步加大工业循环经济工作力度，破解资源环境制约，建设资源节约型、环境友好型社会，成为“十二五”既重要又紧迫的任务。

（一）“十二五”总体目标

到2015年末，规模以上单位工业增加值能耗比2010年下降20%以上，万元工业增加值用水量比2010年下降25%，工业固体废弃物综合利用率稳定在95%左右，工业用水重复利用率达到75%，比2010年提高5个百分点，主要污染物排放强度大幅度下降，建成一批符合循环经济发展要求的企业和工业园区。

（二）重点任务

加快构建资源节约、环境友好型工业体系。坚持走新型工业化道路，以发展新兴产业与提升传统产业相结合，大力发展科技含量高、经济效益好、资源消耗低、环境污染少的新兴产业和先进制造业，提升新兴产业和先进制造业的比重，加快推进传统产业优化升级。

推进战略性新兴产业规模发展。以人才国际化、技术高端化、产业规模化、发展集约化为方向，深入实施新兴产业倍增计划，加强规划引导和政策扶持，大力发展有本地特色和差别竞争优势的新兴产业，加快形成国民经济新的增长点，促进战略性新兴产业跨越发展。到2015年，六大新兴产业销售收入超过5万亿元，占规模以上工业产值35%，年均递增20%以上，形成一批亿元级的科技领军型企业和产业基地，发展成为支柱产业或先导产业。

推进主导产业高端发展。以高新技术为先导、以集约集聚和绿色制造为方向，整合资源、优化布局、改善结构，引导主导产业向研发和营销两端延伸，推进核心部件、关键材料、重大成套装备的自主设计和制造，全力打造一批优势突出、特色明显的先进装备制造业基地，引领主导产业高端发展，提升产业层次和核心竞争力，到2015年，高新技术产业占规模以上工业产值比重达到40%。

推进传统产业升级发展。对照国家颁布的有关标准，并从江苏省率先推进结构调整，促进转型升级的省情出发，提高准入门槛，提高淘汰落后产能标准，严格控制高耗能、高排污行业过快发展。对钢铁、水泥等高耗能行业要严控总量，避免和减少后发地区发展高耗能产业的盲目性。依托现代信息技术、高新技术和先进适用技术改造提升冶金、纺织、轻工和建材四大传统产业，加快组织实施“百项千亿”重点技术改造工程，鼓励企业深入开展技术改造，提高工艺、技术和装备水平，加快产品升级换代，提高产品附加值，不断提升产业层次和水平。

（三）加快实施一批重点工程

以实施资源减量化、废弃物资源化、清洁生产对标创先、再制造产业化、产业园区循环化改造、循环利用技术示范、城市矿产资源化等七大工程为抓手，集中支持一批重点项目实施，以点带面，努力提高绿色制造水平，加快构建资源节约、环境友好型工业体系。

资源减量化工程。启动实施“万吨千企节能行动”，逐户开展能源审计，指导督促企业采取综合性措施，挖掘节能潜力。加强对年耗能5000吨标准煤以上重点用能单位的节能监管，落实能源利用状况报告制度，建立重点耗能企业能耗信息平台，推进重点耗能行业能效水平对标活动。积极推行能源管理体系认证，促进工业能效水平整体提升。加强工业节水，以火力发电、纺织、造纸、食品、钢铁、石化等高耗水行业和耗水大户为重点，推进高耗水行业节水技术改造，强制淘汰落后的用水设备和用水工艺，限制高耗水项目建设。强化企业节水基础管理，对重点用水企业实施定额管理，推动高耗水、高废水排放企业节约用水，重点推广工业用水重复利用、高效冷却、热力和工艺系统节水、洗涤节水、工业给水和废水处理、非常规水资源利用等通用节水技术和生产工艺，建设一批节水型企业。深入推进机电产品包装节材代木试点。推动绿色制造，严格设计规范，促使企业加强原材料消耗管理，提高原材料的使用寿命和使用效率。以城市“禁现搅拌”为重点，进一步加大散装水泥推广力度，提高散装化水平。

废弃物资源化工程。推进“三废”综合利用，重点发展煤矸石、脱硫石膏、粉煤灰、冶炼渣、化工渣等大宗工业固体废物的资源化利用。大力推进高浓度有机废水、冶炼废液，工业废水，矿井水、放散气及余热、余压综合利用，焦炉、高炉、转炉煤气回收和资源化利用等技术。推进农林废弃物资源综合利用，重点发展农业废弃物、林木“三剩物”、次小薪材等资源化利用。大力促进秸秆工业化利用，在秸秆制板、秸秆造纸、秸秆编织、秸秆新型建材和秸秆化工方面，加快技术创新步伐，尽快做大产业规模，不断提高在秸秆综合利用中的比重。

清洁生产对标创先工程。在全省开展工业企业清洁生产对标创先活动，组织企业对照国家颁布的行业清洁生产评价指标体系，排找差距和潜力。对尚未达到清洁生产企业标准的，指导督促其提出达标的具体措施和时间表。对已达到清洁生产企业标准的，引导其进一步挖掘潜力，积极创建清洁生产先进企业。全面推动企业不断采取改进设计、使用清洁的能源和原料、采用先进的工艺技术与设备、改善管理、综合利用等措施，从源头削减污染，提高资源利用效率，减少或者避免生产、服务和产品使用过程中污染物的产生和排放。到2015年，全省规模以上企业基本达到清洁生产企业水平，大型骨干企业达到清洁生产先进企业水平，创建600家清洁生产先进企业。

再制造试点示范工程。以汽车零部件、工程机械、办公信息设备再制造为主体，培育一批具备对成套处理装备进行研发、设计、制造并具有一定规模的装备制造企业，打造徐州工程机械及苏州办公信息设备再制造产业基地，以点带面，全面推动。加快研究各类再制造关键技术，不断完善再制造产品技术质量标准、生产规范和管理制度。加强旧件和再制造产品的信息化管理，规范产品标识，建立产品档案。探索适应再制造要求的经营模式、把再制造理念贯穿于产品全生命周期的设计、生产、销售、维修、回收、再制造等环节。加快旧件逆向物流体系建设，结合产品市场保有及自然淘汰情况，充分依托现有销售及售后服务网络，加强与专业回收及物流企业合作，加快建立健全旧件逆向物流体系，形成与再制造规模相匹配的旧件收集能力。

产业园区循环化改造工程。运用循环经济理念，推动产业园区布局、基础设施和产业链接优化整合。通过园区各企业和企业生产单元的清洁生产，尽可能降低本企业的资源消耗和废物产生；建立园区副产品信息平台，通过各企业或单元间的副产品交换，降低园区总的物耗、水耗和能耗；通过物料替代、工艺革新，减少有毒有害物质的使用和排放；在建筑材料、能源使用、产品和服务中，鼓励利用可再生资源和可重复利用资源。贯彻“减量第一”的最基本的要求，使园区各单元尽可能降低资源消耗和废物产生。加强原材料入园前以及产品、废物出园后的生命周期管理，最大限度地降低产品全生命周期的环境影响。对于现有工业园区，按照可持续发展的要求进行产业结构的调整和传统产业的技术改造，大幅度提高资源利用效率，减少污染物产生和对环境的压力。到2015年在全省创建5家循环型产业园区。

循环利用技术示范工程。以创建循环经济示范工程为抓手，推进循环经济共性和关键技术推广应用。围绕能量、水资源梯级利用，工业废水、废气、废渣资源化，产业链生态化延伸及链接、电子废弃物清洁资源化、城市生活垃圾资源化、绿色设计、再制造等10个领域，在钢铁、有色、建材、化工、纺织、电力、印染等重点行业，加快推进先进适用技术集成化应用，加快推进废水有机物富集回收和综合利用，化工行业基于超临界合成、膜分离，印染行业生态染色、小浴比、分质控制，二氧化碳为主的烟气处理资源化，活性焦脱硫、脱硝，电子废弃物全组分、高值化、清洁资源化等创新型技术的应用。到2015年底，创建100项能耗、水耗低，资源化、再利用水平高，产业链生态化延伸有特色，省内首创、国内领先的循环经济示范工程。

城市矿产资源化工程。积极实施“城市矿产”工程，重点推进工业废弃物、废旧汽车、家电、废钢、废铜、废铅酸电池等废弃资源回收再利用技术创新和产业化发展。打造南京、无锡、徐州、常州、苏州等一批技术先进、环保达标、管理规范、利用规模化、辐射作用强的“城市矿产”示范基地。建立一批“城市矿产”集散与处理区域中心，再造多座“城市矿山”，形成废旧钢铁、铜、铅、铝等再加工利用的产业链。

（四）进一步加强支撑体系建设

以加快循环经济信息平台建设、加快循环经济技术的研究和推广、加快循环经济标准化建设为重点，加快工业循环经济支撑体系建设，提高工业循环经济发展可持续性。一是加快循环经济信息平台建设。二是加快循环经济技术的研究和推广。三是加快循环经济标准化建设。

浙江省循环经济

浙江省发展和改革委员会

2010年以来，在省委、省政府和省循环经济工作领导小组的正确领导下，全省循环经济工作以创建全国循环经济发展示范区为目标，以实施《浙江省循环经济试点实施方案》为重点，创新机制，强化措施，狠抓落实，各方面工作稳步有序推进。

一 、抓联动，加强循环经济发展的组织领导

制定下发《浙江省循环经济工作领导小组成员单位和各市循环办2010年工作任务书》，明确了循环经济领导小组成员单位和各市循环办年度工作任务，要求结合各自实际，认真组织实施。各市、各单位根据工作需要，对相关领导小组成员单位和循环办人员进行了充实调整，从而形成了目标明确、责任落实、上下联动、合力推进的工作机制，扎实推进循环经济各项工作有序开展。

二、抓重点，强化循环经济发展的有效举措

一是启动循环经济25个试点基地建设。制定下发《浙江省循环经济试点基地建设指导意见》，召开全省循环经济试点基地建设工作推进会，目前各试点基地建设工作正在有条不紊地抓紧推进。推荐争取台州市金属资源再生产业基地等五个园区（企业）为国家“城市矿产”示范基地，推荐争取嘉兴市、舟山市为国家城市餐厨废弃物资源化利用和无害化处理试点。

二是抓好一批循环经济重点项目建设。下达《浙江省发展循环经济“991行动计划”重点项目2010年实施计划》，项目共计156项，总投资362亿元，2010年计划投资89亿元。

三是启动循环经济统计试点省工作。根据国家发展改革委、国家统计局的部署和要求， 选定绍兴、台州约1.3万家规上企业开展统计试点工作，旨在通过规模以上企业主要资源消费量统计调查工作，探索计算反映地区层面循环经济发展的综合指标——“资源产出率”即单位GDP的资源消耗量。

四是抓好循环经济重点科技创新。继续组织实施《浙江省推进循环经济发展科技实施方案》和《推进节约资源科技进步实施意见》，加大力度，把环境友好型、资源节约型社会建设科技工作落到实处。以环境、资源为重点领域，围绕资源节约型社会建设和循环经济发展的要求，今年以来，已组织筛选重大科技专项和项目50余项并通过项目实施，显著带动全社会循环经济科技投入，推进节能减排科技进步和示范。

五是推进资源综合利用工作。加强再生资源回收体系建设，完成国家再生资源回收体系建设试点项目验收工作；在总结国家试点城市经验的基础上，开展省级再生资源回收体系示范城市建设工作；做好再生资源回收经营者备案登记工作，规范浙江省再生资源回收体系建设工作。积极鼓励林业企业开展节约资源活动，不断提高劳动生产力和资源利用率，对于林业资源节约、科技含量高、产品效益好的企业，在中央和省财政贴息贷款上优先给予扶持，全省竹木精深加工、废旧物资综合利用，木材（原木）综合利用率提高了2个百分点。

六是加强可再生能源利用。大力推进太阳能光伏等可再生能源在建筑中的应用，组织申报的10个国家光伏发电建筑应用示范项目获中央支持资金1.1亿多元，安吉县、嵊州市、海盐县获国家可再生能源建筑应用农村地区县级示范，共获补助资金5250万元；积极推进“六个一百万”工程，加强《百条道路太阳能照明计划实施方案》和《百万平方米地源（水源）热泵空调计划实施方案》的组织实施。积极组织实施以沼气利用、中水利用和太阳能利用为主要内容的新农村卫生新校园示范学校建设，首批10个项目已全部竣工并投入使用。

三、抓创新，健全循环经济发展的体制机制

认真贯彻全国循环经济工作座谈会精神，根据座谈会上李克强常务副总理对浙江推进循环经济发展的体制机制创新较为关注的实际，起草了《创新体制机制 完善政策措施 着力推进我省循环经济发展》汇报材料，报送国家发改委。同时，制定并由省政府印发了《浙江省人民政府关于加快循环经济发展的若干意见》。

四、抓保障，落实循环经济发展的相关政策

贯彻实施《国务院办公厅关于限制生产销售使用塑料购物袋的通知》，在自查基础上，认真迎接国家检查组对浙江省“限塑令”执行情况的检查工作。认真梳理并积极落实各项发展循环经济、推进生态文明建设的税收优惠政策，并切实加强对企业的服务，做到急事急办，尽量让企业能早一天享受国家税收政策。全省资源综合利用认定企业形成年利用固体废弃资源1100余万吨的规模，其中，水泥企业节约石灰石资源490万吨，可减少二氧化碳排放215万吨。

五、抓氛围，加强循环经济发展的宣传引导

省级有关部门利用开展节能宣传周、环境保护日、世界水日、世界地球日等活动，加大资源节约和环境保护宣传力度，动员全社会广泛参与。组织企业积极参加国家有关部门举办的循环经济展览会、节能产品博览会，推介宣传浙江省循环经济、节能降耗技术和产品。各地各部门举办了各种形式的领导干部培训班，逐步提高各级领导循环经济工作方面的理论和业务水平。各新闻媒体紧紧围绕国家和全省循环经济工作，充分发挥新闻舆论的引导和监督作用，开展循环经济系列主题宣传，及时对有关工作动态、政策文件、典型示范等进行宣传报道，为促进浙江发展循环经济、建设资源节约型和环境友好型社会提供了有力的舆论支持。

六、2011年工作打算

浙江省2011年的循环经济工作，要坚持以科学发展观为指导，深入贯彻“创业富民、创新强省”总战略和推进生态文明建设的决策部署，以加快实施《浙江省循环经济试点实施方案》、推进循环经济试点省建设为重点，以规划编制、基地建设、项目推进、试点示范、产业链构建、政策支撑等为抓手，努力从循环经济“试点省”向“示范省”迈进，创建全国循环经济发展示范区，深入推进浙江省生态文明建设。突出抓好以下四方面的工作。

（一）进一步完善导向体系

一是完善规划和评价体系。结合《浙江省国民经济和社会发展第十二个五年（2011~2015年）规划纲要》，组织编制实施《浙江省生态文明建设“十二五”规划》、《浙江省发展循环经济建设节约型社会“十二五”规划》、《浙江省应对气候变化“十二五”规划》，以及节能、节水、资源综合利用、再生资源回收利用、海水淡化利用、新能源和可再生能源等专项规划，完善循环经济发展规划导向体系。调整完善循环经济评价指标体系，建立相应统计制度，研究建立对11个地市的评价制度，把循环经济评价指标体系纳入经济发展方式转变综合评价体系，纳入党政领导干部政绩考核体系，形成调动各级政府发展循环经济积极性的考核导向体系。二是完善法规体系。依据《浙江省人民政府关于加快循环经济发展的若干意见》，启动《浙江省循环经济促进条例》的制定工作，修订完善《浙江省资源综合利用条例》、《浙江省实施〈中华人民共和国节约能源法〉办法》、《浙江省废弃电器电子产品回收处理管理办法》等办法，研究制定废旧轮胎回收利用、包装物回收利用、农业废弃物回收利用等地方性规章，强化循环经济发展的法律保障。加强标准化建设，制定示范园区、基地、绿色社区、清洁生产、资源节约利用、废弃物资源化利用、有害物质使用等评价标准和技术规范，促进循环经济标准化、规范化发展。三是完善科技创新体系。按照浙江省建设科技强省的总体部署，集中科研力量组织实施水污染防治与水资源综合技术、固体废物综合处置技术、海水淡化与海水综合利用技术、可再生能源利用技术、高效节能技术、绿色化工技术、农产品质量安全与标准化技术等循环经济领域的科技创新重大专项，积极开发推广循环经济发展的关键与共性技术，实现循环经济领域的重点突破和跨越式发展。

（二）进一步突出重点建设

一是切实加强项目建设和管理。继续积极争取循环经济和资源节约重大示范项目中央预算内资金，对已获得中央资金的项目适时组织开展调研和检查，督促加快实施进度，尽快形成实物工作量。深入实施循环经济“991行动计划”，结合发展循环经济“991行动计划”及重点项目实施计划，突出抓好资源综合利用、节能、节水、节材、工农业园区生态化建设和改造、绿色建筑，以及循环经济技术开发和应用示范等方面的项目建设。进一步加强CDM项目规范化管理，注重对重点行业的指导，推动省内相关企业积极开展CDM项目开发申报工作。同时，继续加强国

际合作，充分利用国际资源推进浙江省应对气候变化能力建设。二是全面推进循环经济试点基地建设。对《浙江省循环经济试点实施方案》确定建设的25个循环经济试点基地，在规划编制的基础上，指导各个基地建立基地建设的领导机制，明确循环经济主导产业，全面推进循环经济试点基地的建设，并争取若干个基础较好、特色明显的试点基地纳入国家级循环经济试点基地。三是大力培育循环经济产业链。大力加强电力、冶金、化工、印染、造纸、建材等高消耗、高排放工业行业的工业固体废弃物、废水、余热余压等回收和综合利用，促进循环型工业产业链的延长和废弃物的综合利用。依托沿海和海岛地区已建及拟建的大型炼油、乙烯、电力等项目，着力构建石化、电力产业及其下游的纺织、塑料、精细化工、新材料等产业领域的循环经济产业链。结合工业园区生态化改造，着力构建区域循环经济产业链。大力发展循环农业，推广设施栽培、生态养殖、立体种养、种养加一体化、休闲农业等高效生态农业模式，加强对农作物秸秆、畜禽粪便、农产品加工业副产品、废农用薄膜的回收和综合利用，构建农业领域循环经济产业链。积极发展再生资源的回收利用， 完善和规范废旧物资回收网点和交易市场建设，制定废旧电器电子产品、报废机动车船、废轮胎等特定产品进行拆解的行业准入、规划布局、环境保护等规范，推动资源再生利用产业发展，形成以资源回收利用为纽带的循环经济产业链。

（三）进一步抓好试点示范

一是着力推进国家试点工作。做好循环经济统计试点的后续扫尾工作，为进一步完善循环经济统计评价指标体系、建立循环经济统计评价考核制度、反映循环经济发展成效、推动可持续发展奠定基础。按照国家发改委的要求，做好浙江省温室气体排放清单编制试点工作，为浙江省完成国家提出碳减排目标提供基准线，也为有效制定浙江省低碳发展的战略、政策、方案提供科学依据。继续加强对杭州低碳城市试点工作的指导和协调，树立典型，以点带面，推进浙江省低碳发展工作有力有序有效开展。二是着力推进再生资源综合利用。组织实施国家“城市矿产”示范基地建设，争取台州市金属资源再生产业基地、杭州大地环保废旧家电回收利用基地等成为国家级“城市矿产”示范基地。认真开展餐厨废弃物资源化利用和无害化处理试点工作，加强跟踪，督促落实，及时协调解决工作中遇到的困难和问题，力争宁波市、嘉兴市、舟山市成为国家城市餐厨废弃物资源化利用和无害化处理试点城市。深入推进城乡生活废弃物的资源利用和无害化处理，推广城乡生活垃圾分类收集和资源化利用设施，继续发展垃圾发电、城乡污水、污泥、餐厨垃圾等的资源化利用和无害化处理。三是着力推进节能节水节地节材。突出抓好电力、钢铁、有色金属等高能耗设备的淘汰和改造，推进建筑业和交通运输业的节能，全面推行峰谷分时电价和阶梯式价格，试行高耗能行业差别电价制度，大力推进低碳发展，组织实施《浙江省应对气候变化方案》。实行最严格的水资源管理制度，大力推动电力、纺织、造纸、化工等高耗水行业的节约用水，积极推广农业节水灌溉设备的应用，倡导节水型城市、企业和社区建设，探索建立主要流域水权制度。强化节约集约用地，加强城镇建设用地和工业用地节约，着力提高开发区（园区）土地的投入产业强度和土地利用强度，推进多层标准厂房建设，全面推进城乡建设用地增减挂钩试点和农村闲置宅基地、空闲地治理工作，探索开展农村集体经营性建设用地流转试点。推进各领域节材，加强重点行业原材料消耗管理和技术改造，加大替代型材料、可再生材料的推广力度，大力节约包装材料。

（四）进一步强化政策支撑

一是强化财政税收政策支撑。完善财政支持政策，建立健全省、市、县三级循环经济专项资金制度，激励循环经济发展。用足用好国家促进循环经济发展的税收政策，并积极向国家有关部门争取完善有关的税收政策。进一步完善和落实减免房产税、城镇土地使用税和水利建设基金等循环经济地税政策，探索建立资源循环利用企业“一企一策”的更加优惠的税收政策。二是强化价格政策支撑。研究制定有利于促进再生资源利用、节能环保产业、可再生能源等发展的价格激励政策，积极推进污水垃圾处理收费制度改革，合理调整有利于中水回用及海水淡化推广的电价政策。制定支持性的新能源省内临时上网电价，促进风力、太阳能、生物质能等可再生能源发展。三是强化投融资政策支撑。建立财政信贷贴息制度，引导金融机构对循环经济重点领域、重点项目和示范基地实行信贷倾斜。鼓励产业投资基金（股权投资基金）投资于资源循环利用项目，优先支持资源循环利用企业发行企业债券和上市融资。鼓励民间资本投资资源循环利用项目，探索BOT、金融租赁、特许经营、外包等多种投融资方式。

安徽省循环经济

安徽省发展和改革委员会

2010年，安徽省全面贯彻落实科学发展观，积极推动经济转型，大力调整产业结构，加快转变发展方式，以提高资源产出率和减少废物排放为目标，坚持把发展经济与节约资源、保护生态环境相结合，大力发展循环经济，促进经济社会又好又快发展。

一、发展循环经济的基本情况

一是坚持规划引领，健全政策体系。组织编制《安徽省循环经济发展“十二五”规划》及节能、节水、资源综合利用、清洁生产等重点领域专项规划，以规划带项目，将规划落到实处。编制并印发实施《安徽省农作物秸秆综合利用规划》，积极开展省级循环经济标准化试点工作。建立循环经济地方性配套法规政策和标准体系，开展制定《安徽省循环经济促进条例》前期调研工作。

二是加强示范推广，突出带动效应。选择111家单位开展循环经济试点，并在中期评估基础上，择优选择70家作为示范工程。铜陵市、淮北市、马钢集团等10家单位列为国家循环经济试点；界首田营循环经济工业区列为国家首批7个“城市矿产”示范基地；铜陵市、宁国市列为国家循环经济统计试点，以试点促推广普及，以示范促深化发展，健全循环经济试点示范体系。目前，铜陵市、淮北市以发展循环经济为理念，培育多元支柱产业，加快资源枯竭型城市转型。阜阳、宿州、宣城等市大力发展循环型农业，积极促进农民增收和新农村建设。铜陵有色、马钢集团、海螺集团等企业加快循环经济园区建设，大力实施资源循环利用工程，增强产业聚集，延伸产业链条，取得良好的经济社会效益。

三是加大投入力度，强化重点扶持。2010年，全省共有39个循环经济项目列入中央预算内投资计划，争取中央投资4.01亿元。为加快发展循环经济，设立省级循环经济专项资金，并制定《安徽省循环经济发展专项资金暂行管理办法》。积极谋划和推进循环经济和节能减排等重大项目前期工作，目前入库项目800多个，并将循环经济重大工程列入省“861”行动计划，由省政府直接调度。淮南矿业煤化工基地、淮北市煤化工循环经济基地、煤化盐化一体化项目、无为煤基多联产精细化工等一批大型循环经济产业基地建设规划和项目通过核准，正在加快实施。

四是坚持创新驱动，推动产学研结合。强化科技攻关，支持循环经济共性和关键技术的研究开发，加快循环经济适用技术推广应用。建立循环经济技术服务体系，成立省循环经济研究中心、省循环经济研究会，开展30多个国家和省级循环经济课题研究，建设奇瑞汽车节能环保国家工程实验室等一批创新和产业化平台，形成合肥、芜湖、蚌埠等循环经济科技研发、推广和服务产业基地，为发展循环经济提供人才和技术支撑。

五是强化宣传引导，营造社会氛围。在《安徽日报》开辟循环经济专版，举办“壮大循环经济 推进创业就业”、“发展循环经济与低碳经济 应对气候变化和能源问题”、“循环经济与节能减排”、“循环经济与新农村建设”等活动及培训班，广泛宣传循环经济理念，普及循环经济知识。

二、发展循环经济的工作成就

资源节约工作成效显著。“十一五”期间，安徽省以能源消费年均 8.32%的增速支撑了地区生产总值年均13.4%的增长，能源消费弹性系数由“十五”末的0.71下降到0.62，缓解了能源供需矛盾，为保持经济平稳较快发展提供了有力支撑。单位GDP能耗由2005年的1.216吨标准煤/万元下降到2010年的0.969吨标准煤/万元，累计下降20.36%，比全国高1.26个百分点，超额完成国家下达的目标任务，扭转了安徽省工业化、城镇化加快发展阶段能源消耗强度上升的趋势。单位GDP用水量由2005年的387立方米下降到2010年的239立方米，单位工业增加值用水量由

369立方米下降到166立方米。能效水平大幅提高。水泥、钢铁、铜冶炼等行业综合能耗分别下降25.22%、3.88%、10%；工业固体废弃物综合利用率达到84%，比全国高18个百分点。马钢集团、铜陵有色、海螺水泥等资源能源利用大户节能减排和资源利用率达到国内先进水平。

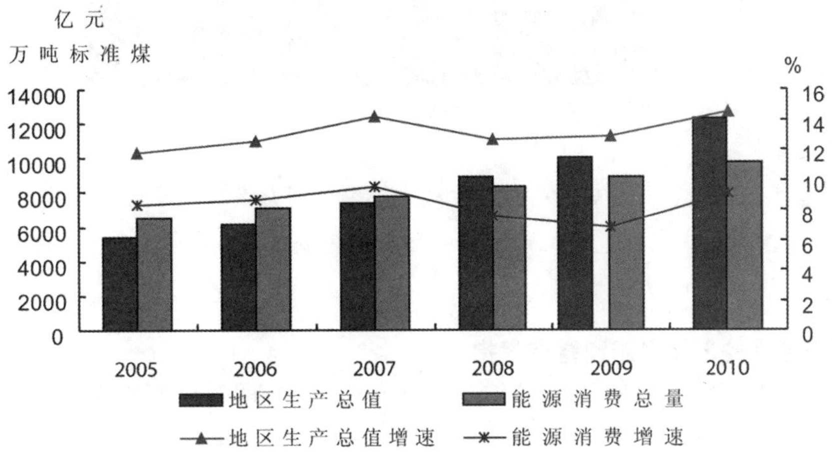

"十一五"能源消费总量、地区生产总值及其增速对比

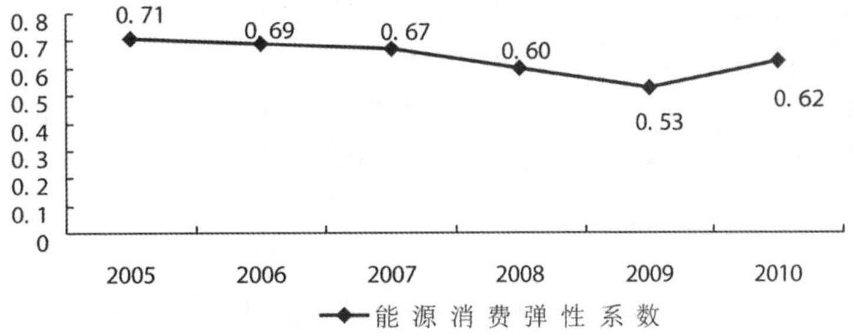

"十一五"能源消费弹性系数变化趋势图

生态环境保护取得初步成效。"十一五" 期间，安徽省二氧化硫和化学需氧量排放总量分别下降了6.72%和7.36%，分别完成"十一五"减排任务的167.99%和113.64%，超额完成"十一五"污染减排目标。新建污水处理设施92座、污水管网5054公里，新增污水处理能力328.5万吨/日，污水处理率达到79%，实现县县建成污水处理厂的目标。环境质量稳中趋好，主要环境指标得到改善。淮河干流安徽段水质状况良好，出境水质好于入境水质。长江干流安徽段、新安江流域总体水质状况优。巢湖湖区总体水质由劣V类好转为V类。主要水库水质状况良好，均未出现富营养化。城市集中式饮用水水源地水质达标率为93.4%。城市空气质量优良率为96.2%。城市区域噪声、道路交通噪声和功能区噪声状况总体稳定。生态环境状况良好，生态系统较稳定。全省共建成市级以上自然保护区38处，总面积43.6万公顷。

产业结构优化升级步伐加快。"十一五" 期间，安徽省大力推动落后产能淘汰工作，累计关停小火电机组305.5万千瓦，淘汰落后炼铁产能670万吨、炼钢产能1362万吨、水泥产能2940万吨、煤矿产能544万吨，超额完成"十一五"确定的目标任务。按照调整结构、上大压小的发展导向，开展企业战略性重组，加快传统行业升级改造，推动一批大企业扩大规模、提升水平，努力实现既增产增效又节能减排。积极发展节能环保型的先进制造业、高新技术产业和现代服务业，提升产业增量结构。三次产业结构由18.1:42:39.9调整为14:52.1:33.9。2010年，全省装备制造业、高新技术产业增加值占规模以上工业增加值的比重达到30%和29%，分别比2005年提高3.8和6个百分点。

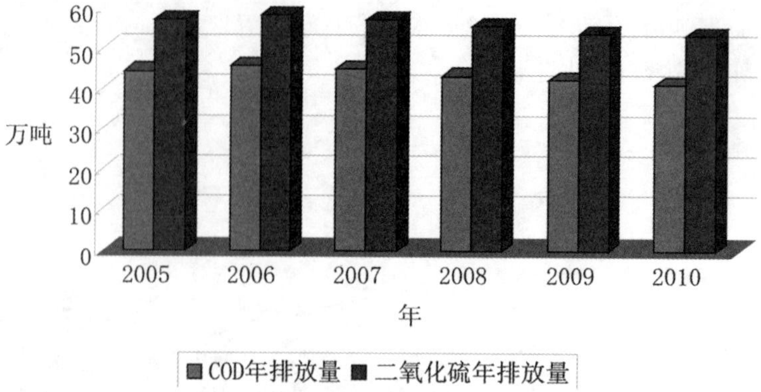

安徽“十一五”主要污染物减排情况

三、发展循环经济的工作思路和重点举措

深入贯彻落实科学发展观，以转变经济发展方式为主线，以机制创新和科技创新为动力，以提高资源产出效率为目标，在生产、流通、消费领域坚持“减量化、再利用、资源化”原则，加快形成节约资源和保护生态环境的产业结构、增长方式、消费模式，推进全面转型、加速崛起、兴皖富民进程。

（一）加强规划宏观指导

要把发展循环经济作为编制总体规划、专项规划、区域规划以及城市规划的重要指导原则，用循环经济理念指导各类规划的编制。编制发展循环经济总体规划以及节能、资源综合利用、节能环保产业等重点领域的专项规划，明确发展循环经济的基本思路、主要目标、重点任务、政策措施及重点项目。

加快研究建立以资源产出率、资源消耗降低率、资源回收率、资源循环利用率等为基本框架的循环经济评价指标体系，并把主要指标逐步纳入国民经济和社会发展规划。完善循环经济统计制度，加强资源消耗废弃物产生量和综合利用情况的统计工作。

（二）加大政策支持力度

加快出台《安徽省发展循环经济条例》，研究建立生产者责任延伸制度，全面推进循环经济配套法规体系建设。加快建立循环经济标准体系，制定和完善节能、节水和再生产品标准，建立并实施强制性产品能效标识、再生产品标识、节能建筑标识制度。落实资源综合利用和废旧物资回收利用税收优惠政策，制定有利于实施清洁生产的财政、税收、产业政策和技术开发、推广政策，实现资源的高效利用和循环使用。开展环境容量有偿使用和排污权交易试点。建立完善资源开发和生态补偿机制。深化资源型产品价格改革，建立能够反映资源供求状况和稀缺程度的价格形成机制。稳步推行阶梯式水价制度，鼓励使用再生水，促进水资源节约利用。

加大财政投入力度。县级以上政府要设立发展循环经济专项资金，采取直接投资或资金补助、贷款贴息等方式，支持循环经济重大项目建设。综合运用规划、投资、产业、价格、财税、金融等政策措施，建立健全投融资政策支持体系，形成有效的激励机制，引导社会资金投向循环经济，有效解决发展循环经济投入不足的问题。

（三）加快产业转型升级

结构调整和产业升级是发展循环经济的重要途径。要坚定不移走新型工业化道路，推动传统产业新型化、新兴产业规模化。严格落实《产业结构调整指导目录》。加快运用高新技术和先进适用技术改造提升传统产业，重点调整优化能源原材料产业和巩固提升汽车、家电、装备制造等优势产业，促进基础产业和加工制造业做强做优。强化节能、环保等指标约束，抑制高耗能、高排放行业过快增长。坚持高标准承接产业转移，严禁污染产业和落后生产能力转入。完善落后产能退出机制，加快淘汰落后产能。加快发展现代服务业，围绕节能环保、新能源、新材料、新能源汽车等重点领域，培育发展战略性新兴产业，提高服务业和战略性新兴产业在国民经济中的比重，加快构建以低碳排放为特征的现代产业体系。

根据各地区自然资源禀赋和经济结构特点，用循环经济理念指导区域发展、产业转型和资源型城市转型，构建区域循环经济体系。开发区建设要按循环经济模式规划、建设和改造，对进入园区的企业提出土地、能源、水资源利用及污染物排放综合控制要求，充分发挥产业集聚和工业生态效应，围绕核心资源发展相关产业，形成资源循环利用的产业链，建设集中供热和废弃物集中处置中心。

（四）深化试点示范工作

认真做好循环经济试点工作的总结和评估。按照典型示范、分步实施的原则，重点在企业、园区、社会三个层面，全面推进循环经济发展“百千万”示范工程，即五年建设500个循环经济示范单位、实施1000个循环经济重点工程、创建10000个低碳生活家庭，推广循环经济典型模式，形成覆盖全社会的资源循环利用体系。积极开展低碳城市试点，运用低碳技术改造提升传统产业，倡导低碳绿色生活方式和消费模式，探索有利于节能减排和低碳产业发展的体制机制。推进资源再生利用产业化。加快界首田营循环经济工业区等“城市矿产”示范基地建设，推进再生资源规模化利用。培育一批汽车零部件、工程机械、矿山机械等再制造示范企业，完善再制造旧件回收体系和再制造产品标准体系，推动再制造的规模化、产业化发展。加快建设城市社区和乡村回收站点、分拣中心、集散市场“三位一体”的再生资源回收体系，将再生资源综合利用培育成新兴产业。全面推行清洁生产，推广应用清洁生产技术，从源头和全过程控制污染物产生和排放，降低资源消耗。实施资源综合利用、废旧商品回收体系、再生资源回收利用、再制造产业化、餐厨废弃物资源化、农业废弃物资源化利用、产业园区循环化改造等循环经济重点工程，促进循环经济规模化发展。

（五）推动技术研发和应用

加快循环经济技术支撑体系的建设和发展，加强对循环经济共性和关键技术的研究开发、产业化示范和先进适用技术的推广应用，是发展循环经济的重要支撑。以合芜蚌自主创新综合试验区重点，深入推进国家技术创新工程试点省建设，加快构建企业为主体、市场为导向、产学研相结合的技术创新体系，增强自主创新能力。加强节能环保技术研发推广和应用，重点开发推广高效节能技术和先进环保技术装备，提高能效整体水平和污染防治水平。加快资源循环利用关键共性技术研发和产业化示范，提高资源综合利用水平和再制造产业化水平。积极推动协同创新，加强产学研战略联盟、技术服务平台和交易平台建设，推进市场化节能环保服务体系建设。积极发展资源循环利用关键技术装备和产品，加快把节能环保产业培育成新的支柱产业。建立政府引导、企业为主和社会参与的投入机制，发挥中央投资和省专项资金的作用，鼓励和引导金融机构加大对节能技术创新和技术改造项目的信贷支持。

福建省循环经济

福建省经济贸易委员会

2010年福建省认真贯彻落实《循环经济法》，积极推动和加快发展循环经济，努力打造循环型产业、循环型行业（企业）、示范性工程，通过强有力的政策保障，在资源节约、清洁生产、废物利用和环境保护等方面取得突破，不断提高资源与产品的循环利用和废物资源化水平。

一、发展循环经济工作主要情况

福建省围绕节能和发展循环经济的目标和任务，进一步加大推进力度，经过全省上下共同努力，2010年全省万元GDP能耗为0.7831吨标准煤，单位GDP能耗下降3.2%，全面完成”十一五”国家下达福建省单位GDP能耗下降16%的目标任务。2010年工业固体废物综合利用率达到72.68%以上，工业用水的重复利用率达到60%以上，培育了一批循环经济典型示范试点单位，实现了福建省节能和发展循环经济目标任务。

（一）重视法律法规和规划引导，实现节能和和循环利用

一是结合福建省实际，2010年完成《福建省节约能源条例》立法调研，现已列入省人大2011年条例工作计划。根据国家《循环经济促进法》，编制出台《福建省关于加快循环经济发展的意见》、《福建省“十二五”节能和循环经济专项规划》。开展福建省的立法调研，将提出和起草制定《福建省清洁生产促进法条例》等，对资源消耗、节约、循环利用、废物排放和环境状况作出分析，明确目标、工作重点。二是每年制定发展循环经济的推进计划，要求各地区和循环经济示范试点企业根据实际情况，编制循环经济发展实施方案，提出符合本地区以及重点行业、重点领域的资源集约利用、能源和水资源节约利用、清洁生产的发展循环经济的工作措施。

（二）推进产业结构调整升级，实现节能和循环利用

一是控制高耗能、高污染行业增长。严格执行《产业结构调整指导目录》、《关于抑制部分行业产能过剩和重复建设引导产业的若干意见》，加强产业政策与信贷、环保、土地、财税、价格、质检等政策的协调配合，对重点地区、重点行业实行更加严格的市场准入条件，对电解铝、铁合金、水泥、钢铁等高耗能行业实施差别电价、区域限批等政策，严控高耗能、高排放、低水平的重复建设项目进入。落实《福建省固定资产投资项目节能评估和审查暂行办法》，对年耗3000吨标准煤以上的投资项目实施节能评估审查，从源头上把好项目节能关，严控高耗能项目发展，有效遏制了高耗能、高污染行业增长。

二是加快淘汰能耗高、污染重的落后设备、技术和工艺。认真落实《“十一五”期间分年度分行业淘汰落后产能计划表》目标，进一步明确2010年淘汰任务、推进13个高耗能、高染污行业实施了淘汰落后生产能力。

三是对建筑饰面石材行业、电解铝、铁合金、水泥、钢铁等高耗能行业执行差别电价政策。通过执行差别电价和必要的经济补偿等政策，加快落后设备、技术和工艺的淘汰，建立健全落后产能退出机制，淘汰能耗高、效率低、污染重的工艺、技术和设备，有效遏制了这些产业的盲目发展和低水平重复建设。

（三）强化节能和循环重点工程建设

一是按照《福建省“十一五”循环经济发展专项规划》、提出的目标和任务，重新调整200家重点耗能企业名单，并加强了能耗监控。组织召开重点用能企业节能形势分析会，分析企业能耗情况，提出切实可行的节能降耗措施。大力推进节约降耗，减少自然资源消耗的重点工程。

二是推进重点项目和示范工程，围绕福建三钢集团、三明橡胶环科、泉港石化工业园区等5家国家级循环经济试点示范单位和94家省级企业及14个工业园区，加快推进项目实施，为加快全省循环经济发展提供借鉴和示范。福

建省的冶金行业企业，充分回收焦炉、高炉、转炉在生产过程中产生的大量煤气，节约大量的能源。通过采用余热余压发电、引进高炉炉顶压差发电技术，建设高炉煤气余压透平发电装置，实现资源优化配置和合理利用。

（四）积极开发利用可再生能源，促进能源结构的调整

积极推动水电、太阳能、风能、沼气、生物柴油等可再生能源建设。

一是组织规划和实施了《福建省太阳能产业发展行动方案》，启动了南安、莆田等地光伏电子产业基地、产业园区建设。组织实施了太阳能集中供热和太阳能路灯照明示范工程，推动太阳能利用产业化发展。

二是加强水能、风能、生物质能、沼气等可再生能源基地化、规模化、集约化建设，大力推广使用可再生能源、清洁能源，全省水电总装机达954.7万千瓦，建设并网的风力发电场12个，装机容量达45.7万千瓦，生物柴油产能达25万吨，农村户用沼气池保有量26.7万口。

三是推进核电建设。加快推进宁德、福清核电站建设，加快开展三明、漳州等一批核电后备厂址前期工作等。

四是开展生物柴油产业化利用示范工程，推进生物柴油产业升级和技术开发。2010年继续支持了以龙岩卓越能源公司为龙头产业基地的利用废动植物油生产生物质能等一批项目建设；支持了德化等县工业园区LNG项目的建设，促进能源利用向高效化、清洁化方向发展；推动陶瓷行业全面使用电能、天然气等清洁能源，减少了环境污染。

（五）积极开展技术创新

一是组织实施资源循环利用重点工程，重点支持大掺量煤矸石、粉煤灰、钢铁渣、石粉、脱硫石膏等应用技术产业化、规模化和产品多样化的利废建材企业。

二是加快推进自主创新步伐，制定实施14个重点产业调整振兴方案，加快利用先进适用技术改造传统产业，推进技术装备更新、工艺优化和产品升级换代。

三是推进行业、企业和园区发展循环经济，推进清洁生产。加快国家和省级循环经济试点建设。推进各种废旧资源回收和循环利用，建立可再生资源回收、加工和利用体系。2010年工业固体废弃物综合利用率提高为72.78%以上。

（六）全面推行清洁生产，加大企业清洁生产审核力度

一是积极引导企业实施清洁生产，加大审核力度，依法对污染物排放超标的企业，以及使用有毒、有害原料进行生产或生产中排放有毒、有害物质的企业，开展清洁生产审核，推进石化、建材、造纸、医药、啤酒、冶金、纺织印染等主要污染行业以及畜禽养殖业等行业实现清洁生产，逐步实现污染物零排放。修订《福建省清洁生产审核实施细则》，2010年公布118开展清洁生产审核企业名单。目前，全省已有福建炼油厂、三钢、南纸、福人木业等400多家企业开展清洁生产， 2010年，通过清洁生产审核验收企业实现节能165202吨标煤/年，COD年削减量293吨/年，SO_2年削减量548.6吨/年。

二是加大培训，建立清洁生产审核师骨干队伍和中介服务机构。先后组织了九期600多人参加的培训班，300多家企业的技术骨干和服务中介机构人员参加了清洁生产审核师培训。目前福建省已有100多人持有经国家环保总局、国家清洁生产中心清洁生产审核师培训合格证书，400多人持有经经贸委、省环保厅颁发清洁生产审核师培训合格证书。

（七）积极开展资源综合利用和再生资源回收利用，提高资源利用率

认真贯彻落实国家对资源综合利用的优惠政策，鼓励企业积极开展综合利用。2010年，通过资源综合利用认定的企业有181家。

一是煤矸石、粉煤灰、化工废渣、石粉等大宗工业废渣得到有效利用，综合利用产品涉及建材、化工、电力等行业30几个品种，涌现出了一批资源综合利用和循环利用的产业、企业、工业园区、县市先进典型。2010年南安市被列入省循环经济试点城市，加大石材产业的下脚料石粉利用，加工生产混凝土加气砖、人造大理石等新型建材石板壁画等，形成了协进、鹏翔、广泰祥、万灵、东野等一批资源综合利用的企业，年综合利用石粉、碎石3000多万吨，工业固体废物综合利用实现了产业化发展。

二是全省竹木综合利用率达98%以上。每年利用300多万立方米的木材“三剩物”，生产190万立方米人造板。

年节约480万立方米木材，相当于少砍伐7.4万公顷森林。同时，利用林木、竹子加工废弃物锯屑生产活性炭达6万多吨，相当于节约88万立方米的木材。

三是2010年再生利用工作也取得新突破，其中废纸年利用量达180万吨，废纸制浆量占造纸总量65%，年节约木材638万立方米，每年废钢利用量300万吨、废旧轮胎利用量12万吨以上。积极开展废旧家电回收利用，省物资集团下属福建宏源废旧家电回收处理有限公司在福州市600个社区建立回收网点。此外，龙岩卓越新能源发展有限公司年消耗废植物油、地沟油9万吨，替代化石柴油7万吨。实现可再生能源替代石油，缓解能源紧张状况，并杜绝餐桌污染，改善生态环境。

三、2011年加快发展循环经济工作计划

（一）注重规划指导，建立评价指标体系

强化规划对循环经济发展的宏观指导。加强促进循环经济发展的专题研究和协调指导，编制“十二五” 循环经济发展规划和年度实施计划。对能源资源节约、循环利用、废物排放和环境状况等作出分析，提出战略目标、工作重点和政策措施。

研究建立科学的循环经济评价指标体系。将资源产出、资源消耗、资源综合利用、再生资源回收利用、清洁生产水平等推进循环经济发展的主要指标完成情况定期通报，并作为各级政府的绩效评价内容。

（二）完善法规标准体系，强化监督管理

加快制定《福建省循环经济促进条例》、《福建省节约能源条例》、《福建省清洁生产促进条例》等地方性法规和规章，形成较完善的加快循环经济发展的政策法规体系。加快节能、节水、节材和清洁生产标准制定和修订工作。

强化固定资产投资项目节能评估审查和环境影响评价，严把产业政策关、资源消耗关、环境保护关。组织开展对重点用能单位、重点用水单位的节能监测和用水监测，开展资源节约专项检查。

（三）推动循环型企业、园区、城市建设

1.循环经济示范企业建设。全面开展清洁生产审核，建立清洁生产型企业，从源头减少废物的产生。不断改进设计，采用先进工艺、技术和设备，提高资源利用率和副产品及废物综合利用率，实现资源消耗“减量化”。 发挥国家级和省级循环经济试点企业的示范带动作用。在生产过程中加强节能和资源节约利用，建立能源利用效率评价制度，积极开展工业废水循环利用和中水回用。

2.循环经济示范园区（基地）建设。进一步完善福建省各类工业园区的发展规划，对入园企业提出土地、能源、水资源利用和“三废”排放及回收利用指标。着力抓好工业园区工业“三废”处理及回用体系建设，实行污染集中布点、集中治理、达标排放。以泉港石化工业园区、德化陶瓷产业园区等13个国家级和省级循环经济示范园区建设为重点，充分发挥示范带动作用，促进其他工业园区向循环经济工业园区的方向发展。

3.循环经济示范城市（市、县）建设。抓好列入全国循环经济试点的福州市、三明市再生资源回收体系建设，支持仙游县、永安市、周宁县等县域再生资源回收体系建设。通过加强备案管理，规范再生资源回收经营行为，培育发展再生资源回收龙头企业，促进福建省再生资源回收行业健康有序发展。抓好三明市清洁生产示范城市建设工作。建立和完善清洁生产管理体制和清洁生产审核机制，建立适应循环经济建设要求的清洁生产信息系统和技术咨询服务体系，树立一批清洁生产示范企业。抓好莆田市、泉州市节水型示范城市建设工作。逐步建立以水权制度建设为核心的节水型社会管理体系；适时调整水价，通过价格杆杠优化配置水资源；改善水生态环境，建立水源保护区管理长效机制和生态补偿机制。抓好福州市与武平县可再生能源建筑应用示范城市和示范县建设工作，推动可再生能源在城市建筑领域的大规模应用以及在农村地区的示范推广。抓好德化县陶瓷产业循环经济示范县、南安市石材产业综合利用循环经济示范县、永定县绿色照明示范县建设。

（四）推动重点工程，发挥示范带动作用

全面推进循环经济示范工程建设，在石化、冶金、建材等重点企业、综合性区域、工业园区组织开展循环经济示范试点工作。支持节能、节水、资源综合利用、清洁生产、再生资源回收和环境治理等技术改造及建设项目的实施。支持畜禽粪便资源化、沼气发电、石材废渣、矿产尾矿综合利用项目的建设。

（五）全面推行清洁生产

进一步规范完善对清洁生产企业的审核。在火电、石化、冶金、建材、轻纺、煤炭、造纸、钢铁、啤酒等能耗、物耗和污染较高的行业以及漂染、电镀等重污染企业较为集中区域全面推行清洁生产，强化环境准入和淘汰制度，制定高污染行业重点产品的单位产值能耗、水耗和污染排放强度的地方指标，依法取缔高能耗、高水耗、污染严重的生产企业；通过清洁生产技术攻关，采用先进的工艺技术设备，提高资源利用效率，降低污染物排放。

（六）依靠科技创新，突破技术瓶颈制约

加快循环经济新技术、新工艺、新材料、新产品和新设备的推广应用。建立完善节能环保产品政府采购制度，适时滚动修订发布节能环保产品政府采购清单。政府采购优先使用采购清单内节能环保产品。

加强循环经济技术服务体系建设。建立和完善清洁生产管理体制，建立清洁生产信息系统和技术平台，咨询服务体系。加快培育一批从事循环经济投融资、技术开发、咨询服务、推广应用的服务机构。

（七）建立激励机制，鼓励循环经济发展

加大财政支持力度。积极争取中央预算内投资、国家节能技术改造财政奖励资金支持。省级财政要加大预算内节能和循环经济专项资金的投入，市、县（区）财政也要在预算中增加对循环经济发展的投入。重点支持示范工程建设、重点技术开发、重大项目实施、公共信息服务。建立奖励制度。

（八）加强对发展循环经济工作的组织和领导

加强组织领导。从战略的高度，充分认识发展循环经济的重大意义，增强紧迫性和责任感。抓紧制定具体的实施方案，采取切实有效措施，加快推进循环经济发展。建立健全推进循环经济发展的协调工作机制，推动循环经济工作发展。

江西省循环经济

江西省发展和改革委员会

2010年是实现“十一五”目标的决战年，也是两个五年规划的衔接年，江西省紧紧抓住鄱阳湖生态经济区规划上升为国家战略的有利时机，认真贯彻党中央、国务院及省委、省政府的部署，大力发展绿色经济，推动节能减排，加快资源综合利用，继续保持了经济平稳较快增长，在转变经济增长方式、加快结构调整等方面取得了显著成效，为“十二五”江西循环经济开好局、起好步奠定了良好基础。

一、发展循环经济的主要措施

（一）加强组织领导，建立健全目标责任制

一是在省市县三层面建立健全了循环经济组织机构，做好规划、指导、协调、评估、考核工作，明确分工及其责任，逐级抓好落实，形成合力强势推进。二是初步形成了与循环经济发展要求相适应的目标和考核体系，纳入各级政府的年度工作目标和考核范围，并依据《中华人民共和国循环经济促进法》的有关规定，根据考核结果予以表彰、奖励或惩罚。

（二）突出抓好重点领域循环经济发展

依托江铜、新钢等大型国企，积极开展城市矿产示范基地建设，增强资源自给能力。开展生态工业园区试点建设，累计推进南昌高新区等42家园区开展试点，重点督促鄱阳湖生态经济区内38个县工业园区率先试点。参照国家生态工业示范园区标准，建立省级生态工业园区考核评价指标体系。

（三）推进重点循环经济工程建设

一是全面启动循环经济示范基地建设。“十一五”期间，共规划建设鹰潭（贵溪）铜产业循环经济基地、新余钢铁再生资源产业基地、江西赣州稀有稀土金属循环经济产业基地、丰城市资源循环利用产业基地、江西赣州铜铝有色金属循环经济产业基地、江西龙南再生资源回收利用产业基地等循环经济示范基地建设；二是全面启动循环经济试点工程建设。在工业、农业，生产与消费、政府采购等领域全面推进循环经济试点工程；三是全面启动城市矿产工作，新余钢铁再生资源产业基地已被列为国家城市矿产示范基地，下步将继续将鹰潭（贵溪）铜产业循环经济基地、江西赣州稀有稀土金属循环经济产业基地、丰城市资源循环利用产业基地等基地申报列入国家城市矿产示范基地。

（四）加大对循环经济的扶持与引导力度

一是充分发挥税费和价格政策的引导作用。落实差别电价政策，严格执行单位产品能耗限额标准。取消对高耗能企业的优惠电价政策，对脱硫火力发电企业实行每度电加价1分5厘；二是健全相关政策法规。制定了《江西省“十二五”循环经济发展规划》，发布实施了《江西省节能减排综合性工作方案》、《加快推进全省县（市）排水管网建设实施方案》、《关于开展“以大代小”发电量计划指标置换交易试行工作的指导意见》、《江西电网发电权交易实施细则》、《关于支持循环经济发展投融资政策措施贯彻意见》、《关于加快推行合同能源管理促进节能服务产业发展的贯彻实施意见》等。三是在重点推进萍乡市等4个单位开展国家循环经济试点基础上启动省级循环经济试点工作，选择鹰潭市等2个设区市、10个重点县（市）、12个工业园区（产业基地）和36个企业，作为第一批试点单位。四是积极探索生态发展新模式。开展生态工业园区试点建设，累计推进南昌高新区等42家园区试点，重点督促鄱阳湖生态经济区内38个县工业园区率先试点。参照国家生态工业示范园区标准，建立省级生态工业园区考核评价指标体系，累计完成20家试点园区考核验收。

（五）全面推进节能减排工程建设

一是全面启动城镇生活污水治理工程建设。2010年末，全省85座县级污水处理厂全部建成投运，新增日污水处理能力105.6万立方米、管网1353.6公里，城镇污水处理规模达272万吨/日，全省城镇生活污水处理率提升到67.8%，实现每个设区市城市均有建成并运行的污水处理厂的目标。二是制定并分解落实节能减排目标。实行节能减排公报和考核制度。成立全省生产总值能耗核算和考核领导小组，制定并落实《江西省节能减排统计、监测及考核实施方案和办法》，每半年公布一次全省及各设区市各项能耗指标，按年度通报各设区市减排指标。三是加强节能减排监督管理。从2010年11月1日起，按照国家要求，建立独立能评制度。组织开展节能减排专项督查。针对不同污染源开展清理整顿不法排污企业保障群众健康环保专项行动，对百家重点企业（包括千家节能行动企业）和11个设区市上年度节能减排目标责任进行综合考评；加大节能减排执法力度。对于群众反映强烈的环境污染问题，进行挂牌督办，对于重大环境违法案件，公开曝光，并依法严肃追究责任；加强节能减排的计量、统计、监测和管理、服务体系建设。加强和完善专门机构建设，在省级发改、环保、统计等部门专门工作处室，组建省节能中心、省节能环保投资公司，推进11个设区市相应建立健全专门机构；建立预测预警应急调控机制。适时发布《江西省2010年节能减排预测预警应急调控工作方案》，明确调控目标，提出三级预警调控措施，确定启动程序和部门责任。并根据节能减排形势，建立按月分析调度制度，由省发改委、省环保厅多次会同相关部门对新钢公司等高耗能、高排放企业进行预警约谈。四是实施和强化环评“区域限批”制度。制定下发《关于加强高耗能、高排放项目准入管理的实施意见》，对重要减排措施不落实、未按期完成减排任务、超过排放总量控制指标、主要河流控制断面不达标、城市污水处理厂建设严重滞后且不正常运行的，以及没有完成淘汰落后产能任务的地区或企业，依照有关规定，暂停该地区或企业新增污染物项目的环评审批。

（六）加大发展循环经济的资金扶持与引导力度

一是不断加强中央和省级财政专项资金的扶持。“十一五”时期，累计争取到中央财政专项资金近40亿元，带动企业和银行的节能减排投资300多亿元。其中争取中央预算内投资近4亿元实施了56个资源综合利用重大项目，总投资50亿元。江西跃达建材（玉山县，浙商）等16个粉煤灰综合利用生产加气混凝土砖的项目，形成600万立方米新型墙材产能；上饶市裕鑫铜业等18个尾矿、矿渣、低品位矿综合回收利用项目，形成年回收铜2万吨、钨等稀有金属1万吨的能力；丰城宏成金属等6个废旧金属回收入利用项目，形成年回收铝30万吨、铜15万吨、钢铁60万吨的能力。同时，不断加大省级财政对节能减排项目建设的支持力度，累计安排各类省级财政节能环保资金10.57亿元，其中：省级财政环保资金7.8亿元，省基建投资5000万元，省级财政节能专项资金1.22亿元，省级生态工业园区专项奖励资金1.05亿元。二是充分发挥税费和价格政策的引导作用。落实差别电价政策，严格执行单位产品能耗限额标准。取消对高耗能企业的优惠电价政策，对脱硫火力发电企业实行每度电加价1分5厘；按照补偿成本、合理盈利的原则，提出了全省污水处理收费标准的指导意见。“十一五”期间，全省累计认定资源综合利用企业（项目）271家（次）、落实税收减免10亿元，核发再生资源回收利用证书461家（次）、落实税收减免30亿元，为150余辆在指定范围内运输粉煤灰、煤矸石或炉渣专用车辆办理了免缴路桥通行费手续，提高了企业资源综合利用的积极性和主动性。三是加快淘汰落后生产能力。“十一五”以来，江西省淘汰小火电机组169万千瓦、落后炼铁能力150万吨、落后炼钢能力315万吨、落后水泥生产能力987.8万吨、小电石2.3万吨、小焦炭155万吨、小造纸36.8万吨等，同时关闭煤矿矿井100处、淘汰落后产能212万吨，超额完成“十一五”淘汰落后产能任务，被国家能源局授予全国“十一五”小火电机组关停先进工作单位。

二、循环经济发展的主要成效

（一）能源消耗明显降低

通过实施一批重大项目，推广使用节能降耗新工艺、新技术、新设备，全省产值能耗、产品能耗和建筑能耗明显降低，主要设备能源利用效率不断提高。2010年，全省单位GDP能源消耗0.845吨标煤。“十一五”期间，全省以能源消费总量年均8.2%增幅，支撑了GDP年均增长13.2%、工业化率提高10.3个百分点、城镇化率提高7.7个百分点、人均GDP突破3000美元的快速发展；全省节能1200万吨标准煤，相当于减排二氧化碳3000多万吨，能源消费弹性系数由“十五”的0.97下降到“十一五”的0.62。

（二）污染物减排取得积极进展

经国家核定通报，2010年全省化学需氧量和二氧化硫排放量分别为43.11万吨和55.71万吨，分别比2005年下降5.73%和9.13%，全面超额完成了“十一五”主要污染物总量减排任务。2010年，省委、省政府高度重视污染减排工作。把保证脱硫设施和污水处理设施正常运行作为重点，采取“细化量化指标、强化工程减排、推进结构减排、分片督查调度、定期通报进展、严格监管执法、目标责任追究”等七项组合措施，精细化管理，推进减排工作。

（三）生态工业园建设成效显著。

累计推进南昌高新区等42家园区试点，重点督促鄱阳湖生态经济区内38个县工业园区率先试点。参照国家生态工业示范园区标准，建立省级生态工业园区考核评价指标体系，累计完成20家试点园区考核验收。全省94家省级以上开发区70%以上的用地属于荒山、荒坡、荒滩和丘陵，依托园区办工业比过去分散建厂方式节省近6万亩土地。通过规划引导、政策扶持，一批工业园区在产业集聚基础上陆续形成比较完整的工业生态系统。

（四）循环经济试点单位亮点纷呈

江铜集团等4个单位国家循环经济试点成效显著；江铜集团60万吨硫铁矿循环经济项目一期工程开工，概算总投资5.46亿元，项目建成后，可年产98%工业硫酸25万吨、优质铁精粉18万吨，余热发电量7800万度，二氧化硫总转化率超过99.87%，三氧化硫吸收率超过99.99%，实现含重金属废水“零排放”，并充分利用生产中余热实现热电联产。省级循环经济试点工作进展良好，各试点单位编制了试点实施方案，地方政府在政策引导、资金扶持、税收优惠、技术支撑方面开展卓有成效的工作。南昌高新技术开发区经环保部、商务部和科技部近日正式批准进入“建设国家生态工业示范园区”行列，成为中部首家被批准建设国家级生态工业园的国家级高新区。

（五）资源综合利用水平大幅提高

全省新型墙材生产企业综合利用工业固体废渣3426万吨，生产新型墙材549亿块标砖，节约能源340万吨标煤，保护土地9.06万亩，减少二氧化硫排放8.5万吨。累计供应散装水泥8500万吨左右、预拌混凝土量4000万立方米左右，综合利用废弃物394.85万吨，折合节约能源195.3万吨标煤，减少粉尘排放85.43万吨，减少二氧化碳排放507.77万吨，减少二氧化硫排放1.66万吨。“十一五”前四年，百户重点资源综合利用企业利用和消纳粉煤灰、煤矸石、矿渣等工业固体废弃物4371万吨，综合利用产品实现销售收入逾210亿元，落实各项税收减免逾5亿元；百户重点再生资源利用企业利用再生资源739.7万吨，实现销售收入1064.3亿元，落实各项税收减免逾35亿元；江西星火有机硅厂以资源再利用为核心，积极消化和处理有机硅单体副产物和废料，既保护了生态环境，又产生了经济效益，每年有机硅单体和废料的再利用产生经济效益2000多万元。江西贵溪化肥有限责任公司大力开展“三废”综合利用和水循环利用，“三废”综合利用总产值每年达2500万元，其中：回收含氟气体可生产氟硅酸2000吨，回收含氯化氢尾气可生产盐酸32000吨，利用余热发电1600千瓦时。

三、2011年江西循环经济的工作要点

（一）制定和完善相关政策、法规和规划

一是加快节能法配套法规制定。出台《江西省实施<中华人民共和国节约能源法>办法（修订）》、《江西省资源综合利用条例（修订）》、《江西省固定资产投资项目节能评估和审查办法》、《江西省节能监察办法》，完成《江西省实施《中华人民共和国循环经济促进法》办法》等调研起草工作。二是制定节能减排相关规划与标准。及时发布“十二五”节能专项规划、循环经济发展规划、节能环保产业发展规划、污水垃圾处理设施建设规划等系列专项规划。同时，推进高耗能产品能耗限额强制性省级标准和用能产品强制性能效标准制定和完善。

（二）继续推进循环经济试点工作

以重点项目为抓手，继续大力推进萍乡市等国家循环经济试点单位建设，继续推进新余市、鹰潭市、丰城市、万年县、鹰潭（贵溪）铜产业循环经济基地、新余钢铁再生资源产业基地、赣州经济技术开发区、景德镇高新技术产业园等全省第一批省级循环经济试点单位建设，开展第二批省级循环经济试点工作。

（三）积极探索农业循环经济发展模式

重点推进以农作物秸秆综合利用、畜禽综合治理为主的循环农业体系建设，同时有效实施农药及化肥的“双减”工程，积极探索试点10个农业生态园建设。

（四）继续探索生态发展新模式

全面开展清洁生产审核，创建一批省级清洁生产示范企业；继续推进10个以上省级生态工业园区建设，进一步开展好省级生态工业园区试点评审认定工作，继续重点督促鄱阳湖生态经济区内工业园区开展生态园区建设；积极推进鹰潭（贵溪）铜产业循环经济基地等单位开展城市矿产示范基地建设，大力推进南昌、九江、赣州等城市餐厨废弃物资源化利用和无害化处理试点工作。

（五）建立健全循环经济统计制度

参照外省市经验，以提高资源生产率和减少废物排放为目标，合理设定循环经济统计指标，准确、及时提供主要资源利用水平、资源使用质量和节能、节水等措施的采用情况。

（六）全面开展资源综合利用工作

一是做好资源综合利用认定。抓好100家重点资源综合利用企业认定工作，推进一批资源综合利用重点项目建设。二是完善全省资源回收利用体系建设。依托省供销系统、城市环卫等流通行业回收利用体系网点，进一步规范、整合与完善，力争每个县（市、区）设立一个规模适度、网点布置合理、管理规范的资源回收体系。

（七）积极开展好各项配套工作

一是开展节水型城市建设试点。推进矿井水综合利用、大型用水企业循环利用，倡导居民节约用水，开展节水型城市建设试点。二是抓好节能环保产品与技术推广。继续抓好节能产品推广，积极引导企业优先购置列入国家“环境标志产品政府采购清单”和“节能产品政府采购清单”的节能环保产品，大力推进采取合同能源管理方式、节能自愿协议等节能新机制为中小企业、公共机构实施节能改造。三是增加财政投入。储备一批节能减排效益好的重点项目，争取国家更多财政资金支持；促进全省各级财政加大投入，提高原有资金规模与扶持范围，力争设立省级循环经济专项资金。四是做好节能减排宣传培训工作。全方位开展节能减排知识技术普及与推广，不定期开展节约能源法、节能评估审查办法等相关配套政策法规专项培训，继续办好每年一次的节能宣传周等专题宣传活动。

山东省循环经济

山东省经济和信息化委员会

2010年，山东省继续认真贯彻落实《循环经济促进法》、《国务院关于加快发展循环经济的若干意见》等法律法规以及国家发改委等部位发展循环经济的要求，按照省委、省政府决策部署把发展循环经济作为实现转方式、调结构的重要抓手，作为破解资源环境瓶颈的重要措施，科学谋划，精心组织，扎实工作，推进试点工作和整个循环经济发展取得了突破性进展，有效实现了山东省经济发展模式由高耗能、高污染、低效益型向低能耗、低排放、高效益型的转变，圆满完成了循环经济试点省的各项目标任务。

一、取得成效

（一）减量化目标如期实现

2010年，全省万元GDP能耗达到1.02吨标准煤，比2005年下降22.09%，单位国内生产总值能耗降低率居全国第四位（依次为北京26.59%、山西22.66%、内蒙古22.62%）；全省化学需氧量（COD）排放量累计削减率为19.44%，居全国第三位（依次为上海27.71%、北京20.67%）；全省二氧化硫（SO_2）排放量累计削减率为23.22%，居全国第四位（依次为北京39.73%、上海30.2%、江苏23.49%）；主要工业固体废物综合利用率达到95.1%（老统计口径），比2005年提高5个百分点；主要再生资源回收利用率达到65.8 %，比2005年提高15.8个百分点；2010年，万元GDP取水量65.5立方米，比2005年下降42.0%，超额完成下降30%的目标；规模以上工业用水重复利用率达到89.54%，比2005年提高24.54个百分点，超额完成了2010年75%的目标。

（二）再利用水平大幅度提高

一是再制造产业快速成长，并初具规模。“十一五”是山东省再制造产业发展最快时期，达到全国领先水平。2005年全省只有1家再制造企业，到2010年达到23家，再制造企业实现销售收入197.9亿元，同比增长17.6%，实现利税15.8亿元，增长18.6%，实现利润9.9亿元，增长33.8%。二是再利用领域进一步拓宽，并向纵深发展。由2005年的发动机再制造，发展到2010年发动机零部件、矿山机械、石油装备、办公用品等产品的再制造。2010年，全省翻新轮胎2376万条，同比增长24.6%；再制造汽车发动机2.4万台，增长58.5%；再制造激光硒鼓487万支，增长377.5%；再制造矿山机械2012台（套），增长89.2%。

（三）资源化成效显著

2010年，全省资源综合利用企业共利用工业固体废物5290.1万吨，“十一五”期间年均增长8.9%；利用废气203.9亿立方米，年均增长28.1%；利用废水1286.1万吨，年均增长14.5%。全省重点统计的24类综合利用产品中，水泥4075.5万吨，年均增长4%；砖47.5亿标块，年均增长33%；纤维板356.8万立方米，年均增长27.9%。全省资源综合利用产业实现产品产值365.1亿元，年均增长8.6%；销售收入357亿元，年均增长13.6 %；税金24.3亿元，年均增长14.4%；利润37亿元，年均增长12.8%。

二、主要做法

（一）抓循环经济试点省建设，把最大限度地提高能源资源利用率作为工作着力点

1.全面落实循环经济试点省实施方案

2010年以来，以贯彻落实《循环经济促进法》为主线，全面抓好《山东省循环经济试点省实施方案》的落实。组织省有关部门和各市对试点省建设情况进行中期评估，总结好的经验和做法，找出并分析存在的问题和不足，对如何全面完成循环经济试点省的各项目标任务，提出有针对性的对策和建议，并将《中期评估报告》印发各市，和

省有关部门抓好落实。

为全面完成循环经济试点省任务目标，3月23日，召开了全省循环经济与清洁生产工作会议，各市节能办主任、分管科（处）长，55家省循环经济示范单位和30家清洁生产先进企业负责人，共170余人参加了会议。

会议要求：2010年全省循环经济与清洁生产工作要围绕转方式、调结构、促发展的总体要求，以全面完成循环经济试点省任务为目标，以资源化、无害化和再利用为重点，加快发展循环经济，积极推行清洁生产，大力开展资源综合利用，努力构建资源节约型和环境友好型社会。

2.精心组织实施循环经济“双百”工程

为了进一步推动循环经济发展，在全省组织实施了循环经济“双百”工程，优选100家循环经济示范单位和100个循环经济重点项目，在全省进行推广和实施。100家循环经济示范单位包括示范县（市、区）10家、示范园区10家、示范企业80家。100个重点项目包括减量化项目23个、资源化项目52个、再利用项目8个、无害化项目17个。项目实施后，年可综合利用粉煤灰、煤矸石等固体废弃物326万吨，综合利用农业秸秆等农作物废弃物213万吨；年节约标准煤104万吨，节电4406万千瓦时，节水4422万吨；年可减排SO_2 2412吨，减排CO_2 16.7万吨，减少COD排放5327吨。

3.探索研究循环经济发展模式

组织召开了重点行业发展循环经济工作座谈会，交流了“十一五”期间钢铁、电力等重点行业循环经济发展情况以及取得的成功经验，优选出高唐县循环经济发展模式、莱芜钢铁集团循环经济发展模式等十大循环经济发展模式，进行宣传推广。

4.积极开展循环经济统计和标准化试点工作

按照《国家发展改革委办公厅、国家统计局办公室关于开展循环经济统计试点工作的通知》（发改办环资〔2010〕1755号）的要求和《循环经济统计试点实施方案》的安排，会同省统计局启动了循环经济统计试点工作，并于8月19日，召开循环经济统计试点动员暨培训工作会议。选取了青岛市和莱芜市作为循环经济统计试点市。研究建立资源产出率的统计核算方法，完善循环经济统计评价指标体系，建立循环经济统计评价考核制度、反映循环经济发展成效、推动经济社会可持续发展。

为进一步贯彻落实科学发展观，运用标准化的手段，加快循环经济先进技术的推广应用，探索循环经济发展的新思路和新经验，促进山东省经济、社会、环境的可持续发展，会同省质量技术监督局，开展了循环经济标准化试点工作。经严格的申报、评定程序，省质监局会同省经信确定山东泉林纸业有限责任公司、山东天圆铜业有限公司、莱芜钢铁集团有限公司、山东银香伟业集团有限公司等13家企业列为2010年全省循环经济标准化试点单位。

5.认真做好“城市矿产”示范基地建设

根据国家发展改革委、财政部《关于开展城市矿产示范基地建设的通知》（发改环资[2010]977号）要求，指导青岛新天地静脉产业园制定具体的实施方案，同时制定鼓励扶持政策，为“城市矿产”基地建设提供良好的发展环境。青岛新天地静脉产业园在进一步完善废旧家电及电子产品回收处理工作的基础上，开展了报废汽车拆解、废轮胎资源化利用、贵重金属提取、废塑料再生利用、废矿物油处理，2010年，回收废旧家电及电子产品147万台，废旧家电资源化率达到87.6%；回收利用各类废弃物和可再生利用资源共计22.3万吨。

全省循环经济与清洁生产工作会议

6.加快发展再制造产业

积极落实国家发改委等部门印发的《关于推进再制造产业发展的意见》，支持以报废汽车、工程机械和矿山机械的零部件、废旧硒鼓等为重点再制造企业做大做强。制定了《山东省汽车发动机及零部件再制造试点方案》，打造山东省旧发动机及零部件—再制造—再利用产业链。复强动力、潍柴动力作为国家发改委确定的试点企业，近年来得到快速发展，复强动力2010年生产再制造发动机17000台，潍柴动力2010年生产再制造发动机6000台。组织泰山建能、富美科技、胜机公司等企业开展工程机械、打印机硒鼓等再制造，会同省科技厅、省财政厅等7个部门联合印发了《关于加强和规范废旧硒鼓回收再利用工作的通知》，公布了废旧硒鼓回收处理企业名单，推进山东省废旧硒鼓再利用。

2010年3月份工信部在济南召开了全国再制造试点工作交流及实施方案编制培训会议，推广山东省的经验和做法，6月份，在国家发改委召开的全国再制造技术与经验交流会上，山东省作了典型发言。

（二）抓清洁生产的推行，把节能降耗、减污增效作为工作着力点

1.加快清洁生产立法进程

5月4日，省政府第71次常务会议讨论通过了《山东省清洁生产促进条例》（草案）。5月27日，省人大常委第17次会议第一次审议通过了《条例》草案。期间，陪同省人大财经委、省法制委、法工委、省政府法制办及有关部门多次调研，反复研究修改，于7月30日省人大常委第18次会议审议通过，2010年11月1日实施。《条例》共八章，五十三条。明确了清洁生产主管部门，对清洁生产审核作了具体规定，设立了清洁生产单位认定制度，设定了专项资金制度，建立监督管理体系。

2.加大清洁生产审核力度

年初，下发《关于公布2010年度山东省实施清洁生产审核重点企业名单的通知》（鲁经信循字〔2010〕3号），公布了111家自愿实施清洁生产审核单位。8月份，按照王军民副省长在节能减排指挥部现场办公会上的要求，印发了《关于进一步加强清洁生产审核工作的通知》（鲁经信循字〔2010〕400号），公布了2010年度第二批自愿实施清洁生产审核的单位名单，全年自愿实施清洁生产审核的单位数达468家。截止11月底，全省验收通过了283家单位的清洁生产审核，这些企业通过实施清洁生产方案，年可削减COD排放2283.4吨，削减SO_2排放3.02万吨，削减废水排放224.5万吨，削减固体废弃物226.5万吨，年节约新鲜水使用13.4亿吨，节约标煤61.9万吨，增加效益32.95亿元。

3.突出抓好宾馆酒店行业的清洁生产工作

在调研学习基础上，会同发改、财政、商务、旅游、工商等15个部门联合下发了《关于逐步取消宾馆酒店行业一次性日用品的通知》，确定在山东省宾馆酒店招待所及相关单位开展逐步取消一次性日用品工作。《通知》要求，2010年12月1日至2011年5月31日为过渡期，山东省境内的宾馆酒店行业不再将一次性日用品配送至每间客房或餐桌，仅在客人提出需要时配送。自2011年6月1日起，在山东省境内的宾馆酒店行业正式取消免费提供一次性日用品，改为明码标价，有偿提供。

4.进一步完善山东省清洁生产信息服务体系

切实加强对36家清洁生产咨询服务机构的管理，为企业提供客观、公正、优质、高效的清洁生产服务。审核补充了山东省清洁生产专家库专家，在各市和有关部门上报的专家中，认真筛选公布了第二批清洁生产专家库87名专家，目前专家库共有190名专家。加强清洁生产培训。汇总筛选近年来清洁生产审核典型案例，编印了《山东省清洁生产案例选编（Ⅰ）》，9月26日至27日在济南举办了130多人参加的第三期清洁生产内审员培训班。2010年共举办培训班3期，共培训249人。

山东省循环经济统计试点动员暨培训工作会议

（三）抓资源综合利用，把提高资源能源利用效率、增加产品附加值作为工作着力点

1.研究制定资源综合利用政策措施

为了加强对商品混凝土生产企业综合利用废石和淤沙认定管理，根据《国家鼓励的资源综合利用认定管理办法》、《山东省资源综合利用条例》和《山东省资源综合利用认定实施细则》等政策法规，结合山东省实际，制定出台了《山东省商品混凝土生产企业综合利用废石和淤沙认定管理暂行办法》，对废石和淤沙进行了界定，对申报条件进行了严格规定，对申报材料提出了明确要求。其次，制定了《资源综合利用建材产品废渣掺加量及产品质量抽检实施规程》。为了实施好《山东省资源综合利用认定实施细则》，进一步规范资源综合利用产品的废渣掺加量及产品质量抽样检验，在已制定出台《建材产品中废渣掺加量检测方法——X荧光分析法》的基础上，制定了《资源综合利用建材产品废渣掺加量及产品质量抽检实施规程》，确保抽检工作公平、公证、合理，确保检测数据真实准确、科学合理。

2.拓宽资源综合利用领域

一是探索餐厨废弃物资源化利用，组织济南、潍坊两市经信部门和企业赴上海、重庆和宁波三市进行了考察学习。组织省住房和城乡建设厅等9个部门，召开了餐厨废弃物资源化利用和无害化处理工作座谈会。代省政府起草了《关于加快推进餐厨废弃物资源化利用和无害化处理工作的意见》，并以鲁政办发〔2010〕56号印发了该意见。在参与国家试点的同时，开展省、市、县三级试点，餐厨废弃物回收利用工作正在有序展开。

二是继续抓好建筑垃圾资源综合利用。2010年，我们在推广潍坊三建公司综合利用建筑垃圾生产新型建材的经验做法的基础上，起草了《关于进一步做好城市建筑垃圾综合利用工作的通知》，并以省政府办公厅名义转发。加强组织领导，加大资金扶持力度，加快技术创新步伐，尽快形成建筑垃圾综合利用产业化。到2011年，各设区市建立起建筑垃圾综合利用企业，建筑垃圾综合利用率达到60%以上。到2012年末，建筑垃圾综合利用率达到80%以上。

三是加快再生资源的回收利用。认真贯彻落实《山东省再生资源回收利用管理办法》，以废旧家电、废金属、废玻璃、废纸、废塑料等为重点，大力推进再生资源的回收利用。截止目前，全省资源再生利用示范企业达到10家，其中青岛新天地废旧家电及电子产品回收处理有限公司、山东中绿资源再生有限公司、烟台绿环再生资源有限公司等3家企业作为山东省家电以旧换新废旧家电拆解处理企业。2010年前三季度，全省资源综合利用企业共利用废钢铁1.65万吨、废玻璃1.08万吨、废纸6.95万吨、废塑料0.98万吨和废橡胶1.92万吨。

3.加快资源综合利用技术创新步伐

一是抓好大宗工业固体废物综合利用技术研发应用。认真落实《中国资源综合利用技术政策大纲》，加快资源深度综合利用的技术开发、示范和推广应用，提高产品附加值，不断提升山东省资源综合利用整体水平。重点抓好煤矸石、粉煤灰、工业副产石膏、尾矿、冶炼废渣等大宗固体废物的利用，涌现出了一批先进典型。山东鲁阳股份有限公司利用煤矸石为原料生产陶瓷纤维板、棉、毯等系列产品，年可利用煤矸石20万吨，生产陶瓷纤维节能产品10万吨以上。淄博鑫亚环保科技有限公司以粉煤灰为原料，提炼出超细改性纤维，以5%~40%的比例替代植物纤维造纸，年利用粉煤灰9万吨，年可节约林木27万立方，相当节约标煤1.13万吨，节水480万吨，减少COD排放1282吨。

二是积极推进尾矿综合利用技术研发应用。3月份，承办了工信部在淄博召开的全国氧化铝赤泥综合利用现场技术交流会。会议总结推广了赤泥综合利用的好经验、好做法，研究部署了今后赤泥综合利用工作。

会议充分肯定了山东省尾矿综合利用先进技术成果。如，山东铝业股份有限公司利用赤泥生产新型硅肥、新型建材和水泥新技术，聊城信发集团研发从赤泥中提取碱和氧化铝新技术等，这些先进适用技术推广应用既提高了赤泥的综合利用量，也为企业创造了可观的经济效益，造福于社会。2010年前三季度，全省资源综合利用企业共利用尾矿795.29万吨，同比增长34.26%。。

三是加快再生资源综合利用技术研发应用。转发了工信部办公厅《关于征集再生资源综合利用先进适用技术的通知》，全省共征集上报了20家企业40项技术。以废旧家电及电子产品为重点，加快“城市矿产”综合利用。山东青龙山有色金属有限公司通过加压浸出和萃取技术，使废

再制造试点工作交流及实施方案编制培训会议

全国氧化铝赤泥综合利用现场技术交流会

旧电池中有色金属铜、镍、钴完整分离。年可生产钴150吨，镍200吨，铜500吨。

4.抓好资源综合利用认定和监管工作

一是积极做好省级资源综合利用认定工作。5月份，组织检测机构对各市初审上报的资源综合利用申报企业进行资源综合利用量、产品质量抽检。7月份，会同省财政厅、国税局、地税局及有关行业专家，组成省资源综合利用认定委员会，按照资源综合利用认定条件和内容，对2010年上半年申报资源综合利用的工艺、技术或产品进行集中评审、认定。目前，全省资源综合利用企业已达700多家。

二是加强对资源综合利用认定企业和检测机构监管。对已获得《资源综合利用认定证书》的企业，实行年检制度和重点抽查制度。对存在问题的企业，及时下达整改意见书；对在规定期不整改或整改后仍达不到认定条件要求的企业，终止其认定证书。根据《山东省资源综合利用检测机构管理办法》，对资源综合利用认定的检测机构进行监督管理。对不严格执行相关技术规范、标准，所提供的检验报告不能作为资源综合利用认定依据，出具的检测结果错误造成严重后果，企业投诉并经核实有违规行为的检测机构，不再安排资源综合利用认定检测任务。组织召开了全省资源综合利用企业认定评审会，共有135家企业通过了认定。目前，山东省认定的资源综合利用企业达到730家。2010年度，全省资源综合利用产业实现产品产值365.12亿元，同比增长20.99%；资源综合利用企业共利用工业固体废物5290.09万吨，同比增长12.4%；废气203.9亿立方米，增长104.41%；废水1286.13万吨，增长110.03%；河（渠）道泥沙87.41万吨，增长71.64%；林业次小薪材及三剩物620.11万吨，增长21.04%。工业固体废物综合利用率达到95.1%，主要再生资源回收利用率达到65.83%。

5.加强资源综合利用统计分析

一是建立健全资源综合利用统计制度。为及时研究分析全省资源综合利用情况，不断强化资源综合利用管理，全面提升资源综合利用水平，根据《山东省资源综合利用条例》等法规要求，年初，我们对《山东省资源综合利用和环保产业统计报表制度》进行了修订，并依法到省统计局进行备案。

二是实行资源综合利用季度统计。每季度结束后，我们根据各市上报的资源综合利用数据进行分析、对比、总结，编制全省资源综合利用统计季报。

三是加强资源综合利用统计培训。4月份，印发了《关于进一步做好资源综合利用统计和认定管理工作的通知》，对做好2010年的统计工作进行了部署。5月份，举办全省资源综合利用统计培训班，对资源综合利用统计指标的计算方法等进行专业辅导，各市经信委（节能办）分管统计工作的同志参加了培训。

河南省循环经济

河南省发展和改革委员会

2010年，河南省紧紧围绕全面建设小康社会、奋力实现中原崛起的总任务，把大力发展循环经济作为破解资源环境约束的重要举措，着力培育循环经济产业链，大力发展资源再生利用产业，加快关键技术研发应用，积极推广典型模式，全省循环经济发展取得显著成效。“十一五”期间，全省单位生产总值能耗降低20%，化学需氧量和二氧化硫排放量分别下降13.8%和17.6%，全省万元GDP用水量降到89立方米，工业固体废物综合利用率达到73.8%，全面实现“十一五”目标。

一、发展循环经济主要工作措施

（一）强化循环经济宏观指导

省政府多次召开会议，对全省循环经济发展工作进行研究部署，2010年2月，省政府印发了《关于加快推进循环经济试点省建设的通知》，进一步推动全省循环经济试点建设。发展改革委会同农业厅、畜牧局等单位编制了《河南省秸秆综合利用规划》。发布了《河南省企业能源审计方法》、《河南省建筑节能设计标准》、《单位产品能源消耗限额编制通则》、《氧化铝产品能耗限额》、《电解铝产品能源消耗限额》、《铝加工产品能源消耗限额》、《铅冶炼产品能源消耗限额》、《锌冶炼产品能源消耗限额》等一系列地方标准。

（二）稳步推进试点建设

河南省是全国较早开展循环经济试点的省份之一，2005年和2008年先后开展了两批共58家单位试点工作，其中10家被列入国家试点。两批试点单位按照国家有关要求编制试点实施方案，因地制宜地提出了发展循环经济的目标、任务、重点和措施，规划了循环经济重点建设项目。2007年，经国务院同意，河南省被列入国家第二批循环经济试点，国家发展改革委2009年底正式批复同意了《河南省循环经济试点实施方案》。2010年，在总结评估的基础上，河南省又选择78个区域、产业园区（集聚区）和企业开展了第三批试点，在全省更大范围内推进循环经济深入发展。试点工作的深入开展为全省循环经济发展起到了很好的示范作用，从整体上带动和促进了全省经济的发展，其中鹤壁市、长葛大周镇、南阳天冠、中平能化、豫光金铅、安钢集团等试点单位，探索出了社会、园区、企业三个层面发展循环经济的有效模式，示范带动了各个领域、行业循环经济发展。

（三）加强资源综合利用

以落实国家税收优惠政策为导向，以煤层气、煤矸石、煤泥以及大宗工业废弃物、农业废弃物综合利用为重点，大力推广电石泥废渣利用、尾矿综合利用、立磨粉磨高炉矿渣等资源综合利用技术，实施工业固废综合利用工程，加大对粉煤灰、煤矸石、尾矿、脱硫石膏、赤泥、冶炼废渣等大宗固废资源化利用。“十一五”期间，共认定资源综合利用企业热电联产企业1187家，减免增值税47.5亿元、所得税6.8亿元。

（四）积极推进节水和节地工作

重点抓好火电、化工、造纸、冶金等高耗水企业节水改造示范工程，大力推进煤矿矿井水资源化利用和城市节水工作，全面实施计划用水管理，普及推广节水器具和设施，全省单位生产总值用水量降低至89立方米。积极推广农业节水设备和滴灌、喷灌等节水灌溉技术，发展高效节水农业，全省农业灌溉用水有效利用系数达到0.57。加强土地集约、节约利用，在城市和工业项目建设方面，大力推广使用多层标准厂房，提高容积率，积极推进“空心村”、砖瓦窑厂、工矿废弃地“三项整治”活动。

（五）强力推进淘汰落后产能

“十一五”期间，全省累计关停小火电机组978万千瓦，提前超额完成国家下达的“十一五”关停任务，淘汰落后水泥7110万吨、玻璃1267.2万重量箱、炼铁800万吨、造纸764.3万吨、炼钢313.9万吨、焦炭265万吨、制革100.7万标张、酒精99.1万吨、电解铝45.4万吨、电石35.8万吨、铁合金32.3万吨、味精29.8万吨。通过淘汰落后产能，提高了企业技术装备水平，降低了单位产品能耗和污染物排放量，也为先进产能发展腾出了空间。截至2010年年底，全省30万千瓦及以上机组比重较2005年提高34个百分点，火电机组平均每千瓦时供电标准煤耗降低62克，累计节约原煤1500万吨，减排二氧化硫24万吨。全省新型干法水泥产量比重达到95%以上，并全部配套建设了余热发电装置。

（六）组织实施一批重点项目

一是组织实施了一批节能减排重点工程。“十一五”期间，全省共累计利用中央预算内资金和奖励资金37.7亿元，带动社会投资345.2亿元，开工建设资源节约和环境保护重点项目683个，全部项目建成后可实现年节能能力1143万吨标准煤、化学需氧量减排能力6万吨。二是加大了省级节能减排资金投入。省财政自2008年首次设立节能减排专项资金，近三年共安排1.1亿元，累计支持建设节能减排项目56个，项目建成后可实现年节能能力47.8万吨标准煤。三是狠抓“两厂（场）”建设。到2007年底，全省县级以上城市都建成污水处理厂和垃圾处理场（一期），提前3年完成国家“十一五”规划下达河南省的目标任务，成为全国率先实现县县建成污水处理厂和垃圾处理场的省份。截至到2010年底，全省已投入运营城市污水处理厂146座，日处理污水640万吨，较“十五”末增加408万吨/日；建成生活垃圾处理场124座，日处理垃圾3.27万吨，较“十五”末增加1.88万吨/日。

（七）推广应用循环经济关键技术

“十一五”期间，河南省把发展循环经济的共性和关键技术列入各级重点技术创新和科技攻关计划，实施了一批节能减排科技项目，重点支持资源节约、综合利用新技术和新工艺的研究开发，目前全省已拥有选矿拜尔法生产氧化铝、大型预焙电解铝槽、在改良西门子法的基础上自主创新地生产多晶硅技术、富氧底吹~鼓风炉还原炼铅、液态铅渣直接还原炼铅、低温余热发电等一批具有自主知识产权的核心技术。同时，加大先进技术和产品示范推广，公布了河南省第一批先进节能技术推广目录，重点在高耗能行业推广55项先进适用节能技术，组织开展清洁生产技术应用和推广示范，落实国家聚氯乙烯等17个重点行业清洁生产技术推行方案。强化烧结法生产氧化铝、选矿拜耳法和后加矿增浓溶出、水泥行业纯低温余热发电等一批拥有自主知识产权的技术得到广泛应用，取得了显著的节能效果。

（八）总结推广循环经济典型模式

组织省内专家对前二批循环经济试点单位进行了评估考核，总结凝练河南省循环经济发展经验，推广典型模式。

鹤壁市作为典型的资源型城市，把发展循环经济作为转变经济发展方式的重要战略举措，按照循环经济理念改造传统产业，打造工农业循环经济产业体系，形成以煤¯电¯化¯材、金属镁等为主的工业循环经济产业链；以种养殖、农畜产品深加工、畜牧产品下脚料高值利用、粪便生化处理生产有机肥、秸秆发电、沼气发电等为特色的农业循环经济产业链，建设工、农业循环经济产业聚集区，形成了煤化工、盐化工、精细化工、食品加工等产业集聚、共生耦合的循环型产业体系。2010年鹤壁市万元GDP能耗较2005年下降22%，工业固体废弃物综合利用率提高24%，农业废弃物综合利用率提高30%。

大周镇再生金属加工回收区，依托废旧金属的回收和交易网络优势，回收加工区在不锈钢、铝、铜等再生金属加工企业领域涌现出了青山金汇、金阳铝业、金佳铝业、河南柯威尔等一批在行业内具有较高知名度的龙头加工企业，成为河南省重要的再生金属加工基地。2010年，以大力推进再生资源产业为核心，坚持把培育扶持本土企业和积极承接产业转移相结合，投资建设了河南青山金汇不锈钢有限公司年产60万吨再生不锈钢项目、河南金阳铝业年产10万吨薄铝板带项目、河南柯威尔合金材料有限公司年产10万吨镁合金压延项目、长葛市贵星铝型材有限公司年产5万吨铝板铝带加工项目、长葛市华兴铝业5万吨铝板带项目等一批再生金属深加工项目，再生各类金属产量达到120万吨，回收加工率达到了60%，实现总产值达到265亿元。加工区被国家发改委、财政部列为国家第二批城市矿产示范基地。

河南天冠企业集团，以小麦麸皮和小麦蛋白提取后剩余的渣物与三分之一杂粮相结合为原料，生产燃料乙醇，麸皮制成膳食纤维，小麦蛋白作为粮食深加工产品供应市场。淀粉浆同粉碎后的杂粮生成燃料乙醇，糟液作为沼气池原料生产清洁燃料，供本地居民使用和发电，沼渣经干燥处理制成高蛋白饲料供给养殖业。以小麦种植为始端，构建了小麦种植农户→麸皮生产厂→谷朊粉厂→燃料乙醇厂→DDG厂→沼气厂→有机肥厂→污水综合处理厂、燃料乙醇厂→CO_2→可降解塑料厂等多条产业链。产业链通过物质、能量、信息交换和共享，彼此纵横耦合，并以环境综合治理系统为终端，形成了生态工业链网，打造生物质能源及废物代谢产业链为核心的循环经济发展模式。天冠集团2010年实现资源循环利用产值11亿元，企业总产值54亿元，较2005年增长225%。

河南科达节能环保有限公司，位于郑州市国家经济技术开发区经开第一大街与经北五路交叉口，一期工程——“双零”楼（常规能源零消耗、污染物零排放）是国家级绿色建筑，建筑面积5910平方米。“双零”楼运用全新理念，集可再生能源、生态环保、自然舒适于一体，秉承循环经济、节能环保先进理念，融众多高科技技术与建筑技术于一体。“双零”楼采用48种专利技术和科研成果，利用太阳能采暖、制冷、供应热水，利用墙面和屋顶楼面太阳能幕墙发电、屋顶风力发电，利用生活废水生产中水、沼气，利用地下16℃恒温水，利用建筑设计的自然通风、采光、保暖隔热节能，利用光导纤维照明节能，利用自动化控制节能等，实现了常规能源“零”消耗、生活污水“零”排放，生态能源以及废弃物的循环利用。

（九）广泛开展宣传教育

每年组织开展全国节能宣传周和全省节能宣传月、世界环境日活动。免费发放“节能减排，我行动”漫画口袋书10万余册，创新了节能宣传形式，是全国以漫画形式宣传节能的一个首创。全省工会、团委系统分别组织开展了“双比双降”竞赛、节能减排青少年攻坚等活动。举办了节能管理、能源计量和能源统计等一系列培训班。

二、存在的问题

“十一五”期间，河南省循环经济工作取得了一些成绩，同时也存在一些不容忽视的问题。

一是资源利用率低。河南省资源初级加工占比高，经济增长过度依赖能源、资源消耗，资源过度开采现象较为严重，矿产资源综合利用率不高。全省能源产出率、工业用水重复率、农业灌溉水有效利用系数等较低，单位GDP能耗和取水量高于全国平均水平。

二是循环经济和综合利用技术支撑能力较弱。一方面，工业赤泥、铬渣、城市污泥等固废资源化利用和无害化处理关键技术亟待突破，农业秸秆、畜禽粪便等农业废弃物更深层利用技术有待于进一步提高；另一方面，一些已经成熟的资源循环利用技术，如建筑垃圾综合利用、餐厨废弃物综合利用、秸秆制板材等技术，受生产成本高、市场竞争力弱等因素影响，难以快速全面推广。

三是促进资源循环利用产业发展的投入机制尚不健全。企业是发展循环经济工作的主体，资源循环利用产业具备投资额度高、回报周期长、风险大等特点，不少企业还存在着资金紧张、融资困难等问题，投资循环经济项目积极性不高。目前，河南省以政府引导、企业为主体、全社会共同参与的投入机制尚未形成，促进资源循环利用产业发展的激励机制还需要进一步完善。

四是废旧资源回收利用程度低。随着经济社会的不断发展，河南省废旧资源产生量逐年增加。但目前整个社会对废弃物利用特别是城市生活垃圾的资源化利用和无害化处理认识还处于初级阶段，应加大政策宣传和扶持力度，强化环境保护和资源危机意识，为资源综合利用产业发展创造条件。

三、“十二五”发展循环经济思路及2011年工作重点

（一）“十二五”发展循环经济思路

围绕省委省政府加快建设中原经济区的战略部署，把发展循环经济与促进节能减排、优化产业结构有机结合起来，坚持以资源高效利用和循环利用为核心，依托优势矿产资源和丰富农产品资源，以抓好资源型工业和农业循环经济发展为主线，开发利用碳技术、壮大新兴产业，探索工农业复合型循环经济发展模式，构建覆盖全社会的资源循环利用体系，推动经济增长方式由粗放型向集约集聚型转变、由高碳型向低碳型转变。到2015年，循环型工业、农业和服务业产业体系和循环型社会体系初步建成，财税、价格、投融资等促进循环经济发展的政策机制逐步完

善。

（二）2011年工作重点

一是编制循环经济发展规划。结合河南省“十二五”规划、中原经济区建设规划及其他相关规划，突显河南省农业大省、新兴工业大省实际，在循环经济试点实施方案基础上，进一步修订循环经济发展目标、充实相关内容，编制完成河南省循环经济发展规划。指导鹤壁市、洛阳市、平顶山市、新乡市、安阳市、漯河市、三门峡市、济源市等循环试点单位编制循环经济发展规划。

二是加强循环经济试点管理。做好对试点工作的指导，及时反映和帮助解决试点工作中有关问题，认真总结第一批试点工作经验，推广鹤壁市、中平能化集团、天冠企业集团循环经济发展模式。督促鹤壁市等10家国家级试点单位做好迎接国家中期评估考核的准备工作。组织实施循环经济321推进计划，打造长葛大周镇城市矿产、鹤壁宝山循环经济园区、安西循环经济试验区等3个循环经济示范基地；依托丰富农产品资源，建设郑州市、固始县等两个工农业复合型循环经济试点城市；在有色、化工、电力、建材、食品等行业建设100家循环经济示范企业。

三是制定产业园区循环化改造指导意见。结合河南省产业集聚区建设，组织专家开展园区循环经济调研活动，适时制定出台园区循环化改造指导意见。新建园区要按照循环经济理念搞好产业布局，着重产业的循环化构建；对于已有的园区，着重进行循环化改造，重点考虑园区内主导产业发展布局和相关产业的共生和循环，实现园区内物质和能源的集约利用、梯级利用以及基础设施和信息的共享，实现固体废物综合利用的最大化和废物“零”排放。

四是做好重点领域循环经济试点示范。抓好长葛大周镇、洛阳中再生、天辰环保和焦作再制造产业园等4个“城市矿产”示范基地建设，实现再生金属、橡胶、塑料等再生资源规模化利用。督促郑州市做好餐厨废弃物资源化利用和无害化处理试点工作，指导做好项目布局、餐厨废弃物收运体系建设等工作。

五是推进资源综合利用。以粉煤灰、煤矸石、脱硫石膏、冶炼废渣等大宗固废开发利用为重点，组织实施一批附加值高、资源利用效益明显的资源综合利用项目，示范带动资源循环利用产业发展。落实好国家鼓励资源综合利用的财税政策，强化资源综合利用认定管理。推广污泥处置和钼尾矿综合利用先进技术。加强水资源保护和合理利用，推进水资源梯级利用和循环利用，提高中水回用率和工业用水重复利用率，推广节水型设备和器具，加强灌区节水改造，推广节水灌溉技术和喷灌、滴灌。

六是大力发展农业循环经济。组织实施农作物秸秆综合利用规划，以秸秆、农林废弃物和畜禽粪便利用为重点，在农业发达地区、养殖集中区建设大中型沼气工程，促进循环农业、生态农业发展。支持秸秆代木、秸秆沼气、秸秆固化和秸秆收储运体系建设。加强郑州市、固始县两个工农业复合型循环经济试点城市指导，加大政策支持力度。

七是完善发展循环经济政策措施。充分利用现有统计体系，进一步量化和细化资源产出率等各项指标，探索建立循环经济统计、评价考核、监管体系；依法设立循环经济发展专项资金，用于支持循环经济共性和关键技术的研发，开展循环经济技术和产品的示范与推广、循环经济的宣传与培训等；加强资本市场融资工作，鼓励和支持各地及企业多渠道筹集资金，加大对循环经济的投入，逐步建立政府引导、企业为主和社会参与的循环经济投入机制。

湖北省循环经济

湖北省发展和改革委员会

2010年，在湖北省委省政府的正确领导下，湖北省各地区、各部门认真贯彻落实科学发展观，把节能减排和发展循环经济作为转变发展方式的重要抓手，进一步加大工作力度和政策措施落实力度，以实施“6115”工程为重点，以节能减排和经济结构调整为突破口，不断深化循环经济示范试点，努力探索循环经济不同层面的发展模式，全省循环经济工作取得积极成效。2010年，全省单位生产总值能耗比2009年下降3.81%，比2005年下降21.67%；化学需氧量和二氧化硫排放量比2009年分别降低0.58%和1.75%，均超额完成了“十一五”目标任务。

一、2010年发展循环经济主要进展情况

（一）进一步加强了组织领导

一是调整充实了节能减排工作领导机构。根据人事变动，省政府调整充实了省节能减排工作领导小组成员，先后多次召开会议，贯彻落实国家有关节能减排工作的方针政策，研究部署全省节能减排工作。省政府印发了《关于进一步加大工作力度确保实现“十一五”节能减排目标的实施意见》，省节能减排工作领导小组办公室下发了《关于进一步做好当前节能降耗工作的紧急通知》，较好地推动了全省节能减排工作的开展。二是制定了《湖北省节能工作预警调控方案》，提出了严厉的工作措施，要求各市州制定具体的预警调控实施方案，将能耗高、产值低的企业（生产线、车间）列入调控范围，实行停产或限产。宜昌、襄樊等地启动了启动预警调控方案，收到了明显效果。

（二）深入推进循环经济示范试点

一是循环经济试点不断得到深化。组织国家循环经济试点单位、汽车零部件再制造试点单位、省级循环经济试点企业、园区和城市（县）按照批准的实施方案进行试点，建设了一批关键链接项目，逐步构建形成了一系列循环产业链条，探索实践化工、冶金、轻工、建材、电力、农业等行业及资源回收利用重点领域典型的循环经济发展模式，初步形成了企业小循环、园区中循环和城市（区域）大循环的循环经济发展格局。二是加快推动“青阳鄂”大循环经济示范区建设，组织实施了一批循环经济重点项目，着力发展工业循环经济，大幅减少资源、能源消耗，探索并建立跨区域循环经济发展模式。三是开展循环经济试点示范。会同有关部门研究出台了《关于贯彻落实支持循环经济发展投融资政策措施的实施意见》，积极申报并组织开展城市餐厨废弃物资源化利用和无害化处理试点，以及“城市矿产”示范基地建设试点工作等。

荆门格林美公司现代化电子废弃物绿色处理回收线。图中为格林美员工正在进行废旧电视、电脑自动化破碎的前处理

（三）资源能源节约和综合利用水平不断提高

切实推进大宗工业废弃物的综合利用，组织开展了两批资源综合利用产品（工艺）认定，目前全省已认定资源综合利用企业700家，年综合利用粉煤灰、炉渣、尾矿、磷石膏等废弃物4600万吨，实现产值180亿元，减免增值税、企业所得税

等近7亿元。

（四）积极推动节能环保产业发展

充分发挥产业政策的引导、推动作用，有效运用税收、财政、金融等经济杠杆，促进节能降耗工作。认真贯彻合同能源管理的财税政策，搞好项目资金配套，落实税收优惠，培育节能服务市场，鼓励支持企事业单位通过合同能源管理的方式，加快对现有能耗高、效率低的设备进行节能技术改造。组织有关力量调研完成了《湖北省节能环保产业现状及发展思路研究》课题，着手编制《湖北省节能环保产业发展规划》；组织编印了《湖北省节能环保产品推荐目录》，推荐了一批先进适用的节能环保产品。目前，湖北省有22家节能服务公司入选国家公布的首批合同能源管理服务机构名单，占全国的6.4%。组织实施了29个合同能源管理项目，形成年节能量5万吨标准煤，对全面开展合同能源管理起到了示范作用。

二、采取的主要措施及经验

（一）构建循环经济发展模式

在重点行业、重点领域、产业园区、市（县）探索建立循环经济发展的有效模式。以能源资源节约和“三废”综合利用为重点，实现企业内部循环，形成武钢、宜化、兴发、安琪等一批循环经济典型企业；以重化工集聚的工业园区发展循环经济产业链为重点，建立园区产业代谢和共生关系，建设宜昌开发区、青山、阳逻、黄冈龙感湖管理区等循环经济产业园区；充分发挥地方资源优势，以构建区域性循环经济体系为重点，建设荆门、谷城、枝江等一批循环经济典型城市；在资源回收利用领域，形成以湖北金洋、荆门格林美等为代表的以废旧电池回收提炼金属资源的典型企业。

（二）加强循环经济重点项目建设

把项目建设作为推进循环经济工作的重要手段，重点支持循环经济核心链接项目的建设，不断探索完善循环经济产业链的构建。按照发展循环经济的原则和要求，组织策划并储备了一大批循环经济重点项目，建立了循环经济项目库。与此同时，推动了一批低能耗、低污染、高附加值和高技术含量的重点循环经济项目建设，安排省预算内资金支持并积极争取国家资金支持，重点支持湖北京都农业科技开发有限责任公司年产10万吨生物有机复混肥循环经济项目、潜江喜人化工有限公司10kt/a三氯氢硅循环经济项目、荆门格林美公司电子废弃物循环利用与低碳资源化项目、武汉法利莱切割系统工程有限责任公司激光再制造产业化项目及中绿（湖北）实业发展有限公司甜玉米废弃物循环利用项目等一批核心项目建设。同时对项目进行跟踪，及时发现和帮助解决项目建设中存在的困难和问题，确保重点项目的顺利实施。

（三）大力开展资源综合利用

组织召开了全省资源综合利用工作总结和政策培训班，对全省“十一五”期间的综合利用工作进行了全面总结，并对“十二五”期间的工作进行了安排部署。组织编制完成了《湖北省农作物秸秆综合利用规划》，提出了秸秆综合利用的重点方向和领域。通过税收优惠政策，推进工业固体废物综合利用，积极支持企业开展废物资源化利用，推动资源综合利用企业发展。实施“绿色文明回收工程”，建设再生资源回收利用体系，开展对废电池、废纸的分类收集、处理和再生利用，年产处理废旧各类铅酸蓄电池等含铅料10万吨，各类废旧镍氢电池含钴、镍粉料2000吨。

东风康明斯发动机有限公司利用废旧零部件进行再制造，图为首批L340再制造发动机下线纪念

（四）强力推进节能降耗工作

不断加强节能制度建设，严格实行节能目标责任制和评价考核制度，加强固定资产投资项目节能评估和审查工作。通过产业结构战略性调整，不断加大资金、技术、人才等资源的整合力

度，发展高技术产业和第三产业，加快淘汰落后生产能力。组织实施一批重点节能工程，加大对节能改造及技术创新的投入力度，加强重点耗能企业和重点领域的节能管理，同时不断加强节能地方性法规建设，强化节能基础性工作。

（五）产学研结合，搭建了循环经济技术支撑平台

湖北省科教优势明显，雄厚的技术研发、设备制造实力增加了节能环保产业的综合竞争力，为发展循环经济提供了强有力的技术支撑。钢铁、化工、建材、轻工等行业是耗能、耗材、耗水大户，同时发展循环经济潜力也很大。湖北省不断加大循环经济共性和关键技术开发，突破循环经济发展的技术瓶颈，提高循环经济技术创新能力，将循环经济和资源节约技术研发纳入了年度科技计划，对重大科技成果转化项目给予重点支持。

（五）不断加强宣传力度

落实“节能减排全民行动”实施方案，开展了建设节约型机关活动、节能减排家庭社区行动、科普行动、媒体行动等多种形式的节能减排行动。以节能减排、科学发展为主题，组织节能宣传周、环保世纪行等活动，组织省内主要新闻媒体集中宣传节能减排、循环经济典型，及时报道各地区、有关部门循环经济工作进展情况，有利于发展循环经济的社会氛围日益浓厚。

三、存在的主要问题

“十一五”期间，湖北省在资源节约、发展循环经济方面做了一些工作，也取得了一些成绩，但还存在一些矛盾和不足。

一是产业结构仍偏重。湖北正处于工业化中期初级阶段，对能源和资源的依赖度较高，产业结构和消费结构处于较高能耗水平，单位GDP能耗和主要产品能耗均高于全国平均水平，资源浪费和环境污染问题比较突出，以粗放型要素投入方式为主的经济发展方式仍未根本转变，发展循环经济任重而道远。

二是发展观念尚未得到根本转变。社会各界对循环经济的认识水平参差不一，某些政府职能部门的工作体制还不顺，一些地方存在等待观望现象，同时，现有的发展评价往往看重的是经济增长指标，使决策部门主观上缺乏工作的紧迫性和责任感。循环经济还远没有成为全民的自觉意识，尽管各级政府倡导建立循环经济体系，但民众对循环经济体系的理解还停留在表层，转变发展观念，普及循环经济理念将是一个长期的过程。

三是循环经济发展不均衡。小企业由于自身规模偏小，融入大循环有困难，对于一些循环经济建设过程中的关键项目，由于技术资金压力较大，实施进度上保障性不强，从而导致了大企业循环经济发展成效显著，而多数小企业难有实质性的进展。同时，湖北省工业领域参与循环经济的程度较高，取得了较成功的经验，而农业和第三产业循环经济发展相对较薄弱，有待于进一步探索实践。

四是循环经济引导激励机制尚未建立。2006年以来，湖北省先后开展了两批省循环经济试点，得到各级政府与企业的积极响应和大力支持。但是从全省来看，目前的支持还停留在概念上、在试点单位这块牌子上，对试点单位引导性的政策激励较为缺乏，部分企业开展循环经济工作的积极性不能充分调动。

四、下一步推进循环经济发展的主要思路

（一）全面总结、推广循环经济试点经验

一是总结湖北省“十一五”以来开展循环经济试点工作的成功经验，深入分析存在的问题和障碍，提出对策措施及政策建议，推广一批取得成效的循环经济发展典型模式，推进湖北省循环经济的全面发展。二是大力推进“青厂阳厂鄂”大循环经济示范区建设，支持建设一批循环经济关键链接项目，探索跨区域的大循环经济发展模式和资源环境约束下重化工产业集群循环型发展模式。

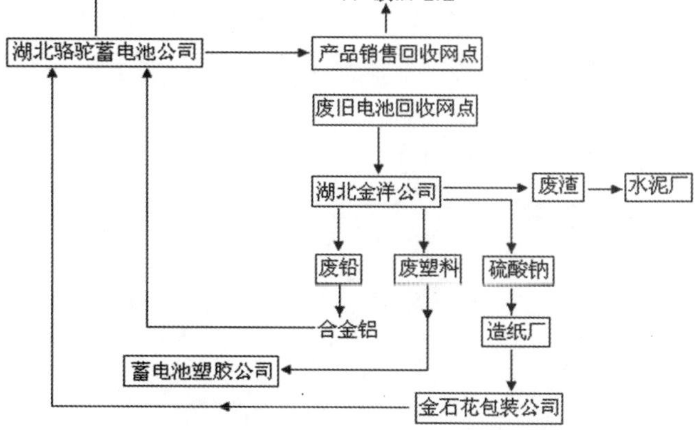

谷城再生资源园区废旧铅酸蓄电池循环产业链物质循环流程

（二）组织建设一批循环经济示范工程

一是城市矿产示范基地；二是再制造产业工程；三是餐厨废弃物资源化工程；四是农业循环经济示范工程；五是产业园区循环化改造工程。推动形成资源节约、环境友好的生产方式和消费模式。

（三）加快推进资源循环利用产业发展

充分利用国家各项优惠政策鼓励支持建设一批粉煤灰、煤矸石、硫石膏、磷石膏、尾矿、冶炼废渣、建筑垃圾等废弃物的资源综合利用示范项目，做大做强资源综合利用企业。

（四）大力推行清洁生产

一是加快钢铁、有色、电力、化工、建材、轻工等重点行业的清洁生产审核。二是在工业、农业、建筑、商贸服务等重点领域建设一批清洁生产示范项目。

（五）做好专项规划的编制工作

组织有关力量，抓紧编制完成湖北省"十二五"节能规划、湖北省节能环保产业发展规划、湖北省"十二五"循环经济发展规划，城镇污水处理规划和城镇生活垃圾无害化处理设施建设规划。征求相关部门意见，做好专家认证，适时发布实施。

湖南省循环经济

湖南省发展和改革委员会

“十一五”期间，湖南省以科学发展观为指导，紧扣可持续发展主线，强化体制机制建设，通过持续推进产业结构调整、重点领域节能、优化资源利用方式等工作，大力发展循环经济，加快“两型社会”建设步伐，积极促进全省社会经济又好又快发展，并取得显著成效。湖南省不仅2010年经济总量跻身全国十强，“十一五”期间的全省万元GDP能耗、化学需氧量和二氧化硫排放量、万元GDP用水量等各项指标也全面实现“十一五”规划《纲要》目标。

一、“十一五”发展循环经济工作措施及成效

（一）循环经济组织和制度逐步完善

宏观指导进一步强化。经过多年的快速发展，湖南省资源能源短缺、环境问题越来越突出，制约了湖南省经济的健康快速发展。为此，湖南省把发展循环经济作为调整结构、转变发展方式、解决资源环境瓶颈约束的根本性举措来抓。编制和实施《十一五循环经济发展规划》，重点加强循环经济领域的组织建设和规划引导。省及各市州政府成立了循环经济试点工作领导小组，把试点工作内容纳入工作目标责任制。以优化资源利用和提高资源生产率为核心，重点推进循环经济型企业、生态工业园区、城市资源循环型社会和资源再生产业基地建设，将循环经济的发展理念贯穿到经济发展、城乡建设和产品生产中，积极推进循环经济发展，加快增长方式转变，走出一条具有湖南特色的科学发展之路。

地方法规和标准体系不断健全。近年来，湖南省先后出台了《湖南省民用建筑节能管理条例》、《湖南省新型墙体材料推广应用条例》、《湖南省散装水泥条例》、《湖南省实施〈中华人民共和国清洁生产促进法〉办法》等循环经济相关法规规章。颁布了《湖南省实施〈中华人民共和国清洁生产促进法〉办法》、《关于湖南省实施建筑节能工作的指导意见》、《关于进一步加快湖南省建筑节能工作的若干规定》、《湖南省清洁生产审核暂行办法》、《省委省政府关于大力发展循环经济建设资源节约型和环境友好型社会的意见》，以及《湘江长沙段饮用水水源保护条例》、《长株潭环境同治规划》等纲领性文件。批准发布了包括烧碱、聚乙烯醇、水泥熟料、电解铝（锰）等20余项高耗能产品能耗限额标准，组织制定了合成氨、日用陶瓷、工艺陶瓷等单位产品能耗限额地方标准。

（二）循环经济示范工程扎实推进

大力推进重点项目建设。湖南省积极创新落实循环经济发展载体，大力实施循环经济重点项目，推进循环经济在企业、园区、社会同步发展。湖南省每年支出6000万元工业节能专项资金，对对其中实施情况较好、节能降耗效益明显的项目进行补助，并积极向国家有关部门争取资源节约和环境保护国债资金和节能技术改造财政奖励资金支持，引导和激励企业发展循环经济。全省大力实施循环经济重点项目，包括节能、节水、清洁生产、污染防治、资源综合利用等项目。尤其是加大环境保护和生态建设力度，《湘江流域重金属污染防治实施方案》内一批重点项目进展顺利实施，将对湖南省流域内改善当地生态环境、推进产业结构调整优化发挥积极作用。

示范试点取得明显成效。目前，湖南省共有循环经济试点单位30家，其中国家级循环经济试点单位6家，省级试点单位24家。国家和省两个层次的循环经济试点，不仅加速了循环经济发展，形成了多种形态的循环经济特色，而且产生良好的示范效应，促进了循环经济在更多行业和更广范围的发展。特别是2007年12月，长株潭城市群获批为全国资源节约型和环境友好型社会建设综合配套改革试验区后，三市大力发展循环经济，狠抓湘江流域污染整

治，有力地推动了“两型”社会建设。2010年7月汨罗市工业园被列入全国首批七个国家“城市矿产”示范基地。

（三）两型社会建设取得重大进展

资源能源利用率明显提高。节能方面，全省万元GDP能耗达到1.16吨标准煤，已累计下降20.4%。

再生资源综合利用规模和水平明显提升。汨罗、永兴等循环经济工业园，通过实施技术改造，大力发展静脉产业，废铜、铝、不锈钢、塑料、橡胶、电子废弃物、生物质废弃物、稀贵金属等废旧物资回收与再生资源能源利用体系初步成型，年回收量达440万吨，年加工量达200万吨。浏阳再制造工业园、宁乡经开区大力发展工程机械及其零部件、汽车及零部件、机床、金属材料等再制造业，产业化集聚效应逐步显现。

主要污染物排放量明显下降。二氧化硫排放总量累计下降12.8%，化学需氧量削减10.7%。砷排放总量下降30.8%，镉排放总量下降26.3%，均超额完成了国家和省里确定的目标。全力开展了城镇生活污水垃圾处理设施建设“三年行动”，县城以上城镇污水处理率达72%，比十五末提高了38个百分点，县城以上城镇生活垃圾无害化处理率达51%，比十五末提高了26个百分点。通过大力推行“零排放清洁养殖及废弃物资源化综合利用”模式，以及开展农村环境综合整治工作，农村面源污染得到有效控制，农村生态环境得到明显改善。

（四）全社会环境资源意识全面提升

近年来，湖南省加大对节约资源和环境保护方面的宣传报道和教育力度，通过开展节能宣传周、节能灯推广、科技节能服务进军营专项活动，组织市州政府、企业、节能服务公司和能评机构等多种形式的节能培训，举办“节能减排与企业责任”论坛，建设“两型社会”展览馆、韶山爱国主义全国教育基地节能示范工程，在全省有序推进循环型城市和节约型政府等活动，进一步营造了全社会高度重视、积极发展循环经济、建设资源节约型和环境保护型社会的浓厚舆论氛围。2010年，在省会节能宣传周长沙活动主会场，现场发放宣传资料1万多份，设置节能产品展台200多个，同时在各市州设置了分会场同步启动宣传周系列活动。至2010年底，全省已有16个市、县（市、区）获得国家级生态示范区的验收命名，17个已通过验收待授牌。累计创建国家级生态乡镇32个（原国家环境优美乡镇），国家级生态村8个；省级生态乡镇218个，省级生态村534个。通过相关活动的开展，公众环保意识明显提升，生态文明理念越来越深入人心。

二、存在的主要问题

“十一五”期间，湖南省循环经济工作取得了一些成绩，同时也存在一些不容忽视的问题。

一是资源环境压力巨大。湖南省资源初级加工占比高，经济增长过度依赖能源、资源消耗，资源过度开采现象较为严重，矿产资源综合利用率不高。全省单位GDP能耗和取水量高于全国平均水平。尤其是湖南省当前节能减排形势和重金属污染状况十分严峻，能源对外依存度在50%以上，随着资源能源消耗的增长和污染物排放量的增加，湖南省提高资源能源利用效率、减少废弃物排放的任务日趋艰巨，循环经济发展面临巨大的压力和挑战。

二是技术支撑有待加强。一方面，循环经济产业深加工技术、工业三废和农业秸秆、畜禽粪便等农业废弃物更深层利用技术有待于进一步提高，含重金属废固、城市污泥等固废资源化利用和无害化处理，以及重金属污染土壤修复治理的关键技术亟待突破。另一方面，一些已经成熟的资源循环利用技术，如城镇生活垃圾分选综合利用、建筑垃圾综合利用、餐厨废弃物综合利用、秸秆制板材等技术，受生产成本高、市场竞争力弱等因素影响，难以快速全面推广。

三是投入机制有待完善。当前湖南省的循环经济工作尚处于起步阶段，很多企业的整体技术、装备水平与发达国家和我国发达地区相比还存在较大差距，粗放型增长方式造成的资源浪费和环境污染现象仍十分突出。由于资源循环利用产业具备投资额度高、回报周期长、风险大等特点，不少企业还存在着资金紧张、融资困难等问题，投资循环经济项目积极性不高。且与我们赶超目标的浙江省比较，浙江省年投入循环经济专项资金3700万，省级财政科技投入经费达5000万元以上。目前，湖南省以政府引导、企业为主体、全社会共同参与的投入机制尚未完全形成，促进资源循环利用产业发展的激励机制还需要进一步完善。

三、“十二五”循环经济发展思路及2011年工作重点

（一）“十二五”循环经济发展总体思路

全面贯彻落实科学发展观，按照省委省政府提出“四化两型”战略部署的要求，围绕新型工业化、新型城市

化、农业现代化和信息化为主线，全面推进全省的两型社会建设，把发展循环经济与促进节能减排、优化产业结构有机结合起来，把循环经济作为转变发展方式的战略高度去谋划，去推动。坚持以资源高效利用和循环利用为核心，构建覆盖全社会的资源循环利用体系，逐步完善财税、价格、投融资等促进循环经济发展的政策机制，推动经济增长方式由粗放型向集约集聚型转变、由高碳型向低碳型转变，努力形成新的经济增长点和新的竞争优势，实现经济、社会和自然的协调与可持续发展。

（二）2011年工作重点

编制循环经济发展规划。当前全省上下正在抓紧谋划“十二五”经济社会发展，湖南已将发展循环经济作为编制“十二五”规划的重要指导原则，并运用循环经济的发展理念指导编制各类专项规划、区域规划和城市发展总体规划。组织编制节能、垃圾污水等重点领域的专项规划，组织市州编制十二五循环经济发展规划。建立完善循环经济相关统计制度，力争列入国家循环经济统计试点省份。研究制订循环经济的评价指标体系，并纳入各级政府执政业绩的考核体系，以加强对循环经济发展情况的预测监管。

继续抓好循环经济试点示范。认真抓好现有试点项目的实施和经验总结，在总结经验的基础上，指导市、州政府和有关部门，在冶金、有色、化工、煤炭、电力、建材等重点行业、重点企业和废旧物资回收、城市矿产、再制造、生活和餐厨垃圾资源化等重点领域，逐步扩大循环经济试点范围，使循环经济产业链有机结合并形成规模，建立循环型农业、工业、服务业产业体系。继汨罗工业园之后，郴州永兴县工业园、益阳沧水浦、衡阳衡东工业园也正在积极争取和创建国家“城市矿产”示范基地。衡阳市已被列入国家餐厨废弃物资源化利用和无害化处理试点城市初选名单，长株潭也在积极争取试点。湖南省将组织开展湖南省第二批循环经济试点园区和试点企业的申报工作，通过不同行业、不同地区的试点，进一步探索发展循环经济的有效模式和经验。

大力推进资源综合利用。一是开展资源综合利用示范。加强资源综合利用先进适用技术的推广应用，着力推进粉煤灰、煤矸石、冶金和化工废渣及尾矿等工业固体废弃物的综合利用，重点拓展电石渣、火电厂粉煤灰和脱硫石膏的运用领域，大力发展利废建材以及新型墙体材料。二是修订《湖南省资源综合利用产品（工艺）认定管理实施细则》，严格执行国家鼓励的资源综合利用产品（工艺）认定的相关政策和规定，协调有关部门认真落实现有各项优惠政策，调动广大企业开展资源综合利用工作的积极性。三是合理布局再生资源回收网点，建立规范有序的再生资源回收利用体系，推进再生资源产业园建设，提高精深加工能力和产业集聚度，引导再生资源产业健康发展。

积极发展农业循环经济。湖南省是传统的农业大省，农业人口比重较大。因现代农业开发历史较短，现仍处于传统农业与现代农业并存的阶段，基于湖南省的区域生态资源和现有生产条件，将以“节水、节药、节种和清洁养殖”的高效生态农业为中心，按照环洞庭湖区、长株潭城市群、大湘西山区、湘中娄邵和湘南地区等不同的特色农业，加强农田水利设施、农村生活垃圾和污水收集处理、农村沼气等循环经济基础工程建设，推进作物秸秆、农膜、禽畜粪便等生产生活废弃物的资源化循环利用。大力发展绿色农业和无公害农业工程，培育发展金健米业、金浩茶油等一批农业产业化龙头企业，构建工农贸结合、具有区域特色的农业循环经济体系和节约型农业生态系统。

加大循环经济科技攻关力度。十一五来，湖南在资源节约和循环利用上虽然取得了一些突破，但总体上看工艺装备水平仍然比较落后，缺乏高效利用资源的关键技术。今年，湖南省将加快建立技术创新体系，支持建立循环经济技术服务体系，组织实施一批循环经济关键和共性技术开发、重大技术装备产业化示范项目。研究国家及湖南省重点循环经济技术目录，建立相关数据库，加快先进适用技术的推广，重点研究开发清洁生产技术、能量梯级利用技术、延长产业链技术、环境无害化技术和针对湖南矿产资源特点的采选冶炼技术和重金属污染防治技术，努力取得关键技术的重大突破。

广东省循环经济

广东省经济和信息化委员会

2010年，广东省委省政府高度重视循环经济工作，把发展循环经济作为落实科学发展观、加快资源节约型、环境友好型社会建设和经济发展方式转变的重要抓手和破口，有力地促进了全省产业转型升级、区域协调发展和节能减排。

一、广东省循环经济发展概况

（一）积极建立循环经济试点示范体系

一是积极建立国家级和省级循环经济试点体系。目前共有国家级试点单位13个，省级循环经济试点示范单位138个，分别是省循环经济工业园11个、省市共建循环经济产业基地10个、省循环经济试点单位102个、省资源综合利用龙头企业15个。二是以完善循环经济产业链为核心引导产业集群发展，切实提高资源循环利用和梯级利用水平。全省共形成产业集群135个，具有一定规模和市场效应的产业集群70个，促进"经济效益、社会效益、环境效益"协调发展。三是以循环经济理念指导产业转移，加快区域协调发展。全省已建立35个省级"双转移"产业园，初步实现了劳动力和产业向经济欠发达的粤东西北地区转移，使转移的项目既符合相关产业政策，又符合产业链耦合要求，切实提高招商引资效率，进一步促进当地经济发展。地处粤西北山区的云安县紧密结合循环经济工业园建设，有机完善循环经济产业链，目前循环经济工业园已建成投产的骨干企业26家33个项目，投资总额达55亿元；在建项目11个，投资总额约45亿元。

（二）清洁生产审核力度不断加大

一是清洁生产企业数量不断增加。截至2010年底，全省实施清洁生产审核的企业1200多家，通过验收的自愿性清洁生产企业698家，已经认定十批共452家广东省清洁生产企业。据不完全统计，上述452家企业实施清洁生产方案约1.5万项，清洁生产总投入为46.62亿元，预计可实现节约标煤62.22万吨/年、节电32.19亿千瓦时/年、节水10.69亿吨/年，减少废水排放9111.3万吨/年、减少COD排放1.47万吨/年，二氧化硫减排1.68万吨/年，实现经济效益共43.13亿元/年。二是清洁生产领域不断拓展。广东省清洁生产领域已从工业扩展到商贸服务业、农业等领域，为深入推进节能减排发挥了积极的作用。继2009年认定佛山市三水日日升商业连锁有限公司为首家商贸流通领域的省清洁生产企业后，2010年，深圳市观澜湖高尔夫球会有限公司和深圳市博林酒店有限公司两家酒店服务业企业顺利通过省级清洁生产审核验收，填补了广东省服务业领域省级清洁生产企业的空白。此外，佛山市三水区三家农业生产基地也通过省级清洁生产审核验收，填补了广东省农业领域清洁生产企业的空白。

（三）资源综合利用取得明显进展

切实推动资源综合利用产业发展，有效缓解经济发展与资源贫乏的矛盾，大幅提高资源产出率。据统计，全省仅认定的648个资源综合利用产品，所利用的固体废弃物就达7239万吨，利用工业废液5486万吨，利用废气886亿立方米，总产值达474亿元。

二、广东省循环经济发展主要措施

（一）加快完善循环经济相关规划

一是正式实施循环经济发展规划。为全面落实科学发展观，以循环经济相关规划指导全省循环经济发展，广东省正式实施《广东省循环经济发展规划（2010—2020年）》，明确着力打造多元化、多层次的循环产业链，着力建立和完善发展循环经济和建设节约型社会的政策法规体系、能效标准体系、技术创新体系等措施要求，努力把本省建设成为我国发展循环经济的示范区。

二是相继颁布配套规划及意见。为加快推进清洁生产和资源综合利用工作，广东省颁布实施了《广东省清洁生产推行规划》和《广东省资源综合利用中长期规划》等配套规划。此外，还颁布了《关于促进再生资源产业健康发展的意见》，促进了全省再生资源产业健康发展。

（二）大力推进循环经济试点示范工作

一是进一步加强省循环经济试点单位申报管理。按照《广东省发展循环经济试点实施方案》的部署，以试点单位自评、专家现场核查和综合评定的方式，对全省第一批84家循环经济试点单位进行评估考核，经公示并报省人民政府同意，共有60个单位通过了中期评估。同时，认定第二批42家省级循环经济试点单位。

二是推进循环经济工业园区认定工作。相继出台《省市共建循环经济产业基地认定管理办法》、《广东省循环经济工业园认定管理办法》。推进“省循环经济工业园—省市共建循环经济产业基地—省循环经济试点单位”示范体系建设，加强培育“农业—工业—商贸服务业”等跨领域和跨产业的示范单位，认定并公布了第一批11个“省循环经济工业园”和第一批10个“省市共建循环经济产业基地”。

三是探索推进农业循环经济工作。省经济和信息化委与省农垦总局拟共建农业循环示范区，通过紧密合作和优势互补，积极探索共建示范区建设和发展的经验做法，按照循环经济发展理念，特别是“减量化、再利用、资源化”原则在示范区的农业循环经济发展规划、布局、基础设施、重点项目等方面的实践，整合自身资源，构建和完善资源高效利用和循环利用的核心产业链，加快培育资源节约型、环境友好型企业，推进企业清洁生产审核，实现资源循环（或梯级）利用，加快示范区农业产业化发展，不断提升示范区循环经济产业竞争力，使示范区成为全省农业领域循环经济发展的示范单位。目前，省经济和信息化委与广东省农垦总局协商起草《关于共建农业循环经济示范区合作协议》和《关于共建农业循环经济示范区实施方案》，确定示范区相关共建目标任务的主要内容及保障措施。

（三）推动清洁生产向纵深发展

一是加强清洁生产政策引导，鼓励重点防控企业实施清洁生产。自《清洁生产促进法》颁布实施以来，广东省积极鼓励企业开展自愿性清洁生产，同时严格要求“双有双超”企业实施强制性清洁生产。根据鼓励企业自愿实施清洁生产审核的原则，对于被列入重点防控行业并已自愿开展清洁生产审核的企业，如果通过省清洁生产验收，广东省环保部门不再将其列入强制性清洁生产名单，有效地推动重点防控企业实施自愿性清洁生产。

二是清洁生产政府法规体系逐步健全。2010年，广东省加快了清洁生产政策措施的制订，先后出台《广东省清洁生产审核报告编制范本》、《广东省清洁生产技术服务单位管理办法》和《广东省清洁生产推行规划（2010−2020年）》等文件，进一步加强广东省清洁生产规划和规范管理，为广东省加快推进清洁生产奠定了坚实的政策法规体系。

三是清洁生产技术服务体系日渐完善。近年来，广东省在加快清洁生产第三方技术服务体系建设方面取得了较好成效，通过积极引导社会中介服务机构参与清洁生产工作，充实咨询服务机构力量，加强技术服务与管理，推进清洁技术服务体系建设。2010年，全省对原92家省清洁生产技术依托单位进行重新认定，新认定20家，全省共认定了80家省清洁生产技术服务单位。

（四）扶持促进资源综合利用产业发展

一是进一步加大对资源综合利用的支持力度。加快资源综合利用技术支撑体系建设，落实国家资源综合利用税收优惠政策，加强培育资源综合利用龙头企业，建立完善的资源回收利用体系，逐步建立和规范再生资源及旧货商品交易市场。2010年，全省组织认定了四批共154户171个资源综合利用产品（工艺），产品总产值为88.51亿元，总利润达5.19亿元。上述企业全年利用固体废弃物1219.28万吨，利用工业废液1064.92万吨，利用废气608.45亿立方米。此外，组织认定了15家广东省资源综合利用龙头企业，突出了示范带动作用，有力地促进全省资源综合利用产业发展。

二是加强资源综合利用优惠政策应用。结合落实国家资源综合利用税收优惠政策，鼓励资源综合利用企业实施清洁生产。广东省要求经认定并享受税收优惠政策的资源综合利用企业全面开展清洁生产审核，在企业申请资源综合利用认定复审时提交清洁生产审核报告，有效提高企业清洁生产水平。自2007年以来广东省435家通过资源综合利用认定的产品（工艺）企业，全部开展了清洁生产审核，其中，23家企业通过省清洁生产审核验收，并获得了“广东省清洁生产企业”称号。

（五）全面落实激励政策

一是循环经济工作经费落实到位。根据《广东省发展循环经济工作经费使用管理规定》，组织开展2010年省发展循环经济工作经费的申报工作。经专家评审，共下达经费项目40个，共计1300万元，并对140个“广东省清洁生产企业”进行奖励，共计奖励700万元。

二是积极争取国家相关部委的政策支持。组织企业申报工业和信息化部2010年工业清洁生产示范项目，推荐广州珠江啤酒股份有限公司、广东蒙娜丽莎陶瓷有限公司等企业的11项清洁生产项目，其中2个项目获得工信部资金支持。2010年4月，向国家发展改革委推荐广东清远华清循环经济园为国家第一批“城市矿产”示范基地，该项目获得中央财政2010年资金补助。在国家发展改革委等主管部门的大力支持下，目前全省共有1个国家“城市矿产”示范基地、7个国家循环经济试点单位、1个汽车零部件再制造试点、1个机电产品再制造试点、3个“两型”企业试点，发挥了显著的示范带动效应。

三是完善清洁生产激励机制。自2004年起，广东省建立了清洁生产表彰奖励制度，对“省级清洁生产企业”一次性奖励5万元，对清洁生产组织工作成绩突出的政府部门、技术服务单位给予表彰奖励。目前，已累计发放奖励资金2028万元，共有382家企业、16个市和县政府部门、12家技术服务单位获得奖励，部分地市也相应建立了配套奖励制度。同时，加大技改、示范项目投入，支持企业推进清洁生产。

（六）加强对外合作。

一是积极开展中日循环经济合作。落实《中日循环型城市合作方案》，与日本兵库县对口开展循环经济城市合作。3月，省经信委与日本兵库县农政环境部环境管理局在日本神户共同召开了“广东省兵库县循环型城市建设合作技术委员会第二次会议暨广东省兵库县循环型城市合作研讨会”，全面总结了广东兵库循环型城市合作3年来的成就，圆满完成了合作任务，并形成报告上报国家发展改革委。

二是稳步推进粤港清洁生产合作。落实《关于推动粤港两地企业开展节能、清洁生产及资源综合利用工作的合作协议》，粤港双方共同启动了为期五年的粤港“清洁生产伙伴计划”，香港特区政府专拨出港币9306万元，用于支持珠三角地区港资企业实施清洁生产。2010年，共认定“粤港清洁生产伙伴”标志企业115家。

三、广东省循环经济发展典型经验

全省把发展循环经济作为一项系统工程来抓，加快建立“循环经济工业园－产业基地－试点单位”的试点示范体系，对以循环经济模式推进资源节约型、环境友好型社会建设进行了积极有效的探索，在建设循环经济区、循环经济试点县（工业园）、循环经济试点单位等不同层面实践中积累了宝贵的经验。

深圳市根据本市六大行政区和光明新区独特的经济基础和产业结构现状特点，按照循环经济理念，结合自身地理条件与人文发展历史，按照“科学合理、适度超前”原则，确定全市不同区域发展循环经济的特色定位，打造集总部经济、高端产业、静脉产业、清洁能源、可再生能源、绿色物流、生态旅游和循环经济技术研发应用等七大区域特色循环经济区。

佛山市自2007年开始以“扶持壮大一批，改造提升一批，转移淘汰一批”为指导方针，有计划、有步骤地推进建筑陶瓷行业的转型升级。佛山市在原地保留的建筑陶瓷企业已全面普及清洁生产，截至2010年底，获得“广东省清洁生产企业”称号的58家陶瓷企业，共实施了1737个清洁生产方案。佛山市建筑陶瓷企业的生产废水已实现100%循环回用，陶瓷废渣、边角料回收率超过90%，取得了较大的社会、经济和环境效益。通过推行清洁生产，佛山市广大陶瓷企业创新了生产经营和管理模式，提高了资源的综合利用效率，减少了能源消耗和污染排放，真正实现经济发展与环境保护的“双赢”。

广州经济技术开发区以“理念创新引领发展、以体制与机制创新保障发展、以科技创新驱动发展”的三位一体循环经济发展模式，构建了以政府为引导、企业为主体、市场为导向的开放型自主创新的体制架构体系，通过政策引导产业转型，推动产业体系向低消耗、低排放、高效益和高附加值（两低两高）的高新技术产业、先进制造业和现代服务业体系转变，形成以电子及通讯设备制造业、金属冶炼及压延加工业、电气机械及器材制造业核心产业。

云安县是广东省唯一的循环经济试点县，依托丰富的硫铁矿和石灰石资源，以发展当地特色循环经济为切入点，加快推动本区域内硫化工、水泥、石材三大产业的转型升级，把硫酸、水泥、石材等生产过程中的废弃物最大限度地加以利用，延伸资源循环利用的产业链，把上一生产环节的废物变为下一生产环节的资源，每年回收粉煤灰和灰渣约15万吨、利用碎料、废料、废渣超过10万吨，既减少废物排放、提高资源利用效率，又增加产品附加值，产业实现从粗放型发展向节约型发展，生产实现从环境污染型向环境友好型转变。

广西壮族自治区循环经济

广西壮族自治区发展和改革委员会

2010年，广西壮族自治区党委、政府高度重视发展循环经济，将发展循环经济纳入经济社会发展全局统筹谋划，对加快发展循环经济提出了具体要求，出台了一系列政策措施，培育循环经济新兴产业，强化科技创新，广西发展循环经济各项工作取得了积极进展。

一、2010年循环经济发展现状

（一）主要成效

2010年以来，广西循环经济取得了积极进展。国家发展改革委指导编制了《广西百色生态型铝产业循环经济发展规划》，进一步推动广西铝业循环经济发展。农业循环经济发展迅速，生态农业建设内容不断丰富，2010年农民从生态农业中获得的收入已占总收入70%以上，广西东园家酒工业园已成为农业循环经济和生态产业的示范园区；以非粮原料木薯生产车用燃料乙醇汽油并在全区推广使用，成为全国非粮原料乙醇汽油示范省区。近年来，广西再生资源回收产业化取得新成效，全区从事再生资源回收经营的企业有2000多家，从业人员近50万人，2010年全区工业固体废弃物综合利用率达到70%。建筑垃圾再利用、墙体材料资源综合循环利用、钢结构建筑、污水回用等先进技术得到进一步应用。

循环经济的加快发展，较好地促进了能源资源节约，有力地推动节能减排和生态环境建设。“十一五”末，广西已成为全国第9个、西部第2个县县建成污水处理设施的省区，城镇污水集中处理率、生活垃圾无害化处理率分别由8.8%、32.9%提高到60.6%和61.78%；境内32条主要河流的62个监测断面水质达标率为96.9%；国控重点流域14个监测断面水质达标率为100%；近岸海域海水一类和二类水质比例占83.3%；14个设区城市集中式饮用水水源地水质达标率达98.8%。全区森林覆盖率达58%，排全国第4位；设区城市空气质量优良率99%以上，重点流域水质达标率100%，近岸海域环境达标率85%。“山青水秀生态美”已成为广西一大优势和亮丽品牌。

（二）广西循环经济发展特色鲜明

在推进各行业各领域发展循环经济过程中，广西在制糖、有色、农业、林业等领域形成了特色非常鲜明的循环发展模式。

1.糖业循环经济在全国处于领先地位。甘蔗制糖是广西具有优势的传统行业，2010年糖料蔗种植面积约1500万亩，是世界十大产糖区之一；食糖产量705万吨，占全国60%以上，其中，产生的蔗渣约1400万吨，废糖蜜200万吨，滤泥120万吨；产品链较长，蔗渣造纸制板，糖蜜生产氨基酸、单细胞蛋白、酒精以及提取丙酮等有机化合物，滤泥生产复合肥等综合利用技术达到世界先进水平；制糖成本比国内其他蔗糖主产区每吨低300元左右，加上资源综合利用的效益，市场竞争力较强。广西将制糖业作为循环经济推进的重点行业，自治区人民政府出台了《关于加快制糖工业循环经济发展的意见》，启动了贵港国家级生态工业（制糖）示范园区建设，取得积极进展，制糖企业能源资源消耗以及污染物排放均明显降低，产业链逐步完善并向深度发展，形成了独具特色的生态工业和循环经济模式，成为全国糖业循环综合利用的示范样板，涌现了广西贵糖（集团）股份有限公司、南宁糖业股份有限公司等一批典型企业。

2.有色产业循环经济成效突出。广西是全国重点有色金属产区之一，其中锡、锑、钨、铝、铅、锌等矿种探明储量在全国居全国前列，素有“有色金属之乡”的美誉。其中，铝工业是最具发展潜力和优势的支柱产业，全区氧化铝产能已达660万吨，电解铝产能100万吨，铝材加工70万吨。依靠资源优势，积极发展有色产业，是广西工业化的重要组成部分。2009年，自治区人民政府批准了《广西壮族自治区有色金属工业调整和振兴规划》，提出了坚持资源开发与节约利用相结合的循环发展策略，努力提升资源再生利用能力。在有利政策的推动下，广西有色产业循环经济快速发展，规模不断扩大，赤泥磁选铁精矿、锌冶炼渣综合利用、固体废弃物机压成球等循环经济技术进一步推广应用，部分骨干龙头企业示范带头地位更加突出。

中国铝业股份有限公司广西分公司是国内特大型铝业联合生产企业，已完成清洁生产试点示范工作并通过验收，获得自治区人民政府授予的“广西清洁生产企业”荣誉称号。近年来，中铝广西分公司积极发展循环经济，编制完成了《中国铝业股份有限公司广西分公司循环经济实施方案》，实施一批循环经济项目，不仅节约了生产资源，减少了污染物排放，还增强了公司的市场竞争能力和发展能力，循环效益明显：矿山一、二期水耗分别下降61.79%和41.98%，柴油消耗下降69.02%，电解铝厂削减粉尘366.5吨，公司实现生产废水零排放，削减化学需氧量55吨。中铝广西分公司还创造了矿山复垦的先进经验。该公司每年矿山用地约1500亩，经多年实践，实现了矿山从占地、采矿、复垦、还地四个环节的良性循环，实现“采矿无痕”。公司通过科技创新，成功实现了从尾矿中取泥，还泥于采空区，在采空区乱石窝中造地，在新造的地上进行生物复垦。复垦地平均每亩投入5000元以上，复垦率达到92.55%，复地率达到86.78%。在复垦地上种植黄豆、玉米、花生、甘蔗等农作物，改良了复垦区土壤，瘦地变地沃田，防止了水土流失，保持了生态平衡，促进了矿区的生态和谐与可持续发展。该公司的矿山复垦被国土资源部认定为国内首创，入榜“中国企业新纪录”。

河池南方有色冶炼有限责任公司是广西有色行业循环经济发展成效最突出的企业，其以铅、锌、锑冶炼为主导，以延伸铅锌产业链为核心，以共、伴生金属金、银、铜、铋、镉、铟、铁及非金属元素硫、碳等资源综合回收利用、三废治理及资源化利用为着力点，通过延伸铅、锌主导产业链，实现铅锌冶炼闭合循环发展，并采取共、伴生金属及非金属元素硫、碳回收和再循环、水资源重复利用等技术手段，减少单位产品的资源消耗。同时，通过加强生产中“三废”的循环使用和环境治理，使整个循环经济系统以及生产和消费过程基本上不产生废物，从根本上改变环境与发展的冲突，实现企业可持续发展。

3.农业循环经济独具特色。广西是农业大省，第一产业比重较大。“十一五”期间，广西在农业领域大力推行循环经济，促进了循环农业快速发展，取得显著成效。

桑蚕循环产业发展势头迅猛。2005年以来，广西蚕茧产量稳居全国第一。目前，全区桑园面积200万亩以上，约占全国的1/4；蚕茧产量23万吨以上，约占世界总产量的1/5，蚕茧产量连续四年位居全国第一，超过了位居世界第二的印度，成为名符其实的全国桑蚕生产第一大省区、世界重要的原料茧生产基地。近年来，广西积极发展桑蚕产业循环经济，桑树除用于养蚕外，桑枝用于加工食用菌、造纸、制造板材；蚕沙用于制造沼气、生产有机肥、提取叶绿素；蚕蛹食品、保健用品、桑叶茶、果桑等还可综合开发利用。目前，已初步形成桑蚕资源多级循环利用的新型产业链。广西宜州市自然条件优越，蚕业发展优势明显，全市年蚕茧产量和茧丝加工量分别占全广西总量的1/4和1/7，是全国产茧第一大县（市）。全区持证开工的缫丝企业73家，年产生丝1.67万吨，产值约42.9亿元。2010年，广西决定在宜州市建设蚕桑茧丝绸产业循环经济示范基地，并印发了《广西蚕桑茧丝绸产业循环经济（宜州）示范基地建设方案》，全力打造一个辐射力强、带动面广、产业链长、综合效益好的蚕桑茧丝绸循环经济示范基地，有力带动和推进广西茧丝绸加工纵深发展、提高茧丝绸产业综合竞争力，向蚕业强区迈进。

梧州再生资源循环利用园区一角

农村户用沼气发展迅速，入户率居全国第一。为加强农村生态环境保护，改善农民生产生活环境，从20世纪90年代中期开始，广西大力推广以桂林市恭城县为代表的“养殖—沼气—种植”三位一体能源生态发展模式，完成了以沼气为重点的100个能源生态村、50个能源生态乡和20个能源生态县项目建设，形成了以北流市为代表的平原县生态家园富民发展模式，以大新县为代表的山区发展模式，以浦北县为代表的低山丘陵区发展模式，以象州县为代表的灾民新村实施社会主义新农村发展模式，以武鸣县为代表的城市郊区发展模式，并不断拓宽沼气综合利用的领域。沼气池不仅产气供能、保护生态，其发酵后的沼肥还是优质农家肥。发展农村沼气，可以将畜牧业与种植业链接起来，形成"养殖—沼气—种植"良性循环，做到变废为宝，减少环境污染，增加收入，形成节约型的循环经济模式。广西平均每个沼气池年产优质沼肥约25吨，能满足3～5亩粮食或瓜菜用肥，可实现粮食增产15%～20%，蔬菜增产30%～40%，增收节支1200元以上，全广西共有1400多万农民直接受益。当前，广西累计建成沼气池355.3万座，沼气池入户率达44.4%，居全国第一位。广西建成的这些沼气池，每年可为293万农户提供优质燃料11.72亿m^3，能源开发量折合标煤83.68万吨，可节约薪柴586万吨，保护森林面积48.83万公顷。

柳钢集团焦炉干熄焦技术改造投产

生态农业企业快速成长。广西合浦东园家酒厂是一家集生态农业、工业和服务业于一体的循环经济型企业（集团）。企业以东园家酒厂为核心，用酒厂生产的下脚料如酒糟、泡酒剩下的动植物药渣以及自己种植的牧草来饲养畜禽鱼，畜禽粪便统一排进沼气池，沼气池产生的沼气用来蒸酒蒸饭和发电，发电产生的电为酒厂提供能源支持，沼气池产生的残渣和鱼塘产生的塘泥、塘水被用来种植牧草、果树和无公害蔬菜，收获的优质畜禽鱼产品、蔬菜、花果等源源不断地供往市场和公司所属东园饭店。东园牛场每头牛平均每天需要饲养成本仅为3元钱左右，成本仅为普通养殖的1/4到1/7；目前东园生物肥的市场价格仅为同类产品的一半左右；而每亩农作物每喷一次东园微生物肥，只需要4元的成本；东园家酒厂的产品价格13年未涨1分钱，市场竞争力逐年提高。合浦东园家酒厂已成为广西循环经济实践的典型范例，也是循环型工业和生态农业相互融合与促进的生动实例。

非粮原料乙醇汽油全面推广应用。2008年起，广西以非粮木薯为原料生产燃料乙醇，成为全国第一个生产销售非粮原料燃料乙醇汽油的省区。燃料乙醇生产能力每年20万吨，年消耗鲜木薯120多万吨，建成至今共生产燃料乙醇44万吨，共替代石油44万吨，缓解了自治区能源供应紧张局面，调整了广西的能源消费结构，减少了汽车尾气排放造成的污染，改善了大气环境，提高人类的生存环境质量，实现人与自然的和谐发展。同时，有效地促进农业产业化、农民增收和发展地方经济，扩大广西燃料乙醇和生物化工产品生产能力，使生物质能源和生物化工产业成为广西又一大新兴产业。

4.以林浆纸一体化为代表的林业循环经济产业链已经形成。广西气候湿暖，雨水丰沛，光照充足，林地资源、林木资源、竹子资源丰富。广西林业以地造林、以林蓄水、以水发电、以电促工、以工生财、以财补林，形成一条林业循环经济产业链。广西利用丰富的林木资源，大力发展广西林浆纸一体化产业和林产品精深加工产业，重点在配套建设较好的桂南、桂中和桂东等布局大型浆纸企业。通过引进国际先进技术和重点科技攻关，实现林产品生产加工环节节能减排和废弃物循环再利用。广西金桂浆纸项目是北部湾经济区建设的最新浆纸项目，具备了成熟的造纸业污染物处理管理系统、技术和人才，设计装备的设备均达到世界最先进水平。项目通过"生态营林、环保制浆、绿色造纸"，实现经济、社会和生态效益的"三赢"。目前，一期项目在设备选用、工艺流程和工程设计多个环节，实施了世界上最高等级的环保标准，国家环保局批复的该项目一期工程废水排放指标中，化学耗氧量、生物耗氧量、固体悬浮物三大排放量标准(kg/t产品)分别为33.2、7.51和11.3，金桂项目相应的设计标准分别为≤1.4、≤0.28、≤0.42，标准提升了近30倍。在造纸工序中，首段引入碱回收截污、中段增加高速过滤机去污、末端变革气浮池清污，化机浆实现零排放。2011年3月22日，广西金桂浆纸业有限公司荣获自治区人民政府颁发的"广西北部湾经济区优秀建设者"荣誉证书。

二、广西循环经济示范园区规划建设情况

2010年以来，自治区发改委认真履行职责，根据国家循环经济发展方向，重点推进几个循环示范园区的规划建设。

（一）贺州华润循环经济示范区

为贯彻落实党中央、国务院关于加快循环经济发展的重大战略部署，加快推进自治区循环经济发展，2010年3月，自治区党委、政府主要领导和华润（集团）有限公司高层就规划建设贺州华润循环经济示范区达成了重要共识，决定创新合作机制，共同推进贺州华润循环经济示范区建设，并将示范区建成“转变经济发展方式的典范、地方政府与央企互动合作的典范、后发展欠发达地区科学发展跨越发展的典范”。为落实上述重要共识，自治区政府、贺州市和华润集团共同成立了示范区建设推进领导小组，统筹协调推进示范区建设，取得了重大进展。作为示范区核心产业项目的华润水泥一期年产200万吨新型干法水泥生产线2010年已建成投产；华润电力（贺州）项目施工已全面铺开；华润啤酒（贺州）项目一期年产20万吨啤酒生产线已开工建设。

（二）梧州再生资源循环利用园区国家“城市矿产”示范基地建设实施方案

梧州再生资源循环利用园区位于广西梧州市苍梧县新地镇，前身为梧州进口再生资源加工园区，2010年9月正式通过国家环保部、海关总署、质检总局“圈区管理”验收。园区规划总面积1万亩，总投资150亿元。园区建成后，可形成再生资源180万吨/年的拆解加工能力，并生产电解铜、

铝型材、铝塑、不锈钢制品、五金件、机械　　及配件等深加工产品，实现工业总产值600亿元、税收20亿元以上，提供5万多个就业岗位。该园区是自治区级循环经济试点单位，已实行园区化管理，园区建设符合土地利用总体规划和城市总体规划，园区环保管理运行和污染控制符合国家有关规定，资源来源有保障，工艺技术先进，符合国家“城市矿产”示范基地建设的基本要求。广西梧州再生资源循环利用园区正式列入第二批国家“城市矿产”示范基地。

（三）玉林龙潭再生资源循环利用园区

龙潭产业园于2008年5月组建，6月挂牌成立。产业园位于玉林市最南端的博白县龙潭镇，规划面积5000公顷，围绕有色金属加工冶炼，再生资源加工利用、重化、农产品加工、仓储物流等主导产业，细化了5个专业园区：有色金属产业园800公顷，再生资源产业园800公顷，海峡两岸农业合作示范区400公顷，重化产业园800公顷，仓储物流园300公顷。产业园功能定位是主要以承接产业转移、发展临港型产业，建设海峡两岸农业合作示范区为重点，着重打造以有色金属冶炼、再生资源加工利用、机械制造、电子以及物流、仓储为主的产业基地。目前，产业园已开工建设路、水、电等基础设施项目9个，总投资10.02亿元；已有入园企业16家，总投资30.2亿元；已签约项目15个，总投资362.5亿元；在建工业项目5个，总投资23.53亿元；已签约项目15个，合同投资额达362.5亿元。产业园正全力推进中国华电玉林火电、重焦沥青及精细化工、特种钢加工、铁山港东岸码头等4个重大项目前期工作。

（四）百色生态型铝产业示范基地

为构建区域生态铝产业发展模式和探索实现资源型城市可持续发展新路子，国家发改委于2011年7月13日批复并同意设立广西百色生态型铝产业示范基地。示范基地是以百色铝土矿资源和现有产业为基础，以生态环境保护为重点，以机制创新和技术进步为支撑，以节约资源和合理利用为突破口，以产业技术进步为着力点，统筹规划，合理布局，优化结构，通过大力发展循环经济，推广清洁生产，采取有效措施治理污染，提升铝产业竞争力和可持续发展能力，实现百色铝产业基地的生态化。示范基地建设重点围绕发展生态型铝产业链、配套产业、循环经济等，实施重大项目48项，总投资898亿元，新增总产值1447亿元。该示范基地建设的实施将对我国其他地区铝产业基地发展循环经济、实现可持续发展发挥积极的示范带动作用。

三、下一步工作基本思路

（一）“十二五”期间，国家将大力发展循环经济，并重点抓好循环经济八大工程建设

一是循环经济试点，主要是国家两批循环经济试点及省级试点单位减量化、再利用和资源化项目。二是产业园区循环化改造，主要是省级以上产业园区循环化改造，包括废物交换利用、能量梯级利用、水的分类利用和循环使用等重大项目。三是“城市矿产”示范基地，主要是再生资源加工利用重点项目。四再制造产业化工程，包括汽车

零部件、工程机械、矿山机械、办公设备、废旧轮胎等再制造项目。五是餐厨废弃物资源化工程，主要是城市内餐厨废弃物资源化利用项目。六是农业循环经济示范工程，主要是农林废弃物再利用和资源化项目。七是循环型服务业示范项目，主要是消费型及生产型服务业领域再利用、资源化项目。八是重大循环技术示范推广，主要是重大循环技术专用设备国产化项目。

（二）“十二五”期间，自治区大力发展循环经济，推动产业结构调整和发展方式转变，促进绿色增长

以提高资源产出效率为目标，加强规划指导、财税金融等政策支持，推进生产、流通、消费各环节循环经济发展，加快构建覆盖全社会的资源循环利用体系。重点在制糖、铝业、钢铁、锰业、石化、电力、建材、林浆纸、林产加工、化工等行业构建循环利用产业体系，鼓励企业建立循环经济联合体，推动产业循环式组合，建成糖业循环经济示范省区。引导企业实施环境管理标准，全面推行清洁生产。开展重点产业园区能源资源循环化改造，实现土地集约利用、废物交换利用、能量梯级利用、废水循环利用和污染物集中处理。加强共伴生矿产及尾矿综合利用，推进大宗工业固体、建筑和道路、农林等废弃物综合利用。完善再生资源回收体系和垃圾分类回收制度，积极建设“城市矿产”示范基地，推进再生资源规模化、产业化利用，发展再制造产业。大力推广生态循环农业模式，发展生态循环型农业。开发应用源头减量、循环利用再制造、零排放和产业链接技术，推广循环经济典型模式，加快循环经济示范基地建设。倡导文明、节约、绿色、低碳消费理念，逐步形成绿色生活方式和消费模式。

（三）构建特色循环经济产业园区

推进再制造、“城市矿产”、餐厨废弃物资源化利用、园区循环化改造、农业秸秆综合利用、林业三剩物综合利用、工业大宗固体废弃物利用、建筑废弃物利用等重点循环经济工程建设。深入开展贵港生态工业（制糖）、梧州再生资源利用、河池有色金属新型材料、百色生态型铝产业、玉柴集团再制造产业等国家级和柳钢集团钢铁、钦州石化、崇左锰深 加工、宜州桑蚕茧丝绸产业、合浦东园家酒农业、农垦明阳生物化工等自治区级循环经济示范试点，总结经验做法，推广循环经济典型模式，加强循环经济产业园区管理，建立完善循环经济产业园区统计评价体系。到2015年，重点工业行业中超过一半的规模以上企业建成循环经济企业，糖业、铝业、新型干法水泥、火电4个行业100%形成循环经济发展模式，形成新的经济增长点。

海南省循环经济

海南省工业和信息化厅

2010年，海南省把发展经济与节约资源、保护环境有机结合起来，认真贯彻实施《循环经济促进法》，围绕“减量化、再利用、资源化”的3R原则，在规划引导、加强管理、节能减排攻坚、技术进步和宣传推动方面扎实开展循环经济工作，取得了积极成效，为全面推进国际旅游岛建设奠定了良好基础。

一、主要成效

（一）资源综合利用取得积极进展

全省开展以粉煤灰、尾矿利用为重点的固体废物资源化，带动烟气脱硫、工业废渣等工业固体废物的综合利用。2010年全省工业固体废物综合利用率达到85%以上，工业固体废物保持零排放。

（二）初步形成以沼气为纽带的农村循环经济模式

2010年全省新建农村沼气池2.2万户，累计建设农村户用沼气35.6万户，新建大中型沼气工程1109处，每年可生产沼气超过3.6亿立方，节约标准煤约22万吨。

（三）城镇污水、生活垃圾设施建设基本覆盖

2010年全省建成城市垃圾处理场16座，生活垃圾无害化处理率达到86%。建成15家污水处理厂，成为全国第7个实现县县通污水处理厂的省份。生活垃圾无害化处置率和城市污水再生利用率较2009年分别提高33.7和0.4个百分点。

（四）再生资源回收利用顺利起步

初步建成了废旧汽车、废旧金属、废纸及废旧家电回收利用体系，成立3家汽车拆解、家电回收处理企业，截至2010年止，海口市已设立80个便民回收站，年可回收废品超1万吨，废旧资源综合利用量从2009年的100万吨提高到2010年的120万吨。

（五）清洁生产稳步推进

2010年，全省公布的12家重点企业按要求开展清洁生产审核工作，共产生清洁生产方案153项，其中无低费方案135项，中高费方案18项，已完成清洁生产方案145项，其中无低费方案133项，中高费方案12项，投入资金达1620万元。

（六）节能降耗工作取得显著成效

与2009年相比，2010年全省万元国内生产总值能耗下降4.9%，全省化学需氧量（COD）排放量为9.23万吨，下降8.4%，二氧化硫（SO_2）排放量控制在2.84万吨，全面完成了国家下达的“十一五”节能减排目标。

（七）生态环境质量继续保持全国领先水平

2010年海南经济快速发展，全省完成国内生产总值2064.5亿元，是2009年的1.25倍，同比增长24.8%；三次产业结构由2009年的27.94:26.81:45.25优化为26.15：27.66：46.19；地方财政一般预算收入271亿元，是2009年的1.52倍，同比增长52.2%。

在经济快速发展的同时，循环经济发展不断取得进展，全省生态环境质量继续保持全国领先水平，环境、大气、河湖和近海海域水体质量保持全国一流。与2009年相比，2010年海南省主要矿产资源产出率、能源产出率、土地产出率、水资源产出率分别增加4700元/吨、0.06亿元/万吨标煤、10.44万元/公顷、2.2元/立方米；单位国内生产总值取水量、单位国内生产总值能耗、万元工业增加值能耗、万元工业增加值取水量分别下降14.3%、4.34%、

11.27%、19.9%，农业灌溉水平有效利用系数由0.5345提高到0.5434；可再生能源发电装机容量占总发电装机容量的26.4%。

二、主要工作

（一）科学编制规划，高起点谋划“十二五”发展，促进产业结构调整

2010年是“十一五”规划收官之年，也是“十二五”规划编制之年。在2010年6月8日《海南国际旅游岛建设发展规划纲要（2010~2020）》获国家发改委批复同意的基础上，海南省按照促进海南又好又快发展的总体要求，组织编制了《海南省国民经济和社会发展第十二个五年规划纲要》。特别为谋划好在国际旅游岛建设大背景之下加快发展高新技术工业和优化工业发展，我们按照十七届五中全会精神和纲要要求，以科学发展为主题、以调整为主线，深入开展调研，深化提出了“十二五”工业经济发展思路：优先发展高新技术工业、集约发展新型工业、优化提升传统产业，逐步形成与国际旅游岛人居环境相和谐的、以高新技术产业为主导的、以战略性新型工业为带动的集群式布局、体系完整、配套完善的海南特色工业经济体系。围绕这一发展思路，2010年海南省着手编制“十二五”新型工业。此外、还启动节能、高技术产业、循环经济等多个专项规划的编制工作。专项规划的编制和实施，将对“十二五”海南省调整优化产业结构，推动循环经济发展发挥重要的影响。

（二）打好节能减排攻坚战，圆满完成“十一五”节能减排任务

由于海南经济总量较小，“十一五”正处于加快发展的重要阶段，新投产的炼油、天然气化工、电力、浆纸、水泥等项目单位能耗已达到国内甚至国际同行业先进水平，节能空间十分有限，完成节能任务的难度非常大，前4年仅完成节能指标进度的61.19%，2010年必须完成剩余的进度，面临巨大的压力。为确保完成“十一五”节能任务，省委省政府高度重视，果断行动，及时进行了动员部署，采取各种措施，狠抓节能目标任务和政策措施的落实，强力推进节能工作。制定确保实现“十一五”节能减排目标2010年工作方案，出台差别电价、节能专项资金管理、节能奖励等8个节能降耗政策。加大力度淘汰落后产能，全面完成淘汰落后产能计划任务。加大节能资金投入，增加投入1.53亿元，支持节能技术改造、合同能源管理和产业升级等项目建设。大力推广节能减排新技术新产品。及时启动节能预警调控。经过艰苦努力，圆满地完成了全省“十一五”节能减排目标任务。

（三）加强管理，营造有利于循环经济发展的政策环境

省政府把循环经济、节能减排工作摆在非常重要的位置，相继出台了《2010年海南省生态省建设工作意见》、《海南省生态保护与建设评价暂行办法》、《海南生态省建设工作考核办法（试行）》、《关于低碳发展的若干意见》、《海南省公共机构节能管理办法》、《海南省确保实现“十一五”节能减排目标2010工作方案》、《海南省环境保护目标责任制考核实施细则意见》、《海南省太阳能热水系统建筑应用管理办法》、《关于淘汰实心粘土砖规范新型墙体材料行业发展的通知》等政策文件。省政府相关部门配套制定了《海南省差别电价分时电价调整方案》、《开展新型墙体材料产品质量专项检查工作方案》、《海南省淘汰落后产能专项资金管理暂行办法》、《海南省可再生能源建筑应用专项资金管理暂行办法》、《关于推进再生资源回收体系建设的通知》等一系列促进循环经济发展的政策文件，为循环经济发展提供了进一步的政策支撑。

（四）推进循环经济发展，有效提高能源资源利用效率

1.减量化方面

坚决淘汰落后生产能力。2010年为海南省淘汰落后产能力度为历年之最，共完成淘汰小火电机组13.8万千瓦、钢铁40万吨、立窑水泥171万吨、造纸2.1万吨、实心粘土砖约5亿标块。

积极推进东方、澄迈老城开发区热蒸气联供，减少废气排放，提高火电机组蒸气利用效率，年可置换出1.9亿立方米天然气，大大缓解全省天然气紧张局面。

开展系列节能改造行动，实施锅炉、冷却塔、电梯改造等节能改造工程。昌江华润水泥有限公司改造一线余热锅炉换热管，增加余热锅炉空量，年增加发电量约1000万千瓦时；完成50台水冷却塔无电机改造，年节电380万千瓦时，节标准煤1350吨；海南航空股份有限公司完成16架737¯800飞机安装翼梢小翼改造；推广电能回馈、变频控制等电梯节能技术，全年推广改造380台电梯，年节电171万千瓦时。

制定工业及城市生活用水定额，促进工业企业节约用水，减少工业废水排放，2010年全省工业用水重复利用率较2009年提高了一个百分点。

推广使用散装水泥。减少水泥袋使用量，有效减少了能源消耗，2010年全年共推广散装水泥517万吨，水泥散装率达到40.89%，农村用散量达到140万吨，使用比率达到27%。

2.再利用方面

大力推进冰蓄冷项目建设。2010年在三亚亚龙湾成功建成首个蓄能供冷站，开始向区域内的3家酒店集中供冷，并在亚龙湾冰蓄冷站建设海南节能教育基地。

鼓励回收气田排空火炬气。推进福山气田回收排空火炬气生产可燃气，2010年回收火炬气360万立方米，减少了废气余热对环境的影响。

在工业领域，鼓励利用炼油、水泥、造纸、制糖等行业的余热、废气、废渣等发电。海南炼化、中海化学、金海浆纸、华盛水泥、华润水泥等企业利用废气、废液发电的综合利用机组年发电量已达到13亿千瓦时。

3.资源化方面

积极推进可再生能源利用。2010年新增四更、感城两个风电厂，装机容量分别为4.82和4.95万千瓦，全省风电发电装机容量达到20.52万千瓦。2010年全省可再生能源装机容量达到104.63万千瓦，占全省总装机容量的26.4%。推进农村沼气工程和生态循环农业示范工程建设，2010年底止，全省累计建设农村户用沼气35.6万户，新建大中型沼气工程1109处。在太阳能建筑一体化应用方面，自2010年3月实施省政府出台的《海南省太阳能热水系统建筑应用管理办法》以来，全省太阳能热水器应用快速增长，2010年海南省完成了太阳能热水系统建筑应用面积610万平方米。

推进工业废气的综合利用。利用原油加工生产过程中产生的废气回收液氨与富余的低压蒸气，组织实施4万吨/年甘氨酸生产线建设。对化肥生产过程排空二氧化碳进行回收利用，生产食品级二氧化碳和干冰，年处理量458万立方米。

推进工业固体废弃物综合利用。利用海南金海浆纸造纸绿泥生产水泥，年处理绿泥6万吨。引导和促进企业深入开展粉煤灰、煤矸石、脱硫石膏等工业废弃物综合利用，2010年共处理粉煤灰59.3万吨、煤矸石15.8万吨、脱硫石膏20.2万吨。

提高木材资源利用率，调整林业产业结构。利用速生林、次小薪材等林业废弃物生产中纤板、刨花板、包装板，2010年年利用量约18万元立方，可节约30万立方米原木材。

建立废弃资源回收利用体系，促进废物弃的充分利用。据统计，全省废旧资源综合利用量从2009年的100万吨提高到2010年的120万吨，提高了资源利用效率。

（五）推进科技进步，推广应用新技术新产品

2010年推广201万只节能灯，比2009年多出一倍，预计可实现年节电量约2.6亿千瓦时，节约标准煤8.9万吨，减排二氧化碳23万吨。启动了回收废旧节能灯工作，使海南省成为全国第一个开展此项工作的省份，在节能降耗的同时避免造成新的环境污染。推广冰蓄冷技术，2010年底已在三亚亚龙湾成功建成首个蓄能供冷站，开始向区域内的3家酒店集中供冷。推进西海岸高尔夫球会太阳能发电工程示范项目建设。推广人工湿地污水处理技术，2010年累计建成人工湿地24个。积极推进LNG燃气汽车及新能源汽车应用，2010年末，全省LNG和CNG公交车共有786辆，有效降低了城市汽车尾气排放污染，改善城市空气质量。

（六）开展循环经济宣传培训，增强资源节约和保护环境的意识

在全社会广泛开展节能减排、循环经济宣传，组织开展不同主题的节能宣传周、“地球日”、“科技宣传月”等宣传活动及专题培训，通过广播、电视、互联网等多种渠道广泛宣传节能减排、循环经济的重要性和紧迫性，通过各种方式普及循环经济科普知识。省委将低碳和循环经济发展作为对全省干部培训的重点内容，干部队伍循环经济工作的认识和能力有所提高，提高资源忧患意识和节能意识，有效推进海南省开展循环经济工作。

三、典型单位

海南矿业股份有限公司。前身为海南矿业联合有限公司，主营业务为铁矿石采、选和销售。海南矿业所属的石碌铁矿，以富铁矿石储量大、品位高而著称，被誉为“亚洲第一富铁矿”。铁矿生产规模为年采剥总量1600万吨、原铁矿石460万吨、成品铁矿石350万吨。长期采矿作业中，同时排放大量的铁尾矿（包括难选贫矿），累计堆存量超过2000万吨。为充分利用尾矿资源，该公司加大投入，采用先进适用的选矿技术，加强对新排放尾矿和堆存尾矿的再选和再利用，利用铁尾矿总量逐年增加。2010年公司实际利用工业固体废物达138万吨。

华盛天涯水泥有限公司。海南省水泥行业的骨干企业，也是利用废渣的主力。目前公司已建成3条日产5000吨新型干法水泥熟料生产线和600万吨水泥粉磨生产线。该公司在熟料生产环节掺加铁尾矿、废矿、造纸碱泥等废渣，同时在水泥生产环节大比例掺加粉煤灰、石粉渣、脱硫石膏、炉渣等工业固体废渣，实际利用废渣量逐年增加。2010年公司实际利用工业固体废物达132万吨。

“十二五”期间是海南国际旅游岛建设发展的关键时期，海南省将进一步按照循环经济的“3R”原则，结合实际，从加强管理、推进技术进步、强化宣传等方面推动循环经济发展，为促进全省节能减排目标的实现和可持续发展作出新的贡献。

四川省循环经济

四川省发展和改革委员会

2010年，四川省积极落实党中央、国务院发展循环经济的各项决策部署，深入探索循环经济发展的有效模式，努力构建资源节约型、环境友好型社会，促进经济、社会与环境的协调发展，全省循环经济工作取得了积极进展。

一、2010年开展的主要工作及取得的成效

（一）强化组织领导，健全了循环经济发展工作推进机制

一是健全领导机制。为贯彻《国务院关于建设资源节约型社会的通知》和《国务院关于加快发展循环经济的若干意见》精神，四川省成立了以省政府主要领导同志任组长，分管副省长任副组长，省直有关部门主要领导为成员的领导小组，明确了省级相关部门职责。各市（州）也建立了相应的工作机构，做到了层层有责任，逐级抓落实。二是加强能力建设。在政府机构改革中，为进一步强化节能工作机构，增强循环经济发展能力，在省发展改革委增设了资源节约和环境保护处，提升对全省循环经济发展的领导能力。通过组织培训、专题研讨、实地调研等形式，对省、市（州）循环经济主管部门和循环经济试点单位的负责人进行了系统的知识培训，提高循环经济发展能力。三是加强宣传教育。充分利用“世界环境日”、“节能宣传周”、“节水宣传周”等，组织开展形式多样的宣传教育活动，引导公众建立有利于节约资源和保护环境的生产方式、生活方式和消费方式，形成了政府推动、企业实施、公众参与的良好工作局面。

（二）深化试点示范，培育了循环经济发展的新亮点

按照分类指导、重点支持的原则，继续推动循环经济试点工作。积极推进2个国家级试点园区、4个国家级试点企业，以及四川省确定的6个循环经济试点市、58个循环经济试点县（市、区）、22个循环经济试点园区和90个循环经济试点企业建设，并对部分循环经济试点工业园区的循环经济进展情况进行了评估。重点发展了成都青白江工业园、四川西部化工城等国家级循环经济示范园区及天原化工、国栋建设、丝丽雅纺织集团、长鑫新材料等一批循环经济试点（示范）企业，充分发挥试点园区和企业的示范效应，全面推进四川省循环经济发展。

（三）突出重点领域，壮大了循环经济的产业规模

一是积极培育“城市矿产”示范基地。加大废旧金属、废弃电器电子产品、废旧机电设备、报废汽车、废塑料等回收市场建设，在成都、内江、绵阳等地培育了一批大中型“城市矿产”基地。其中，内江西南再生资源产业园区成为国家首批“城市矿产”示范基地，获得国家资金支持。目前，一期已建成开业，二期正在建设中，累计已回收各类再生资源32万吨，回收废旧家电13万台，拆解废旧家电8万台。二是积极推进再制造产业化发展。在汽车零部件再制造、工程机械和机床等再制造领域，组织开展了再制造产业试点，推进再制造产业化发展。三是推进餐厨废弃物资源化利用和无害化处理。结合四川省独特的餐饮文化、饮食习惯和餐厨废弃物产生量大富油、污染严重等特

川威集团钒资源综合利用项目沙盘

点，在成都、南充、达州等地开展了餐厨废弃物资源化利用和无害化处理试点工作，加强对城市餐厨废弃物的回收管理。其中，成都市已成为国家首批餐厨废弃物资源化利用和无害化处理试点城市。四是积极开展城市生活垃圾分类试点。促进成都市、德阳罗江县、南充阆中市、广安华蓥市开展城市生活垃圾分类试点，积极探索分类回收、密闭运输、集中处理体系建设，为建立城市生活垃圾分类回收制度奠定了基础。

（四）加大投入力度，强化了循环经济发展的项目和技术支撑

一是加强项目储备和申报。紧紧抓住国家加大节能减排、发展战略性新兴产业、发展循环经济和低碳经济等方面的投资重点，围绕四川省节能环保产业、循环城市、循环园区等方面收集储备了一批重大项目，建立了全省资源节约和环境保护重点项目库。组织申报了2011年重点节能工程、循环经济和资源节约等重大示范项目，其中，新光硅业多晶硅生产系统加压节能改造项目、华明玻璃能源梯级利用改造项目、宜宾惠美线业能量系统优化改造项目、洪雅现代牧场有限公司沼气发电项目等已被列入2011年中央预算内投资计划。二是强化科技支撑。加大科研投入，积极研究推广资源综合利用和再生利用新技术、新工艺，大力支持以煤矸石、粉煤灰、冶炼渣、化工渣等固体废物为原料、造纸废水碱回收为重点的新工艺和综合利用产业发展。鼓励和引导企业加快实施循环经济技术改造项目建设，提升自主创新能力。

（五）坚持多措并举，增强了循环经济的发展后劲

一是把好源头控制关。从2010年5月份开始，停止了高耗能、高排放和产能过剩行业的审批、核准、备案工作，有效地降低了综合能耗，逐步推动形成以源头控制、效率控制为核心内容的循环经济发展模式。2010年，四川省单位GDP能耗下降4.73%，超年度目标任务0.33个百分点，“十一五”四川省单位GDP能耗累计下降20.31%，圆满完成国家下达的目标任务。

二是全面推行清洁生产。截止到2010年，已在全省的重点行业、重点地区和148家重点企业开展清洁生产试点，实施清洁生产方案739个，确定了19家清洁生产审核咨询服务机构，完成了182家企业的清洁生产审核，初步建立了推进清洁生产的实施机制，有力地推动了循环经济的发展。

三是开展资源综合利用。加大支持具有示范意义的共伴生矿产资源综合利用、工业废弃物资源化利用等产业化项目，提高资源综合利用率。截止到2010年，全省矿产资源总回收利用率和共伴生矿综合利用率分别达到45%和40%，工业固体废物综合利用率达到57.5%，城市生活污水和垃圾处理率分别达到73%和83%，工业用水重复利用率达到75%，建筑废弃物和农林废弃物综合利用水平不断提升。积极开展资源综合利用认证工作，“十一五”期间，全省共培育并认定了780余户资源综合利用企业，为“十二五”时期继续深入推动循环经济发展奠定了坚实基础。

2010年，四川省循环经济发展虽然取得了一定成效，但总体上看，由于起步较晚、起点较低，四川省循环经济发展还面临体系不完善、体制机制不健全、资金投入和技术支撑不足、激励政策和监管措施有待加强等诸多问题和困难。传统的发展方式、生产方式和消费方式也在很大程度上制约了循环经济的发展。

二、循环经济发展的几点体会

2010年是“十一五”的收官之年。“十一五”期间，四川省循环经济发展从理念变为行动，在全省范围内迅速发展，取得了明显成效。在循环经济工作开展过程中，我们有以下体会。

广安意民煤电有限责任公司蔡山洞煤矿利用煤矿抽采瓦斯发电项目已经安装的28台发电机组

政府主导是循环经济发展的基本前提。充分发挥政府在循环经济发展中的主导作用，不断强化组织领导，健全工作机制，这是循环经济发展的基本前提。四川省成立了以省政府主要领导任组长，分管副省长任副组长，省直有关部门主要领导为成员的领导小组，明确了省级相关部门职责，定期召开联席会议，研究解决循环经济发展中的重大问题，推动全省循环经济发展。

政策推动是循环经济发展的重要保障。四川省通过科学制定规划、完善支持政策，显著增强了对循环经济发展的宏观指导作用和支持力度。我们认真贯彻落实《节约能源法》、《循环经济促进法》和《清洁生产促进法》等有关法律法规，启动了《四川省节约能源条例》的立法制定工作，依法推动循环经济发展。“十一五”以来，省政府相继下发了《关于建设节约型社会近期重点工作的通知》、《关于发展循环经济的实施意见》、《汶川地震灾后建筑废弃物综合利用指导意见》、《关于加快推进农作物秸秆综合利用的实施意见》等重要文件，制定了《四川省“十一五”循环经济发展规划》、《四川省“十一五”节水型社会建设规划》、《四川省“十一五”城市生活垃圾无害化处理设施建设规划》等，明确了四川省发展循环经济的指导思想、基本原则、主要目标、重点工作和领域、政策措施等。各市州也把发展循环经济纳入了本地区经济社会发展中长期规划，对循环经济发展产生了巨大推动作用。

试点示范是循环经济发展的重要抓手。“十一五”以来，四川省按照国家大力发展循环经济和《四川省“十一五”循环经济发展规划》要求，通过重点企业、重点园区、重点行业、重点领域和重点城市的试点，实行分类指导，探索循环经济的不同发展途径和形式，发挥引导和典型示范作用，逐步实现了企业、园区和社会层面的多层次循环。试点示范工作的深入开展，充分发挥了示范效应，总结出了较为典型的循环经济发展模式，有效推动了全省循环经济发展。

改革创新是循环经济发展的强劲动力。发展循环经济，改革创新是动力。“十一五”以来，我们始终坚持把深化改革作为促进循环经济发展的根本动力，探索建立发展循环经济的长效机制。不断加强循环经济技术开发应用和推广，突破制约循环经济发展的技术瓶颈，资源节约和替代技术、能量梯级利用技术等关键技术取得了较大突破，为促进四川省循环经济发展提供了强劲动力。

市场推进是循环经济发展的重要途径。循环经济的发展需要政府的大力扶持，但这种扶持不等于单纯的财政支持、减免税等措施。还应通过政府引导，更多的利用市场机制来推进循环经济发展。四川省高度重视市场机制在推动循环经济方面的作用，始终坚持以市场为导向，推进循环经济的产业化和市场化，以提高企业经济效益增强循环经济发展的动力。

三、突出重点，深入推动2011年及“十二五”时期循环经济发展

2011年是“十二五”的开局之年。我们将继续坚持“政府主导，政策推动，市场推进”的总体思路，坚持多措并举、多管齐下，突出循环经济发展的重点任务和重点领域，深入推动四川省循环经济发展。

（一）建规立制，构建循环经济发展制度保障

继续深入贯彻落实《循环经济促进法》，积极开展前期调研，推进《四川省<循环经济促进法>实施条例》的立法工作，健全循环经济发展的地方性法律法规。加快制定实施《四川省“十二五”循环经济发展规划》，增强对“十二五”时期四川循环经济发展指导作用。加快制定《促进四川省循环经济发展的意见》，研究制定并落实各项促进循环经济发展的政策措施。逐步建立和完善循环经济评价指标体系，完善统计制度等，研究完善循环经济制度保障体系。

四川白马循环流化床示范电站有限责任公司运行中的循环流化床机组

（二）提升层次，加快建立循环经济发展体系

一是推动循环型工业、循环型农业和循环型服务业融合发展，加快建立循环型产业体系。

二是以节能、节地、节水、节材和合理利用矿产资源为主要内容，加快建立能源资源节约利用体系。

三是推动煤矸石、粉煤灰、冶炼废渣等工业废弃物、建筑废弃物、生活废弃物以及农林废弃

物等资源的再生利用，加快建立资源再生利用体系。

四是以企业技术研发中心建设为重点，加大科技投入，支持循环经济共性和关键技术开发，建立政府主导、企业主体、社会参与、政产学研相结合的循环经济科技创新支撑体系。

五是全面推进循环经济示范企业、示范园区和示范城市建设，完善示范推广体系，实现循环经济发展由试点向示范推广的转变。

（三）突出重点，推动循环经济产业化、规模化发展

一是钒钛稀土资源综合利用。以提高采选矿水平、推进重大技术创新、优化调整产品结构、强化综合开发应用为重点，推动钒钛稀土资源综合利用，加快建设中国攀西战略资源创新开发试验区。

二是油气化工循环发展。依托四川省石化下游系列项目建设和天然气化工产业基础，培育壮大油气化工产业链，推进深加工及精细化发展，提高石油天然气综合利用水平，加速油气化工产业循环发展。

三是“城市矿产”资源化利用。积极推动示范基地建设，搭建资源回收平台，建立资源化回收利用体系，积极开展“城市矿产”资源化利用技术研发、引进和吸收，提高技术装备水平。

四是再制造产业化。结合成都经济区和川南经济区汽车、工程机械、装备制造等产业升级，突出汽车零部件、工程机械、机床、矿山机械等重点领域，完善再制造支撑体系，提高再制造技术水平，加快发展再制造产业。

五是餐厨废弃物资源化利用和无害化处理。以成都国家首批餐厨废弃物资源化利用和无害化处理试点建设为重点，加快推动南充、达州、自贡等14个城市餐厨废弃物资源化利用和无害化处理设施建设，建立健全管理制度，完善回收利用体系，推动餐厨废物资源化利用和无害化处理。

六是农业废弃物综合利用。基于四川省农业大省地位，结合农作物秸秆和畜牧粪便产生量大的特点，以资源化利用、产业化发展为基本思路，强化秸秆的综合利用和畜牧粪便的处理，大力提升农业废弃物综合利用水平。

七是固体废弃物综合利用。以粉煤灰、磷石膏等工业固体废弃物为重点，提高工业固体废弃物的资源化利用和无害化处理水平。总结推广四川省地震灾后重建建筑废弃物综合利用经验，开展建筑废弃物资源化处理示范，推进建筑废弃物综合利用规模化、产业化。深化推进城市垃圾分类回收试点示范，重点以成都市、德阳罗江县、南充阆中市、广安华蓥市为突破口，打造国家级生活垃圾分类试点示范城市。

（四）优化布局，构建重点突出、特色鲜明的循环经济区域发展格局

一是成都平原地区。大力发展战略性新兴产业、现代都市农业和现代服务业，重点发展机械零部件、机电产品等再制造产业，加快建设有色金属、电子电器等“城市矿产”基地，积极推进餐厨废弃物资源化利用和无害化处理，推动天府新区建设，建设绿色低碳的现代新城，发挥对全省循环经济发展的示范作用。

二是川南地区。着力推进老工业基地城市转型发展，改造提升传统产业，培育发展新兴产业。以改造提升天然气（煤）化工、盐化工、氯碱化工等产业为重点，延伸化工循环经济产业链。以煤炭清洁生产为重点，构建煤（煤矸石）—电—化、煤—焦—化循环产业链，推进瓦斯发电等煤炭开采共伴生资源的综合利用。充分发挥林竹资源优势，加速推进竹浆纸一体化工程建设。加快建设国家级“城市矿产”示范基地。围绕建设中国白酒“金三角”，提高饮料食品产业循环发展水平。

三是川东北地区。加快天然气等优势资源的开发利用，提高资源就地加工和综合利用水平。以发展天然气精细化工产品为重点，减少废弃物排放，延伸天然气化工下游产业链。大力发展生态农业和有机农业，促进农产品资源深加工和综合利用，提高资源综合利用率。积极发展红色旅游、生态旅游和文化旅游，建立以绿色消费为特征的循环型服务业。

四是攀西地区。以加快攀西战略资源创新开发试验区建设为重点，着力提高钒钛稀土磁铁矿资源的综合开发利用水平。加快发展以水电为主的清洁能源，大力发展太阳能等可再生能源。突出矿电组合优势，全面加大废渣、废水、废气的综合治理和回收利用力度。积极发展绿色农产品加工产业，延长农产品加工链条。积极发展阳光旅游和生态旅游。

五是川西北地区。以保护生态环境、发展生态经济为主攻方向，建设特色鲜明、绿色生态的产业体系。改进传统农牧业生产方式，发展以高原农牧业为特色的循环型农业。发挥水能和光热资源优势，发展水电、光热太阳能、风能等清洁能源。发展以民族文化和生态旅游为特色的循环型服务业。点状开发特色优势矿产资源，提高资源综合利用率。

（五）完善政策，增强循环经济发展的动力和活力

一是加大财政支持。筛选储备循环经济发展重点项目，积极争取国家财政支持。探索建立四川省循环经济发展基金，将循环经济发展重点项目和技术开发、产业化示范项目纳入各级地方政府年度投资计划和财政预算，给予直接投资或资金补助、贷款贴息等。加大财政投入，重点支持循环经济技术研发、重要产品开发、清洁生产、各类示范工程、循环经济产业园区、重点领域或行业的重点项目等。

二是落实税收优惠。对资源消耗小、循环利用率高、污染排放少的绿色产品、清洁产品和可再生能源等依法给予增值税、消费税、营业税和企业所得税等优惠。

三是拓宽融资渠道。贯彻落实国家四部委《关于支持循环经济发展的投融资政策措施意见》精神，对列入国家、省级循环经济示范试点的园区、企业和项目，由金融机构积极给予信贷支持，并做好相应的金融服务。发挥财政资金的引导作用，鼓励社会投资，引进外资，支持循环经济发展重点项目和重点工程。

四是完善价格政策。逐步建立能够反映资源稀缺程度、环境损害成本的价格机制，实施居民生活用水阶梯式价格制度，合理调整污水和垃圾处理费、排污费等收费标准，扩大峰谷分时、丰枯电价执行范围，对国家明令淘汰和限制类项目及高耗能企业实行差别电价，限制高能耗、高污染行业盲目发展，引导全社会节约资源。

重庆市循环经济

重庆市经济和信息化委员会

“十一五”期间，重庆市发展循环经济工作以科学发展观为指导，以重庆市被国家批准为首批循环经济试点城市为契机，把发展循环经济工作融入到落实胡锦涛总书记“314”总体部署中，以完善制度保障措施、优化产业结构、突出节能减排、提高资源综合利用效率、强化工业环保措施和发展循环经济试点企业、园区、县区为切入点，全力推进循环经济工作，促进城乡统筹发展，取得了一定的成绩。

一、重庆市发展循环经济进展情况

节能降耗工作取得较大进展。2005年重庆市单位GDP能耗为1.425吨标准煤/万元，2010年能耗水平已降为1.127吨标准煤/万元，五年单位GDP能耗累计降低21%，超额完成“十一五”下降20%的目标。

环境质量显著提高。2010年主城区空气质量优良天数为311天，占85.7%，比2005年上升12.8个百分点。主城空气综合污染指数为2.31，比2005年下降23.5%。长江、嘉陵江、乌江重庆段水质保持稳定，23个断面水质均满足Ⅱ类，与2005年相比，增加5个。2010年，重庆市化学需氧量排放量为23.45万吨，较2005年减排3.45万吨；二氧化硫排放量为71.94万吨，较2005年减排11.76万吨，两项指标均超额完成了“十一五”目标任务，其中化学需氧量超额完成15%，二氧化硫超额完成18%。

资源综合利用取得新进展。2010年全市工业固体废物利用量突破2200万吨，利用率达到80.5%，较2005年底提高近十个百分点。2010年全市再生资源回收量达到300万吨，是2005年的2.73倍。

沼气在农村地区得到较好地推广利用。“十一五”期间，新建农村户用沼气池30.8万座，累计建设农村户用沼气池94万座，年产沼气3.6亿立方米，折合标煤25.7万吨。

二、十一五期间发展循环经济的具体措施

（一）深入开展试点，探索发展循环经济有效模式

“十一五”期间，重庆市的长寿化工园区、重庆钢铁集团公司、重庆发电厂等3家单位被国家批准为国家级循环经济试点单位。重庆涪陵化工有限公司、重庆长江造型有限公司、重庆桂楼实业公司等23家单位被市政府批准为市级（第一批）循环经济试点单位。重庆市将发展循环经济作为城乡统筹的重要内容，通过深入开展试点，构建循环经济示范产业链，探索发展循环经济有效模式，推动了循环经济在重庆市形成较大规模，促进了全市在减少资源能源消耗、加强废弃物综合利用以及治理农村面源污染、库区农民增收等方面取得一定成效。

1.国家级循环经济试点单位试点工作开展情况

重庆钢铁集团公司以“环保搬迁”建设长寿新厂区为契机，在生产工艺、方法上创新，打造了“资源~产品~废物~再生资源”为循环模式的绿色生态新重钢。一是积极储备铁矿石资源，加速推进国内三省市五矿山扩建开发，提高采矿效率；重钢在完成对澳大利亚伊斯坦鑫铁矿的收购后，自有矿山占需求的比例超过70%。二是提高资源能源综合利用率，通过提高入炉品位、提高喷煤比和实施蓄热式燃烧、小球烧结、干熄焦技术革新改造项目等措施，减少了铁矿石资源和焦炭消耗，使吨钢综合能耗在搬迁后下降15%以上，即为568公斤煤，达国内先进水平。三是提高水循环利用率，采用串级供水、梯级和分质用水、中水回用等综合措施，实现工业水零排放，吨钢新耗水量降到4.5m 3 ，水循环利用率达到97%以上，达到国内先进水平。四是积极利用高炉和焦炉煤气、余热、蒸汽等生产伴生和回收资源，使用燃气蒸汽联合循环发电装置发电，实现自发电量占总耗电量的60%以上。五是综合利用废旧资源，采用废旧塑料、橡胶等替代燃料工艺设计，高炉、焦炉每年消纳处理塑料废弃物 8 万吨；积极支持将高炉渣、

钢渣、尘泥、脱硫副产物等固体废物用于水泥生产、道路建设、制砖等方面，固体废弃物利用率达97.5%，高于全市平均水平16个百分点。

长寿化工园区按照“产品项目一体化、公用工程一体化、环境保护一体化、物流配送一体化、管理服务一体化”等“五个一体化”循环经济发展模式，开展园区规划和建设，引进和实施了德国巴斯夫40万吨MDI一体化、百亿川维、达尔凯长扬热能公司余热利用、废物交换信息系统平台建设等项目，延长了园区化工循环产业链和相关产业链接，建立了园区企业生态产业网，形成“资源消费—产品—再生资源—再生产品”的循环经济发展模式，为重庆市工业园区发展循环经济提供了较好的参考模式。

重庆发电厂将“降低电厂污染物排放、强化固体废物综合利用”作为企业发展循环经济的出发点，将污染治理与固体废物利用相结合，实施了静电除尘、仓泵系统改造、脱硫装置升级改造、锅炉引风机变频改造、球磨机制粉系统改造等系列工程，在减少烟尘和二氧化硫排放量的同时，实现了变废为宝、化害为利，回收利用企业产生的全部粉煤灰和二氧化硫，“十一五”期间脱除二氧化硫25万吨，生产脱硫石膏90万吨，综合利用粉煤灰160万吨，取得较好经济效益和社会效益。

2. 市级循环经济试点单位试点工作开展情况

一是探索农业和农产品加工业循环经济模式。重庆桂楼实业公司以生猪养殖场为依托，推行“龙头企业+农户”管理，打造“猪—沼—菜—猪”种养循环经济模式，实现养猪场废弃物的综合治理，生猪产业各环节资源得到循环利用，消除农村面源污染，带动公司附近1000余户农户稳定增收。三峡果业集团通过实施循环经济项目，打造“柑桔皮渣—果肉纤维—柑桔芳香剂—果汁、柑桔皮渣—饲料—养殖业”的循环经济链条，提高了柑橘综合利用效率，每年减少5万余吨果渣等废弃物排放，保护了库区生态环境。

二是探索化工行业循环经济模式。重庆涪陵化工公司引进、消化吸收世界先进的硫酸热回收（HRS）技术，提高矿制酸装置的热回收率，回收率由2005年的71%提高到91.3%；打造“磷石膏综合利用链”，利用磷石膏制水泥缓凝剂、高强石膏粉、速成墙板、纸面石膏板等建筑装饰材料，磷石膏利用率达到100%；研发出磷石膏低温转化制硫酸联产水泥新技术，并开始了中试生产。重庆长寿化工公司积极推进清洁生产，实现了主要污染物综合利用，年回收利用二氯丁烯2400吨、氯丁二烯600吨、废硫酸1.5万吨、其他有机物2700吨。企业万元产值能耗下降到1.3吨标煤，三废综合利用率提高到61%，达到行业先进水平。

三是探索垃圾焚烧发电模式。重庆三峰环境有限公司通过引进德国马丁公司的SITY2000型逆推式倾斜炉排垃圾焚烧炉装置，消化吸收并掌握了垃圾焚烧核心技术，建成国内最大的焚烧发电研发中心和焚烧炉成套设备总装试验基地。建成了同兴垃圾发电厂，解决目前棘手的城市垃圾处理问题，变废为宝，向垃圾要电力，取得了很大成功，公司日处理垃圾1500吨，每吨垃圾发电量约228千瓦时。

四是探索铸造废砂综合利用模式。重庆长江造型材料有限责任公司自主研发机械处理、二次焙烧节能型废砂再生技术和设备，年回收再生加工铸造废砂10万吨，为重庆汽摩生产厂家提供铸造用砂，有效的解决了铸造废砂堆放引发的长江水体污染和资源再利用问题。

五是探索废旧轮胎无害化利用模式。重庆超科实业公司以自主研发的“超低温复新轮胎新工艺”与“超高压耐磨橡胶配方”技术为支撑，引进美国最先进的轮胎翻新生产线，建成了一流技术水准的轮胎复新基地。每年综合利用废旧轮胎300万条（其中复新轮胎50万条）、橡胶制品100万件。每年减少焚烧废旧轮胎、橡胶产生的二氧化硫及其它有毒有害气体16000吨，回收钢材、尼龙及其他高分材质约9000吨。

3. 引导非试点单位发展循环经济工作情况

一是探索市政污水处理厂污水、污泥资源化利用模式。结合重庆特有的地理落差特点，组织重庆鸡冠石污水处理厂利用处理后的尾水发电，建成1600千瓦发电机组，年发电量约900万千瓦时，为全市污水处理厂尾水发电积累了经验。组织拉法基南山水泥厂将污水处理厂的污泥成功用于水泥生产，年利用污泥5万余吨。

二是探索机床绿色再制造模式。指导重庆机床（集团）公司与重庆大学合作开发出表面修复处理、再制造特种加工等技术，开展机床绿色再制造试点工作，再制造机床的综合能耗下降50%左右，水资源消耗下降60%左右，避免了大量零部件制造过程中的污染排放，节约工时50%以上。同时，组织企业编制了《机床再制造产业化应用试点工作实施方案》，为企业下一步全面开展机床再制造进行了规划。

三是探索废钢铁循环配送模式。指导重庆协钢集团公司利用废钢铁回收网络，组织全国范围内回收的废钢铁，供应重庆钢铁集团生产使用，打造了与重庆钢铁集团间的废钢铁循环配送链。

（二）加强组织领导，建立发展循环经济保障体系

一是建立循环经济试点工作组织机构。市政府成立了以市长为组长，市经信委、市发改委、市科委、市建委、市环保局、市财政局、市商委、市统计局、市国土房管局、市水利局、市市政委、市农委等市级部门为成员的循环经济试点工作领导小组，领导小组办公室设在市经信委。领导小组各成员单位落实专人负责循环经济工作，建立循环经济试点工作协调机制，明确职责分工。

二是制定促进循环经济发展的地方法规、规定和标准。全市从人大立法、政府规范文件、地方行业标准、专项规划等四个层次，建立发展循环经济的法规制度保障体系。颁布施行了《重庆市节约能源条例》、《重庆市建筑节能管理条例》等地方性法规。出台了《关于发展循环经济的决定》、《重庆市餐厨垃圾管理办法》、《关于切实加强节能工作的实施意见》、《重庆市固定资产投资项目节能评估和审查办法》、《关于加快全市再生资源回收体系建设的意见》和《重庆市节能目标责任评价考核办法》等规范文件。制定了《重庆市燃煤电厂大气污染物排放标准》、《重庆市水泥工业大气污染物排放标准》和《锶盐工业污染物排放标准》等地方行业标准。印发了《重庆市第十一个五年发展循环经济规划》、《重庆市第十一个五年节约能源规划》和《重庆市“十一五”再生资源专项规划》等配套性规划。

三是加强循环经济基础体系建设。在统计体系建设方面，在重点行业新增能源消费统计指标，建立部门能源统计报表制度，实现重点用能企业能耗数据网上直报。在监测体系建设方面，完善了覆盖全社会的能源消费统计监测体系，对70余户企业200多套重点用能设备实施了节能监测。建立市、区两级主要污染物总量减排统计机制，形成定期协调会议制度，建立重点减排企业月报制度。建立重点减排项目按月监察监测制度，360余户重点污染源和年度主要减排项目纳入监察监测范围。

四是探索建立发展循环经济的激励和约束机制。激励机制方面，一是设立市级节能和循环经济专项资金，建立了随财政收入增长比例同比例增加的机制，促进全市节能、资源综合利用等循环经济技术研发推广、宣传培训以及重点项目的实施；二是建立表彰奖励制度，在全市每年召开的节能减排大会上，对发展循环经济作出贡献的单位和个人，以市政府名义予以表彰；三是针对金融危机对全市再生资源回收行业带来的冲击，为再生资源回收行业企业研究制定了按月办理返还增值税、缓缴增值税和按15%缴纳所得税等优惠政策，促进全市再生资源回收行业复苏和平稳发展。约束机制方面，一是按照年度节能减排考核结果，对未完成节能减排目标的区县，扣减下一年度财政转移支付，并实施环境区域限批；二是制定了《重庆市单位产品超限额使用能源收费管理办法》，对水泥等产品用能实行超限额使用能源加价收费，用价格杠杆引导企业节能降耗。三是按照《重庆市固定资产投资项目节约能源评估和审查办法》，对未通过节能审查的项目一律不准审批、核准和建设，能源供应单位不予供应能源。

（三）优化产业结构，大力发展低能耗、低污染产业

一是加快淘汰落后产能。全市加快火电、钢铁、水泥等行业落后产能淘汰工作。已关停小火电机组装机容量48.96万千瓦时；淘汰落后炼铁产能100万吨、落后炼钢产能430万吨；淘汰落后水泥产能983.4万吨、电石9.5万吨、落后平板玻璃40万重量箱。

二是大力发展低能耗低污染产业。通过大力发展低能耗、低污染、高附加值的信息产业、创意产业和现代服务业等产业，加快对低能耗、低污染产业布局的调整，实现低能耗、低污染产业的园区积聚，提高产业配套能力，形成优势产业链和产业集群，促进产业结构优化。2010年底，全市低能耗、低污染产业产值占全市工业产值的比重达到72%。

（四）突出节能减排重点领域和企业，推进节能减排工作深入开展

1. 重点领域。在政府机关，建立了建筑节能监测平台建设，对57个办公建筑和大型公共建筑能源消耗情况进行了审计和公示。实施了市规划局等部门的办公楼节能示范改造。完善机关资源消费状况统计报表制度，实现市级各单位能耗数据软件报送。

在建筑领域，实行建筑能效测评标识制度，提高建筑节能标准执行率，初步设计建筑节能标准执行率95%，竣工阶段执行率85%。加强建筑节能技术推广，认定推广了73项建筑节能技术。

在交通领域，制定了《交通行业节能减排工作指导意见》，主城区6000辆公交客运车辆安装了GPS调度系统，完善出租客运企业GPS监管平台和水上交通信息管理系统。启动了“十城千辆”节能型汽车示范城市活动。在水运行业大力推行标准化船舶建设，优化船舶线型、结构和动力装置，目前货运船舶平均单位能耗由实施标准化前的7.6千克/鼪千吨·千米斷下降到3.1千克/鼪千吨·千米斷鈍降幅达59%鈍实现年节约柴油40万吨。

在市政领域，开展了城市照明、城镇污水、城镇生活垃圾的基础数据调查。实施LED隧道灯工程、旧灯源改造工程、路灯智能控制系统、污泥制肥等12项示范工程。

在商业领域，加强 “限塑令” 执行情况的监督检查，开展“零售业节能行动”，开展了大型商场、超市的能耗审计。

在农业领域，初步形成以沼气为纽带的“猪—沼—果—桑—菜—渔”等农村循环经济链，在全市33个区县实施生态家园富民工程，促进城乡统筹发展，推动全市农业生产、农村生活的物流和能流多层次循环利用。

2. 重点企业。强化节能减排基础管理，完成了74户重点用能企业能源审计和节能规划编制工作，完成了55家重点企业的强制性清洁生产审核。各重点用能企业与市质监局签订了《共同推进耗能企业能源计量工作责任书》。重点企业加强了内部组织机构建设，强化了目标管理，建立了激励机制和约束机制。对燃煤电厂(含热电联产)进行了专项检查，对电厂中控系统、在线监测系统等不符合要求的企业下达限期治理要求。

（五）建立回收利用体系，提高资源综合利用效率

一是加强工业固体废弃物回收利用。按照国家《资源综合利用认定管理办法》，加强对资源综合利用企业的认定工作，认真落实资源综合利用优惠政策，以此带动废弃资源的综合利用工作。积极开展以煤矸石、粉煤灰利用为重点的固体废物资源化，带动烟气脱硫石膏、高炉水渣、冶炼钢渣，以及尾矿渣等工业固体废弃物的综合利用。加强瓦斯气的综合利用，将煤矿瓦斯气作为居民和工业的燃料用气，年利用瓦斯气近1亿立方米，利用率达到76%，替代天然气4500万立方米。

二是建立再生资源回收利用体系。制定了相关税费减免、资金补助等扶持政策，把再生资源回收体系建设纳入到城乡统筹商贸发展六大网络体系建设中。全市通过新成立或整合改造再生资源回收企业，培育再生资源回收龙头企业22个，建成统一规划、统一标识、统一着装、统一价格、统一衡器、统一车辆、统一管理、经营规范的 “七统一、一规范” 的再生资源回收站（点）1675个、分拣中心52个、市场3个，启动建设再生资源交易市场19个。目前，全市已基本形成以供销社及各级物资回收公司为主体，私营企业和个体经营为补充的废旧物资回收网络。

三是加快餐厨垃圾回收利用体系建设。开展主城区餐厨垃圾统一收运、集中处理，实现无害化、资源化的目标。已建成江北区黑石子餐厨垃圾处置场，投运后每年可处理餐厨垃圾18万吨，发电3300万千瓦时，提炼生物柴油10950吨，产生有机肥12000吨。

（六）强化环保措施，消除环境污染安全隐患

一是实施主城污染企业搬迁工程。为改善主城区环境质量，消除安全隐患，重庆市有计划、有组织地开展了主城区环境污染安全隐患重点企业搬迁工作。

截至2010年底，已有重庆民丰化工有限责任公司、嘉陵化学制品有限公司、新华化工厂等113户完成搬迁任务。已完成搬迁的这批企业平均年销售收入由搬迁前的1.2亿元增长到1.8亿元，增长50%；平均年万元产值能耗由1.62吨标准煤下降到0.58吨标准煤，下降64%；年削减化学需氧量8500吨；年削减二氧化硫1.1万吨，实现了市政府要求的“搬大、搬强、搬活、消除污染和安全隐患”的目标，更为完成重庆市“十一五”节能减排目标任务，消除主城安全隐患，保障群众生命财产安全，作出了较大贡献。

二是加强工业园区污染集中治理，改善水环境质量。重庆市制定了居住向城镇集中，土地向集约化经营集中，产业向园区集中的“三集中”政策，加大了企业污染治理力度。大力推进工业园区污水处理设施建设，已建成投运8座。依托工业园区，建设电镀集中加工区，对全市电镀企业进行整合。按照重庆市电镀行业“淘汰一批、治理一批、规划发展一批、园区集中一批”的产业发展总体思路，对重庆市135户电镀加工企业进行了整治。设立并逐步建成江北区港城工业园区、长寿晏家工业园区和沙坪坝区凤凰镇等3户首批电镀工业集中加工区。对28户工艺落后，既治理达标无望又无力搬迁的企业进行关停。

三是积极组织实施规划工业废水治理项目。积极推进重庆市纳入《三峡库区及其上游水污染防治规划（修订本）》中的86个工业废水治理项目。其中65个项目已获得中央预算内资金补助支持，补助金额达5.6亿元，占项目总投资的31%。加强项目监管力度，会同市财政局、市环保局印发了《重庆市三峡库区及其影响区工业废水治理项目（第二批）监督管理办法》，监督项目业主严格执行项目法人制、招投标制、工程监理制和合同管理制，加强项目质量、资金和进度管理，确保项目按时建成，达到预期环保效果。督促项目业主加快项目实施进度，86个项目已有82个项目完工或消除污染，占比95%，满足国家环保部规定2010年底完工率不低于60%的指标要求，这批项目全部完成后，每年可形成化学需氧量3.3万吨削减能力。

四是有序开展清洁生产审核，改善企业环境质量。清洁生产是发展循环经济重要载体，是改善企业内部环境的有效途径。全市采取自愿和强制审核相结合的方式，推进企业开展清洁生产审核工作，促进已审核企业从污染物末端治理向源头削减和生产全过程控制的转变。“十一五”期间，全市开展清洁生产审核企业240家，拟订中高费技改方案1050余个，完成清洁生产技改项目投资约20亿元，实现节能4.03万吨标煤、节水17500万吨、减排COD3500吨。

五是加大船舶污染治理力度。全面启动了船舶生活污水、油污水等流动污染源治理，在新建（改建）船舶上，全部安装生活污水和油污水处理设备，实现达标排放；在跨省客船上安装生活污水和油污水处理装置工程，正按计划有序推进，目前已完成工程进度的80%；主城餐饮趸船生活污水全部实现达标排放。同时，执法部门加大了船舶违规排放的查处力度，并对航行于三峡库区部分重点船舶实行了铅封禁排。

（七）加快循环经济技术研发和推广应用

全市制定了《重庆市中长期科技发展规划》和《重庆市“十一五”科技发展规划》，并将循环经济、节能减排技术研发和推广应用列入年度科技发展计划。在工业领域，组织实施了低浓度矿井瓦斯气能源化技术及装置、垃圾焚烧发电关键技术研究及产业化等研发项目，研制了国内首台具有自主知识产权的2MW变速恒频风力发电机并成功应用；研制成功了混合动力轿车，节油17%。在建筑领域，研究适宜重庆市的建筑节能成套技术路线，积极推进可再生能源建筑应用工作，开展水源热泵技术的集成研制和示范、小城镇建设关键技术研究与示范。在交通领域，组织开展了山区高速公路隧道节能型照明系统研究与应用、船舶内燃机应用等研发项目。

三、“十二五”发展循环经济的主要思路

《国务院关于推进重庆市统筹城乡改革和发展的意见》（国发〔2009〕3号）对重庆市提出了“积极开展循环经济试点，做好工业园区循环经济发展规划，把重庆建成中西部地区发展循环经济的示范区”的新要求。为此，为加快全市循环经济发展，探索发展循环经济的有效模式，“十二五”期间全市将重点推进以下工作：

（一）“十二五”发展循环经济的目标

到2015年，全市万元生产总值综合能耗比2010年末降低16%（降至0.95吨标准煤）；新建城镇民用建筑施工阶段节能强制性标准执行率达到95%以上；农业灌溉水有效利用系数提高到0.5以上；城市污水集中处理率提高到90%，生活垃圾无害化处理率提高到98%；工业固体废弃物综合利用率提高到82%以上。

到2015年，共创建4个试点循环经济区县、3大基地、10个试点园区、100家试点企业和100家清洁生产示范企业。

（二）推进的相关重点工作

1. 推进工业领域发展循环经济工作

（1）推进三大循环基地建设。抓住国家开展“城市矿产”示范基地建设的有利契机，积极整合现有再生资源回收网络，推进以废旧家电、电子产品、塑料等为重点的九龙坡西彭生活类再生资源循环利用基地建设；推进以废旧金属、报废汽车、机电设备、铅酸电池等为重点的长寿晏家生产装备类再生资源循环利用基地建设，促进“城市矿产”资源循环利用、规模利用和高值利用。

推动开展再制造工作，实施重庆机床集团中小型机床再制造、长安汽车股份公司汽车发动机再制造和宗申动力公司摩托车零部件再制造等重点项目，推进重庆市机床和汽车摩托车再制造产业基地建设，到2015年形成5万台中小型废旧机床、15万辆废旧汽车、30万台废旧摩托车、100万条废旧轮胎的再制造生产能力，做大做强再制造产业。

（2）发展循环型工业园区。指导全市各工业园区根据产业定位要求，编制“十二五”循环经济发展规划，并按照“产品项目一体化、公用工程一体化、环境保护一体化、物流配送一体化、管理服务一体化”等“五个一体化”循环经济发展模式实施规划建设。

积极打造五个低碳循环平台，打造统一的能耗监测调控平台，强化园区能源资源调度和供应保障；打造工业污水集中处置和再生水回用平台，减少污染排放，到2015年建成工业园区污水处理站60座，形成30万立方米日处理能力；打造工业废弃物集中处置利用平台，建立集“回收—加工—再生利用”为一体的工业废弃物回收利用体系；打造绿色照明产品推广和应用平台，推动节能灯、半导体（LED）灯在园区公共照明和企业照明设施中广泛应用；在有条件的园区打造集中供能平台，建设热岛中心和集中供能管网，实行能源梯级利用，提高能源利用效率。

（3）推进工业节能管理。严把能耗增长源头关，加强对固定资产建设项目的节能评估、审查和验收，坚决淘汰高耗能项目。制定主要工业产品能耗限额标准，对超限额使用能源的单位产品实行能源利用加价收费。在重点行业和重点企业推广一批节能先进适用技术。继续推进实施燃煤工业锅炉（窑炉）改造、余热余压利用、电机系统节能、能量系统优化（系统节能）绿色照明等重点节能工程。到2015年，全市万元工业增加值能耗下降到1.4吨标准煤。

（4）推进工业节水工作。建设节水型工业园区和企业，制（修）定主要工业产品用水定额标准，鼓励园区和企业引进节水新技术、新工艺和新设备，采用节水新产品。加大工业企业水循环利用设施建设资金投入，逐步实现洗煤废水、矿井水、选矿废水、轧钢冷却水和氮肥冷却水“零排放”。到2015年，主要工业产品用水定额标准覆盖167个主要耗水产品。

（5）推进清洁生产工作。编制清洁生产年度推行计划，完善促进企业实施清洁生产的有效机制。统一自愿和强制性清洁生产审核内容和程序，鼓励企业开展自愿清洁生产审核。积极实施清洁生产中高费项目，加大支持力度。在化工、建材、造纸、电力、冶金等行业开展清洁生产示范企业创建活动，培育100家清洁生产示范企业。

（6）加快推行合同能源管理。拟定全市推行合同能源管理工作实施意见，制定和落实相关扶持政策，做好合同能源管理公司的审核备案，加强合同能源管理财政奖励项目监督管理，拓宽节能服务公司融资渠道。

2.推进资源综合利用工作

（1）加强大宗工业固体废弃物利用。推进冶炼钢渣、煤矸石、高炉水渣和化工磷石膏资源化利用。拓展火电厂粉煤灰和脱硫石膏的运用领域，鼓励利用粉煤灰生产水泥和预拌混凝土，利用脱硫石膏生产新型环保建材产品。到2015年，全市工业固体废弃物利用量突破2500万吨，利用率达到82%。

（2）加大铬渣、锶盐废渣、电镀废渣等废弃物处置力度，在无害化前提下进行回收利用。利用“冶金烧结和高炉无害化处理铬渣”技术，推进铬渣处理项目建设，无害化、资源化利用铬渣。结合锶盐废渣具有抗收缩性和水稳定性的特点，推进锶盐废渣在农村公路项目建设中的无害化利用。采用酸碱化学反应或蒸煮、浓缩、烘干等物理工艺，提炼、分离并回收利用电镀废渣中的铜、锌、铬、镍等金属。

（3）资源化综合利用建筑垃圾。分类收集和利用建筑垃圾，对于钢筋、塑料、纸板等具有较好经济价值的建筑垃圾，进入废品回收单位进行处置利用；对于砂石、混凝土、砖瓦等建筑垃圾，积极实施再生建材项目，利用建筑垃圾生产再生集料、再生混凝土、再生砖、路基材料等再生产品。到2015年，全市建成7座建筑垃圾综合处理场，形成320万吨的年处理能力，建筑垃圾资源化综合利用率提高到80%以上。

（4）进一步加快建设与发展循环经济相适应的再生资源回收利用体系。在充分利用、规范和整合现有再生资源回收渠道的基础上，统一规划，合理布局，规范建设再生资源回收站（点）、分拣中心、集散交易市场，进一步提高废塑料、废金属、废橡胶、废玻璃、废纸等主要再生资源回收利用量。到2015年，建成以回收站（点）、分拣中心为基础，集散交易市场为核心，加工利用为目的的运作体系，打造“可再生资源回收—综合加工利用—各类品牌再生产品"的再生资源产业链，形成全市再生资源回收利用体系基础构架。建成再生资源集散交易市场5个、分拣中心30个、回收站（点）3000个。

3.推进农业领域发展循环经济工作

（1）加快农业产业化经营及废弃物利用的专业化和规模化，加强农业生产过程中资源的循环利用，防治农村面源污染。加快推广和应用"养殖业（农产品加工业）—沼（液）—有机肥—种植业—养殖业（农产品加工业）"的农业循环经济发展模式。鼓励循环型农产品加工业发展，推进有机食品、绿色食品和无公害食品等基地建设，提高土、肥、水、种、药等生产要素利用效率，严控化肥、农药和农膜过量使用，减轻富营养化。

（2）积极推进农村沼气工程建设。加强农村沼气工程建设宣传和引导，加大对养殖场沼气工程和农村户用沼气工程支持力度，逐步将农村沼气工程打造为集清洁能源生产、环境污染治理与畜禽养殖废弃物资源化利用为一体的综合性工程。到2015年建成以沼气为纽带的农村循环经济链，农村沼气用户力争达到230万户。

（3）加强秸秆综合利用。编制全市秸秆综合利用规划，引进先进实用技术，大力推广秸秆过腹还田、秸秆沼气等农村实用技术，提高秸秆利用率。鼓励利用秸秆生产代木产品，以及生产热力电力。

4.推进市政领域发展循环经济工作

（1）加强城市典型废弃物综合利用。总结和推广鸡冠石污水处理厂利用尾水资源发电经验，组织编制《尾水发电的工艺设计、设备选用技术规范》，在全市具备尾水落差发电条件的污水处理厂，全面配套建设尾水发电设施。大力推广水泥厂协同处理市政污泥的工艺技术，提高污泥资源化利用量。同时，鼓励企业引进先进污泥处理技术，投资建设污泥作为发电、化工的燃料原料以及土壤改良剂等项目，扩大污泥利用领域。合理规划和布局垃圾发电项目，鼓励发电企业采用无害化先进技术投资建设垃圾发电项目，促进生活垃圾资源化利用。

（2）加大餐厨垃圾资源化处理力度。完善餐厨垃圾收运体系建设，确保"十二五"期间主城区餐厨垃圾收集率达到95%以上；加快餐厨垃圾资源化处理项目建设进度，在"十二五"期间实现主城区餐厨垃圾1000吨/日的资源化处理能力，完成万州、涪陵、黔江、江津、合川、永川6大区域中心城市餐厨垃圾资源化处置项目建设；推广利用餐厨垃圾发电和炼制生物柴油技术。

（3）积极引导和鼓励中水回用。在新建公共建筑逐步推行中水回用管网设计，鼓励新建居民小区规划建设中水回用设施。推进城市污水处理厂中水回用工程建设，在主城区、渝西等缺水地区、各特色工业园区率先开展中水回用试点。扩大中水使用范围，将中水用于冲厕、城市景观、花卉苗木灌溉、洗车和工业冷却等方面用水。

5. 推进建筑领域发展循环经济工作

积极开展建筑节能工作。从源头控制建筑物能源消耗，不断增强建筑节能标准体系的适用性，主城区新建民用建筑强制执行建筑节能65%标准，其他区县新建民用建筑强制执行建筑节能50%标准，到2015年新建城镇民用建筑施工阶段节能强制性标准执行率达到95%以上。以机关办公建筑和大型公共建筑为重点，进一步加强既有建筑节能改造示范项目建设。研究建立公共建筑能耗限额和超限额加价制度，不断完善既有公共建筑运行节能管理机制，积极推进水源热泵技术，蓄冷、蓄热空调及冷热电联供技术等节能新技术的广泛应用。

6.推进循环经济地方立法、规划编制和试点工作

一是加快循环经济地方立法进程和"十二五"循环经济发展规划编制工作。2011年市人大已将《重庆循环经济条例》列入了年度立法预备类项目，争取在2011年内出台，为发展循环经济提供法规保障。编制"十二五"循环经济发展规划，报市政府批准后实施。

二是深入开展全市循环经济示范试点工作。总结和推广国家级和市级第一批循环经济试点单位工作的经验，推动以企业为主的微观层面、园区企业群体为主的中观层面、以及区域和全社会为主体的宏观层面循环经济发展。同时，积极开展市级第二批循环经济试点工作。

云南省循环经济

云南省发展和改革委员会

2010年云南省的循环经济工作，在省委、省政府的正确领导下，深入贯彻落实科学发展观，始终把构建资源节约型和环境友好型社会与全面建设小康社会目标结合起来；把发展经济与节约资源、保护环境结合起来；采取一系列强有力措施，不断调整产业结构，转变发展方式。各地、各部门结合实际，积极研究并探索发展循环经济新路子，大力推进以“减量化、资源化、再利用”为核心内容，以低消耗、低排放、高效率为基本特征的经济发展模式，并取得了新的成效。

一、着力构建重点区域重点产业发展循环经济体系

构建滇中、滇东为主要区域的工业循环体系。滇中、滇东是云南省工业集中分布的地区，主要以磷、煤、有色金属等资源加工型产业为主，普遍存在产业链短、资源消耗大、利用率低、生态环境破坏严重等问题。但滇中、滇东区域工业产业的集中分布为构建生态工业链及发展循环经济提供了基础，为以调整物质流动方向为特征的循环经济的发展提供了空间。主要立足当地的资源优势和产业优势，以提高资源利用效率和改善生态环境为目标，以产业结构调整及优化布局为主线，依托龙头企业和工业聚集区（工业园区）及特色产业基地，不断延伸产业链和资源再生链，形成一批生态共生产业集群，构建资源型产业发展的循环工业模式。

构建高原湖区及重点河流区为主循环农业体系。云南省坝区、特别是湖盆区域由于地形平缓、土壤肥沃和水资源使用便利，是社会经济发展的密集区域，尤其是农业发展的主要区域。这些区域普遍存在农业生产粗放、产业结构不合理、面源污染突出等问题，特别是农药、化肥残留物及垃圾、秸秆、畜群粪便等农村及农田废弃物污染严重，导致湖区水环境及生态环境质量下降，加剧了湖区经济发展与资源环境之间的矛盾。因此，这些区域是农业循环经济发展的重点区域。另外，在金沙江、珠江等重要河流的主要直接径流区，有选择的开展农业循环经济示范区建设。农业循环经济示范区的建设以发展农业生产，提高经济增长质量为重点，以削减面源污染及保护水环境质量为目标，突出产业结构调整和提高资源利用效率，依靠科技进步，从农民家庭、村镇、生态园（区）、区域等四个不同层次构建农业循环经济发展模式。

构建滇西北、滇东南生态旅游业循环经济体系。旅游业是云南省五大支柱产业之一，2010年旅游总收入约占当年全省GDP的比重12%。旅游业已成为云南省新的经济增长点，在国民经济中的地位日显重要。以滇西北旅游区、滇东南旅游区为优先区域，以生态旅游为优先领域，从空间格局（区域层次）、旅游服务业体系（产业层次）、旅游业基础设施（企业和产品层次）等方面构建旅游循环经济模式。

构建重点城市再生产业循环经济体系。再生产业的发展是建立资源节约和循环型社会的重要途径。昆明、曲靖、玉溪、蒙自、大理是云南省确定的五个重点发展的区域性中心城市，是社会消费、可再生废旧物资产生的主要区域。以重点城市作为再生产业发展的优先区域，构建再生产业循环经济模式，为再生资源回收、加工体系的完善及再生资源实体的建立提供借鉴。

二、不断深化循环经济试点工作

在积极推动首批20家企业（单位）开展循环经济试点的同时，启动了第二批循环经济试点工作，为探索建立不同行业、不同领域、不同区域循环经济发展的有效模式发挥了试点示范作用，形成了一批典型企业。云铝公司推进技术创新，使原铝交电单耗达到每吨铝13300千瓦时以下，创造了全国最好指标和世界一流水平，被命名为“国家

环境友好企业”。祥云飞龙实业有限责任公司对铅锌冶炼固体废渣中的银、铅、锌、铟、镉等10多种有价金属元素进行综合回收，生产废水全部循环利用。实施“氧化锌矿出渣和高杂质氧化锌矿提锌技术”攻关项目，经专家组评审鉴定，成果为国内领先，国际先进。云天化集团有限责任公司建立完善了原材料及能源消耗能源收支平衡月报表报送、企业能源利用季度报告、定期上报环境资源利用、集团各生产企业的能源审计等一系列工作机制，有力地推进了循环经济发展。

突出循环经济试点龙头带动作用，实施一批资源循环利用、综合利用重点项目。以昆明高新技术产业开发区、昆明静脉产业园等产业园区为重点，建设一批循环经济型企业和生态工业园。以曲靖市、安宁市、开远市为重点，建立可再生资源回收利用体系，以产业循环推进社会循环，创建循环经济型城市。积极引导云南省工业企业开展清洁生产，用高新技术和先进适用技术改造和提升传统产业，推进节能降耗，提高资源利用率。

三、编制“十二五”循环经济发展规划

按照科学发展，节约发展，安全发展的要求，“十二五”期间，云南省循环经济发展的总体思路是：坚持经济发展与环境保护并重、资源节约与合理开发并举，把节约放在首位的方针，围绕全面建设资源节约型、环境友好型社会为目标，以转变经济发展方式为主线，以提高资源利用率和降低废弃物排放为重点，以科技创新和制度创新为动力，建立和完善循环经济发展体系和运行机制，深入开展资源节约与综合利用工作，缓解资源约束矛盾，促进结构调整和优化升级，形成具有云南特色的循环经济模式，实现经济社会又好又快发展。突出优先区域和优先领域两大布局，抓住资源开发、资源消费、废弃物产生、再生资源、社会消费五个重点环节，努力构建循环型工业、循环型农业、循环型旅游业、循环型再生产业以及支撑保障五大体系。

微观层面，树立企业发展循环经济理念，建立企业内部循环系统。在第一、二、三产业的各类企业中推行清洁生产，全面实行清洁生产审核，完善清洁生产指标体系和管理、服务内容，帮助企业或生产者应用新技术及工艺建立内部原料、能源、水资源循环利用系统，实现资源的深度开发，促使原、辅料、能源及水的梯级利用、循环使用和终端排放减量化，降低成本，延伸产品链和价值(产值)链，促进综合效益最大化。

中观层面，建立企业间和产业间的物质生产系统循环。在产业层面，依据产业生态学原理和循环经济理论，运用产业政策和市场机制，构建产业生态链网，实施资源在不同企业和不同产业之间的再利用、再循环，达到资源的充分利用，提高资源产出率。主要以生态工业园，生态农业园和生态社区为载体，实施资源利用最大化和废物产生最小化。

宏观层面，建立社会生产与消费的大循环系统。以建设生态文化为核心，倡导绿色消费，鼓励公众参与物质资源的循环再生，实现生产消费过程及其之后的物质和能量再生和循环使用，最大限度地降低自然资源的消耗和自然环境的损坏，建设资源节约型和环境友好型社会。

主要任务：发展工业循环经济。提出了优化调整产业结构，推进工业转型升级；大力推进清洁生产；抓好冶金、化工、建材、造纸、制糖等重点行业循环经济；加强工业园区生态化改造及建设；加强工业资源综合利用等多项任务措施。发展农业循环经济。提出了推广农业清洁生产；发展高效节水农业；加强农业环境污染防治；大力发展无公害农产品、绿色食品和有机食品；发展生态养殖业；减少碳排放，增加农业碳汇；推进生态家园建设等多项任务措施。发展旅游业循环经济。提出了引导旅游企业进开展清洁生产；通过开展生态设计、实行生态补偿、倡导发展生态产品、实行生态管理、提供生态服务大力发展生态旅游；加快推进丽江市和丘北县普者黑发展旅游循环经济试点建设；推进六项绿色创建，即创建绿色饭店、绿色餐饮业、绿色景区、绿色旅行社、绿色旅游商店和绿色旅游娱乐场所；倡导绿色消费的理念等多项任务措施。发展资源再生产业。提出了建立社区回收、再生资源集散交易市场、再生资源集中加工利用的三级回收利用体系；推进再生资源集散加工基地建设和再生资源回收利用产业化示范项目的实施；扩大城市再生水和生活、建筑垃圾综合利用规模；开展废弃电器电子产品的回收利用；加强再生资源回收利用体系管理；加强再生资源利用技术开发；做好示范试点、培育龙头企业等多项任务措施。

四、有力推动了资源节约和环境保护

全面完成了“十一五”节能减排目标任务。云南省单位生产总值能耗累计下降17.41%，全省化学需氧量排放量

削减5.76%，二氧化硫排放量削减4.08%。

工业节能取得重点突破。"十一五"期间，云南省重点淘汰了钢铁、铁合金、电力、有色、煤炭、焦炭、黄磷、建材、电石、化肥等行业的落后产能4796万吨，超额完成了淘汰落后产能任务；组织实施了重点节能示范工程项目500余项，带动投资超过200亿元，每年新增节能能力500万吨标准煤。

全社会节能有序推进。大力推进太阳能热利用与建筑一体化工作，有计划地推进既有建筑节能改造。与2005年相比，全省新增太阳能热利用与建筑一体化使用面积26.6万平方米；大力推进农村清洁能源的开发利用，全省户用沼气池保有量达到273.4万口，居全国前列；建成43个再生资源社区回收站和11个废旧物资交易市场；努力降低交通运输单耗，全省营业性公路运输汽柴油综合燃料单耗、内河运输船舶燃油单耗持续下降；创建了一批节能示范机关。

重点工业减排任务全面完成。截至2009年10月，云南省10万千瓦以上火电机组脱硫设施全部建成投运，提前一年完成；截至2010年7月，完成总装机容量580万千瓦的14台火电机组脱硫设施增容改造工程，脱硫效率大幅提高。在控制火力发电量和优化火电脱硫指标的双重调控作用下，全省二氧化硫排放量大幅下降。全省62家规模以上糖厂全部实现了酒精废醪液零排放。

城镇污水和垃圾处理设施项目建设取得突破性进展。制定了《云南省城镇污水、垃圾处理设施建设规划(2008～2012年)》，提出到2012年末，全省16个州（市），129个县（市、区）均要建成污水处理设施及配套管网，建成无害化垃圾处理设施及清运系统。到2010年底，全省县以上城镇248个污水和垃圾处理设施项目全部开工建设，已建成投运105个，城镇污水处理率和生活垃圾无害化处理率均提高到70%以上。

铬渣治理的前期工作进展顺利。加强对地方政府在铬渣项目实施和建设上的指导，进一步落实了治理项目的业主，确保云南省纳入国家《铬渣污染综合治理方案》的项目顺利实施。其中，云南业胜有色金属提炼有限公司9.41万吨堆存铬渣无害化处理项目，2010年3月开工建设；云南省陆良化工实业有限公司14.84万吨堆存铬渣无害化工程，2010年10月已着手建设场地的三通一平工作。

"禁塑"工作走在全国前列。率先在全国正式开始了"禁塑"工作，得到了国家有关部委的充分肯定。目前，"禁塑"立法工作已基本完成。

中日合作臭氧技术滇池水污染治理实证试验项目实施顺利。2010年5月7日，国家发展改革委、云南省发展改革委、日本新能源产业开发机构就该项目的实施，在昆明正式签署了备忘录。

固定资产投资节能评估和审查制度开展顺利。按照国家发展改革委6号令精神，云南省从2010年11月起，建立并实行了严格的固定资产投资项目节能评估和审查制度，把节能评估和审查作为固定资产投资项目核准、审批和备案、开工建设的前置性条件，以及项目设计、施工和竣工验收的重要依据，对不符合国家产业政策和技术标准的项目坚决不予审批。

通过近年来的努力，政府推动、企业主体、市场运作、全民参与的模式基本形成，全省单位生产总值能耗指标持续下降，资源利用效率大幅提高，生态环境得到有效改善。2010年，全省单位生产总值能耗下降3.84%，下降到1.438吨标准煤/万元；万元生产总值电耗下降到1590千瓦时/万元，万元工业增加值能耗下降到2.575万吨标准煤/万元，万元工业增加值用水量下降到95立方米，工业固体废弃物综合利用率达到60%。

贵州省循环经济

贵州省发展和改革委员会

发展循环经济，是全面贯彻落实科学发展观、实现可持续发展的必由之路。2007年7月，贵州省人民政府出台了《关于促进循环经济发展的若干意见》（黔府发〔2007〕24号），把循环经济发展作为加快贵州省经济结构调整、优化产业布局、转变增长方式、走新型工业化道路和促进人与自然和谐发展的重大举措，提出了一系列的政策和有效措施。通过努力，贵州省在推动试点示范、资源节约和综合利用、推行清洁生产等方面均取得了积极成效，建设资源节约型和环境友好型社会、促进贵州经济社会发展、实现历史性跨越取得新进展。

一、“十一五”发展循环经济概况

“十一五”期间，在省委、省政府的正确领导下，在国家发展改革委的指导和支持下，全省各地围绕深入贯彻落实党中央、国务院、贵州省委、省政府关于资源节约和环境保护的各项方针、政策，围绕推进生态文明建设中所面临的新形势和新任务，着力推进重点领域节能减排，积极发展循环经济，稳步推进试点单位（城市）试点示范工作；加强环境保护工作力度，大力宣传和倡导循环经济理念，坚持把发展循环经济作为全省经济发展和资源环境保护的抓手，全面推进资源节约型和环境友好型社会建设，发展循环经济各项工作取得积极进展。

“十一五”期间，贵州省大力推进节能减排，发展循环经济，完成了“十一五”确定的目标任务。经贵州省初步核算，2010年全省单位地区生产总值能耗下降4.18%以上、完成“十一五”累计下降20%的目标，与“十五”末相比，贵州省单位地区生产总值能耗由2.8130吨标准煤/万元下降到2.2504吨标准煤/万元。经国家环保部核定，贵州省2010年化学需氧量（COD）排放总量20.78万吨，比2009年（21.60万吨）下降3.79%，比2005年（22.56万吨）下降7.89%，完成“十一五”削减7%的目标；二氧化硫（SO_2）排放总量114.89万吨，比2009年（117.55万吨）下降2.26%，比2005年（135.80万吨）下降15.39%，完成“十一五”削减15%的目标。

2010年，贵州省工业固体废物综合利用率为 54.91 %，比2005年29.33 %提高 25.58个百分点；每万元地区生产总值用水量为253立方米，比2005年477立方米降低47%；每万元工业增加值用水量为246立方米，比2005年442立方米降低44 %，完成“十一五”降低30%的目标；2010年农业灌溉水利用系数为0.4 ，农村人口人均灌溉面积提高到0.5亩。

“十一五”贵州省共淘汰落后产能2864万吨，超额完成2370.39万吨的“十一五”淘汰落后产能总任务；关停20万千瓦以下小火电机组144.9万千瓦。

2010年6月底全省县级以上城市污水处理厂全面建成，共建成污水处理设施项目99个，设计处理规模173.6万吨/日，建成污水收集管网近2000公里，城市污水处理率从2005年的21.6%提高到2010年的60%以上。全省县级以上城市均开工建设垃圾无害化处理设施项目，到2010年底已建成26个项目，形成处理处理规模7055吨/日，城市垃圾无害化处理率达到54.2%。

二、“十一五”发展循环经济采取的主要措施

（一）稳步推进国家循环经济试点城市工作

2005年，贵州省贵阳市、贵州宏福实业有限公司、贵州开磷（集团）有限责任公司、贵州赤天化纸业股份有限公司等四个单位（城市）被批准为国家第一批循环经济试点单位（城市）；2007年贵州茅台酒厂有限责任公司被批准为国家第二批循环经济试点企业。经过五年来的实践，贵州省试点单位（城市）试点工作稳步推进，在资源综合利用、清洁生产、污染治理、环境保护和节能减排等方面取得了明显成效，同时也为全省进一步扩大试点工作打下

了较好的基础。

贵阳市从2005年开始至今，按照《贵阳市循环经济生态城市建设总体规划》，开展了“实现一个目标”（建设循环经济生态经济市）、“抓住两个关键”（转变生产环节模式和消费环节模式）、“构建三个核心系统”（循环经济产业系统、城市基础设施系统和生态保障系统）、“推进八大循环体系建设”（磷产业循环体系、铝产业循环体系、中草药产业循环体系、煤产业循环体系、生态农业循环体系、建筑与城市基础设施产业循环体系、旅游和循环经济服务产业循环体系、循环消费体系）。2009年贵阳市单位生产总值能耗下降3.58%左右；化学需氧量排放控制在5.02万吨；二氧化硫排放量控制在17.95万吨。城市生态环境也已得到较大改善，环境空气质量优良天数达346天，优良率为94.79%，其中，空气质量一级（优）的天数为97天，比2008年增加21天。2009年贵阳市生产总值是971.94亿元，比2008年增长13.3%，占全省生产总值3912.68亿元的24.84%，在全省排第一位。

（二）引导国家循环经济试点企业结合企业发展规划，加快循环经济建设

贵阳开阳磷化工集团公司、瓮福（集团）有限责任公司、贵州茅台酒厂有限责任公司、贵州赤天化纸业股份有限公司，均结合企业发展战略规划，构建适应企业发展的循环经济模式，制定和组织实施了本企业循环经济实施方案。通过大力开展资源综合利用工作，提高“三废”资源综合利用率，加强产业链延伸和耦合，实现废弃物的循环利用，达到了以尽可能少的资源消耗和环境成本获得尽可能大的经济效益和社会效益的目标，探索出了各具特色的新型工业化道路。

贵阳开阳磷化工集团公司坚持科技兴企实现资源高效利用。通过发展循环经济，初步形成了主要生产原料自给、磷煤化工产业配套及“湿热并举”、资源优势得到充分利用的磷化工及“磷—煤—电—建材”生态工业产业链。2005~2010年，企业累计投入循环经济产业发展项目资金30.55亿元，实施循环经济产业发展项目15项。开发了具有自主知识产权的“锚杆护顶分段空场采矿法和磷化工全废料自胶凝填充采矿法”，使矿山开采技术不断提高，采矿回收率达到85%以上，贫化率降低到4.6%以下，资源损失率降低到15%以下，达到行业先进水平。

贵州宏福实业有限公司（现为瓮福（集团）有限责任公司）至“十一五”末已累计实现节能4.24万吨标准煤，提前完成省政府下达3.92万吨标准煤的节能目标任务。“十一五”期间，该公司在节能减排方面累计投入5.63亿元，实施了烟气脱硫资源利用，磷石膏综合利用、选矿尾矿渣利用、合成氨硫化氢气综合利用、无水氟化氢和磷矿伴生碘提取等重点节能减排项目；自主研发了“WFS”废水选矿技术、“SO_2活性焦烟气脱硫技术”、黄磷尾气综合利用生产TCP等先进技术，在我国磷复肥行业率先实现废水零排放。企业每年减少270万方新鲜水取用量，同时节约270万方废水处理费用，综合效益达6000万元/年。

贵州茅台酒厂有限责任公司循环经济科技示范园于2010年3月启动建设，第一批建设项目已于2010年9月投入使用，实现3万甑茅台酒废弃酒糟的处理能力。同时，全面启动第二批建设项目（包括制酒生产房、办公楼、蛋白饲料烘干车间、种蝇养殖车间、生物处理车间、有机肥生产车间等在内的10多个项目）工作。园区建成投产后，预计实现年生物转化茅台酒酒糟约12万甑、年产酱香型基酒9600吨，年产有机肥约6万吨、饲料幼虫蛋白400吨、饲料成虫蛋白165吨、食用昆虫蛋白830吨、食用壳聚糖17吨。实现了较好的社会效益、环保效益、节能效益、经济效益。

贵州赤天化纸业股份有限公司依托黔北丰富的竹资源，围绕建成资源消耗低、废物排放少、技术装备一流、产品绿色环保的竹浆厂的目标，采用世界造纸行业先进的循环经济技术，建设年产20万吨林浆纸一体化工程项目。一是实现资源消耗和污染物的减量化，提高水的重复利用率，减少污水排放量，废水净化处理后排放的污染负荷远低于国家标准。二是实现废弃物的资源化利用，年处理固体废弃物约5.6万吨，回收热量折标煤4218吨；此外，每年还回收硫化碱2937吨，回收白泥（折成石灰）5100吨，回用水53万吨。三是实现废液的综合治理，实现整个制浆蒸煮生产化学药品的封闭循环使用，达到废液的零排放。

（三）加快全省循环经济基地建设步伐

在初步总结试点城市和试点企业的实践经验基础上，为加快推进全省循环经济基地建设，大力创新循环经济发展模式，加大政府引导资金投入，贵州省以发展电力、煤及煤化工、磷及磷化工、铝及铝加工等优势产业为重点，用循环经济理念进行一体化规划，按照规划先行的原则，结合贵州省产业优势，编制了一批循环经济基地规划。目前，贵阳市开阳循环经济型磷煤化工工业基地、桐梓循环经济型煤化工生态工业基地、六盘水市老鹰山煤电化一体化基地、毕节地区毕节循环经济型煤化工生态工业基地、绥阳循环经济型重化工生态工业基地、黔西南州循环经济型安龙重化工基地、盘县“煤（焦、化）—钢—电”一体化循环经济工业基地、贵阳特殊钢有限责任公司新特材料循环经济工业基地、赤水市竹业循环经济基地、黔东循环经济工业基地、铜仁大龙循环经济型高载能生态工业基地等一批循环经济基地项目建设进展顺利。

（四）推进农业循环经济发展

以沼气为重点的农村能源建设大幅度提高了农业废弃物的利用率；实施农作物秸秆还田，提高了有机资源利用水平，每年全省完成秸秆还田试验示范面积859.5万亩，示范面积87.31万亩；推进旱作节水农业示范基地建设，促进农业节水与增效，2007年实施推进旱作节水农业示范基地建设，已建成以优势农产品为载体的坡地生物篱和缓坡地等高种植技术集成示范基地面积2164亩，辐射带动面积10197亩；大力实施农村清洁工程，推进全省农村环境治理，2007年以来共投入各级财政资金5170万元，在全省范围建成98个农村清洁工程示范点。

围绕贵州省生态优势和市场潜力大的农产品加工、畜牧等优势产业，贵州省对循环农业发展进行了有益大胆地探索，形成了一些好的模式：一是与现代科学技术相结合，形成一套实用技术，多数实行集约化经营；二是农村庭院由消费型逐渐转向生产型，消费功能与生产功能有机结合，相互促进，商品生产占据主导地位；三是与当前我国农村劳动力、生产关系水平相适应；四是能保持宏观与微观生态系统的平衡和良性循环。

（五）积极推进资源综合利用工作

一是促进再生资源回收体系建设。贵州省贵阳市作为全国第一批再生资源回收体系建设试点城市，已通过验收，成为全国少数获得国家阶段性验收试点项目之一。遵义市被批准为全国第二批再生资源回收体系建设试点城市，目前正按通过国家评审的实施方案开展工作。二是加大餐厨废弃物资源化利用和无害化处理试点工作。贵州省贵阳市已列为国家餐厨废弃物资源化利用和无害化处理试点初选名单，已将实施方案报国家；贵阳市与日本国际协力机构“城市典型废弃物循环利用体系建设及试点项目”合作正有序推进。三是积极推进“限塑”、“禁实”工作。省有关部门多次对有关市（州、地）贯彻落实“限塑令”情况进行检查；有偿塑料购物袋的使用逐步规范，“限塑”工作取得了较好效果。同时，定期对相关城市“禁实”工作开展检查，全省新型墙体材料应用比例进一步提高。四是组织贵阳“城市矿产”产业园区、六盘水市钟山经济开发区（红桥新区）申报国家“城市矿产”示范基地。

（六）推动节水型社会建设

为了加强对水资源的管理和合理利用，贵州省制定了《贵州省取水许可和水资源费征收管理办法》、《贵州省水能资源使用权有偿出让办法》、《贵州省水土保持设施补偿费征收管理办法》、《贵州省水文管理办法》等地方性法律法规，为节水工作奠定了政策基础。

“十一五”期间，贵州省开展了《贵州省流域规划修编》工作，完成了《贵州省“十一五”节水型社会建设规划》、《贵州省水利发展“十一五”专项规划》、《贵州省农村饮水安全“十一五”总体规划》、《贵州省“十一五”节水灌溉规划》、《贵州省“十一五”矿井水利用规划》等有关建设节水型社会的规划，为贵州省节水型社会建设明确了发展方向、具体目标和重要任务。

优化配置，统筹协调，不断完善节水体系。按照节水型社会建设要求，贵州省合理调整结构，不断完善农业、工业、城市节水体系。开展节水型社会建设试点。2010年贵州省贵阳市申报国家节水型城市，12月国家考核组完成了对贵阳市的实地考核检查，核定贵阳市各项基本条件、基础指标、技术指标、鼓励性指标等均达到创建国家节水型城市的相关要求。

三、基本经验

（一）坚持把推进节能减排，发展循环经济作为贯彻落实科学发展观的重要抓手

“十一五”以来，省委、省政府高度重视推进节能减排，发展循环经济工作，按照党中央、国务院的决策部署，把节能减排和发展循环经济列入重要议事日程。栗战书书记和赵克志省长一到贵州省就深入研究相关工作，多次强调要不折不扣、坚决确保完成“十一五”节能减排目标，大力发展循环经济。“十一五”期间，省委、省政府多次召开会议研究和部署节能减排工作，制定了一系列措施办法，狠抓节能减排目标任务的落实，强调“十一五”节能减排指标是约束性指标，是省政府向全省人民群众作出的庄严承诺，各地、各有关部门和单位必须提高认识，坚定信心，把完成“十一五”节能减排目标作为一项硬指标、硬任务、硬要求，奋力冲刺，合力攻坚。

（二）积极出台政策、法规，启动专项规划编制，为发展循环经济提供保障措施

省委、省政府十分重视循环经济的发展工作，认真贯彻落实中央有关加强环境保护、建设资源节约型和环境友好型社会、发展循环经济的要求，先后颁布了一系列政策文件和地方性法规。如《省人民政府关于促进循环经济发展的若干意见》、《关于贯彻落实<关于支持循环经济发展的投融资政策措施意见的通知>的实施意见》、《贵州省推进清洁生产的实施意见》、《关于贯彻落实科学发展观进一步做好新形势下人口资源环境工作的意见》、《关于加快推进节约用水和水价改革促进水资源可持续利用的意见》等一系列文件；省人大常委会通过和批准了《贵州省节约能源条例》、《贵阳市建设循环经济生态城市条例》、《贵州省地质环境管理条例》等地方性法规和规章，为促进循环经济发展提供了政策支持和法规保障。

为充分发挥规划的指导作用，为贵州省循环经济进一步健康发展提供引导和依据，贵州省已完成《贵州省“十一五”节水型社会建设规划》、《贵州省水利发展“十一五”专项规划》、《贵州省“十一五”污水处理及再生利用设施建设规划》、《贵州省“十一五”资源节约和综合利用规划》、《贵州省三峡库区及其上游污染防治规划》等一系列规划，为促进贵州省循环经济发展提供了规划保障。2010年启动了《贵州省“十二五”发展循环经济和节能减排专项规划》的编制工作。

（三）完善工作机制，指导全省循环经济加快发展

为了加快循环经济的发展，贵州省从建立健全有关制度和标准着手，逐步建立各级、各部门协作配合、共同推进的工作机制，指导和推动全社会及重点工业基地循环经济的发展。

一是建立省发展循环经济工作联席会议制度，明确贵州省循环经济牵头单位。为更好地推动循环经济的发展，研究拟订全省促进循环经济发展重大政策措施，协调解决全省推进循环经济发展中的重大问题，指导、督促、检查发展循环经济各项工作，省政府建立了以分管副省长为召集人，省政府办公厅、省发展改革委、省经济和信息化委等16个单位参加的省发展循环经济工作联席会议制度。

二是实行循环经济基地规划的审查和控制。为了确保循环经济基地的新建、扩建或改造项目按照循环经济的理念建设和发展，建立起真正的循环经济基地，明确了对循环经济基地规划的审查评价中，由省发展改革委对规划是否符合国家的产业政策、工业布局及产品规模是否合理等进行审查，由省国土资源厅对矿产资源、土地资源等进行审查，由省水利厅对水资源等进行审查，由省经济和信息化委对工业和信息化领域的节能降耗进行审查，由省环保厅对环境保护评价进行审查，对达不到国家和省有关规定和标准的，一律不予通过。对通过省各有关部门审查的，再由省发展改革委组织省内外专家、省有关部门进行评审，规划评审通过后，由省发展改革委批复并列为省级循环经济型工业基地。通过提高准入门槛，确保循环经济科学、真实、有效地发展。

三是加快建立以能耗统计监测和考评体系为突破口的循环经济评价指标体系。节能降耗是发展循环经济的主要内容，对节能降耗指标的统计监测和考核评价，是建立循环经济指标评价体系的重要组成部分。贵州省把建立较完善的能耗统计监测体系作为一项重要任务，在深入开展调研的基础上，结合实际，制定了《贵州省地区节能降耗统计监测方案(试行)》，初步建立了能够反映市一级能耗水平的能耗统计体系，为开展能源统计监测、节能目标考评工作提供了制度保证。建立了能耗通报制度，有力地促进了节能降耗约束性指标的执行。省人民政府印发了《贵州省单位GDP能耗统计指标体系和监测体系实施方案》和《贵州省单位GDP能耗和单位工业增加值能耗考核体系实施方案》，并按实施方案对各市州地开展了节能目标责任的考评工作。

（四）积极开展循环经济科技成果的转化和产业化工作

一是认真做好科技攻关计划项目的组织申报。根据《贵州省中长期科学和技术发展规划纲要》的总体指导思想，围绕省政府经济社会发展重点，贵州省发布了社会发展攻关计划项目指南，以可持续发展战略为主题，认真做好相关科技计划的组织申报，“十一五“期间贵州省共安排循环经济领域科技项目19项，支持经费241万元。

二是建设循环经济领域工程中心。2009年，贵州省整合科研院所已有科技资源，建设了贵州省磷资源高效利用工程技术研究中心，该中心集聚国内外相关领域专业技术人才，形成了磷矿采选、磷复肥及磷精细化工技术研究、伴生资源综合利用及废弃物资源化利用方面的强有力研发团队，将为解决磷化工行业共性、关键性、前沿性技术难题，培养后续研发人才队伍，为我国磷矿资源的高效利用及提升磷化工行业整体技术水平提供技术支撑。

四、2011年发展循环经济重点工作

2011年是“十二五”的开局之年，贵州省发展循环经济重点做好以下工作：

一是研究出台省级循环经济示范园区（企业、城市）认定办法，实行分层次示范，充分发挥示范带头作用。在认真组织好贵州宏福实业有限公司、贵阳开阳磷化工集团公司、贵州赤天化纸业股份有限公司、贵州茅台酒厂有限责任公司四家国家级试点单位循环经济工作的同时，研究出台省级循环经济示范园区（企业、城市）认定办法，开展省级循环经济示范园区（企业、城市）认定工作。以示范试点带动全省循环经济整体推进，从生产、流通、消费、回收再利用等各个环节全面推进循环经济发展。重点组织一批循环经济生态工业、农业等示范基地认定工作，对煤炭、电力、有色、化工等重点产业的项目进行一体化建设，在重点行业中选择一批骨干企业列为省循环经济试点单位，引导和支持企业对资源的循环利用。通过示范认定工作，发展循环经济的重大技术和项目，完善促进再生资源循环利用、降低污染排放，建立资源循环利用机制，探索按照循环经济模式规划建设和完善工业园区以及建设资源节约型、环境友好型城镇的思路，为发展循环经济提供示范带头作用。

二是发布循环经济规划，用循环经济理念指导全省经济发展。完成《贵州省“十二五”发展循环经济和节能减排专项规划》，充分发挥规划的指导作用，为贵州省循环经济进一步健康发展提供引导和依据。用循环经济理念指导完善工业发展、区域发展、城镇建设等“十二五”重点规划。按照循环经济要求，对中心城市、重点开发区、重点产业园区、重化工业集中地区，进行统筹规划、建设和逐步改造，引导和促进集聚发展。

三是以能源原材料工业及骨干企业为重点，全面推行清洁生产。深入贯彻落实《清洁生产促进法》及贵州省实施意见，积极开展清洁生产试点，着重抓好对环境影响大的电力、煤化工、磷化工、有色、冶金、建材等重点行业的清洁生产，从源头减少废物的产生，实现由末端治理向污染预防和生产全过程控制转变，防止高耗能、重污染行业的盲目发展和低水平建设，严禁高耗能、重污染企业向贵州省转移。实施重点排污企业公告制度和强制性清洁生产审核制度，对污染物排放超过国家和省规定的标准或总量控制指标的企业，以及使用有毒、有害原料进行生产或在生产中排放有毒、有害物质的企业，要依法强制实施清洁生产审核。加强清洁生产法制建设，建立和完善企业清洁生产责任制和协调机制，积极创建清洁生产先进企业和环境友好型企业。

四是加强资源综合利用认定管理，着力提高能源等资源的节约和综合利用水平。加强资源综合利用认定管理，落实好国家鼓励资源利用的财税政策。在资源开采环节，要坚持“在保护中开发、在开发中保护”的原则，统筹规划开发矿产资源，合理开采和有效保护稀缺矿产与优势矿产资源；加强对矿山企业开采回采率、采矿贫化率和选矿回收率的监管，大力推进尾矿、废石综合利用，提高资源综合回收利用率。在资源消耗环节，着重降低能源原材料工业等重点产业及行业的能源、原材料、水资源消耗。在废物产生环节，强化重点行业的污染预防和全过程控制，实行生产者责任延伸，加强对各类废物的循环利用，合理延长产业链，拓宽发展幅；重点实施煤渣、煤矸石、磷石膏等主要废物的综合利用项目，争取实现零排放；加快再生水利用设施建设，积极推进城镇垃圾等的减量化和再利用。在再生资源产生环节，重点抓好贵阳市和遵义市再生资源回收体系建设试点，带动全省再生资源回收体系和市场建设向规范化、法制化和产业化方向发展。在消费环节，倡导有利于节约资源和保护环境的消费方式，鼓励使用能效标志产品、节能节水认证产品、环境标志产品、绿色标志产品和有机标志产品，减少过度包装和一次性用品的使用；鼓励开发应用建筑节能技术、工艺、设备和材料，在民用建筑中全面执行节能率50%的设计标准，推进中水回用。政府机构要实行绿色采购。

五是以推广生物质能应用为重点，大力发展高效循环农业。结合发展现代农业和社会主义新农村建设，积极推进高效循环农业体系建设。大力开展循环农业科技示范园区及生态循环经济示范村建设，启动实施农业大中型沼气综合利用示范工程、乡村清洁示范工程建设，加强农业面源污染治理，促进农业农村生产生活衍生物综合利用。积极推广秸秆还田，加快建设秸秆生物有机肥、秸秆气化、秸秆发电等示范工程。加快推广畜牧养殖业粪便综合利用和无害化处理技术，实施生态畜牧养殖示范工程。在有利于促进生态建设和环境保护的基础上，扎实推进林（竹）浆纸一体化建设，发展造纸和林竹产品及各种农产品加工业。大力推广节地、节水、节肥、节种、节能、节料农业技术，减少农业生产资源消耗。

六是积极发展环保产业，为资源循环利用和保护环境提供物质技术保障。根据贵州省产业特点和环保技术优势，积极开发减量化、再利用和资源化的技术与装备，重点发展工业粉尘、烟气回收利用、垃圾处理的工艺及设备，引进核心技术，组织科技攻关，支持环保产业技术创新和技术改造，重点培育一批拥有知名品牌、技术开发能力强、市场占有率较高的环保骨干企业，支持中小环保企业发展。建立环保技术服务体系，充分发挥行业协会等中介组织的作用，推进环保产业市场化进程。借助清洁发展机制，利用国际资源，加大清洁发展机制项目的开发力度。

七是加快淘汰落后产能，促进循环经济发展。根据限期淘汰落后产能的方案，采取法律、经济、行政等综合措施，结合区域功能转换、行业结构调整和零星工业点整合，淘汰钢铁、电力、化工、有色、建材等行业中高耗能、高污染、低效益的工艺、技术和装备，淘汰不符合能耗标准的在役机电通用耗能设备和产品。

八是加强循环经济项目的储备和前期工作。加强循环经济项目的调研，做好循环经济示范项目的收集、筛选工作，加强项目审核，选择技术先进、经济环境效益明显、条件成熟的项目储备并积极向国家申报，多渠道筹集资金，以项目建设推进贵州省循环经济发展。

九是加强宣传教育和培训。动员社会各方面力量，大力开展形式多样的节约资源和保护环境的宣传活动，组织相关法律法规的宣传培训，大力宣传先进企业的经验。在重点企业中开展清洁生产、循环经济等技术、管理、审核等相关培训，提倡有利于保护环境的生活方式，引导社会团体和企业积极参与绿色消费活动，把节约资源、保护环境变成全体公民的自觉行为，提高全社会对发展循环经济重大意义的认识。

西藏自治区循环经济

西藏自治区发展和改革委员会

“十一五”期间，在党中央、国务院及国家有关部委的关心支持下，自治区党委、政府结合西藏实际，以“十一五”规划纲要为统领，落实科学发展观和中央第五次西藏工作座谈会精神，高度重视资源节约与环境保护工作，将“确保生态环境良好”作为新时期西藏生态环境建设的指导思想和重要任务，认真贯彻国家宏观调控政策和关于加强循环经济工作的部署，使自治区资源综合开发、有效配置、循环利用和永续发展成为西藏经济发展目标和长远战略方针，以促进经济可持续发展，加快建立节约型社会。五年来，各地（市）、各部门认真贯彻落实国家及自治区的决策部署，实施可持续发展战略，强化组织领导，加强综合协调，完善体制机制，调整产业结构，加大资金投入，实施重点循环经济项目，以点带面开展工作，全区循环经济取得明显进展。

一、“十一五”循环经济工作进展情况

（一）全面落实“十一五”节能减排目标

“十一五”时期，区各相关部门采取了一系列有力的政策措施，顺利完成了国家核准自治区节能减排目标。

顺利完成自治区“十一五”节能目标。国家核准自治区2005年单位地区生产总值能耗基数为1.45吨标煤/万元；2010年达到1.276吨标煤/万元，全区单位生产总值能耗累计下降12%，顺利完成了自治区“十一五”节能目标。

主要污染物排放量得到有效控制。国家核准西藏自治区2005年化学需氧量排放量基数为1.4万吨，二氧化硫排放量基数为0.2万吨。2010年，化学需氧量排放量为2.89万吨，达到国家提出的排放总量不超过3万吨的要求，超额完成“十一五”总量减排目标任务3.3%；二氧化硫排放量为0.29万吨，达到国家提出的排放总量不超过2万吨的要求，超额完成“十一五”总量减排目标任务85.5%。

（二）不断强化组织保障能力建设

一是出台并落实相关指导性文件。2007年自治区人民政府出台了《西藏自治区人民政府关于加强节能工作的意见》，2008年制定了《西藏自治区节能减排综合性工作方案》、《西藏自治区人民政府关于贯彻落实国务院进一步加强节油节电工作深入开展全民节能行动实施意见的通知》，自治区人民政府与各地市分别签订了“十一五”主要污染物总量控制目标责任书，2009年制定了《西藏自治区人民政府关于做好冬春季节节能节电工作的通知》，2010年印发了《西藏自治区人民政府办公厅关于落实2010年自治区节能减排目标责任评价考核任务的通知》。《西藏自治区“十二五”节能专项规划》初稿已完成。制定出台了《西藏自治区节能目标责任评价考核办法》、《西藏自治区固定资产投资项目节能评估和审查暂行办法》和《西藏自治区公共机构节能办法》。这些指导性文件的制定实施，有效推进自治区循环经济工作开展。

二是不断加强机构职能建设。2010年，根据自治区政府批复的机构改革方案，原自治区环保局改革为自治区环境保护厅，全区7地（市）和67个县（市、区）设立了独立的环境保护机构。新成立了工业和信息化厅，内设节能处。自治区发改委也设立了资源节约与环境保护处（应对气候变化处），并承担全区循环经济的组织协调工作，全区循环经济工作力度进一步加强，职责分工进一步明确。

三是加大宣传培训工作力度。充分发挥媒体的新闻宣传优势，加大节能减排及循环经济宣传力度，组织区直相关部门、企事业单位以及志愿者，切实做好年度节能宣传周、全国城市节水宣传周及世界环境日、地球日、水日宣传活动，截止目前，共刊发稿件、图片600余篇（幅），播出专题节目212期，播出广播稿350余条，制作广告、片花30余条，切实提高了全民节能减排意识。向企业宣传国家和自治区的优惠扶持产业政策，注重提升自治区工业企

业开展循环经济工作的积极性和主动性。

（三）逐步加强循环经济宏观管理

一是突出重点，进一步加大对重点企业的监管。2008年启动了全区第一次污染源普查工作。确定将主要污染物排放量占全部工业排放总量85%以上的30家企业（含3家国控企业）作为自治区重点监控企业。通过开展重点耗能企业能耗调查工作，全区年耗能3000吨标准煤以上的耗能企业有16家，年耗能10000吨标准煤以上的耗能企业7家，并建立了能耗跟踪统计长效机制。积极引导重点监督检查企业按照要求合理配备能源计量设备，鼓励企业采用新技术、新设备，督促帮助企业建立能源计量数据库。

二是严格准入关，遏制高耗能、高排放行业和淘汰落后产能及技术。积极推进规划环境影响评价工作，成立了自治区规划环境影响评价工作领导小组，下发了《西藏自治区人民政府关于加强规划环境影响评价工作的通知》，严格执行建设项目环境影响评价制度，严把项目环境影响评价审批关，努力从源头上控制新污染的产生。“十一五”期间，共审批各类建设项目环境影响评价文件746份，各地（市）共审批5000多份，全区大中型建设项目环评执行率达100%。同时严格执行建设项目环境影响评价制度，对高耗能、高排放行业项目用地进行严格审查，在项目审批源头上控制高耗能、高污染建设项目。严把生产许可审查关，督促企业淘汰落后生产工艺及设备，重点加强水泥生产许可证管理，一方面严格控制申证换证，坚决淘汰落后的生产工艺、设备、设施;另一方面对不符合产业政策的水泥生产企业坚决不予受理和发放许可证。2010年根据《中央财政关闭小企业补助资金管理办法》的规定，申请“十二五”关闭小水泥企业资产补偿、人员安置费等专项资金。

三是大力开展专项执法检查。全区开展对使用“土锅炉”等高耗能非法特种设备的专项整治，并及时清理。自治区工商部门加大对经营范围涉及高能耗、高污染、高排放企业关、停、并、转工作的排查力度，对技术落后、破坏资源、污染环境等企业依法予以吊销和注销营业执照，并加强后续管理，防止反弹。

（四）加大循环经济资金支持力度

加大对清洁生产技术开发、技术示范的支持力度，落实中央环保专项资金2565万元，对符合产业政策重点技改项目，优先给予支持，实施了昌都日通藏医药研制中心藏药厂、羊八井地热电厂等企业污染治理工程。中央预算内安排投资940万元，用于自治区华新水泥（西藏）有限公司和高争建材股份有限公司水泥生产线纯低温余热发电项目。申请国家财政补助资金900万元，用于天恩科技发展有限公司“动物血制食品级蛋白粉清洁生产示范项目”。自治区各类金融机构积极支持节能减排信贷工作，中国人民银行拉萨市中心支行制定的《西藏自治区2008年信贷指导意见》，明确提出要把生态环境保护和建设、节能环保和自主创新作为信贷支持重点，加大对循环经济技术应用、产业发展的信贷支持力度。

（五）积极推广循环经济技术应用

一是大力支持循环经济新技术的推广与运用，发展循环经济产业。在发展西藏特色产业中，积极支持循环经济新技术应用和推广。自治区藏药厂通过新技术应用成功实现了药材原材料筛选、分拣等前处理生产工序的清洁生产机制；天恩科技发展有限公司采用低温连续分离工艺技术，建立质量安全控制体系，以及真空采血和同步检疫，制备动物血制食品级蛋白粉，该项清洁生产技术的应用可降低生产能耗，每加工1吨血节电198千瓦时，降低能耗40%；西藏高争建材股份有限公司应用纯低温余热发电技术，改造现有两条水泥熟料生产线，利用余热产生低压过热蒸气进行发电，每年可节约标准煤约11377吨。

二是改善优化能源供给消费结构。藏木水电站、阿里光伏电站和青藏直流联网工程开工建设，直孔水电站、狮泉河水电站、巴河雪卡水电站、老虎嘴水电站建成发电，全区电力装机总容量（含在建）达到193万千瓦左右，近238万人用上了清洁能源。同时，大力实施农村沼气工程，“十一五”期间，新建农村户用沼气池20万座、养殖小区和大中型沼气池21座、乡村沼气服务网点734个，近75万农牧民用上了方便、安全、清洁沼气能源。乡村小水电站代燃料工程累计推广太阳灶50余万台，建设被动式太阳房、阳光温室、太阳能热水器427万平方米。

三是进一步强化水资源循环利用工作。自治区专门成立了节约用水办公室，全区七地（市）所在县（镇）基本实现了水资源统一规划、统一配置和统一取水许可。编制完成了《西藏自治区饮用水水源地环境保护规划》、《西藏自治区地下水污染现状调查报告》，制定了《西藏节约用水管理若干规定》。对自治区医药行业、轻工建材行业、矿山采选的供水和节水工程等项目进行水资源论证，使产业布局和重大建设项目与当地水资源条件相适应，提高用水的效率与效益。印发《关于创建节水型企业（单位）的通知》，组织开展企业节水评估论证，鼓励企业主动开展节水技术改造，积极创建节水型企业。加强农牧区节水灌溉定额、灌溉制度、机具适应性和先进灌溉技术的研究和成果试范，大力实施小型灌区节水改造工程，有力地推动了自治区农牧业灌溉节水工作。

四是太阳能开发利用水平不断提高。建立了自治区太阳能、光伏、光热、被动式采暖应用现状数据库，充分利用国家政策，大力推动太阳能光伏发电应用示范项目、太阳能发电项目、太阳能集热采暖等建筑节能示范项目，组织编写部分建筑屋顶光伏并网示范应用技术方案、牧民户用太阳能发电系统技术方案等。制定《居住建筑节能设计标准》、《民用建筑采暖设计标准》，实施“可再生能源与建筑节能应用研究及技术示范”项目，开展太阳能供暖技术与西藏住宅建筑一体化示范项目研究，全力推动太阳能等可再生能源在建筑领域的应用。全面推广和应用太阳能热水器、太阳灶、被动式太阳房、太阳能供暖等产品和技术。截至2010年，全区建有光伏发电站约400座，总装机容量为9000kW。

五是风能资源有待进一步开发利用。为了进一步利用、研究开发西藏的风能资源，在前期工作的基础上，通过风—光互补发电技术、风力发电技术引进试验研究，解决西藏无电村的用电问题，研究示范低压风力发电/风—光互补发电并网技术，为下一步研究、开发利用西藏的风能资源提供技术支持。

六是交通运输领域循环经济初步发展。研究制定《关于切实加强西藏交通运输行业节能减排工作的意见》，对能耗高、排放超标的老旧车辆进行了集中清理，总质量超过3500千克的道路客货运输车辆严格执行车辆燃料消耗量限值标准，城市出租车“油改气”工程完成车辆总数的56%，仅拉萨市579辆中巴车退出城市，新上公交车323辆，逐步建立城市公交体系。组织开展全区“车、船、路、港”29家交通运输企业节能减排专项行动。启动高寒地区沥青路面养护冷施工技术节能减排示范项目。

二、“十二五”循环经济发展思路

（一）进一步增强自觉性和责任感

发展循环经济是落实科学发展观、实现经济发展方式转变的一项重大战略决策，是从根本上减轻环境污染的有效途径，是提高经济效益的重要措施。发展循环经济有利于形成节约资源、保护环境的生产方式和消费模式，有利于提高经济增长的质量和效益，有利于建设资源节约型社会，有利于促进人与自然的和谐。自治区党委、政府十分重视循环经济发展，自治区第九届人大第四次会议通过的《西藏自治区“十二五”时期国民经济和社会发展规划纲要》，明确提出必遵循减量化、再利用、资源化的原则，积极探索和推广工业、农业、服务业等领域循环经济发展模式，构建资源循环利用体系和绿色消费体系，推进循环经济标准化发展。我们必须从战略的高度去认识、用全局的视野去把握发展循环经济的重要性和紧迫性，进一步增强自觉性和责任感。

（二）“十二五”循环经济发展重点

严格控制新建高耗能、高污染、高排放项目，禁止发展造纸、化工等重污染、高耗能的工业。加快淘汰落后产能，鼓励发展低能耗、低污染的先进生产能力，促进服务业、高技术产业和先进加工制造业加快发展。大力发展可再生能源，推进太阳能、沼气等能源利用以及可再生能源与建筑一体化的科研、开发和建设。大力发展清洁生产，在产品和产品生产过程及服务中采取预防污染措施。在酿造、藏毯、藏医药和乳制品等特色优势产业及产业园区开展循环经济试点。探索循环经济发展模式，在企业层面，积极引导和支持企业实现资源利用最大化、废弃物排放最小化；在区域层面，集成不同企业间的物质、能量和信息，形成循环经济产业链；在社会层面，循环利用废弃物，倡导绿色消费。构建绿色消费体系，建立生产工艺流程的清洁消费管理体系，鼓励企业进行绿色宣传绿色消费，推进政府绿色采购制度，引导社会循环式消费行为，提倡选购包装简易、循环耐用产品。

（三）研究制定循环经济政策法规

认真贯彻落实国家对节能减排、可再生能源应用、循环经济等财税、金融、价格激励政策，以及对限制类、淘汰类技术、产品、工业企业的约束政策。严格执行国家法律法规和标准规范，以《中华人民共和国循环经济促进法》为指导，研究制定引导资金投入的具体实施办法，促进企业在清洁生产、资源综合利用等领域开展工作。组织编制全区“十二五”循环经济发展规划。加强节能环保领域金融服务，鼓励和引导金融机构加大对循环经济、环境保护及节能减排项目的信贷支持。研究制定对改造落后运行设备技术、提高能源综合利用效能等地方补贴办法和补贴标准。

（四）切实加强循环经济监督管理

完善节能减排统计制度、指标体系、监测体系和考核体系，“十二五”时期将节能减排指标分解落实到各地（市）、县（市、区）、重点企业（行业），纳入各地经济社会发展综合评价和年度考核体系，实行目标责任评价考核，确保全面实现年度节能减排目标任务的同时，提高循环经济发展能力。强化重点工业、企业等领域循环经济技术、产品、产业管理，

（五）广泛持久开展宣传培训

组织开展好每年一度的全国节能宣传周、全国城市节水宣传周及世界环境日、地球日、水日宣传活动，充分利用新闻媒体广泛宣传循环经济的重要性、紧迫性以及国家、自治区采取的政策措施，宣传循环经济取得的阶段性成效，以及循环经济先进典型等，提高全社会节约环保意识。组织全区各地（市）、各部门、各企事业单位以及社会团体，参与每年一期的节能培训活动，切实增强提高全社会对发展循环经济重要性的认识，引导工业企业树立正确的生产、消费观。

陕西省循环经济

陕西省发展和改革委员会

2010年，陕西省进一步贯彻执行《中华人民共和国循环经济促进法》及国务院有关发展循环经济文件精神，始终把发展循环经济作为调整经济结构、转变发展方式，实现节能减排目标的的重要举措；把发展循环经济作为构建资源节约型和环境友好型，实现全省社会经济的可持续发展的重要途径；并以贯彻实施循环经济促进法为契机，研究制定全省加快发展循环经济的各项措施，积极探索区域循环经济发展模式。在搭建循环经济技术转化应用平台的同时，加大科技攻关力度，为循环经济发展提供有力支撑。通过努力，全省循环经济的呈现出蓬勃发展的态势。

一、循环经济发展概况

2010年，陕西省在深化关中循环经济发展的同时，突出抓好陕北能源化工基地和陕南循环经济产业聚集区两大板块，破解环境脆弱地区和重点生态保护区的发展难题。陕北能源基地是国家级能源化工基地，是中国21世纪煤、油、气、盐等能源发展的接续地和国家能源化工发展战略规划的重点地区。陕北能源基地坚持“三个转化”(煤向电转化，煤电向载能工业品转化，煤、油、气、盐向化工产品转化)的发展战略，随着一批煤电一体化项目在“十一五”末期相继投产，使以煤炭为主的循环经济资源化取得了突破性进展，资源型循环经济产业链初步形成。陕南是陕西省的生物资源集中地，拥有原生态的自然环境和特色产业基础，陕南各地依靠资源、产业及地域优势，在大力发展绿色种植、绿色加工、绿色食品、绿色旅游的同时，发展机械装备制造、新材料、新能源等新兴产业并相继建立了循环经济工业园区。

（一）重点行业

陕西省在有色、冶金、建材、石油化工、煤炭、电力、轻工等重点行业中，以骨干企业为重点，推广应用节能环保、综合利用等新技术、新设备，促进循环经济发展。此外，陕西省还大力发展了风力、太阳能、生物质等可再生能源的开发及利用。陕西省在生态农业综合开发中，把重点实施沼气为主的能源生态工程、以及畜禽排泄物能源化、肥料化和农作物秸秆的综合利用作为发展循环经济的重要内容。全省大力推广以沼气为纽带的生态农业模式，以沼促种、以种带养、以养保沼，累计建成户用沼气池131.1万口。同时大力实施秸秆综合利用，将秸秆用作发电、加工环保型墙体材料、食用菌基料、饲养家畜等。

（二）工业园区

陕西省按照“大集团引领、大项目支撑、集群化推动、园区化承载”工业发展战略，以优势资源、优势产业和重点项目为支撑，把发展循环经济与产业集群发展、调整产业结构相结合，与推进循环经济工业园区建设，提高园区集群承载力相结合，实现陕西省循环经济工业园区发展再上新水平。陕西省还把循环经济工业园区建设及提高其产业承载能力作为循环经济发展的重要平台和载体，并对现有125个县以上各类工业园区（其中国家级5个，省级20个，县域100个），按照“布局集中、产业集聚、土地集约、生态环保”的原则及“专业化、产业化、效益化、生态化”的方向，进一步明确循环经济发展的重点，完善了基础设施，引导企业和项目向园区集聚，提升了现有25个省级以上工业园区和100个县域工业园区在发展循环经济方面的功能及循环经济产业集聚度。同时在装备制造、能源化工、高新技术、传统产业四大领域，打造出20个布局合理、优势突出、特色鲜明、竞争力强的循环经济产业集群。并逐步将石油天然气及化工、煤及煤化工、汽车、航空、输变电设备等5个产业集群培育成中国一流的循环经济产业集群。

（三）地市

宝鸡市、汉中市、商洛市、咸阳市、铜川市、西安市等城市通过技术创新等手段发展循环经济，变废为宝、提高资源利用率。如宝鸡市把发展循环经济作为构建和谐、奋进新宝鸡的重要举措，2010年，投资近500亿元实施了一批循环经济、低碳项目，借以带动宝鸡的循环经济的发展，并为建立起低能耗、低污染、低排放的经济发展模式打下基础。同时对铅锌、钢铁、水泥、电力、铁合金、电石等 8个行业 43户高耗能高污染企业进行了清理整顿，截至2010年 9月，累计淘汰落后产能416.56万吨，超额完成淘汰落后产能目标任务。全市还在2010年实施工业企业节能技改工程100多项，建成 22个节能项目。宝鸡市发展循环经济使工业产值大幅增长、能耗不断下降，2010年 1－10月，全市规模以上工业完成产值 1004.67亿元，同比增长 29.2%，全市万元工业增加值能耗1.18吨标煤，同比下降3.2%，万元 GDP电耗 758.6万千瓦时，同比下降 9.3%。宝鸡市还把发展沼气产业作为发展农业循环经济的重要内容，截止到2010年底，全市已建沼气池 10万多口、建成“沼气综合示范村”24个，沼气综合利用为农民带来的年收益超过亿元。

另外，陕西省以循环经济理念启动的农村学校生态校园创新工程经过五年的实践和探索，已呈现出的可喜局面。生态校园是以树立循环经济与可持续发展理念；建设生态校园和劳动生产实践基地；形成综合实践教育、生态校园网络和科技成果推广平台等为目的，通过育果、种草、养羊、建沼以及改厕、改厨和沼气、太阳能利用，有机垃圾回收、雨水收集等具体措施，形成果园种草，以草养羊，羊奶（供师生）饮用，（以人畜排泄物）生产沼气，沼气供（食堂炊事用）能、沼液冲厕，沼液、渣（为果树）施肥，（收集）雨水灌溉，太阳能取暖的“果、草、羊、沼、能”循环经济链条。生态校园的创建不仅使循环经济的理念贯穿到学校工作当中，使学校办学条件和校园卫生面貌得到明显改善，对改变农村的生活观念和推行农业循环经济产生了重要影响。截止到2010年底，先后在8个县区的10所农村中小学校实施了生态校园创新工程，惠及数万余学生。

二、成效

（一）节能减排成效显著

2010年，陕西省万元GDP能耗由2005年的1.42吨标准煤下降到1.13吨标准煤，降幅达0.257。“十一五”陕西省主要污染物总量控制目标任务全面完成。截止到2010年底，全省二氧化硫排放量为77.86万吨，比上年下降3.2%，比2005年下降15.6%；化学需氧量排放量为30.77万吨，比上年下降3.3%，比2005年下降12.2%，分别完成“十一五”两项减排任务的129.6%和121.8%。

（二）资源利用水平稳步提高

陕西省的工业固体废弃物、余热、废水等进行得到了有效的循环利用。2010年陕西工业固体废弃物综合利用率达到53%，其中粉煤灰和煤矸石综合利用率分别达到74%和47%。陕西省秸秆机械化综合利用工作取得了显著的成效，全省秸秆机械化综合利用面积达到2100万亩，农作物秸秆机械化综合利用率达到55%，逐步实现秸秆田间利用、秸秆饲草加工和秸秆收贮机械化综合技术规范化。全省建立了20多个秸秆利用示范基地。以金禾公司为代表的小麦秸秆利用企业年共捡拾小麦秸秆10万吨；以西安新天地草业公司为代表的玉米秸秆饲草加工户和企业达到1.8万余个。秸秆综合利用正发展成为陕西农民增收的一个重要产业。

陕西省对主要矿产资源进行整合的工作取得成效，为提高资源利用率，发展循环经济奠定基础。全省参与整合的矿业权189个，其中，参与整合的煤炭矿业权125个，减少矿业权80个；参与整合的非煤矿业权64个，减少矿业权37个。通过矿产资源整合，全省矿山布局实现了规模化、集约化，回采率和选矿回收率明显提升，资源勘查开发与发展循环经济实现了“双赢”。

2010年，陕西省资源综合利用认定工作进一步规范，完善了《陕西省资源综合利用认定实施细则》。2010年全省共认定资源综合利用企业74家，年利用粉煤灰、煤矸石、尾矿渣等固体废弃物760万吨。减免税收约2亿元。目前全省已建成30多个煤矸石和粉煤灰综合利用项目。

（三）循环经济试点工作进展顺利

2010年，全省进一步深化循环经济试点工作，继续在煤化工、有色、钢铁、煤炭等行业探索循环经济发展模式，并开始在企业、园区及市县三个层次进行循环经济试点。通过循环经济试点，形成一批循环经济示范企业、产业园区，为推动全省的循环经济发展提供了借鉴，也为全省循环经济的发展积累了宝贵的经验。如通过实施杨凌农业高新示范区、榆林市和中钢集团西安重机公司、西安市物资回收公司4个国家级循环经济试点及神府经济开发区、陕西龙门钢铁（集团）有限责任公司等24个省级循环经济试点实践，探索出了各具特色的、不同类型的循环经济发展模式，为构建以工业共生和物质循环为特征的循环经济产业体系，建设资源节约型、环境友好型社会的管理体系起到了示范、引导作用。

（四）开发并应用了一批循环经济重大关键技术

陕西省在重点行业、重点企业积极开发并推广应用一批先进适用的循环经济技术，以技术进步促进循环经济发展。除在有色、冶金、建材、煤炭等行业，重点推广应用一批共性和关键性链接技术，如粉煤灰、煤矸石、冶炼废渣、化工废渣、采矿废石等工业固体废弃物的再利用技术以及新型干法水泥生产线纯低温余热发电等一批资源再利用等技术之外，同时开发并应用了一批循环经济重大关键技术。陕西循环经济工程技术研究院围绕循环经济产业发展的重大技术问题进行攻关，开发的铁矿悬浮态焙烧制取磁性氧化铁产业化项目填补了国家在难选铁矿选矿领域的技术空白。

三、发展循环经济的主要措施

（一）加强对循环经济的宏观指导

1.2010年 9月，陕西省出台了《关于加快循环经济的指导意见》，该《意见》是陕西省第一部用于全面指导发展循环经济、构建节约型社会的政策性文件。力图通过一系列措施，实现全社会循环经济发展达到新水平，区域循环经济发展取得新突破，产业循环经济发展得到新提升的目标。《意见》提出通过资源开发等六个方面促进陕西循环经济的不断发展：在资源开发环节，重点做好煤炭、有色冶金、非金属矿等重要矿产资源整合力度，加强资源开采过程中共伴生资源和尾矿、碎石以及煤层气、煤矸石、煤泥、矿井排放水及其他稀贵伴生资源的综合利用。提高资源开发利用规模化、集约化水平；在资源消耗环节，鼓励企业采用先进适用技术，降低单位产品能耗、物耗和废物排放量，提高单位资源的产出水平；在废物产生环节，将强化污染预防和全过程控制，加强对废物的循环利用，推进企业废物“零排放”；在再生资源利用环节，健全回收网络体系，引导再生资源回收利用向规模化发展，形成再生资源综合利用产业链；在社会消费环节，鼓励使用再生产品、绿色产品、能效标识产品、节能节水认证产品和环境标志产品。用法律手段推动公共机构节能，逐步实行政府机构绿色采购；在管理环节，全面推行能源审计和对标活动，强化能效标识产品、节能节水认证产品和环境标志产品、绿色标志食品和有机标志食品管理。除此之外，陕西省还将加快发展节能环保、新能源、资源综合利用等相关产业，以高新技术和清洁生产技术改造提升支柱产业为抓手，推动循环经济发展。并通过产业集群、园区等形式，引导能源化工产业向环境容量大、资源条件好的地区转移。到2015年，形成一批产业集中、资源利用效率高、废物排放量少的循环型产业示范园区，同时创建100个资源综合利用示范企业、100个节能型示范企业、100个节水型企业。

2.为充分发挥陕南资源优势，加快培育和壮大陕南循环经济产业，省发改委编制了《陕南循环经济产业发展规划（2009—2020年）》，全面指导循环经济的发展。规划提出陕西省在汉中盆地、月河谷地和商丹盆地集中布局、建设汉中、安康、商洛三大循环经济产业核心聚集区，面积7.02万平方公里。规划确定汉中循环经济产业核心聚集区以城固—南郑—汉台—勉县为主体，打造装备制造、有色冶金、新型材料、油气石化、生物医药和绿色农业六大基地；安康循环经济产业核心聚集区将形成以月河川道为主体，以旬阳、平利为两翼的一体两翼的空间布局，重点建设新型材料、清洁能源、富硒食品、生物制药、丝绸纺织五大基地；商洛循环经济产业核心聚集区则以商丹循环工业经济园区为龙头，以新型材料产业为重点，以绿色产业、生态旅游为补充，形成产业互动、关联配套、循环发展的格局。规划还为陕南循环经济产业发展提出了近、中、远三个阶段的发展目标。到2020年，陕南的区域生产总值将达到5000亿元，将成为陕西全省经济发展重要的增长极。

为进一步落实《陕南循环经济产业发展规划（2009—2020年）》，2010年7月，省政府召开了陕南循环经济产业发展座谈会。强调在陕南循环经济产业发展中，围绕有色、钢铁、装备、能源、生物制药、非金属材料、油气化工、绿色食品、蚕桑丝绸、旅游等十大优势产业，通过产业聚集和产业链条延伸，构建循环经济产业体系，并打造十大循环经济主导产业链，重点发展一批涉及循环经济的的重大建设项目，为发展循环经济夯实基础。将陕南地区打造成陕西省及西北地区重要的循环经济产业基地。

(二)狠抓节能降耗工作。

1.2010年，陕西省围绕循环经济、低碳经济，不断进行节能降耗方面探索与实践，狠抓重点领域和重点企业节能降耗，特别是重点抓好电力、石油化工、有色、建材等重点耗能行业的监测和耗能2万吨以上重点用能企业的管理和考核。对使用国家明令淘汰的高耗能工艺设备的单位，责令停业整顿或者关闭。陕西省还把淘汰落后产能、产业结构调整作为发展循环经济的重要内容。对已完成审批、核准或备案手续的项目，严格监督，确保设备工艺达到国内外先进水平。对电解铝、铁合金、电石等行业中属于产业结构调整指导目录限制类、淘汰类范围的，严格执行差别电价政策。2010年共淘汰水泥、铁合金、电石、造纸等行业中的落后产能850万吨，形成节能量126万吨标准煤。

2. 陕西省以十大节能工程为切入点，在高耗能行业中组织实施节能示范作用大、带动力强、节能效果显著的技术改造。“十一五”以来，省级财政共安排1.5亿元节能专项资金支持十大重点节能工程项目200余个，其中工业节能项目占到90%以上，节能量达到了280万吨标煤。与此同时，陕西省重点发展新能源、生物医药、航空航天等战略性新兴产业，为实现科学发展和低碳经济提供产业支撑，目前已投资38亿元，用于新能源产业16个重点项目建设，形成了2000吨多晶硅、太阳能电池及组件600MW的产能，光伏产业已成为陕西省工业经济新的增长点。

3.陕西省加大了既有建筑节能改造工作力度。截止到2010年底，全省共组织实施改造既有居住建筑项目49个共207万平方米，争取中央财政资金4475万元，省级财政配套资金652万元，按时、按进度完成了国家既有居住建筑供热计量及节能改造的任务。同时组织实施了省级既有建筑节能改造示范工作，已累计完成公共建筑为主的省级既有建筑节能改造项目212个，改造面积169万平方米，超额完成了全省“十一五”既有建筑节能改造目标任务。

（三）扩大资源综合利用规模

陕西省在推动煤矸石、粉煤灰、脱硫石膏、冶炼废渣、化工废渣综合利用的基础上，加大了工业废气、余热和废水的回收利用。渭化集团利用废气综合利用，每天回收二氧化碳100余吨用作食品工业原料，同时利用合成氨产生的硫化氢制作高纯度的硫磺。仅废气回收一项可年增收3000万元。金钼集团回收钼冶炼产生的低浓度SO_2烟气制酸，基本根除了低浓度SO_2的外排。利用焙烧和制酸的余热进行发电，年发电量达8800万度。东岭集团利用废气发电，年发电量达2.57亿千瓦时。年减排二氧化碳19.8万吨，节约标煤7.68万吨。地处陕北地区的神东集团将矿井下的废水通过净化、过滤，直接用作采煤和洗煤的生产用水，绿化灌溉和矿区的生活用水。目前，神东集团已在七座千万吨以上矿井建成17座污水处理厂，污水利用率超过80%。该集团的石圪台煤矿井下95%的水得到了循环利用，每天可以利用矿井水21000立方，节约资金88000多元。神东集团矿井水的综合利用，至少可解决矿区今后10年的供水需求，这对于地处干旱地区的神东集团是一笔巨大财富。

陕西省陕南地区由于长期对矿产资源的采掘开发，形成各类尾矿库208座，尾矿堆积量达亿吨以上。“十一五”期间，陕西省把加快尾矿库综合治理作为陕南突破发展重点，按照减量化、再利用、资源化循环经济理念，以钒、钼、金、铅锌、铁等大宗尾矿为原料，着力打造尾矿有价组分回收及以尾矿制水泥、建筑墙材、微晶玻璃等12大循环经济产业链，在提高矿产资源综合利用率的同时，最大限度减少各类尾矿堆积量，从根本上解决陕南尾矿生态安全隐患。先后实施了磁铁尾矿有效成份再提取、石棉尾矿综合治理、铅锌尾矿、钒尾矿生产水泥、金矿尾矿生产新型建材等一批重点项目，取得良好的社会效益和经济效益。

陕西省农业废弃物综合利用初具规模。杨凌示范区建设的全球首条定向结构麦秸板生产线，每年可利用4万余吨秸秆，为农民增收800万元。利用果树枝桠材生产高档人造板，每年可替代大径级木材110万立方米，并为农民增加经济收入1.32亿元。杨凌示范区还利用小麦、玉米秸秆、畜禽粪便、果树枝条、棉籽壳等农业废弃物栽培食用菌。抑制了秸秆、树枝等农业废弃物就地焚烧，污染环境的现象。

2010年11月，陕西省在礼泉县再生资源产业园建设了占地108亩，总投资3.3亿的首家废旧电池、电瓶、电子电器再生资源回收利用项目。年可处理五万吨铅酸电瓶、三万吨新锰电池及40万台废旧家电回收、分拣、加工无害化资源处理。项目的建设，填补了陕西省及西北地区废旧电池、电瓶分解加工和废旧电子产品无害化处理和在利用的空白。

神木县3个兰炭尾气发电项目成功注册为联合国清洁发展机制（CDM）合作项目，每年总获得6000万元的国际碳减排的收益。神木洁能公司100MW兰炭尾气发电项目年利用兰炭尾气11亿多立方米，碳减排量近50万吨，成为全国最大的兰炭尾气发电CDM项目。神木、府谷两县另外5个兰炭尾气发电项目的年减排二氧化碳140万吨，也将注册为联合国清洁发展机制合作项目。

(四)加强水资源节约利用

2010年全省先后实施了《陕西省节约用水办法》、《陕西省行业用水定额》等制度，进一步规范了取水许可、取水项目审批的监督管理。加大了对重点领域和高耗水行业的节水技术改造力度、加快了淘汰高耗水落后工艺、设备的步伐。此外，采取了支持开发非常规水源利用；解决高耗水、低附加值的产业结构性用水问题；支持废水“零”排放、水循环利用、中水回用和矿井水利用工程等综合措施，加强水资源节约利用。2010年陕西省还利用价格杠杆等市场手段，使省内主要城市自来水价格“三步走”基本到位等。

陕西省工业主管部门运用总量控制和定额管理等刚性约束手段，对包括省直管58家用水企业在内的重点企业，下达月取用水指标，超计划用水累进加价计收水费，以成本压力倒逼企业推进节水技术进步。严把新项目前期取水许可审批关，在完成80多个项目水资源论证中，近1/3调整了取水方案，采用先进工艺以降低水耗。黄河流域新上火电项目全部使用最先进的空冷设备，发电水耗较传统水冷工艺降低75%。陕北地区的新上化工项目均采用最新的节水工艺，多数规模以上企业自觉加快节水技术升级节奏。一批火力发电、石油石化、钢铁、化工等重点高耗水企业完成了节水改造任务，实现了“量水而行”的结构转型。

（五）大力推行清洁生产

陕西省认真贯彻《中华人民共和国清洁生产促进法》，以强制审核为抓手，以自愿性清洁生产审核为目标，全面推行清洁生产工作，建立起以清洁生产技术服务为支撑，以专家评审把关为依据的企业清洁生产审核工作模式，以及形成政府指导推动、企业自主实施、行业协会参与、社会舆论监督的运作机制。开创了清洁生产发展新路子，有力地促进全省经济社会与资源环境协调健康发展。

2010年，全省完成了太白黄金矿业有限公司等17家重点清洁生产审核企业的评审验收。共实施方案549项，其中，无/低费管理类方案396项；中/高费方案实施153项。无/低费方案投入费用13620.3万元，年产生经济效益11718.42万元。节约新鲜水6456.05万吨/年，节电1483.84万千瓦时年，节煤3131.14万吨/年，节约蒸汽0.07万吨/年。减少废水排放27.37万吨/年，削减COD16.89吨/年，削减$SO_2$878.82吨/年，减少烟尘、粉尘排放81.39吨/年，减少固废排放320.84万吨/年。中/高费方案投入资金178352.2万元，经济效益45998.36万元/年，投资偿还期3.87年。年节水15848.43万吨，节电1756.17万千瓦时/年，节煤9.14万吨/年，节约蒸汽79.23万吨/年。削减COD41.14吨/年，削减SO_2 81215.42吨/年。减少烟尘、粉尘排放461.34吨/年，减少固废排放4200万吨/年。

（六）加大宣传力度

2010年5月份由省委宣传部组织，由新华社、经济日报、中新社、中国日报等中央驻陕媒体和陕西日报、陕西人民广播电台等省内主流媒体组成的采访团，进行了“循环经济新跨越”为主题的采访活动。

2010年4月，省第二届循环经济发展高层论坛在西安召开。赵正永代省长听取专家意见，提出了用钢铁工业废弃物制备生态水泥、铁矿综合利用、推广高固气比水泥悬浮预热预分解新工艺、研发CO_2收集和驱油新技术等发展循环经济的20个重点项目，并将由这批重点项目带动全省循环经济、低碳经济的多方面发展。

此外，全省金融机构逐步加大了支持循环经济的力度。2010年西安地区多家银行投入资金近150亿元，对龙门钢铁集团、黄河矿业公司、利君制药公司等大型循环经济企业进行了信贷支持。建行榆林分行先后向榆林煤炭运销集团、中能煤田、神木红柳林矿业等企业投入用于新能源产业发展和技术创新的信贷资金达10.24亿元。中国银监会渭南监管分局还出台了《关于加大金融支持推动循环经济发展的指导意见》，要求全市金融机构信贷资金优先支持和保证节能降耗、清洁生产、资源综合利用和环保产业等产业、企业和建设项目的资金。

甘肃省循环经济

甘肃省工业和信息化委员会

一、2010年循环经济工作进展情况

2010年，甘肃省委、省政府认真贯彻落实国务院对《甘肃省循环经济总体规划》的批复精神，明确将发展循环经济作为转变经济发展方式，优化产业结构，提高经济增长的质量和效益，促进甘肃经济社会跨越式发展的重要抓手，充分动员全省上下各方面力量，加强组织领导，加大资金支持力度，组织开展了城市、园区和企业等不同层次的循环经济示范试点，全省发展循环经济认识统一、行动扎实，循环经济呈现出了良好的发展势头。2011年完成生产总值4100亿元，增长11.5%。第一、二、三产业比例由2005年的15.9：43.4：40.7调整为2010年的14：48.7：37.3，风电装机容量达到550万千瓦，完成重点节能减排工程461项。万元生产总值能耗1.801吨标准煤，比2005年下降20.26%。二氧化硫、化学需氧量排放量分别控制在16.80万吨、53.03万吨之内，全面完成了"十一五"目标。万元生产总值用水量由2005年的631立方米下降到2010年的323立方米，下降幅度达48.81%。全省主要单项资源消耗指标明显下降，以吨镍能耗和吨钢水耗为例，分别为3.57吨标准煤/吨、4.96立方米/吨，低于总体规划中2015年的目标值。

（一）全省上下高度重视发展循环经济工作

国务院批复总体规划以后，省委、省政府迅速召开了全省推进循环经济发展电视电话会议，第一时间将国务院批复精神传达到各级各部门各企业，陆浩书记、国家发改委解振华副主任分别作了重要讲话，对抓好贯彻落实提出了明确要求；及时成立了甘肃省发展循环经济工作领导小组，以省政府办公厅的名义下发了《关于分解实施循环经济总体规划主要任务的通知》，将推进循环经济发展的目标任务，细化分解到有关部门和市州。各市州、各部门结合本地区、本部门实际，认真学习和领会国务院批复精神，把发展循环经济作为调整经济结构、转变发展方式的重要举措。

（二）全省发展循环经济的意识进一步增强

为普及循环经济知识，营造良好舆论氛围，提高各级干部指导工作的能力，省政府把加强宣传培训作为一项重点工作，及时召开循环经济总体规划新闻发布会，制定并印发了全省推进循环经济发展新闻宣传和社会宣传方案，组织国内外主流媒体，开展了一系列针对甘肃省循环经济发展的专访、评论、系列解读等。在交通要道、车站、机场、城市广场等主要场所设立了大型宣传广告牌。邀请国家有关部委和科研院所的知名专家，多次举办"循环经济知识讲座"和"甘肃省推进循环经济示范区建设对策与措施培训研讨班"等专题培训。省工信委牵头邀请台湾中华循环经济促进协会理事长毛玉麟教授，与甘肃省石油化工、食品加工、医药等行业代表进行了多场循环经济专题交流。在省直机关、中等学校和大专院校组织开

甘肃省召开推进循环经济发展电视电话会议

展了节水节能实践活动，举办了全省节水节能知识电视大赛，参加人数达到了20多万人。甘肃省机关事务管理局分三批组织420多名省、市、县三级公共机构管理人员进行集中培训；省工信委相继召开了全省工业系统循环经济工作推进会、全省淘汰落后产能会、全省煤矿废弃物综合利用循环经济现场会和循环经济论坛。初步形成了政府推动、企业实施、公众参与的良好局面。

国家循环经济专家行甘肃站活动——白银汇报会

（三）载体建设成效明显

2010年，按照总体规划循环经济载体建设的有关要求，全面启动了全省40个循环经济试点园区、116户试点企业发展循环经济的推进工作。省工信委组织编制了不同层次的发展循环经济载体建设指导意见，启动了以白银公司为依托的西北有色金属再生资源回收综合利用基地和以甘肃省物产集团为依托的甘肃省报废汽车等再生资源回收综合利用基地建设，在兰州市开展再生资源回收体系建设试点等工作，在民勤和通渭两县建设废旧地膜综合利用基地。2010年，全省新建国家重点实验室2个、国家工程技术研究中心4个、省级重点实验室22个、省级工程技术研究中心72个。建立酒泉风电装备、天水装备制造、航天蔬菜育种等一批高新技术产业化基地。经国务院批准金昌和天水经济开发区升级为国家级经济技术开发区，白银高新技术产业开发区升级为国家级高新产业开发区。省交通厅在交通系统大力推进资源节约利用，实施公交优先发展战略，积极发展现代物流业，加大循环经济专业基地交通基础设施建设力度，为循环经济发展提供良好的交通运输条件。省质量技术监督局审核确定了16家单位为第一批甘肃省服务标准化试点单位，试点范围涉及到餐饮、商贸、旅游景点、通信、公共事业等领域。

（四）项目建设取得突破

2010年，全省已经实施和正在实施的节能技术改造财政奖励项目和中央预算内资源节约环境保护项目共166项，总投资101亿元，项目将产生的经济效益为22.5亿元/年，节能量为194万吨标准煤/年，节水5567万吨/年，综合利用各种固体废渣790万吨/年。同时，组织上报了2010年淘汰落后产能财政奖励资金项目119个，淘汰落后产能332万吨，争取93个项目资金17055万元。省财政厅组织上报2010年财政部秸秆能源化利用补助资金项目，争取财政部资金补助420万元。省科技厅共安排循环经济类项目76项，支持经费2479万元。省国土资源厅落实中央财政大调查专项资金1.7亿元，争取中央补助地方地质勘查项目310万元，共计近1.8亿元。省建设厅争取国家可再生能源建筑应用示范城市（县）3个，申报可再生能源建筑应用示范项目5个，共争取国家财政补贴8438万元。2010年，全省农业领域万元GDP取水量下降到323立方米，相对2009年下降8%。马铃薯、酿酒原料、中药材等特色农产品加工业加快发展，食品工业增加值突破120亿元，占全省工业增加值的10%以上。

（五）节能减排任务全面完成

2010年是实现“十一五”节能减排目标的攻坚年，围绕单位GDP能耗比2005年下降20%这一约束性指标，省委、省政府采取各种强有力的措施，紧紧抓住重点行业、重点工程、重点企业“三个关键环节”，推进目标责任制度、预警监控制度、监督检查制度、考核评价制度“四项制度”建设，着力推进淘汰落后产能、产业结构升

国家发改委领导与院士专家考察白银公司循环经济工作

金昌市形成了物料闭路循环利用的循环经济发展格局

级、拓宽节能降耗投融资渠道、实行差别电价和惩罚性电价政策、做好节能降耗监管服务“六方面重点工作”，资源、能源消耗和污染物排放逐年大幅减少，废弃物得到了循环利用，全省以年均6%的能耗增速支持了11%的经济增长，万元工业增加值能耗连续五年平均下降每年7%，各项污染减排指标全面完成。

（六）农业循环经济发展特色明显

2010年，全省各市州按照总体规划七大循环经济专业基地的功能定位，积极开展相关工作，形成了各具特色的农业循环经济发展模式。全省新增有效灌溉面积21万亩，发展工程节水33万亩，推广全膜双垄沟播玉米1048万亩、高效节水技术226万亩、脱毒种薯种植410万亩。全省新建农村户用沼气73万户，解决616万农村人口饮水安全问题，自来水普及率达到51%。张掖市积极发展循环型农业。在70%的灌区落实总量控制、定额管理制度，高效节水应用面积累计达到65.92万亩，推广常规节水技术面积230万亩，灌溉水有效利用系数提高到0.54，亩均灌溉用水量由2000年的638立方米下降到580立方米。天水市以农村沼气建设为纽带，大力推广“畜—沼—菜（果、粮）”循环模式，实现了资源—产品—废弃物—再生资源的循环利用。全市已建成“一池三改”98955户，新建不同规格总容积19.7万立方的青贮池2211个，推广一膜多用面积7.13万亩。庆阳市积极推进循环农业体系建设，制定出台了《庆阳市废旧农膜回收利用扶持奖励办法》，对农民交售、企业回收、加工利用废旧农膜给予扶持奖励。2010年，共组织回收废旧农膜8200吨，占残留农膜总量的58%。

（七）初步构建了发展循环经济的有效模式

几年来，在推动发展循环经济的实践中，通过典型试点示范，甘肃省探索出了不同领域、不同层次的循环经济发展模式。一是探索出了区域发展循环经济的金昌模式。作为典型的资源型城市，金昌市依托资源而不依赖资源，把资源优势转化为竞争优势。企业内部，通过技术改造和产业升级，形成各工艺流程间物料循环利用；上下游企业之间，形成产品互为原料、物料廊桥输送、内部废弃物外部循环利用的产业链；区域内的硫酸、氯气、电石渣、水泥等副产物及产品得到充分利用。二是探索出了园区发展雨水收集循环再利用为主线，立足现有产业，通过养殖、食用菌工厂化生产、沼气工程、有机肥加工等产业，将示范区及周边的种植业有机结合起来，形成了基于“五化农业”（规模化、设施化、品牌化、生态化、循环化）的高效集成复合型农业产业体系。三是探索出了工业企业发展循环经济的白银公司模式。白银公司依托主体产业工艺高度相关，产业结构互补性强的特点，以循环经济项目为先导，进行初级生态化改造，构建并整合了采、选、冶、化四大生产系统循环链，实现了资源的多层次转换利用和生态环境改善。四是探索出了农副产品加工企业发展循环经济的张掖有年模式。通过对各生产环节产生的废物逐级分层高效利用，形成了优质全粉—精淀粉—废渣—食用酒精—饲料—养殖—处理后废水—养鱼—粪便—有机肥各环节的闭路循环，生产和废弃物利用过程递次渐进、首尾相连，实现了无浪费和“零”排放。五是探索出了节水型工农业复合循环经济的定西模式。通过“节水型工农业复合循环经济系统关键技术集成及应用示范”项目的实施，构建

天水现代农业循环经济产业呈现良好的发展势头

节水型高效种植业、养殖业以及种植和养殖废弃物综合利用、沼气、太阳能、生物有机肥等循环经济关键技术体系的研究与示范。

二、法律法规建设及政策措施落实情况

（一）法规制度不断完善

2010年，省委、省政府出台了《关于加快推进循环经济发展的决定》、《甘肃省再生资源回收综合利用办法》、《甘肃省取水许可和水资源费征收管理办法》；发布了《甘肃省循环经济地方标准体系建设规划（2010~2015年）》及《甘肃省用能单位能源计量评价》、《兰州市锅炉大气污染物排放标准》、《风电塔架制造安装检验验收规范》等3个地方标准；同时组织起草了《啤酒单位产量综合能耗限额》等11项节能地方标准，批准发布了其中的9项地方标准。起草并出台了《甘肃省公共机构节能管理办法》，《甘肃省固定资产项目节能评估和审查暂行办法》，修订了《甘肃省行业用水定额》。省工信委印发了《甘肃省循环经济试点园区申报及管理办法（试行）》，《甘肃省循环经济示范园区申报及管理办法（试行）》，《甘肃省循环经济试点企业申报及认定管理办法（试行）》，《甘肃省循环经济示范企业申报及认定管理办法（试行）》。

甘肃省工信委与国开行甘肃省分行举行循环经济重点项目对接会

（二）组织编制和实施规划

按照省委、省政府战略部署，全省将循环经济的理念贯穿在《甘肃省经济社会发展第十二个五年规划》等规划的编制过程中，并与《总体规划》充分衔接。编制完成了《河西地区节水型社会建设规划》和《河西地区节水型社会建设实施方案》。先后组织审核并批复了嘉峪关市、金昌市、白银市、平凉市、庆阳市、甘南州等市州循环经济发展规划，河西堡化工循环经济产业园、玉门建材化工园区、陇南特色产业循环经济产业园区等园区发展规划，开展示范市和示范企业创建工作。为认真落实国务院批复精神，加快推进全省循环经济示范市（区、县）、试点（示范）工业园区、试点（示范）企业、产业链、项目的建设工作，促进全省经济社会实现跨越式发展，完成了《加快循环经济七大基地发展的指导意见》、《加快循环经济示范市（区、县）发展的指导意见》、《加快循环经济试点（示范）工业园区发展的指导意见》、《加快循环经济试点（示范）企业发展的指导意见》、《加快循环经济产业链建设的指导意见》和《加快循环经济项目建设的指导意见》编制工作。

（三）抓紧落实配套政策

根据国务院批复要求和甘肃实际，甘肃省出台了一系列配套政策措施，同时，认真抓好国家层面支持政策的落实工作，多次组织省政府相关部门，根据国务院出台的10条支持政策，进一步细化需要国家对口部委支持的具体政策，组织专门力量到对口部委衔接汇报。经省政府批准、省人大审议通过，2010年，省级循环经济发展专项资金从原有的3000万元增加到1亿元，污染减排和节能降耗资金由去年的8000万元增加到1.3亿元，从2011年起省财政再增加循环经济专项资金3000万元，合计达到2.6亿元。一批企业资源综合利用产品获得认定或复认定，享受了税收减免优惠政策。生产资源利用产品水泥1200万吨、墙材170万立方米、电力5.5亿千瓦时等，实现产值45亿元。“十一五”以

定西节水农业循环经济产业链初步形成

来，省国土资源厅共争取国家级矿山地质环境恢复治理项目50个，投入专项治理经费5.16亿元，同时每年从省级两权使用费中确定部分省级矿山环境恢复治理项目，地方政府和企业部门配套资金近2亿元。全省共建立保证金制度的矿山企业897家，专户存储保证金2852万元，保证金提取面接近95%。征收入库矿产资源补偿费约3.27亿元。

（四）积极搭建融资平台

2010年8月24日，省内多家金融机构联合发布了《关于金融支持甘肃省循环经济发展的意见》（兰银发展〔2010〕157号）。国家开发银行总行与省政府签订了《支持循环经济发展合作协议》和《支持循环经济发展合作备忘录》；工行甘肃省分行形成了《关于甘肃省循环经济建设有关情况汇报及信贷政策需求》向总行汇报；农行深化与省政府签订的1560亿元的银政战略合作协议和银企项目对接，至10月末已累计落实投放663亿元；中行省分行累计为循环经济项目授信额度达到400亿元，授信余额已达83亿元；建行省分行研究制定了《服务甘肃循环经济区域发展实施方案》；为进一步落实发展循环经济的资金支持，拟由省政府主办，会同省有关部门，就1172亿元银行贷款举行银政、银企对接会。由甘肃省和有关机构发起设立甘肃循环经济产业发展基金。同时，省工信委会同有关部门积极搭建融资平台，与国开行达成了融资1200亿元支持甘肃省循环经济发展和县通二级公路升级改造的协议。由省政府国资委牵头，金川公司、酒钢公司、白银公司和中信矿业科技公司共同参与，启动了甘肃循环经济发展基金设立工作。

（五）协调对口部委出台支持政策

为贯彻落实《国务院办公厅关于进一步支持甘肃经济社会发展的若干意见》和《国务院关于甘肃省循环经济总体规划的批复》，全省各部门、各单位按照《主要任务分工方案的通知》要求，积极向中央对口部门、单位汇报衔接争取支持，已同中央16个部委和企业签订战略合作框架协议，已有31个部委下发支持甘肃发展的实施意见，一批重大项目纳入国家或部委“十二五”规划。主要包括《工业和信息化部关于进一步支持甘肃工业和信息化发展的意见》、《国土资源部关于支持加快甘肃经济社会发展有关措施的函》、《国家工商总局关于支持甘肃经济社会发展的意见》、《国家开发银行进一步支持甘肃经济社会发展的意见》、《水利部贯彻落实国务院办公厅关于进一步促进甘肃经济社会发展的若干意见工作方案》、《国家中医药管理局关于支持甘肃省中医药事业发展的意见》、《科技部关于进一步支持甘肃以科技创新助推经济社会发展的函》、《国务院国资委规划发展局关于做好中央企业与甘肃省对接合作工作的函》、《中国核工业集团公司甘肃省人民政府战略合作框架协议》、《中华全国供销合作总社甘肃省人民政府推进新农村现代流通网络工程建设合作备忘录》等。

三、存在的主要问题和建议

实施《甘肃省循环经济总体规划》是一项系统工程，涉及面广，任务复杂而繁重。从前一阶段推进工作情况看，目前还有一些突出困难和问题亟待研究解决。

一是尽管国家在《甘肃省循环经济总体规划》中明确给予甘肃省10条支持政策，也出台了《支持甘肃经济社会发展的若干意见》，但要进一步细化落到实处，还需要国务院各部委特别是国家发改委给予大力支持。建议国家发展改革委和财政部尽快出台支持甘肃省循环经济发展的政策文件，对列入总体规划的重大项目和有关政策进行统筹协调。

二是甘肃省是一个欠发达省份，经济基础薄弱，地方财政困难，“两高一资”特征短期内难以改变，仅仅依靠自身力量，要实现规划目标，逐步缩小与西部其他省份的差距，难度较大，特别需要国家有关部委在项目安排、资金支持等方面给予倾斜。

三是发展循环经济与节能减排的矛盾突出，一方面社会能源消费和污染排放持续增长。另一方面，经过“十一五”的节能技术改造，甘肃省重大节能项目大部分已经完成，重点企业进一步节能的空间有限。建议国家在制定和实施循环经济、节能减排等有关政策、技术、产品、服务、人才培训计划等方面给予甘肃特殊照顾。

宁夏回族自治区循环经济

宁夏回族自治区经济和信息化委员会

2010年，宁夏回族自治区党委、政府高度重视发展循环经济，按照“减量化、再利用、资源化”要求，把发展循环经济作为转变全区经济增长方式，实现经济社会可持续发展的重要措施，积极落实国家在发展循环经济方面的各项方针政策，通过努力，循环经济工作逐步推进，节能减排工作成果显著。

一、2010年发展循环经济取得的成绩

一是进一步修订完善政策法规。为了进一步加强固定资产投资项目节能管理，促进科学用能和节能降耗，2010年7月，自治区人民政府制定出台了《宁夏回族自治区固定资产投资项目节能评估和审查管理办法》、2010年10月，编制完成《循环经济发展规划》初稿，修订完善了《自治区资源综合利用认定管理实施细则》等文件法规。

二是圆满完成节能减排目标任务。围绕国家下达的“十一五”万元GDP能耗下降20%、COD排放总量降低14.7%、SO_2排放总量降低9.3%的节能减排目标，自治区严格执行节能减排目标责任制和节能减排工作“十大铁律”，统一思想、精心组织、落实责任、强化措施，截止到2010年底，全区万元GDP能耗共计下降20.1%、COD排放总量降低14.72%，SO_2排放总量降低9.38%，超额完成国家下达的节能减排目标任务。

三是稳步提高资源综合利用水平。截止到2010年底，全区认定（复审）的资源综合利用企业已增加到77家，全区综合利用产值达445000万元，综合利用利润达121370万元，减免增值税24274万元，所得税3100万元，从事综合利用产业从业人数达9200人。2006~2010年，全区共产生工业固体废物5922万吨，综合利用量3849.3万吨，综合利用率达65%，比2005年提高了12个百分点。

四是有序推进循环经济试点。2010年，自治区从市县、园区、企业三个层面积极推进循环经济试点工作，对国家3家试点，省级39家试点，地市级48家试点按照分组负责、动态管理的原则，有序推动各展工作的开展。宁夏天地奔牛实业集团有限公司被国家工业和信息化部确定为机电产品再制造试点企业，宁夏大地化工有限公司等 4 家企业被国家工信部、财政部、科技部确定为资源节约型和环境友好型企业创建试点单位。

五是进一步完善循环经济产业链。在原有热电-烧碱-电石-PVC树脂-水泥”、“煤-电-粉煤灰-新型墙体材料”、“电力、煤炭、冶金-粉煤灰、煤矸石-新型建材”、“造纸-废水处理-林基地灌溉-林纸一体化-污泥综合利用-林业枝材综合利用-沼气发电”等成熟链条基础上，又初步形成了“电石-电石尾气-合成氨、甲醇、乙炔-PVC”、“玉米-淀粉-谷氨酸-植物蛋白粉-生物发酵”、“鲜果-榨汁-果汁（酒）-废弃物利用”等一批切合宁夏回族自治区工业实际的循环经济产业集群，资源循环利用的发展模式更加完善。

二、循环经济工作主要做法及措施

一是组织领导体系得到加强。自治区成立了由副主席任组长的循环经济工作领导小组，负责全区的组织和协调工作。各市也相应成立了由主要领导负责的循环经济领导机构，制定了本地循环经济工作方案，明确了发展循环经济的主攻方向，建立了目标责任制，加强了对矿产资源集约利用、能源和水资源节约利用、清洁生产以及重点行业、领域发展循环经济工作的组织领导。

二是试点工作得到推进。自2006年以来，按照企业、园区、城市三个层次，先后确定了国家级、自治区级和地市级三级试点。通过试点和试点推广，积极探索符合宁夏回族自治区产业特点的循环经济发展模式，完善资源和再生资源循环利用、节能降耗和清洁生产的政策措施，为全面发展循环经济积累经验，摸索路子。各试点单位通过建设生态农业示范区、生态工业园、循环型企业，城市可持续发展能力得到大幅提升。宁东能源化工基地高起点规

划，高标准建设，已建、在建和拟建项目对固体废弃物、煤层气、炉尾气和矿井水等都追求最大限度的循环利用。大地冶金化工公司对现有电石炉进行全密闭改造，并将尾气净化回收后用于生产合成氨，每年可减少尾气排放1.1亿立方米。

三是循环经济发展理念在园区得到加强。坚持以经济结构调整为主线，加强对工业园区现有企业的生态化改造，在招商引资工作中，对新进企业、新上项目从产业政策、园区规划、准入标准、集约用地、节约用水、废物排放、资源循环利用等诸方面提高准入门槛，引导上下游产业集聚发展，形成生态工业集群，实现“三废”循环综合利用，工业园区和重点工业企业节能减排、循环经济与生态经济的主导作用日渐凸显。目前，全区21个工业园区都规划了废弃物处置和综合利用项目，环保设施联建共享，推动园区向产业链接、资源节约、生产清洁、排放达标的生态园和城市功能区方向发展。石嘴山工业园区将阳光硅业多晶硅、英力特化工氯碱、昊凯生物L~乳酸、赛马水泥建材等项目整合在一起，使上下游企业形成了一个封闭的产业链，实现了资源利用的最大化。

四是技术支撑体系初步形成。从宁夏回族自治区产业特点出发，通过政府引导，企业参与，市场运作的方式，重点研发和推广了“金属镁冶炼节能降耗技术”、“生物发酵行业清洁生产技术”和“大型密闭式电石炉改造技术”、“大型火电厂脱硫石膏处理技术”等一批发展循环经济的关键技术。另外，还在伴生资源和尾矿综合利用、资源节约与替代、能源串联梯级利用、固体废弃物综合利用和可回收利用材料回收处理、绿色再制造、新能源开发利用等与循环经济联系密切的关键技术领域进行了大量研究和创新，并结合技术引进和消化吸收，形成了一批技术专利，对宁夏回族自治区循环经济发展提供了强有力的技术支撑。

五是资源节约意识有新改观。利用2010年能源博览会和“节能宣传周”活动等契机，组织各地开展丰富多彩、形式多样的节能和循环经济工作宣传系列活动，各有关部门、各地在主要公共场所利用板报、厂报、广播等形式集中开展宣传活动。通过加大宣传力度，及时报道全区节能和循环经济工作先进典型，提高了全民对资源的忧患意识和危机意识，在全社会逐步形成了有利用循环经济发展的新观念、新模式。

三、2011年发展循环经济主要思路

2011年是“十二五”开局之年，做好循环经济工作，对全区调整经济结构、转变经济增长方式，建设资源节约型和环境友好型社会具体重要意义。

一是完善循环经济政策法规体系。制定出台《自治区循环经济发展条例》、《宁夏工业固体废物资源综合利用管理办法》及其配套的法律法规文件，报请自治区人民政府批准执行。召开全区节能和循环经济工作大会，总结“十一五”期间循环经济取得的成效和经验，对“十二五”期间大力发展循环经济进行全面部署。

二是编制循环经济发展规划。按照《循环经济促进法》有关要求，积极编制《自治区“十二五”循环经济规划》。确保 7 月底前上报自治区规划编制领导小组审定。

三是深化循环经济示范试点。对自治区确定的第一、二批循环经济试点单位开展评估验收，配合国家发改委做好第一批国家循环经济示范试点评估验收工作。选择示范效果好的循环经济试点单位，召开循环经济现场观摩会，示范引导，并及时做好对试点工作的指导，帮助试点单位解决实际问题。

四是实施循环经济重点工程。在全区各行业积极筛选有示范作用的循环经济工程，积极向国家申报，争取专项资金扶持。设立循环经济、资源综合利用工作专项资金，重点支持资源综合利用、清洁生产、循环经济示范项目的推广和先进技术开发、产业化示范项目、循环经济试点单位、新机制技术的推广、管理能力和监管体系建设。

五是制定和完善支持循环经济发展的税收政策。

六是推进资源综合利用。进一步拓宽“三废”综合利用领域，鼓励水泥、新型墙材等生产企业，增加粉煤灰、煤矸石、化工废渣等固体废弃物的掺和量；鼓励煤矸石发电、煤矸石生产建筑材料及制品等大宗用量项目建设；鼓励废水、废气、生活垃圾、建筑垃圾等废物的回收利用。对符合资源综合利用条件的企业及时给予认定。

七是推行清洁生产。

八是加快推进产业结构调整。

九是加大循环经济宣传力度。

青海省循环经济

青海省发展和改革委员会

发展循环经济是党中央、国务院在准确把握发展趋势、遵循发展规律的基础上，为缓解资源环境约束、实现经济增长方式根本性转变而作出的重大战略决策。青海是西部经济欠发达省份，与大多数资源型省份和地区一样，由于资源开发方式粗放、能耗物耗偏高，资源开发的综合效益低，造成资源约束矛盾日益凸现。同时，青海地处“三江源”，是国家重要的生态屏障，处理资源开发与保护生态的关系是我们要始终面对的重大而核心的问题。为闯出一条欠发达地区实践科学发展观的成功之路，立足青海省情，青海省旗帜鲜明地提出“生态立省”战略，大力发展循环经济。为全面推进循环经济发展，全省上下统一认识、开拓创新，结合青海省循环经济工作基础、发展条件、规划目标，在循环经济方面进行了积极探索和大胆实践，尤其是在柴达木、西宁经济技术开发区这两个国家级循环经济试验区建设方面取得了积极进展。

一、青海省发展循环经济的基本概况

2010年，在国家有关政策的大力支持下，在国务院有关部委的精心指导下，在全省各级政府及各有关部门的共同努力下，青海省发展循环经济取得了一定的成绩。柴达木循环经济试验区、西宁经济技术开发区被相继列为国家发展循环经济试点产业园区，为全省循环经济实现跨越发展奠定了坚实的基础。资源节约和环境保护类中央资金的投入及青海省循环经济发展专项资金的支持，进一步引导了企业积极开展重大技术改造，提高了企业资源节约和高效利用的能力。循环经济有关规划、政策、措施的落实，基础发展环境的不断改善，创造了全省发展循环经济的内外部良好条件。循环经济领域科学研究、成果转化和推广能力的不断增强，培养和锻炼了一大批优秀的科技人才队伍，提高了企业的技术创新能力，加快了企业生产方式的转变。“减量化、再利用、资源化”的发展理念逐步深入人心，低碳生产、低碳消费的全民意识不断增强，为实现青海国民经济、社会“十二五”跨越发展奠定了坚实的基础。

二、青海省发展循环经济的主要做法、措施及成效

（一）《青海省柴达木循环经济试验区总体规划》获得国务院批复实施

在省委省政府及全省各有关部门的共同努力下，2010年3月，《青海省柴达木循环经济试验区总体规划》（以下简称《总体规划》）获得国务院批准，是继甘肃省后国务院批复的第二个国家级区域循环经济发展规划，同时也是全国首个循环经济试点产业园区发展规划。同月，国家发展改革委与青海省政府在京联合召开新闻发布会，向广大新闻媒体记者介绍了《总体规划》的编写基本情况及有关内容。《总体规划》主要包括青海省柴达木循环经济试验区概况、发展循环经济的必要性和工作基础、发展循环经济的指导思想、原则和目标、循环经济主导产业体系构建与布局、资源支撑能力分析和配套体系建设、环境保护与生态建设、保障措施7部分内容。《总体规划》从产业准入、产业布局、基础设施建设、资源配置、技术创新、土地供应等方面，提出了支持试验区发展的十项政策，青海省柴达木地区在国家战略中的地位进一步凸显和提升。

2010年4月，省委省政府将《总体规划》中国家支持的十项优惠政策细化分解到省内各有关部门，由有关部门与对口国家部委进行汇报衔接，争取落实支持柴达木循环经济试验区发展的具体政策措施。在两次大范围征求各相关单位意见基础上，2010年6月，省政府骆惠宁省长一行就《总体规划》政策落实有关问题与国家发展改革委副主任解振华在京进行了会谈。根据会谈情况，经与省财政厅、国土资源厅、水利厅、环保厅等部门再次衔接后，由省发展改革委汇总梳理出需要相关部委解决的15条政策建议后上报国家发展改革委。

为全面贯彻落实国务院批复的《总体规划》，按照省委省政府领导的指示精神，省政府有关部门共同起草《关于促进柴达木循环经济试验区发展的若干意见》（以下简称《意见》）。在起草过程中，本着以解决发展循环经济中的突出问题为着力点，在用足用活中央政策的同时，以改革创新的精神，力求政策上有突破，措施上更有力，切实增强《意见》的针对性、指导性、可操作性。经省政府常务会议审议通过，省政府下发《关于加快推进柴达木循环经济试验区发展的若干意见》(青政[2010]70号)，从发展循环经济的指导思想、基本原则、目标任务及推进园区建设、构建产业体系、加强基础设施、引导产业发展等方面提出了20条具体落实意见，为全省经济、社会全面协调和可持续发展提供了示范带动作用。

（二）青海省第一次循环经济大会在西宁隆重召开

2010年8月，在《柴达木循环经济试验区总体规划》获得国务院批复，全省“十二五”规划抓紧编制的关键时刻，青海省第一次循环经济大会在青海省会议中心隆重召开。全省各州（地、市）党委、政府、行政公署分管领导、省委各部门、省直各单位以及金融机构、大专院校、有关企业的负责人参加了会议。省委书记强卫同志在大会上阐述了发展循环经济面临的形势和重大意义，明确提出了建设高原区域性循环经济发展模式的总体要求，并强调要加强领导，强化支撑，形成发展循环经济的强大合力；骆惠宁省长就确定全省循环经济发展的目标任务和重大举措，奋力打造柴达木循环经济试验区品牌，努力推动全省循环经济发展走在全国前列作了全面部署。青海省第一次循环经济大会的召开，进一步统一了全省各级政府、各部门及有关企业发展循环经济的思想认识，明确提出了今后一段时期如何更好地落实国家有关政策，发挥本省特色和优势，在更高起点、更高层次、更宽领域推进全省循环经济工作的思路和举措，对加速实现全省经济社会可持续发展具有重大意义。

为贯彻落实全省循环经济大会及强卫书记、骆惠宁省长重要讲话精神，切实将《柴达木循环经济试验区总体规划》及省政府《关于加快推进柴达木循环经济试验区发展的若干意见》提出的各项政策措施落到实处，省政府安排有关单位研究制定配套政策。青海省制定并相继出台了《柴达木循环经济试验区循环经济产业发展指南》、《青海省循环经济试验区循环经济项目认定管理办法(试行)》、《青海省循环经济发展专项资金管理办法》、《青海省增强循环经济试验区科技创新能力的若干政策措施》等一系列相关配套政策，为柴达木循环经济试验区构建资源综合开发循环利用、资源深度加工循环利用、副产物资源化循环利用等循环型产业链，培育盐湖化工、油气化工、煤化工、有色冶金、特色生物、新能源、新材料等循环产业体系提供了更高层次的指导，对增强循环经济产业核心竞争力，促进产业结构调整升级将发挥重要作用。

（三）成立青海省循环经济领导小组

为进一步加强对循环经济工作的组织领导，促进全省循环经济发展，省政府成立了由省委常委、常务副省长徐福顺为组长，骆玉林副省长为副组长，省发展改革委、省经委、省科技厅等16家成员单位组成的青海省循环经济领导小组，领导小组下设办公室在省发展改革委。青海省循环经济领导小组的成立，对有效协调落实国家及省上发展循环经济有关政策，共同推进全省循环经济发展意义重大。

（四）积极争取中央资金，统筹安排专项资金支持全省循环经济快速发展

2010年，在省上有关部门的共同努力下，青海省共争取到节能重点工程、循环经济和资源节约重大示范项目及重点工业污染治理工程中央预算内投资计划6项，争取中央预算内资金12915万元。青海海西化工建材股份有限公司水泥生产线纯低温余热发电项目、青海盐湖海虹化工股份有限公司年产10万吨ADC发泡剂一体化工程、青海创新矿业开发有限公司铅锌尾渣资源综合利用、循环经济项目等新建和改扩建项目的实施，有力促进了青海省的资源节约及高效利用。

另外，根据《青海省循环经济发展专项资金管理暂行办法》，经青海省有关部门反复研究，下达2010年省级循环经济专项资金投资计划4160万元。重点支持《青海省“十二五”循环经济发展规划》、《青海省“十二五”应对气候变化规划》等规划的编制及有关企业的技术改造、节能减排及资源循环综合利用、园区基础设施建设等项目，进一步引导青海省有关部门及企业积极发展循环经济。

（五）深入开展《循环经济促进法》等法律法规的宣传工作

2010年，全省各级政府、各部门加强对《循环经济促进法》及有关法律法规的宣传和学习，努力促进资源节约型、环境友好型社会建设。一是充分利用世界环境日、科技活动周等大型活动，通过散发宣传材料、悬挂横幅、现场答疑等多种形式，大力宣传循环经济发展理念，不断增强广大人民群众的低碳生产、生活意识；二是通过电视、报刊、网络等媒体广泛开展宣传，引导广大干部群众学习循环经济的相关知识，深入理解“减量化、再利用、资源化”的实质和内涵；三是通过举办培训班、开展知识竞赛等方式，开展对有关管理、科研、技术人员的培训，努力增强各级政府、企业有关人员的循环经济发展意识。

（六）青海省发展循环经济取得的成效

2010年，两个国家级循环经济试验区循环经济发展迅速，为推动全省工业经济结构调整，加快发展方式转变，推进产业升级，促进全省循环经济发展发挥了积极的带动和引领作用。西宁经济技术开发区下辖东川、甘河、生物、南川四个工业园区，初步形成了光伏硅材料、有色金属生产加工、电子信息材料、化工、高原生物制品、中藏药、藏毯绒纺等为主的特色优势产业。柴达木循环经济试验区重点以格尔木、德令哈、乌兰、大柴旦四个功能分区为主，初步形成以盐湖资源综合利用为核心的盐湖化工、石油天然气化工、金属冶炼、煤炭综合利用、新能源、生物加工等特色产业。

三、存在的问题及下一步工作打算

由于青海省经济总量不大，发展循环经济的基础设施条件仍然落后，科技研发及成果转化能力不强，企业融资较为困难，试验区能耗基数较低、循环经济发展的空间受限，循环经济的人才培养、宣传及交流等工作有待进一步提高等，在一定程度上影响着全省循环经济的快速发展。“十二五”是青海省经济快速发展、发展方式加速转变的关键时期，青海省将继续加大循环经济政策落实、规划指导、资金支持、项目建设、招商引资等方面的工作力度，力争在调整经济结构、转变发展方式上取得新突破，着力推动全省经济跨越发展、绿色发展、和谐发展、统筹发展。

（一）进一步建立健全发展循环经济的体制机制

探索促进循环经济发展的新思路、新举措，积极创新体制机制，不断完善相应法规政策体系，制定投资、产业、财税、国土、资源、科技、金融、人才等方面的激励政策，引导和调动企业及公众发展循环经济的积极性和主动性。加快建立和完善循环经济统计、监管、考核评价办法，逐步建立和完善全省循环经济产业体系。

（二）努力做好循环经济示范试点及园区循环化改造工作

进一步贯彻落实国家发展循环经济有关政策要求，重点抓好柴达木循环经济试验区、西宁经济技术开发区等产业园区循环经济试点工作，逐步向全省推广循环经济发展先进经验。依托国家循环化改造示范试点补助资金，努力做好柴达木循环经济试验区循环化改造试点工作，切实发挥好资金的引导和带动作用。

（三）提高全省重点产业园区的基础保障能力

深入落实《青海省国民经济和社会发展第十二个五年规划纲要》，构建覆盖城乡、功能配套、适度超前、安全高效的现代化基础设施体系，为全省循环经济快速发展提供有力支撑。依托《青海省循环经济“十二五”规划》、柴达木循环经济试验区盐湖化工、油气化工、煤炭综合利用、金属、高原特色生物、新能源、新材料等产业发展体系规划，提出一批符合本省特点的重点产业项目及与之配套的水、电、路等基础设施建设项目，做好与国家、省上有关规划的衔接工作。通过积极努力，多方争取国家资金支持青海循环经济基础设施建设，努力推进园区配套体系的形成和完善。

（四）切实提高全省循环经济领域的科技创新及人才培养能力

继续鼓励和引导企业开展原始创新、集成创新和引进消化吸收再创新，提高资源综合开发、高效节约和循环利用水平，加快构建以企业为主体、市场为导向、产学研相结合的技术创新体系。积极开展本省循环经济领域科研成果的转化、应用及国内外先进、适用科技成果的引进和消化吸收，进一步延伸循环经济产业链，为加快构建循环经济产业体系提供有效支撑。开展支撑和引领企业重大技术改造、资源节约和高效利用等方面具有较强科研竞争优势的重点实验室、工程技术研究中心、科技中介服务机构等平台建设工作，进一步推进循环经济领域的科技研发和成果的有效转化。

全省各级政府及有关部门将进一步强化“人才强省”战略意识，围绕特色产业和循环经济发展，优化人力资源结构，继续完善人才培养引进、考核评价、奖励激励等机制。通过组织有关人员参加各类教育培训活动，与科研院所、高校联合培养高素质人才，引进科研、业务及服务型专业人才等手段，尽快形成一支专业、稳定的管理和技术人才队伍。另外，通过产学研相结合的科技研发平台建设，集聚省内外科技人才与青海省企业开展联合攻关，在不断破解制约循环经济发展科技难题的同时，为青海省企业培养和锻炼优秀人才，为循环经济的发展提供智力支撑。

（五）加大与国家有关部委的汇报、沟通和衔接工作

“十二五”期间，省政府及各有关部门将继续加大与国家有关部委的汇报衔接工作，重点在规划落实、资金投入、财税改革、金融信贷、科技研发等方面争取国家更大的支持，以促进全省循环经济更好更快发展。

（六）继续加强对《循环经济促进法》等有关法律法规的学习和宣传工作

将《循环经济促进法》、《节约能源法》、《可再生能源法》等有关法律法规的学习和宣传工作作为各级政府及有关部门推进循环经济发展的一项重要工作内容，充分利用电视、报刊、网络等媒体多渠道、全方位、形式多样地开展宣传和讲解，使广大干部和人民群众能够深入理解发展循环经济的重要意义，努力增强其低碳生产、生活意识。重点深入园区和企业，通过召开座谈会、举办培训班、提供宣传图件等方式，对有关人员开展深入细致的培训及交流工作，进一步引导企业积极、主动的开展资源节约和环境保护工作，使“减量化、再利用、资源化”的循环经济发展理念得到有效落实。

新疆维吾尔自治区循环经济

新疆维吾尔自治区发展和改革委员会

新疆是我国重要的资源接替区，同时也是生态环境脆弱、水资源贫乏、经济发展落后的省区。发展循环经济，是自治区牢固树立环保优先、生态立区理念，坚持资源开发可持续、生态环境可持续战略的重要体现，同时，有利于促进新疆节能减排，缓解新疆资源、环境约束，有利于推进新疆新型工业化进程和增强产品的市场竞争力，保障国民经济安全，对新疆建设节约型社会与和谐社会具有重要的战略意义。近年来，自治区党委、人民政府高度重视发展循环经济，认真落实国家发展循环经济、开展资源节约、节能减排的工作部署，积极采取政策、法律、技术、宣传等手段措施，循环经济发展取得了一定成效。但总体看来，传统的高耗能、高污染、低效率的粗放型经济发展方式还没有得到根本性转变，循环经济发展仍处于试点和起步阶段，循环经济总体发展水平较低。

一、循环经济主要成效

一是资源节约与利用水平不断提高。2010年，自治区万元GDP能耗1.9263吨标准煤，比上年下降0.4%，“十一五”期间累计下降8.91%。万元地区生产总值用水量985立方米，万元工业增加值用水量57立方米。

二是资源综合利用水平提高。2010年，自治区工业固体废物综合利用率47.54%，城市污水集中处理率71.93%，城市生活垃圾无害化处理率62.63%。

三是主要污染物控制成效显著。2010年，自治区化学需氧量排放28.07万吨，比上年上升3.5%；二氧化硫排放56.945万吨，比上年上升0.28%。两项主要污染物均完成了年初制定的总量控制目标任务。

二、2010年新疆发展循环经济的主要工作

（一）加强循环经济协调领导机制的宏观管理

加强宏观调控，充分发挥自治区循环经济工作领导小组作用。加强循环经济工作领导小组各成员单位的协调与沟通，各成员单位根据责任分工，各司其职，形成统一认识，明确任务，强化措施，加强协作，狠抓落实，形成协调配合、齐抓共管的新局面，推进自治区循环经济各项工作顺利开展。

（二）制定相关政策，为发展循环经济奠定基础

为促进新疆循环经济发展和资源节约综合利用，根据国家出台相关法律、政策，新疆自治区人民政府和相关部门相继制定了《认真贯彻落实国务院关于做好建设节约型社会近期重点工作通知的实施意见》（新政发〔2005〕87号）、《关于贯彻落实国务院加快发展循环经济若干意见的实施意见》（新政发〔2005〕101号）、《关于组织开展自治区循环经济试点工作的通知》（新发改地区〔2007〕46号）。2010年印发了《关于印发2010年新疆维吾尔自治区各部门节能减排工作实施方案的通知》（新节能减排办〔2010〕1号）、《关于印发新疆维吾尔自治区固定资产投资项目节能评估和审查暂行办法的通知》（新发改法规〔2010〕2807号）等资源节约与环境保护相关文件。这些政策性文件的出台为自治区加强环境保护和资源综合利用、发展循环经济、建立资源节约型社会奠定了重要的政策法规基础。

（三）加大淘汰落后产能力度，提高资源利用水平

按照“管住增量、调整存量、上大压小、扶优汰劣”的思路，自治区按照国家要求重点在电力、炼钢、炼铁、焦炭、铁合金、电石、电解铝、水泥、玻璃、造纸、味精、化纤等12个行业淘汰落后产能，自治区自行安排在制糖、硫化碱、铝合金3个行业淘汰落后产能。2010年6月，自治区公告了2010年涉及淘汰落后设备、生产线的企业名单，其中，电力33.4万千瓦时，炼钢53.2万吨，炼铁52万吨，铁合金0.5万吨，水泥131万吨，造纸2.66万吨，焦化

131万吨，电石7.5万吨，平板玻璃22万重量箱，化纤1万吨，其他16.2万吨，已全部完成淘汰落后产能任务。截止2009年底，自治区已有炼钢、玻璃、造纸、味精和焦炭等5个行业提前完成“十一五”淘汰落后产能计划。其中，涉及已关停和淘汰炼钢企业40户，淘汰落后产能332万吨，完成“十一五”计划的150%；玻璃企业3户，淘汰落后产能60万重量箱，完成“十一五”计划的100%；造纸企业6户，淘汰落后产能6.23万吨，完成“十一五”计划的311%；味精企业2户，淘汰落后产能1.5万吨，完成“十一五”计划的250%；焦炭企业38户，淘汰落后产能206.8万吨，完成“十一五”计划的121.6%。电力、炼铁、铁合金、水泥行业在2010年前全部完成淘汰计划。通过淘汰落后产能，引进先进技术及生产设备，企业对能源资源利用水平不断提高。

（四）加强循环经济试点示范工作

自治区把发展循环经济作为调整经济结构、转变经济发展方式的重要抓手，认真组织开展循环经济试点，积极推进新疆有色工业(集团)稀有金属有限责任公司、中粮新疆屯河股份有限公司、库尔勒经济技术开发区3家国家级和21家自治区级循环经济试点工作。自治区第一批21家循环经济试点单位工作进展顺利，发挥了试点示范作用，对第一批循环经济试点实施情况进行了总结，并报自治区人民政府。组织自治区循环经济领导小组成员单位和有关专家对自治区第二批循环经济试点单位实施方案进行了论证，经提请自治区人民政府同意，从企业、园区、市（县）三个层面确定15家单位为自治区第二批循环试点单位，并批复了实施方案。第三批循环经济试点工作已经启动。通过循环经济试点，实施并推广节能、节水、资源综合利用、清洁生产等循环经济模式，以点带面，逐步推广，促进节能减排，使企业节能减排实现从末端治理向源头控制、过程治理转变，企业节能减排由被动型向主动型转变，让企业得到更好的经济效益。新疆天业公司、宝钢集团八一钢铁公司、中泰化学公司等企业循环经济模式已基本形成，并在节能降耗、减排增效、实现资源的高效转化利用方面取得明显成效，起到了较好的示范带动作用。

（五）探索重点领域循环经济模式，提高试点示范的带动作用

以循环经济试点为依托，积极探索重点领域的循环经济产业链、循环经济模式。如博湖苇业股份公司在企业的生产、经营过程中，按照循环经济理念，充分利用芦苇湿地的净化功能，对环博斯腾湖地区城镇排放的工业、农业及生活污水进行处理，处理后实施人工芦苇的培植，形成了“芦苇湿地—净化污水—人工育苇—造纸—旅游”的循环型共生产业链。回收再利用加工生产过程产生的黑液碱和废旧纸张，降低黑液直接排放对环境的污染。同时，在芦苇种植过程中，利用人工育苇资源发展生态旅游业和渔业养殖，形成多元化产业模型。伊吾县形成了“秸秆→饲料→养殖→沼气→肥料→农（林）业”的循环经济产业链发展模式。循环经济模式的构建，从原料输入、生产加工、废弃物再利用等全过程减少资源投入，降低污染物排放，提高资源综合利用率，降低生产成本，提升企业竞争力。为同行业领域的相关企业提供了成功经验，发挥了借鉴和示范作用。

（六）组织实施资源节约与综合利用及循环经济工程

积极争取国家十大重点节能工程、循环经济和资源节约重大示范项目及重点工业污染治理工程项目资金支持自治区循环经济工程建设。国家发展改革委下达自治区中央预算内投资项目36个，中央预算内投资共计1.882亿元，下达自治区两批2010年节能技术改造财政奖励项目38个，节能量57.29万吨标准煤。在原有工业节能3000万元专项资金的基础上，自治区新增5000万元专项资金用于支持全社会节能与污染物减排项目。上报2011年资源节约和环境保护备选项目32个。完成2010年度既有建筑节能改造项目、建筑节能示范项目、机关公共机构节能项目、节能能力建设项目等自治区节能减排专项项目申报、审核工作，并下达项目资金。

（七）加强重点领域节能减排工作，降低能源资源消耗

突出抓好工业、建筑、交通、公共机构、农业等重点领域节能减排工作，降低重点领域能源资源消耗。工业领域：加强了年耗能5000吨标准煤工业企业、16家“千家企业”的节能管理。2006¯2009年，自治区16家“千家企业”（含兵团1家）实现节能量分别为73.41、80.37、78、18.12万吨标准煤，四年累计实现节能量249.9万吨标准煤，完成国家“十一五”节能目标任务的147.91%。建筑领域：居住建筑执行节能50%设计标准的范围已扩大至建制镇。乌鲁木齐市、阿克苏市、克拉玛依市、巴州、吐鲁番新区和布尔津县等城市先后执行了新建居住建筑节能65%技术标准。截止2010年底，全区建成节能建筑1.17亿平方米。“十一五”期间，完成既有建筑节能改造1235万平方米，超额完成国家下达700万平方米任务的76.43%。建立了600万平方米可再生能源建筑应用项目，每年可形成节约标准煤256.23万吨，减排烟尘5.51万吨、二氧化碳682.03万吨、二氧化硫7.96万吨。交通领域：开展了营运车辆燃料消耗量限值核查，加大了客车油改气力度，全区新增、更新的客运车辆中采用压缩天然气车辆达80%。开展甩挂运输试点，推行油耗定额考核制度，禁止高耗能车辆进入道路运输市场。航空运输系统通过优化航线、提高空域使用效率、缩短空中飞行距离等措施，降低油料消耗。铁路加大电气化改造，综合能耗由2006年的1.42吨标准煤/万元营业收入降到2010年的0.88吨标准煤/万元营业收入。公共机构领域：开展能耗统计，实施节能技术改造，公共机构用电、用水、用气、用油比2009年下降5%。农村和农业领域：实施了国家农村小型公益农村能源项目、农村沼气国债建设项目和集中养殖场大中型沼气发电工程项目。“十一五”期间，农村能源建设推广户用沼气3万户，省柴节煤灶1万台，太阳灶8000台，农村户用沼气已在全区83个县市普及推广，农村沼气普及率达20%，年节约能源约65万吨标准煤，减排温室气体约240万吨。

（八）积极组织开展清洁生产工作

清洁生产是发展循环经济的重要途径之一，是从源头上削减污染、提高资源利用效率。自治区围绕石油、火电、钢铁、有色、造纸、建材、石化、化工等重污染行业和国家已经颁布的清洁生产标准及清洁生产评价指标体系行业，依法推进清洁生产审核工作。一是加强重点企业清洁生产审核，并把重点企业清洁生产审核纳入自治区政府环境保护目标考核。二是鼓励企业自愿开展清洁生产审核工作，加强清洁生产审核后评估工作。三是积极做好清洁生产审核验收工作，2007年~2010年，共对128家企业开展清洁生产审核报告的评估工作。四是组织开展清洁生产示范试点工作，10家重点企业作为清洁生产示范试点。

（九）加大循环经济的宣传力度

2010年，自治区继续围绕“大力发展循环经济，加快建设节约型社会”这一主题，结合节能宣传周、世界水日、地球日、天山环保世纪等活动，采用新闻媒体采访、悬挂横幅、展版等多种形式加大节能减排、循环经济宣传力度，全社会对发展循环经济重要意义的认识进一步提高，节约资源、保护环境正在变成全体公民的自觉行为，发展循环经济的良好社会氛围也正在形成。同时，绿色服务业，环境标志认证体系、绿色学校、绿色社区、政府绿色采购等发展循环经济的有效方式逐渐深入人心。

新疆生产建设兵团循环经济

新疆生产建设兵团发展和改革委员会

2010年，兵团坚持以科学发展观为指导，在实施优势资源转换战略，加快新型工业化、城镇化和农业现代化的进程中，加快发展循环经济，提高资源综合利用率，促进产业结构升级，资源节约和环境保护工作取得显著成效。

一、2010年兵团发展循环经济开展的主要工作

（一）加强组织领导，发挥职能作用

2010年，新疆兵团在党中央、国务院及新疆自治区党委的正确领导下，全面落实科学发展观，以节能减排为抓手，大力发展循环经济。充分发挥节能减排领导小组的职能作用，加强对兵团循环经济工作的协调和指导，促进循环经济发展。各成员单位按照责任分工，各司其职，统一认识，密切配合，形成齐抓共管，狠抓落实的新局面，兵团循环经济各项工作顺利开展。

（二）制定工作方案，强化目标责任

2010年是贯彻落实“十一五”节能减排目标责任制的关键一年，为强化目标责任，兵团制定了《2010年兵团节能减排工作实施方案及部门工作分工》办法，明确各级、各部门职责，将节能减排计划任务分解落实到各师、40家重点用能企业。同时，兵团进一步加大了对各师年度节能目标完成情况的考核和重点企业节能减排的专项检查，对各师节能减排目标责任进行现场评价考核，考核结果向社会公告，形成了目标明确、责任清晰、一级抓一级、一级考核一级的节能减排目标责任制。通过考核检查，兵团各级对节能减排工作的认识进一步提高。

（三）认真开展资源综合利用工作

为了更好地贯彻落实国家对资源综合利用的优惠政策，促进合理利用和节约资源，遵循服务企业、加强协调的原则，积极协调配合自治区经信委、各相关行业管理办公室，认真做好兵团2010年资源综合利用项目(产品)认定申报和换证工作。协助天能化工有限公司天能水泥、哈密南岗建材有限公司、青松天业水泥有限公司等5家企业涉及32.5复合硅酸盐水泥、42.5普通硅酸盐水泥等9个品种通过资源综合利用认证，预计每年可新增减免税收4400万元，其中增值税3225万元，所得税1125万元。2010年享受增值税、所得税减免预计可达15000万元，资源综合利用废弃物在600万吨以上。

（四）积极实施促进循环经济发展重点项目

2010年，兵团加大了节能减排工程实施力度，积极发挥国家资金的引导作用，支持兵团化工、电力、建材等重点行业、重点企业开展资源综合利用和节能减排，围绕节能、节水、循环经济和资源综合利用等四个方面，实施了青松建材水泥生产线、伊犁南岗建材水泥生产线纯低温余热发电、石河子市长运生化公司锅炉节能改造、库尔勒金川矿业有限公司电机节能改造、农三师棉麻公司轧花厂电机系统节能改造、绿翔糖业有限责任公司节水改造、八师石河子市高效节水及废水综合利用循环经济示范、博乐赛里木节水设备有限责任公司废旧塑料资源综合利用、天业(集团)有限公司年产2.5万吨木塑料复合异型材等资源综合利用等项目，项目总投资47703万元，其中：争取中央预算内投资3550万元。项目全部实施后，年节能4.4万吨标煤，节水1135万方，减少COD排放0.52万吨。

兵团围绕燃煤锅炉改造、能量系统优化、电机系统节能、余热余压利用等重点节能工程，组织实施了阿拉尔市、农二师师部城区和各团场、农五师师部和各团场、农六师芳草湖农场、农七师和十二师供热设施节能改造；石河子天富热电股份有限公司能量系统优化、石河子南山兰石建材有限公司石灰窑等9个财政奖励节能改造项目，项目总投资30727万元，获得国家财政奖励资金5900万元，建成后实现节能量23.6万吨标准煤。

为加快兵团城镇污水垃圾处理设施建设，2010年，兵团重点实施了五家渠市城市污水处理厂、石河子市北工业园区排水工程、哈密二道湖工业园区排水工程、十二师104团城镇生活垃圾处理设施等4个项目建设，项目总投资18546万元，其中：争取2010年度中央预算内资金8200万元。通过项目建设，使兵团的城镇污水垃圾处理设施能力得到了较大提升，兵团城镇生活质量进一步改善，项目实施后，COD年减排量5220吨。

2010年兵团继续加大了高效照明产品推广力度，编制了《新疆生产建设兵团2010年推广财政补贴高效照明产品实施方案》，2010年兵团计划推广高效照明节能灯60万只，通过兵、师两级发改、财务、妇联等部门与兵团中标企业广东佛山照明有限公司密切合作，实际推广节能灯69万只。同时，国家发改委为支持兵团的高效照明事业，向兵团捐赠5万只节能灯，兵团及时捐赠给了南疆农一师、二师、三师和十四师的低保家庭和团场学校。

（五）积极开展合同能源管理工作

2010年，为认真贯彻“国务院办公厅转发的发展改革委等部门关于加快推行合同能源管理促进节能服务产业发展意见”精神，兵团结合实际，加大了推行合同能源管理的工作力度。根据财政部和发展改革委《合同能源管理财政奖励资金管理暂行办法》，兵团发改委会同兵团财务局制定了《新疆生产建设兵团合同能源管理财政奖励资金管理暂行实施办法》，加快推行合同能源管理，利用国家财政奖励资金，积极搭建节能服务公司与重点用能单位之间的平台。兵团发改委、财务局密切合作，推荐新疆新新创通节能服务有限责任公司、乌鲁木齐希望电子有限公司为实施中央财政奖励资金的节能服务公司，被列入国家第一批节能服务公司。2010年兵团争取国家合同能源管理项目财政奖励资金1000万元，推进了重点用能单位节能技术改造，支持了方婷纺织等8个项目节能改造，项目实施后预计节能量3.7万吨标准煤。

（六）加强清洁生产审核工作

进一步加强清洁生产审核审查机构的规范化、制度化管理，会同环保局确定新疆生产建设兵团勘测规划设计研究院、中国轻工业清洁生产中心为兵团第二批清洁生产审核机构，目前共有9家机构可以在兵团开展清洁生产工作，加快形成兵师两级共同促进—中介服务—企业实施的推动模式，为循环经济提供技术支持。

（七）认真开展节能评估审查准备工作

固定资产投资项目节能评估和审查是加强节能工作的重要措施，是调整优化产业结构、转变经济发展方式、合理利用能源、提高能源利用效率，从源头加强节能工作的重要手段。兵团认真落实国家发展改革委《固定资产投资项目节能评估和审查暂行办法》，及时组织有关部门和人员认真学习文件精神，深刻领会精神实质，正确理解和准确把握相关规定，为全面开展兵团固定资产投资项目节能评估和审查工作做好准备。2010年，兵团发改委组织有关师发改委的领导和业务人员共约20人次，赴内地参加了国家发改委培训中心组织的节能评估和审查专题培训班，对固定资产投资项目节能评估和审查的相关知识进行了深入学习，为兵团开展和实施固定资产投资项目节能评估和审查工作奠定了坚实基础。

二、循环经济主要成效

（一）节能减排工作取得了一定成效

2010年兵团万元地区生产总值能耗比上年下降3.6%，比2005年下降6.3%左右；工业化学需氧量、二氧化硫排放量分别为1.53万吨、1.91万吨，相当于2005年排放总量的59.7%和60%(减排指标不含八师石河子市)，在“十一五”经济增速和能源消费总量均超过规划预期的情况下，COD和SO_2的万元GDP排放强度分别下降了48%和45%，排放量均低于国家控制指标，圆满完成了污染减排任务。2010年单位工业增加值用水量预计149立方米，比2005年的243立方米，下降了39%。除万元GDP能耗没有完成“十一五”目标外，其余大部分指标基本完成了“十一五”规划的目标。重点行业主要产品单位能耗均有较大幅度下降，预计2010年与2005年相比，火电厂发电、供电单耗分别从399克/千瓦时降到360克/千瓦时，下降了9.8%；433克/千瓦时降到377.5克/千瓦时，下降了12.8%。水泥、电石吨产品综合单耗分别由134.5千克标准煤下降到116千克标准煤，下降了13.8%；1420千克标准煤下降到2010年的1178千克标准煤，下降了17%。

（二）资源综合利用水平逐年提高

全兵团工业固体废弃物年综合利用量由2005年的150万吨增加到2010年600万吨，综合利用率由2005年的55.3%

提高到2010年的75%，增加了22个百分点。工业废水达标排放率从2005年50.8%提高到2010年的68%，增加了17个百分点；工业重复用水率从2005年81.7%提高到2010年的87%，增加了6个百分点。企业的资源意识、环保意识不断增强，工业固体废弃物的利用范围日益扩大。

（三）循环经济试点工作取得初步成效

新疆石河子市作为国家循环经济试点城市，坚持法制化建设，相继出台《关于做好八师石河子市经济领域发展循环经济建设节约型社会工作的实施意见》等政策规定，为推动循环经济提供政策保证。2010年对13家重点企业开展清洁生产审核、公布污染物排放情况，对17家重点节能企业实施监控，累计完成节能量44.9万吨标准煤，石河子市循环经济的发展在天业集团以及一批循环经济项目的实施带动下，取得显著成绩。天业（集团）有限公司自2005年被列入国家第一批循环经济试点单位以来，在高效节水集成、废气利用、电石渣制水泥、废旧滴灌带回收等方面创造了天业特色的氯碱化工循环经济新模式。截至2010年，节水滴灌面积累计推广3000万亩，废旧滴灌带回收率达90%，化工产业废渣利用率100%，电石、聚氯乙烯和烧碱能耗和“三废”排放指标均达到国家清洁生产一级指标要求。电石渣水泥产能达到405万吨，蒸压砖3亿块，天玖凯帝公司利用石河子丰富的棉杆、废旧地膜生产环保型木塑复合材料，既节约资源，又消除了“白色污染”。宏新生物科技公司、西部牧业等企业，积极探索动物粪便的综合利用，实现了养殖—沼气—沼液—蔬菜种植的有机结合，这些项目的实施，为加快石河子循环经济发展发挥了重要作用。

三、2011年工作重点

（一）严格落实目标责任

按照“十二五”单位生产总值能耗下降10%的目标，将“十二五”以及2011年目标分解落实到各师、重点行业、重点企业，层层落实节能减排责任目标。制定《“十二五”节能减排综合性工作方案》，继续开展节能减排目标完成情况的评价考核，落实奖惩措施。

（二）加快实施重点工程

积极引进节能减排新技术、新工艺、新设备，继续推出一批节能减排重点工程；加快推进合同能源管理，推进重点用能单位节能技术改造；继续加大城镇污水处理设施建设；对未完成治理设施的番茄和制糖企业必须在2011年6月底前完成治理设施。继续加快实施兵团城镇污水垃圾处理工程建设。同时，加强在建的节能减排重点工程的监督管理，确保项目顺利建成并达产达效。

（三）强化节能减排管理

严把项目审核关，全面执行固定资产投资项目节能评估审查制度。突出抓好重点耗能企业节能管理，组织开展八十家企业节能低碳行动，落实目标任务，开展能效水平对标，公告能源利用状况。建立节能减排统计监测制度和预警机制。

（四）大力发展循环经济

加快实施石河子市以及天业国家循环经济试点项目，探索循环经济发展模式和评价指标体系。加快推进工业园区内企业间的循环发展，特别是大宗工业废弃物的综合利用，建立资源回收利用体系。推行清洁生产，对污染超标企业实行强制性清洁生产审核，督促企业从源头削减污染。

（五）深入开展资源节约活动

加大节水设备和器具的推广力度，做好重点耗水行业的节水工作；巩固“禁实”成果，做好禁止使用实心粘土砖工作；推广使用新型墙体材料、商品混凝土和散装水泥，推进工业“三废”的综合开发利用；继续做好资源综合利用项目(产品)的认证、换证审查工作，落实增值税、所得税减免政策。

（六）继续开展节能减排宣传活动

继续组织好2011年全国节能宣传周等宣传活动，加快兵师建设节约型机关步伐，联合新闻媒体重点报道各师、各部门节能减排新举措、新进展、新成效，引导公众科学消费、绿色消费，力求宣传范围更广、影响更大、效果更好，形成更加浓厚的节能减排社会氛围。

大连市循环经济

大连市发展和改革委员会

2010年，大连市循环经济工作以邓小平理论和“三个代表”重要思想为指导，全面贯彻落实科学发展观，紧紧围绕资源节约与环境保护基本国策，在推进节能减排、完善法规政策建设、实施产业结构调整、加强重点节能减排工程项目建设与管理、深化资源综合利用和生态环境保护等方面开展了一系列扎实有效的工作，取得了比较明显的成效。

一、2010年主要指标完成情况

2010年，大连市万元地区生产总值能耗0.869吨标准煤，比上年下降4.3%；化学需氧量减排量3991吨，比上年削减8.5%；二氧化硫减排量6710吨，比上年削减7.1%；万元国内生产总值取水量30立方米，比上年下降6.2%；万元工业增加值取水量18立方米，与上年相同；城市污水集中处理率91.9%，比上年提高1.5个百分点；城市生活垃圾无害化处理率(市区)98%，比上年提高1.3个百分点；中水回用率38%，比上年提高3个百分点；全市粉煤灰综合利用率86%，比上年提高1个百分点。

二、认真贯彻执行国务院及省、市政府指示，扎实开展节能减排工作

2010年是“十一五”规划的最后一年，也是实现“十一五”节能减排目标的决战之年。为确保实现全市“十一五”节能减排目标，市委、市政府按照国务院节能减排工作电视电话会议和《国务院关于进一步加大工作力度确保实现“十一五”节能减排目标的通知》以及省委、省政府指示精神，积极动员全市各界力量，狠抓各项工作落实，经过不懈努力，全市节能减排工作又上了一个新的水平。

（一）完善法规制度建设，推进循环经济发展

由市发展改革委起草的《大连市循环经济促进条例》已于2010年10月1日起发布施行。《大连市循环经济促进条例》的颁布实施，标志着大连市的节能工作已走上了行政管理与法制规范相结合的良性发展轨道。该《条例》结合大连实际，对《中华人民共和国循环经济促进法》中的部分原则性条款进行了细化，并对《中华人民共和国循环经济促进法》中未规定的部分内容进行了补充。同时，就全市发展循环经济的基本制度、解决制约循环经济发展的关键性问题等方面都做了进一步的明确和规范。

（二）加强对节能减排工作领导，完善领导体制

上半年，市政府对原大连市节能减排和循环经济工作领导小组进行了调整，成立了由李万才市长担任组长、41个市直部门领导参加的大连市节能减排和应对气候变化工作领导小组。领导小组下设办公室，设在市发展改革委，并建立了联席会议制度，及时协调、解决、制定全市节能减排和应对气候变化工作的问题及政策措施。

大连市已建成并已投入使用的农村大型沼气装置

为全面贯彻落实国务院和辽宁省委、省政府关于节能减排工作的指示精神，市节能减排工作领导小组办公室和有关部门，年内先后制定并印

大连农村小型风力发电装置

发了《大连市2010年节能减排工作实施方案》、《2010年市直部门节能减排工作目标》、《2010年大连市节能降耗预警调控方案》、《关于开展全市节能减排百日攻坚活动的通知》等文件15个，对节能减排的重点工作、责任、目标和任务都作了进一步的明确。

（三）严控高耗能项目、积极淘汰落后产能

一是根据国发〔2010〕12号文件和温总理在国务院节能减排工作电视电话会议的讲话精神，严格控制“两高”和产能过剩新上项。市发展改革委、经信委及各区、市、县投资主管部门年内全部停止了“两高”和产能过剩行业扩大产能项目的审批、核准和备案工作。二是继续做好淘汰落后产能工作。市政府在前几年淘汰小水泥、小造纸等落后产能工作的基础上，继续主动扩大工作范围。安排1940万元专项资金用于关闭全市97家粘土砖瓦窑生产企业。

（四）大力推进产业结构调整，努力转变发展方式

一是大力发展以东北亚国际航运中心、东北亚国际物流中心和区域性金融中心为代表的现代服务业，提升核心城市功能，全面落实《大连区域性金融中心建设规划》，加快建设人民路和星海湾金融商务区。二是大力发展战略性新兴产业，出台《关于加快发展战略性新兴产业的指导意见》，加快培育和发展新能源装备、节能与新能源汽车、IT制造业、软件与服务外包、新材料及生物等战略性新兴产业。三是加快产业集群建设，推进长兴岛和旅顺船舶基地、核电装备基地、奇瑞汽车等一批重点项目建设，推动资源要素向优势产业集聚，培育建设一批世界级产业集群。

（五）依托重点节能减排工程项目，抓好节能减排

2010年，全市新增中央预算内资金安排节能减排项目共7项。项目总投资4.656亿元，其中，中央预算内资金0.74亿元，地方财政配套资金0.66亿元。其中：十大重点节能工程项目2项，项目总投资1.876亿元，其中中央预算内资金0.12亿元；污染减排项目5项，项目总投资2.78亿元，其中中央预算内资金0.62亿元，地方财政配套资金0.66亿元。

2010年，大连市财力安排节能减排、环境保护与生态建设专项共计53项，项目总投资15.27亿元，其中市财力资金投入7.3亿元。

（六）加强对重点用能单位监管，扭住核心不放松

强化对重点用能单位的监管，是全市节能工作的重中之重。大连市列入国家千家重点用能单位共8家，年耗能1万吨标煤以上企业共167家，年耗能5000吨标煤以上企业共220家。今年以来，一是组织实施了节能“5231工程”。对50户重点用能单位及20户高耗企业开展了节能监察和能源审计，对30户年用电量500万千瓦时以上的单位开展了电平衡测试，组织10户电力热力生产和供应业、非金属矿物制品业企业实施了能效对标活动。二是根据工业和信息化部及省经信委的要求，全市对22项国家强制性能耗限额标准、12项辽宁省能耗限额地方标准、《辽宁省能效指导目录》所涉及到的行业和产品进行全面检查，监督企业严格执行能耗限额标准，共督查企业70户。

正在建设中的大连国家生态工业示范园区

（七）积极推进重点领域节能，确保工作落实

工业领域：一是制定《大连市能效指导目录》，严格控制高耗能项目建设。对全市100个主要行业、100个重点行业主要工序单位产品、50种在用主要用能设备分别制定能耗限额标准，设立能耗准入限额，严格控制高耗能项目建设。二是加强工业锅炉节能管理。2009年开始的全市重点用能单位5000台在用工业锅炉及新安装投运锅炉的节能减排经济性检验工作，截止到2010年底，已全部完成。其中，实施节能技术改造的锅炉达905台，全市工业锅炉热效率提高6%。

建筑领域：一是加强新建建筑节能管理。目前全市新建民用建筑和公共建筑全部能达到国家65%和50%节能设计标准。二是对既有居住建筑供热计量进行改造。根据国家建设部和财政部文件安排，在2009年完成147万平方米既有居住建筑供热计量改造工程的基础上，今年又完成了373万平方米既有居住建筑供热计量改造工程，至此，国家下达给大连市的“十一五”时期500万平米既有居住建筑供热计量改造任务已全部完成。三是完成产业化成品住宅示范工程总建筑面积100万平方米。已组织“玉谷蓝山”等第一批七个示范项目，总建筑面积50万平方米。四是开展可再生能源利用、智能化及住宅产业化成套技术专项示范工程建设工作。2010年新建建筑完成太阳能应用129.78万平方米，累计完成大连第六人民医院、大连港埠机电有限公司、辽宁经贸学院、大连国家温泉俱乐部等23项太阳能应用工程。

交通领域：一是组织企业参加全国“车船路港千家企业低碳交通行动”，推进甩挂运输等先进运输模式。二是大力推进节能与新能源汽车应用。至2010年底，全市投入营运的新能源汽车已达803辆。三是开展营运车辆燃料消耗量检测和监督工作。对不符合道路运输车辆燃料消耗量限制标准的车辆严格控制营运，全年更新和报废各种车辆达3155台。

公共机构领域：一是扎实开展能源消耗统计工作。以成功举办十省市自治区参加的全国第三期能源资源消耗统计培训班为契机，组织了全市公共机构节能联络员和统计员业务培训，并对全市56家公共机构进行了调研和用能信息采集。二是积极推进公共机构节能项目改造。市财力已计划安排资金近700万元，对市委、市人大、市政协办公楼室内外照明系统，市委办公楼空调、采暖系统，民主党派办公大楼供水设备等4个项目进行节能改造。到2010年底，全市机关节电率、节水率、车辆节油率与上年相比提高5%以上。

（八）推进合同能源管理，促进节能服务产业发展

根据《国务院办公厅转发发展改革委等部门关于加快推行合同能源管理促进节能服务产业发展意见的通知》和《财政部国家发展改革委关于印发〈合同能源管理财政奖励资金管理暂行办法〉的通知》等有关文件精神。2010年11月15日，大连市财政局会同大连市发展改革委联合印发了《大连市合同能源管理项目财政奖励资金管理实施细则》。全市目前已有大连汇能技术服务有限公司、大连盛和自控技术有限公司、大连普诚科技服务有限公司和大连嘉丰节能设备有限公司4家企业通过了国家发展改革委和财政部组织的第一批节能服务公司审核备案。大连鸿源热能工程有限公司、大连量为高能源管理有限公司、大连德昌能源环境发展有限公司、大连应达实业有限公司、大连丰汇新能源管理有限公司、大连智德节能产品服务有限公司和大连诺德节能科技有限公司7家企业完成申请成为国家组织的第二批节能服务公司的审核备案上报工作。

2010年“六•五”世界环境日大连市启动的“海面漂浮物打捞调查公益活动”

2010年11月18日，市节能减排工作领导小组办公室组织了“全球首家香格里拉酒店照明系统

大连市已建成并投入的农村大中型沼气装置

应用LED节能改造项目签约仪式”。项目总投资1000余万元，项目建成后，节电率将达60%以上。

（九）多种措施并行，夯实污染减排基础

一是明确任务，落实责任。市政府下发了《大连市2010年度污染物总量减排实施计划》，将减排任务落实到各部门、各单位。市政府与各区市县和职能部门分别签署了《主要污染物总量减排目标责任书（2010年）》。二是创新环境管理机制，强化污染治理设施监管。全市已建成29座城市污水处理厂，其中18座已投运。为保证已建成污水处理厂能够稳定运行，形成持续的减排能力，大连市即将出台《大连市人民政府贯彻执行污水处理厂运行监督管理规定的实施意见》，力求将污水处理厂运行效果与污水处理费用挂钩，突出用经济手段促进污染减排工作。同时，制定了75吨以上大锅炉房脱硫项目正常运行奖励政策，为更多的采用经济手段解决环境问题进行了深入的探索和尝试。三是加强督办工作，落实减排项目。成立了由市政府督查室、市监察局、市环保局组成的联合督查组，专项督查城镇污水处理厂、燃煤电厂脱硫等污染减排重点工程建设。四是继续推进脱硫工程建设及运行监管。重点加强对热电集团香海电厂二期、华能大连电厂1号、2号机组、国电电力开发区热电脱硫项目监管。对正在建设的新建电厂，严格审批验收环节监管，保障脱硫项目与主体设备同时建设和投运。对现有燃煤电厂，加快脱硫系统建设和完善工作，确保年底现役的燃煤电厂全部投运脱硫系统。五是建立完善的污染物排放在线监测体系和燃煤电厂、污水处理厂中控系统。全市共安装污染源自动监控系统123套。其中，安装废水在线监控系统50套，废气在线监控系统73套。通过建立污染物排放在线监测体系，实现对企业的实时监控，确保污染物达标排放。六是积极实施重点污染企业关闭和搬迁改造工作。松辽化工已彻底关闭，已实施断水、断电。大化电厂、瓦轴动力已全面关闭，并完成五方会签工作。瑞泽农药、金菊化工、坤达铸铁等一批重污染企业正在搬迁中。

（十）抓好节能减排宣传教育，努力提高全民意识

根据国家发展改革委等14部委关于开展节能减排宣传工作的有关要求，“十一五”期间，市节能减排工作领导小组以“全国节能宣传周”、“六·五环境日”、“环保世纪行在大连”和“限塑大检查”等活动为平台鲀组织大型广场主题宣传活动、节能减排知识培训与讲座、节能减排知识竞赛、制作节能减排宣传展板、印发节能减排和市民低碳生活手册等多种形式，积极宣传国家节能减排等相关法律规章。同时，组织各种新闻媒体，大力营造良好的舆论氛围，不断强化和提高公众的节能减排意识。

三、循环经济工作得到进一步加强

（一）抓好“十二五”规划编制工作

2010年，市发展改革委共承担了国家发展改革委、省发展改革委和市政府下达的四部“十二五”有关资源节约和环境保护方面规划的编制任务。截止到2010年底，《大连市“十二五”城镇污水及再生利用设施建设规划（草案）》和《大连市“十二五”生活垃圾无害化处理设施建设规划（草案）》已编制完成并上报国家发展改革委。《大连市“十二五”循环经济发展规划（草案）》和《大连市“十二五”节能专项规划》均按计划完成了阶段性工作。

（二）积极推进再生资源综合利用

一是积极推进大连国家生态工业示范园区（静脉产业类）开发建设。国务院在《关于进一步实施东北地区等老工业基地振兴战略的若干意见》（国发〔2009〕33号）中，明确提出“抓紧研究创建大连国家生态工业示范园区（静脉产业类）”。根据市政府的统一部署，市发展改革委积极推进园区的前期工作，保证了大连国家生态工业示范园区（静脉产业类）填海造地工程和基础设施建设及开发项目能够按计划进行。积极支持大连国家生态工业示范园区（静脉产业类）开发建设，出台了《大连市人民政府关于支持大连国家生态工业示范园区（静脉产业类）开发建设的若干意见》。根据国家发展改革委、财政部关于开展城市矿产示范基地建设的通知（发改环资[2010]977号）要求，市发展改革委会同市财政局联合推荐大连国家生态工业示范园区（静脉产业类）申报了国家城市矿产示范基地试点。

二是努力提高再生资源回收利用水平。2010年10月23日，第五届中日节能环保综合论坛在日本东京举行。论坛上，大连市发展和改革委员会与日本株式会社日立制作所及日立（中国）有限公司签订了《关于资源循环与低碳经济领域示范城市项目合作谅解备忘录》，大连环嘉集团有限公司与日本株式会社日立制作所草签了关于废旧家电回收拆解工厂建设项目的合作协议。目前，大连市已建立多种所有制共存的再生资源回收体系，截止到2010年底，主城区已设立再生资源回收网点717个，投运的厢式封闭运输车达100余台，全年共回收、加工和销售废旧钢铁（含有色金属）、废塑料、废纸等达351.89万吨，回收废旧家电3.8万台，实现销售收入48.36亿元。

（三）加强生态环境保护

一是扩大城乡绿化覆盖面积，努力改善生态环境质量。全年完成植树1.04亿株，造林30万亩，恢复矿山植被0.3万亩，全市森林覆盖率达41.5%，城市建成区绿化覆盖率达44.5%，人均公共绿地面积达12.3平方米。二是强化地质环境保护工作。全面实行矿山地质环境保护与治理恢复保证金制度，已完成100家矿山的《矿山地质环境保护与治理恢复方案》审查备案工作，缴存保证金1500万元。三是启动了《大连市废弃矿山地质环境保护与治理规划（2010~2020）》编制工作，并完成了2010年度矿山地质环境保护项目及地质遗迹保护项目的申报工作，共申请中央补助资金4300万元。

（四）节水工作得到全面加强

一是组织开展了创建节水型企业、节水型社区和节水型校园活动。通过指导和监督，完成了4个小区和1个企业的节水型小区和节水型企业的创建工作。二是做好较大节水项目的跟踪管理服务工作，对大连船舶重工集团有限公司、大连裕景大厦、辽宁省检验检疫局三个较大节水项目进行了跟踪检查。三大节水项目于年内全部完成，总投资1643万元，日节水量3930立方米，形成年节水能力143万立方米。三是加强对非常规水资源利用项目的日常运行情况进行监督检查。对大连泰山热电厂、大连森茂大厦、大连石油化工分公司、大连华能电厂、大连海洋渔业有限公司、大连船舶重工集团有限公司等83个中水设施、3个海水淡化厂、6个海水直接利用设施进行了检查和监督，保障了大连市非常规水资源开发利用工作的落实。2010年，大连市万元地区生产总值（GDP）取水量达30立方米，比上年下降6.2%。全市工业用水重复利用率达91.98%，工业间接冷却水循环利用率97.9%，海水直接利用量每日达280万立方米，海水淡化水量15393立方米/日，污水再生水利用量每日达37万立方米，中水利用量每日达4500立方米。

宁波市循环经济

宁波市发展和改革委员会

2010年是宁波发展史上极不平凡的一年。2010年是“十一五”规划期的“收官”之年。面对国际金融危机的巨大冲击和资源要素约束的不断加剧，全市人民在市委、市政府的正确领导下，坚持以邓小平理论和“三个代表”重要思想为指导，深入贯彻科学发展观，扎实推进“六大联动”、“六大提升”，着力深化体制机制改革，全面加强政策技术创新，加快推进新型工业化和新型城市化进程，经济社会实现稳步快速发展。2010年，宁波市GDP首次突破5000亿元大关，达到5163亿元，比上年增长12.4%；人均生产总值超过1万美元，达到10246美元；财政一般预算收入超过1000亿元，达到1172亿元，比上年增长21.3%。完成了“十一五”规划纲要确定的主要目标任务，为“十二五”时期的发展打下了坚实基础。

2010年，宁波市紧紧围绕资源节约和环境友好两大主题，把发展循环经济作为加快产业转型升级、促进发展方式转变的重要抓手，循环经济产业体系和循环型社会建设取得了可喜成效，节能减排工作取得新突破，资源利用效率再上新台阶，循环经济频闪新亮点。

一、循环经济成效显著

（一）资源综合利用水平进一步提升

全市资源综合利用水平进一步提升。2010年，全市工业固体废物综合利用率90%，比2005年提高5个百分点。城乡生活垃圾无害化处理率达到99%，其中建成区生活垃圾无害化处理率达到100%。生活垃圾资源化利用进一步提高，年焚烧发电达2.48亿千瓦时。工业用水重复利用率提高到60%。

到2010年，全市围绕煤电生产产生的大量粉煤灰和脱硫石膏，布点建设水泥、建筑砌块、纸面石膏板等新型建材产业，已经构建完整的循环产业链，全市粉煤灰基本得到有效利用。推进污泥处置设施建设，完善重点企业的污泥暂存、处置装置，已有4家电力企业建成污泥焚烧处理装置，处理能力已达320吨/日。启动了北仑电厂、宁波明州热电的污泥干化焚烧装置建设项目，以及奉化污泥干化填埋、宁海污泥堆肥项目。

根据生活垃圾不断增长的趋势，建设多网络、多方式的垃圾无害化处理和利用设施，全市已经建成3座垃圾焚烧发电场，装机规模66MW，垃圾处理规模3700万吨/日。另有一座装机容量30MW的垃圾焚烧发电厂在建。全市已经基本形成“村收集、镇集中、县处理”的农村垃圾收集处理网络，建成180多座农村生活垃圾就地分类、太阳能生物处理设施。利用养殖场排泄物处理后的有机物，累计建立11家商品有机肥料加工厂，加工能力达到20万吨，基本建成畜禽养殖资源化利用网络。同时，结合土壤改良工程，加大农田有机肥施用量。在以“开诚”公司为主体开创了城市餐厨垃圾综合利用的“宁波模式”基础上，2010年又向前迈进一步，“开诚”公司投入792万元启动“餐饮废弃物有机质并网发电”项目，将餐饮垃圾处理废水通过厌氧发酵产生沼气，并实现热电联产，日处理量200多吨，可沼气量约15000立方米，年可发电约1100万千瓦时，节能2098吨标煤。

“城市矿产”进一步挖掘。宁波金田产业园被列为首批“城市矿产”示范基地。再生资源回收利用体系快速推进。至2010年底，完成中心城区114个规划网点建设，再生资源回收网络建设向县（市）区延伸。鄞州区率先建成城乡一体的回收网络体系和长效管理机制，“鄞州模式”已成为各地学习借鉴的样板；余姚、慈溪、北仑等地在试点乡镇（街道）已建成一批示范社区回收站，并进一步扩大建设范围。出台了进一步规范和发展再生资源回收发展的政策，每年安排200万元专项资金，对再生资源回收和利用行业给予资金支持和税收优惠，探索建立长效管理机制。累计培训再生资源回收从业人员3000多名，规范行业经营行为。

全市开展了加油站、储油库、油罐车的油气回收治理工作，减少油气逸失造成污染。全市成立125家限制进口类可用作原料的固废物利用企业，全年进口用作原料固体废物407.1万吨，其中废塑料92万吨、废五金248万吨，废纸67万吨，进行加工利用。

（二）循环化工业园区初步形成

以产业集聚区为主要平台，加快推进开发区（园区）生态化建设与改造，成效显著。到2010年，全市已有11家制定了循环经济规划并通过专家论证。完善基础设施改造建设，积极创造条件集中供热、供气，工业废水和生活废水基本纳管集中处理，市级以上开发区（园区）工业企业污水处理率达到99.6%，用水重复利用率达60.1%。土地集约利用水平不断提高，单位投产工业用地产出增加值达到1096万元/公顷，比2005年提高75%。

国家批准北仑区的宁波经济技术开发区开展国家生态工业示范园区建设。开发区围绕能源、石化、钢铁、汽车及零配件、造船、造纸六大新兴临港工业，以企业为主体，项目为支撑，技术为平台，按照“企业小循环、产业中循环、区域大循环”的思路，初步形成区域集中供热、污水再生利用、废物综合利用、垃圾焚烧发电等关联产业循环配套的循环经济型产业体系，探索出具有地方特色的循环经济发展“北仑模式”。北仑发电厂余热的区域集中供热利用和岩东污水处理厂的10万吨/日再生水工程，成为开发区循环经济发展的新标志。实施北仑发电厂余热的区域集中供热，先后关停宁波热电、明耀热电、镇海热电三家热电企业共203.5MW机组，年节约用煤92万吨。

宁波石化经济技术开发区是宁波市新批准的又一国家级开发区，把构建纵向和横向两条循环经济产业链作为发展循环经济的核心，纵向按“油头化尾”建立产品上下游产业链，横向以大企业的“三废”为原料建立资源化利用产业链。开发区积极推行“产业链招商模式”，在园区构建起利用炼化的脱硫生产硫酸、硫酸生产钛白粉、废酸生产磷肥，利用焦油生产碳黑、碳黑供橡胶生产，以及余热回收、集中供热，污水集中处理、中水回用，废旧溶剂回收处理和利用等循环产业链网，并在园区集中建设主管廊带等基础设施工程，提高水资源和能源的高效、循环利用水平。到2010年底，累计每年可节能6.84万吨标煤，减排二氧化硫1.32万吨、COD106吨。

宁海湾循环经济开发区是宁波市较早构建循环产业链的典型，争做中国的“卡伦堡”。现已围绕浙江国华宁海发电厂的粉煤灰、脱硫石膏建立起水泥、墙体砌块、纸面石膏板三条废物利用产业链，2010年全面形成规模生产，实现区内的资源利用率达到了90%以上，企业固体废物利用率95%以上。当前正在筹划利用国华电厂进行改造，实施对外集中供热工程，吸引宁海用热大企业向开发区集中，构建更大的能源梯级利用链网。

（三）循环农业特色明显

坚持以现代农业为发展目标，运用循环经济理念，走内涵挖潜的路子，以“两区”建设为主平台，以资源节约、清洁生产和废弃物利用为主要措施，全面发展生态畜牧业，积极推广种养结合的循环技术，在“轮、混、链、节”上做文章，提高循环农业发展水平。

积极探索种植、养殖新模式。慈溪粮经轮作、余姚“鸡（鸭、鹅）稻轮作”、余姚和奉化“稻鸭共育”、“茭鸭共育”和“稻鱼（虾）共育”、江北“鱼、虾、螺、鳖混养”和奉化“鱼、贝、藻混养”等模式的探索和实践，都有进一步的发展，实现了农业增效、农民增收的目标。部分轮作、轮养和套种、混养新技术正在探索中逐步形成标准。推广病虫害综合防治和秸秆综合利用等减排技术，推广“万元地”农作模式和生态循环技术，推广测土配方施肥面积330万亩次，实施非化学防治70万亩，有效控制种植、养殖病虫害，提高了土地和水体的生产力。

加大对农业生产组织的引导，以技术为支撑、组织为手段，构建农业循环产业链。已经初步形成以公司为主体构建循环产业链、以龙头公司联合多公司构建循环产业链和多主体共同构建循环产业链等主要模式，创建形成以畜禽粪便生态化处理利用、秸秆综合利用为主要内容的农业循环产业链，形式多样、运转灵活，推动农业循环经济的发展。

加大节水技术推广和改造力度，喷微灌技术全面推广。2010年，全市农业节水灌溉工程实施面积占有效灌溉面积的比例达到94%，使宁波市的农业节水水平跃上一个新的台阶，水稻的节水灌溉技术走在全国前列，喷滴灌技术应用方面亮点突出。首次在猕猴桃、蓝莓、铁皮枫斗等经济作物中应用喷微灌技术，新增喷微灌示范面积2000亩。余姚谢家路喷微灌工程成为国家节水示范项目。全市受益喷微灌面积达到3.3万亩，受益畜禽养殖场面积18万平方米。全市农业节水占三次产业节水总量的三分之二。

二、节能减排进展顺利

宁波由于特殊的区位优势，临港重化工业发展快、规模大，成为长三角地区重要的能源和原材料基地，是区域产业经济布局的结果。“十一五”期间，宁波新增火电装机容量1100多万千瓦、炼油能力220多万吨/年、钢铁加工能力460多万吨/年，此外PTA、乙烯等石化产品生产规模也增加较快，适应了区域市场需求。2010年宁波生产电力的46%、成品油的75%输往市外，对地区经济发展发挥重要的基础支撑作用。但重化工业在宁波市的布局也给节能减排带来非常大的压力，一是期间增量巨大，带来能源消费的快速增长；二是新增装备技术先进，节能减排空间有限。面对困难的形势和艰巨的任务，全市在市委、市政府的领导下，认真实施国家《节能减排综合性工作方案》，加大节能减排工作力度，强化目标责任落实，节能减排取得较好成效。

（一）决战攻坚，节能艰难前行

2010年，面对严峻的节能工作形势，宁波市将2010年作为节能降耗的决战攻坚之年，继续实施“333”重点节能工程、推进技术进步、加强政策激励、创新工作机制，推动节能艰难前行，能源利用效率迈上新台阶。2010年，按2005年可比价，全市能源产出率达到1.22万元/吨标准煤，比2005年提高14.7%，“十一五”期间共累计节约能源达到1556万吨标准煤。

一是加强目标考核，强化监督跟踪。各级政府将1000多家重点用能企业（单位）纳入节能目标考核中，节能目标考核的强度和力度居全省前列。考核目标力求贴近实际，涉能部门根据行业特点定目标，重点企业行业对标考核定任务；在全国率先实行年度考核结果“红黑榜”公告制度，开展专项节能督查，控制全年用电增长率达到省政府要求；加强预警调控，出台节能目标预警调控应急方案；组织千名专职干部进企业，提供政策服务。

二是大力推广节能技术，坚决淘汰落后设备。市、县二级财政的节能专项资金达2亿元，年度实施近300项重点节能改造项目，完成投资额35亿元，推动企业加大节能技改，淘汰落后设备，先进变频调速技术、电磁加热技术、余热余汽余压利用技术等十大节能技术（产品）得到推广。临港大工业集聚的北仑区，提供1000万元专项节能补助资金引导企业节能改造，取得明显的成效。北仑发电厂、吉利汽车的电机变频改造，宁波钢铁的煤气发电利用，以及众多中小企业小节能项目，取得节能实效并引起相互仿效。完成253台S7系列变压器淘汰，可实现节能640吨标准煤。区内两家企业的锅炉煤气化直燃系统改造和燃用生物质燃料改造，列入国家质检总局近日发布112家“安全与节能管理标杆锅炉房”名单。

三是推进重点领域节能，挖掘余能利用潜力。进一步推进区域集中供热升级，实施北仑发电厂和镇海发电厂大型机组替代中型集中供热工程，探索能源梯度利用的新路子；建筑节能抓住全国首批“可再生能源建筑应用示范城市”的契机，建立市级以上建筑节能示范工程（小区）50多个，建筑面积达500余万平方米；交通领域通过优化运力结构，运输组织结构和加大技改补助力度等措施，大力推进交通节能。公共机构率先建立节能监管平台系统、节能管理工作机构，大力推广地源热泵空调系统，推广节能灯具。2010年，全市公共机构人均综合能耗比2005年下降31.6%，公务车辆车均油耗下降15.7%，超额完成了国务院下达的“十一五”期间人均能耗下降20%、公务车车均油耗下降5%的目标。

（二）加大投入，减排成效明显

“十一五”规划期，国家下达宁波市的主要污染物减排任务是：在2005年基础上，二氧化硫排放量削减47.87%，化学需氧量削减15%。任务十分艰巨，宁波市采取工程减排、结构减排和监管减排三大措施，全面推进污染减排，制定实施24项化学需氧量减排和10项二氧化硫减排重点工程，开展“811”新三年行动。到2010年，全面完成国家下达的主要污染物减排任务，二氧化硫排放量为11.09万吨，比2005年下降47.99%；化学需氧量排放量为4.1万吨，比2005年下降21.50%。二氧化硫排放量削减比例居全国第一，化学需氧量排放量削减比例居全省第一，市区生活污水集中处理率达到89%以上。

“十一五”以来，全市用于污水处理工程建设投资约110亿元，新建或扩建污水集中处理设施15座，新增污水集中处理能力106万吨/日，全市新增COD有效削减能力约3.6万吨，同时配套建设污水收集管网。到2010年底，全市已建成各类集中式污水处理厂24座，污水处理日能力144万吨，其中生活污水处理日能力132万吨，所有县（市）建成与城市规模相配套的污水处理厂，并保持稳定达标运行。加大农村水环境整治，新增农村生活污水处理设施的村庄186个，完成171家生猪存栏100头（牛10头）以上规模养殖场的排泄物污染治理任务。

到2010年，全市建成包括北仑电厂、宁海国华电厂等四大火电企业和一批热电联产企业的烟气脱硫设施，全市所有130蒸吨以上循环流化床锅炉已经全部实施炉外脱硫和升级改造，并保持稳定运行，综合脱硫率在90%以上，年去除二氧化硫达到30万吨，有效控制二氧化硫的排放。北仑、镇海三家燃煤热电停产转由利用大电厂余热替代供热，年减排二氧化硫约3423吨。

在有效实施工程减排的同时，加大对用能结构的调整，增加天然气使用规模，推广中心城区和余姚、慈溪居民天然气使用，在城区建成两座天然气热电厂，对周边进行生产和生活集中供热。实施宁波钢铁有限公司焦炉工程搬迁。

加强监管减排，创新减排管理。在镇海率先推出有偿使用排污权试点，运用市场经济的手段，推动环境资源优化配置，控制和减少污染物排放。到2010年底，已有51家企业领取排污许可证，有偿使用COD量670吨，二氧化硫998吨，酸洗电镀废水58万吨，有偿使用费总计683万元。出台“部分行业污染物排放量核算办法”，进一步规范企业排污申报登记。全面推进对机动车污染防治，实施“宁波市机动车排气污染防治管理办法”，加大对外地机动车转入管理、机动车以旧换新监管力度，全年淘汰黄标车8000多量，外地车转入量削减三分之二，彻底杜绝了外地高污染、高排放、低标准的老旧机动车大量转入宁波市的现象。加强危险废物的管理工作，建成并投运全省首套危险废物综合监管信息系统，对危险废物实施全过程管理，大大提高管理水平，全市无危险废物排放。

（三）决不手软，淘汰落后产能

2010年，宁波市主动自我加压，进一步加大落后产能淘汰力度，在省政府下达的淘汰落后产能责任书的基础上，扩大淘汰落后产能的行业大十个，市政府成立市淘汰落后产能专项整治工作领导小组，制定下发《关于深入开展淘汰落后产能专项整治工作的通知》，全年共淘汰炼钢产能32.9万吨、造纸能力3万吨、制革能力12万标张、印染能力1.8亿米、粘土砖瓦窑14座、隔膜法烧碱能力6万吨、格法玻璃能力150万重量箱、铸造企业6家、铸钢企业18家，共62家企业，远远超过省政府下达的淘汰任务。

市级重点环境问题污染整治有序推进，慈溪市4220家废塑料加工户强制取缔、自行关闭或转移关闭3883家，保留符合条件的337家，进一步规范行业发展的秩序；象山县石浦镇完成14家鱼粉厂的搬迁工作，改善了镇区环境。

三、循环经济工作大力推进

自2005年以来，在宁波市各级政府高度重视下，成立了市、县循环经济发展的组织领导体系和专项组织领导机构，形成了比较健全的工作网络体系，从而在全市在市委、市政府的统一领导下，市级各部门和各县（市）、区政府统一思想认识，完善政策体系和工作机制，细化责任分工和考核指标，强化任务落实，健全考核体系，从节能减排、环境整治、生态园区建设和循环经济宣传等方面，扎扎实实推进宁波市的循环经济发展。

宁波把完善政策法规作为政府推进循环经济发展的重点工作，坚持循环经济发展的减量化、再利用、资源化原则，政府、企业和公众三大主体协同互动原则，政策引导、市场调节、技术创新三大机制相互作用原则，企业、产业区、全社会三个层面有序推进原则，重点突出节能减排、生态建设，推动循环经济发展不断深入。

2010年，宁波市继续全面推进《宁波市发展循环经济建设节约型社会总体规划》的实施，不断完善循环经济发展的政策法规体系，颁布了《宁波市机动车排气污染防治管理办法》、《宁波市民用建筑节能管理办法》、《宁波市公共机构节能办法》等法规，加强对大气治理、建筑节能等的规范管理，出台了《宁波市节能目标预警调控方案》、《宁波市节能目标预警调控应急方案》、《宁波市节能专项行动工作方案》等专项工作方案，以及《关于调整工业用地结构促进土地节约集约利用的意见（试行）》、《关于进一步加大工作力度确保完成“十一五”节能减排任务的通知》和《关于开展转而未供和闲置土地处置专项行动的通知》、《关于深入开展淘汰落后产能专项整治工作的通知》、《关于进一步规范和发展再生资源回收工作的通知》等文件，贯彻中央和省工作部署，加大对全市节能减排、土地管理和资源利用等工作的推进力度。

生态示范创建工作方兴未艾。到2010年底，全市以成功创建全国环境优美镇23个，占全市89个乡镇的25.84%；国家级生态村2个，省级生态乡镇69个，市级生态乡镇（街道）93个，市级生态村620个。以生态单位创建为抓手，推进乡镇生态环境建设，不断改善环境质量，形成生态创建长效机制和品牌效应，使之真正成为引导全社会广泛参与生态文明建设的有效载体。

2010年，市文明办、市节能办、市妇联、电业局等联合发起了“节能降耗我先行”活动，向全社会发出了《节能倡仪书》，号召全市每个社区、每个家庭开展节能示范社区、节能示范家庭创建活动。从2008年起，已连续三年举办“中国（宁波）节能环保技术与产品博览会”，得到了浙江省政府、国家发改委和国家工信部的大力支持，每年的展出面积达35000平方米、参展企业近800家、展位1800个，其规模、档次、专业化程度已居国内同类展会领先水平。从2008年起，将全国节能宣传周扩展为宁波市节能宣传月，通过媒体报道、典型示范、群众参与等形式，不断丰富节能宣传内容，调动全社会节能的积极性和主动性。组织开展“六五”世界环境日、甬台温生态行新闻采风系列等活动。

厦门市循环经济

厦门市发展循环经济工作领导小组

2010年，在中共厦门市委的领导下，全面贯彻党的十七大，十七届三中、四中、五中全会和胡锦涛总书记等中央领导来闽、来厦考察的讲话精神，深入贯彻科学发展观，发展循环经济，打好“五大战役”，抓实“五个着力”，经济社会持续健康协调发展，较好地完成了全年各项任务。全年地区生产总值2053亿元，增长15.1%；规模以上工业总产值3670亿元，增长33.9%；全社会固定资产投资1010亿元，增长14.5%；财政总收入526亿元，增长16.5%，其中地方级财政收入289亿元，增长20.2%；超前完成福建省下达的各项节能减排目标。

发展循环经济是落实科学发展观的具体举措，回顾“十一五”，厦门市大力发展循环经济，积极推进产业结构调整，推进节能减排工作取得了良好效果。

一、2010年厦门环境状况综述

2010年是实施“十一五”规划的最后一年，是在新的起点上全面推进海西建设的重要一年，也是实现“十一五”节能减排目标的决战之年，是发展循环经济、节约资源和保护环境，全面完成“十一五”节能减排目标的关键一年。在“十一五”期间，厦门市主要污染物减排提前二年超额完成任务，主要污染物排放强度远低于全省、全国平均水平，城市环境基础设施不断完善；城市环境综合整治定量考核成绩名列全国重点城市前列，巩固和深化了“国家环境保护模范城”成果，基本实现了经济发展与人口资源环境相协调，为厦门市成为宜居城市和“全国文明城市”夺冠等创建活动作出了积极的贡献。

2010年环境空气中三种主要污染物的大气综合污染指数保持在2005年的水平。与“十五”期间相比，三种主要污染物浓度上升的趋势在“十一五”期间得以遏制。“十一五”期间三种主要污染物的年均浓度在2009年降到最低值，其中二氧化硫、二氧化氮浓度达到国家环境空气质量一级标准，综合污染指数总体呈下降趋势，可见厦门市的环境空气质量呈好转趋势。

2010年，厦门市二氧化硫排放量为4.498万吨，较2005年削减33.56%，超额完成省政府下达的27.2%的指标任务。“十一五”期间，厦门市二氧化硫净削减22720吨，为完成全省减排任务作出了巨大贡献。

在结构减排方面，大力推广使用清洁能源，岛内禁止审批燃煤锅炉；岛外凡在热电厂（站）服务区范围内的企业停止使用燃煤、燃重油锅炉，在服务范围外的现有燃煤、燃重油锅炉逐步进行改造，使用水煤浆、电等清洁能源。

在工程减排方面，全市所有火电、热电、非电、自备电厂已全部安装脱硫设施，正进一步完善配套设施并加强监管，确保设施正常稳定运行。

在管理减排方面，严格落实国家、地方的各项相关环保法律法规制度和减排政策，严格执行调度制度，实施减排奖惩制，积极完善减排的“指标、监测、考核”三大体系建设。加强工业废气治理。在对中小锅炉窑炉进行改造，推广使用水煤浆。在制药、化工、冶炼、印染、电镀、制革、酿造等行业中，采用汽提法对污水进行处理，既处理了污水，也治理了异味。在电子类企业建设先进的催化燃烧装置（RTO）对废气进行治理，大幅减少废气排放。

2010年，厦门市COD排放量为4.67万吨，较2005年削减15.92%，超额完成省政府下达11.2%的指标任务，占全省总减排量的46.3%，完成年度和 “十一五”减排目标，得到国家环保部华东督查中心的高度评价，为全省COD总量减排作出了巨大贡献。

2010年厦门市工业固体废物综合利用率为87.27%，与2009年相比略有下降；医疗废物处置率100%；生活垃圾无害化处理率96.92%。2010年全市工业固体废物产生量135.13万吨，综合利用量117.93万吨（其中综合利用往年贮存量0.006万吨），贮存量为7.443万吨，排放量0万吨。工业固体废物的产生量主要集中在电力、热力的生产和供应业(55.62%)、非金属矿物制品业(11.43%)、化学原料及化学制品制造业(11.18%)；贮存量主要集中分布在电力、热力的生产和供应业(96.57%)。

二、“十一五”发展循环经济工作取得积极进展

“十一五”期间，在厦门市委、市政府的领导下，认真贯彻党的十七大、十七届三中全会，全面落实省委、省政府的重大决策部署，主动融入海峡西岸经济区建设；以科学发展观为指导，全面推进厦门市发展循环经济上新台阶，在节能、节水、节地、资源综合利用、清洁生产、循环经济等方面都取得较大的进展。

（一）建立健全组织领导机构和政策法规

厦门市于2004年12月设立了“厦门市发展循环经济工作领导小组”，市政府各主要职能部门为成员单位，并下设办公室负责推进厦门循环经济的发展；2005年10月，厦门市人大制定《关于发展循环经济的决定》的政策法规，促进厦门市循环经济的发展；市循环办编制完成《厦门市循环经济发展规划》（2006‾2020年），指导各部门加快发展循环经济工作。设立“厦门市循环节能专项资金”，鼓励企业发展循环经济工作。加强与高校和科研单位的合作，2007年12月，完成对厦门30家主要工业企业的“厦门市首批循环经济项目示范性评估”工作，探索建立循环经济的评估方法和考核指标体系。加强对循环经济的统计分析和监测，广泛开展学习、宣传和教育活动等具体措施，走出一条独具厦门特色的循环经济“创新”路。

（二）节能方面

“十一五”期间，省政府下达厦门市节能目标为单位GDP能耗降低12%，即GDP能耗由2005年的0.65吨标准煤/万元下降到2010年的0.57吨标准煤/万元。根据省经贸委等有关部门初步测算，厦门2010年万元GDP能耗为0.568吨标准煤/万元，“十一五”期间单位GDP能耗降低12.35%，超额完成了“十一五”期间的节能总目标，实现了以较低能源消耗支撑国民经济的平稳增长。“十一五”期间累计实现节能量约122万吨标准煤。工业节能降耗取得新成效。2010年，全市单位工业增加值能耗为0.363吨标准煤/万元，比去年同期下降20.4%；比全省的1.126吨标准煤/万元，低0.763吨标准煤/万元，在全省9个设区市中能耗最低。

大力推广使用水煤浆。积极推广水煤浆在厦门市工业企业的应用，将取代原有燃煤锅炉。自2008年《厦门市经济发展局关于贯彻落实国家推广应用水煤浆相关政策的通知》（厦经能〔2008〕222号）、《厦门市环境保护局 厦门市财政局 厦门市经济发展局关于印发〈厦门市企（事）业单位生产和使用水煤浆项目环保专项资金补助办法〉的通知》（厦环联〔2008〕17号）等政策实施以来，厦门市成立了2家水煤浆生产企业，近2年来累计在厦门市销售水煤浆6.1万吨，相比使用原煤，减排二氧化硫671吨，减排二氧化碳约13420吨。

（三）节水方面

2010年，厦门市万元国内生产总值综合能耗仅为全国平均水平的一半；万元国内生产总值取水量16.8立方米，万元工业增加值取水量13.2立方米。以第一名的成绩，荣获住房和城乡建设部“全国节水型城市”称号。

厦门市在水循环利用方面：针对不同种类污水的特性，采用不同的技术模式，多数工业企业都能做到水的循环利用和重复利用。在新上项目建设过程中严格执行节水“三同时”，对老企业加强节水技术改造和推行“零排放”技术的应用；对高污染的工业废水经过膜处理达到循环利用的目的。积极推动海水综合利用。目前，厦门市海水综合利用已取得成果，年利用海水约10亿吨，从中可获得淡水约1亿吨。华夏电力公司嵩屿电厂工业用冷却水全部取用海水，每日可节约淡水120万吨；厦门博坦仓储有限公司成功利用海水替代淡水作为消防用水源，开创我国沿海城市海水用于消防水的先河。2009年，厦门市工业用水重复率达到93.91%，工业废水排放达标率达到99.45%。

为解决水资源短缺问题，厦门市全面提倡节约用水。首先，淘汰或搬迁耗水大的企业，强化电力、化工、造纸等用水大户的节水工作，鼓励发展低耗水型产业。其次，发展节水农业。厦门市农业用水占全市用水量的44.3%，农业灌溉仍以漫灌为主。为此，厦门市以发展节水高效特色农业为突破口，在保证粮食安全的前提下，减少高耗水作物种植面积，因地制宜地采取渠道防渗、管道输水及喷灌、滴灌工程等技术和措施，并把节水工程措施与农艺节

水和科学管理措施有机结合。加强用水管理。建立梯度水费，鼓励节水型住宅区建设，推广节水型生活用具。努力开辟新水源。利用海水冲厕正在试点；培育海水利用新兴产业；建设引水蓄水工程，优化配置岛外水资源，缓解水资源供需矛盾。

（四）节地方面

厦门市土地资源有限，寸土寸金，发展空间十分有限。为此，厦门市在土地的立体利用方面大做文章。鼓励工业厂房采用高层建筑。对于高8层以上、建筑面积6000m^2以上的，市政府给予适当补贴；不征地、不拆迁，采用高架模式建设市区快速公交系统；允许土地使用者在不影响市政公共地下走廊的前提下，以租赁形式开发道路、绿地、广场的地下空间。同时，厦门市还努力提高现有土地的使用效益。作为厦门市主城区的思明区摒弃“卖地生财”的城区发展旧模式，利用黄金地段和秀丽景观引进总部企业、发展总部经济，培育高新技术产业、发展商贸业等，鼓励企业把旧厂房改造成文化创意产业基地。2010年以现代服务业为代表的第三产业产值占经济总量的比重超过了50%，实现了不靠“卖地”也“生财”。

（五）清洁生产方面

2005年1月28日召开“全市宣传贯彻《中华人民共和国清洁生产促进法》实施清洁生产工作会议”，清洁生产工作正式全面启动，于2005年5月“公布第一批实施清洁生产审核企业名单”（厦经行〔2005〕128号）62家企业，2006年8月“公布第二批实施清洁生产审核企业名单”（厦循环〔2006〕4号）61家企业。根据《福建省清洁生产审核实施细则（试行）的通知》（闽经贸资源〔2008〕826号）的有关规定，厦门市现具有资质辅导协助企业开展清洁生产审核咨询服务工作的咨询机构有厦门市环境科学研究所等3家，专职技术人员共35人（其中：国家级资质证书32人，省级资质证书3人），截止到2010年11月共辅导培训企业110家，2535人。

截止2010年底，厦门市已开展清洁生产审核的企业共89家，其中属于强制性清洁生产审核的企业46家，属于自愿性清洁生产审核的企业43家。企业投入清洁生产资金近10亿元，实施清洁生产方案1335个，节约能源折70120吨标煤。至2010年底，厦门市已组织两期清洁生产宣贯培训，参加企业173家，参加人数达1450人，取得企业内审员资格证书1257人，获得国家级审核师证书105人。通过清洁生产审核的宣贯，企业自觉参与的积极性和主动性进一步提高。

（六）资源综合利用方面

“十一五”期间，厦门市从可持续发展和推动新一轮跨越式发展的战略高度，认真落实科学发展观，把发展循环经济作为厦门市调整经济结构、转变发展方式的主要抓手，坚持不懈做好资源节约和综合利用工作。着重抓好粉煤灰综合利用、钨二次资源回收利用、厨余垃圾综合利用、不可降解特种工业废纸的综合处理、废弃食用油脂回收利用、PTA氧化残渣资源化利用、废石粉综合利用、发电机和起动机的再利用。着力再生资源回收系统建设。全市建成由社区回收点、中转站、岛外再生资源分转中心三个层次组成的再生资源回收网络，目前，厦门市建有中转站12个，绿色回收网点46个，覆盖厦门市岛内各主要居民区。2007年共回收各类再生物资25万余吨，价值2.2亿元。至2009年末，全市工业固体废物综合利用率达89.83％。工业危险废物处置率达100％。

“十一五”期间，厦门市先后完成20余家企业产品的审核认定，其中首次申请认定的企业数超过总认定数的60%以上，且产品认定范围不再局限于粉煤灰的综合利用，而是根据《资源综合利用企业所得税优惠目录（2008年版）》（财税［2008］117号）的规定不断拓展，增加了利用废动植物油生产生物柴油、废旧轮胎翻新、废饮料瓶生产PET瓶片、废石粉石屑生产新型墙材和混凝土、农林三剩物生产板材、生活垃圾生产电力等产品。为使首次申请企业顺利获得认定，相关人员积极指导企业开展环境监测、补充完善各种计量检测报告等申请认定材料；获得认定后，税务机关专门对如何办理税收优惠进行辅导，积极解决个别企业在享受政策优惠方面所遇到的困难。

厦门市财税部门认真贯彻落实资源综合利用企业所得税优惠政策，保证符合条件的企业不折不扣地享受到优惠，充分发挥了企业所得税优惠政策的扶持和导向作用，得到了相关企业的肯定。主要采取的措施有：一是根据资源综合利用企业特点，有针对性地开展优惠政策宣传，对原材料及产品符合或接近《资源综合利用企业所得税优惠目录（2008年版）》的企业进行辅导，帮助其用足、用好税收优惠政策。二是开发企业所得税减免税备案系统，将资源综合利用税收优惠等备案类减免税纳入征管系统管理。企业在年度申报前向主管税务机关进行登记备案便能享受税收优惠，确保税收优惠政策准确落实。

（七）循环经济方面

2004年，厦门市成立发展循环经济工作领导小组。2005年，市人大出台第一部循环经济地方法规《发展循环经济决定》，按照“突出重点、分步实施、动静结合、注重实效”原则和“政府引导、市场推动、法律规范、政策扶持、科技支撑、公众参与”模式，在废物资源化、产业生态化、发展清洁生产等方面形成了发展循环经济的有效途径和运行体制。企业内部形成以清洁生产为核心的“小循环”；企业之间形成废弃物资源化再利用的“中循环”；社会经济发展中形成包括产业体系、人文生态和社会消费在内“社会大循环”。在三大循环中，资源与产品循环利用，废弃物资源化水平不断提高，污染物排放总量不断降低。厦门市环保化工企业定时清理全市3000余家餐饮单位的废弃食用油脂、下水道油污，用于加工工业原料油脂等；厦门市利用废石粉、煤渣、建筑废土等废弃物，研发出了“废石粉环保砖”，既节约了资源，又减少了污染，改善环境。2010年，厦门饮用水水源地水质达标率99.4%；重点工业企业废水达标排放率100%；重点工业企业二氧化硫达标排放率100%；生活垃圾无害化处理率 97%；建成区绿化覆盖率为40%。多项环保指标在国内领先，接近国际先进水平。

积极推动循环经济试点实施。2008年初，厦门市首次开展“循环经济先进单位”总结表彰活动。组织开展了表彰2007年度循环经济先进单位的活动，依据厦门市“首批循环经济项目示范性评估报告”成果，厦门钨业、华夏电力、东纶织造等9家单位被表彰。通过表彰先进、树立典型，促进厦门市循环经济工作深入开展，以后厦门市每年都评选了循环经济先进示范单位，积极地推进厦门市循环经济的发展。做好国家、省、市级循环经济试点相关工作，协助完成国家第二批循环经济试点单位——厦门钨业循环经济试点实施方案编制并通过国家发改委组织的专家评审；组织厦门市循环经济试点企业试点产业园区申报工作。通过开展多层次试点工作，厦门市循环经济工作得到进一步深化。对福建省目前唯一的节能灯汞回收项目进行跟踪，及时了解项目建设进度和中央增投资金使用情况，督促厦门通士达有限公司对发现的问题认真整改。该项目完成后将大幅度降低汞污染，解决废灯管处置不合理的问题，填补厦门乃至福建省内节能灯无害化处理的空白，促进厦门市节能灯制造工业进入良性循环轨道。

深圳市循环经济

深圳市发展和改革委员会

2010年是完成“十一五”期间循环经济各项工作的收官之年，全市上下认真贯彻落实科学发展观，按照党中央、国务院和省委、省政府的部署，扎实推进全市各领域循环经济工作，圆满完成循环经济“十一五”规划的目标和和年度任务，在推进科学发展的新征程上迈出了新的步伐。

一、经济发展质量进一步提升

经济总量跨越增长与经济结构优化升级协同发展。2010年本市生产总值达到9511亿元，比2005年的4951亿元增长86%（“十一五”期间各年份本市生产总值情况见图1）。地方财政一般预算收入达到1107亿元，连续18年居全国大中城市首位。第三产业增加值占GDP比重达到52.4%，初步形成二、三产业协调推动经济发展的良好态势。高新技术产业、现代金融业、现代物流业和文化产业四大支柱产业支撑能力明显增强，占GDP比重超过60%。战略性新兴产业呈快速发展态势，在全国率先编制出台生物、互联网、新能源三大战略性新兴产业振兴发展规划和产业政策。自主创新的优势更加突出，成为全国首个国家创新型城市试点，PCT国际专利申请量连续七年居全国首位，全社会研发投入占GDP比重达到3.64%，具有自主知识产权高新技术产品产值占比超过60%。

经济增长与生态环境和谐发展。全市面积1953平方公里，50%的土地划入生态控制线范围，森林覆盖率39.9%，自然保护区占全市土地面积13.7%，每平方公里产出4.77亿元GDP和0.55亿元地方财政收入。2010年深圳市单位GDP能耗为0.51吨标准煤/万元，较上年下降2.6%以上，“十一五”累计降低进度超过预定目标的100%，单位GDP能耗相当于全省平均水平的77%，全国平均水平的50%左右，领先于全省平均水平5年以上，领先于全国平均水平15年以上，接近发达国家水平。2010年，深圳市万元GDP碳排放量在全国处于较低水平，万元GDP取水量为20.3立方米，居全国领先水平。清洁能源占一次能源消费比重为37.8%，非化石能源比重达到12.5%，分别比全国平均水平高出24.8和4.5个百分点。二氧化硫和化学需氧量排放量可控制在2.93万吨和4.14万吨左右，“十一五”期间，深圳市二氧化硫累计减排约1.37万吨，削减百分率约为31%，超过任务11个百分点，化学需氧量累计减排约2.46万吨，削减百分率为37%，超过任务5个百分点。“十一五”期间深圳市以年均约10%的能耗增速支撑了约13.2%的GDP增速，能耗低增速支撑了GDP高增长，能源消费弹性系数保持在0.76左右的良好水平。五年共实现节能量约1900万吨标准煤，相当于节省约2600万吨原煤，节约能源成本约200亿元。以经济、环境和谐发展为特点的经济质量初步显现（深圳“十一五”期间万元GDP情况如图2所示）。

二、政策体系进一步完善

加强循环经济宏观引导。2010年初，深圳市着手编制《深圳市循环经济“十二五”发展规划》、《深圳市循环经济专项资金管理办法》，2010年7月，深圳成为国家五省八市低碳试点城市后，编制《深圳市低碳试点城市实施方案》和《深圳市低碳发展中长期规划(2011~2020年)》，阐明深圳未来5~10年循环经济和低碳发展的总体框架、指导思想和发展战略，明确发展目标、主要任务、试点示范和政策措施，全面指导深圳市循环经济和低碳发展相关工作。同时，在节能、节水、资源综合利用等重点领域陆续编制和出台了一系列循环经济配套规划和相关政策，循环经济政策体系日臻完善，有效促进深圳市循环经济更好更快的发展。

完善专项配套政策。编制《深圳市“十二五”节能规划》工作，分析深圳市能源利用现状和节能工作面临的形势，明确了深圳市节能工作的指导思想、原则、目标、主要任务和重点工程，编制完成《深圳市“十二五”节能规划》（初稿）。制定了《深圳市单位GDP能耗考核体系实施方案》，建立深圳市节能目标责任评价、考核和奖惩

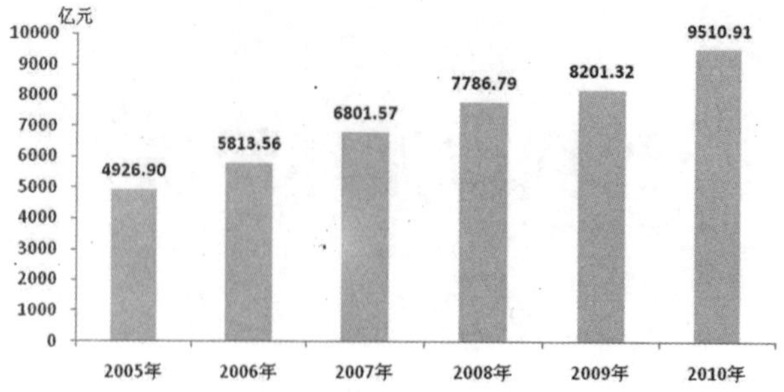

图1　深圳市“十一五”期间各年份生产总值情况

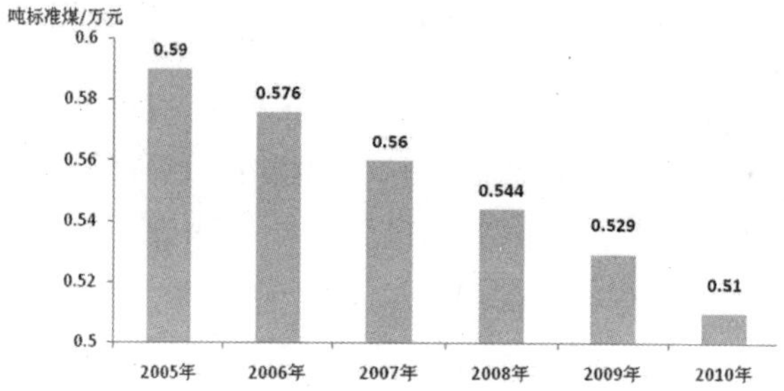

图2　深圳“十一五”期间各年份万元GDP能耗

制度，落实政府和企业责任，确保深圳市“十一五”节能目标的实现。制定《深圳市2010年节能减排工作实施方案》，确定2010年度需要完成的年度目标及任务，对全市2010年节能减排工作任务加强协调和督办。制定了《2010年深圳市节能预警调控实施方案》，启动深圳市节能预警调控三级应急响应，在全市组织开展节能预警调控工作。同时，研究起草深圳市合同能源管理的资金管理细则、项目管理和企业认定办法、固定资产投资项目节能评估和审查办法、节能与循环经济专项资金管理办法等，不断强化节能工作的规范化管理和制度法规建设。

出台了《深圳经济特区水资源管理条例》，鼓励多渠道投资开发利用、保护水资源，明确了相关法律责任。制定了《深圳市水资源综合管理试点工作实施计划》，有序、协调、稳步推进深圳市2010~2012年水资源综合管理试点各项工作。出台了《深圳市人民政府关于加强雨水和再生水资源开发利用工作的意见》，着力提高深圳市水资源保障能力，加强雨水和再生水资源开发利用工作。同时，出台了《深圳市水量平衡测试技术指南》、《再生水、雨水利用水质规范》（深市监标字（2010）28号，于2010年7月1号正式实施）、《深圳市建设项目用水节水报告编制规范》。

制定了《深圳市资源节约与综合利用专项资金管理办法》，进一步规范深圳市资源节约与综合利用专项资金的管理，提高资金使用效率，保证资金使用的公开、公平、公正。发布了《关于进一步加强深圳市餐厨垃圾管理工作的意见》（深城管【2010】121号），进一步强调了深圳市餐厨垃圾管理工作的重要意义。出台了《深圳市餐厨垃圾资源化利用和无害化处理实施方案》，提出了以循环经济理念为指导，逐步建立城市餐厨废弃物无害化处理和资源化利用的长效管理机制。

此外，还制定了《深圳市绿道网规划建设总体实施方案》，大力推进珠三角地区一体化和特区一体化，打造结构合理、功能完善、惠及民生的深圳绿道网体系，优化提升全市人居环境。制定了《深圳市建我绿色家园系列活动管理办法》，规范深圳市绿色家园系列活动创建工作，确保该项活动顺利进行。

三、节能成效进一步突出

健全节能减排工作领导协调机制，加强全市节能减排工作的统筹协调。一是切实加强对应对气候变化和节能减排工作的组织协调，市政府将市节能减排工作领导小组调整为应对气候变化及节能减排工作领导小组，统一部署全市节能减排工作，领导小组由市长任组长，领导小组下设应对气候变化和节能减排工作领导小组办公室，办公室设在市发展改革委。全市节能减排工作已形成市长负总责，各部门分工明确的工作机制。二是从市政府层面强化节能减排工作的部署和督办。2010年8月，市政府专门召开全市节能减排工作会议，对全年安排的十一项重点工作进行了强调和部署。9月17日许勤市长亲自带队，赴深圳市重点耗能地区之一的宝安区组织召开了全市节能减排现场会，并现场检查了重点耗能企业南玻浮法玻璃有限公司节能降耗有关工作情况。通过现场会的召开，及时总结深圳市重点能耗企业好的做法和经验，并对全市节能减排工作进行部署和督办。三是从2010年9月起，每月组织市科工贸信委、统计局、各区政府及光明、坪山新区管委会、石油、燃气、电力等，召开全市节能形势分析会，测算能源消费总量增速与GDP增速差值及节能指标下降情况，预测下一阶段节能态势，为市政府决策提供建议和参考。

落实节能减排考核制度，强化目标责任考核。一是市政府发布《2010年深圳市各区及各重点行业节能目标》，将2010年节能减排目标分解落实到各区及各责任单位。二是组织市发展改革委、统计局、科工贸信委、交通运输委、监察局和住房建设局组成节能考核工作组，对各区2009年度节能目标完成情况和节能措施落实情况实施了现场评价考核。考核结果经市政府审定后已向社会公告，节能目标责任评价考核制度得到有效落实。三是组织市有关部门和区政府做好广东省节能考核工作组对深圳市2009年节能目标完成情况和节能工作进展情况现场核查的迎检工作，并顺利通过广东省政府对深圳市2009年节能目标责任考核。

强化产业政策和项目管理，推动重点领域节能。不断加强对各行业主管部门节能减排工作的统筹协调，深入推进工业、交通、建筑、公共机构等重点领域节能管理。严把产业准入关，积极鼓励新兴产业发展，严控高耗能、高排放行业过快增长。通过深圳市产业结构调整优化和产业导向目录的实施，坚决淘汰落后工艺、装备和产品，对高耗能、高排放和产能过剩行业固定资产投资项目不予核准。截至2010年，深圳市已累计关停小火电机组112.14万千瓦，超额完成深圳市“十一五”期间关停小火电机组76.5万千瓦目标。

产业结构调整成效明显，结构节能效益显著。一是推动工商企业节能降耗工作。对深圳妈湾电力有限公司等17家重点耗能企业实施了现场节能监察，并做好重点企业能源利用状况报告的报送工作，帮助企业通过加强管理与技术进步节能降耗，减少碳排放。二是积极开展交通节能工作。加强营运车辆用油定额考核，实施道路运输车辆燃料消耗量限值标准和准入制度，严格执行车辆燃料消耗量限值标准；实行公交优先和绿色公交行动计划，强力推广节能和新能源车辆。三是强力推进建筑节能工作。全面启动既有建筑节能改造。大力推进建筑废弃物综合利用试点及墙材改革。以“四节二环保”为核心，建立、完善与国际接轨的绿色建筑标准与应用技术体系。四是不断深化公共机构节能工作。启动公共机构重点用能单位的节能改造试点示范项目，其中市委大院和市民中心一期节能改造方案将对市委办公楼中央空调系统和市民中心地下停车场照明系统、公共区域照明系统、玻璃幕墙进行节能改造，预计改造后可节能12.7%和13%，年节电量约537万千瓦时，折合标准煤1660吨，减少二氧化碳排量4413吨。

积极培育节能示范项目，加快成果推广应用。以减少能源消耗与环境污染为目标，鼓励加大节能技术改造和技术创新投入，加快新技术、新材料、新装备的研究和推广，培育节能示范项目，争取国家财政补助，加快成果推广。一是开展重点能耗企业节能改造，并组织企业向国家申报2010年节能技术改造财政奖励项目。深圳市蛇口港区堆场“油改电”项目及深圳妈湾电力有限公司的汽机通流部分改造项目被列入国家2010年第一批节能技术改造财政奖励项目实施计划中。其中，蛇口港区堆场“油改电”项目总投资10798万元，节能量1.1万吨标准煤，妈湾电力公司汽机通流部分改造项目总投资4000万元，节能量1.8万吨标准煤。两企业获得国家财政节能奖励资金580万元。二是开展太阳能光热光电建筑应用示范，持续推动绿色建筑飞跃发展。近年来，全市共确立了44个太阳能光热光电建筑示范项目，其中15个为国家级太阳能光热光电建筑示范项目，获得中央财政专项资助3724万元；以光明新区为起点，对深圳市现有6个区域性的绿色建筑示范区开展试点工作，通过示范区建设为建设绿色低碳城市摸索经验。截至2010年，深圳市已有绿色企业73家，绿色学校489家、绿色社区266家，绿色酒店27家，绿色医院13家。三是积极向国家推荐深圳市节能服务公司，截至2010年，深圳市已向国家申报节能服务公司2批39家，其中第一批已有13家企业列为国家发展改革委节能服务公司备案，获得国家资助资金额4120万元。四是向国家申报太阳能光伏发电项目65兆瓦，其中已有约21兆瓦获得财政部等国家部委工程建设费用资助8010万元。同时，深圳市被财政部、科技部、住房建设部和国家能源局四部门确定为国家“太阳能光伏发电集中应用示范区”，并授予深圳市相应牌匾。五是积极争取交通运输节能减排示范项目。2010年深圳市巴士集团新能源车辆应用、变频供水水洗车及零排放水循环系统、蛇口集装箱码头有限公司轮胎式龙门起重机（RTG）“油改电”示范工程、深港机动车驾驶培训有限公司电动教练车节能减排项目等4个项目被确定为广东省交通运输节能减排示范项目，在深圳市交通运输行业得到大力推广。

广泛开展宣传教育，提高全社会节能意识。一是围绕“节能攻坚、全民行动”的主题，成功举办了一系列节能宣传活动，包括：在市民中心B区南面挂大型横幅宣传节能宣传周主题，在市民中心张贴节能宣传海报，开展“低碳产品高效节能空调”走进市民活动，举行深圳市节能示范单位授牌仪式等，还印发了《LED绿色科技照明》、《节能宣传海报》等节能宣传材料。二是将重点耗能企业中节能降耗的先进经验和做法向报纸、电视等媒体进行推荐，通过新闻媒体广泛宣传深圳市节能减排领域的先进典型，在全市形成了更加浓厚的节能减排氛围，进一步提高了全民的节能意识，有力地促进了深圳市节能减排工作的全面推进。三是自2010年10月起，在居民电费单上标明节能减排温馨提示，提醒广大市民节约用电，通过系列小举措使节能行动渗透到每个家庭，增加每个居民的节能意识。

四、节水城市建设进一步加快

为解决水资源瓶颈问题，深圳市确立了“开源节流、节约优先”的水资源战略方针，坚持以科学发展观为指导，以建成国家节水型城市为目标，依托水务一体化管理的体制优势，大力创新管水用水模式，积极探索以水资源可持续利用支撑经济社会可持续发展的新路子，在节水领域取得长足进步，节水指标全国领先，圆满完成国家节水型城市考核目标。

运用节水行政手段，实现“向管理要水”目标。一是计划用水管理。按照《深圳市计划用水办法》，将计划用水业务作为行政审批事项，加强了单位用户的计划用水管理。每年定期对600多家单位用户进行用水计划现场核查，提高了计划用水指标的刚性。目前全市10万多家单位用户已实行计划用水管理，实现了单位用户用水的过程控制。二是水量平衡测试。水量平衡测试覆盖所有单位用户，经水量平衡测试得出的用水数据将作为确定单位用户计划用水量的依据之一，为计划用水管理提供了坚实的技术支持。三是实施建设项目节水“三同时”制度，该制度贯穿了建设项目设计、施工、使用的全过程，全面加强了用水节水设施的建设管理，为用户使用雨水、再生水等非传统水资源、提高水资源利用率提供了保障。

运用经济杠杆调控，完善水价体系。深圳市注重运用经济手段调节取水和用水，充分发挥水价杠杆对节水的调节和引导作用。在对深圳及周边城市水价现状进行调研的基础上，提出“小步快跑，逐步到位”的调整水价方案，使水价较好地反映水资源的稀缺程度和供应成本。首先，完善水价格体系。制定不同用途、不同行业的供水价格，用“超量加价，多超多付”的办法调控用水，使节约用水工作与广大市民、企业的切身利益紧密相联。其次，制定合理的再生水价格。再生水价格的制定与自来水价格制定的模式基本一致，同时在税收上给予适当减免，从而降低再生水的生产成本和使用成本。

调整产业结构，开启“向产业要水”大门。在开展创建节水型城市工作中，深圳在引导城市产业结构调整方面采取了一系列举措，力求实现从“以需水能力定供水能力”到“以供水能力定经济结构”的转变，使节水工作不断取得新成效。一是率先限制耗水量大的工业项目建设，对耗水量大、严重污染环境的印染、皮革、电镀等企业实行关、停、并、转，大力扶持发展低耗水的高新技术企业。二是严格执行水资源论证制度。对直接取用原水的项目，要求必须开展水资源论证工作；在城市公共供水管网覆盖的地区严禁开采地下水，对确需开采的必须进行科学论证。三是鼓励发展节水型企业。政府有关部门已将工业企业的节水技术改造纳入产业技术进步资金扶持范围，制定了优先支持政策。

节水防污并举，保护修复水生态环境。把节水和防污结合起来，统筹考虑水资源承载能力和水环境承载能力，促进水资源可持续利用。一是加强水生态环境保护。对全市13个重要饮用水库的一级水源保护区实行封闭式管理；全面启动了水源涵养林种植，水库消落带、库滨带生态湿地等水源保护及生态修复工程；开展了小型水库除险加固和功能划分。二是深入开展排水管网清源行动，实施排水许可管理。通过执法整改和工程措施，初步扭转了排水系统的雨污混流合流及管网错接乱排问题，促进了源头排水户、小区排水及市政排水管网的雨污分流；对排污大户实行严格的用水定额管理，核定并严格控制主要排污口水质与水量，有效减少了排污总量。三是努力提高污水处理及回用率，实现污水资源化。通过强力推进污水处理厂及配套管网建设，全市污水处理率有了较大提高，同时对污水处理厂的出水实施深度处理，城市水环境得到进一步改善。

五、建筑节能进一步加强

深圳率先提出了打造“绿色建筑之都”的奋斗目标，与住房和城乡建设部共同签署光明新区绿色建筑示范区的合作框架协议，被住建部和财政部列为全国首批建立大型公共建筑节能监测体系的三个示范城市之一，积极申报国家可再生能源建筑应用示范城市，成为全国唯一新建建筑节能达标率达到100%的城市。2010年1月17日，深圳成为国家住房和城乡建设部批准的第一个国家低碳生态示范市，国家低碳生态城市建设的最新政策和技术标准优先在深圳实验，引导相关项目优先落户深圳，并总结实践经验，向全国推广。在绿色建筑领域，深圳走在了全国的前列。

建立建筑节能“一票否决”的全过程监管机制。从立项、设计、施工、验收等各个环节入手，确立了建筑节能全过程、全方位监管的闭合机制，凡是节能标准不落实的，一律不予办理施工许可、不予通过竣工验收、不予投入使用。在施工阶段，市质监部门加强监督检查，要求有关单位在图纸会审、施工阶段及竣工验收过程中，严格执行国家建筑节能相关文件和国家标准、行业标准、地方及相关强制性条文。在竣工验收阶段，开展建筑节能专项验收，确保新建建筑符合建筑节能标准，使新建建筑节能达标率达到100%。

既有建筑节能改造成效显著。充分发挥政府职能部门的引导作用，以示范项目为载体，结合城市更新、城中村改造、大运场馆改造、建筑立面屋顶改造和房屋抗震安全加固改造，建立既有建筑节能改造项目库，发动各区、各相关部门和社会各相关单位，全面推进《深圳市既有建筑节能改造实施方案》的实施。在开展能耗统计、能耗审计、能耗公示、能耗检测等工作的基础上，全面启动了既有建筑节能改造工作，顺利完成2010年110平方米既有建筑节能改造的目标。已完成大型公建能耗动态监测平台首期试点工程，首期试点工程内容包括大型公建基本信息的统计、360栋大型公建能源审计、50栋大型公建能耗动态实时监测设备安装和深圳市建筑能耗监测数据中心建设。对全市18476栋居住建筑和中小型公共建筑以及450栋国家机关办公建筑和大型公共建筑进行了能耗统计。大力推进国家机关办公建筑和大型公共建筑节能监管平台建设，做好能耗统计、能源审计、能效公示、能效测评、能耗动态监测系统二期建设，加强建筑用能系统的动态管理。

规模化应用可再生能源。大力扶持太阳能产业，开展太阳能光热光电建筑应用示范。目前，全市共确立了44个太阳能示范项目，其中15个为国家级太阳能示范项目。太阳能热水应用总集热面积近40万平方米，建筑面积约800万平方米，建成和在建太阳能发电系统总装机容量约4.5兆瓦。

六、新能源汽车应用进一步扩大

深圳作为首批入围国家节能与新能源汽车示范推广试点的13个城市之一和5个私人购买清洁汽车的补贴城市之一，通过对研发持续投入和对生产领域积极布局，出台了一系列举措，大力发展清洁能源汽车。比亚迪F3DM双模电动车全球首发上市、国家“十一五”863计划节能与新能源汽车重大示范项目在深启动、深圳大运会共计投入使用2000新能源汽车等，充分证明了深圳在新能源汽车领域，已初步形成了自己的比较优势。

高度重视新能源汽车发展。为鼓励和培植深圳新能源汽车产业的发展，深圳市委市政府开展了大量积极而有效的工作。市领导多次组织调研组深入比亚迪、五洲龙等企业召开现场办公会，全力扶持企业发展。在申报科技部电动汽车大规模示范运行项目过程中，许勤常务副市长专程带队赴京汇报，市政府党组副书记刘应力亲自带队参加答辩，深圳市发改委会同科技、交通、财政、环保等部门，全力以赴落实具体实施。

采取系列措施推动新能源汽车产业。一是编制了《深圳新能源产业振兴发展规划（2009~2015）》，针对新能源汽车产业的技术研发、装备制造、产业化、规模化、应用推广等多个环节，选定突破点和工作重心，制定长远发展的规划和战略，以促进新能源汽车产业稳步、健康和高速发展。二是研究、制定了深圳新能源汽车的产业促进政策，在用足用好国家相关的财税支持政策的同时，重点研究利用深圳为国家综改试验区的优势，有针对性地出台促进产业发展的优惠政策，加大财政补贴和税收优惠的力度，加速新能源汽车的发展。每年从财政安排2.5亿，连续五年共12.5亿元支持清洁汽车的研发，并对公交公司采购清洁汽车以及私人购买清洁能源汽车给予相应的财政补贴。承担了国家863计划“深圳市典型城市工况下电动汽车示范运行技术考核研究”课题，规划建设3条公交线路，投入30辆混合动力客车示范运行；投放20辆纯电动小汽车作为政府部门公务车，建设与示范车辆相配套的充电设施。成功申请了国家863计划节能与新能源汽车重大项目——“深港澳电动汽车大规模示范运行”，在深港澳三地建立5个示范圈，建设3个以上的混合动力公交客车示范车队，每个示范车队的示范车辆达200辆以上。三是编制了《深圳市节能与新能源汽车应用推广实施方案》。

截止到2010年，深圳投放的各类电动汽车达1000辆。同时，各部门密切合作，对项目实施中涉及的公交线路规划、车辆上牌办证、运营单位、政府配套资金等问题予以支持，加快项目的顺利实施。

七、资源综合利用领域进一步拓展

餐厨废弃物综合利用取得新突破。

一是完善机制。目前深圳市基本建立起市、区两级的餐厨垃圾管理协调机制。市城市管理部门负责全市餐厨垃圾的统一管理，负责制定餐厨垃圾管理措施并组织实施，并指导、协调、监督、检查各区的餐厨垃圾管理工作；区城市管理部门负责本辖区范围内餐厨垃圾日常管理工作，执行市主管部门制定的餐厨垃圾管理措施；市、区两级发改、规划、财政、环保等相关部门按照《深圳市餐厨废弃物管理暂行办法》的规定履行相应管理职责。

二是加强监管。各有关部门，通力合作，不断加强餐厨废弃物收运、处理规范管理。包括规范餐厨废弃物收运车辆标识并对收运车辆核发准运证；起草餐厨废弃物收运合同范本；建成餐厨废弃物信息管理系统；在餐厨废弃物收运试点中，通过四联单制度对餐厨废弃物流向进行规范、监控等。

二是建立收运体系。《深圳市餐厨废弃物管理暂行办法》要求，积极开展餐厨废弃物收运试点工作。根据餐厨废弃物辖区管理责任制的原则，落实各街道执法队组织开展辖区内餐厨废弃物管理工作。同时，加强餐厨废弃物产生、收运、处理单位的能力建设，严格落实《深圳市餐厨废弃物管理暂行办法》和《餐厨废弃物产生、收运、处理指引》，提高对餐厨废弃物管理和处置工作重要性的认识和相关业务能力。

三是加快资源化项目建设。按照《深圳市环境卫生设施系统布局规划（2006~2020）》和各环境园详细规划，拟在全市建设5座餐厨废弃物处理设施。目前已部分建成并投入试运营的处理设施为南山区餐厨废弃物处理项目，南山区餐厨废弃物综合利用由深圳市腾浪再生资源发展有限公司投资新建，总用地面积8080.06平方米，项目投资为6800万元，从事餐厨废弃物生化处理及垃圾发电厂焚烧炉渣综合利用，处理规模为餐厨废弃物200吨/天、潲水油10吨/天，垃圾焚烧炉渣180吨/天。其中，餐厨废弃物用于生产饲料蛋白粉和工业油脂。2008年，项目进入土建施工，2010年九月餐厨垃圾处理投入试生产。

城市矿产基地建设取得新进展。根据《国家发展改革委财政部关于开展城市矿产示范基地建设的通知》（发改环资[2010]977号）要求，深圳市着力开展城市矿产示范基地建设，向国家发改委、财政部推荐了深圳市嘉达高科产业发展有限公司“深圳建筑材料再生利用示范基地”等申报“城市矿产”示范基地，并取得良好示范效果。

一是建筑材料再生利用示范基地。该基地是以废弃塑料、废弃复合包装物和废弃无机建筑垃圾的回收再利用为目标的“城市矿产”开采示范基地，已建立了从废塑料包装物的回收、处理，到下游衍生产品的开发、应用和集成的产业化路线。基地到2015年，将形成年加工利用废弃泡沫塑料、塑料薄膜、塑料包装、日用塑料制品等各类废弃塑料资源50万吨的能力，并形成合成树脂幕墙、墙体保温系统、渗透型防水系统等产品的配套生产线，实现年销售收入100亿元。同时，园区内固体废物和废水基本实现“零排放”。

二是工业固体废物综合利用与处置示范基地。该基地由5个工业废物处理与资源化回收基地，1个危险废物处理与处置基地构成，已建立了从废物收运—废物处理与资源化利用—废物最终处置（焚烧、填埋）全方位、一站式的处理模式。到2015年，工业危险废物处理处置领域废物收集量达到60万吨/年，其中，在工业废物资源化利用领域废物收集量广东地区达25万吨/年，长江三角洲地区（江苏省）达到10万吨/年，重金属冶炼废渣年回收处理量达25万吨。

三是电子废弃物循环利用基地。该基地是以深圳格林美总部和研发基地为中心，通过网络等现代化手段对其分布在全国的下属全资子公司实行园区化管理。建立了我国第一条电子废弃物废弃印制线路板（PCB板）的自动化分类拆解生产线，生产塑木型材与铜合金产品。目前，已建立起覆盖全国20多个城市的废弃资源回收体系。在800亩的循环经济产业园中，形成年处理10万吨电子废弃物和废旧电池的生产能力，未来基地将建成世界先进的电子废弃物分类拆解示范基地，处理规模达到100万吨。

四是废弃复合包装物资源化利用示范基地。该基地由生产加工基地、教育基地、资源开发基地三部分组成，实行事业部园区化管理机制。现有年产40万m^2HB复合板的生产线和HB复合板产品系列加工生产线，年产果皮箱10万套，户外板房2000套，年产值过亿元。目前已在全国大中城市建立回收供应站点150座，每年可回收废弃包装物近40万吨。循环经济教育示范基地是专门展示循环经济产品和技术，成为宣传循环经济理念的交流平台。该基地将在全国建设20个加工基地，3000座“绿盾‘3R’工作站”，每座城市形成一个完整的“回收—加工—使用”绿盾模式循环体系，并逐步推进各城市工作站之间的融合，形成区域性、不同层次的绿盾模式循环体系。近期内，年销售额突破5亿元，年消耗废弃包装物突破50万吨。

“限塑令”取得明显效果。根据国家发改委、商务部、工商总局、质检总局《关于组织对限制生产销售使用塑料购物袋工作进行自查的通知》（发改环资〔2010〕1185号）精神和广东省发改委、省经信委、省工商局、省质监局的转发意见要求，结合深圳实际情况，针对塑料购物袋生产企业特别是小企业、家庭式作坊以及塑料购物袋集中销售者、超市、商场、集贸市场、个体门店等各类商品零售场所，认真组织开展自查工作，严格依法制止、纠正和查处相关违法行为。

一是高度重视，及时部署。深圳市高度重视“限塑”及此次自查工作，迅速印发了《转发关于组织对限制生产销售使用塑料购物袋工作进行自查的通知》，召开动员部署会议，对“限塑”工作进行强化动员和部署，明确要求，认真开展自查工作，进一步落实生产、流通环节各项“限塑”规范措施。“限塑”工作实施两年来，有关政策规定已经基本深入人心，生产和销售超薄塑料购物袋、无偿提供塑料购物袋等违规行为得到了广泛监督和有效制止，一些情节严重的受到了应有的惩处。

二是广泛开展，自觉落实。深圳市以宣传教育为先导，通过召开经营者会议和普法讲座、发放宣传手册、宣传单、开展现场消费者咨询宣传活动、张挂宣传横幅标语等多种形式，大张旗鼓地开展“限塑”宣传教育活动，为自查工作创造有利形势和良好氛围。通过一系列的宣传教育活动，引导经营者、消费者自觉地落实“限塑”措施，重提“菜篮子”、“布袋子”，自觉减少对塑料购物袋的需求，不售、不用不合格的塑料购物袋。

三是抓住重点，加强监查。深圳市针对塑料购物袋生产企业特别是小企业、家庭式作坊、集贸市场、个体门店等重点场所，采取有力管理措施，严格进行检查。首先，充分利用准入监管环节，严把市场准入关。其次，明确市场开办单位法定义务，切实强化开办单位依法“限塑”责任。第三，督促指导开办单位建立健全管理制度，确保市场经营者依法规范使用合格塑料购物袋。第四，严格执法检查，加大办案力度，发挥执法震慑作用。

四是抓住源头，严把准入。首先，强化生产源头监管，加强对深圳市生产塑料购物袋的企业的监督检查。针对不合格产品生产企业依据《产品质量法》等法律法规要求，责令企业限期整改，并组织整改复查。其次强化市场源头，严格要求各商场、超市、市场、个体门店等塑料购物袋经营者向依法设立的塑料购物袋生产厂家、批发商或进口商采购塑料购物袋，严格落实索票索证和台账制度，把好塑料购物袋市场准入关，加大源头治理力度。

八、污染物排放进一步减少

加大重点工程项目的推进力度。在二氧化硫减排方面：一是妈湾发电总厂使用优质低硫煤，脱硫效率稳步提高。二是彻底关闭了月亮湾燃机电厂、广东耀皮玻璃有限公司等二氧化硫排放企业。在化学需氧量减排方面：一是狠抓污水处理厂运行管理。二是加快新建污水处理项目的投入和运行，如，西丽再生水厂、光明污水处理厂和横岭污水处理厂二期等十余座污水处理厂工程进展顺利。

强化监管减排措施。一是编制污染减排监察工作制度，建立一厂一策的监管措施和污染源达标管理台帐，逐家明确监管措施。二是积极开展工业锅炉、窑炉治理，通过部门联动加大对锅炉废气治理力度，查清全市锅炉保有与使用的详细情况，成功对全市22家工商业用户共43台燃油锅炉进行天然气改造，年减少用油量达到25000多吨。

继续加强在线监控系统建设。进一步推进污染源在线系统建设，搭建市区统一监测平台，为建立自动监测系统监控中心作了前期的调研及准备工作。截至2010年年底，深圳市污染源在线已联网295家企业、369个监控点、其中三控企业153家（市管114家、区管39家），191个监控点。

分解落实总量控制目标。编制2010年度污染减排工作计划，将减排任务分别下达到各区政府、光明新区、坪山新区管委会及市直相关部门等12个单位，纳入年度减排考核体系。组织对全市各有关单位开展了污染减排年度考核，将考核结果通报各责任单位。积极推进排污权交易和总量控制试点工作，使污染减排工作更为坚实和富有成效。

重点行业和重点领域循环经济

煤炭行业循环经济

中国煤炭加工利用协会

一、2010年煤炭行业发展概况

2010年，煤炭行业继续保持了速度较快、结构改善、效益较好、运行较稳的发展态势，为煤矿循环经济发展提供了良好的发展环境。

一是煤炭供给能力不断增强，满足了国民经济持续快速发展的需要。全国煤炭产量由2005年的22.05亿吨增加到2010年的32.4亿吨。“十一五”累计生产煤炭138.94亿吨。煤炭作为我国的主体能源，有力地支撑了国民经济又好又快地发展。

二是煤炭结构调整取得重大进展，经济发展方式开始转变。一方面，坚持向大型化、集团化发展的方向，基本建立起以大型煤炭生产基地、大型煤炭企业集团、大型现代化矿井为主体、以中小骨干矿井为补充的行业生产格局；另一方面，积极推进企业兼并重组，关闭小煤矿、淘汰落后产能取得明显成效。

三是自主创新能力提升，科技进步成效明显。初步建立了以市场为导向、企业为主体、产学研相结合的煤炭科技创新机制。科技对煤炭工业的贡献率达到39%。

四是节能环保取得积极进展。推进煤炭绿色生产、节约生产，提高煤炭洗选比例，节能减排、环境保护成效显著。以开采方式科学化、资源利用高效化、企业管理规模化、生产工艺环保化、矿山环境生态化为基本要求，努力推行循环经济发展新模式。2010年，全国原煤入率达到50%，比2005年提高16个百分点。“十一五”以来，在国家相关节能减排政策措施的支持和引导下，煤炭行业把节能减排作为加快结构调整，转变经济发展方式，促进煤炭工业健康协调发展的主要措施和重要抓手，结合资源开采行业的特点，积极落实节能责任，调整产业结构，实施重点工程，推动技术进步，强化政策激励，加强监督管理等一系列强有力的措施，节能减排、综合利用取得了显著效果。产品单位能耗有较大幅度下降，万元产值综合能耗、原煤生产综合能耗、原煤生产电耗等指标均比2005年下降20%以上，行业能效整体水平得到显著提高。

五是更加重视煤矿安全，安全生产形势进一步好转。煤矿安全在确保煤炭产量稳步提升的同时，煤矿事故起数由2005年的3306起减少到2010年的1403起，下降57.6%；煤矿百万吨死亡率由2005年的2.811下降到2010年的0.749，下降73%。

二、煤炭行业循环经济、节能减排活动开展情况

一是通过典型引路，推动煤炭行业循环经济发展。2010年7月，中国煤炭工业协会与中国煤炭加工利用协会在大同共同组织召开了“煤炭工业节能减排暨循环经济现场会”。此次会议得到了各级煤炭管理部门和各煤炭企事业的高度重视，来自全行业的代表500余人参加了会议。国家发改委、环保部、国家能源局等政府部门派人出席会议并讲话，煤炭工业协会王显政会长在会上作重要讲话；10多家大型煤炭企业在大会上进行典型经验交流。会议总结推广了山西大同煤矿集团塔山循环经济园区建设经验，对推动行业循环经济发展起到了典型引路的作用。

二是组织举办大型展览活动，推动煤炭加工利用技术的进步。2010年11月24~26日,经国家科技部批准，在国家安全生产监督管理局、国家能源局、国家煤矿安全监察局等单位的大力支持下，中国煤炭加工利用协会承办了“2010’中国国际煤炭加工利用暨煤化工展览会(CCPUE)”。展览会在北京中国国际展览中心召开，国家发改委、国家能源局、中国煤炭工业协会以及10多个大型企业集团公司的主要领导出席了开幕式。来自国内外煤炭企业、煤

炭洗选设备制造企业、煤化工企业及相关科研院所的132家单位参加了展览，展示面积近万平米，共有来自全国各地的上万人次参观了此次展览。通过举办大规模的展览会，对于推动我国煤炭循环经济、洗选加工、煤化工利用的发展具有重要意义，取得了很好的社会效益。

三是为贯彻落实《中华人民共和国循环经济促进法》、《中华人民共和国节约能源法》，2010年12月，中国煤炭工业协会和中国煤炭加工利用协会制定了《关于推进煤炭行业发展循环经济、促进节能减排工作的指导意见》。该意见提出了煤炭循环经济发展的指导思想、工作原则、工作目标、重点工作任务以及充分发挥行业协会作用等，对进一步推动煤炭循环经济发展，促进节能减排具有重要意义。

四是中国煤炭加工利用协会于2010年3月组织召开行业节能环保处长和节能专家座谈会。会议请国家有关部门负责人到会通报或讲解国家有关循环经济、节能政策、信息及工作思路等，并请权威研究机构的节能专家介绍先进的节能技术、设备或管理方式。会议围绕煤炭全行业节能减排、循环经济工作重点、体系建设、能效对标、技术创新等进行集中研究和讨论，听取大家的意见和建议。会议对于有效推动煤炭行业节能减排工作起到了积极作用。

三、煤炭循环经济发展取得显著成绩

改革开放初期，煤炭部提出了“以煤为主，多种经营”的发展方针，大力开展资源综合利用，发展第三产业。“十五”以来，按照“综合开发、深度加工、高效利用、循环发展”的思路，打破了行业、地域界线，大中型煤炭企业积极发展了一批煤电、煤电铝、煤化工、煤建材、煤焦化、煤气化和储煤中心等以煤为基础的优势产业。“十一五”以来短短几年时间，循环经济从理念正在变为行动，在全行业范围内得到迅速发展，出现了一大批循环经济的典型，探索出了企业、企业间或园区、社会三个层面的发展循环经济的有效模式。

伴随煤炭工业持续、快速发展，煤炭循环经济经历了从起步到示范引领的初期发展阶段，取得显著成绩。

（一）发展循环经济的理念初步确立，成为煤炭行业调整产业结构、转变发展方式的主线

煤炭产业作为能源基础产业，其位于能源前端的产业特点，决定了在发展循环经济方面具有独特的先天优势。“十一五”期间，煤炭行业通过着力调整产业结构，大力发展主导产业，突出循环经济产业集群和重点项目，形成一批产业发展基地。加大煤化工产业和产品技术创新力度，推进以煤炭为基础的新型能源化工产业发展；加快煤电一体化建设，配套建设一批以煤矸石、煤泥为主要燃料的综合利用坑口电厂；以提升产品技术含量为主，支持煤机制造业发展；发挥煤炭产运销优势，大力发展现代物流业；以提高工业应用率为主，发展洁净煤技术。

煤炭企业积极践行环境友好理念，推动环境友好矿区建设。截止到2010年，全国煤炭行业共评出包括兖矿集团、神华集团、山西焦煤、淮南矿业、潞安集团、冀中能源等大型煤炭下属的煤矿在内的36个中华环境友好单位，兖州煤业股份有限公司、神华集团神东煤炭分公司、淮南矿业、冀中能源等大型煤炭在内的16个中华环境友好企业，兖矿集团、冀中能源两个环境友好煤炭示范矿区。建成了兖矿济宁三号煤矿、冀中梧桐庄矿、淮南顾桥煤矿、大同塔山煤矿、神华上湾煤矿、黑岱沟露天矿、神华宁夏灵新煤矿、新汶华丰煤矿等一批安全节能环保的花园式煤矿。

煤炭工业节能减排暨循环经济现场会（2010年7月7~9日，山西大同）

（二）循环经济试点、示范引领作用显著

“十一五”期间，煤炭企业坚持以资源为依托，以科技为支撑，以高新技术嫁接、改造传统煤炭产业的发展思路，遵循循环发展的原则，按照国家产业政策要求，在不断创新工作方法、优化发展环境的同时，延长和拓展循环经济产业链条。淮南矿业集团、河南平顶山煤业集团、新汶矿业集团、抚顺矿业集团、山西焦煤集团西山煤电公司作为煤炭行业首批5家，山西潞安矿业（集团）、内蒙古伊东煤炭集团、内蒙古庆华集团、铁法煤业（集团）、黑龙江龙煤矿业集团（鸡西分公司）、安徽皖北煤电集团6家作为第二批6家，在煤炭行业率先进行循环经济试点。试点企业结合自身特点开展了有针对性的循环经济方案设计、规划编制，建设了一批循环经济项目，取得了较好的经济、社会和环境效益。通过试点，探索了行业发展循环经济的模式、重点投资领域、关键技术、资源循环利用的产业链接模式等，为循环经济在煤炭行业的推广提供了宝贵的经验。

（三）循环经济支撑技术水平跃上新台阶

“十一五”期间，在产业需求和国家政策支持下，以企业为主体、产学研相结合的煤炭循环经济技术创新体系正在形成。一批先进适用、应用面广的资源节约、综合利用、环境保护技术得到推广应用。我国自主研制的大功率电牵引采煤机、重型刮板输送机、带电液控制系统的强力液压支架等高效综采成套装备相关指标已经达到国际先进水平；煤矿井下新型高效瓦斯抽放技术得到了推广应用，地面钻井抽取煤层气各项关键技术也得到了成功的开发和应用，低浓度煤层气的应用技术研究也取得成果。形成了较为完整的煤炭洁净利用的理论体系，超临界机组、大型烟气脱硫技术FGD、循环流化床锅炉、煤炭气化等一批洁净煤技术得到了推广应用。煤炭生产系统节能技术快速发展，煤矿井下通风机变频技术、矿井压风系统远端补偿技术、提升绞车电控系统变频技术、供电系统节能技术，高效节能泵、井下高压变频器等煤矿设备的节电技术和产品得到了广泛的普及和使用。煤矸石、矿井水等废弃物的综合利用技术积极发展，冀中能源集团在国内首创了矸石井下巷道充填技术，成功开展了工作面采后充填技术与装备现场实验，实现了煤矿“排矸不提矸，矸石零排放”；开滦集团煤化工产业园实现了“废渣不落地、污水不外排”；兖矿、新汶等企业通过推广应用余热、矿井乏风温差和矿井水余温利用技术，开发应用“以矸换煤绿色开采技术”，实现了“产煤不烧煤”的循环经济模式等，为实现煤炭行业循环经济的发展提供坚实的技术保障。

四、煤炭行业循环经济典型发展模式初步形成

据不完全统计，截至2010年，煤炭行业除11家企业列入全国循环经济试点外，还有30余家煤炭企业或循环经济园区列入各省、市地方循环经济试点或重点单位。通过五年的发展，部分煤炭企业循环经济已经初具规模。煤炭企业通过创新探索，初步形成了各具特色的循环经济典型发展模式。

一是以新建特大型煤矿为龙头，产业聚集、耦合模式。同煤塔山循环经济园区以资源循环利用、清洁生产和可持续发展为目标，按照循环经济产业聚集、耦合的全新理念进行规划和构建，以新建年产1500万吨特大型现代化煤矿为龙头，紧紧围绕“两矿十厂一条路”的建设，探索出了以煤为主、多元发展、维护生态、保护环境的发展道路，既是我国煤炭企业发展循环经济的样板和特大型现代化煤矿建设的典范，也是煤炭工业结构调整、产业升级、协调发展的成功案例。塔山园区为中国煤炭行业发展循环经济作出了表率，为中国煤炭工业循环经济的发展进行了有益的探索。

二是点、线、面结合的循环经济发展模式。平煤神马集团以独立项目或矿点为基础，形成“点循环”，以相关产品或产业链延伸为主体，形成资源梯次开发利用的“线循环”，以循环经济工业园建设为平台，形成产业集群、布局合理的“面循环”。形成了采、选、焦、化、电为一体的循环经济发展格局。本矿生产的原煤通过皮带直接进入选煤厂，其他矿井生产的原煤通过汽车短运到选煤厂；洗煤所用的水，取自井下废水，并可循环使用；洗选出的精煤进入焦化厂生产出供大型炼钢厂的优质焦炭；炼焦产生的煤焦油供给焦化公司，生产粗苯、硫氨等化工产品；洗煤产生的煤泥、中煤供发电厂使用，煤矸石等外销矸石砖厂。煤气除用于发电之外，还可供应三基炭素的石墨电极厂使用。创造了具有独特个性、又具有代表意义的模式——产权多元化+产品链条化+内部管理市场化的“朝川模式”。

“2010中国国际煤炭加工利用暨煤化工展览会（CCPUE）”2010年11月24日在北京召开

三是多要素联产、循环利用模式。潞安集团在煤油园区，将煤炭洗选后，喷吹煤全部外销，中煤、煤泥及煤矸石等全部供综合利用电厂发电；所抽瓦斯一部分用于小型瓦斯电站发电，大部分经过处理，与附近焦化厂的焦炉煤气作为煤基合成油厂的原料补充；高硫、高灰、高灰融点煤炭全部用作煤基合成油厂的原料；矿井水经过处理供给电厂、选煤厂、煤基合成油厂生产用水；电厂所发电量、热能供煤矿、煤基合成油厂使用；电厂连同煤基合成油厂所产生的灰渣，全部用于制造建材；煤基合成油厂产生的尾气回收用于生产化肥和发电。整个园区坚持多联产和低碳循环理念，集“煤炭开采、洗选加工、煤基合成油、精细化工，以及瓦斯、焦炉煤气、矸石、尾气综合利用”为一体，形成“高碳能源、低碳排放、循环利用”的特色。

四是“五个统筹”协调发展模式。淮南矿业集团实施煤炭与瓦斯共采，对矿井瓦斯进行利用，发展新能源，解决几十万人的生活用气问题，形成井上井下小循环，整个矿区大循环。首创煤电一体化模式，形成“煤、电、化、机、环、资”多产业，实现产业、城市、乡村、社会、环境治理五个统筹、协调发展格局。坚持政府主导下的地企统筹，本着对国家、地方、企业三有利的原则，积极、主动参与淮南“两型城市”建设，推动循环经济向纵深发展。

五是老的资源型矿区构建煤基产业与非煤产业集群模式。新汶矿业集团按照“资源循环利用，企业循环生产，产业循环组合”的思路，以煤炭地下气化、以矸换煤等绿色开采技术为切入点，以煤伴生资源深度开发、“三废”资源综合利用为重要途径，构建矿区煤基产业集群，同时打造矿山机械设备再制造为核心的非煤产业集群，提升资源综合利用深度和广度，实现产业间的废旧产品、废旧资源与主导产业之间的半闭合连接。“两个产业集群”循环经济建设，有效延长了老资源型矿区的生存与接续发展。

六是煤炭与共伴生资源融合，产业链一体化模式。抚顺矿业集团将煤与共伴生资源有机融合，利用与煤共伴生的油母页岩资源优势，延长煤与共伴生资源两条产业链，实现优化结构和产业升级调整。以煤为基础，利用油母页岩资源优势，生产油母页岩原油，加工炭黑、页岩烧结砖等产业，不断壮大油母页岩产业链，提升共伴生资源的利用效率。铁法煤业以产业链一体化为核心，充分发挥煤层气资源优势，以煤—电—建、煤—煤层气—煤层气综合利用两条产业链横向扩展，资源深加工纵向延伸，物质资源在“煤电建”、“煤层气综合利用”的转换中实现了有效利用。

七是绿色矿山、低碳运行、环境友好模式。冀中能源峰峰集团梧桐庄矿以“用水不排水、采煤不见煤、排矸不提矸、出煤不烧煤”为目标，开发了具有自主知识产权的保水开采技术，集成了矸石置换+饱和充填技术、水源热泵及地源热泵技术等，采用保水开采工程、全封闭储煤场工程、水源热泵工程、煤矸置换饱和充填工程等四大主体技术工程，为绿色矿山建设提供了保障，创造了绿色矿山低碳运行的“梧桐”模式。低碳绿色矿山建设技术支撑体系的建立，释放了呆滞的煤炭资源，提高了煤矿的资源回收率，提高了煤矿开采的安全程度，降低了能耗，实现了污染物零排放，取得巨大的综合效益。

总结“十一五”以来煤炭行业循环经济发展的实践，最重要的就是要形成理念，面向市场，实事求是，技术支撑，培育模式，促进转变。在煤炭资源开发和利用过程中，通过实现对资源的“吃干榨净”，最终实现“以最小的资源消耗、最小的环境影响，取得最好的经济效益和社会效益”。

2010年11月24～25日，煤炭工业节能减排与循环经济发展论坛在北京召开

五、煤炭行业节能降耗、综合利用取得显著成绩

一是“十一五”期间，煤炭行业节能成效显著，据对部分国有重点煤矿统计，万元产值综合能耗从2005年的3.20吨标煤/万元，下降到2010年的1.06吨标煤/万元；原煤生产综合能耗从2005年

的19.5千克标煤/吨原煤，下降到2010年的13.85千克标煤/吨原煤；原煤生产电耗从2005年的33.2千瓦时/吨原煤，下降到2010年的23.96千瓦时/吨原煤；产值能耗。煤炭行业各项能耗指标之所以能够持续下降，除了加大了节能新技术、新产品、新工艺的推广应用外，淘汰落后产能发挥了重要作用。

二是坚持减量化、再利用、资源化和减量化优先的原则，通过大力发展循环经济，煤炭资源综合利用工作继续取得积极进展。煤炭资源储量有限，并且是不可再生能源，提高回采率对于延长矿井服务年限，保障我国长期能源供应有重要意义。近几年，我国中东部部分煤炭企业采取优化巷道布局、改善采煤方式、以矸换煤等积极措施，提高了采区回收率，节约了大量资源。特别是同通过以矸换煤绿色开采方式，充分利用固体废弃物，解放呆滞煤炭资源，解决污染、土地占用等问题。尽管以矸换煤使吨煤开采成本增加，但是由于该技术减少了村庄搬迁、采出了呆滞资源，在取得一定的经济效益的同时，有显著的环境效益和社会效益。

“十一五”期间，煤矿“三废”综合利用率有较大提高。2010年全国煤矸石产生量5.94亿吨，利用量3.65亿吨，利用率61%；矿井水排放量61亿立方米，利用量36亿立方米，利用率达到59%；全国开展瓦斯抽采的1475处矿井，共抽采瓦斯69.63亿立方米，利用量21.94亿立方米，利用率31.5%，均比2005年有较大幅度提高。

电力行业循环经济

中国电力企业联合会

一、2010年电力行业循环经济相关法规政策

2010年电力行业贯彻落实科学发展观、坚持转变发展方式，继续向着清洁、高效、节约、可持续的方向发展。其中国家直接或间接针对电力行业出台的相关法规政策在引导和规范电力行业发展方面起到重要作用。

（一）加快清洁能源发展，促进电力结构优化

2010年10月10日，国务院常务会议通过《国务院关于加快培育和发展战略性新兴产业的决定》（国发[2010]32号），将节能环保、新能源、高端装备制造、新材料、新能源汽车等产业纳入七大新兴产业，享受专项财政资金支持。其中，将新能源产业作为重点发展领域，提出“积极研发新一代核能技术和先进反应堆，发展核能产业。加快太阳能热利用技术推广应用，开拓多元化的太阳能光伏光热发电市场。提高风电技术装备水平，有序推进风电规模化发展，加快适应新能源发展的智能电网及运行体系建设。因地制宜开发利用生物质能。”

2010年5月12日，国家发展改革委、国家电监会、国家能源局发布《关于清理对高耗能企业优惠电价等问题的通知》（发改价格[2010]978号），通知强调取消对高耗能企业的用电价格优惠，坚决制止各地自行出台的优惠电价措施，加大差别电价政策实施力度，对超能耗产品实行惩罚性电价，同时整顿电价秩序加强监督检查，以抑制高耗能企业盲目发展，促进经济发展方式转变和经济结构调整。

2010年7月18日，国家发展改革委发布《关于完善农林生物质发电价格政策的通知》（发改价格[2010]1579号），对农林生物质发电项目实行标杆上网电价政策，以促进农林生物质发电产业健康发展。此外，国家发展改革委、国家电监会先后发布《关于2009年7~12月可再生能源电价补贴和配额交易方案的通知》（发改价格[2010]1894号）和《关于2010年1~9月可再生能源电价补贴和配额交易方案的通知》（发改价格[2011]122号），就可再生能源电价附加调配、补贴等有关事项进行规定，同时强调对可再生能源电价附加征收、配额交易、电费和补贴结算行为的监管，坚决纠正和查处违反本通知规定的电费结算行为，确保可再生能源电价附加补贴按时足额到位。

2011年7月24日，国家发展改革委发布《关于完善太阳能光伏发电上网电价政策的通知》（发改价格[2011]1594号），规定并明确了不同情况下全国太阳能光伏发电标杆上网电价，以规范太阳能光伏发电价格管理，促进太阳能光伏发电产业健康持续发展，完善太阳能光伏发电价格政策。

2010年9月14日，财政部、国家发展改革委、外交部、科技部、环境保护部、农业部、中国气象局联合发布《中国清洁发展机制基金管理办法》（财政部令2010年第59号）。清洁基金是我国在应对气候变化方面的一个创新机制，是由国家批准设立的按照社会性基金模式管理的政策性基金，用于支持国家应对气候变化工作，主要用于：与应对气候变化相关的政策研究和学术活动；与应对气候变化相关的国际合作活动；旨在加强应对气候变化能力建设的培训活动；旨在提高公众应对气候变化意识的宣传、教育活动；服务于基金宗旨的其他事项。

（二）强化节能用能管理，降低能源资源消耗

2010年3月18日，工业和信息化部发布关于印发《2010年工业节能与综合利用工作要点》的通知（工信厅节函[2010]188号），要求以结构调整和发展方式转变为主线，突出抓好节能降耗，力争单位工业增加值能耗下降7%。其中，要求继续推进工业电力需求侧管理，研究制定《加强工业电力需求侧管理的指导意见》；继续研究和探索推进针对中小型企业的合同能源管理、节能设备租赁等节能新机制推广工作；加快推进节能自愿协议试点，及时总结和推广合同能源管理、电力需求侧管理等节能新机制相关经验和成功做法。

2010年4月2日，发展改革委、财政部、人民银行、税务总局《关于加快推行合同能源管理促进节能服务产业发展的意见》（国办发[2010]25号）。要求充分认识发展节能服务产业的重要意义；通过资金支持、税收扶持、会计制度以及金融服务，完善促进节能服务产业发展；到2012年，扶持培育一批专业化节能服务公司，发展壮大一批综合性大型节能服务公司；到2015年，建立比较完善的节能服务体系，合同能源管理成为用能单位实施节能改造的主要方式之一。

2010年10月19日，国家发展改革委办公厅、财政部办公厅发布《关于财政奖励合同能源管理项目有关事项的补充通知》（发改办环资[2010]2528号），规定符合条件的合同能源管理项目可以申请财政奖励资金，同时公布了《合同能源管理技术通则》（GB/T24915–2010）。

2010年11月4日，国家发展改革委、工业和信息化部、财政部、国资委、电监会、能源局联合印发《电力需求侧管理办法》，办法确定了电力需求侧管理的定义，明确了电力需求侧管理工作的责任主体和实施主体，即发改委负责全国电力需求侧管理工作，电网企业是电力需求侧管理工作重要的实施主体；同时，提出了电力需求侧管理工作的十六项管理措施和激励措施。

（三）加强节能减排工作，推进电力清洁利用

2010年4月16日，国家发展改革委和环境保护部发布《当前国家鼓励发展的环保产业设备（产品）目录（2010年版）》。其中针对电力行业提出30余项节能环保的鼓励设备及产品，满足当前电力节能减排工作的需要，有利于提高我国电力环保技术装备水平，也有利于培育新的经济增长点。

2010年5月4日，国务院印发了《国务院关于进一步加大工作力度确保实现“十一五”节能减排目标的通知》（国法[2010]12号）。通知中强调了做好节能减排工作的紧迫感和责任感，要求确保实现“十一五”节能减排约束性指标；强化目标责任严格问责，及时考核并发布节能减排目标完成情况和措施落实情况；加大淘汰落后产能力度，其中，2010年关停小火电机组1000万千瓦；严控高耗能、高排放行业过快增长，严格控制“两高”和产能过剩行业新上项目；加快实施节能减排重点工程，支持十大重点节能工程建设、循环经济发展、淘汰落后产能以及节能环保能力建设等；切实加强用能管理，强化重点耗能单位节能管理，推动重点领域节能减排，推广节能技术和产品；完善节能减排经济政策，如推行居民用电阶梯价格，落实煤层气、天然气发电上网电价和脱硫电价政策，出台鼓励余热余压发电上网和价格政策等。

2010年6月3日，国家发展改革委会同有关部门制定《节能减排综合性工作方案》，明确了2010年中国实现节能减排的目标任务和总体要求。国家将严格控制新建高耗能、高污染项目；严把土地、信贷两个闸门，提高节能环保市场准入门槛。抓紧建立新开工项目管理的部门联动机制和项目审批问责制。

2010年9号公告和2011年6号公告分别公布了2010年1~7月份全国关停小火电机组情况和2009年9~12月、2010年8~12月全国关停小火电机组情况。2007年，国务院明确提出“十一五”关停5000万千瓦小火电机组的目标。4年来，全国累计关停小机组7682.5万千瓦，超额53.6%完成关停任务，为实现“十一五”全国节能减排目标发挥了重要作用。此外，2010年8号公告和2011年9号公告分别发布2009年各省自治区直辖市节能目标完成情况和“十一五”各地区节能目标完成情况。

2010年第10号公告发布了2009年千家企业节能目标责任评价考核结果。结果表明，参加2009年考核的901家企业中，873家完成了年度节能目标，占96.89%；2009年共实现节能量2925万吨标准煤。“十一五”前四年，千家企业共实现节能量13220万吨标准煤，完成“十一五”节能目标的132.20%。其考核结果作为企业负责人业绩考核的重要依据，实行问责制，并给予相应奖励和处罚。

（四）完善政策机制建设，确保循环经济发展

2010年4月8日，工业和信息化部、财政部、科技部联合印发了《关于组织开展资源节约型和环境友好型企业创建工作的通知》，通知中决定在工业领域组织开展资源节约型、环境友好型企业（以下简称“两型”企业）创建工作，以减少资源消耗、降低废物排放和提高产出效率为目标，成为行业节约资源、保护环境、走内涵式发展道路的先进典型。并在此基础上，引导工业行业和大多数企业走节约发展、清洁发展之路，加快转变工业发展方式，真正实现科学发展。

2010年12月31日，国家发展改革委办公厅印发《循环经济发展规划编制指南》，要求各地循环经济发展综合管理部门切实加强对规划编制的统筹协调和组织领导，组织得力的规划编制人员及专家开展工作；规划编制要与国民经济和社会发展规划的编制时间协调一致，确保工作进度；加强规划的前期研究和论证工作，充分发挥专家的作用；要与环境保护等相关部门加强沟通，做好与其他规划的衔接；要采取多种形式，扩大公众参与度，增强规划编制的公开性和透明度。

二、2010年电力行业循环经济发展现状

（一）清洁发电现状

1.非化石能源发电

据中国电力企业联合会统计，截至2010年底，我国非化石能源装机容量达到25674万千瓦，约占我国总装机容量的26.57%。其中，全国常规水电装机容量达到21606万千瓦（含抽水蓄能1693万千瓦），约占我国总装机容量的22.36%，居世界第一位；全国核电装机容量达到1082万千瓦，约占我国总装机容量的1.12%，在建规模居世界第一位；全国并网风电容量2958万千瓦，约占我国总装机容量的3.06%。2010年，我国非化石能源发电量达到8111亿千瓦时，约占总发电量的19.19%。其中，全国水电发电量达到6867亿千瓦时，约占总发电量的16.24%；全国核电发电量达到747亿千瓦时，约占总发电量的1.77%；全国并网风电发电量494亿千瓦时，约占总发电量的1.17%。1978~2010年我国非化石能源装机容量及其占总装机比重变化见图1，非化石能源发电量及其占总发电量比重变化见图2。2005~2010年我国主要非化石能源类型装机容量、发电量比重变化分别见图3和图4。

2. 化石能源发电

火电发展现状。截至2010年底，全国火电装机容量70967万千瓦，约占我国总装机容量的73.43%。2010年，全国火电发电量34166亿千瓦时，约占总发电量的80.81%。1978~2010年我国火电装机容量及占总装机比重变化见图5，火电发电量及占总发电量比重变化见图6。

截止2010年底，纳入行业6000千瓦及以上机组统计调查范围的火电机组容量69349万千瓦，占全国6000千瓦及以上火电机组容量的98.52%。调查范围内火电机组平均单机容量10.88万千瓦/台，比上年提高0.57万千瓦/台。在调查范围内的火电机组中，60万千瓦及以上火电机组容量和所占比重快速增加，所占比重由2005年地11.68%提高到2010年地36.84%，说明大容量、高参数的火电机组在“十一五”期间得到迅速发展。单机30万~60万千瓦（不含60万千瓦）的火电机组所占比重也略有上升。20万~30万千瓦（不含30万千瓦）、10万~20万千瓦（不含20万千瓦）和10万千瓦以下火电机组比重分别比上年降低0.78、1.61、0.85个百分点。全国统计调查范围内火电机组容量等级结构见表1。

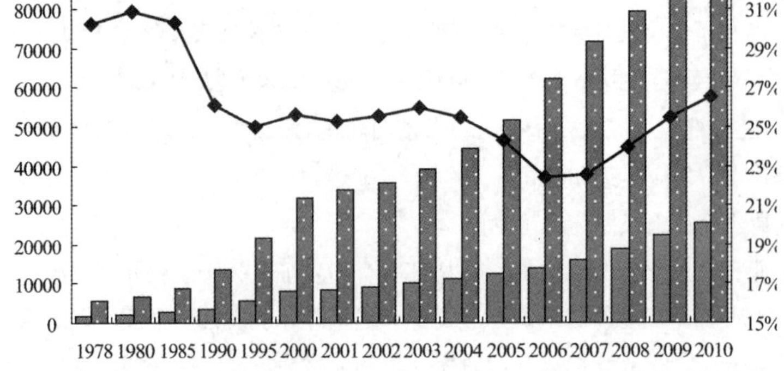

图1　1978~2010年我国非化石能源装机容量及其占总装机比重变化

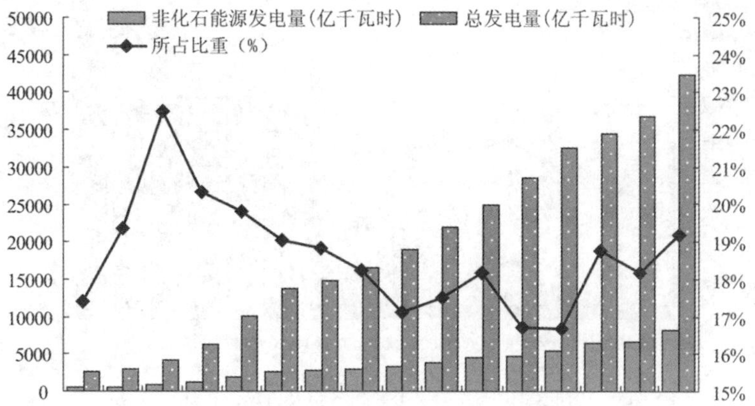

图2　1978~2010年我国非化石能源发电量及其占总发电量比重变化

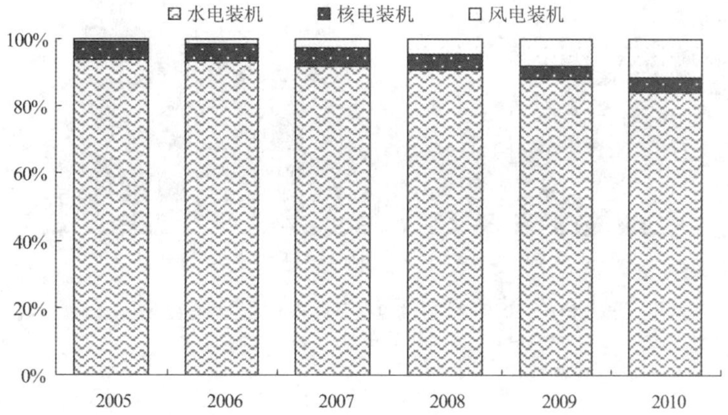

图3　2005~2010年我国主要非化石能源类型装机比重变化

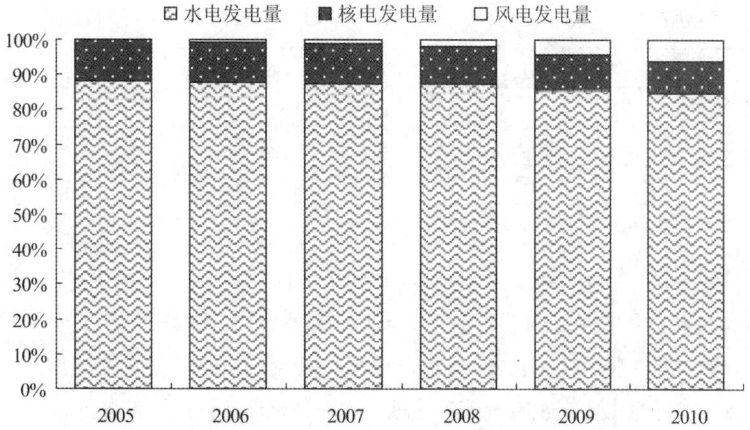

图4　2005~2010年我国主要非化石能源类型发电量比重变化

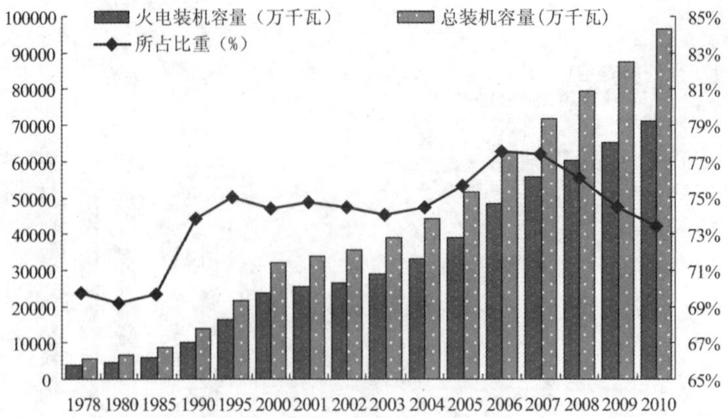

图5 1978~2010年我国火电装机容量及占总装机比重变化

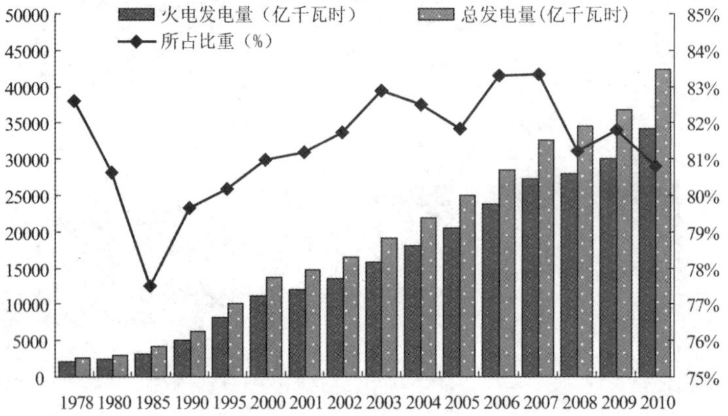

图6 1978~2010年火电发电量及占总发电量比重变化

表1 全国统计调查范围内火电机组容量等级结构

指标分类		火电机组合计（万千瓦）	占统计调查范围内火电容量比重（%）
6000千瓦及以上机组		69349	100.00
容量等级	60万千瓦及以上机组	25547	36.84
	30~60万千瓦机组（不含60万千瓦）	24857	35.84
	20~30万千瓦机组（不含30万千瓦）	5201	7.50
	10~20万千瓦机组（不含20万千瓦）	6072	8.76
	10万千瓦以下机组	7672	11.06

大型火电机组发展现状近年来，全国装备大型火电机组的电厂数量稳定增加，进一步优化了我国火电机组结构，提高了火电技术水平和设备水平。截至2010年底，全国投运的100万千瓦及以上大型机组达到31台，数量居世界第一。此外，大型空冷、循环流化床、脱硫脱硝等先进技术得到推广，建成了世界上首台百万千瓦超超临界空气冷却发电机组。2010年底，全国已投运100万千瓦及以上火电机组情况见表2。

表2　2010年底我国已投运百万千瓦及以上超超临界火电机组情况

电厂名称	地区	机组构成（台×万千瓦）	总装机容量（万千瓦）
华能玉环电厂	浙江	4×100	400
华电邹县发电有限责任公司	山东	2×100	200
国电泰州发电厂	江苏	2×100	200
外高桥第三发电有限责任公司	上海	2×100	200
天津北疆电厂	天津	2×100	200
国电北仑第三发电公司	浙江	2×100	200
华能国际电力股份有限公司海门电厂	广东	2×100	200
浙江国华浙能发电有限公司	浙江	2×100	200
大唐潮州三百门电厂	广东	2×100	200
华能南京金陵发电有限公司	南京	1×100	100
上海漕泾电厂	上海	2×100	200
神华国华绥中电厂	辽宁	2×100	200
华润徐州彭城电厂	江苏	2×100	200
惠东平海电厂一期工程	广东	1×100	100
平顶山鲁阳发电公司	河南	2×100	200
宁夏灵武电厂二期工程	宁夏	1×100	100
合计	全国	31×100	3100

小火电机组关停现状。经国家能源局核定，2010年全国共关停小火电机组1690万千瓦，超额完成2010年关停1000万千瓦的目标。“十一五”期间，全国共关停小火电机组7683万千瓦，超额53.6%完成国务院确定的“十一五”关停5000万千瓦关停任务，为实现“十一五”全国节能减排目标发挥了重要作用。“十一五”全国关停小火电机组情况见图7。

（二）高效输电现状

1.电网规模

近几年，全国电网规模不断扩大。截至2010年底，全国电网220千伏及以上输电线路回路长度44.56万千米，比上年增长10.87%；220千伏及以上变电设备容量199017万千伏安，比上年增长16.37%。2000~2010年全国输电线路回路长度及增速变化见图8，全国变电设备容量及增速变化见图9。

2.电网质量

电网规模不断扩大的同时，电压等级也在不断提高，为大规模、高效率输电奠定了基础。截至2010年底，在全国电网输电线路回路中，高参数等级750千伏输电线路回路长度达到6685千米，同比增长153.22%，在各输电等级中增速最快；在全国变电设备容量中，高参数等级750千伏及以上变电设备容量达到3870万千伏安，同比增长122.41%，要各变电等级中增速最快。2005~2010年不同电压等级输电线路回路长度比重变化见图10，不同容量等级变电设备容量比重变化见图11。

3.合理用电现状

电力需求侧管理在平衡电力电量、提高电网负荷率、促进节能减排、确保电网安全和维护社会稳定等方面发挥了重要作用，带来了较大的经济、社会和环保效益。

政府层面开展的电力需求侧管理工作。国家发展改革委等部门联合下发了《电力需求侧管理办法》，以提高电能利用效率，促进电力资源优化配置，保障用电秩序，促进有关工作日常化、规范化；并于2010年12月初，在苏州召开了全国电力需求侧管理现场会，宣传贯彻该办法。另外，《国务院关于进一步加大工作力度确保实现“十一五”节能减排目标的通知》中明确要求“切实加强用能管理，合理控制能源供应，切实改变敞开口子供应能源，无节制使用能源的现象。加强电力需求侧管理，制定和实施有序用电方案，在保证合理用电需求的同时，压缩高耗能、高排放企业用电。”

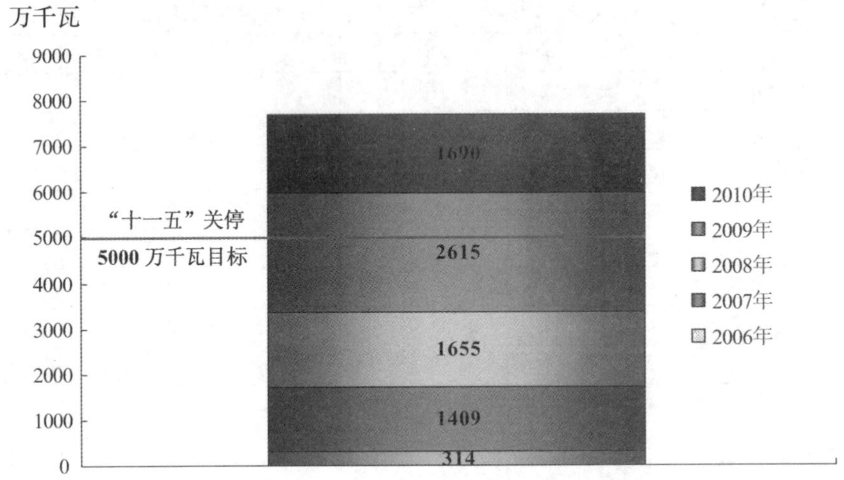

图7　2006~2010年全国关停小火电机组情况（万千瓦）

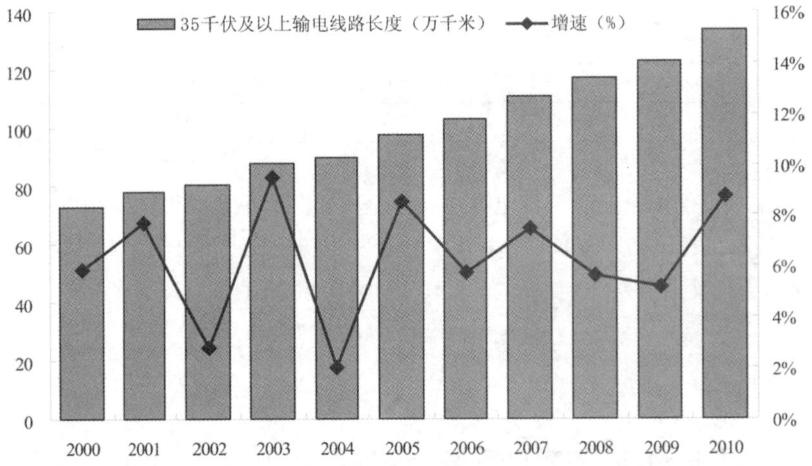

图8　2000~2010年全国输电线路回路长度及增速变化

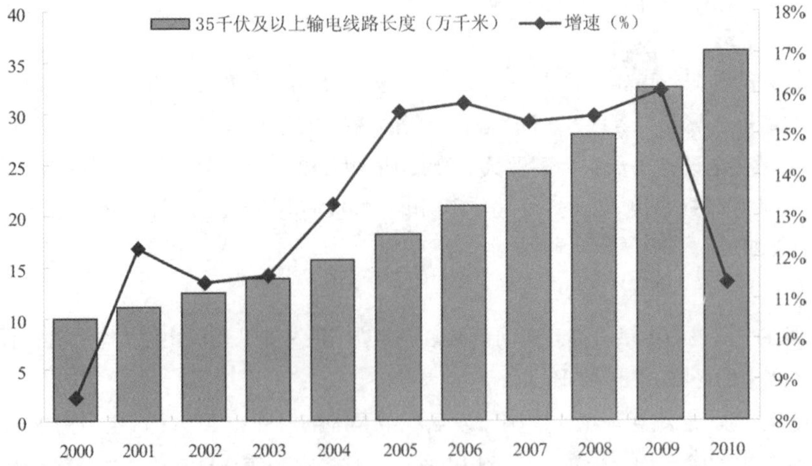

图9　2000~2010年全国变电设备容量及增速变化

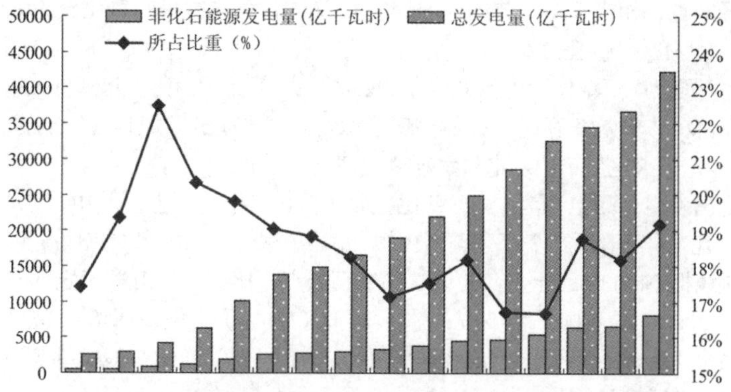

图10　2005~2010年不同电压等级输电线路回路长度比重变化

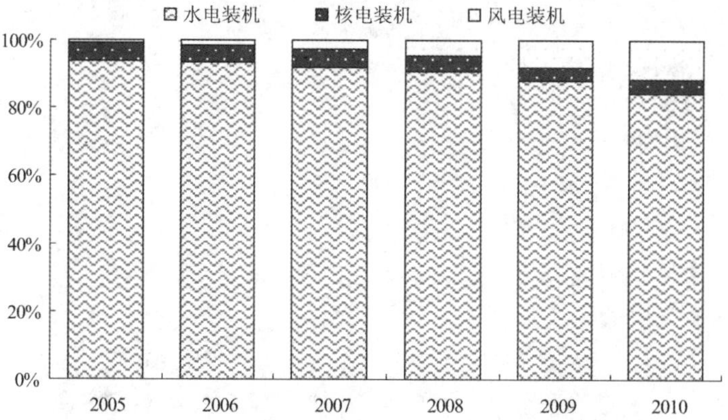

图11　2005~2010年不同容量等级变电设备容量比重变化

企业层面开展的电力需求侧管理工作。电力企业是开展电力需求侧管井工作的主力军，2010年，电网企业在政府部门领导指导下，有序推进各项工作，取得了较好的成绩。如国家电网公司持续推进有序用电管理，组织编制了《国家电网公司节能服务体系建设指导意见》，组织电力客户有序实施限产限电，继续加强需求侧管理示范项目建设，并稳妥推进大用户直接交易试点。南方电网公司组建综合能源公司，建设节能展示中心、节电示范项目，深入开展“绿色行动”，为用电大户开展节能诊断。

三、2010年电力行业循环经济发展成效

（一）节能降耗

“十一五”期间，电力行业认真贯彻落实科学发展观，在加快发展的同时，按照国家统一要求与部署，加大节能管理力度，火电机组平均供电煤耗、线损率、厂用电率等指标已达到或接近世界先进水平，提前完成能源发展“十一五”规划目标，为全国节能目标的实现作出了重要贡献。“十一五”电力节能目标完成情况见表3。

表3　“十一五”电力节能目标完成情况

指标	2005年基准值	2010年			
		目标值	实际值	目标完成情况	目标来源
供电煤耗（克/千瓦时）	370	355	333	2008年实现	能源发展“十一五”规划
线损率（%）	7.21	7	6.53	2007年实现	同上

1.供电煤耗。2010年，全国6000千瓦及以上火电机组供电标准煤耗每千瓦时333克，比上年降低7克，低于2007年的美国（每千瓦时360克）、澳大利亚（每千瓦时354克），达到世界先进水平。“十一五”期间，火电机组平均

供电煤耗每千瓦时累计下降37克，相当于累计节约标准煤约3.2亿吨，相应减排二氧化碳约9亿吨。1978~2010年我国火电机组平均供电标准煤耗变化情况见图12。

2.电厂水耗。2010年，全国火电厂单位发电量耗水量为2.45千克/千瓦时，比上年降低0.25千克/千瓦时，比2005年基准值3.10千克/千瓦时下降0.65千克/千瓦时，提前实现能源发展“十一五”规划中规定的2010年达到2.8千克/千瓦时的目标值。2001~2010年全国火电厂单位发电量水耗变化情况见图13。

3.厂用电。2010年，全国发电厂用电率为5.43%，比上年下降0.33个百分点。其中，水电0.33%，比上年下降0.07个百分点；火电6.33%，比上年下降0.29个百分点。1978~2010年全国厂用电率变化情况见图14。

4.线损。2010年，全国线损率6.53%，比上年下降0.19个百分点，比“十一五”确定的7%的目标值低0.47个百分点。目前我国线损率低于2007年的英国（7.4%）、澳大利亚（7.5%）、俄罗斯（11.95%），接近2007年美国水平（6.38%），居同等供电负荷密度条件国家的先进水平。“十一五”期间，线损率累计下降0.68个百分点。1978~2010年全国电网线损率变化情况见图15。

（二）综合利用

1.粉煤灰

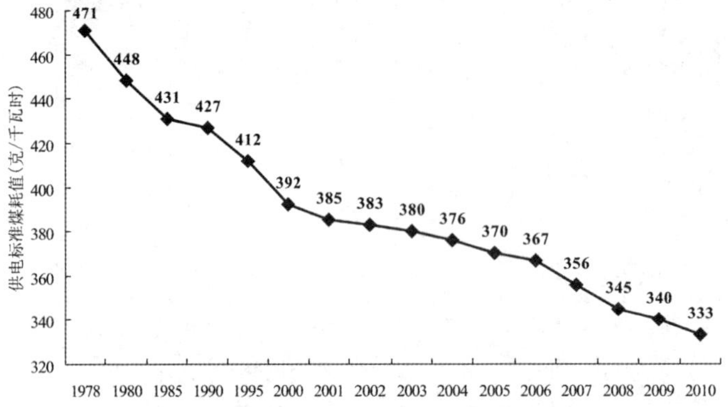

图12 1978~2010年我国火电机组平均供电标准煤耗变化情况

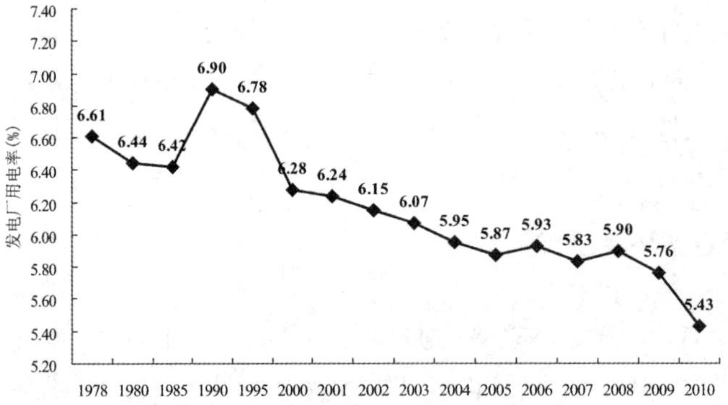

图13 1978~2010年发电厂用电率变化情况

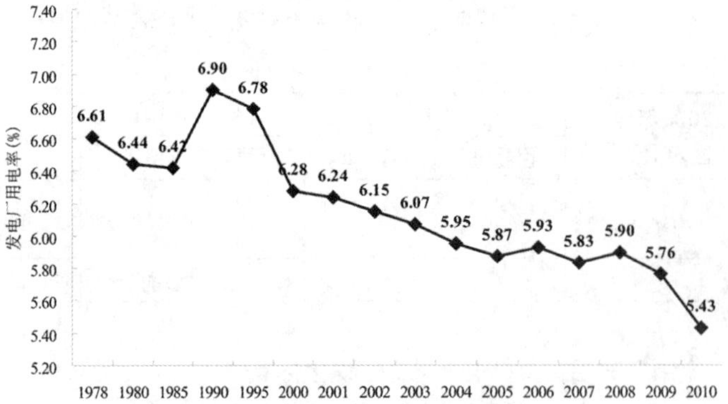

图14 1978~2010年发电厂用电率变化情况

2010年，全国燃煤电厂发电及供热消耗原煤约17.58亿吨，产生粉煤灰约4.8亿吨，比上年增长14.3%；粉煤灰综合利用量3.26亿吨，比上年增长16.4%；燃煤电厂粉煤灰综合利用率约为68%，与上年持平。2001~2010年粉煤灰产生与综合利用情况见图16。

（2）脱硫副产品

2010年，全国燃煤电厂采用石灰石~石膏湿法烟气脱硫等工艺产生的副产品石膏约5230万吨，比上年增长21.6%。2010年全国脱硫石膏综合利用率约69%。截至2010年底，燃煤电厂脱硫石膏仍有库存近8000万吨，综合利用问题不容忽视。

（3）碳回收利用

燃煤发电烟气二氧化碳吸收示范工程取得成效，建成并投运了华能北京热电厂3000吨/年二氧化碳捕集示范工程、华能上海石洞口第二电厂10万吨/年二氧化碳捕集装置和中电投重庆合川双槐电厂年产1万吨液体二氧化碳捕集装置。

电力二氧化碳排放呈现排放总量上升、排放强度逐年下降的特点。据中电联专家分析，电力行业通过发展非化石能源、降低供电煤耗和线损率等措施，以2005年为基准年，“十一五”期间，累计减排二氧化碳约17.4亿吨，成效显著。其中，通过降低供电煤耗累计减排二氧化碳约9亿吨，占51%；通过发展水电累计减排二氧化碳约6.5亿吨，占37%。“十一五”期间电力行业各项措施二氧化碳累计减排量贡献比见图17。

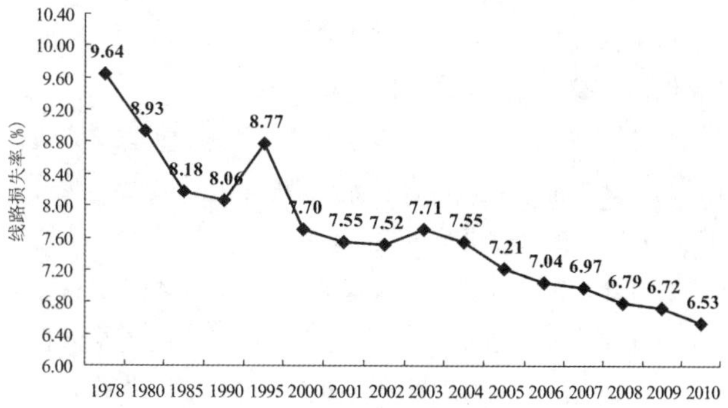

图15　1978~2009年全国电网线路损失变化情况

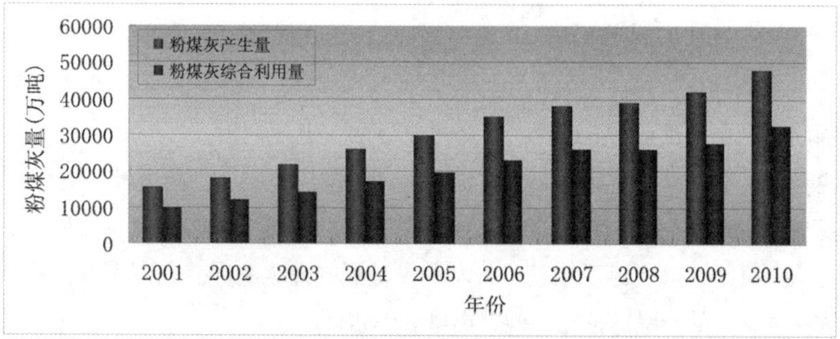

图16　2001~2010年粉煤灰产生与综合利用情况

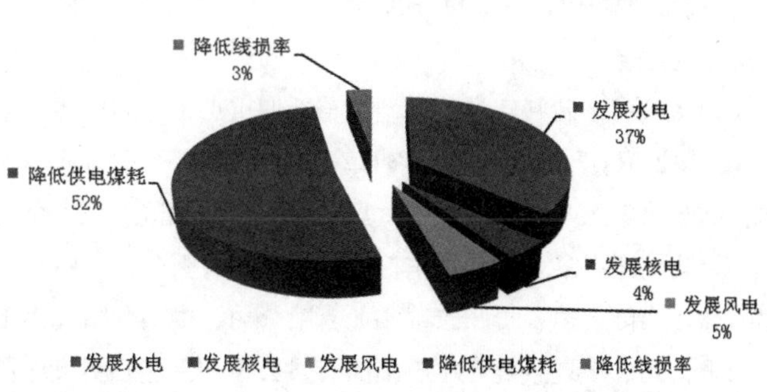

图17　“十一五”期间电力行业各项措施二氧化碳累计减排量贡献比

石油和化工行业循环经济

中国石油和化学工业联合会

一、石化行业“十一五”期间循环经济发展取得的成就

（一）循环经济理念成为行业共识

“十一五”期间，通过有效组织推动和大量的宣传培训工作，使石油和化工行业和大多数企业发展循环经济的理念成为普遍共识。全行业树立和落实以人为本、全面协调可持续的科学发展观，坚持资源开发与节约并重，把节约放在首位的方针，紧紧围绕实现经济增长方式的根本性转变，以提高资源利用效率为核心，以节能、节水、节材、节地、资源综合利用和发展循环经济为重点，加快结构调整，推进技术进步，加强法制建设，完善政策措施，强化节约意识，尽快建立健全促进节约型社会建设的体制和机制，逐步形成节约型的增长方式和消费模式，以资源的高效和循环利用，促进石油和化工健康、快速和可持续发展。

全行业积极配合和认真落实国家《节能中长期专项规划》提出的十大重点节能工程，按照《十大重点节能工程实施方案》，围绕行业节能工作的主要目标、重点内容、保障措施和国家支持的重点，启动了节约和替代石油、热电联产、余热利用、节能监测和技术服务体系建设等工程。

抓好重点耗能子行业和重点耗能企业节能。突出抓好炼油、乙烯、氮肥、氯碱、纯碱、电石、黄磷重点耗能子行业和年耗能万吨标准煤以上企业节能，重点抓好442家国家确定的千家高耗能企业，确定节能降耗目标和措施，加强跟踪和指导。推广节能先进技术，交流先进管理经验，树立先进典型，表彰先进单位和个人。

加强重点行业原材料消耗管理。严格设计规范、生产规程、施工工艺等技术标准和材料消耗核算制度，推行产品生态设计和使用再生材料，减少损失浪费，提高原材料利用率。

推进废物综合利用，加强共伴生矿产资源的综合开发利用。以粉煤灰、煤矸石、尾矿和化工废渣及有机废水综合利用为重点，推进工业废物综合利用。做好再生资源回收利用工作。以废旧轮胎、电石炉气、磷石膏、电石渣、氟化氢、副产盐酸等的回收利用为重点，推进化工生产废弃物的资源化利用。

努力发展高效复合化肥、长效缓释化肥和高效农药的生产，推广节肥、节药技术，提高化肥、农药利用效率。

建立资源节约监督管理制度。研究制订重点产品能耗限额标准、清洁生产指标体系和“双高”产品目录等节能减排标准和法规，建立高耗能、高耗水落后工艺、技术和设备强制淘汰制度。完善重点耗能产品市场准入制度，对达不到最低能效标准和排放标准的产品，禁止生产、出口和销售。

加快节能技术服务体系建设。推行重点企业能耗报告制度、能源审计和能耗对标工作，推行合同能源管理和节能投资担保机制，为企业实施节能改造提供诊断、设计、融资、改造、运行、管理一条龙服务。

（二）循环经济试点促进行业发展

“十一五”期间，按照《国务院关于做好建设节约型社会近期重点工作的通知》、《国务院关于加快发展循环经济的若干意见》(国发[2005]21、22号)要求，国家发展改革委会同国家环保总局等有关部门和省级人民政府，在重点行业、重点领域、产业园区和省市组织开展循环经济试点工作。第一批试点化工企业和园区有14家：上海化学工业区、四川西部化工城、山西焦化集团有限公司、山东鲁北企业集团有限公司、四川宜宾天原化工股份有限公司、河北冀衡集团公司、湖南智成化工有限公司、贵州宏福实业有限公司、贵阳开阳磷化工集团公司、山东海化集团有限公司、新疆天业（集团）有限公司、宁夏金昱元化工集团有限公司、福建三明市环科化工橡胶有限公司、烟台万华合成革集团有限公司。第二批试点化工企业有5家：山西丰喜肥业（集团）股份有限公司、山西安泰集团股份有

限公司、浙江巨化集团公司、广东云浮硫铁矿企业集团公司、云天化集团有限责任公司。

此外，青海盐湖、天津滨海新区、武汉、扬州等区域性循环经济示范试点中也都有化工企业协调相关行业联合形成循环经济产业链的项目。在有些项目中，化工行业成了循环经济链条的核心和传承通道。

这些试点单位和企业，覆盖了乙烯、氮肥、磷肥、氯碱、纯碱、电石、无机盐、化学矿、橡胶加工、合成材料等主要子行业。这些子行业，在“十一五”期间都围绕实施循环经济进行了积极的探索，并创造出不少成功的经验。在不同程度上探索和创造了不同特色的建设低投入、高产出、低消耗、少排放、能循环、可持续的化学工业发展新模式，促进了行业发展。

（三）循环经济成果促进了行业进步

“十一五”期间，石油和化工行业实施循环经济成果显著，极大地促进了行业进步。通过大力推广先进煤气化、干法乙炔、大型密闭式电石炉、新型膜极距离子膜电解槽、溴化钾吸收式制冷机组、电石和黄磷炉气综合利用等先进工艺技术装备，有效实施清洁生产和循环经济，行业节能减排取得显著成效。2010年，全国石油和化学工业万元增加值能耗为3.54吨标准煤，比2005年下降16.1%，重点耗能产品单耗明显下降，其中，吨原油加工综合能耗99.3千克标煤，比2005年下降27.6%；吨乙烯生产综合能耗880.7千克标煤，下降11.6%；吨合成氨生产综合能耗1356.4千克标煤，下降14.3%；电石、30%离子膜烧碱和纯碱的生产综合能耗也分别下降了14.8%、26.3%和29.1%。这些主要耗能产品的综合能耗已经接近或缩小了与国外的差距。行业环保治理水平明显提高，污染物排放得到有效控制。2010年，全行业化学需氧量、二氧化硫等主要污染物排放量分别比2005年减少11%、10.2%，重点污染物减排任务均超额完成。

中国石油天然气集团公司通过实施分解落实污染减排目标指标，推进十大减排工程、加快建设污染减排体系、开展循环经济试点工作、加强污染减排效果评估等措施，全部实现达标排放，污染减排取得较大成效。2006年起，中国石油相继启动“吉林油田含二氧化碳天然气开发和二氧化碳综合利用”重大专项以及“吉林油田二氧化碳驱油重大科技开发试验”项目。经过3年刻苦攻关，二氧化碳分离与防腐技术和二氧化碳驱油矿场试验等系列技术取得重大突破，为吉林油田长岭气田通过二氧化碳分离注入附近油田驱油，提高储量动用率和原有采收率，进而为实现二氧化碳有效利用和减排等综合效益提供了强有力的技术支撑。2009年12月25日，首个集天然气开采、二氧化碳埋存驱油的一体化项目于吉林油田长岭含二氧化碳天然气田和吉林大情字井油田建成投产，在形成年10亿立方米天然气综合配套产能的同时，每年可封存二氧化碳4万～12万吨，取得了良好的二氧化碳减排和提高油田采收率综合效果。

中国石油化工集团公司积极发展循环经济，推进资源高效利用和循环利用，加强副产品的综合利用，进一步实现了低消耗、低排放、高效率。利用炼厂干气建设提浓装置或者建设乙烯制乙苯装置，2009年建设完成和新批项目5个，合计利用干气中的乙烯资源超过10万吨；利用乙烯裂解副产碳四、碳五资源。2009年已经实现上海裂解碳五全分离，拟批复投资天津、燕山碳五分离项目，计划在燕山采用自主开发的烯烃歧化技术，建设碳四利用工业化装置。还进一步采取措施，回收轻烃并综合利用。2009年已落实50个轻烃利用项目，每年可回收利用轻烃约351万吨；并且积极对氢气资源优化利用，通过制氢原料气体化和富氢气体回收利用，可顶替制氢原料中石脑油约29.7万吨，回收氢气13.7万标准立方米/小时；回收焦化装置液化气组分，相继完成10套焦化吸收稳定配套改造，每年可回收液化气约20万吨。

中国海洋石油总公司多年来坚持“清洁、绿色、低碳和循环经济”的发展理念，努力发展循环经济，减少资源消耗和污染物排放，实现企业与社会、自然的和谐统一。2007年9月，利用LNG（液化天然气）冷能进行空气分离的生产项目在福建省莆田市正式奠基，这是我国首个LNG冷能利用项目，使中国海油循环经济再添亮点。该项目由中海油能源发展有限公司与美国空气化工产品公司联袂投资建设，总投资约3亿元。零下162度左右的液化天然气在还原为气体时要释放大量冷能。目前，LNG接收站用海水进行加温，如果不加处理，冷却后的海水排入海中会导致海域内温度分布不均，影响周围生态环境。因此，回收利用LNG冷能，不仅可以保护海洋生态环境，还能节能减排。中国海油正在进一步加强对LNG冷能利用技术的研究，并制订了详细的发展规划。根据规划，中国海油将在福建莆田、浙江宁波，广东大鹏和上海等四个LNG接收站相继建成空气分离项目和民用取冷项目，2010－2015年将完成中国海油各LNG接收站冷能综合利用的全面建设与开发，在低温应用领域拓展出循环经济新模式。

中化集团进一步优化利用资源，不断探索循环经济模式，促进自身低碳、绿色发展。集团通过全面推行清洁生产工作，实施的清洁生产项目投产后可取得年经济效益3.3亿元，可发电2亿千瓦时，节电1.4亿千瓦时，节水156.9万吨，节约27.5万吨标准煤，减排二氧化碳29.5万吨，综合利用废渣11.5万吨。集团下属中化涪陵完成了从耗能污染大户到环保先锋的转变，作为2008年“石油和化工行业节水先进单位”，中化涪陵在2009年继续深入开展相关工作，依靠“源头抓起、过程控制、分级利用和循环使用”的举措，在实现污水零排放的基础上，根据源头治理、清污分流的原则，彻底改造了厂内事故废水、初期雨水、生活废水治理系统，确保污水的全面回收利用。

中国化工集团公司积极响应“节能减排”号召，采用“零排放”管理概念，打造零排放高标准目标，推进化工企业节能减排工作。先后完成了“PVC聚合离心母液回用”、“含油废水回用”等示范工程。开展“责任关怀”企业试点，加快“环境友好型企业”建设，一批企业通过了清洁生产审核，有多个节能和环保技术改造项目获得财政奖励资金。2009年，集团公司节约能源近100万吨标准煤，万元产值综合能耗同比下降9.4%，万元产值耗新鲜水下降22.36%，工业用水重复利用率提高4%，废水排放下降8.36%，COD排放下降11.02%，SO_2排放下降3.58%。

青海盐湖集团以盐湖镁资源综合开发利用为引擎，规划建设世界级规模的金属镁基地，同时联产甲醇、电石、纯碱、焦炭等化工产品。届时，盐湖集团将在察尔汗盐湖上形成一个由数十套化工装置组成的、涵盖十多种化工和镁基新材料产品的循环经济产业链条。青海碱业在德令哈地区规划的年产270万吨纯碱项目，其原料是钾肥生产中产生的尾盐，其纯碱生产中产生的废炉渣料和废液还能分别转换成水泥原料和氯化钙产品。整个柴达木盆地建成、在建和规划中的约450万吨纯碱装置；所需工业盐将全部来自钾肥生产中产生的废盐，具有明显的成本优势。其他企业在柴达木木盆地投资建设的煤—焦—盐化工、煤化工—盐化工—建材、有色金属—天然气—盐化工和铁矿—焦炭—钢铁等项目。形成了柴达木盆地循环经济区五大循环经济产业链和格尔木、德令哈、大柴旦、乌兰等四大功能工业园区，化工产业集聚效应正在显现。

南京化工园以“集聚优势产业，优化产品结构”为主线，积极发展中下游产品的延伸加工，提高产品的精细化率和深加工率，充分发挥园区的集聚效应。发展石油化工、碳一化工、氯化工产业链，形成高分子材料、精细化学品、新型材料、医药化工的企业集群及产品组团。惠生（南京）化工有限公司于2007年在南京化工园投产，具备20万吨／年甲醇、29万吨/年一氧化碳的生产能力，总投资8.2亿元。这是园区发展节能减排和循环经济的典范企业，其中直接用于环保投资的金额为4400万元，占投资总额5.4%；用于资源循环利用单元的投资为5800万元，占总投资的7.1%。惠生是南京化工园区碳一产业链的龙头企业，生产过程坚持贯彻资源综合利用、节能、环保的宗旨，其主要生产原料氧气来自园区内的空气公司，产品一氧化碳和甲醇则是下游企业塞拉尼斯的原材料。上下游之间的原料往来都是通过管廊连接。此外，每年大约产生10万吨废渣作为水泥生产厂的添加剂，部分粗渣可用于铺路。每年回收1.5万吨的硫磺可直接以液态送至南京化学工业公司硫酸厂做原料。这样的科学布局使得惠生处于一个环环相扣的紧密产业链中，与同等规模的化肥厂（产品为尿素）相比，每年可减少CO_2排放量35万吨；与同等规模的单一甲醇厂比较，每年可减少CO_2排放量40万吨。与此同时，惠生公司的煤气化单元采用美国德士古水煤浆气化技术，碳转化率高达96%~98%；硫回收单元采用荷兰CoMPrimo公司超级克劳斯硫回收工艺，可实现硫回收单元的零排放，整个系统硫的总回收率达99.4%以上。全厂蒸汽进行多级利用，每年副产的40万吨中压蒸汽和20万吨低压蒸汽可进行余热发电，每年发电量7200万度，年销售收入2700万元。

贵州宏福实业开发有限总公司在短短的几年时间内，建设成为我国最大的磷肥生产基地，通过大力开展技术创新，积极探索和实践循环经济，成为发展循环经济的先进典型。通过自主开发WF-01浮选剂新技术、新工艺，将入选磷矿品位由原设计的30%（P_2O_5）左右降低到现在的25%，提高了资源利用率，延长了矿山服务年限；通过积极开展酸性废水选矿技术，实现磷肥厂生产废水再利用，不仅降低了水资源的消耗，也有利于实现磷肥生产酸性废水的“零排放”；通过开发具有自主知识产权的可资源化活性焦烟气脱硫技术，实现了烟气脱硫制硫酸，并回用于生产过程，不仅创造性地实现含硫废气资源化利用，降低SO_2的排放，同时减少对硫磺进口的依赖和过度消耗。新疆天业以烧碱、聚氯乙烯为龙头，充分依托新疆资源优势，大力发展循环经济产业链，在产业布局上注重各大产业循环式组合；同时产业内部实现资源的高效循环利用。

山东鲁北企业集团总公司通过多年实践，改变传统的"资源—产品—废物"的生产模式，创立了三条生态产业链。一是磷铵—硫酸—水泥生产链，将生产磷铵产生的废渣制造硫酸并联产水泥，磷铵、硫酸和水泥的生产成本分别降低30%、50%和20%。二是水产养殖—制卤提溴—结晶产盐以及苦卤提取钾、镁的生产链，分级利用海水，产生出巨大的效能，为海水资源的综合利用开辟了新路。三是煤矸石清洁发电与盐碱联产的生产链，减少了生产环节，节省了运输费用和建设、运行成本，成为烧碱行业"盐、碱、热、电"联产的特色工程。通过这三条产业链，使企业资源利用率达到95.6%，主要产品成本降低了30%～50%，走出了一条循环经济发展的新路子，2004年首批荣获"国家环境友好企业"的荣誉称号。

新疆天业集团依托自治区优势资源转化战略，充分利用新疆的煤、盐、石灰石等资源优势，在建设年产110万吨聚氯乙烯及配套项目时，体现了煤电化一体化循环经济理念，构筑了两个资源加工综合利用大循环产业链：一是资源（石灰石、盐、煤）—发电—电石—聚氯乙烯—节水器材—高效农业—食品加工—农业产业化，二是实现了排放物的综合利用，即粉煤灰、电石渣—水泥、制砖—建筑。这两个产业链在完成资源深加工的同时，实现了生产过程排放物的资源化、再利用。在先进工艺技术应用上，采用组合式吸收—解析工艺，对氯化氢气体进行循环利用，使20万吨聚氯乙烯装置增产聚氯乙烯树脂1万吨，增加销售收入6500万元，实现利润1000万元。

山东海化集团积极探索海（卤）水合理开发、梯次利用的新工艺，逐步实现"一水六用"，建立起上下游产品接续成链、关联产品复合成龙、资源循环综合利用为特色的海洋化工生态工业体系，实现了产品及废弃物的再资源化，并通过氯碱树脂、甲烷氯化物项目进一步扩展海洋化工产业链，提高了资源的集约化利用程度和生态经济综合效益，成为循环经济的新亮点。

上海化学工业区按照"一体化"循环经济理念，构建园区内企业内部、整个园区内部及园区与周边三个层次的循环圈，使园区及周边范围的原料、中间体、产品、副产品及废弃物做到互供和共享，实现了资源利用最大化，园区万元产值能耗1.2吨标准煤、水耗33吨，只占同行业平均水平的1/2和1/5，与企业自建公用工程相比，能耗下降30%，投资成本降低近半。化工园区的建设和发展，在推动行业形成规模经济、培育提升产业竞争优势，及带动区域经济发展起到重要作用的同时，也对促进循环经济的发展，实现资源的综合利用和优化配置，起到了示范和引领作用。

磷肥子行业先后研发出多项新成果，其中料浆法磷铵生产技术有效地提高了中低品位磷矿石的利用率，蒸汽消耗降低了近一半，先后荣获国家科技进步一等奖和国家重大科技成果奖。橡胶加工行业开发了具有自主知识产权、居世界领先水平的"动态脱硫法再生胶生产技术"和"废旧轮胎常温粉碎技术"，彻底改变了国内落后、污染严重的再生胶生产工艺，在废橡胶粉碎方面有了突破性进展。烧碱行业采用离子膜工艺，耗能低、污染小、质量高，与传统工艺相比，吨碱蒸汽消耗下降了70%以上，并彻底消除了汞、铅、石棉、沥青等有害物质的污染。纯碱行业普遍采用"废清液生产氯化钙技术"回收利用氯化钙和氯化钠，大大降低了原料消耗，保护了环境。

据初步统计，2004年石油和化工全行业"三废"综合利用年产值达62亿元，其中固体废物年综合利用量5975万吨，利用率达到75%以上。生产过程废弃物的综合利用，是当前循环经济的主要措施。综合利用率的提高，在一定程度上体现了经济、环境、社会效益统一的要求。

从企业发展循环经济的实践和取得的成果，我们可以看出，坚定不移地走循环经济之路，是企业发展的内在要求，也是增强企业竞争力，实现可持续发展的重要途径。

二、石化行业"十二五"循环经济的总体思路和主要目标

（一）总体思路

通过大力推进节约降耗，提高资源的利用效率，坚持资源开发与节约并重，把节约放在首位的方针，在生产、流通和消费的各个领域大力节能、节水、节材、节地，节约各种资源，减少资源的消耗，全面推行清洁生产，从源头减少污染物的产生；通过不断改进设计，采用先进工艺、技术、设备，改善管理、提高质量、延长产品生命周期，减少、避免废物的产生，实现由末端治理向全过程污染预防的转变；大力开展综合利用，最大限度的利用各种废物，回收利用再生资源，减少废物的最终处置。大力发展环保产业，为资源高效利用和循环利用提供物质基础保障，在开发污染治理技术与装备的同时，更加注重开发减量化、再利用和资源化的技术与装备。

大力促进节能减排。加强重点用能企业的节能管理，推进企业能源管理中心建设。完善主要耗能产品能源消耗限额标准体系。推广先进节能技术和设备，做好炼油、乙烯、氮肥、氯碱、纯碱、电石、黄磷等高耗能行业的节能技术改造工作。全面推行清洁生产，建立主要行业清洁生产指标体系、清洁生产评价标准体系、污染物排放标准体系、环境保护管理体系，做好农药、染料、涂料等行业的清洁生产示范项目，创建一批“化工清洁生产绿色园区”。抓好农药、染料、铬盐等高污染行业的结构调整，采用先进环保技术，加快改造落后生产装置。大力发展过程排放控制技术，强化源头和过程管理，减少“三废”和二氧化碳排放。鼓励开发和积极发展二氧化碳的捕集、封存和加工利用新产品、新技术和新设备。

加大科技开发力度，突破一批关键、共性技术。开发与节能环保、新能源、生物医药等战略性新兴产业配套的化工产品与技术，培育新的经济增长点。开发高性能子午胎、绿色农药、电子化学品以及精细化工产品等清洁制备技术。发展新催化材料与技术、新分离材料与技术、纳米材料与技术、化工过程强化技术及节能减排技术。发展新型油气勘探开发技术、中低品位化学矿和重质油等劣质资源的高效利用技术、新型煤化工技术、废旧化工材料的高值化再利用技术，提高资源能源的利用率，减少污染物排放。积极发展光化学、离子液体、二氧化碳减排和利用等绿色化工技术，为石油和化学工业发展循环经济提供技术支撑。

（二）主要目标

2015年，石油和化学工业重点行业资源利用效率有较大幅度提高，形成一批具有较高资源利用率、较低污染物排放的清洁生产企业。形成若干符合循环经济发展模式的生态工业园区。万元工业增加值能源消耗比“十一五”末下降15%，二氧化碳排放量比“十一五”末下降15%。工业用新鲜水取水量比“十一五”末下降15%，工业用水的循环利用率达到95%。化工COD、氨氮排放总量减少12%，氮氧化物排放总量减少10%，二氧化硫排放总量减少7%，工业废水基本达标排放。化工固体废物综合利用率达到75%，无害化处置率达到90%以上。全行业清洁生产创造历史最好水平。

轻工行业循环经济

中国轻工业联合会

2010年是“十一五”的关键一年，国际金融危机对我国实体经济继续冲击，轻工行业的健康发展依然受到了一定的冲击，但在国家一系列拉动内需、增加投资等政策作用下，2010年轻工业延续恢复性增长的趋势。围绕节能环保和《轻工业调整和振兴规划》（以下简称《规划》），2010年中国轻工业联合会的主要工作如下。

一、进一步推进重点行业清洁生产、节能减排工作

2010年5月中国轻工业联合会和中国自行车协会联合主办“低碳行动，骑行中国2010北京~深圳自行车骑行活动”，作为我国自行车行业有史以来规格最高、规模最大、行程最长、影响最深远的一次公益之旅，环保之旅，共途经6省3个直辖市、125个地市区县，318个乡镇，通过47天的骑行活动，广为宣传低碳减排政策，推广低碳生活理念，产生了良好的社会效果。

积极鼓励行业不等不靠，采取措施解决共性关键问题。中国发酵工业协会自筹资金招标资助“味精烟气治理”行业共性关键技术，采取产学研联合攻关形势，取得重大技术突破，目前在行业中已广泛推广，比例已达60%以上，有效解决了多年困扰行业的烟气二次污染问题，并获得了中国轻工业联合会科技进步一等奖。

受工信部委托组织完成酿酒、发酵、造纸、皮革、制糖等5个重点行业清洁生产推行方案编制工作，其中酿酒、发酵行业作为第一批推行方案于2010年2月已由工信部正式发布，其余3个行业的推行方案也在工信部网站上征求意见；协助工信部对各省市上报的35个轻工业清洁生产示范项目组织了行业专家评审，并对重点项目进行了推荐，落实了4个示范项目。示范项目的实施为相关行业树立了典范，对推动行业清洁生产的深入开展将产生积极的影响。

组织向工信部报送了8家“两化融合，促进节能减排”试点示范企业，最终获批5家，涉及酿酒、制糖、造纸和发酵四个行业；总结完善这些企业的经验，将为重点行业利用信息化技术推进清洁生产起到积极的作用。

组织向工信部报送了5家“资源节约型和环境友好型”示范试点企业，最终获批3家，涉及酿酒、造纸和陶瓷三个行业，配合工信部开展示范试点，总结推广经验，将为相关行业企业节约资源、降低消耗、创新环境建设起到示范引领作用。

“低碳行动，骑行中国2010北京~深圳自行车骑行活动”启动仪式现场

协助工信部，与中国电池工业协会一起编写完成了《电池行业重金属污染综合防治方案》，相关措施的落实，将会从源头和末端上防治电池行业重金属污染。

组织向发改委推荐23项实用可推广的国家重点节能技术，最终落实4项，这些技术在国家相关政策支持下在行业内推广，将会提高行业整体节能水平。

组织造纸、发酵、皮革、酿酒等相关行业积极配合工信部调研，进行可行性分析，确定落后产能的淘汰标准和任务。这些落后产能的淘汰将进一步优化产业结构，提高行业整体清洁生产，

节能减排水平。

积极参加工信部牵头组织的国务院淘汰落后产能督察工作，了解相关省市淘汰落后产能的落实情况。

中国轻工业联合会由于节能环保工作做得较好，在2010年1月全国工业节能减排工作会议和2010年10月的全国工业清洁生产会议上作了典型发言。

二、组织和落实节能减排相关的国家科技支撑计划项目

组织上报了“制革清洁脱毛、无铬鞣制关键材料及鞋用功能材料的开发与产业化”科技支撑计划项目建议书，已经科技部组织的专家评审。

在前期工作的基础上，落实了“制糖生产过程节能与清洁生产关键技术及示范”、“造纸、发酵行业污染物减排与废物高值利用技术研究与示范”和“基于拉伸流变的塑料高效节能加工成型技术”3个科技支撑计划项目，组织完成了项目专家可行性论证、课题招标和最终材料上报等工作，这些项目的实施将攻克相关行业共性关键技术，建立产业化示范，为进一步推动行业清洁生产、节能减排技术上台阶作出贡献。

三、积极组织开展节能减排相关课题的研究工作

积极开展由工信部组织的“重点行业节能减排技术评估与应用研究”科技支撑项目中的“轻工行业节能减排技术筛选与评估”课题，包括造纸、发酵、酿酒、制糖、皮革、电池、制盐等7个行业，目前课题相关研究工作的进度和质量良好。通过此项课题的研究，将摸清相关行业节能、清洁生产、减排、废弃物利用等各方面的现状与节能减排潜力，为行业清洁生产审计、能源审计、工程设计、技术推广、政策制定等提供依据。

组织完成了工信部下达的轻工重点行业“十二五”节能规划前期研究工作课题，涉及造纸、日用陶瓷、日用玻璃和发酵4个行业，并继续承担GDP二氧化碳排放强度下降40%~45%目标的分解与实施方案课题轻工部分的研究工作，这两个课题的完成将对工业领域“十二五”节能规划的制定和应对气候变化政策的制定提供重要依据。

组织承担了环保部2010年“轻工行业环境经济政策配套综合名录编制”工作，该课题的研究将摸清重点行业主要产品的产排污情况及减排潜力，并将为国家制定环保、绿色信贷、出口退税、税收、加工贸易等相关政策提供依据。

四、落实《轻工业调整和振兴规划》，配合发改委落实产业化项目

组织电池、皮革、塑料和洗涤用品行业协会向发改委上报23个产业化项目，其中10个项目已得到中央预算内资金支持，3个项目得到技改资金支持。

五、其他

组织对科技部“十二五”废物资源化科技专项规划等提出了修改意见；

组织行业协会对发改委、工信部等有关部门转来的全国人大提案、政协议案等提出了意见和建议；对相关污染物排放标准、相关法律、法规等提出意见与修改建议。

2011年是“十二五”开局的一年，也是《规划》实施的最后一年，因此是十分重要的一年。中国轻工业将进一步以科学发展观为指导，深入调查研究行业发展中的问题，积极参与国家“十二五”相关规划的制定，提出政策建议，研究国家相关政策，继续围绕《规划》的落实，进一步加强与行业协会和国家发改委、工信部、科技部、环保部等相关部门的沟通、配合工作，努力落实《规划》中相关政策和任务，启动“十二五”的相关工作，为轻工业的振兴和可持续健康发展作出应有的贡献。

橡胶行业循环经济

中国橡胶工业协会

2010年，我国橡胶工业面对复杂和严峻的国际国内经济形势，在国家拉动内需的大环境下，不畏艰难，变困境为机遇，走低碳经济和循环经济的道路，节能减排，调整原材料和产品结构，继续积极应对“轮胎特保案”，化解天然橡胶涨价压力，采取多元化出口战略，轮胎等产品出口保持稳定增长，2010年橡胶工业又取得平稳较快的发展，为“十一五”我国橡胶工业发展画上了一个圆满句号，见表1。

表1　2009~2010年度中国橡胶主导产品产量

产品名称	轮胎	子午胎	摩托胎	自行车胎	输送带	V带
计量单位	万条	万条	万条	万条	万平米	万A米
2009年产量	38000	30000	13700	66464	27429	158333
2010年产量	42000	35000	14800	73000	33700	172500
产品名称	胶管	胶鞋	炭黑	助剂	再生胶	胶粉
计量单位	万标米	万双	万吨	万吨	万吨	万吨
2009年产量	89778	812000	283	66	250	25
2010年产量	107500	800000	325	76	270	30

注：表中数据来自2011中国橡胶年会七届四次理事会扩大会议文件。

2010年，全国橡胶消耗总量约为645万吨，比上年588万吨增长9.7%左右。其中天然橡胶300万吨，比上年270万吨增长11.1%；合成橡胶345万吨，比上年318万吨增长8.5%；橡胶消耗量连续9年世界第一，见表2。

表2　2006~2010年中国橡胶消耗量

名称＼年份	2006年	2007年	2008年	2009年	2010年
天然橡胶（万吨）	210	235	253	270	300
增长（%）	10.5	11.9	7.7	6.7	11.1
合成橡胶（万吨）	240	270	297	318	345
增长（%）	14.3	12.5	10.0	7.1	8.5
合计（万吨）	450	505	550	588	645
增长（%）	12.5	12.2	8.9	6.9	9.7

一、发展循环经济概况

2010年，为中国橡胶工业健康发展护航保驾的中国废橡胶循环利用行业，继续承担橡胶行业循环经济重任，为缓解我国橡胶资源短缺，充分利用我国废橡胶资源再制造，生产再生橡胶和硫化橡胶粉产品，产量达到300万吨，比上年275万吨增长9.1%左右。其中再生橡胶270万吨，比上年250万吨增长8.0%；硫化橡胶粉30万吨，比上年25万吨增长20%，见表3。

表3 2006~2010年中国废橡胶循环利用主要产品

名称 \ 年份	2006年	2007年	2008年	2009年	2010年
再生橡胶（万吨）	170	195	245	250	270
增长（%）	17.2	14.7	25.6	2.0	8.0
硫化橡胶粉（万吨）	22	25	25	25	30
增长（%）	0	13.6	0	0	20.0
合计（万吨）	192	220	270	275	300
增长（%）	14.9	14.5	22.7	1.8	9.1

2010年，中国废橡胶综合利用行业坚持以环境保护为己任、以资源循环为目标。坚持以生产再生橡胶为主，适度发展硫化橡胶粉和胶粒直接应用，加大再生橡胶、硫化橡胶粉的深加工力度。在“安全、高效、环保、节能”的理念下，在整体规模、资源利用率、自主创新、节能降耗及环保五个方面实现了质的飞跃。

再生橡胶产品已由中国制造发展成中国创造，生产企业遍布全国，产量已由解放初期1500吨发展到2010年的270万吨，提高了1800倍以上；特别是硫化橡胶粉的产量达到260万吨，除了在再生橡胶的大量应用外，在非再生橡胶的直接应用也达到了30万吨。

2010年，再生胶产量在2009年的基础上增幅8%以上，达到270万吨；随着全国各地开建道路和住房，公路、防水卷材胶粉的应用扩大，胶粉产量增加20%左右，达到30万吨。根据全国再生胶产量、胶粉2010年产量在2009年的增幅上按2009年不变价测算，2010再生胶270万吨产值达到175.50亿元，胶粉30万吨产值达到9.00亿元。

根据2010年产量统计排列，南通回力橡胶有限公司、南京金腾橡塑有限公司、京东橡胶有限公司等10家再生胶生产企业产量占全国总产量的17%以上，产量相对集中。由于橡胶资源的紧缺和橡胶价位的暴涨，促成了橡胶再生资源产品销售市场的火爆，也带动了硫化橡胶粉、再生橡胶销售市场看好，为再生橡胶价格的提升创造了一定的条件。

据中橡协废橡胶综合利用分会对44家会员企业统计，2010年再生橡胶销售收入、产量以及胶粉产量前十名企业分别见表4~6。2010我国再生橡胶及胶粉主要经济指标完成情况详见表7~8。

表4 2010年中国再生橡胶销售收入前十名企业

排 名	企业名称	销售收入（万元）
1	南通回力橡胶有限公司	56209.00
2	南京金腾橡塑有限公司	28043.94
3	京东橡胶有限公司	19228.80
4	莱芜市福泉橡胶有限公司	18648.00
5	金轮橡胶（海门）有限公司	17304.60
6	福建环科化工橡胶集团有限公司	15912.40
7	唐山兴宇橡塑工业有限公司	15700.00
8	焦作市艾卡橡胶工业有限公司	12459.00
9	宁波华星轮胎有限公司	11497.00
10	四川隆昌海燕橡胶有限公司	11088.00

表5 2010年中国再生橡胶产量前十名企业

排 名	企业名称	产量（t）
1	南通回力橡胶有限公司	77432.00
2	南京金腾橡塑有限公司	65632.00
3	京东橡胶有限公司	52514.80

4	唐山兴宇橡塑工业有限公司	50700.00
5	莱芜市福泉橡胶有限公司	46184.00
6	福建环科化工橡胶集团有限公司	41363.52
7	宁波华星轮胎有限公司	39950.00
8	四川省隆昌县海燕橡胶有限公司	33600.00
9	金轮橡胶（海门）有限公司	29899.00
10	晋江华鑫塑料橡胶制品有限公司	24624.00

表6　2010年中国硫化橡胶粉产量前十名企业

排名	企业名称	产量（t）
1	安徽宏磊橡胶有限公司	23243.00
2	清远结加精细胶粉有限公司	18450.00
3	吕梁升凯胶粉设备制造有限公司	13652.00
4	广州市钟南橡胶再生资源开发有限公司	13240.00
5	泸州万发橡胶厂	10160.00
6	江阴市台联超细胶粉有限公司	8957.00
7	福建环科化工橡胶集团有限公司	7536.87
8	莱芜市福泉橡胶有限公司	5969.00
9	江西亚中橡塑有限公司	2371.00
10	南通回力橡胶有限公司	1429.00

表7　2010年中国再生橡胶主要经济指标完成情况

项目	2010年	2009年	同比（%）
工业总产值（按现行价，万元）	361378.60	323456.86	11.72
再生胶产值（万元）	270379.05	253956.84	6.45
工业销售产值（按现行价，万元）	357454.32	332579.48	7.48
产品出口交货值（现价，万元）	16946.71	10436.82	62.37
工业增加值（万元）	88593.02	80950.40	9.44
再生胶产量（t）	638993.16	606111.85	5.42
通用型再生胶产量（t）	485714.51	492766.13	-1.43
特级再生胶产量（t）	90201.70	63670.95	41.67
特种再生胶产量（t）	63076.95	49674.77	26.98

表8　2010年我国硫化橡胶粉主要经济指标完成情况

项目	2010年	2009年	同比（%）
胶粉产量（t）	118513.37	83490.80	41.94
销售率（%）	95.73	96.74	-1.04
应收账款（万元）	63472.00	52122.00	21.78
产成品库存（按现行价，万元）	8075.38	7508.79	7.55
销售收入（万元）	356191.54	308888.08	15.31

实现利润总额（万元）	22803.29	19352.40	17.83
实现利税总额（万元）	39764.80	31108.20	27.83
全员劳动生产率（万元）	9.37	8.51	10.11

二、工艺与装备创新

2010年行业根据中央经济工作的主要任务和国家的减碳目标，落实工信部关于《抓好节能降耗减排治污加快工业发展方式转变》精神，认真剖析明确行业节能主要从再生工艺和工装改造的创新寻找突破口，迎接低碳经济和新技术的变革，通过行业的共同努力，已经取得较为可喜的成绩。

（一）粉碎

2010年9月15日，浙江菱正机械有限公司研发的LZ废旧轮胎常温法制取精细橡胶粉生产线在高密市信元橡胶有限公司、河南环燕轮胎股份有限公司应用后，通过行业专家考评。一致认为，该生产线采用自主创新的八项专利技术和国内新颖的附属工装进行设计，特别是全程微机程序化控制系统的设计，使该线成为国内外首条自动化程度较高的工程项目。该线与工业国家产品相比，装机节能降低40%，特别是全钢整胎切割机装机，较之台湾产品降低66%，较之美国产品降低75%，单位产品耗能降低30%，刀具寿命超过国外生产线两倍倍以上。

丹东市富润橡胶有限公司引进台湾远记机械有限公司的废旧轮胎破碎生产线，在富润公司通过近1年的正常使用中，该公司采用“引进、消化、吸收、创新”的方式进行了多方面的改进，使这条废旧轮胎生产线自动化处理更加符合中国国情，大小胎混合加工，达到处理五万吨/年，全部是900以上大胎，可以达到3万吨/年的处理能力，刀具的使用寿命也能达到效果。这套装置属于目前国内产能比较高的；但由于从台湾进口价格较高，为使该套设备能够符合中国国情，台湾远记与丹东富润合作，在丹东成立了中台合资富远环保科技有限公司，采用台湾远记技术的废旧轮胎生产线，除必须从国外进口的配件外，绝大部分国产化，这套流水线的售价将是进口价的50%左右，届时，淘汰“小三件”的进程将大大加快，废旧轮胎破碎机生产线的格局将完全改变。

（二）常压脱硫

四川省都江堰市新时代工贸有限公司、山东省泰安市金山橡胶有限公司通过多年的努力，自主研发成功的单螺旋和双螺旋“橡胶再生常压高温连续脱硫设备及其脱硫技术”，彻底改变了传统的“油法”、“水油法”和“动态法”压力容器脱硫生产工艺。实现了安全、环保、经济的投资经营理念。这种“以机代罐”常压高温连续脱硫设备，彻底改变了传统的压力容器生产再生橡胶工艺；节省了水、汽相变的热功耗，其耗能在146千瓦时/吨以内，工艺节能20%以上；避免了工艺废水的二次污染及废气的治理；较好地解决了连续工业化生产。

（三）再生橡胶成型生产线

常州市三橡机械有限公司研制成功的新型“三机一线”再生橡胶生产线，采用新设计的两台XKN-450/510ZG再生胶专用捏炼机，一台XKJ-450/510ZG精炼机组成，总装机功率165千瓦，采用满装四列圆柱滚子轴承（极低的摩擦系数）作为主支承，采用硬齿面减速器和十字滑块联轴器直联的传动形式，采用大剪切比及合适的辊筒中高度，3人操作，生产0.2毫米的精细再生胶，班产可达2.5~2.8吨，电耗约400~420千瓦时，相比于传统的“四机一线”再生胶生产线，增产40%以上，吨胶能耗降低30%以上。

同时，曾经为我国再生胶生产立下汗马功劳的中国最大的动态脱硫罐厂家淮南市石油化工机械设备有限公司和列入中国橡胶工业百强企业的四川亚西橡塑机器有限公司以及四川乐山亚联机械有限责任公司、乐山市公平机器有限责任公司、乐山市盛兴机器有限公司、常州市三橡机械有限公司、常州市武进协昌机械有限公司、江阴市鑫达药化机械制造有限公司、大连通用橡胶机械有限公司、大连和鹏橡胶机械有限公司、宜兴市成宏机械设备有限公司、浙江平湖秀溪机械厂、平湖市华达机械厂、浙江菱正机械有限公司、河南中赢橡胶科技有限公司等众多设备厂家都在研发安全、高效、环保、节能型设备、装置将陆续面世，无疑将为行业“十二五”的发展助威、助力。

三、硫化橡胶粉直接应用，实施名牌战略

为了发展硫化橡胶粉和胶粒直接应用，除了推动在橡胶制品包括轮胎制造中的精细胶粉的应用，还开展在防水卷材、体育场地、老人和儿童活动中心的直接铺装应用。

为满足公路建设对硫化橡胶粉日益增长的需求，经与“公路改性沥青用硫化橡胶粉研发基地“合作，根据行业制定的生产企业必备条件要求，通过企业申请、专家审核等程序，对符合条件的由中国橡胶工业协会授予“公路改性沥青用硫化橡胶粉生产企业”，向社会推荐公布宣传，以此推进、规范硫化橡胶粉在公路、市政建设中的应用。

为了进一步推动实施名牌战略，依据中国橡胶工业协会《关于组织开展协会推荐品牌产品活动的通知》（中橡协字〔2010〕102号）文，经企业申报、专家评审、协会审定及公示等程序，南通回力橡胶有限公司“南回”牌丁基再生橡胶等71家企业的32个产品被评为2011年度协会推荐品牌产品。

为客观公正地反映中国橡胶工业企业发展壮大的成绩，扩大中国橡胶工业优势企业的市场知名度，促进企业的持续稳定健康的发展,中国橡胶工业协会决定从2010年起逐年向国内外评介中国橡胶工业企业主营业务收入前100名企业即“中国橡胶工业百强企业”。依据评价原则，活动坚持公正、公平、客观、准确的原则，着力推动转变经济发展方式、优化工业经济结构、加速产业集聚和不断提高自主创新能力，促进各种要素资源向优势企业集中，重点培育和发展一批具有自主知识产权、带动作用强的大企业、大集团，实现中国橡胶工业经济健康、快速发展。根据评价范围、评价标准以及历年统计和企业申请，推介了2010年度中国橡胶工业百强企业名单。废橡胶综合利用行业的南京金腾橡塑有限公司等6家企业名列中国橡胶工业百强企业。

四、前景展望

随着我国汽车产销量和保有量的快速增长，以及国内汽车保有量将达到两亿辆的现状，大量的废旧轮胎报废必然会随之成倍增加，充分利用我国的废旧橡胶资源成为现实。

一是随着世界经济复苏，加上国家继续拉动内需和汽车工业产量以及全国各省、市开建高速公路和道路改建及住房建设信息，公路、防水卷材硫化橡胶粉的应用将得到扩大。

二是由国家正在制定的《废轮胎橡胶综合利用准入条件》、发改委关于征求对《关于加快推进废旧轮胎综合利用的意见（征求意见稿）》、国家工信部出台的《轮胎产业政策》、《废旧轮胎综合利用指导意见》和工信部立项的《再生橡胶行业清洁生产水平评价技术要求》等都传递一个信息，国家都在密切关注和引导行业的科学发展。

三是我国是轮胎生产大国，也是轮胎消费大国。据不完全统计，我国每年废旧橡胶的产生量在1200～1400万吨。2010年，废旧轮胎利用率由2005年的65%提高到80%；非轮胎类的胶管胶带、摩托车、电动车、自行车轮胎以及胶鞋等其他废旧橡胶制品利用率也由30%提高到60%。随着这几年我国经济和汽车工业的快速发展，国内汽车保有量已达2亿辆左右，每年废旧轮胎产生量以8%～10%的速度递增，2010年我国产生废轮胎在2.56亿条左右，重量达940万吨，还不包括每年报废的大量胶管胶带、摩托车胎、电动车胎、自行车胎、胶鞋等众多废旧橡胶制品，其数量也在几百万吨。这样算来还有数百万吨废旧橡胶散落在民间，没有很好回收利用，任重道远。

四是“十一五”期间，行业发展已经度过小打小闹创业生存期，粗放式生产经营模式已经进入历史。“十二五”的2011年行业将进入发展转型期，企业在政府规划下，进入工业园区，生产工艺、设备都在进行重大调整，工艺向安全环保发展，设备向节能高效发展，产业向量化规模发展。

五是坚持为了国家、民族的利益，为了960万平方公里的国土和居住在国土上的13多亿人民生活的环境安全，坚决反对废旧轮胎进口。

六是开展废旧轮胎回收利用的收费与补偿机制，推进生产者责任延伸制度，轮胎生产企业、轮胎销售商、轮胎进口商和轮胎使用者都要承担旧轮胎翻新和废轮胎回收处理相关社会责任的课题研究。

“十二五”期间，中国橡胶工业行业遵循国务院有关循环经济政策的引导下，在发改委、工信部等部委的领导下，废橡胶综合利用行业将产生“翻天覆地”的变化，“百家争鸣、百花齐放”，将为行业发展施展才能、释放才华搭建平台，只要坚持自主创新，坚持行业科技进步，坚持实施技术创新、产品创新、效益创新，真正提高产业核心竞争力，行业由大向强发展的进程步伐将得到最大的提升。“安全、高效、环保、节能”永远是共同的目标，前进的道路上永远没有最好，只有更好。

废钢铁产业化发展

中国废钢铁回收利用协会

进入21世纪，原生资源的减少和枯竭，生态环境的日趋恶化，全球经济的发展受到制约。“减量化、再利用、资源化”循环经济的运行模式成为世界认同的可持续发展的主体。中国把节能降碳、循环经济、绿色发展、建设“两型社会”作为基本国策，推动中国经济持续健康发展。

废钢铁自身蕴含的载能节能、降碳环保的特性，在钢铁工业循环经济发展中，发挥着重要的作用。在国家大力发展循环经济、节能减排、促进再生资源综合利用的利好形势推动下，2010年废钢铁产业的发展取得了显著的进步。废钢铁产业的理念逐步深化，废钢铁产业体系建设日趋完善，废钢铁加工配送基地数量和规模不断增加，废钢铁回收应用量稳步增长。

一、2010年废钢铁产业发展态势简要回顾

（一）粗钢产量持续增长，钢铁积蓄量大幅增加

2010年我国粗钢产量为63874万吨，同比增长10.7%，又跃上了一个新的台阶，突破6亿吨大关，占世界粗钢产量的44.3%；生铁产量为59022万吨，同比增长7.4%，见表1。

“十一五”中国的钢铁工业在国家宏观调控政策的惠顾下，着力转变经济发展方式，注重调整产品结构，淘汰落后产能，克服了原燃材料价格不断上升等诸多不利因素的影响，每年平均以5700万吨的增速领先世界钢铁发展水平，如图1所示。

2006年我国钢铁积蓄量为29.1亿吨，2010年达到45.7亿吨，增长57%，为“十二五”和远期废钢铁资源的逐年增加，提供了可靠的保障。

（二）废钢铁消耗总量增加，提供产品结构优化

2010年钢铁产业消耗废钢铁8810万吨，同比增长5.3%。由于我国废钢铁资源尚不充裕，废钢铁消耗量的增长量

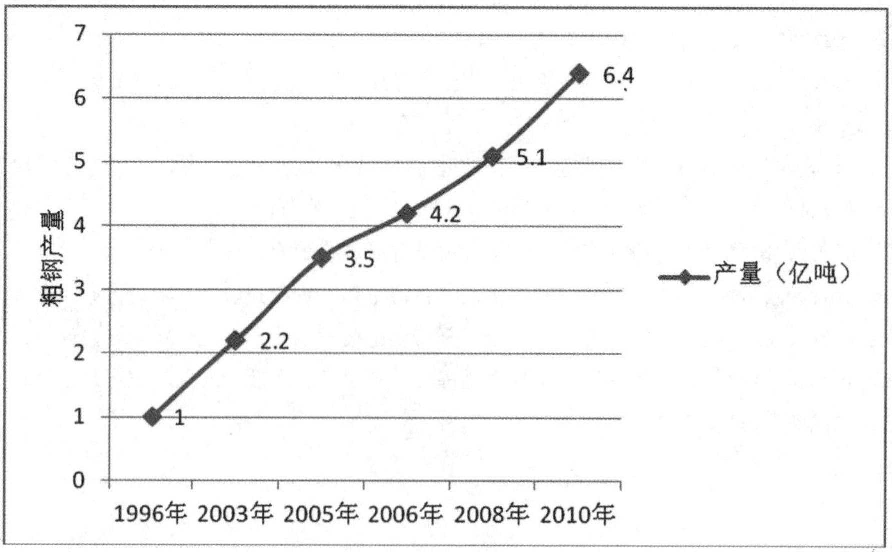

图1　中国粗钢产量的几次飞跃增长

低于粗钢的增长速度，形成“总量增加，单耗下降”的局面。2010年我国炼钢废钢平均综合单耗138公斤/吨钢，同比下降公斤/吨钢，比“十一五”平均水平低7.5公斤/吨钢。

表1 “十一五”我国粗钢产量统计表

年份	2006	2007	2008	2009	2010
产量（万吨）	41915	48929	51234	57707	63874
增长量（万吨）	6591	7014	2305	6473	6167
增长百分比（%）	18.7	16.7	4.7	12.6	10.7

注：粗钢产量数据来源于中国钢铁工业协会。

2010年废钢铁平均单耗下降的原因，主要是国内废钢铁资源的短缺和市场价格的影响及国外进口废钢补充量的大幅减少。另外，不规范的小钢厂争夺优质废钢铁资源，据估算有超过3000万吨的废钢铁资源流向不合理，也减少了规范钢铁企业的用量。

“十一五”我国钢铁工业消耗废钢铁3.8亿吨，比“十五”的2.39亿吨增加1.39亿吨，增长58.2%。

“十一五”我国平均废钢比14.5%，比“十五”的20.5%降低6%，比世界平均水平（2009年世界废钢比37.6%）低23%，见表2。

表2 “十一五”我国炼钢废钢铁平均消耗统计

年份	2006	2007	2008	2009	2010
综合单耗（公斤/吨钢）	160	140	144	145	138
环比增减量（公斤/吨钢）		-20	+4	+1	-7
炼钢废钢比（%）	16	14	14.4	14.5	13.8
转炉单耗（公斤/吨钢）	79	75	82	76	81
环比增减量（公斤/吨钢）		-4	+7	-6	+5
电炉单耗（公斤/吨钢）	548	549	546	658	640
环比增减量（公斤/吨钢）		+1	-3	+112	-18

2010年废钢铁产业的发展，使传统的废钢铁供需方式发生转变，废钢铁加工配送基地的建立，经过机械加工、清除了非钢固废物和有害杂质的优质废钢大量供给钢铁企业。废钢铁产品的品种在逐步优化，经过加工符合钢厂要求的废钢铁已占消耗总量15%以上，这是落实节能减排、低碳经济最直接最有力的措施，是社会效益和企业效益双赢的发展趋势。

（三）废钢铁资源逐年增长，但仍不能满足市场需求

2010年废钢铁资源来源于三大部分，其中钢铁企业自产回收废钢铁3300万吨，同比增长8.6%；社会回收废钢铁5340万吨，同比增长16.6%；应用进口废钢440万吨，同比降低56.9%。钢铁企业自产回收废钢铁基本维持在一定的比例，社会采购回收废钢铁增长幅度较大，反映出国内资源的变化和回收利用力度的提升，特别是废钢铁应用对节能减排意识的增强。进口废钢资源应用大幅降低，缘于进口废钢量的减少。

“十一五”我国钢铁企业自产回收废钢铁1.47亿吨，比“十五”的0.8亿吨增长81.%，年均增长量200万吨；社会回收废钢铁2.2亿吨，比“十五”的1.4亿吨增长55.6%，年均增长量280万吨；应用进口废钢2280万吨，占进口废钢总量的71%，比“十五“降低40%。

我国粗钢产量的快速增长，需要相应钢铁原料的支撑。目前国内废钢铁资源量远远不能满足钢铁工业的需求，长流程生铁炼钢工艺在相当一个时期主导中国钢铁工业的发展，对国外铁矿石高依存度的压力短时间难以彻底解决。废钢铁产业的发展任重道远，见表3。

表3 “十一五”我国废钢铁资源平衡情况

年份	废钢铁消耗量（万吨）	废钢铁资源构成（万吨）				
		企业自产量	社会采购量	进口补充量	废次材调出量	库存变化量
2006	6720	2750	3980	340	310	40
2007	6850	2780	4230	120	270	10
2008	7380	2860	4260	260	100	~100
2009	8370	3040	4580	1020	200	70
2010	8810	3300	5340	440	160	110
合计	38130	14730	22390	2180	1040	110

（四）国内市场小幅震荡，价格理性平稳上涨

2010年国内废钢铁市场受钢材行情和铁矿石价格的影响，处于恢复性上涨窄幅震荡的局面。以重型废钢为例，2月和3月环比增长均为1.97%，4月份环比增长3.38%，创全年涨幅之最，5月和6月价格环比下降，7月份至年底，价格持续小幅上涨，环比增长幅度为0.2%～1.42%。但与2009年同期相比，价格涨幅较大。2010年上半年的3、4、5月的平均价格同比涨幅均超过500元/吨。全年重型废钢年均价2895元/吨，比2009年的2520元/吨上涨375元/吨，涨幅为14.9%。

炼钢生铁平均价格的运行曲线与重型废钢相似，4月份环比涨幅最高，5、6、7月价格环比下降，8月份开始，平均价格环比逐月增长，涨幅在0.6%～5%的范围内波动。但与2009年同期相比，涨幅较大，差额在211~881元/吨之间。2010年炼钢生铁年均价3209元/吨，同比上涨580元/吨，涨幅为22.1%。

2010年废钢铁价格的上涨，应该是在预料之中的。世界经济逐步复苏，全球钢铁原料不断上涨的大环境，决定了短暂廉价废钢铁的时期已经结束。即使受经济形势的影响，出现了时段的价格低迷期，最终也要回到恢复性上涨的阶段。

目前，废钢铁作为节能环保的绿色原料，是唯一可代替生铁炼钢的大宗钢铁原料，已越来越得到人们的青睐。我国废钢铁资源比较紧缺，远远不能满足钢铁工业发展的需求，资源的短缺支撑了价格的涨势。

废钢铁产品作为钢铁链条中的一环，始终与钢材价格的变化连在一起。2010年废钢铁价格的变化基本保持了同步跟涨跟落的规则，只是存在振幅的差异。

（五）进口废钢价格倒挂，到岸数量大幅减少

2010年我国进口废钢585万吨，比2009年减少784万吨，同比降低57.3%，略高于2006年进口废钢总量。进口国外废钢是弥补我国废钢铁资源不足的重要措施，在目前我国炼钢废钢比低于20%的状况下，每年也需要进口约1000万吨废钢铁用于钢铁生产。而价格则是废钢铁进口量的决定性因素。2010年废钢进口量大幅减少的原因正是国际废钢价格的不断攀升，倒挂现象促使钢铁企业掉头转舵，把废钢铁采购转向国内市场。“你涨我停，你降我进”已是钢铁企业在获取国外废钢铁资源时所形成的共同规律，见图2和表1。

表4 2010年我国进口废钢统计

月份	进口数量（万吨）			普通废钢进口数量（万吨）			普通废钢价格（美元/吨）		
	2010	2009	比较（-）	2010	2009	比较（-）	2010	2009	比较（+）
1	61.2	69.3	8.1	59.3	67.5	8.2	413	277	136
2	46.5	112.6	66.1	44.6	107.8	63.2	436	306	130

3	73.9	136.3	62.4	70.6	131.6	61	438	328	110
4	55.8	147.5	91.7	53.4	143.1	89.7	517	335	182
5	36.0	165.7	129.7	33.4	161	127.6	568	331	237
6	32.3	126.3	94	30.0	121.2	91.2	567	312	255
7	50.6	129.5	78.9	48.2	123.2	75	504	328	176
8	53.1	101.9	48.8	51.5	96.5	45	474	351	123
9	48.7	130.3	81.6	47.4	124.8	77.4	503	379	124
10	25.8	102.4	76.6	24.6	98.9	74.3	604	394	210
11	43.1	65.2	22.1	41.2	61.8	20.6	545	430	115
12	57.7	82.3	24.6	55.6	79.9	24.3	527	412	115
合计	584.8	1369	784.2	560	1316	756	496	346	150

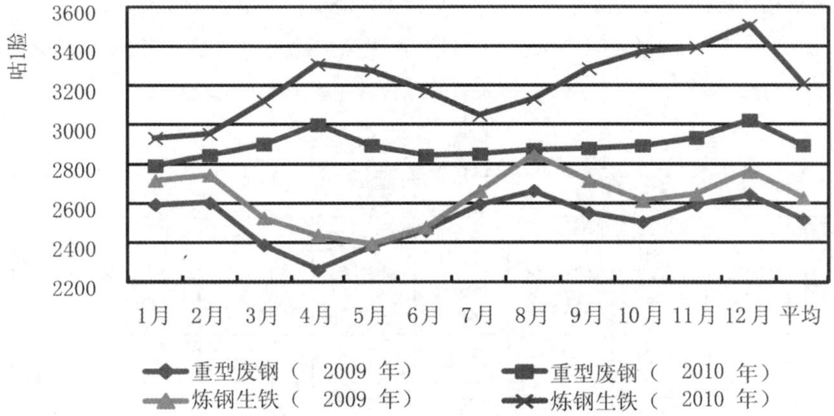

图2 2010年废钢铁平均价格运行态势

据海关资料，2010年一月份我国进口普通废钢价格413美元/吨，六月份涨到567美元/吨，上涨幅度37.3%。下半年价格跌至起伏，十月份峰值为604美元/吨，2010年普通废钢平均进口价格496美元/吨，同比上涨43.4%。

“十一五”我国进口废钢总量为3191万吨，比“十五”的4730万吨减少了1539万吨，降幅为32.5%。国际市场废钢价格的持续攀升，使“十一五”比同期进口废钢量减少三分之一，见表5和表6。

表5 “十一五”我国进口废钢统计

主要国家和地区	2006	2007	2008	2009	2010
总量合计（万吨）	539	339	359	1369	585
其中:美国（万吨）	114.9	21.2	57.5	489.9	171.3
日本（万吨）	110.7	50.6	72.6	446.4	268.2
哈萨克斯坦（万吨）	61.9	37.9	30.5	17.6	10.9
俄罗斯（万吨）	24.1	6.9	3.8	10.7	7.3
澳大利亚（万吨）	47.9	27.9	5.8	66.8	19.1
吉尔吉斯斯坦（万吨）	8.9	1.3	2.7	2.4	2.8
朝鲜（万吨）	3.2	2.8	1.4	3.7	1.4
德国（万吨）	9.9	3.8	1.3	10.4	3.5

加拿大（万吨）	1.5	1.9	1.9	9.1	3
中国香港（万吨）	42.5	53.4	131.7	154.5	37.2
中国台湾（万吨）	7.4	4.1	2.3	6.5	2.8

表6　“十一五”我国不锈废钢进口量统计表单位：万吨

年份	2006	2007	2008	2009	2010年
进口量（万吨）	21.8	40.6	30.8	37	9.4
价格（美元/吨）	1233	1677	2780	2211	1565

注：表中价格是各系列不锈废钢混合价。

（六）“两渣”科学开发利用，减轻生态环境压力

2010年我国粗钢产量6.4亿吨，年产生钢渣0.81亿吨；生铁产量5.9亿吨，年产生高炉铁渣2.01亿吨，钢铁渣总量2.82亿吨。钢渣的综合利用率21%，高炉渣综合利用率76%，钢铁渣综合利用率60%。

根据相关资料，“十一五”我国共产生钢渣3.49亿吨，产生高炉铁渣8.37亿吨，钢铁渣总量11.86亿吨。钢渣的综合利用率15.3%，高炉铁渣的综合利用率72%，钢铁渣的综合利用率55%，见表7。

表7　“十一五”钢铁渣利用情况

种类	2006年		2007年		2008年		2009年		2010年	
	利用量(万吨)	利用率（%）	利用量(万吨)	利用率（%）	利用量(万吨)	利用率（%）	利用量(万吨)	利用率（%）	利用量(万吨)	利用率（%）
高炉渣	9165	65	10500	70	11200	70	14189	76.7	15251	76
钢渣	586	10	650	10	651	10	1749	22	1711	21

钢铁渣作为大宗工业固体废物的综合利用，在“十一五”期间有了较快的发展，开发利用技术不断创新和日趋完善，尾渣深加工后，在水泥、建筑材料、交通道路等领域逐步推广应用，为节能减排，清洁生产不断作出新贡献。

据有关资料介绍，利用1万吨钢铁渣少占用1亩土地，2010年钢铁渣利用量约1.7亿吨，节省土地占用1.7万亩。利用钢铁渣粉替代水泥原料，每吨可节省1.1吨石灰石和0.18吨粘土质原料的消耗，2010年钢铁渣粉产量约6500万吨，可少消耗7150万吨石灰石和1170万吨粘土质原料。从目前勘探数据显示，40年后石灰石资源将短缺。

我国钢铁渣的综合利用水平还不高，实现“零排放”的目标需要作出很大的努力。特别是钢渣的综合利用要尽快破解技术难题，扩大应用领域，扩大尾渣产品的应用量。

（七）行业发展思路清晰，产业规模快步提升

2010年是大力宣传废钢铁产业理念，加快废钢铁产业体系建设的一年，也是积极推动废钢铁加工配送基地建设，提升废钢铁产业规模的一年。

利用行业大会和废钢铁加工配送基地座谈会等专业会议，讨论废钢铁产业“十二五”发展规划等时机，宣传废钢铁产业理念，营造全员推动发展的氛围。

积极主动地向政府相关部门汇报废钢铁产业发展情况、邀请有关部委参加行业会议，参观废钢铁加工配送基地等机会，介绍、展示废钢铁产业运行状况。取得了明显效果。

专项汇报和专题报告，为废钢铁产业发展争取政府部门的支持。就有关废钢铁加工配送基地纳入“城市矿产”范畴，废钢铁加工配送基地进口废钢自主权等问题反应企业诉求。

2010年废钢铁加工配送示范基地建设持续健康发展。在原有五家的基础上，2010年又新增湖北麻城钢铁炉料有限公司等两家示范基地，新增了辽宁朝阳义通金属资源有限公司等五家加工配送中心。目前，协会会员中废钢铁加工配送企业已达30余家，加工配送能力超过2000万吨。废钢铁加工配送基地数量的增加和规模的提升，预示着废钢铁产业体系的基础建设和支撑条件进入了健康发展阶段，废钢铁产业链环节之间的连接更加紧密。废钢铁产业化、产品化、区域化的发展进程，对我国钢铁工业的持续发展和循环经济、低碳经济的发展将提供强有力的支持。

废钢铁是节能减排的绿色环保原料。2010年钢铁企业消耗废钢铁8810万吨，与长流程生铁炼钢相比，减少二氧化碳等气体排放1.6亿吨；减少废水排放1.8~2.6亿吨；减少冶金固体渣排放约2.6亿吨。“十一五”共消耗废钢铁38130万吨，与用生铁炼钢相比，减少二氧化碳等气体排放6.8亿吨；减少废水排放7.6~11.4亿吨；减少冶金固体渣排放11.4亿吨。废钢铁产业为我国循环经济的发展，作出令人瞩目的成就。

二、“十二五”废钢铁产业展望

“十一五”期间，我国废钢铁产业供需体制改革初见成效，但是和我国钢铁工业相配套的现代化、规模化、规范化的废钢铁加工配送体系的目标还相差很远，国家政策支撑体系和技术支撑体系还比较薄弱。废钢铁消耗总量逐年大幅增加，但是废钢铁供应量的增长率远低于粗钢产量的增长率，使得废钢比一直处于低水平；国内废钢资源产生量每年均有所增长，但仍不能自给自足，资源缺口依然很大；行业技术、装备水平还处于初级水平，废钢铁质量有所提高，还不能满足炼钢“精料入炉”的需要。“十二五”废钢铁产业发展目标如下。

提高废钢加工供应能力：“十二五”期间年废钢供应量达到1～1.6亿吨，废钢综合平均单耗达到200公斤/吨以上，炼钢废钢比超过20%，力争恢复到227公斤/吨的历史最好水平。

加快废钢加工配送体系建设：年废钢加工配送能力10～100万吨的专业废钢加工配送中心达到100家，年加工供应量达到全国废钢铁供应量的50%以上。

提高技术装备水平：加快新技术、新工艺、新设备的推广和应用，普及剪切机、打包机、破碎机、抓钢机、防辐射设备、合金快速分析仪等加工和探测设备，行业装备水平达到国际先进水平。

提高废钢铁产品质量：提高推广废钢破碎净化处理技术，废钢炉料的纯铁含量平均应超过95%，实现精料入炉。

提高二次污染的防治水平：废钢加工处理过程中，对废水、扬尘、噪音的防治必须达到国家环保标准。全行业达标企业应超过95%；非钢物质的综合利用率应达到95%；有毒有害污染物危险品做到100%无害化处理。

提高废钢应用技术：组织科研院所、大专院校、企业开展废钢应用技术攻关试验，“十二五”期间要着力推广破碎料废钢在转炉中的应用。

开拓境外市场：鼓励有实力的企业到海外建立废钢基地，拓展资源渠道（产能10～50万吨的跨国公司力争达到5～10家），大力开发海外资源。

行业技术培训：广泛开展技工培训和管理人员专业培训，技工培训率和管理人员培训率达到95%。

造纸行业循环经济

中国造纸工业协会

一、循环经济的进展及其成效

（一）结构调整变化

1.调整原料结构，增加木浆和废纸浆用量。“十一五”期间，我国造纸工业充分利用国内外两种资源（速生木材和废纸浆），大力推进林纸一体化工程建设，加强国内废纸回收利用，提高了国内木浆和废纸的供给能力，使原料结构有所调整，见表1。

表1　2000~2010年中国造纸工业废纸回收利用情况

时间	2000	2001	2002	2003	2004	2005	2006	2007	2008	2009	2010
废纸回收率（%）	29.5	27.2	30.9	30.4	30.4	30.4	34.3	37.9	39.4	42.8	43.8
废纸利用率（%）	46.7	51.2	53.6	55.8	58.2	62.7	65.0	68.3	69.5	72.3	71.5
废纸浆比重（%）	40.2	44.0	46.7	49.1	51.7	54.0	56.4	59.3	60.3	62.6	62.7
国内回收量（%）	1055	1002	1339	1461	1654	1801	2263	2765	3128	3675	4016
废纸进口量（%）	370	636	686	939	1228	1711	1962	2256	2421	2750	2435

2005~2010年，木浆占总用浆量的比例由21.7%提高到21.9%，其中国产木浆用量由371万吨提高到708万吨，占总用浆量的比例提高1.3个百分点；废纸浆占总用浆量的比例由54%提升至62.7%，其中使用国产废纸制浆占总用浆量比例由27.8%提升至38%；非木浆比重大幅下降，由24.3%降至15.3%，见表2。

表2　纸浆消费结构（2005~2010年）

纸浆	2005年		2006年		2007年		2008年		2009年		2010	
	量（万吨）	比例（%）	量（万吨）	比例（%）	量（万吨）	比例（%）	量（万吨）	比例（%）	量（万吨）	比例（%）	量（万吨）	比例（%）
纸浆总消费量	5200	100	5992	100	6769	100	7360	100	7980	100	8461	100
木浆消费量	1130	21.7	1322	22.1	1450	21.4	1624	22.1	1808	22.7	1858	21.9
非木浆	1260	24.3	1290	21.5	1302	19.2	1297	17.6	1175	14.7	1297	15.3
废纸浆	2810	54	3380	56.4	4017	59.4	4439	60.3	4997	62.6	5305	62.7

*资料来源：中国造纸协会《中国造纸工业年度报告》。

2.优化产品结构。“十一五”期间，通过加强科技研发，改善工艺技术与装备，推行全面质量管理等一系列措施，使纸及纸板产品结构进一步优化，开始转向适应消费结构需求，由数量型向质量型转变，由少品种向多品种转变，并创出了一批优秀品牌产品，增加了高档纸及纸板的供给能力，减少了进口，缓解了高档纸及纸板长期短缺的供需矛盾，纸及纸板进口量由2002年历史最高637万吨降至2010年336万吨，降低47.7%。高档产品产能由“十五”

期间的20%提高到35%，个别产品品种如新闻纸、铜版纸结构调整成效突出，其整体技术装备水平和产品质量均居世界先进水平，产品具有很强的国际竞争力。

3.淘汰落后产能。“十一五”期间，造纸行业重点淘汰“年产3.4万吨以下草浆生产装置、年产1.7万吨以下化学制浆生产线和排放不达标的年产1万吨以下以废纸为原料的纸厂”等落后生产能力的企业。但不少省市主动提高企业关闭的标准，加大淘汰的力度。共关、停2000多家污染严重的企业，淘汰落后产能650万吨。落后产能的淘汰，使能源使用效率低的小制浆生产线、小造纸生产线得到淘汰，整个行业能源使用水平将得到大幅度提高。同时通过林纸一体化的实施，木浆比重也将得到提升，大型木浆厂的吨浆综合能耗同废纸制浆相近或更低。因此，造纸行业通过调整原料、产品结构及淘汰落后产能，在一定程度上降低了吨产品水耗、能源消耗以及污染物排放指标。

（二）技术装备水平提高，节能效果明显

“十一五”期间，我国造纸工业采取引进技术装备与国内自主创新并重的措施，加快了我国造纸工业的技术进步。涉及节能减排的先进技术和设备有：低固形物连蒸，RDH低能耗蒸煮，APMP、CTMP高得率木片磨浆系统，多段逆流洗涤，全封闭热筛选，氧脱木素，高浓漂白，无元素氯漂白，多圆盘过滤机，超效浅层气浮净水器，新型节能高速纸机、纸板机以及高效碱回收系统和污水处理技术装备以及QCS、DCS、MCC、PLC等自动控制系统。

据国家统计局统计（2006~2010年）造纸及纸制品业，投资额合计约4000亿元，投资额年增长20%以上。2000~2010年新增年产10万吨及以上中高档各类纸机和纸板机150余台，新增先进产能4000万吨左右。与此同时造就了一批优秀骨干企业，这些企业率先完成了由传统造纸向现代化造纸的转变，对我国造纸产业规模结构、产品结构、技术结构的调整和产业优化升级起到了引领、支撑及推动作用。

目前，我国制浆造纸企业的技术与装备落后的面貌已有明显改观，主要产品的生产装备引进的是世界上技术最先进、单机产能最大的制浆造纸装备。国内制浆造纸装备制造企业也已研发推广了多项新技术、新装备。

在国内制浆造纸技术与装备发展的同时，相应配套的脱水器材和化学品生产企业也取得了显著的技术进步。目前造纸网毯企业已拥有约80台引进的12米幅宽专用成形网织机，其中最宽幅达14米，可提供部分产品与宽幅高速纸机配套。制浆脱墨、中性施胶、纸张增强、纸张表面处理、涂布加工、生产过程（洗浆消泡、湿部脱气、助留助剂、杂菌除臭、树脂障碍控制、水处理等）所用化学品几乎国内都可以提供。

近十年来，我国造纸工业新建和改扩建项目普遍采用了当今国内外先进、成熟的制浆造纸技术及装备，同时淘汰了一大批落后工艺技术及设备，提高了造纸工业技术装备整体水平，尤其是木浆生产线、废纸处理生产线及造纸机均向大型、高速前进了一大步，缩小了我国制浆造纸技术和装备与世界先进水平的差距。目前，这些先进和比较先进的生产能力已占到国内总生产能力的60%~70%，综合能耗比原有的能耗降低了约30%~40%。

2005年，我国造纸工业的综合能耗为1.38吨标煤/吨浆纸产品，远高于国际先进水平（0.9~1.0吨标煤/吨浆纸产品）。2010年我国造纸行业单位产品综合能耗下降到1.13吨标煤，下降比例达18%。

根据中国造纸协会测算，如果以2005年吨浆、纸及纸板平均综合能耗1.38吨标准煤计，2010年纸浆年消耗4167万吨标准煤，纸及纸板年消耗7509万吨标准煤，合计消耗11676万吨标准煤。而以2010年能耗指标1.13吨标准煤计，浆、纸及纸板年消耗标准煤9502万吨。“十一五”期间，可节约标煤2174万吨，折合年节约电1768千瓦时，电价以0.50元/千瓦时计，年可节约884亿元，直接减少二氧化碳排放5650万吨。

目前吨浆纸产品平均综合能耗能达到国际先进水平的产能约占40%左右；可以基本达到国内先进水平（1.1吨标煤/吨浆纸产品）的产能约占30%；尚未达到要求的产能约占30%，这部分落后产能中有条件的需要通过调整原料结构（增加废纸及商品浆使用量，如废纸浆吨产品和商品浆平均综合能耗350公斤标煤），技术改造提高装备水平及加强管理等措施，节能降耗。确实无改造价值的将通过结构调整，淘汰关闭。

（三）污染防治成效显著，资源消耗大幅降低

“十一五”期间，我国造纸工业十分重视节能降耗和环境保护工作，企业始终坚持严格执行国家和地方颁布的一系列有关的经济技术政策、法律、法规及标准，加快推广循环经济，开展ISO14001、制浆造纸清洁生产评价指标等环境管理体系的推广、认证工作，加大实施清洁生产审核力度。

2005~2009年，纸及纸板产量由5600万吨增加至8640万吨，增长54.3%。废水中主要污染物化学需氧量

（COD）排放由159.6万吨降至109.7万吨，降低31.3%，做到了增产减污，废水排放达标率由91.3%提升至93.5%。化学需氧量排放强度由0.069吨/万元产值降至0.025吨/万元产值，降幅达36.2%，造纸行业呈现出污染大幅度下降的良性变化趋势，见表3和表4。在同期工业行业中，造纸行业污染物排放降低幅度最大，成绩显著。

《制浆造纸工业水污染物排放标准》（GB3544—2008）的发布，对制浆造纸行业提出了高于发达国家的排放标准，大部分制浆造纸企业为适应新的排放标准进行了投资改造，其中一些企业采用成本高的化学深度处理方法对排放的废水进行处理。

表3 造纸行业主要污染物排放情况

项目	2005	2006	2007	2008	2009
汇总企业数	3911	4035	5818	5759	5771
工业废水排放量（亿吨）	36.74	37.44	42.46	40.77	39.26
工业废水达标排放量（亿吨）	33.56	33.62	38.30	37.51	36.72
化学需氧量（万吨）	159.6	155.3	157.4	128.8	109.7
挥发酚（吨）	305.6	439.2	231.9	93.5	70.7
氨氮（万吨）	4.14	3.64	2.98	2.41	2.74
二氧化硫排放量（万吨）	43.1	42.8	49.2	46.3	45.7
工业用水总量（亿吨）	76.66	89.24	100.37	108.96	108.44
新鲜水用量（亿吨）	42.50	44.01	48.82	48.84	46.59

资料来源：中国环境统计年报

表4 我国造纸及纸制品业用水量统计与万元工业产值取水量

年份	统计企业数量（家）	工业产值（元）	工业用水量（万m³）			万元产值取水量（m³）
			总用水量	其中取水量	重复用水量	
1999	3838	8923253	441648	292162	149486	327.2
2000	4119	11543246	530927	343438	187489	297.2
2001	4391	12070114	573679	355526	218153	294.9
2002	4338	13502011	602054	365503	236551	271.1
2003	4217	16679769	610900	364264	246636	218.2
2004	4174	17982798	687566	372609	314957	188.3
2005	3911	23225442	766593	424978	341615	182.9
2006	4035	28854042	892355	440076	452279	152.5
2007	5818	39340154	1003747	488216	515531	124.1
2008	5759	51958528	1089551	488440	601112	94.0
2009	5771	43227840	1084418	465933	618485	108

资料来源：根据相关年份《中国环境统计年报》编制。

“十一五”期间（2005～2009年），我国造纸工业资源消耗有较大幅度降低，根据《中国环境统计年报》资料分析，重复用水率由44.6%提高至57.0%，提高了12个百分点，万元产值取水量由183m3/万元降至108m3/万元，降低幅度达41%。2005年至2010年，吨浆、纸及纸板取水量平均由103m3降至85m3，吨浆、纸及纸板平均综合能耗由1.38吨标准煤降至1.20吨标准煤。由于加大了废纸利用，吨纸及纸板消耗原生纸浆由平均427千克降至352千克。

（四）生物质能源的利用

造纸工业是采用可再生物质为原料规模最大的加工业，在生物质能源的开发和利用方面，具有独特的优势，主要包括木材和森林废弃物以及制浆造纸生产过程中产生的富含有机物的废液、废渣、污泥等。

造纸行业在践行节能减排、循环经济发展的过程中，越来越重视制浆造纸生产中生物质能源的利用。

制浆黑液的资源化利用：

我国碱法（包括硫酸盐法）化学浆产量约占全国化学浆总产量的90%，而碱法制浆产生黑液污染负荷（污染物发生量）约占该制浆造纸生产线产生废水总污染负荷的90%以上。黑液治理最佳技术是碱回收，它是削减碱法制浆黑液污染物最经济、最有效的途径。黑液通过碱回收可以回收碱和热能供企业自用，这也是造纸工业循环经济特点的体现。

近几年，我国新建的化学木浆厂大多引进了具有国际先进水平的成套技术装备，碱回收系统的黑液提取率可达99%以上，碱回收率可达98%以上，碱自给率100%。在回收化学品的同时，充分利用黑液中有机质燃烧产生的热能和转化的电能，企业能源自给率90%～100%甚至更高。据了解，我国湖南怀化木浆厂，以马尾松为原料，年产40万吨商品漂白木浆，碱回收炉和树皮锅炉蒸汽发电量，除满足自用外，上网多余电能高达40%～50%。

以非木材为原料的碱法化学制浆厂，为了克服制浆黑液提取率低、黏度高等困难，企业严格执行清洁生产工艺，碱回收率可达80%以上。以新疆博湖苇业股份有限公司为例，该公司以芦苇为原料，采用干湿法备料、连续蒸煮、五效五体管式降膜蒸发器、低臭型碱回收炉等工艺技术设备，碱回收率达85%以上，全年利用黑液中有机质热能产生蒸汽折合标煤3.6万吨。

河南白云纸业开发的双辊挤浆机在麦草碱法制浆黑液提取系统中应用后，黑液提取率由原来的85%提高到91%，黑液提取温度由80℃提高到90℃以上，有效地降低了碱回收蒸发工段水、电、汽的消耗。该技术在国内麦草制浆企业中迅速被广泛应用。

高唐泉林纸业开发的“草浆置换蒸煮”新工艺，从中间试验到工业化大生产，经过多年实践，不仅提高了纸浆得率和质量，而且得到了高滤水性浆料和低粘度黑液，从而提高黑液提取率达到92%，黑液蒸发浓度有可能达到55%～60%。

中冶银河纸业和河南新亚纸业以麦草为原料进行碱法制浆，以及以麦草和棉秆为原料生产半化学浆。两家公司都将半化学浆黑液和化学浆黑液混合后送化学浆碱回收系统一起处理，在回收半化学浆黑液中碱的同时也回收了其中的有机质热能，并根治了半化学浆黑液的污染问题。

废渣的综合利用：

以木材为原料或以非木材为原料的制浆造纸企业，都十分注意回收备料工序剩余物（树皮、锯木屑、苇末、麦糠等）中的有机质热能，把上述剩余物用于锅炉燃烧发电。泰格林纸集团骏泰公司备料车间的树皮、木屑每天排出量约为160吨（绝干），已全部供动力锅炉作燃料，实现了100%综合利用，年可节约标煤约33000吨，节约煤料费用约1700万元。新疆博湖苇业股份有限公司每年锅炉燃烧绝干苇渣2万吨，节约标煤8000余吨。河南新乡新亚纸业采用无害化垃圾焚烧技术年处理9.9万吨麦糠，年产蒸汽26万吨。河南瑞丰纸业则新上一条以树皮、木屑及沼气为燃料的废弃物焚烧供热系统，每年可节约标煤1.2万吨。河南白云纸业将麦草备料产生的麦糠废弃物与原煤混配在循环流化床锅炉作为燃料燃烧，年节约原煤2000吨，节约麦糠清运处置费40万元。同时建设2台固废焚烧热电联产锅炉，将生产中产生的麦糠及脱水后的草渣和污泥全部混合燃烧，产生的蒸汽用于发电，二次蒸汽用于制浆造纸，蒸汽冷凝水回用于锅炉，实现热电联产综合利用，年节约标煤2万多吨。

沼气发电：

利用处理造纸废水产生的沼气为燃料供热、发电已成为造纸行业发展循环经济的重要措施。湖南岳阳纸业利用厌氧处理化机浆废液产生的沼气，与动力锅炉煤粉掺烧发电，全年可节约标煤7300吨。河南龙丰纸业每年处理废水产生沼气850万立方米，部分经脱硫后直接用于造纸车间的干燥热源，每年节约资金1500万元。河南白云纸业新增湿法麦草备料废水厌氧处理设施，产生的沼气用于锅炉燃烧，每年可节约标煤6000吨。河南银鸽纸业沼气发电项目使废水处理产生的沼气全部综合利用，每年可节约标煤7000多吨。浙江景兴纸业和东莞玖龙纸业的沼气资源综合利用项目，大大节约了化石能源的消耗，其中玖龙纸业把生物技术用于沼气脱硫，与传统的纯化学法脱硫相比，不但运行费用低，而且更环保，产生的单质硫还可以利用，实现了沼气的全部资源化利用。

污泥的资源化利用：

处理造纸废水产生的污泥通常包括一级沉淀污泥、二级生化处理污泥及三级处理的絮凝沉淀污泥。造纸污泥生物质含量丰富，有机物含量约40%~50%。近年来，许多造纸企业加大了对造纸污泥资源化利用的力度。比如，河南江河纸业十分重视废水处理产生的污泥的治理和利用，采用机械脱水和利用锅炉余热烘干相结合的方法将污泥烘干后送锅炉与煤配烧，每年节约标煤2000多吨。东莞玖龙纸业利用企业自行开发的造纸污泥干化技术，将污泥干度提高到60%以上送锅炉与煤配烧，充分利用了污泥中的热量，成为企业节能减排工作的亮点。另外，山东亚太森博浆纸有限公司、晨鸣纸业（寿光）等企业在浆纸污泥渣屑发电供热方面也取得了良好的成绩。

二、循环经济发展存在的问题

我国造纸行业正处在新旧产能的转换期，每年新增大量具有国际国内先进水平产能，同时也在不断淘汰大量的落后产能。林纸一体化工程正在实施过程中，还有很多问题需要解决，许多老企业单位能源、资源消耗指标还非常落后，热电联产在许多企业还没有采用，严重影响了造纸行业的总体能源利用效率。废纸回收率和利用率经过努力也还会有较大提高空间，社会的废纸回收和分类意识和自觉性提高还需要长时间的努力，全行业的循环经济水平还有很大的发展潜力。

（一）落后产能比重较大，对资源消耗、环境保护影响突出

我国造纸行业先进产能相应的产品质量、消耗定额、污染物排放负荷，可达到或接近国际先进水平，而大部分产能技术装备水平比较落后，甚至十分落后，其所生产的产品质量、物耗、污染负荷均与国际先进水平存在相当大差距。对清洁生产、资源消耗和环境保护欠账多、影响大的是落后产能，这部分产能企业数量多约占企业总数87%，产量小约占总产量的22%，污染重约占COD排放总量的58%。造纸工业做为节能减排、循环经济发展的重点行业，促进一般水平产能升级，淘汰落后产能任务繁重而艰巨。

（二）技术装备落后，资金缺乏

我国近几年一些新建的大型现代化企业与我国原有的制浆造纸企业相比，单位产品的能耗、水耗、纤维流失、污染负荷都有大于50%的降低，有些品种的水耗只是我国现有纸厂的十分之一或更低。但我国仍有相当比例的纸厂处于落后状态，有些纸厂能耗、水耗等比发达国家高几倍，造成这些企业高投入，低产出的根本原因是技术的落后。

对多数国内中小的企业来说，清洁生产和循环经济技术的实施，需要大量资金的投入，需要企业有一定规模，中国还是一个发展中国家，实现这些有相当大的难度。特别是绝大部分先进的技术和工艺装备还必须依靠进口，我国完全自有知识产权的先进技术几乎没有，需要从体制上予以改善。因此，技术进步是造纸工业实现节能减排、循环经济发展的必由之路。

（三）木浆比重低，草浆比重大，生物质能源利用率低

林纸一体化是造纸工业发展循环经济的重要途径，也是促进林业发展和实现原料结构调整的关键。我国木材纤维资源不足，草类原料比重较大，也制约了制浆工业的循环经济发展。

木材作为造纸原料，不仅可以提高纸产品质量，还可以提高制浆企业的能源自给率，欧美等发达国家纸浆结构中的木浆比例达到70%以上，能源自给率90%~100%甚至超过，而我国造纸行业生物质能源和热电联产比例很低，不足20%。

草浆生产线的比重大，由于企业规模小，实力不济，管理不严，技术装备落后，使得能耗高、清洁生产和循环经济技术推广困难、单位产品环保投入大，运行费用高，不利于节能和环境保护。

（四）废纸回收率低

废纸回收和利用是造纸工业发展循环经济和低碳经济的重要途径。废纸已是我国造纸工业主要的纤维原料，充分利用废纸资源是调整造纸原料结构的重点措施。多年来，我国废纸的回收率一直不高，连续多年保持在30%左右，到2009年我国废纸回收率提高到40%左右，远低于世界平均56.6%的水平，与废纸回收率较高的韩国（91.6%）、德国（84.8%）、日本（79.3%）、英国（78.7%）、法国（73.1%）、加拿大（66.2%）、美国（63.6%）、意大利（62.8%）、印尼（53.4%）等国相比差距很大。

拆船业循环经济

中国拆船协会

拆船业是对废旧船舶按照安全环保的要求进行回收拆解加工、综合利用、变废为宝的资源环保型产业。在造船业—航运业—拆船业的循环产业链中，拆船业是不可缺少的链节。废钢船拆解可获得大量废钢铁，而废钢铁是低碳环保资源，多用废钢铁炼钢可大幅度降低“三废”污染，减少碳排放。拆船业有“无烟冶金工业”之称。

一、拆船业发展循环经济概况

2010年，我国拆船业把发展循环经济作为工作重点，按照“减量化、再利用、资源化”的基本原则，抓住世界经济下滑、航运业不景气、老旧船舶大量进入拆船市场的机遇，以绿色拆船为宗旨，加速废船资源的循环与综合利用，继续取得了明显成效。

据统计，2010年中国拆船协会会员拆船企业(以下简称国内拆船企业)共计采买各类废钢船286艘，计189万轻吨（1轻吨=1.016吨），其中：进口废钢船236艘176.43万轻吨，国内废钢船50艘12.61万轻吨；废钢船贸易额超过45亿元人民币；拆船企业上交关税和进口环节增值税合计超过9亿元人民币。2010年，我国废钢船成交的数量已进入历年前三甲，是我国拆船业循环经济发展较好的一年，如图1和图2所示。

（一）拆解废钢船循环利用大量金属资源

2010年，国内拆船企业回收并循环利用金属资源预计170万吨，其中利用拆船板材83.3万吨，型材及废钢76.5万

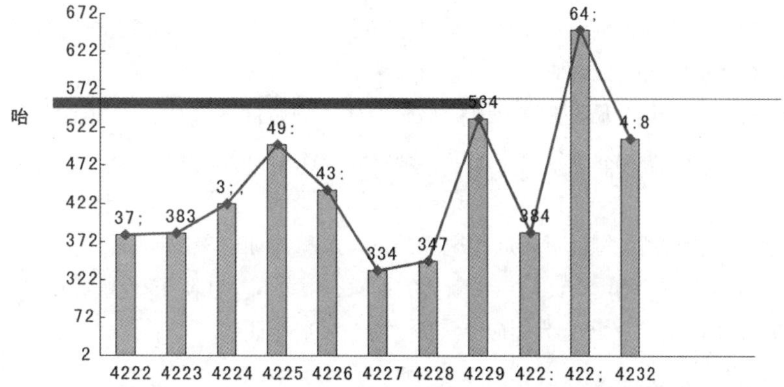

图1　2000~2010　年购进国内外废船数走势

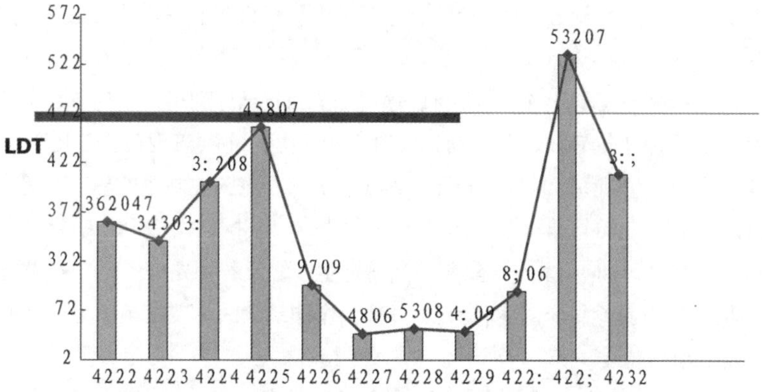

图2　2000~2010年购进国内外废船量走势（单位：万轻吨）

吨，各类机电设备8.5万吨，有色金属1.7万吨，如图3所示。

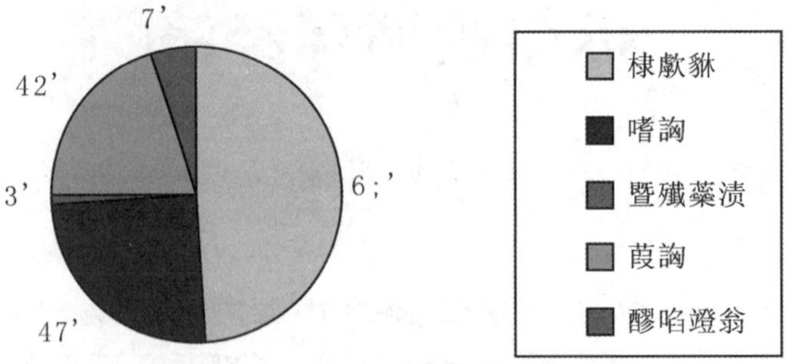

图3 废钢船资源循环利用回收品种比例

（二）拆船业为节能减排作贡献

拆解废钢船可获得大量废钢铁资源，而废钢铁是铁矿石唯一可替代的优质钢铁原料。废钢铁回收利用有着较高的经济、环保和社会效益。经有关部门测算，每多利用1吨废钢可节约能源60%左右；减少排放二氧化碳、二氧化硫等废气86%；减少废水排放76%；减少废渣排放72%。合理利用废钢铁资源，将助推我国钢铁工业的循环、绿色和持续发展。

2010年，我国拆船行业回收循环利用了大量废钢铁资源，弥补了国内废钢短口，并为国家节能减排作出了贡献。据测算，2010年拆船业回收的各类废钢铁物资，如用于炼钢，与传统的长流程炼钢相比，预计可为国家节约铁矿石503万吨，节约168万吨焦炭，减少1946万吨废水排放，减少952万吨固体废弃物排放，减少3.8万吨二氧化硫排放。

（三）拆船业加大环保投入和规范管理

2010年，据不完全统计，国内拆船企业在环境保护方面的资金和设施投入超过1500万元人民币，进一步健全了安全环保设施，提高了员工的职业健康水平。

为了规范行业发展，中国拆船协会倡导国内拆船企业建立规范的管理体系。2010年行业内有6家企业通过ISO9001质量管理体系认证，2家拆船企业通过ISO14001环境管理体系和OHSMS18001职业健康与安全管理体系的双认证。

2010年，我国拆船业宣传贯彻《绿色拆船通用规范》，大力开展创建“绿色拆船企业”活动，不断提高拆解工艺技术能力和生产经营管理水平。年内有江门市中新拆船钢铁有限公司、江阴市夏港长江拆船厂和江门市新会双水拆船钢铁有限公司等9家拆船企业，被评定为相应等级的“绿色拆船企业”。

二、循环经济试点企业的发展状况

江门市新会双水拆船钢铁有限公司是具有27年专业拆船历史、拥有2.8亿固定资产和近2000员工、年产值近20亿元的集拆船与资源综合利用于一体的多元化大型企业，也是国内拆船行业唯一被列入第一批国家发展循环经济试点的企业。

拆解废钢船所回收的物资品种较多，绝大部分可以通过加工回收循环利用，达到节约资源、变废为宝、造福人类的目的。江门市新会双水拆船钢铁有限公司对拆船物资的循环利用，主要表现在以下几个方面：

一是利用拆船废钢，通过电炉精炼、复膜砂造型、24小时连铸、电脑控制热处理、专用机床铣面加工及连续防护处理等新技术、新工艺生产集装箱箱角。该产品已获得法国BV、英国LR、德国GL、美国ABS、韩国KR和中国CCS等船级社质量认证。目前公司拥有8条连注集装箱角铸造生产线及各种先进专用生产设备和检测仪器，可年产ISO国际标准集装箱角铸件100万套，年产值达6亿元，并成为全国最大的集装箱箱角生产企业。据测算，由拆船废钢到集装箱箱角，产品附加值提高近 3 倍。

二是利用拆船废钢，供应炼钢厂加工成优质钢坯，最终轧制成集装箱内角柱特种槽钢。该产品填补了广东省的生产空白，并替代了进口产品。自2000年以来，公司共轧制集装箱内角柱特种槽钢共20多万吨，产值7亿多元。

三是每年销售5~6万吨厚废船钢板等钢材，为相关企业锻造各种法兰及模具等锻压件产品提供原料。

四是利用拆船回收的铜、铝等有色金属，循环再生利用铸造船用螺旋桨、门锁、水暖器材、合金铝材等产品。

五是利用船上各种机器设备及零配件，供应国内外修船厂用于修船；利用船上的薄钢板冲压五金配件，利用拆船、轧钢的氧化皮屑生成磁性材料，如压铸扬声器的磁铁等。

2010年，江门市新会双水拆船钢铁有限公司累计拆解废船31艘，共计32.3万轻吨，回收废钢铁资源27万吨，有色金属0.3万吨，机电设备1.7万吨。利用废钢生产集装箱箱角、型材、法兰等产品约8万吨。企业内循环利用废钢约占25%。拆船产业链的延伸和资源循环利用，提高了社会效益，同时也使企业经济效益得到进一步提高。2010年企业仅拆船业务产值近12亿元，为国家和地方创造利税2.5亿元。

江门市新会双水拆船钢铁有限公司，循环利用废钢船资源的理念和经验，必将推进拆船业发展循环经济的步伐，为国民经济建设作出新的贡献。

三、今后拆船业发展循环经济的重点工作

随着国内外经济形势的不断变化，我国拆船行业将密切研究分析与拆船业发展相关领域的发展动态，不断提高，抓住机遇，抵御风险的意识和能力，积极适应政策和环境的新变化、新要求，努力推动拆船行业发展循环经济再上新台阶。

一是加强行业建设,实现规范发展。认真组织贯彻落实国家有关部委《关于规范发展拆船业的若干意见》，协助制订拆船业准入条件，实行定点拆解；规范废船拆解安全环保要求，制订行业标准和规范；抓好产业定位，提升产业进步。

二是强化行业自律，提高企业管理水平。倡导绿色拆船，开展清洁生产；提高拆船业节能减排贡献能力；引导拆船企业建立质量管理、环境管理和职业安全健康管理体系；确立考核拆船企业发展循环经济的指标评价体系；继续组织推动创建“绿色拆船企业”活动，继续做好绿色拆船企业评审认定工作。

三是研究拆船业的可持续发展。坚持发展循环经济理念，研讨拆船业发展循环经济的基本模式；研究报废钢船定点拆解优惠政策，运用经济手段引导废钢船的绿色拆解；鼓励拆船企业加大对下游产品的开发力度，研究开发拆船物资按照市场需求进行深加工和再制造。

四是积极宣传推动拆船业的循环经济，建设有利于拆船业发展的平台和网络体系，注重国内外废船拆解循环利用，提高废船资源供应能力和高值利用水平。

总之，拆船业要按照发展循环经济的原则和绿色发展要求，积极应对世界经济和国内经济建设形势的新变化、新特点，抓住机遇，迎接挑战，创新产业，增强实力，开创拆船行业实现科学、规范和持续发展的新局面。

餐厨废弃物资源化利用

苏州特色的餐厨废弃物处置之路

苏州市发展和改革委员会

苏州是座历史文化名城，也是著名的旅游城市，经济社会和旅游产业的快速发展，带动了餐饮业的快速发展，2010年餐饮业零售额达到226.6亿元，快速崛起的餐饮业产生了大量的餐厨废弃物。据调查统计，苏州市区每天产生餐厨废弃物400吨，大量的餐厨废弃物给环境卫生管理和食品安全带来诸多问题。为此，苏州自2007年就开始展开了餐厨废弃物处置工作，通过几年的摸索，走出了一条具有苏州特色的餐厨废弃物处置之路，各项工作走在了国内城市的前列。

目前，苏州古城区近80%以上的规模型餐饮企业产生的餐厨废弃物纳入了处置范围，处置量达到170吨/日；计划新增二期处理项目，力争达到400吨/日处理能力。通过5年左右时间，实现基本以市场化模式收集并集中处理苏州市95%以上的餐厨废弃物的目标。通过完善餐厨废弃物处置管理体系，基本杜绝餐厨废弃物用于饲养“垃圾猪”和提炼“地沟油”等非法利用现象，实现餐厨废弃物处置的减量化、无害化和资源化，从而推进苏州市循环经济发展，加快资源节约型和环境友好型社会建设，不断提高生态文明建设水平。

一、餐厨废弃物处置“苏州模式”特点

苏州市餐厨废弃物资源化利用和无害化处理管理体系经过近3年时间的实践，取得了阶段性成果，初步形成了“属地化两级政府协调管理、收运处一体化市场运作”的“苏州模式”。管理体系采取合同委托方式，委托处置企业对市区的餐厨废弃物进行统一收集、运输和处置，实现收运处一体化运作的模式。由企业负责收集运输处置环节的设施建设和车辆购置，政府采用财政补贴的形式，对收集和运输过程成本进行核算及补贴。主要有以下几个方面的特点：

政府立法为先，项目试点推进。以市长令形式发布管理办法，将其纳入法制化管理轨道。政府制定规划、目标，由试点企业逐步推进，在试点中发现问题完善措施，整体推进。

企业市场运作，创新激励模式。创新性地建立餐厨废弃物的“收集—运输—处置”一体化运行模式，由政府委托一家公司完成，大大减少了管理的环节对象，提高了运作企业的积极性，大大提高了餐厨废弃物收运质量。

财政合理补贴，引导源头管理。建立财政保障机制，对餐厨废弃物的收运环节，根据实际运行成本进行合理补贴（118.8元/吨），并对餐厨废弃物产生单位暂免收餐厨废弃物处理费，引导餐饮企业将餐厨废弃物交给有资质的企业来处置。

属地协同负责，部门联动配合。建立属地化两级政府管理体系，县级市、区市容环境卫生行政部门负责本行政区域内有关监督管理工作，发改、经信、公安、财政、水利（水务）、农业、商务、卫生、环保、食药监、物价、工商、质监等部门按照各自职责，发挥联动优势，积极做好相关管理工作。

技术处理先进，资源利用充分。通过产学研结合，利用国家及省级科研项目，苏州市餐厨废弃物资源化率为全国领先，饲料原料转化10%，油脂提取率90%，实现了资源化技术的集成。

效益实现平衡，避免终端再补。通过技术创新，苏州市餐厨废弃物处置设施能够实现经济的基本平衡，在终端处置环节上不需要政府再进行补贴，这在全国是唯一一家。

二、餐厨废弃物处置体系建设

（一）政策体系建设

2010年4月，全国政协原副主席胡启立参观苏州洁净废植物油回收有限公司

苏州市从2007年就开始研究制定餐厨废弃物无害化处理和资源化利用管理的政策及法规，先后出台了《苏州市餐饮业环境污染防治管理办法》（苏州市人民政府令第95号）、《苏州市餐厨垃圾管理办法》（苏州市人民政府令110号）、关于印发《苏州城区餐厨垃圾收集、运输、处置监管考核办法（试行）的通知》、《关于安排餐厨垃圾资源化利用财政补贴的意见》等文件，特别是《苏州市餐厨垃圾管理办法》以市长令的形式发布，为苏州市餐厨废弃物处置提供了法规依据，也标志了苏州市餐厨废弃物处置法制化走在全国的前列。完善的政策法规体系建设，为我餐厨废弃物“苏州模式”的确立奠定了基础。

（二）长效机制建设

一是成立领导小组。苏州市政府为加强餐厨废弃物管理，于2011年成立了市餐厨废弃物资源化利用和无害化处理领导小组，由分管副市长作为领导小组组长，由市发改委、公安、财政、市容市政、农委、水利和环保等相关部门为成员单位，明确职责分工，发挥部门联动的优势，十余次联合整治餐厨废弃物市场，合力推动苏州的餐厨废弃物处置工作有序开展，从源头确保餐厨废弃物进入处置体系。二是确立属地管理模式。苏州采取市、市（县）区两级属地协同管理的模式。市政府负责全面统筹推进大市范围的餐厨废弃物管理与处置工作，重点推进中心城区的餐厨废弃物处置；县级市、区市容环境卫生行政主管部门根据管理权限，负责本辖区内有关餐厨垃圾的监督管理工作。下属五市（县）政府在苏州市政府的统一协调下，负责本地区的餐厨废弃物处置工作，符合苏州市情的管理模式基本确立。三是完善联动机制。为提高餐厨废弃物监管水平，苏州市发改、经信、公安、财政、水利（水务）、农业、商务、卫生、环保、食药监、物价、工商、质监等行政主管部门各司其职、协同合作，做好餐厨垃圾的监督管理工作。

（三）监督管理体系建设

一是以源头行政指导、宣传为先导的监督引导体系。充分发挥新闻媒体的舆论引导和监督作用，组织开展内容丰富、形式多样的宣传教育工作，制定了《苏州市餐厨废弃物管理宣传手册》及宣传单页、光盘、致餐饮企业的一封信等，免费向市民发放，市、区环卫部门上门对餐饮商家进行宣传、指导规范管理，通过新闻媒体对餐饮企业的不规范行为进行曝光，还通过社会力量来监督非法收运、处置餐厨废弃物的行为，营造良好的社会舆论氛围。

二是以信息化数据采集为依托的监督管理体系。逐步构建苏州餐厨废弃物信息管理系统，运用云技术和物联网技术定制开发一套完整的信息交流网络系统，对餐厨企业废弃物产生情况、处置企业收运情况进行实时数据采集和监管。最终实现在终端处置监管方面，采用监控视频，对大门、地沟油卸料口、地沟残渣车间、计量地磅、投料口，污水处置设施、除臭设施等重要节点进行视频监控；还通过在线系统以及手持终端实时进行信息报送，每周定期进行监管工作汇总，通过固废监管简报每周、每月向上级部门汇报餐厨厂运行、监管情况；在收运环节监管方面，与收运体系中单桶计量系统进行融合，并对所有的餐厨废弃物收运车辆安装GPS定位系统，对源头产生，收运过程进行数字化监管。

三是以考核及补贴为手段的监督激励机制。制定出台《苏州城区餐厨废弃物收集、运输、处置监管考核办

2010年8月30日，江苏省副省长何权在苏州市洁净废植物油回收有限公司调研

法》，逐步建立台账，对餐厨废弃物产生单位、收运处单位同时实施有效监管。监管中心先后组织开展了《餐厨垃圾临时收集、运输和处置监管协议》、《苏州市区餐厨垃圾收集、运输和处置受托企业责任书》的签订工作，向餐厨处置企业派驻了专职的监管员，通过定期开展集中考核和24小时在线实时监控相结合的考核方式，对餐厨废弃物的终端处置情况、资源化产品产量、安全运行、环境影响、社会责任等方面实施全面的监管，每月依据考核结果支付政府的收运补贴。

（四）收运体系配套管理制度的建设

一是餐厨废弃物台账制度。餐饮企业和收运处一体化运作企业建立规范的基础台账，详实记录餐厨废弃物的来源、种类、数量、收集时间、去向等详细情况；二是餐厨废弃物申报制度。由餐饮企业每年度向所在区环卫管理部门申报本单位餐厨废弃物的种类和产生量，并与管理部门确定的餐厨废弃物收运单位签订收运合同，明确双方权利义务；三是餐厨废弃物定点回收制度。由收运单位对某一区域餐厨废弃物产生的时间及数量进行统计分析，确定这一餐厨废弃物的最佳收运时间及需要配备的收运车辆，在固定时间固定地点进行餐厨废弃物的收运，以提高餐厨废弃物的运行效率，减少收集时对周边环境的影响。

三、餐厨废弃物处置能力建设

（一）技术工艺支撑

2007年苏州市和清华大学合作申请了国家科技部“十一五”科技支撑项目“清洁生产与循环经济的关键技术与示范研究”，餐厨废弃物资源化子项目是该项目的重要组成部分，由苏州市政府和清华大学合作对餐厨废弃物的资源化利用进行研究，并由洁净公司投资建设餐厨废弃物资源化终端处置设施。该项目采用餐厨废弃物湿热水解资源化技术，并结合了现有的废物饲料化技术、生物技术和废油醇解技术，进一步实现餐厨废弃物资源化关键技术的突破和集成创新，形成餐厨废弃物高效资源化集成技术。

餐厨废弃物资源化终端处置设施项目的一期工程于2009年底建成，2010年8月1日正式投入生产，占地面积约26642.7平方米，投资8200万元。

一期利用湿加热系统对收集的餐厨废弃物进行湿热水解处理，然后进行固液分离。固体进入生物发酵系统生产蛋白饲料;液体进行油水分离，油脂进入废弃油脂预处理车间，进行分离提纯进入生物柴油加工车间，通过常压酯化反应、提纯等工艺便可得到高品质的生物柴油。生产过程中产生的废水进入江南大学设计的高效厌氧反应塔，生产出清洁能源沼气，得到的沼气作为锅炉燃料；生产蛋白饲料的安全性尚待国家层面认可。

项目的二期建设在工艺上有所改进，利用餐厨废弃物湿热水解技术、餐厨废油高效分离回收技术和生物柴油加工技术等，采用两级厌氧反应系统、高中温厌氧条件等长效发酵技术，通过不同体系的微生物作用，将餐厨废弃物中的蛋白、脂肪、淀粉和纤维等有机物深度降解，改变酸度，进行二级厌氧发酵，进行沼气批量生产，再利用沼气提纯技术，生产液化气。

（二）处置能力建设

苏州市目前终端处置设施的处理能力为100吨/天（三班满负荷150吨/天），目前已经能够满负荷运行，日均处置餐厨废弃物量为170吨（包括单独收集的地沟油30吨），收集的范围也由最初的三个古城区，逐步扩大至相城区、高新区等外围区域，但仍只能处理苏州市区三分之一的餐厨废弃物。针对这一情况，苏州市正在积极建设日处理250吨餐厨废弃物的二期工程项目。本项目建成后，一期、二期餐厨废弃物总处理规模将达到400吨/日，年处理量达109500吨，市区所有的餐厨废弃物都将可以纳入处置范围。并同时实现年产生物柴油8100吨、沼气约1800万立方米的生产规模能力。

（三）取得的成效

一是处置方面的成果。至2011年4月底，纳入苏州市餐厨废弃物收运体系的规模型餐饮企业从2010年初的100多家增加至近2700家，餐厨废弃物日均收集处置量从10吨增加至200吨（其中包括地沟油30吨），古城区80%以上的餐厨废弃物纳入处置体系。2010年1月至2011年4月，共计处置餐厨废弃物40297吨，处理地沟油10119吨，生产蛋白饲料原料5254吨，生物柴油2892吨。

2010年1月，江苏省委常务、苏州市委书记蒋宏坤在苏州市废植物油回收有限公司调研

二是获得国家试点城市资格。2011年6月，苏州市编制了《苏州市餐厨废弃物资源化利用和无害化处理试点实施方案》，上报国家发改委争取餐厨废弃物国家试点，成为全国33个试点城市之一，获得国家试点城市财政补助1920万元。

四、餐厨废弃物处置的拓展方向

（一）能力拓展

苏州市区餐厨废弃物400吨，而目前日收集到200吨左右，还有很多餐厨废弃物等待进入处理体系，而一期满负荷运行处理能力为170吨/天，已经不能满足处理要求，因此，要加快协调推进二期250吨建设进度，确保二期工程按时投产，以满足日益增加的餐厨废弃物的要求。

（二）区域拓展

由于管理体制的限制，苏州大市范围内，只有市区的餐厨废弃物纳入了处理体系，各市（县）还没有纳入到处置体系中，各自独立摸索餐厨废弃物处置体系建设，其中张家港委托江苏晨洁再生资源科技有限公司，日处理餐厨废弃物50吨。能否推动苏州市区餐厨废弃物处置平台加速向周边郊县扩张，利用现有的技术和工艺帮助郊县迅速建立起适合各自需要的餐厨废弃物处置体系。

（三）技术改进

在餐厨垃圾处置过程中技术的支撑和创新效应明显。截止目前，苏州市餐厨垃圾处置项目已取得发明专利4项，还有正在申报的各类专利6项，一期项目也顺利通过国家科技部“十一五”科技支撑项目的验收。

一是除臭工艺上改进。一期项目所采用的生物除臭液结合高效光解的工艺，对厂区的臭气有较好的去除效果，仍达不到。二期项目对一期项目的臭气处理工艺进行了调整，采用了生物喷雾结合净化塔工艺，同时，在二期厂房设计时，所有产生臭气的车间都将设置气体收集管道，整个车间形成微负压的环境。收集的臭气将进入废气净化塔，净化塔的填料使得废气和吸收液充分接触，从塔上流下来的循环液再通过水泵提升到塔顶，不断循环使用，在达到一定浓度后再排向污水处理系统。考虑到项目的示范效益，二期项目在设计时还单独设计了全封闭的参观通道，进一步减少了臭气对参观者的影响。此外，厂区还将加强绿化，种植具有吸附臭气或产生芳香气体的植物，在减少臭气的同时，美化厂区环境。

二是生产工艺上的改进。在餐厨废弃物国家试点城市上，专家提出来餐厨废弃物生产动物蛋白饲料，有食物同源性的问题，可能带来食品安全隐患。苏州处置企业高度重视专家的意见，进行工艺改进，厌氧发酵生产沼气，然后提纯生产液化气。借鉴国外经验和根据国内供需现状分析，利用餐厨废弃物生产液化气有广阔前景。每吨餐厨废弃物可生产天然气70立方米天然气，按照目前市场天然气价格2.2元/立方米计算，二期工程运行后，每天生产的天然气价值达到6万元，全年可生产价值1900万元左右的天然气，如果生产蛋白饲料，年产蛋白饲料原料8400吨，销售价格按1210元/吨计算（不含税价格），年销售收入为1016.4万元。很明显，生产天然气能取得更好的经济效益。而且苏州市场天然气供需有1亿立方米的缺口，该项目正好能填补一部分缺口，发挥清洁能源的作用，起到很好的社会效益。

五、合力争创新亮点

（一）合力推进二期项目建设

发挥市餐厨废弃物领导小组的作用，按照国家试点城市实施方案的要求，加速推进二期项目建设，建设过程中遇到问题，由各成员单位协调处置企业共同协商解决，确保项目进度。同时，结合好处置企业发展规划，落实好苏州餐厨废弃物实施方案。

（二）鼓励技术研发引进

一是加强交流与合作。餐厨废弃物资源化利用和无害化处置水平关键是技术的创新和工艺的改进。相关部门加强调研和交流，借鉴国内外先进的餐厨废弃物处置经验，积极引进国内外先进技术，特别是欧美日韩等已经和正在推行的天然气生产运行模式，加速餐厨垃圾无害化处理、资源化利用产品向生产清洁能源转化。二是推进产学研合作。加强与清华大学、江南大学的合作研发。以一、二期项目合作开发为基础，充分发挥处置基地有利条件，进一步深化合作。同时，充分利用长三角高校科研机构集中优势，向民用、交通、工业加热燃气领域研究开发，研发便捷实用的新型清洁能源产品。

（三）提前谋划合理布局

一是加强调研提前谋划。目前，苏州餐厨废弃物处置工作走在全国的前列，在餐厨废弃物处置领域起步早、抓得实。后续工作怎么跟上，如何落实，市相关部门和餐厨企业深入调研，积极谋划合理布局“十二五”期间的工作。二是完善配套管理体系。完善餐厨废弃物管理相应的政策、法规、标准、安全评估和监管体系，促进餐厨废弃物的有序管理和餐厨废弃物资源化产业的有序发展。三是积极引导和扶持。大力支持餐厨废弃物资源化利用和无害化处理项目建设，在土地供应、融资信贷、税收、科技和人才经费补贴、政府采购、名牌产品与知名商标认定等方面予以扶持，积极扶持相关企业发展，引导社会力量参与餐厨废弃物资源化利用和无害化处理。

北京市朝阳区餐厨废弃物资源化利用和无害化处理实施方案（节录）

北京市朝阳区人民政府

根据中共北京市市委、北京市市政府对朝阳区提出的创建“新四区”的发展战略定位，即加快经济发展方式转变的示范区，建设世界城市的试验区，推动城乡一体化的先行区，建设和谐社会的模范区。要求切实提高生活垃圾减量化、资源化和无害化水平。朝阳区结合生活垃圾分类示范区建设，在餐厨废弃物的收集、处理方面进行了积极探索和试点工作，为全面构建餐厨废弃物管理和处理体系奠定了良好的基础。

一、朝阳区基本情况

（一）餐厨废弃物分布和排放情况

根据2011年的统计，北京市朝阳区有大型餐馆1045个，中型餐馆3782个，小型餐馆2335个。2009年餐厨废弃物人均产生量为餐厨废弃物的含水率约74%，有机物含量约93%，粗蛋白、粗脂肪含量分别为24.6%和25.4%。餐厨废弃物由食品加工过程中的下脚料和就餐者的食余物两部分组成。其理化成分除食物垃圾外，还包括纸张、金属、骨头、木头、织物、塑料等杂物。

朝阳区餐厨废弃物年产生量约为18.6万吨，目前主要收运形式包括3种，一是市、区两级专业作业部门负责收运，运往高安屯餐厨垃圾处理厂；二是部分餐厨废弃物产生单位进行就地资源化处理，例如蟹岛度假村；三是个体私运，占总产生量的90%以上。

（二）现有餐厨废弃物收运、处理现状

餐厨废弃物收集量和资源化利用。目前朝阳区每日餐厨废弃物收集量为16吨，其中市、区两级专业作业队伍每日餐厨废弃物收集量为15吨，进入高安屯餐厨垃圾处理厂进行资源化处理；产生单位自行收集量为1吨，进入蟹岛餐厨垃圾资源化处理站进行资源化处理，所收集的餐厨废弃物已全部进行资源化处理和无害化处理。

朝阳区已配置餐厨垃圾专用收集车38部，每辆车核定装载能力为3吨，实际清运中装载能力为2.5吨，初步具备每日收运餐厨废弃物200吨的能力。高安屯餐厨垃圾处理厂主要产品为微生物肥料菌剂、应用在有机、绿色生态农业上，带动了农产品品质的改善和产量提高，有效减少了化肥的使用，改善了土壤的微生物环境，实现了资源循环再利用。蟹岛餐厨垃圾资源化处理站主要产品为沼气和有机肥料。

二、开展试点的工作基础

（一）目前已开展相关工作情况

近年来，北京市委市政府高度重视生活垃圾处理工作，印发了《关于全面推进生活垃圾处理工作的意见》，不断加大投入，健全法规标准和政策体系，加强生活垃圾分类全过程监督管理，并以市政府折子工程逐年分解任务，推进落实。在执行北京市餐厨垃圾各项部署中朝阳区一直走在全市前列。在奥运期间，朝阳区组织35家奥运场馆和52家签约饭店的餐厨垃圾由北京环卫集团进行统一收运，改变了餐厨垃圾同其他生活垃圾混合处理的现状。同时朝阳区率先尝试开展垃圾分类系统建设工作，2009年被北京市指定为生活垃圾减量垃圾分类示范区。

1.建立健全工作机制。朝阳区政府高度重视垃圾处理工作，出台了“关于推进社会单位垃圾分类工作实施方案”，编制了《朝阳区社会单位垃圾分类工作流程》、《社会单位垃圾分类收集容器设置标准》，以餐厨垃圾和厨余垃圾分类为突破口，大力推进垃圾分类投放、分类收集、分类运输和分类处理系统的建设和运行。建立了区级组织监管、街道协调推进、企业配合支持的三级工作机制，重点发挥街道（地区）办事处的主责作用和街乡城管分

队、城管监督中心的监管作用。

建立了市政市容、卫生、工商、城管等区级部门协调配合的联合执法机制，1200人城管监督员和其他相关执法部门按照“六个天天”的工作机制，加强日常监督巡查检查，督促各类责任主体依法履行社会责任。同时，朝阳区积极加强农村地区牲畜饲养场的管理，取缔非法饲养场所，杜绝利用餐厨废弃物直接饲养牲畜。

2.积极推进分类试点工作。朝阳区积极推进垃圾分类工作，2010年开展182个小区垃圾分类试点占全市的30%，是18个区县中试点小区最多的区县。同时启动了餐饮单位餐厨废弃物分类收集的“2010”工程，即可回收物“零废弃”，餐厨垃圾“零私运”。2011年将社会单位餐厨废弃物处理试点工作扩大至四个街道。

3.推行专业化收运模式。朝阳区目前推行专业化作业为主的餐厨废弃物收运模式，即由专业作业队伍直接向产生单位收集餐厨废弃物并运输至处理设施进行资源化处理。朝阳区政府已经投资1350万，为区环卫服务中心配备餐厨废弃物收集车辆38台，为社会餐饮单位配备收集桶500个，成立了由80人组成的餐厨废弃物收集队伍，并开始在试点街道开展餐厨废弃物收集工作。

4.资源化处理设施建设初具规模。朝阳区已建成处理规模为200吨/日的高安屯餐厨垃圾处理厂（一期）、1吨/日的蟹岛餐厨垃圾资源化处理站和即将建成5吨/日的吕家营餐厨垃圾资源化处理站，同时在部分餐饮服务单位开展了餐厨废弃物就地资源化处理试点，初步形成了“集中为主、分散为辅、技术先进、能力充足”的餐厨废弃物处理格局，具备了全面开展餐厨废弃物资源化利用和无害化处理硬件设施的基础条件。

高安屯餐厨垃圾处理厂占地32亩，采用高温好氧扩培技术，工艺先进成熟稳定，设计规模为400吨/日，自动化程度最高，处理工艺最先进，日处理规模最大。其中一期工程（200吨/日）已于2010年7月15日投入使用，二期（200吨/日）项目正在进行设备安装，预计2011年年底投入试运行。高安屯二期项目建成后将可满足朝阳区2015年前的餐厨垃圾资源化集中处理需求。

（二）相关法规体系、政策机制建设情况

构建起餐厨废弃物管理法规标准政策体系。北京市于2006年修订了《北京市市容环境卫生条例》，并将于2011年制定出台《北京市生活垃圾管理条例（草案）》。近年来，市政府还颁布实施了《餐厨垃圾收集和处理设施设备配建标准（试行）》、《北京市餐厨垃圾收集运输处理管理办法》、《北京市餐厨垃圾排放登记试点管理办法（试行）》等标准和规范性文件。初步构建起了以地方性法规为基础相关配套标准和规范性文件为支撑的餐厨废弃物管理法规标准政策体系(见附件)。

2010年全市开展了餐厨废弃物排放登记试点工作，探索建立餐厨废弃物排放登记系统，全面掌握餐饮企业产生量、处理去向等信息。

北京市对餐厨废弃物资源化和无害化处理的配套相关法规、政策日渐完善。

三、工作思路和主要目标

（一）指导思想

坚持以科学发展观为指导，贯彻循环经济理念，传承奥运成果，围绕建设“人文北京、科技北京、绿色北京”和建设有中国特色的世界城市的目标，紧密结合朝阳区创建“新四区”的发展战略，以申报全国餐厨废弃物资源化利用和无害化处理试点城区为契机，逐步建立健全餐厨废弃物管理法规、标准政策体系；建立部门协作配合、运转有效的管理和执法监督体系；建立规范有序、监管有效的排放秩序；培育和发展专业化、规模化收运作业队伍；逐步理顺利益机制，充分发挥资源化带来的价值效用；推进集中与分散处理设施建设，加快实现餐厨废弃物从产生到末端全过程规范化、精细化管理，确保实现辖区内餐厨废弃物的资源化利用无害化处理。

（二）基本原则

坚持“政府主导、社会参与，系统建设、综合管理，部门联动、强化监管，明确分工、落实责任”的工作原则。投入、运行和系统建设以政府主导，设施建设和运营队伍引入竞争机制，拓宽市民参与餐厨废弃物管理试点工作的沟通互动渠道，参与和支持餐厨废弃物的管理工作；从源头即产生单位明确自己的责任、运输队伍责任形成整个餐厨废弃物处理体系系统，建立一系列的制度，运用法律、经济、行政多种手段保证餐厨废弃物能够应收尽收；

监督管理部分是整个餐厨废弃物处理体系系统的关键环节，整合多部门的执法力量，强化流入非法渠道的治理和处罚；明确分工，落实责任，加强试点工作的组织保障，明确部门管理责任、执法责任、建设责任，同时还要明确区县级部门以及专业化收运队伍的责任，形成既有分工又有协作的责任机制。

（三）主要目标

1.总目标

5年内，朝阳区建立完善的餐厨废弃物收集、运输、处理体系，建设健全的管理监督队伍，构建布局合理、技术先进、能力充足、资源得到有效利用的现代化餐厨废弃物处理设施系统。

2.阶段目标

朝阳区餐厨废弃物资源化利用和无害化处理工程分步骤、分年度实施。

2011年：集中处理资源化处理能力达到400吨/日，基本满足集中处理需求；集中收集率达到50%以上；餐厨废弃物收运、处理体系区域覆盖率达到30%；餐厨废弃物资源化利用率达到95%；设施正常运转率达到50%以上。

2012年：餐厨废弃物集中收集率达到80%以上；餐厨废弃物收运、处理体系区域覆盖率达到40%；餐厨废弃物资源化利用率达到95%；设施正常运转率为80%以上。

2013年：餐厨废弃物集中收集率达到85%以上；餐厨废弃物收运、处理体系区域覆盖率达到50%；餐厨废弃物资源化利用率达到95%；设施正常运转率为85%以上。

2014年：餐厨废弃物集中收集率达到90%以上；餐厨废弃物收运、处理体系区域覆盖率达到60%；餐厨废弃物资源化利用率达到95%；设施正常运转率为90%以上。

2015年：餐厨废弃物集中收集率达到95%以上；餐厨废弃物收运、处理体系区域覆盖率达到65%，餐厨废弃物资源化利用率达到95%，设施正常运转率为95%以上。

四、主要任务和进度安排

（一）加快收运体系的构建

餐厨废弃物收运体系中油水分离器、餐厨容器以及收运车辆的配置均以2010年餐馆数量和规模为基数，以每年集中收集率为基础数据进行测算。

1.油水分离器配置。在餐厨废弃物产生单位配备1~3台油水分离器，其中每个大型（500平米以上）餐饮企业配置3台，中型餐饮企业配置2台，小型餐饮企业配置1台油水分离器。监管部门督促产生单位使用油水分离器或者隔油池等分离装置，达到餐厨废弃物油水初步分离。

2.容器配置。餐厨垃圾收集容器的配置，配置标准为："大于500平方米的餐馆配置10个120L垃圾桶，100~500平方米配置7个120L垃圾桶，100平方米以下配置4个120L垃圾桶"。

3.配置收运车辆、清洗服务站等设备设施。需要配置收运车辆的是进行集中处理的餐厨废弃物，朝阳区日集中处理能力为400吨，根据餐厨垃圾车辆配置标准，配备专用收集车辆。目前配置餐厨废弃物收运车辆实际有效载重量为2.5吨收运车，每天收运2次，即每辆车每天可收运餐厨废弃物5吨；配置罐式地沟油收集车辆，采用上门巡回收集方式收集安装油水分离器后分离出的油脂类；配置餐厨垃圾桶专用清洗车收集车，采取巡回清洗方式，确保餐厨垃圾收集容器的干净、整洁，减少蚊蝇滋生。

为保持餐厨垃圾收集车辆的车容车貌、干净整洁，在朝阳区南北地区各建设1个餐厨垃圾收集车辆的清洗服务站，满足餐厨垃圾车的日清日洁的工作需要。

4.采取疏堵结合的方式，加快实现餐厨废弃油脂资源化处理。一是结合朝阳区实际情况，依托全市集中的餐厨废弃油脂处理设施，通过招投标的方式确定一家专业的企业从事餐厨废弃油脂的收集运输，确定一家专业的企业负责餐厨废弃油脂资源化处置利用，实行特许经营服务，加快建立统一规范高效的收运和处理体系。二是依托食品安全组织体系，建立餐厨废弃油脂日常监管机制。落实部门分工，严厉打击非法收集、运输、使用、处理餐厨废弃油脂行为，坚决取缔非法生产加工、储运和销售废弃油脂的黑窝点，防止餐厨废弃油脂进入非法渠道。同时，加强对餐厨废弃油脂收运和处理的监管。

（二）资源化利用和无害化处理项目建设

按照集中处理为主，相对集中与分散处理为辅的原则，着力建立城乡统筹、结构合理、技术先进、能力充足的餐厨废弃物处理体系和政府主导、社会参与、市级统筹、属地负责的管理体系，建立健全“污染者付费”的制度。

1. 设施规划布局

采用“1＋4＋50”模式：1个集中处理设施，日处理400吨，位于北京朝阳循环经济产业园内（朝阳区金盏乡高安屯村）；4个相对集中处理设施，日处理能力在20~50吨之间，包括扩容后的十八里店餐厨垃圾资源化处理站和新建3个相对集中处理站，新建处理站选址为在朝阳核心区2个，朝阳南北区各1个；新建50个分散处理点，日处理能力200~300kg，主要分布在政府机关、企事业单位食堂等餐厨废弃物集中产生点。

2. 资源化利用和无害化处理项目

（1）高安屯餐厨废弃物处理厂

高安屯餐厨废弃物处理厂是目前国内规模最大、自动化程度最高、生化工艺最先进、实现资源循环再利用规模最大的餐厨废弃物处理项目，整体审批，分两期建设，采用BGB核心专利技术设备和相关的配套处理设备，区环卫服务中心负责餐厨废弃物收集、运输，由中标运营商负责生产运营。目前，一期200吨/日已建成试运行，二期200吨/日正在进行设备安装，预计年底可投入试运营。

BGB餐厨废弃物资源循环处理系统由生化处理、预处理、后处理、除臭工程、污水处理、仪控工程等分系统组成。系统集成技术包括：有机废弃物输送、破袋、自动分选，物料生化处理，产出物深加工以及相关环保治理等方面的内容。生产工艺中生化处理系统设备实现了对发酵物料的温度、压力、水分和含氧量等方面的精确控制，采用了特殊的热风循环工艺，实现了热能的二次利用，有效地降低能耗，消除生产过程异味。与国内外同类产品相比，设备的自动化程度更高，能耗更低，是目前国内技术最先进的高温、快速生化处理装置。该技术目前已突破了国内有机废弃物大规模资源化利用中的瓶颈，资源无害化处理率100%，资源化率达到95%以上。

（2）十八里店餐厨垃圾资源化处理站

十八里店餐厨垃圾资源化处理站建设地点在十八里店乡吕家营餐饮一条街南，处理规模为5吨/日，采用的处理工艺为复合微生物高温好氧扩培技术，乡政府负责餐厨废弃物收运，由嘉博文生物科技有限公司负责运营，建成后主要负责处理吕家营餐饮街及周边餐厨废弃物。目前，土建主体工程和接水、接电、接气工程已经完成，2011年上半年完成设备安装，年底前投入使用。

（3）相对集中处理设施

相对集中处理设施共建设4个，南部为十八里店餐厨垃圾资源化处理站的扩容工程；在北部地区餐厨废弃物相对集中地区新建1个处理设施；朝阳区的核心区域新建2个处理设施，建设日处理量在20~50吨间的相对集中处理设施。

（三）监管体系能力建设

1.建立餐厨废弃物监管排放体系

（1）餐厨废弃物产生单位

餐厨废弃物产生单位应当按年度向朝阳区市政市容管理委员会申报，申报内容包括产生单位基本情况（名称、规模等）、餐厨废弃物产生量、委托收运单位、处理流向等。

建立餐厨废弃物分类指导员制度，指导餐厨废弃物产生单位对餐厨废弃物与非餐厨废弃物实施分开投放，餐厨废弃物中的餐厨垃圾和废弃食用油脂实施分类收集。分类指导员必须经过培训持证上岗，指导培训餐饮单位操作人员实施正确分类，参与餐厨废弃物源头分类工作，并负责宣传餐厨废弃物分类知识及分类意义，确保餐厨废弃物源头分类的正确性、稳定性及可持续性。

（2）收运单位

服务合同备案制度：餐厨废弃物产生单位应当与收运单位签订委托收运合同，合同格式样本由区市政市容管理委员会组织制定并公布实施。

上门巡回收集方式：根据餐厨废弃物产生单位的特点和实际情况，通过双方协商确定收集的时间和地点。收运作业单位利用专业运输车辆采用定时定点巡回收集的方式，上门收集餐饮企业的餐厨垃圾和废弃油脂，将餐厨垃圾直接运输至集中的餐厨垃圾处理厂进行资源化处理，将废弃油脂运输至“地沟油”资源化和无害化集中处理设施，主要用于制作化工原料或提炼生物柴油。保证收运单位的服务质量和服务水平。

建立特许服务模式：通过管理和监管手段，建立适度竞争、规模发展、规范有序的餐厨垃圾收运作业体系，在试点区域实行特许服务模式，重点发展2~3个专业化、规模化收集服务队伍，建立行业准入和退出机制。加强朝阳区环境卫生服务中心专业作业能力建设，根据餐厨废弃物资源化利用和无害化处理需要，逐步建设餐厨废弃物和“地沟油”统一回收网络，充实作业队伍，扩大专业作业范围，提高队伍素质，提升服务水平。引入竞争机制，鼓励社会企业进入餐厨废弃物收集运输作业服务领域，逐步形成餐厨废弃物收集运输作业主体的多元化格局，培育和发展具有专业化、集团化、规模化运营的餐厨废弃物和“地沟油”收集企业。加强对收运单位的资质管理，凡从事餐厨废弃物和“地沟油”经营性收集运输服务的企业，应当办理餐厨废弃物收集运输行政许可。制定餐厨废弃物收集运输作业服务规范，指导、规范餐厨废弃物收运单位作业和服务行为。

（3）建立餐厨废弃物全过程监管体系

监管部门负责监督产生单位正确处理餐厨废弃物，建立合法收运企业公示制度，督促餐厨废弃物产生单位将餐厨废弃物交给合法企业收运；将申报单位餐厨废弃物规范处理情况纳入工商部门的企业信用信息系统；将餐厨废弃物收集和就地处理设施设置、废弃物排放相关指标纳入环境保护部门环评审批和环保监督；城管、公安等部门应当将查证确实的非法委托产生单位信息反馈到餐厨垃圾排放登记管理系统；农业管理部门在查处使用未经无害化处理的餐厨废弃物直接饲养畜禽行为时，应当将查证的有关产生单位信息反馈到餐厨垃圾排放登记管理系统。

2.建立餐厨废弃物投放、收集运输、处理全程管理信息平台

产生排放：市市政市容行政管理部门会同卫生、工商、商务、旅游发展等市级相关部门建立餐厨废弃物排放登记制度，并建设餐厨废弃物排放登记管理系统，实行网络登记。本市从事餐饮经营活动的餐饮服务单位和机关、部队、院校、企业事业等单位集体食堂（以下统称“餐饮服务单位”），应当按照规定执行餐厨废弃物排放登记制度。餐饮服务单位应当向所在地区的街道（乡镇）进行登记。登记内容包括餐饮服务单位基本信息、餐厨废弃物产生排放量、委托收运服务单位及最终处理去向等情况。区县市政市容委、街道（乡镇）应当组织、指导做好辖区内餐厨废弃物排放登记工作，并对餐饮服务单位所报排放登记情况进行核查，对不符合要求的及时提出改正意见。对拒不登记或拒不整改的餐饮服务单位，由市市政市容行政管理部门将其信息向卫生、工商、商务、旅游发展等市级部门通报，与餐饮服务许可、企业信用及餐饮服务单位评级相衔接。

收集运输：实现餐厨废弃物称重计量，餐厨垃圾收集车上需配备足够精确的称重系统，准确监测每个产生单位的餐厨废弃物排放量；餐厨废弃物游离水的检测，餐厨垃圾收集车上需配备游离水含量检测设备，防止收运企业在餐厨废弃物中兑水；餐厨废弃物车辆行驶路线的监控，餐厨废弃物收集车应在合同规定的标段范围内活动。

处理监管：结合餐厨废弃物收集情况，集中力量建成与处理需求相适应的餐厨废弃物资源化和无害化处理设施。将餐厨废弃物处理设施（包括餐厨垃圾集中和分散处理设施），以及废弃油脂集中处理设施的信息、设备运作情况、处理餐厨废弃物数量、生产产品数量、产品流向等信息纳入全过程管理信息平台。

五、项目建设

1. 收运系统设施设备投资。收运系统设施设备投资包括为油水分离器、收集容器、餐厨废弃物收运车以及收集容器更新和备品备件。

2. 处理系统项目：一是集中处理设施。高安屯餐厨垃圾处理厂二期投资为7034.59万元；十八里店餐厨垃圾资源化处理站投资为253万元。二是相对集中处理设施。建设4个相对集中处理设施点，其中1个为十八里店餐厨垃圾资源化处理站扩容工程，其他3个为新建工程，分两年建成，合计处理能力约为148吨/日，按吨投资72.97万元计算，共10800万元。三是分散处理设施点。规划建设50个，2011年建设10个处理能力为200kg/日，每个建设费用为35万，10个处理能力为300kg/日，每个建设费用为45万；2012年建设分散处理设施点30个，其中15个处理能力200kg/日，15个处理能力300kg/日。

“十二五”期间相对集中处理设施和分散处理设施点建设费用共需20087.59万元。

六、环境效益和社会效益

通过对朝阳区餐厨废弃物处理工作的系统建设和综合管理，全面提高对餐厨垃圾管理和作业服务的规范化、专业化和精细化水平，实现餐厨废弃物资源化利用和无害化处理；促进广大市民适量点餐、绿色消费等环保意识和良好习惯的养成；堵塞餐厨废弃物的非正规处理渠道，消除非法餐厨废弃物处理产品进入食品消费领域和疫病传播的公共安全隐患，解决非法收运、无序排放、污染环境等市民关心的热点难点问题，带动和示范其他区域推广先进经验，创造安全宜居和谐的首都城市环境。

朝阳区餐厨废弃物资源化示范项目位于朝阳循环经济产业园区内，可以综合利用现有焚烧发电厂余热及卫生填埋场沼气等循环能源，有效减少了能源消耗。同时该项目通过采用高温好氧扩培技术对餐厨废弃物进行处理，可极大提高餐厨垃圾资源化利用水平，显著降低垃圾填埋量，减少对大气、水体、土壤污染和占用土地资源，其产品带来一定经济效益的同时还带来巨大的减排效益，按照日处理400吨的餐厨废弃物计算，可年产8万多吨微生物菌剂产品，替代8万吨化肥，直接减排15万吨二氧化碳/年，带动农业减排75万吨二氧化碳/年，相当于55万辆车万公里的排放量。

七、保障体系建设

（一）组织管理体系

成立朝阳区餐厨废弃物资源化利用和无害化处理试点工作领导小组。为顺利推动试点工作，建立“联席会议”例会制度。建立“专题工作调度会”制度。

（二）法规、标准体系

根据2011年颁布实施的《北京市生活垃圾管理条例》有关规定，结合朝阳区实际，市区市政市容管理部门将研究制定餐厨垃圾就地处理标准、餐厨垃圾分类回收标准、餐厨垃圾收集容器技术标准等配套标准，制定回收服务企业单位的回收服务收费标准。细化经营性餐厨垃圾收集、运输、处理服务许可的条件和程序，制定并出台加强餐厨废弃油脂管理、收集运输作业规范等一批规范性文件。

制定并出台《北京市非居民生活垃圾处理收费标准》，按照“拉开价差、促进分类”的原则，初步考虑餐厨废弃物暂由现行25元/吨调整为90元/吨，分3年逐步调整到位，为引导餐厨垃圾的规范收运，餐厨垃圾收费水平第1年不调整，第2年调整为50元/吨，第3年调整为90元/吨。根据资源化处理技术发展情况，按照“保本微利”的原则，对餐厨废弃物处理费标准适时进行动态调整，确保处理企业取得合理收益。

（三）政策激励机制

加大政府投资力度，按照“政府主导、企业参与”的原则，餐厨垃圾集中处理设施建设以市区政府投资为主，积极争取中央投资支持，适当吸纳部分社会资金。餐厨垃圾收集、运输、设备设施建设以区政府投资为主，中央投资和市政府投资给予适当支持，确保一次性投入，后期更新改造和运营维护由区政府负担。对试点地区餐厨废弃物产生单位的生活垃圾和餐厨垃圾处理费实施减免政策，探索以奖励形式实施餐厨废弃物处理费先征后返或押金制度。出台鼓励餐厨废弃物资源化利用的产业扶持政策，重点推进废弃油脂利用产业、餐厨废弃物制造生物肥料与饲料产业的发展。

（四）监督管理

加强对产生、收运、处理单位的全过程监管。根据《北京市生活垃圾管理条例》，对违反规定的餐饮单位实行行政、经济等方面的处罚，产生餐厨废弃物的单位未采取合法方式处理餐厨垃圾的，由城市管理综合执法部门责令限期改正，逾期不改正的，处5万元以上10万元以下罚款。完善收运、处理行政许可条件和程序。开展餐厨废弃物专项整治活动。逐步提升监管工作信息化水平。

深圳市餐厨垃圾管理情况

深圳市城市管理局

一、深圳市餐厨垃圾管理现状及进展情况

据统计，目前深圳市宾馆、酒楼、食堂等单位的餐厨垃圾（包括厨余垃圾和废弃食用油脂）日均产生量约为1800吨，其中废弃食用油脂约为150吨。近年来，我局积极推进餐厨垃圾管理工作。一是制定《深圳市餐厨垃圾管理暂行办法》，2007年10月发布实施。二是推进餐厨垃圾处理设施规划和建设。制定了《深圳市环境卫生设施系统布局规划（2006~2020）》，明确了罗湖、宝安区等6座餐厨垃圾处理设施在环境园内进行规划选址及建设，并确定了处理规模。目前，南山区餐厨垃圾处理项目已建成并投产试运行（200吨/日），将餐厨垃圾制成饲料蛋白粉和生物柴油。城市生物质综合利用项目及罗湖区、宝安区、龙岗区餐厨垃圾综合利用项目均处于前期工作阶段。城市生物质综合利用项目还被列入国家“863计划”示范工程。三是积极开展餐厨垃圾收运工作。由深圳市腾浪再生资源有限公司、东江环保公司、环华投资管理有限公司分别在南山区、罗湖区、福田区开展餐厨垃圾专项收运试点。四是加强餐厨垃圾收运、处理规范管理。包括规范餐厨垃圾收运车辆标识并对收运车辆核发准运证，起草餐厨垃圾收运合同范本，建成餐厨垃圾信息管理系统等。五是制定过渡期间（2007年10月至2011年10月）餐厨垃圾收运、处理费补贴政策。六是开展餐厨垃圾宣传、培训、执法等工作。

二、目前深圳市餐厨垃圾管理存在问题及成因

深圳市餐厨垃圾管理存在的主要问题是餐饮单位不配合，餐厨垃圾收运量过低，餐厨垃圾处理设施仅建成1座，资源化利用率相应也过低。其原因一是行政许可事项被取消。根据深圳市大部制改革要求，深圳市餐厨垃圾收运、处理行政许可事项被取消，难以有效组织有资质的合法企业进行餐厨垃圾收运处理，无法对餐厨垃圾产生单位进行源头执法，导致餐饮经营单位将餐厨垃圾任意交给无资质企业和个人收运以牟取利益。二是收运补贴标准偏低。深圳市餐厨垃圾收运补贴是参照现行生活垃圾收运补贴标准的（60元/吨），而早在2003年制定的生活垃圾收运标准目前也因物价指数及人力成本不断上升而不能适应形势要求。加上餐厨垃圾收运采用车辆密闭式、流动式收集，点多且分散，其收运成本远高于生活垃圾，试点企业无法弥补收运成本，更不可能盈利，造成收集运输一直难以推进。三是管理体系尚未建立完善，存在职责交叉，责任主体不够明确等问题。四是处理设施建设用地选址难。餐厨垃圾处理设施因受水源保护区、生态控制线、卫生防护距离、基本农田等条件限制，经常出现反复比选及论证未果，选址非常困难。目前福田区、龙岗区、坪山新区餐厨垃圾综合处理项目至今尚未落实用地。

三、进一步提升深圳市餐厨垃圾管理的对策与建议

（一）建立健全法规保障机制

尽快修改《深圳市餐厨垃圾管理暂行办法》，出台正式管理办法。以市法制办牵头，正在对该办法进行修改，重点完善市场运营和政策保障机制，力争新办法在2012年6月份出台实施。同时以市法制办牵头，力争在2011年12月底前设立餐厨垃圾收集、运输、处置服务行政许可。另外，根据2009年5月1日实施的《广东省严控废物处理行政许可实施办法》规定，餐厨垃圾管理由县级以上环保部门负责。同时，市人居环境委规定餐饮企业必须和有资质的企业签订餐厨垃圾收运协议，才可以办理“排污许可证”，这是管理餐厨垃圾有力的抓手。因此，如果设立餐厨垃圾行政许可有难度，我局建议市政府调整职能，理顺关系，将餐厨垃圾调整为由市人居环境委负责管理。

（二）完善餐厨垃圾收运、处理费经费保障机制

收运费方面，拟由市发改委牵头，市财政、审计及我局等部门配合，对餐厨垃圾收运成本进行核算，适当提高餐厨垃圾收运费补贴，从目前的60元/吨提升至略高于苏州市标准。处置费方面，由于我国现有餐厨垃圾处理技术从国外引进或自主研发，多种技术并存，处于消化吸收或工程试验阶段，尚无相对成熟稳定运行的成功案例，各种技术存在投资成本、运行费用及经济效益等方面差异，为此，目前还无法立即明确餐厨垃圾处理的补贴标准。另外，

在餐厨垃圾收运处理一体化运营机制下，废弃食用油脂的资源化利用价值虽可以适当弥补厨余垃圾部分处置费用，但生物柴油市场价格较波动，同时中石油、中石化均表态他们无权外采油，也不能接受和混配后销售生物柴油，因此终端销售渠道得不到保证。同时考虑到餐厨垃圾无害化处理及资源化利用是一项关系到深圳市广大市民身体健康与及环境质量的重要工作，是一项利国利民的民生、民心工程，需要我们以建设现代化国际化先进城市的要求，高标准加以推进，以体现国际化城市的水准，因此建议由市发改部门牵头，会同市审计、财政和城管部门对深圳市餐厨垃圾项目运营成本进行核定，研究是否实行餐厨垃圾处理价格补贴或调整费用标准等政策。

（三）开放市场，研究制定餐厨垃圾收集运输处理一体化运行机制，加快餐厨垃圾处理设施建设

按照《深圳市环境卫生设施系统布局规划（2006¯2020年）》，至2015年，拟在全市新建6座餐厨垃圾处理设施。要大力推进餐厨垃圾处理设施建设，市规划国土委、人居环境委、市城管局等有关部门及相关区政府要按各自职责加快推进项目的审批和建设。目前，深圳试点企业腾浪公司餐厨垃圾处理项目已建成并投产运行，另外两家试点企业东江环保、环华投资公司餐厨垃圾处理项目正在进行规划选址前期论证等工作。同时，市城管局正在加紧研究制定餐厨垃圾收运、处理一体化运行机制，拟通过行政许可、公开招投标等形式，开放市场，引进有实力有经验的企业以BOT形式来深圳市进行餐厨垃圾收集运输处理一体化运营。

（四）加大对“地沟油”的整治力度

根据深圳市食品安全办公室《严厉打击“地沟油”违法犯罪专项工作实施方案》的部署，制定具体实施方案，进一步抓好对餐厨废弃物收集、转运的规范管理，加大对餐饮服务单位及其周边区域的巡查力度，并做好跟进查处执法工作。积极提高餐厨废弃物资源化利用和无害化处理水平。

（五）大力推进国家餐厨垃圾试点工作

严格按照国家发展改革委、财政部、住房城乡建设部批复的实施方案组织开展餐厨废弃物资源化利用和无害化处理试点工作，将试点工作纳入法制化、规范化管理轨道，基本构建起完整的餐厨废弃物收集、运输、资源化利用和无害化处理体系，确保实施方案中的目标如期实现。

（六）以南山区为示范点，“从点到面”推进餐厨垃圾收运处理

目前仅南山区深圳市腾浪公司餐厨垃圾处理项目建成并运行，因此，在目前政策法规、新的价格机制尚未建立及其他区餐厨垃圾处理项目未开工建设之前，暂以南山区为示范点，大力推进餐厨垃圾收运处理。促进该公司尽可能扩大收集覆盖范围，尤其要扩大废弃食用油脂的收集量。力争今年底南山区的餐厨垃圾日收运率从现在的不到6%提高到40%以上，废弃食用油脂由现在的不到2%提高到30%以上。

试点示范

循环经济示范试点名单

国家循环经济试点单位（第一批）

一、重点行业

（一）钢铁

鞍本钢铁集团　攀枝花钢铁集团有限公司　包头钢铁集团有限公司　济南钢铁集团有限公司　莱芜钢铁集团有限公司

（二）有色

金川集团有限公司　中国铝业公司中州分公司　江西铜业集团公司　株洲冶炼集团有限责任公司　包头铝业有限责任公司　河南省商电铝业集团公司　云南驰宏锌锗股份有限公司　安徽铜陵有色金属（集团）公司

（三）煤炭

淮南矿业集团有限责任公司　河南平顶山煤业集团有限公司　新汶矿业集团公司　抚顺矿业集团　山西焦煤集团西山煤矿总公司

（四）电力

天津北疆发电厂　河北西柏坡发电有限责任公司　重庆发电厂

（五）化工

山西焦化集团有限公司　山东鲁北企业集团有限公司　四川宜宾天原化工股份有限公司　河北冀衡集团公司　湖南智成化工有限公司　贵州宏福实业有限公司　贵阳开阳磷化工集团公司　山东海化集团有限公司　新疆天业（集团）有限公司　宁夏金昱元化工集团有限公司　福建三明市环科化工橡胶有限公司　烟台万华合成革集团有限公司

（六）建材

北京水泥厂有限责任公司　内蒙古乌兰水泥厂有限公司　吉林亚泰集团股份有限公司

（七）轻工

河南天冠企业集团公司　贵州赤天化纸业股份有限公司　山东泉林纸业有限公司　宜宾五粮液集团有限公司　广西贵糖（集团）股份有限公司　广东省江门甘蔗化工(集团)股份有限公司

二、重点领域

（一）再生资源回收利用体系建设

北京市朝阳区中兴再生资源回收利用公司　石家庄市物资回收总公司　吉林省吉林市再生资源集散市场　湖南汨罗再生资源集散市场　广东清远再生资源集散市场　深圳报业集团

（二）废旧金属再生利用

天津大通铜业有限公司　上海新格有色金属有限公司　河南豫光金铅集团有限责任公司　江苏春兴合金集团有

限公司　深圳东江环保公司　广东新会双水拆船钢铁有限公司

（三）废旧家电回收利用

浙江省　青岛市　广东贵屿镇

（四）再制造

济南复强动力有限公司　北京金运通大型轮胎翻修厂

三、产业园区

天津经济技术开发区　苏州高新技术产业开发区　大连经济技术开发区　烟台经济技术开发区

河北省曹妃店循环经济示范区　内蒙古蒙西高新技术工业园区

黑龙江省牡丹江经济技术开发区　上海化学工业区

江苏省张家港扬子江冶金工业园　湖北省武汉市东西湖工业园区

四川西部化工城　青海省柴达木循环经济试验区

陕西省杨凌农业高新技术产业示范区

四、省市

北京市　辽宁省　上海市　江苏省　山东省　重庆市（三峡库区）　宁波市　铜陵市　贵阳市　鹤壁市

国家循环经济示范试点单位（第二批）

一、重点行业

（一）钢铁

宝山钢铁股份有限公司　太原钢铁（集团）有限公司　马鞍山钢铁股份有限公司

福建三钢（集团）有限责任公司　重庆钢铁（集团）有限责任公司

（二）有色

葫芦岛有色金属集团有限公司　广西河池市南方有色冶炼有限责任公司　云南铜业股份有限公司

云南锡业集团（控股）有限责任公司　新疆有色工业(集团)稀有金属有限责任公司

（三）煤炭

山西潞安矿业（集团）有限公司　内蒙古伊东煤炭集团有限责任公司　内蒙古庆华集团有限公司

铁法煤业（集团）有限责任公司　黑龙江龙煤矿业集团有限责任公司（鸡西分公司）

安徽皖北煤电集团有限责任公司

（四）电力

江苏宜兴协联热电有限公司　深圳南山热电股份有限公司

（五）化工

山西丰喜肥业（集团）股份有限公司　山西安泰集团股份有限公司　浙江巨化集团公司

广东云浮硫铁矿企业集团公司　云天化集团有限责任公司

（六）建材

江西华春企业集团公司　四川国栋建设股份有限公司

（七）造纸

湖南泰格林纸集团有限责任公司

（八）纺织（印染）

河北唐山三友集团化纤有限公司　青岛凤凰印染有限责任公司

四川宜宾丝丽雅集团有限公司　福建凤竹纺织科技股份有限公司

（九）机械制造

中钢集团西安重型有限公司

（十）农产品加工

内蒙古塞飞亚集团有限公司　江苏省南通鑫缘茧丝绸集团股份有限公司　山东菱花集团有限公司

山东香驰粮油有限公司　贵州茅台酒厂有限责任公司　中粮新疆屯河股份有限公司

（十一）农业（林业）

北京市密云县十里堡镇　黑龙江省望奎县望奎镇　安徽省阜阳市阜南县

河南省沈丘县付井镇　黑龙江伊春市朗乡林业局

二、重点领域

（一）再生资源加工利用基地

天津子牙工业园　河南省大周镇再生金属回收加工区　辽宁省沈阳市再生资源产业基地

江苏省吴江市再生资源回收利用有限公司　江苏中再生投资开发有限公司　安徽省界首市田营循环经济工业区

湖南省郴州市永兴县　陕西省西安市物资回收利用总公司

（二）再生金属回收利用

宁波金田铜业股份有限公司　山东金升有色集团有限公司　厦门钨业股份有限公司

（三）废电子、废轮胎、废电池回收利用

伟翔环保科技发展（上海）有限公司　青岛天盾橡胶有限公司　深圳市格林美高新技术有限公司

湖北金洋冶金股份有限公司

（四）包装物回收利用

盈创再生资源有限公司　四川绵阳长鑫新材料发展有限公司

三、产业园区（重化工集聚区）

天津市临港工业区　大连松木岛化工园区　吉林省四平循环经济示范区　上海莘庄工业园区　苏州工业园

扬州经济开发区　浙江绍兴滨海工业园区　福建泉港石化工业园区　江西永修云山经济开发区

湖北宜昌经济开发区　湖北武汉市青山区　湖南株洲市清水塘工业区　广州经济技术开发区

广东银洲湖纸业基地　海南省昌江循环经济工业区　四川成都市青白江工业集中发展区

重庆长寿化工产业园区　青海省西宁市经济技术开发区　宁夏宁东能源化工基地　新疆库尔勒经济开发区

四、省市

天津市　山西省　浙江省　河南省　甘肃省　青岛市　深圳市　邯郸市　阜新市　白山市　七台河市

淮北市　萍乡市　荆门市　榆林市　石嘴山市　石河子市

部委示范试点名单

汽车零部件再制造试点企业名单

国家发改委

（二○○八年三月二日）

一、汽车整车生产企业

中国第一汽车集团公司　安徽江淮汽车集团有限公司　奇瑞汽车有限公司

二、零部件再制造试点企业

上海大众联合发展有限公司（上海大众汽车有限公司授权）

潍柴动力（潍坊）再制造有限公司（潍柴动力股份有限公司授权）

武汉东风鸿泰控股集团有限公司（东风汽车公司授权）

广州市花都全球自动变速箱有限公司（东风悦达起亚汽车有限公司等授权）

济南复强动力有限公司（中国重型汽车集团有限公司授权）

广西玉柴机器股份有限公司

东风康明斯发动机有限公司

柏科（常熟）电机有限公司

陕西法士特汽车传动集团有限责任公司

浙江万里扬变速器有限公司

中国人民解放军第六四五六工厂

国家"城市矿产"示范基地名单（第一批）

国家发展改革委　财政部

（二○一○年五月）

天津子牙循环经济产业园区　宁波金田产业园　湖南汨罗循环经济工业园　广东清远华清循环经济园

安徽界首田营循环经济工业园　青岛亲天地静脉产业园　四川西南再生资源产业园

国家生态工业示范园区名单

国家环保部

（截至2010年12月31日）

序号	名称	类别	批准文号	批准时间
1	东营经济技术开发区	批准建设	环发[2010]149号	2010-12-25
2	南通经济技术开发区	批准建设	环发[2010]149号	2010-12-25
3	株洲高新技术产业开发区	批准建设	环发[2010]149号	2010-12-25
4	宁波国家高新技术产业开发区	批准建设	环发[2010]149号	2010-12-25
5	张家港保税区暨扬子江国际化学工业园国家生态工业示范园区	通过验收并命名	环发[2010]135号	2010-11-29
6	昆山经济技术开发区国家生态工业示范园区	通过验收并命名	环发[2010]135号	2010-11-29
7	扬州经济技术开发区国家生态工业示范园区	通过验收并命名	环发[2010]135号	2010-11-29
8	郑州经济技术开发区	批准建设	环发[2010]129号	2010-11-04
9	合肥经济技术开发区	批准建设	环发[2010]129号	2010-11-04
10	上海闵行经济技术开发区	批准建设	环发[2010]129号	2010-11-04
11	重庆永川港桥工业园	批准建设	环发[2010]129号	2010-11-04
12	江苏常州钟楼经济开发区	批准建设	环发[2010]117号	2010-09-20
13	上海漕河泾新兴技术开发区	批准建设	环发[2010]117号	2010-09-20
14	合肥高新技术产业开发区	批准建设	环发[2010]117号	2010-09-20
15	日照经济技术开发区国家生态工业示范园区	通过验收并命名	环发[2010]103号	2010-08-26
16	上海市莘庄工业区国家生态工业示范园区	通过验收并命名	环发[2010]103号	2010-08-26
17	温州经济技术开发区国家生态工业示范园区	批准建设	环发[2010]104号	2010-08-26
18	西安高新技术产业开发区国家生态工业示范园区	批准建设	环发[2010]104号	2010-08-26
19	上海化学工业区国家生态工业示范园区	批准建设	环发[2010]104号	2010-08-26
20	山东潍坊滨海经济开发区国家生态工业示范园区	通过验收并命名	环发[2010]47号	2010-04-01
21	烟台经济技术开发区国家生态工业示范园区	通过验收并命名	环发[2010]46号	2010-04-01
22	宁波经济技术开发区国家生态工业示范园区	批准建设	环发[2010]45号	2010-04-01
23	南昌高新技术产业开发区国家生态工业示范园区	批准建设	环发[2010]45号	2010-04-01
24	上海张江高新技术产业开发区国家生态工业示范园区	批准建设	环发[2010]45号	2010-04-01
25	无锡新区国家生态工业示范园区	通过验收并命名	环发[2010]46号	2010-04-01
26	广州开发区（含广州经济技术开发区、广州高新技术产业开发区）国家生态工业示范园区	批准建设	环发[2009]3号	2009-01-07
27	北京经济技术开发区国家生态工业示范园区	批准建设	环发[2009]3号	2009-01-07
28	萧山经济技术开发区国家生态工业示范园区	批准建设	环发[2009]3号	2009-01-07
29	昆明高新技术产业开发区国家生态工业示范园区	批准建设	环发[2008]75号	2008-08-25

序号	名称	类别	批准文号	批准时间
30	天津新技术产业园区华苑产业区国家生态工业示范园区	批准建设	环发[2008]75号	2008-08-25
31	南京经济技术开发区国家生态工业示范园区	批准建设	环发[2008]75号	2008-08-25
32	上海金桥出口加工区国家生态工业示范园区	批准建设	环发[2008]75号	2008-08-25
33	苏州工业园区国家生态工业示范园区	通过验收并命名	环发[2008]9号	2008-03-31
34	苏州高新技术产业开发区国家生态工业示范园区	通过验收并命名	环发[2008]9号	2008-03-31
35	天津经济技术开发区国家生态工业示范园区	通过验收并命名	环发[2008]9号	2008-03-31
36	青岛高新区市北新产业园国家生态工业示范园区	批准建设的国家生态工业示范园区	环函[2007]166号	2007-05-16
37	扬州经济开发区国家生态工业示范园区	批准建设	环函[2007]167号	2007-05-16
38	上海市莘庄工业区国家生态工业示范园区	批准建设的国家生态工业示范园区	环函[2007]30号	2007-01-19
39	日照经济开发区国家生态工业示范园区	批准建设的国家生态工业示范园区	环函[2006]525号	2006-12-29
40	绍兴袍江工业区国家生态工业示范园区	批准建设的国家生态工业示范园区	环函[2006]481号	2006-12-04
41	无锡新区国家生态工业示范园区	批准建设	环函[2006]467号	2006-11-22
42	福州经济技术开发区国家生态工业示范园区	批准建设	环函[2006]417号	2006-10-24
43	昆山经济技术开发区国家生态工业示范园区	批准建设	环函[2006]412号	2006-10-24
44	张家港保税区暨扬子江国际化学工业园国家生态工业示范园区	批准建设	环函[2006]411号	2006-10-24
45	青岛新天地工业园（静脉产业类）国家生态工业示范园区	批准建设	环函[2006]347号	2006-09-11
46	山西安泰国家生态工业示范园区	批准建设	环函[2006]198号	2006-05-18
47	包头钢铁国家生态工业示范园区	批准建设	环函[2005]536号	2005-12-08
48	郑州市上街区国家生态工业示范园区	批准建设	环函[2005]144号	2005-04-21
49	潍坊海洋化工高新技术产业开发区国家生态工业示范园区	批准建设	环函[2005]99号	2005-03-31
50	贵阳市开阳磷煤化工国家生态工业示范基地	批准建设	环函[2004]418号	2004-11-29
51	烟台经济技术开发区国家生态工业示范园区	批准建设	环函[2004]426号	2004-11-22
52	大连经济技术开发区国家生态工业建设示范园区	批准建设	环函[2004]114号	2004-04-26
53	抚顺矿业集团国家生态工业建设示范园区	批准建设	环函[2004]113号	2004-04-26
54	鲁北国家生态工业建设示范园区	批准建设	环函[2003]324号	2003-11-18
55	长沙黄兴国家生态工业建设示范园区	批准建设的国家生态工业示范园区	环函[2003]115号	2003-04-29
56	包头国家生态工业（铝业）建设示范园区	批准建设的国家生态工业示范园区	环函[2003]102号	2003-04-18
57	南海国家生态工业建设示范园区暨华南环保科技产业园	批准建设的国家生态工业示范园区	环函[2001]293号	2001-11-29
58	贵港国家生态工业（制糖）建设示范园区	批准建设的国家生态工业示范园区	环函[2001]170号	2001-08-14

循环农业示范市

农业部

（二〇〇八年）

河北省邯郸市　山西晋城市　辽宁阜新市　山东淄博市　河南洛阳市　湖北恩施市　湖南常德市　江西吉安市　广西桂林市　甘肃天水市

再生资源回收体系建设第一批试点单位

商务部

（二〇〇六年四月二十一日）

北京市（朝阳区中兴再生资源回收利用公司）　天津市
河北省石家庄市（石家庄市物资回收总公司）　山西省太原市
辽宁省沈阳市　吉林省吉林市（吉林市再生资源责任有限公司）　黑龙江省哈尔滨市　上海市
山东省济南市　江苏省南京市　浙江省宁波市　浙江省永康市　福建省福州市　江西省南昌市
河南省郑州市　湖北省武汉市　湖南省汨罗市（汨罗市团山再生资源市场）
广东省清远市（清远再生资源集散市场）　广西区南宁市　重庆市　四川省成都市　云南省昆明市
陕西省西安市（西安市物资回收利用总公司）　新疆维吾尔自治区乌鲁木齐市

再生资源回收体系建设第二批试点单位

商务部

（二〇〇九年六月二十四日）

一、城市（29个）

张家口市　大同市　赤峰市　铁岭市　长春市　佳木斯市　苏州市　杭州市　马鞍山市　三明市　景德镇市　临沂市　烟台市　潍坊市　漯河市　襄樊市　长沙市　广州市　海口市　内江市　遵义市　玉溪市　拉萨市　汉中市　兰州市　西宁市　银川市　库尔勒市　青岛市

二、集散市场（11个）

长春亿北再生资源集散市场　苏北再生资源集散市场　赣粤闽湘区域性再生资源集散市场
江门市嘉能再生资源回收市场　大连废旧金属集散交易市场　马鞍山再生资源集散市场
常州再生资源集散市场　山东德力西再生资源集散市场
浙江慈溪再生塑料产业基地　江西丰城市赣中再生金属集散市场
白银有色集团西北再生金属加工基地

地方试点名录

北京市

一、区县类

海淀区

延庆县

二、城镇类

昌平区马池口镇

房山区长阳镇

通州区西集镇

三、园区类

北京市朝阳区垃圾无害化处理中心

密云县水源保护区循环农业区

海淀区六里屯循环经济产业园

用友软件园

四、重点领域类

北京格林雷斯环保科技有限公司

北京恒通创新木塑科技发展有限公司

北京青龙河经济技术开发有限公司

北京奥宇可鑫表面工程技术有限公司

北京市华京源再生资源回收市场有限公司

五、企业类

北京太空板业股份有限公司

北京嘉捷博大汽车节能公司

北京燕京啤酒股份有限公司

北京归原生态农业发展有限公司

北京德青源农业科技股份有限公司

北京市琉璃河水泥有限公司

北京御香苑畜牧有限公司

北京古杉生物能源有限公司

北京神雾热能技术有限公司

密云冶金矿山公司

天津市

第一批

一、园区

天津经济技术开发区

天津子牙工业园

天津临港工业区

天津华苑产业区

二、企业

天津北疆发电厂

天津大通铜业有限公司

天津挂月集团有限公司

三、小城镇

天津东丽区华明示范镇

第二批

一、冶金

天津天铁冶金集团有限公司

天津荣程联合钢铁集团有限公司

天津友发钢管集团有限公司

二、化工

蓝星（天津）化工有限公司

天津市凯威化工有限公司

天津市腾飞化工总厂

天津联博化工股份有限公司

天津渤大硫酸工业有限公司

天津云海裕森科工贸有限公司天津长芦汉沽盐场有

限责任公司

三、造纸

玖龙纸业（天津）有限公司

四、医药

天津市津康制药有限公司

五、水泥

天津市雍阳减水剂厂

六、食品

天津盘山啤酒厂

七、建筑

天津市津南区建设开发公司

八、建材

裕川建筑材料制品有限公司

九、环保

天津合佳威立雅环境服务公司

十、工业园区

空港加工区

十一、农业园区

天津市青水源生态循环农业示范园区

天津市超跃畜牧养殖有限责任公司

天津市凯润淡水养殖有限公司

天津市水高庄农业科技示范有限公司

宝坻区新开口镇循环农业园

台头镇万亩立体循环农业示范项目

静海县双塘镇西双塘村委会

宁河县农业局种猪场

十二、小城镇

蓟县许家台乡示范小城镇

蓟县邦均镇

天津市汉沽区茶淀镇孟家瞿村

十三、服务业

天津老板娘水产食品物流有限公司

天津市东丽湖地热开发有限公司

第三批

一、工业园区

天津华明工业园区

天津西青汽车工业区

天津中塘工业区

天津宝坻低碳工业区

天津专用汽车产业园

天津风电产业园

天津上仓酒业及绿色食品加工区

天津八里台工业区

天津宝坻节能环保工业区

天津医药医疗器械工业园

天津南港工业区

无暇街海河下游冶金工业循环经济示范区

二、农业园区

天津市益利来养殖有限公司

海林养殖场粪污综合利用一体化示范园区

天津济泰民农业科技发展有限公司

南海循环农业产业园

林海循环经济示范区

三、再生资源

天津同和绿天使顶峰资源再生有限公司

天津市国联报废机动车回收拆解有限公司

天津市华鑫达投资有限公司

天津宏宇盛华环保科技有限公司

TCL奥博（天津）环保发展有限公司

天津恒景再生合金材料有限公司

天津市东宝润滑油脂有限公司

泰鼎（天津）环保科技有限公司

天津东邦铅资源再生有限公司

四、环保

天津市花苗木服务中心

天津市市容环卫建设发展有限公司

天津碧海环保技术咨询服务有限公司

五、小城镇

静海团泊示范小城镇

蓟县玉石庄示范小城镇

六、服务业

特易购商业（天津）有限公司

盘山风景名胜区

七、生物质能源

天津市乔奇生物质炭化科技有限公司

八、造纸

天津广聚源纸业有限公司

九、水泥

天津振兴水泥有限公司

十、钢铁

天津钢管集团股份有限公司

河北省

一、城市

（一）地级市

石家庄市　邯郸市

唐山市　廊坊市

秦皇岛市

（二）县及县级市（区）

遵化市　平泉县

涞源县　武安市

邯郸市　峰峰矿区

张家口市察北管理区

二、重点行业

（一）钢铁

石家庄钢铁股份有限公司

邯郸钢铁集团有限责任公司

唐山钢铁集团有限责任公司

宣化钢铁集团有限责任公司

邢台钢铁有限责任公司

承德新新钒钛股份有限公司

（二）化工

河北沧州大化集团有限责任公司

河北盛华化工有限公司

河北粤华化工有限公司

唐山三友集团有限公司

河北华煜化工股份有限公司

河北景化化工有限公司

冀州市银海化肥有限责任公司

（三）煤炭

邯郸市紫山特钢集团有限公司

峰峰集团有限公司

开滦（集团）有限责任公司

（四）电力

国电河北龙山发电厂

（五）建材

冀东水泥股份有限公司

武安市新峰水泥有限公司

（六）轻工

秦皇岛骊骅淀粉股份有限公司

河北衡水老白干酿酒（集团）有限公司

张家口长城酿造（集团）有限责任公司

承德避暑山庄集团有限责任公司

（七）畜牧业

河北省景县津龙良种猪养殖有限公司

三、重点领域

大城县有色金属循环经济试点基地

京东橡胶股份有限公司再生橡胶利用

文安县再生资源回收利用基地

四、产业园区

沧州临港化工园区

石家庄循环经济示范产业基地

廊坊龙河循环经济示范园

保定高新技术产业开发区

秦皇岛经济技术开发区

河北省鸡泽县冀泽生态园

沧州阳光循环经济科技示范园

秦皇岛集发农业生态园

滦县司家营重化产业园

河北西柏坡发电有限责任公司

曹妃甸循环经济示范区

河北冀衡集团有限公司

山西省

一、试点市

长治市

运城市

二、试点县

清徐县

永济市

新荣区

朔城区

河曲县

介休市

交城县

平定县

高平市

潞城市

洪洞县

三、试点社区

太原市小店区亲贤社区

新荣区社区管理中心循环经济社区

朔州市禹丰社区

忻州市忻府区长征街办事处社区

吕梁市离石区凤山社区

晋中市榆次区东阳镇

运城市荟萃小区

阳泉市城区新华东街社区

长治市城区演武社区

晋城市城区泰昌社区

临汾市尧都区平阳社区

四、试点园区

太原不锈钢产业园区

同煤集团塔山工业园区

大同医药工业园区

交城经济开发区

太原高新技术产业开发区

武乡县蟠洪循环经济工业园区

金海洋工业园区

夏县庙前镇万亩高效生态农业示范园

山西凤凰山生态植物园区

侯马北方轻工城

五、试点企业

阳泉市南庄煤炭集团有限公司

山西沁新煤焦股份有限公司

山西焦化集团有限公司

山西安泰集团股份有限公司

山西东辉煤焦化集团有限公司

山西天脊煤化工集团有限责任公司

山西合盛工贸有限公司

晋城无烟煤矿业集团有限责任公司

太原化学工业集团有限公司

山西泰尔钢铁有限公司

山西闻喜银光镁业集团有限责任公司

临汾同世达实业有限公司

山西潞宝焦化有限公司

山西兰花煤炭实业集团有限公司

山西三佳煤化有限公司

山西阳泉铝业股份有限公司

平朔煤炭工业公司

山西锌业集团

偏关县晋电化工有限公司

山西省中阳荣欣焦化有限公司

美锦能源集团

高平市兴高焦化有限公司

山西华翔实业（集团）有限公司

山西三联技术产业集团有限公司

中国蓝星集团总公司

运城市鑫源骏达木业有限公司

山西古城乳业有限公司

内蒙古自治区

第一批

内蒙古亿利资源集团

内蒙古黄河工贸集团

内蒙古阿拉善经济开发区

棋盘井工业园区

通辽市科尔沁工业园区（含开鲁园区）

内蒙古托克托工业园区

第二批

中电投蒙东能源集团有限责任公司

乌海市君正科技产业集团公司

鄂尔多斯电力冶金股份有限公司

中盐吉兰泰盐化集团有限公司

华能伊敏煤电有限责任公司

赤峰大吉药业（集团）有限公司

巴彦淖尔紫金有色金属有限公司

内蒙古蒙牛乳业（集团）股份有限公司

内蒙古汇能煤化工工业园区

赤峰市喀喇沁旗锦山工业园区

包头稀土高新技术开发区

希望工业园区

丰镇高科技氟化学工业园区

锡林郭勒盟东乌旗乌里雅斯太工业园区

锡林郭勒经济技术开发区

第三批

赤峰市红山经济开发区

巴彦淖尔市青科乐工业园区

锡林郭勒盟多伦新型工业化化工区

锡林郭勒盟白音华能源化工园区

乌海市经济开发区乌达园区

内蒙古齐华矿业有限责任公司

通辽市霍林郭勒工业园区

内蒙古大唐国际（呼和浩特）资源综合利用基地

包头市石拐工业园区

内蒙古山路煤炭集团

辽宁省

一、重点行业

冶金　石化　电力　煤炭　建材　镁硼

二、重点城市

沈阳市　大连市

营口市　盘锦市

葫芦岛市

三、重点县（区）

瓦房店市　法库县

海城市　南芬区

振安区　黑山县

灯塔市　调兵山市

凌源市　大石桥市

四、重点园区

沈阳化学工业园区

大连长兴岛临港工业园区

抚顺李石生态工业园区

桓仁县农村高效能源示范区

东港经济开发区

锦州经济技术开发区

营口经济技术开发区

阜新城南工业园区

盘锦经济技术开发区

葫芦岛煤炭工业园区

五、重点企业

（一）冶金：

大连金牛有限责任公司

鞍山宝得集团
抚顺新抚钢责任有限公司
北台钢铁（集团）有限责任公司
锦州沈宏集团公司
五矿营口中板有限责任公司
凌源钢铁集团
葫芦岛有色金属集团有限公司
（二）石化：
沈阳化工股份有限公司
中石油大连石化分公司
大化集团有限责任公司
中石油抚顺石化分公司
中石油锦州石化分公司
营口三征有机化工股份有限公司
中国石化辽阳分公司
辽河石油勘探局
辽宁华锦化工集团有限责任公司
中石油锦西石化分公司
（三）电力：
沈阳新北热电有限责任公司
华能大连电厂分公司
大连市热电集团有限公司
铁岭发电厂
（四）煤炭：沈阳煤业（集团）有限责任公司
阜新矿业集团
铁法煤业（集团）有限责任公司
丹东市海珠煤炭销售有限公司
（五）建材：
辽宁工源水泥（集团）有限责任公司
本溪市福星现代建材有限公司
阜新大鹰水泥制造有限责任公司
朝阳华龙企业集团
（六）镁硼：
海城西洋集团
辽宁中兴矿业集团有限公司
辽宁辽科东达化工有限责任公司
（七）轻工：
中新印染有限责任公司
辽宁华福印染公司
（八）机械：
沈阳重型机械集团有限责任公司
大连重工起重集团有限公司
（九）医药：
东北制药集团有限责任公司
（十）再生资源：
沈阳华瑞钒业有限公司
沈阳秋实物资回收有限公司
大连东达环境工程有限公司
大连东泰产业废弃物处理有限公司
兴城市中兴工业有限公司
凤城化工集团有限公司
辽阳统一企业有限公司
（十一）农业：
丹东大鹿岛海兴集团公司
辽宁田园实业有限责任公司
辽宁乌兰山生物技术有限公司
盘锦鼎翔集团
（十二）其他：
沈阳市奥德燃气有限公司

上海市

一、区县

宝山区
青浦区

二、园区

上海金桥出口加工区
上海金山工业园区（金山第二园区块）
庄行综合试点站
老港固废综合处置与资源化基地

长江生态循环农业园区（长江农场）

上海实业东滩园区

三、企业

上海通用汽车有限公司

上海富士施乐有限公司

上海三菱电梯有限公司

上海烟草（集团）公司

绿色工艺编结有限公司

上海电子废弃物交投中心有限公司

金山区畜禽粪便处理中心

新金桥工业废弃物管理有限公司

国际会议中心

申瑞家具有限公司（宜家）

锦江金门大酒店

上海智慧广场

新世界股份有限公司

四、社区

同济大学

崇明县竖新镇前卫村

平和学校

万科朗润园

四平路街道

华师大一附中

寿祥坊小区

江苏省

一、城市

（一）省辖市

南京市　无锡市　徐州市　苏州市

南通市　常州市　镇江市　扬州市

盐城市

（二）县级市

张家港市　常熟市　江阴市　丹阳市

海门市　泰兴市

二、产业园区

南京化学工业园区

南京经济技术开发区

苏州高新技术产业开发区

江苏扬子江国际冶金工业园

江苏扬子江国际化学工业园

昆山经济开发区

无锡高新技术产业开发区

宜兴环保科技工业园

常州高新技术产业开发区

常州东南经济开发区

南通经济技术开发区

江苏省镇江经济开发区

连云港市化学工业园区

宜兴市昌兴生态型循环农业园区

宝应湖有机农业开发园区

三、企业

（一）冶金

南京钢铁联合有限公司

宝钢集团上海梅山有限公司

江苏锡兴集团有限公司

江阴兴澄特种钢铁有限公司

江苏沙钢集团有限公司

常州市兴昌盛合金制品有限公司

南通宝钢新日制钢有限公司

江苏淮钢集团有限公司

（二）电力

江苏华电扬州发电有限公司

金坛加怡热电有限公司

铜山县新汇热电有限公司

宜兴协联热电有限公司

无锡益多环保热电有限公司

江苏太阳雨太阳能有限公司

南京绿色资源再生工程有限公司

（三）化工

中石化股份有限公司金陵分公司

中石化扬子石油化工股份有限公司
南京红宝丽股份有限公司
江苏北方氯碱集团
江苏灵谷化工有限公司
宜兴市军达化工厂
常熟市江河天绒丝纤维有限责任公司
双狮（张家港）精细化工有限公司
江苏华昌化工股份有限公司
苏州天马医药集团天吉生物制药有限公司
江苏福昌化工残渣处理有限公司
江苏盈天化学有限公司
江苏江东化工股份有限公司
江苏金坛康达有限公司
南通江山农药化工股份有限公司
江苏飞亚化学工业有限责任公司
南通醋酸纤维有限公司
南通文凤化纤有限公司
中石化仪征化纤股份有限公司
江苏联环药业集团有限公司
江苏群发化工有限公司
江苏扬农化工集团有限公司
宝胜集团有限公司
江苏丹化集团有限责任公司
江苏索普（集团）公司
镇江江南化工有限公司
洪泽银珠化工集团有限公司
江苏天士力帝益药业有限公司
江苏安邦电化有限公司
江苏淮河化工有限公司
金湖县国祥工贸有限公司
连云港海水化工有限公司
赣榆县金山化工有限公司
姜堰市化肥有限责任公司
江苏梅兰化工集团公司
江苏陵光股份有限公司
江苏江山制药有限公司
扬子江药业集团有限公司
大丰市劲力化肥有限公司
江苏永林油脂化工有限公司
盐城双昌化工有限责任公司
江苏绿陵化工集团有限公司

（四）轻工

江苏花厅酒业有限公司
东海粮油工业（张家港）有限公司
太仓新太酒精有限公司
江苏昆山协孚人革制品集团有限公司
苏州市相城区江南化纤集团有限公司
常熟市汽车饰件有限公司
鑫缘茧丝绸集团股份有限公司
江苏汤沟两相和酒业有限公司
盐城市华泰纸业有限公司
金东纸业（江苏）有限公司
泰州市东方印刷版材有限公司
江苏三泰啤酒有限公司
江苏洋河酒厂股份有限公司
江苏丝绢集团有限公司

（五）建材

南京三龙水泥有限公司
江南小野田水泥有限公司
中联巨龙淮海水泥有限公司
江苏胜阳实业股份有限公司
无锡海联橡塑五金制品有限公司
江阴泰山石膏建材有限公司
苏州天丰新型建材有限责任公司
中国高岭土公司
江苏华尔润集团有限公司
江苏大亚装饰材料有限公司
仪征市宏图新型建筑材料有限公司
江苏大盛板业有限公司
江苏太平洋玻璃有限公司
江苏太湖巨豪人造板有限公司

（六）再生资源

江苏春兴合金集团有限公司
江苏省物联再生资源有限公司
南京凯燕电子有限公司
南京金泽金属材料有限公司

徐州浩通新材料技术有限公司
江苏万宝铜业集团有限公司
苏州同和资源综合利用有限公司
怡球金属（太仓）有限公司
南通回力橡胶集团有限公司
（七）其他
徐矿集团公司
大屯煤电（集团）有限责任公司
无锡蓝海污泥处理有限公司
无锡华宏生物燃料有限公司
江苏船山矿业股份有限公司
涟水绿壮无公害农产品有限公司

浙江省

一、工业循环经济试点市

湖州市
台州市
嘉兴市
绍兴市

二、工业循环经济试点县（市、区）

杭州市萧山区
杭州市滨江区
宁波市镇海区
宁波市宁海县
温州市龙湾区
温州市乐清市
金华市永康市
衢州市龙游县
丽水市云和县
舟山市定海区

三、工业循环经济试点园区（块状经济）

杭州经济技术开发区
杭州建德大洋工业功能区（马目）
宁波再生金属资源加工园区（废旧金属再生利用）
宁波宁海工业园区
温州扶贫经济开发区
嘉兴工业区大桥产业组团（化工）
嘉兴桐乡市州泉工业区（化纤、橡胶等4个专业区块）
绍兴市袍江工业区（医药、建材、热电）
绍兴诸暨市山下湖镇珍珠产品加工园区
绍兴诸暨市大堂袜业产业区（袜业）
绍兴诸暨市店口镇循环经济试点区域（五金产业）
绍兴县绿色食品工业园区（食品）
金华市工业园区（冷轧、医药、化工）
金华东阳横店集团控股有限公司（电子、医化企业群）
湖州安吉县竹产业科技创业中心（竹制品、竹木机械）
台州市金属再生工业基地（废旧金属再生利用）
台州国家级浙江省化学原料药基地（临海区块）
衢州经济开发区东港工业园区（化工、造纸）
衢州龙游县经济开发区（化工）
衢州巨化片区循环经济实验区（巨化、市高新园区、开发区等）
丽水经济开发区水阁园区（合成革、革基布）
舟山海洋食品工业产业园区（水产加工）

四、工业循环经济试点企业

（一）杭州市
杭州卷烟厂
杭州胡庆余堂投资有限公司
佑康食品集团有限公司
浙江海穆钢铁服务有限公司
杭州欣达混凝土有限公司
杭州西湖啤酒朝日（股份）有限公司
正大青春宝药业有限公司
浙江省南都电源动力股份有限公司
杭州电化集团有限公司
杭州龙山化工有限公司
杭州高新（滨江）水务有限公司
浙江永泰纸业集团有限公司
杭州富春江化工有限公司
浙江鑫富生化股份有限公司

浙江蜂之语蜂业有限公司
杭州杭联热电有限公司
建德市大洋化工有限公司
浙江新安化工有限公司
淳安县千岛湖新安矿产有限公司
杭州锦江集团杭州大地环保有限公司

（二）宁波市

北仑发电有限公司
中华纸业有限公司
宁波阿克苏诺贝尔化学有限公司
宁波牡牛纸业有限公司
金轮集团
浙江杭州湾印染有限公司
宁波中集物流装备有限公司
奉化市茂森竹业有限公司

（三）温州

温州冶炼总厂
伟明集团有限公司
华仪电器集团有限公司
浙江圣雄皮业有限公司
金狮啤酒集团有限公司

（四）嘉兴

民丰特种纸股份有限公司
平湖景兴纸业
浙江新都水泥公司
嘉兴市芽芽水泥有限公司
浙江华友钴镍材料有限公司
浙江京马电机有限公司
嘉兴市富林化纤厂
嘉兴市振申绝热材料厂
浙江大华包装集团公司
海宁宝圆染化有限公司
嘉兴市中华化工有限公司
民丰集团秀州纸业有限公司
桐乡福利造纸厂
浙江振大水泥有限公司

（五）湖州

浙江超威电源有限公司
浙江美欣达印染集团股份有限公司
长兴金泉米业有限公司
浙江山鹰建材集团
德华集团控股股份有限公司
湖州狮王精细化工有限公司
升华集团控股有限公司
浙江五龙化工股份有限公司
安吉圣氏生物制品有限公司
浙江久立集团股份有限公司
浙江欧美环境工程有限公司
浙江长三角建材有限公司
湖州世纪清固体废物处置中心
浙江长广集团水泥分公司

（六）绍兴

浙江绿环橡胶粉体工程有限公司
浙江新和成股份有限公司
浙江蓝星科技有限公司
海亮集团有限公司
上峰集团有限公司
绍兴第二印染有限公司
绍兴爱德新型建筑材料有限公司
绍兴振亚纺织集团
绍兴新民热电
绍兴中成热电有限公司
浙江阮仕珍珠股份有限公司
浙江盾安集团有限公司
上虞热电有限公司

（七）金华

兰溪大明化工厂
浙江武义神龙浮选有限公司
浙江华莱氨纶有限公司
横店集团家园化工有限公司
浙江普洛化学有限公司
金华立信医药化工有限公司
义乌市义南纸业有限公司
浙江金华康恩贝生物制药有限公司
浙江兴达钢带有限公司

（八）衢州

浙江虎山集团有限公司
浙江江山化工股份有限公司
浙江龙游绿得农药化工有限公司
浙江绿源木业股份有限公司衢州分公司
衢州衢通废弃资源回收公司
江山虎霸集团
浙江红火实业集团有限公司
（九）舟山
舟山兴业有限公司
金鹰股份有限公司
（十）台州
台州发电厂
台州市椒江热电有限公司厂浙江联化科技股份有限公司
台州齐合天地金属有限公司
浙江仙居车头制药有限公司
浙江仙琚制药股份有限公司
浙江石梁啤酒有限公司
玉环县海洋化学生物有限公司
浙江佳诺水泥有限公司
浙江海正药业股份有限公司
浙江中环物资再生利用公司
（十一）丽水
浙江松寿堂中药有限公司
丽水市南平革基布有限公司
浙江利马革业有限公司
浙江众发实业有限公司
浙江奇尔茶叶有限公司
浙江宏庆祥铜业有限公司
燕京啤酒浙江丽水有限公司
浙江省云和县振鹏实业有限公司
浙江省坤骏纸业有限公司
浙江欧科木业有限公司
（十二）省属企业
杭州钢铁集团公司
巨化集团公司

安徽省

铜陵有色金属集团控股有限公司
淮南矿业（集团）有限责任公司循环经济试点
安徽丰原集团循环经济试点
马鞍山钢铁股份有限公司循环经济试点
安徽海螺集团公司循环经济试点
安徽山鹰纸业股份公司循环经济试点
安徽氯碱化工集团循环经济试点
合肥市城市循环经济试点
马鞍山市城市循环经济试点
芜湖市鸠江区循环经济试点
宁国市县级市循环经济试点
淮南市毛集区循环经济试点
界首市再生铅循环经济产业园试点
安庆市大观民营经济开发区循环经济产业园试点
合肥市庐阳循环经济产业园
临泉县“林、草、牧、沼、菌”农业循环经济试点
合肥市循环经济示范园区（肥东）
宿州市循环经济示范园
五河经济开发区沫河口工业区
安徽省阜阳循环经济园区
阜阳颍上循环经济园区
铜陵农业循环经济试验区
安徽池州东至香隅化工产业园
马鞍山市慈湖经济开发区
舒城县循环经济园

福建省

福建炼油化工有限公司

福建省三钢（集团）有限责任公司

厦门翔鹭化纤股份有限公司

柯达（厦门）有限公司

厦门华夏国际电力发展有限公司

紫金矿业集团股份有限公司

厦门钨业股份有限公司

福建省南纸股份有限公司

福建省青山纸业股份有限公司

福建石化集团三明化工有限责任公司

福建纺织化纤集团有限公司

厦门通士达照明有限公司

福建省东南电化股份有限公司

福建省南平嘉联化工有限公司

永安智胜化工有限公司

福建省邵武化肥厂

福建水泥股份有限公司炼石水泥厂

福建龙麟集团有限公司

福建建明建材集团三明市新型建材总厂

福建华意新型建材有限公司

泉州市建友新型墙材有限公司

泉州市泉堡新型墙材开发有限公司

厦门万里石板材有限公司

麦特（福建）新型建材有限公司

福建福人木业有限公司

福建省光泽沪千人造板制造有限公司

福建省建阳武夷味精有限公司

三明市环科化工橡胶有限公司

福建省圣农实业有限公司

厦门如意集团有限公司

森宝（龙岩）实业有限公司

福建凤竹集团有限公司

福建众和股份有限公司

福州华冠针纺织品有限公司

福建糖业股份有限公司

龙岩卓越新能源发展有限公司

福建省闽南能源发展有限公司

福建省平潭长江澳风电开发有限公司

福建省石狮热电有限责任公司

晋江创冠环保资源开发有限公司

福建省三安钢铁有限公司

福建宏玮鞋塑有限公司

石狮市华宝海洋生物化工有限公司

福建雪津啤酒有限公司

福建电气硝子玻璃有限公司

福建吴航不锈钢制品有限公司

屏南鑫磊晶体有限公司

龙海市多棱锯条有限公司

莆田市华港制油有限公司

莆田市三江化学工业有限公司

江西永修云山经济开发区

南昌高新技术产业开发区

江西丰城工业园区

江西信丰工业园区

江西黎川工业园区

江西宜黄工业园区

江西莲花工业园区

江西省

一、设区市（2个）

新余市

鹰潭市

二、县（市区）（10个）

丰城市

万年县

浮梁县

进贤县

德安县

井冈山市

新干县

瑞昌市

全南县

崇义县

三、工业园区（基地）（12个）

鹰潭（贵溪）铜产业循环经济基地

新余钢铁再生资源产业基地

赣州经济技术开发区

景德镇高新技术产业园

宜春经济开发区

湖口金砂湾工业园

樟树盐化工基地

新干县盐化工业城

宜黄工业园区

横峰工业园区

龙南经济技术开发区东江循环经济园区

奉新工业园区

四、企业（36个）

（一）省属企业（5个）

江西万年青水泥股份有限公司

江西稀有金属钨业控股集团公司

江西省再生资源有限公司

新余钢铁集团公司

赣能股份公司丰城电厂三期

（二）地方企业（31个）

赣州虔东稀土矿业有限公司

景德镇蓝资建材科技有限公司

江西金田铜业有限公司

江西赛维LDK太阳能高科技有限公司

江西宏宇能源发展有限公司

江西龙天勇有色金属有限公司

景德镇市焦化工业集团有限公司

新余市仙女湖建材集团

江西贵雅照明有限公司

江西新凌能源有限公司赣县（谱赛科）生物质沼气发电项目

景德镇市再生资源利用体系

江西晶安高科技股份有限公司

鹰潭兴业电子金属材料有限公司

上饶和丰铜业有限公司

江西飞宇竹业集团有限公司

江西雄鹰铝业股份有限公司

江西哈迪建材有限公司

江西四特酒有限公司

鹰潭信达投资有限公司

江西普盛实业有限公司

上饶市再生资源有限公司

江西自立资源再生有限公司

江西华电电力有限责任公司

江西中再生资源开发有限公司

江西利新橡胶有限公司

江西耀升工贸发展有限公司

杜阿特（赣州）表面材料有限公司

余干县东泰新型建材有限公司

上高县再生资源回收利用公司

贵溪同顺金属有限公司

江西洁良环保科技有限公司

山东省

一、城市

济南市　青岛市

淄博市　东营市

烟台市　潍坊市

济宁市　威海市

日照市　临沂市

二、园区

济南高新技术产业开发区

青岛畜牧科技示范园

青岛市市北区胶州湾新产业基地

淄博高新技术产业开发区

枣庄市经济开发区

枣庄市高新技术开发区

东营市经济开发区

烟台经济技术开发区

烟台资源再生加工示范区

山东潍坊滨海经济开发区

济宁高新技术产业开发区

泰安华丰循环经济工业园

威海经济技术开发区

日照经济开发区

山东鲁北高新技术开发区

德州晶华集团粉煤灰综合利用工业园

山东东阿工业园区

临沂高新技术开发区

临沂金升有色金属产业基地

菏泽交通集团工业园区

三、企业

（一）济南市

山东山水水泥集团有限公司

中国石油化工股份有限公司济南分公司

济南力诺玻璃制品有限公司

济南二机床集团有限公司

山东黄台火力发电厂

济南玫德铸造有限公司

济南市琦泉热电有限责任公司

济南化肥厂有限责任公司

山东明水化工有限公司

章丘日月化工有限公司

中国重型汽车集团有限公司

章丘华明水泥有限公司

济南市北郊热电厂

济南啤酒集团总公司

济南复强动力有限公司

济南佳宝乳业有限公司

山东建工集团公司

济南锅炉集团有限公司

济南卷烟厂

济南趵突泉酿酒有限公司

（二）青岛市

青岛碱业股份有限公司

青岛钢铁控股集团有限责任公司

青岛啤酒股份有限公司

海尔集团公司

华电青岛发电有限公司

山东黄岛发电厂

青岛琅琊台酒业集团股份有限公司

中国石化集团青岛石油化工有限责任公司

胶南易通热电有限责任公司

青岛胶南明月海藻工业有限责任公司

青岛热电集团有限公司

青岛新天地生态循环科技有限公司

青岛万福集团股份有限公司

青岛东方化工股份有限公司

青岛市城阳区金合养殖有限公司

青岛酒厂有限公司

青岛凤凰印染有限公司

青岛美高集团有限公司

青岛市宝荣水产科技发展有限公司
青岛港（集团）有限公司
青岛正大有限公司
青岛海晶化工有限公司
青岛华东葡萄酿酒有限公司
（三）淄博市
山东铝业公司
淄博矿业集团有限责任公司
中国石化集团齐鲁石油化工公司
山东玻璃总公司
山东东岳化工股份有限公司
山东博汇纸业股份有限公司
山东宝山生态建材有限公司
淄博嘉周热电有限公司
山东东佳集团有限公司
山东联合化工有限公司
山东鲁阳股份有限公司
山东瑞阳制药有限公司
淄博兰雁集团股份有限公司
山东贵和纸业集团有限公司
山东东大化学工业有限公司
南金兆集团有限公司
淄博科丰化工有限公司
淄博市周村同森木业有限公司
淄博博丰复合肥有限公司
淄博万昌集团有限公司
淄博市华联矿业有限责任公司
淄博市临淄鲁恒建材有限公司
（四）枣庄市
山东榴园新型水泥发展有限公司
鲁南中联水泥有限公司
兖矿鲁南化肥厂
枣庄八一水煤浆热电有限责任公司
枣庄华润纸业有限公司
华电国际十里泉发电厂
枣庄矿业集团有限责任公司
山东丰源煤电有限公司
山东大宗集团公司

山东鲁南牧工商联合公司
山东神工化工股份有限公司
（五）东营市
华泰集团有限公司
正和集团股份有限公司
万达集团股份有限公司
东营市天信纺织有限公司
山东利华益集团股份有限公司
山东垦利石化有限责任公司
山东石大科技集团有限公司
山东华星石油化工集团有限公司
山东海科化工有限公司
山东金岭集团公司
利津力能热电有限公司
东营胜动机械有限责任公司
山东胜通集团股份有限公司
东营鑫大地化工有限公司
东营方圆有色金属有限公司
山东德仕化工有限公司
（六）烟台市
烟台万华合成革集团有限公司
烟台氨纶集团公司
山东百年电力发展股份有限公司
龙口矿业集团有限责任公司
山东丛林集团公司
烟台鲁宝钢管有限责任公司
正海集团有限公司
招远金宝电子有限公司
山东玲珑橡胶公司
山东九发集团公司
烟台恒邦集团有限公司
烟台巨力化肥有限公司
烟台张裕集团有限公司
烟台绿环再生资源有限公司
烟台首钢东星（集团）公司
山东国大黄金股份有限公司
招金矿业股份有限公司金翅岭金矿
蓬莱市金冶纳米材料有限公司

蓬莱市海洋生物有限公司
蓬莱市黄金（集团）总公司
山东富尔达空调设备有限公司
山东黄金矿业股份有限公司新城金矿
（七）潍坊市
潍坊亚星化学股份有限公司
山东潍坊发电厂
山东恒联投资有限公司
山东晨鸣集团股份有限公司
山东省联盟化工集团有限公司
山东奥宝化工集团有限公司
潍坊钢铁集团公司
潍柴动力股份有限公司
山东海化集团有限公司
诸城市良丰化学有限公司
孚日家纺股份有限公司
山东昌邑石化有限公司
鲁丽集团有限公司
山东景芝酒业股份有限公司
潍坊新方矿业集团有限公司
寿光蔡伦申兴精细化工有限公司
山东乐化集团有限公司
山东青州云门酒业（集团）有限公司
山东省高密市天恒化工有限公司
颐中烟草（集团）有限公司青州卷烟厂
潍坊汇源实业有限公司
（八）济宁市
菱花集团公司
兖矿集团有限公司
山东里能集团有限公司
山东雪花生物化工股份有限公司
山东太阳纸业股份有限公司
山东鲁抗医药集团有限公司
山东金鲁城有限公司
山东华金集团有限公司
山东昊福集团有限公司
山东民生煤化有限公司
兖矿峄山化工有限公司
济宁矿业集团有限公司
济宁金威煤电有限公司
山东省微山湖矿业集团公司
济宁中银电化有限公司
山东如意科技集团有限公司
兖州银河橡塑集团有限公司
济宁碳素工业公司
山东凯赛里能生物高科技有限公司
（九）泰安市
新汶矿业集团有限责任公司
肥城矿业集团有限公司
山东泰和东新股份有限公司
泰山玻璃纤维股份有限公司
山东石横特钢有限公司
肥城阿斯德化工有限公司
山东飞达化工科技有限公司
山东惠普矸石电力股份有限公司
山东岱银纺织集团股份有限公司
山东瑞星化工有限公司
泰山水泥集团有限公司
泰安华丰顶峰热电有限公司
泰安鲁珠水泥有限公司
山东鑫国煤电有限责任公司
泰开电器集团有限公司
山东泰山复合材料有限公司
泰山集团股份有限公司
肥城富源工贸公司
泰安海化新星肥业有限公司
泰安华泰建材有限公司
泰安华新石膏制品有限公司
（十）威海市
三角集团有限公司
华能威海发电有限责任公司
威海热电厂
山东蓝星玻璃集团有限公司
好当家集团有限公司
威海啤酒集团有限公司
威海恒信水泥工业有限公司

成山集团有限公司

威海市第二热电厂

天润曲轴有限公司

乳山市大业金矿

山东威高集团有限公司

文登市第二橡胶厂

山东鸿洋神水产科技有限公司

（十一）日照市

山东日照发电有限公司

日照钢铁控股集团有限公司

山东亚太森博浆纸有限公司

山东洁晶集团股份有限公司

山东日照焦电有限公司

五莲县阳光热电有限公司

海汇集团有限公司

日照鲁信金禾生化有限公司

山东尧王酒业集团有限公司

日照三木木业股份有限公司

山东宝山矿业有限公司

日照海通丝业有限公司

山东永发石业有限公司

山东日照酒业有限公司

（十二）莱芜市

莱芜钢铁集团有限公司

莱芜市泰山阳光电力有限公司

莱芜钢铁集团粉末冶金有限公司

新汶矿业集团有限责任公司鄂庄煤矿

莱芜市泰山阳光水泥有限公司

莱芜泰钢热电有限公司

莱芜钢铁华威工程有限公司

山东鲁碧建材有限公司

莱芜钢铁银山工业有限公司

（十三）临沂市

山东恒通化工股份有限公司

山东金沂蒙集团有限公司

山东阜丰发酵有限公司

山东沂州水泥集团总公司

山东临沂盛能集团股份有限公司

青援食品有限公司

山东省鲁洲食品集团有限公司

山东银麦啤酒股份有限公司

山东冠鲁工业集团公司

山东绿润食品有限公司

山东华丰集团公司

山东宏艺科技有限公司

山东新光股份有限公司

山东正义纺织集团有限公司

山东利丰集团有限公司

山东德利再生资源置业有限公司

泓达生物科技有限公司

山东清华同方鲁颖电子有限公司

临沂新程金锣肉制品有限公司

山东新时代药业有限公司

华盛江泉集团有限公司

沂水大地玉米开发有限公司

（十四）德州市

德州晶华集团有限公司

山东贺友集团总公司

德州沪平永发造纸有限公司

山东德齐龙化工集团有限公司

山东正大纸业有限公司

山东华鲁恒升集团有限公司

山东德棉集团有限公司

山东照东方纸业集团有限公司

华能国际电力有限公司德州电厂

禹城市兴达建材有限公司

山东通裕集团有限公司

山东龙力生物科技有限公司

山东华泰新材料有限公司

禹城福田药业有限公司

皇明太阳能集团有限公司

山东古贝春有限公司

希森三和集团有限公司

（十五　）聊城市

山东泉林纸业有限责任公司

山东时风集团有限责任公司

山东凤祥有限责任公司
东阿东昌水泥有限公司
山东省高唐蓝山集团总公司
山东齐鲁味精食品集团有限公司
山东聊城热电有限责任公司
银河纸业有限责任公司
冠州集团股份有限公司
山东东阿阿胶股份有限公司
山东信发铝电集团有限公司
山东聊城鲁西化工集团总公司
阳谷祥光铜业有限公司
高唐县金兴人造板有限公司
山东新嘉华实业集团有限公司
山东科瑞特生物工程有限公司
临清三和纺织集团有限公司
山东三山集团有限公司
（十六）滨州市
山东鲁北企业集团总公司
山东西王集团有限公司
山东滨化集团有限责任公司
山东魏桥创业集团有限公司
山东京博石油化工有限公司
山东齐星集团有限公司
山东滨州渤海活塞股份有限公司
华纺股份有限公司
惠民县光明热电有限公司
山东香驰豆业集团有限公司
山东渤海油脂工业有限公司
山东众和新型墙材有限公司
滨州愉悦家纺有限公司
山东埕口盐化有限责任公司
山东沾化海明化工有限公司
山东省阳信金缘纺化有限公司
山东基德生态科技有限公司
山东万德酒业有限公司
山东珍贝瓷业有限公司
山东沾化海洋化工有限公司
山东明珠集团有限公司
（十七）菏泽市
山东菏泽发电厂
东明县石化集团有限公司
菏泽锦江环保能源有限公司
成武大地玉米开发有限公司
山东银香伟业集团有限公司
菏泽鲁宏水泥有限公司
青岛啤酒（菏泽）有限公司
单县有机化工有限公司
菏泽绿源食品有限公司

河南省

第一批
安钢集团
平煤集团
天冠集团
安阳化工
安阳高新技术产业开发区
三门峡湖滨农业生态园区
义马市
第二批
一、城市
三门峡市
巩义市
二、园区
沈丘付井镇农业产业发展区
大周镇再生金属回收加工区
淇县畜禽产业园区
上街区铝工业园区
新郑市煤炭综合开发区
鹤壁市山城区牟山工业集中区
桐柏碱硝化工产业园区

新乡（七里营）纸制品工业园

三、企业

（一）煤炭

鹤壁煤业（集团）有限责任公司

永城煤电集团有限责任公司永夏矿区

河南超越企业集团

（二）电力

郑州裕中能源有限责任公司

（三）冶金

伊川电力集团总公司

济源市金马焦化有限公司

河南济源钢铁（集团）有限公司

灵宝市金源矿业有限责任公司

灵宝豫赣多金属综合回收有限公司

（四）化工

中国神马集团有限责任公司

河南省中原大化集团有限责任公司

河南骏化发展股份有限公司

河南金鼎化工有限公司

河南省世纪金源化工有限责任公司

（五）建材

郑州新登企业集团有限公司

（六）制药

辅仁药业集团有限公司

河南天方药业股份有限公司

开封制药（集团）有限公司

（七）造纸漯河银鸽实业集团有限公司

（八）农产品加工

河南漯河双汇实业集团有限公司

北徐集团有限责任公司

（九）农业

河南省内乡县牧原养殖有限公司

河南省黄泛区实业集团（农业）

河南省花花牛集团

河南恒友牧业有限责任公司

灵宝市生源农业有限责任公司

（十）领域

郑州市污水净化有限公司

安阳市龙悦湾玉花苑住宅小区

湖北省

一、重点行业

（一）冶金

大冶有色金属公司

湖北新冶钢公司

鄂州吴城钢铁有限公司

（二）化工

湖北宜化集团有限责任公司（包括湖北楚星化工股份有限公司、枣阳化工工业有限公司、浠水县福瑞德化工有限责任公司）

湖北楚源精细化工集团股份有限公司

沙隆达集团公司

武汉有机实业股份有限公司

武汉青江化工股份有限公司

湖北省黄麦岭磷化工集团公司

宜昌兴发集团有限责任公司

湖北祥云化工股份有限公司

湖北洋丰股份有限公司

湖北三新磷酸有限公司

荆州市博尔德化学有限公司

湖北开元化工科技股份有限公司

利安隆生物化学有限公司

竹溪创艺皂素有限公司

潜江市仙桥化学制品有限公司

湖北益泰药业有限公司

（三）建材

葛洲坝股份有限公司水泥厂

华新水泥股份有限公司

湖北基立环保板材有限公司

（四）电力

鄂州发电有限责任公司

（五）轻工

华润雪花啤酒（武汉）有限公司

武汉远东绿世界集团有限公司

赤壁晨鸣纸业有限责任公司

安琪酵母股份有限公司

湖北稻花香集团

（六）汽车

东风汽车股份有限公司铸造分公司

二、重点领域

（一）废旧金属再生利用

湖北金洋冶金股份有限公司

荆门市格林美新材料有限公司

（二）再生资源回收利用体系建设

湖北衡德环保设备制造有限公司

湖北鑫丰再生资源有限公司

荆州市物资再生利用管理总公司

三、产业园区

武汉市东西湖工业园区（国家第一批试点单位）

武汉市青山区环保产业基地

宜昌经济技术开发区三峡磷化产业区

荆门市高新技术产业开发区

四、市、县

荆门市

谷城县

广东省

一、重点行业

（一）机电

广州丰田汽车有限公司

广汽丰田发动机有限公司

广东省海丰县机械工业总公司

广东风华高新科技股份有限公司

广东四会互感器厂有限公司

（二）轻工

广州珠江啤酒集团有限公司

青岛啤酒（珠海）有限公司

金威啤酒（东莞）有限公司

肇庆蓝带啤酒有限公司

广州珠江钢琴集团有限公司

广东志诚冠军集团有限公司

茂名市凯利环保热能设备有限公司

广州造纸集团有限公司汕头市龙湖区鑫隆纸类制品厂

广东鼎丰纸业有限公司

清远市威利邦木业有限公司

阳东绿源人造板有限公司

广州白云山制药股份有限公司

广州白云山化学制药厂

广东肇庆星湖生物科技股份有限公司海丰肉联厂

海丰县海发食品贸易公司

海丰县溢盛针织厂有限公司

佛山市南海稳德福无纺布有限公司

开平市花皇淀粉厂有限公司

广东省丰收糖业发展有限公司

广东大华糖业有限公司

安利（中国）日用品有限公司

荷力胜（广州）蜂窝制品有限公司

（三）能源

广州明珠C厂发电有限公司

广州保税区广保电力发展有限公司

广州红鹰能源科技有限公司

广州热力有限公司

广州大学城能源发展有限公司

广州市旺隆热电有限公司

广州恒运东区热力有限公司

（四）有色金属

兴宁市金雁电工有限公司

广东高要河台金矿

广东凌丰集团有限公司

（五）石油化工

中国石化股份有限公司茂名分公司

广州珠江轮胎有限公司

广州珠江化工集团有限公司广州制漆厂

广州市康明硅橡胶科技有限公司

珠海得米化工有限公司

广州市粤首实业有限公司

云浮市宝利硫酸有限责任公司

（六）建材

广东塔牌集团蕉岭县鑫达旋窑水泥有限公司

蕉岭县龙腾旋窑水泥有限公司

茂名市油城牌水泥有限公司

云浮市粤云新型石材有限公司

云浮市亨达利水泥制品有限公司

潮州绿环陶瓷资源综合利用有限公司

（七）钢铁

广东省韶关钢铁集团有限公司

广州珠江钢铁有限责任公司

联众（广州）不锈钢有限公司

广东省韶铸集团有限公司

（八）其他

广州广信江湾新城大酒店

广东省第二工人医院

二、重点领域

（一）再生资源回收利用体系建设

广州番禺绿由工业弃置废物回收处理有限公司

广州广汽丰绿资源再生有限公司

肇庆市鼎湖区莲花镇经济发展总公司

江门市长优实业有限公司

广州市万绿达物资回收有限公司

广州天河奥特农化新技术有限公司

东莞市方达环宇环保科技有限公司

广东建航电池连锁有限公司

（二）建筑节能

招商地产广州金山项目、广州世贸中心大厦、深圳振业城

（三）环保产业

东莞市博海环保资源开发有限公司

三、产业园区

广州开发区

东莞石龙（始兴）产业转移工业园

石龙信息产业园

广东银洲湖纸业基地

中山火炬高新技术产业开发区阳西工业园

肇庆市亚洲金属资源再生工业基地

佛山市南海国家生态工业示范园区

广东西樵纺织产业示范基地

四、区（县）

云浮市云安县

五、试点城市

广州

深圳

佛山

东莞

江门

汕头

广西壮族自治区

广西柳州钢铁（集团）公司

中铝广西分公司

广西鱼峰集团有限公司

柳州化学工业集团有限公司

南宁糖业股份有限公司

燕京啤酒（桂林漓泉）股份有限公司

广西八一（集团）有限责任公司

广西金河集团有限责任公司

南丹县吉朗矿冶有限责任公司

广西维尼仑股份有限公司

和来宾河西工业园区

南丹有色金属冶炼工业园区

北海市合浦东园家酒厂循环经济产业示范园

四川省

一、试点市

成都　绵阳

攀枝花　泸州

广安　内江

二、试点县

成都：邛崃市　金堂县　青白江区

绵阳：涪城区　江油市　三台县

德阳：绵竹市　什邡市

乐山：井研县　五通桥区

内江：威远县　隆昌县

眉山：洪雅县　彭山县

攀枝花：仁和区　西区

南充：顺庆区　蓬安县

资阳：简阳市　乐至县

雅安：名山县　天全县

遂宁：射洪县　船山区

自贡：富顺县

广安：广安区　岳池县

宜宾：翠屏区　长宁县

泸州：叙永县　龙马潭区

凉山州：冕宁县　甘洛县　盐源县

广元：剑阁县　苍溪县

达州：大竹县　万源县

巴中：通江县　南江县

三、试点企业

川化集团公司（化工）

攀钢集团成都钢铁有限公司（钢铁）

四川国栋建材集团有限公司（建材）

四川高宇集团有限公司（化工）

四川星河建材有限公司（建材）

四川天赐医药科技有限公司（化工）

安县纸业有限公司（轻工）

翰通生物能源有限公司（化工）

剑南春集团公司（轻工）

林辰实业集团公司（化工）

宏达股份有限公司（建材）

金路集团公司（化工）

广安发电有限责任公司（电力）

广能集团公司（煤炭）

爱众投资控股集团有限公司（化工、建材）

恒立化工有限公司（化工）

华威建材有限公司（建材）

银泰控投有限公司（建材）

川威集团公司（钢铁）

内江天科化工有限责任公司（化工）

长安化纤有限股份公司（化工）

五粮液集团公司（轻工）

宜宾天原公司（化工）

丝丽雅集团公司（化工）

泸州老窖集团公司（轻工）

合江蜀能电力有限责任公司

攀钢集团公司　（钢铁）

成洪磷化工有限责任公司（化工）

金象冶金化工股份有限公司（化工）

眉山丰华纸业有限公司（轻工）

中国南车集团资阳机车厂（机械）

四川省阆洲醋业有限公司（轻工）

达州钢铁集团公司（钢铁）

川投峨眉山铁合金（集团）有限公司（钢铁）

永丰纸业股份有限公司（轻工）

川沱曲酒股份有限公司（轻工）

普宁化纤科技有限公司（化工）

'美丰股份有限公司

宝兴微纳粉体有限公司（有色）

川北玻璃厂（化工）

南江矿业集团有限公司（有色）

宏旺实业有限公司（建材）

科瑞德新材料有限责任公司（有色）

鸿鹤化工股份有限公司（化工）

四川雪宝乳业公司

顺庆区农业开发有限公司

嘉陵区农业科技开发公司

岳池县九龙公司

万千集团公司

天华农业科技发展有限公司

德富隆实业有限公司

青川川珍实业有限公司

蒙顶山皇茶茶业有限公司

四、试点园区

（一）工业集中区

绵阳经济技术开发区（绵阳市）

遂宁城南工业集中区（遂宁市）

五粮液工业生态园区（宜宾市）

泸州老窖罗汉基地生态园区（泸州市）

隆昌县工业集中区（内江隆昌县）

华蓥市工业集中区（广安市）

自贡市工业集中区（自贡市）

眉山市工业集中区（眉山市）

（二）农业生态园区

绵阳科技城现代农业科技示范区（绵阳市）

成都金堂农业生态园区（成都金堂县）

敦煌科技农业生态园区（成都都江堰市）

龙泉驿区生态园区（成都龙泉驿区）

南充顺庆农业科技示范园区（南充顺庆区）

南充凤垭农业科技示范园区（南充嘉陵区）

雁江农业生态示范园区（资阳市）

资中县农业生态示范园区（内江资中县）

岳池县农业生态示范园区（四川广安市）

罗江县天马山农业生态园区（德阳市罗江县）

重庆市

一、试点区县

涪陵区

二、试点园区

重庆经济技术开发区

永川工业园区（港口组团）

三、试点企业

重庆市涪陵榨菜（集团）有限公司涪陵区农工循环经济产业链、产品链

重庆桂楼食品股份有限公司涪陵区农工循环经济产业链、产品链

重庆三峡果业集团有限公司万州区农工循环经济产业链、产品链

重庆市太白酒厂万州区农工循环经济产业链、产品链

重庆业兴实业集团渝北酒厂渝北区农工循环经济产业链、产品链

南川市绿态丝厂南川区农工循环经济产业链、产品链

重庆天运生物液体燃料有限责任公司忠县农工循环经济产业链、产品链

铜梁县沙心生态食品有限公司铜梁县农工循环经济产业链、产品链

重庆星星套装门有限责任公司开县农工循环经济产业链、产品链

重庆石柱宏达畜产品有限公司石柱县农工循环经济产业链、产品链

中化重庆涪陵化工有限公司涪陵区工业废弃物综合利用

重庆长寿化工有限责任公司长寿区工业废弃物综合利用

重庆松藻煤电有限责任公司綦江县煤炭、电力、煤层气

重庆市邵新煤化有限公司梁平县煤炭、电力、煤层气

重庆同兴垃圾处理有限公司北碚区垃圾资源化发电

重庆拉法基水泥有限公司南岸区余热回收利用发电

重庆长江造型材料有限责任公司北碚区铸造废砂回收加工利用

重庆超科实业发展有限公司南岸区废旧橡胶回收加

工利用

重庆顺搏铝合金有限公司璧山县废铝回收加工利用

双钱集团（重庆）轮胎有限公司双桥区橡胶制品

云南省

云锡集团（控股）有限责任公司

云南冶金集团总公司

云南铝业股份有限公司

昆明钢铁集团有限责任公司

云南铜业集团有限公司

云南铜业股份有限公司

云天化集团有限责任公司

云南煤化工集团有限公司

云维集团有限公司

临沧市晶莹糖业有限责任公司

祥云飞龙实业有限公司

云南云景林纸股份有限公司

云南省曲靖化学工业有限公司

云南省陆良化工实业有限公司

海燕橡胶有限股份公司

陕西省

一、试点园区

西安经济技术开发区

韩城龙门生态工业示范区

神府经济开了区锦界工业园区

宝鸡高新技术产业开发区

二、试点企业

神东神华电力有限责任公司

陕西三秦能源有限公司

陕西正元粉煤灰综合利用有限责任公司

陕西龙门钢铁（集团）的限责任公司

陕西东岭集团股份有限公司

韩城黑猫焦化有限责任公司

汉中八一锌业有限责任公司

陕西旬阳鑫业矿业有限公司

青岛啤酒西安汉斯集团有限公司西安公司

蒲白矿务局

黄陵矿业有限公司

彬县煤业总公司

韩城黑猫炭黑有限公司

北元化工有限责任公司

陕西城化股份有限公司

榆林炼油厂

镇安县秀山水泥有限责任公司

陕西秦岭水泥（集团）有限责任公司

陕西福天宝科技有限公司

西安市物资回收利用总公司

甘肃省

嘉峪关市

金昌市

武威市

白银市

兰州市西固区

平凉市崆峒区

金川集团有限公司

酒泉钢铁（集团）有限责任公司

白银有色金属（集团）有限责任公司
兰州西固石化工业科技园
兰州高新技术产业开发区空港循环经济产业园
金昌市东部化工园区
中科院白银高技术产业园
中石油兰州石化分公司
甘肃稀土集团有限责任公司
甘肃刘化（集团）有限责任公司
甘肃祁连山水泥集团股份有限公司
腾达西北铁合金有限责任公司
窑街煤电公司劣质煤热电厂
兰州连城铝业有限责任公司
西北永新涂料集团公司
甘肃华能平凉发电有限责任公司
天水星火机床有限公司
靖远煤业有限责任公司
国电靖远发电有限公司
金昌水泥（集团）有限责任公司
甘肃金昌化工（集团）有限责任公司
武威市全圣实业集团纸业有限责任公司
甘肃锦世化工有限责任公司
中国核工业总公司四○四厂

宁夏回族自治区

第一批

一、试点城市

石嘴山市

二、试点产业园区

银川市望远工业园

三、试点企业

宁夏赛马实业股份有限公司

宁夏昌鑫新型建材有限责任公司

宁夏金昱元化工集团有限公司

宁夏沙湖纸业（集团）有限公司

宁夏万胜生物工程有限公司

宁夏贺兰山铁合金有限责任公司

神华宁夏煤业集团有限责任公司太西洗煤厂

神华宁夏煤业集团有限责任公司太西洗煤厂

宁夏中卫市万国企业有限责任公司

第二批

一、试点城市

平罗县　中宁县

二、循环经济试点园区

石嘴山工业园区　中卫美利工业园区

三、循环经济重点试点领域

宁夏房地产开发集团有限公司　宁夏供销社再生资源有限公司

四、循环经济试点单位

中电投宁夏青铜峡能源铝业集团有限公司　中冶美利纸业集团有限公司

神华宁夏煤业集团太西电力有限责任公司等23家

第三批

启元药业　大荣实业集团

紫金花纸业　昊丰伟业钢铁

兴平精细化工　银川热电

昊盛纸业　兴尔泰

博宇钢铁　中冶美利

伊品生物　房地产集团

太西电力　庆华煤化工

供销社　中节能

惠冶镁业　中卫美利区工业园

英利特化工　中宁县

平罗县　固原佳立淀粉

开元丰友化工　大地冶金

青铜峡铝业　鲁西化工

青铜峡水泥　石嘴山工业园区

新疆维吾尔自治区

一、试点园区

米东化工园区（化工乌昌地区）

石河子北化工园区（化工石河子市）

二、试点企业

新疆八一钢铁股份有限公司（钢铁乌鲁木齐市）

稀有金属有限责任公司（有色阿勒泰地区）

新疆阿希金矿（有色伊犁州）

艾维尔沟煤矿（煤炭乌鲁木齐市）

中国国电集团新疆红雁池发电有限责任公司（电力乌鲁木齐市）

新疆天山电力股份公司玛纳斯发电分公司（电力昌吉州）

中国石油天然气股份有限公司独山子石化分公司（化工克拉玛依市）

新疆中泰化学股份有限公司（化工乌鲁木齐市）

新疆天山水泥股份有限公司（建材乌鲁木齐市）

新疆青松建材化工（集团）股份有限公司（建材阿克苏地区）

新疆特变电工股份有限公司（机电昌吉州）

新疆众和股份有限公司（机电乌鲁木齐市）

新疆博湖苇业股份有限公司（轻工巴州）

新疆四方糖业有限责任公司（轻工伊犁州）

新疆天山纺织（集团）有限责任公司（纺织昌吉州）

新疆金纺纺织股份有限公司（纺织乌鲁木齐市）

新疆金业报废汽车回收（拆解）有限公司（贸易乌鲁木齐市）

新疆中太肉联有限公司（贸易克拉玛依市）

新疆制药厂（医药乌鲁木齐市）

新疆维吾尔药业有限责任公司（医药乌鲁木齐市）

宁波市

一、县（区）：

宁海县　镇海区

工业园区：

浙江余姚工业园区

宁海临江开发工业园区

鄞州投资创业中心（园区）

宁波化工园区

二、乡镇（街道）：

小曹娥镇　黄家埠镇

莼湖镇　强蛟镇

爵溪街道　云龙镇

集仕港镇　慈城镇

九龙湖镇　小港街道

三、企业：

宁波舜江水泥有限公司

宁波华林橡胶工业有限公司

浙江华鑫化纤集团公司

浙江杭州湾纺织品有限公司

宁波众茂杭州湾热电有限公司

宁波华星轮胎有限公司

重啤集团宁波大梁山有限公司

宁波海山纸业有限公司

浙江东亚线缆有限公司

宁波万冠熔模铸造有限公司

宁波格兰特制冷设备制造有限公司

宁波国泰科技发展有限公司

宁波恒泰草制品有限公司

宁波雅戈尔日中纺织印染有限公司

宁波东海集团有限公司

金田铜业

宁波乐金甬兴化工有限公司

宁波德泰化学有限公司

申洲织造有限公司

宝新不锈钢公司

再生资源回收体系建设试点

安徽双赢再生资源集团

安徽双赢再生资源集团董事长、总裁肖幸福

安徽双赢再生资源集团（简称安徽双赢集团）由安徽省供销商业总公司控股，安徽双赢再生资源集团有限公司为母公司，拥有11个控股子公司和首批加盟的9个成员单位。总注册资本3.043亿元，现有总资产20亿元。集团以再生资源回收利用为主，拍卖、担保投资、房地产置业营销、文化传媒等多业并举。年销售额81.68亿元，年购销废钢200多万吨。为国家定点报废汽车回收拆解企业，家电以旧换新定点回收企业。集团是全国再生资源回收利用行业的龙头企业，肩负着全省再生资源行业的业务指导和协调工作，承担政府赋予对再生资源行业的管理职能，承担合肥市的全国再生资源回收体系建设试点主要工作，是安徽省再生资源回收利用协会的会长单位和省再生资源管理办公室的常设办事机构。

集团宗旨：发挥集团的综合优势，实现各种资源的优化配置，服务社会，造福人类，共同发展。

集团质量环境职业健康安全方针：遵守环境法律法规，积极推进循环经济，提倡绿色经营理念，塑造和谐人文精神，持续改善企业文化，不懈追求卓越绩效。

集团荣誉：第八届、第九届安徽省文明单位；全国实施卓越绩效模式先进企业；安徽省质量奖；全国供销合作社系统质量奖；2009年、2010年全国供销合作社系统实施卓越绩效模式先进企业；2011年全国供销合作社系统实施卓越绩效模式先进企业特别奖；安徽省劳动竞赛先进集体；全国商业企业文化优秀奖；全国构建和谐商业杰出贡献企业；安徽省重点流通企业；安徽省“重合同守信用”单位；安徽省劳动保障管理信得过单位；安徽省农行“AAA级信用等级企业”；合肥市国税局“模范纳税大户”；安徽省供销社“优秀基层党组织”；安徽省供销社系统先进单位和十强企业；全国供销合作社系统2008年、2010年百强企业；通过ISO9001-2008质量管理体系、ISO14001-2004环境管理体系和GB/T28001-2001职业健康安全管理体系认证。

顾客与市场情况：

集团以顾客为中心，推行“品牌+网络+基地+体系”四位一体的发展战略，坚持以质量求生存，不断超越顾客的期望。顾客遍及全国，主要顾客有宝钢、杭钢、宁钢、梅钢等实力雄厚的大中型钢厂。集团是宝钢的一级供应商、“十佳供应商”之一；是沙钢的“特约废钢供货商”，获“废钢供应优秀单位”称号；是马钢、南钢、杭钢、梅钢、宁钢、武钢、广钢、太钢等全国知名钢铁集团的战略供应商和长期合作伙伴；在无锡、苏州、南通、马鞍山等地的钢厂都设有分公司，成为受客户信赖的优秀供应商。2005年2月控股成立双赢房地产营销有限公司，在房地产业重新洗牌的大环境下，因"信誉度好，服务质量高"被确定为省直公积金二手房贷款委托中介机构。2001年成立的拍卖公司，以骄人的业绩和规范的服务通过了中国拍卖协会AA级资质认证，成为安徽省仅有的三家AA级拍卖企业之一。2006年成立的担保公司，先后为300多家中小企业提供融资担保，为保企业、保增长做出了贡献，2010年，全年担保总额已达4亿元，受到省政府主管部门的肯定，得到国家工信部奖励担保补贴210万元。集团承担的合肥再生资源回收体系建设工程列入中央财政支持，已于2010年5月通过阶段性验收。2010年3月国家工信部、安徽省经委确定集团东南再生资源有限公司为重点调度企业。实行重点调度企业日报和旬月报统计监测制度是国家工信部、省、市、经济部门，通过网上直接申报方式报送相关数据。

整体服务水平、组织在行业中的地位：

一流的品牌、规模和服务，受到广大顾客的信赖与支持，集团年购销废钢约占全省购销废钢的50%以上，2008年、2010年连续两次位列全国供销合作社系统百强企业、再生资源行业排名全国第2位，2009年被安徽省商务厅、财政厅确定为省重点流通企业，是安徽省再生资源行业当仁不让的龙头企业。集团是安徽省再生资源回收利用协会的会长单位、中国再生资源回收利用协会副会长单位，在全国业界享有盛誉。

集团高度重视顾客体验，关注顾客的诉求，总裁督促管理者代表组织相关部门结合实际情况并紧紧围绕方针目标，在集团各相关职能部门和层次上建立质量环境职业健康安全目标，每一目标在年度内都能落实到部门和责任人，确保目标的实现和服务的持续改进。集团利用新春团拜暨表彰会、电话、座谈等多种方式，与顾客建立良好的相互关系，赢得顾客。

再生资源回收体系建设：

自2006年以来，集团受政府委托在合肥实施再生资源回收利用体系建设。2010年，在以上年度绿色网络建设的基础上，进一步整合资源，先后新建、扩建、改造6个废旧物资专业集散交易市场、20个废旧物资集散分拣中心、300多个社区回收站（亭）、10多个大专院校回收亭。启动庐阳区试点工作，对11个街道、75个社居委全面普查，登记建档。创建"在线收购"网络，成立4个分站，设立4008全国免费投售电话。与安徽大学合作，回收校园图书50余吨，存集可再利用图书20余吨，已售出各类旧书近10万元。在安徽新华学院新建3个回收亭、20个共建绿色校园宣传栏，扶持该校成立绿色华园大学生创业公司，配送计量设备和3辆回收车、工作服等，该公司已成为全省高校大学生绿色创业的亮点。编印宣传画册、试点工作巡礼、文件汇编，制作《绿色使命》之二专题片，亮相2009中国（合肥）首届环保展。

2010年3月商务部商贸服务管理司张斌处长率商务部专家组对合肥市再生资源回收体系试点建设成果进行阶段性验收，合肥市人民政府、安徽省商务厅、省、市供销社有关领导及试点实施单位——安徽双赢再生资源集团负责同志热情接待专家组并陪同检查验收。专家组一致认为，合肥市政府及省市有关部门高度重视、十分支持合肥市再生资源回收体系试点建设工作；市政府下发的《合肥市再生资源回收体系试点建设实施意见》和颁布的《合肥市再生资源回收利用管理办法》为合肥的

全国供销合作总社在合肥举办"再生资源网络创新发展与安徽双赢集团运作模式培训考察班"

回收体系试点建设提供了政策法律保障；试点实施单位——安徽双赢再生资源集团作为全省再生资源回收行业的龙头企业，领衔承担合肥市的体系试点建设并逐步向全省推广，做了大量具体而卓有成效的工作，取得了阶段性成果；合肥市的体系建设博采众家之长，结合合肥实际进行科学创新，在社区绿色回收站点建设、社区分拣中心建设、校园绿色回收网络建设、龙头企业培育、从业人员培训等方面都独具特色，在中部地区起引领作用，在全国起示范作用。专家组希望合肥市试点工作突破传统模式，不断创新探索政府支持企业化运作的长效模式，加大集散交易市场和加工产业园区建设力度，提高再生资源的综合利用程度。

组织面临的挑战：

受全球性经济危机的影响，再生资源行业受到巨大的冲击，市场供需关系基本饱和，钢厂采购限量，主要再生资源产品价格几近腰斩，随着国家对再生资源行业恢复征收增值税（2008年征三返七，2009年征五返五），集团的经营成本进一步增加。这在客观上对集团的正常经营带来了巨大的挑战。

集团勇敢迎接并承受住了挑战。集团不等不靠，主动作为。确立“扩市场，保增长；转好型，上水平；抓项目，促发展”的工作方针应对危机。集团逆势上扬，各项指标超预期，集团确保无一人下岗，企业员工薪酬不降反升12%，2010年社会贡献总额10.44亿元，同比增长345%。

当然，集团现在还受资金和人才瓶颈的制约。但是集团提出通过资本运作、内部挖潜和不拘一格选人才的方式筑巢引凤，逐步缓解、解决瓶颈的制约，冲破桎梏，迎来更广阔的发展空间。

发展蓝图：

集团成立伊始，肖幸福总裁就提出新的目标：新集团将按照现代企业制度的要求，规范组织和行为，坚持走多元化、规模化、集团化、国际化发展之路，坚持以人为本、以德为源，加强企业文化建设，提升核心竞争力和企业整体实力；建立再生资源收购网络体系和社会化再生资源交易市场，通过调整经营战略，实现从回收经营向回收、加工、利用和信息处理多层次综合性开发方向根本转变；调整经营方式，实现从单个企业经营模式向联合经营的集团化经营模式的根本转变；调整经营体制，实现从单纯流通体制向流通、生产、科研、环保以及服务、科工贸一体化方向转变，最终形成一个以回收为基础、以加工为手段、以利用为目的、科工贸一体化的再生资源综合利用产业化的发展格局。打造全国同行业领先的具有国际竞争力、以再生资源为主、多元化支撑发展格局的企业集团，打造“百亿双赢、幸福双赢、国际双赢”。

大力推行技术创新 争做行业循环经济发展的典范

新疆天业（集团）有限公司

凤凰卫视著名主持人吴晓莉在天业节水滴灌水稻示范田采访董事长郭庆人（中）

新疆天业（集团）有限公司（以下简称“新疆天业”）拥有140万千瓦热电、200万吨电石、120万吨聚氯乙烯树脂、100万吨离子膜烧碱、400万吨电石渣水泥、600万亩农业滴灌塑料节水器材生产能力，是中国生产规模最大、产业化配套完整、技术领先、循环经济特征明显的电石乙炔法聚氯乙烯生产企业，也是世界农业节水滴灌生产规模和推广面积最大的企业。2010年，企业总资产达到260亿元，实现销售收入157亿元。2010年和2011年连续两年进入“中国企业500强”。

循环经济取得的成效和节能减排效果

新疆天业在发展过程中，始终将循环经济作为企业发展的核心理念，大力发展绿色化工，实现了发展与资源环境、社会进步的和谐统一。企业先后被授予全国国有企业创建“四好”领导班子先进集体、“全国五一劳动奖状”、国家第一批循环经济试点企业、“两化融合”促进节能减排试点示范企业、国家技术创新示范企业等荣誉称号，连续多年被评为全国石油化工节能减排先进单位，滴灌技术两次荣获国家科技进步二等奖。电石法聚氯乙烯清洁生产技术集成与示范获得2011年中国石油和化学工业联合会科技进步一等奖。企业在氯碱化工领域开发的多项节能减排技术被国家有关部门列入行业清洁生产重点推广类技术，为国家产业政策的制定提供了实践依据。通过构筑循环经济发展模式，年减少废水排放800万吨、COD减排700吨、年利用各类工业废渣450万吨、减排二氧化碳220万吨、二氧化硫2万吨；自主研发的膜下滴灌技术在新疆推广面积已达2400万亩，年实现节水近百亿立方米。

循环经济重点科技项目成果介绍

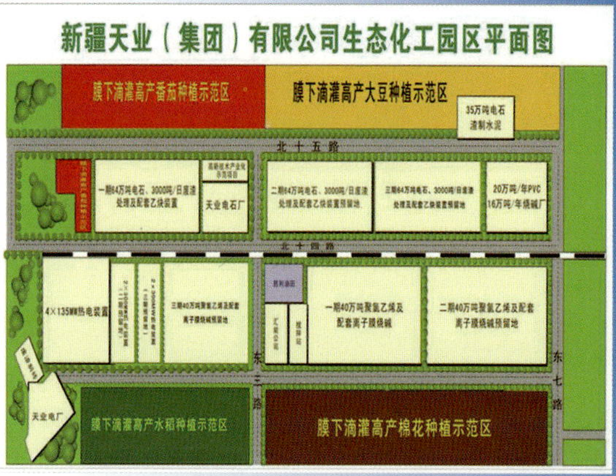

新疆天业成功开发出干法乙炔、聚合母液水和含汞废水处理等节水新技术，树立了聚氯乙烯行业节水技术的典范；在废气治理技术方面，通过对变压吸附技术的集成创新，开发了氯乙烯尾气全回收、天然气制氢联产PVC技术，不仅使氯乙烯尾气排放量下降了70%，而且将回收的氢气用于平衡过量氯气，不仅从根本上杜绝了副产液氯的巨大安全隐患，还实现增产聚氯乙烯20%；在废渣治理技术方面，在国内率先开发出湿磨干烧和新型干法电石渣水泥技术，实现了电石渣的资源化利用，为电石法聚氯乙烯的规模化发展提供了坚强的技术保障；率先开发国内最大功率的40000KVA大型密闭电石炉清洁生产技术，密闭电石炉气经除尘净化后，送至电厂作为发电的燃料，每年节约标煤15万吨；与浙江大学合作，开发建设国内第一套大型热电机组电石渣脱硫装置，并于2008年建成投运。以电石渣作为脱硫剂，脱硫效率95%以上，脱硫成本仅为国内现行工艺的50%。脱硫石膏用于水泥生产，在减少二氧化硫排放的同时，没有产生新的污染源，对国内脱硫技术发展产生了积极的引领和示范作用。

在农业节水技术方面，新疆天业开发出低成本的一次性可回收滴灌带，构筑了滴灌带生产与回收一体化循环经济产业链，形成了一整套具有自主知识产权的膜下滴灌技术，并在棉花、小麦、大豆等大田农业中得到大面积的推广应用。2011年，天业膜下滴灌水稻平均亩产达到728.9公斤，并具有进一步增产的潜力。膜下滴灌水稻栽培技术取得成功，将对我国干旱半干旱缺水地区高效高产节水种植起到很好的示范作用。

下阶段计划

“十二五”期间，新疆天业将循环经济与“调结构、转方式”有机结合。在持续提高企业环境、安全和健康水平的同时，立足探索出一条水资源消耗低、资源转换效率高、二氧化碳排放低、产品附加值高的新型煤转化路线，打造出绿色环绕、工农业和谐发展的循环经济生态化工园区。同时，抓住国家大力推广节水农业的历史性机遇，以工促农，加快滴灌技术在全国的推广应用，为我国节水农业的发展做出重大贡献。到“十二五”末期，新疆天业将发展成为销售收入超500亿元，利税超百亿的大型企业集团，成为国内循环经济发展的示范企业。

国家循环经济试点市

加快发展　加快转型
深入推进生态文明城市建设

绿色贵阳　生态贵阳

2010年，贵阳市在国家发展改革委的大力支持下，在省政府的正确领导下，积极拓展循环经济工作领域，深化工作内容，全力推进了低碳发展和经济建设。

一、2010年的主要工作

主要目标完成情况：截至2010年12月，全市九大园区生态化转型取得较大发展，新建了贵阳市金石石材工业园区，并作为市级循环经济推广园区。大力发展循环经济和资源深加工项目，循环经济规模不断扩大，新建市级以上循环经济试点项目24个；废物最终处置量明显减少，工业固体废物处置利用率达到90%以上，再生资源回收利用率达到60%；节水型城市创建继续深入，城市生活污水集中处理率提高到80%，城市生活垃圾无害化处理率达到90%以上。加强清洁生产和节能减排管理，万元国内生产总值（GDP）能耗由下降到1.6038吨标准煤，全市二氧化硫排放总量控制在18.67万吨；全市化学需氧量（COD）排放总量控制在5.17万吨，按期完成“十一五”节能减排目标。低碳发展得到较大推进，成为国家首批循环经济城市试点，完成了《“十二五”循环经济规划》、《贵阳市循环经济回顾与前瞻》等一批重要课题，循环经济的政策经济理论体系进一步完善。

（一）扎实抓好循环经济项目建设

做好项目申报工作。组织有关单位及企业积极开展2010年中央预算内投资项目、2011年资源利用与循环经济中央预算内投资备选项目申报。共向国家发改委报送麟山水泥厂低温余热发电、源隆公司加气混凝土、市物资回收公司再生资源回收中心，修文城镇垃圾卫生填埋场、贵阳南郊垃圾填埋场等项目30余个，部分项目已获得国家预算内投资支持。

加强项目储备。组织企业开展循环经济项目调研，帮助完善项目备案、立项、可研等各项前

节能宣传周

期工作。积极开展磷深加工、煤化工、污水处理厂污泥处置等项目研究工作，做好循环经济与资源环境保护项目的储备，为项目的梯次建设奠定基础条件。

推进科技创新。加强与国内外科研院校的合作探索，开展了贵州纳川能源公司M100车用燃料应用示范项目、贵州新鑫公司利用黄磷尾气生产草酸脂示范项目、恒远碳资产公司餐厨垃圾油水分离设备研发项目等，以科技创新推进循环经济发展。

抓好市级试点。按照《贵阳市循环经济生态城市建设条例》，继续实施市级循环经济专项，鼓励企业积极开展循环经济项目开发与建设，通过专家评审，筛选，对乌当区“五朵金花”乡村旅游示范点，贵州大自然科技有限公司年产3000吨油棕果纤维弹性材料及制品产业化项目等24个循环经济项目进行了专项补助，加强项目管理，与项目补助单位均签订了工作目标责任书，建立了项目管理档案。

（二）深入推进节能减排与资源综合利用

完善工作机制，强化工作检查。为便于与国家发展改革委、省发展改革委的工作对接，按照市发展改革委“三定”方案原则，及时成立了市发展改革委资源节约和环境保护处（原循环经济处）承担市节能减排综合协调和循环经济发展工作，加挂了市节能减排工作领导小组办公室和市循环经济生态城市建设领导小组牌子，安排落实工作人员，确保工作顺利开展。市节能减排办成立以来，针对我市节能减排形势，加强与省发改委的对接协调，先后完成了国务院节能减排检查组、省政府节能减排检查组赴我市的专项检查工作。认真贯彻落实国家淘汰落后产能政策，关停了落后产能企业5家，对不符合节能规定的企业开展停业整顿。加强对污水处理厂的建设、运

新庄污水处理厂，建设规模日处理污水25万吨

金石循环经济推广园区

"地球一小时"活动

营管理，组织了全市污水处理厂专项检查，认真排查有关问题，提出整改建议，有力促进了我市COD减排指标的完成。

抓好项目建设，发展循环经济。支持企业开展余热、余压利用和节能技改。建成了金久水泥4500兆瓦低温余热发电、贵州单宁科技公司超声波逆流提取五倍子单宁酸生产线等节能项目。加大资源综合利用项目开发力度，提高工业固体废弃物综合利用率，建成了开阳紫江120万吨磷渣水泥项目，安达公司磷渣砖扩能技改、路发公司60万吨磷石膏综合利用制建材等项目正在开展前期工作。

（三）加强规划引导和政策、课题研究

加强循环经济理论研究，委托中央党校、中国人民大学完成了《贵阳市循环经济模式的形成与发展》课题研究报告，开展了《贵阳市循环经济、低碳经济与绿色经济"十二五"规划》的编制工作并完成送审稿。按照国家《循环经济促进法》，开展了《贵阳市循环经济实施条例（草案）》修订工作。完成了《息烽县循环经济精细磷化工基地规划》、《贵阳市精细磷化工（黄磷及其深加工）循环经济竞争力调研报告》、《贵阳市开展国家低碳试点工作实施方案》等一批重要课题、规划的研究和编制工作。

（四）大力推进园区生态化工作

加大各区（市、县）各类工业园区基础设施建设投入，抓好小河—孟关装备制造业生态工业园、息烽精细磷煤化工基地、龙洞堡特色食品工业园等园区生态化建设。把发展循环经济作为招商引资的重点和重要载体，开展"链式"招商，形成企业小循环、园区中循环、区域大循环相互促进的局面。把贵阳金石石材产业园列为市级循环经济推广园区，协助园区完善相关手续，帮助制定园区循环经济发展规划，

M100醇基燃料

贵州大自然科技有限公司油棕果纤维弹性材料资源化利用项

（五）认真开展低碳发展试点建设工作

加大低碳试点申报工作力度，积极争取到国家发改委批准我市作为第一批建设低碳发展城市试点。结合试点工作，完成了试点建设实施方案的制定，进一步明确目标和重点，落实了区县和部门责任。完成中英战略基金（SPF）项目课题，制定完成《贵阳市2010–2020低碳发展行动计划纲要（大纲）》，为我市低碳经济城市建设提供理论指导。开展了贵阳市“十二五”低碳发展规划的编制工作。创新循环经济工作机制，成功举行了贵阳市首例农村户用沼气池清洁发展机制VER（自愿减排）项目并成功交易。积极开展环境权益交易试点，完成阳光产权交易所有限公司贵州环境交易所创建挂牌工作，打造排污权交易平台。

（六）参与2010生态文明会议，加强宣传教育

积极承办2010生态文明会议生态城城市论坛，论坛由20国集团研究中心秘书长、博鳌亚洲论坛原秘书长、原外经贸部副部长龙永图先生主持，住房和城乡建设部副部长仇保兴，中国市长协会专职副会长陶斯亮以及联合国开发计划署，承德市、淮南市、天津滨海新区等有关领导、机构和城市代表参加了论坛。组织完成了论坛生态项目签约仪式、低碳发展行动计划（纲要）新闻发布会、生态文明会议“碳中和”方案发布等活动。

开展了2010•地球一小时活动并取得圆满成功。据统计，通过3月27日20：30至21：30的活动，全市共节电91500千瓦时，相当于减排二氧化碳91.2吨，节约36.6吨标煤。

在市人民广场组织开展了的以“节能攻坚、全民行动”为主题的第二十个全国节能宣传周，利用宣传窗口开展节能、节水、节电、循环经济等相关知识宣传活动，组织了近30家企业开展了节能电器、节能农机具、节能环保炉灶、节能环保新型建材等产品的宣传和展示。大力开展宣传教育工作，根据我市不同地区产业发展特点，有针对性地开展循环经济知识培训和技术讲座3次，提高了各级干部、企事业单位和公众对发展循环经济重要性的认识。通过举办形式多样的宣传活动，使绿色生活方式、消费模式逐渐深入人心，全社会循环经济理念逐步形成。

贵州开阳国华天鑫有限公司黄磷尾气制草酸酯中试项目

红枫源鸟瞰

鹤 壁 市

鹤壁市作为国家首批循环经济试点市，明确把发展循环经济作为转变经济发展方式、走新型工业化道路的重要战略举措，坚持以循环经济项目建设为抓手，用循环经济理念改造传统产业，大力发展集循环型工业、循环型农业和循环型城市三位一体的完善的循环经济体系，形成以煤-电-化-材、金属镁等为主的工业循环经济产业链；以种养殖、农畜产品深加工、畜牧产品下脚料高值利用、粪便生化处理生产有机肥、秸秆发电、沼气发电、秸秆提取低聚木糖、秸秆制天然气等为特色的农业循环经济产业链。建设循环经济产业聚集区，形成了煤化工、盐化工、精细化工、食品加工等产业集聚、共生耦合的循环型产业体系，初步形成了产业集聚、协同发展的城市循环经济发展模式，并入选了国家发改委循环经济典型模式案例，向全国推广。

“十一五”期间，鹤壁市规划实施了总投资112亿元的92个循环经济重点项目，累计完成投资104.5亿元，其中72个项目已竣工投产，一大批循环经济重点项目的竣工投产，取得了很好的经济效益、环境效益和社会效益，有力促进了该市循环经济的发展。全市单位GDP能耗下降22.05%，工业固体废弃物综合利用率达到92.1%，化学需氧量和二氧化硫削减超额完成省定“十一五”目标，全市饮用水源地水质达标率为100%，城市环境空气质量优良率保持90%以上，实现了经济发展和环境保护的“双赢”。先后被确定为国家循环经济标准化试点市、全国可再生能源建筑应用示范城市。

宝山循环经济产业集聚区

鹤壁宝山循环经济产业集聚区是河南省政府首批确认的重点发展和对外开放的产业集聚区、循环经济试点产业集聚区。集聚区按照 “工业上山、农民进城、林水绕园、循环生态”的发展理念，集聚区立足于当地丰富的煤、水、电、环境容量等比较优势，在充分利用荒地尽量少占耕地的前提下，高起点规划、高标准建设，重点发展煤炭、电力、化工、新型材料四大循环经济产业链条，努力打造国家级循环经济示范园区。

宝山循环经济产业集聚区循环经济实施方案论证会

目前，集聚区总体发展规划、空间发展规划和控制性详细规划、化工产业规划、土地和规划环评等已通过省市有关部门的审查批复，并进入全面实施阶段。依据规划，集聚区以煤化工为主导，以氯碱循环项目为补充，生产甲醇、烯烃、聚甲醛、乙二醇、1,4-丁二醇、醋酸乙烯、塑料制品及后端衍生品，同时将产生的固体废弃物生产新型建材，将排放的二氧化碳用于生产可降解塑料和油田驱油，力争实现“纵向衔接、横向耦合、区内闭合”，把集聚区建设成为全国循环经济产业示范区。

建筑节能和可再生能源建筑应用

体育中心顶部的太阳能光伏发电系统为场馆提供照明电能

近年来，鹤壁市先后被确定为中国优秀旅游城市、中国人居环境范例奖、全省城乡一体化试点市等，被国家建设部确定为建筑节能改造城市级示范、国家可再生能源建筑应用城市示范、中德技术合作“中国既有建筑节能改造”项目示范城市以及全国23个实行民用建筑能耗统计报表制度试点城市之一。2010年，鹤壁市政府高度重视建筑节能工作，把建筑节能作为落实国家节能减排战略，促进环境友好型城市建设的一项重点工作来抓，认真贯彻落实建筑节能政策法规，强力推进新建建筑节能，稳步开展既有建筑节能改造，依法推动供热计量改革，积极推广可再生能源建筑应用，继续开展建筑能耗检测平台建设，建筑节能工作取得了一定成效。图为鹤壁市体育中心——“千鹤之舞”，该体育中心不仅注重引进目前先进的设备、技术，还结合实际，将节能环保融入到建筑中去。体育馆顶部采用太阳能光伏发电系统为场馆提供照明电能，还采用水源热泵空调系统，利用地下水资源，在冬季作为热泵供暖的热源和夏季空调的冷源，节约了能源。

循环经济标准化试点工作

2007年底，鹤壁市被确定为国家循环经济标准化试点市后，紧紧围绕煤电化材、食品加工、金属镁等循环经济产业链，大力实施贯标工作，形成了“政府主导、企业为主、社会参与”的循环经济标准化工作机制，建立健全了以国家标准为基础，行业标准、地方标准和企业标准相配套的循环经济技术标准体系和评价体系。2010年11月24日至25日，由国家标准委组织的考核组对该市国家循环经济标准化试点市工作进行了考核验收，最终以93.1分的高分顺利通过了国标委组织的循环经济标准化试点考核验收，成为全国首个通过国家级循环经济标准化验收的试点。图为国家循环经济标准化试点市考核汇报会现场。

12月10日，鹤壁市体育中心——“千鹤之舞”竣工

国家考核组对鹤壁市循环经济标准化试点市考核验收

金川集团有限公司

2009年11月17日，中共中央政治局常委、全国人大常委会委员长吴邦国考视察兰州金川科技园

金川集团有限公司（以下简称金川公司）是甘肃省人民政府控股的以矿业和金属为核心的垂直一体化、相关多元化的大型矿业集团，是中国镍钴生产基地、铂族金属提炼中心和北方地区最大的铜生产企业，主要生产镍、铜、钴、铂族贵金属、有色金属压延加工产品、化工产品、有色金属化学品等，被誉为中国的“镍都”。

目前，金川公司已形成镍15万吨、铜60万吨、钴1万吨、化工产品280万吨的生产能力。镍产量居世界第四位，钴产量居世界第二位，铂族金属产量居国内第一位，铜产量居国内第三位。2010年，公司生产有色金属总量52万吨，营业收入923亿元；进出口贸易总额达46.3亿美元，占甘肃省贸易总额的73%。公司位列中国企业500强第92位、制造业第34位、有色冶金及压延加工第2位、对外贸易500强第85位。先后荣获国家科技进步特等奖、“全国质量奖”、全国“五一”劳动奖状；被列为国家循环经济示范企业、国家首批创新型企业和全国知识产权保护试点单位。2011年4月28日公司荣获我国工业领域的最高奖项“中国工业大奖”，成为中国有色金属行业和甘肃省唯一获此殊荣的企业。

二、发展循环经济主要情况

自2006年被国家列为首批循环经济试点单位以来，金川集团始终坚持“节能、减排、治理、利用”的方针，以提高资源利用水平、降低能源消耗、减少废弃物排放为目标，瞄准国际先进技术，继续加快贫矿、冶炼渣、尾矿等资源的开发和再利用，提出实施“碧水蓝天”工程，彻底根治污染。依靠科技进步提升公司主要生产系统的工艺、技术、装备水平和清洁生产水平，以二氧化硫污染治理和废水资源化利用为重点，扎实有效地开展污染治理和“三废”资源综合利用工作。通过加快节能降耗技术改造和淘汰高耗能落后工艺、技术及设备，加大节能新技术、新工艺、新设备和新材料的推广应用，促进公司生产工艺的优化和产品结构的升级。积极开发和运用绿色技术，致力于打造绿色产品生产链，将节能减排与产品结构调整相结合，转变经济发展方式，培育新的经济增长点。超额完成了公司“十一五”规划的阶段性目标，为带动区域循环经济发展奠定了良好的基础和条件。

2010年7月9日，中内中央政治局委员、国务院副总理张德江考察金川公司富氧顶吹镍熔炼车间

资源利用——

金川公司积极开发和利用贫矿资源，开展收残矿、找盲矿工作。与国内外科研院所联合开展科技攻关，提高资源综合利用水平，使金川镍矿所含21种有价元素中的14种得以提取和利用。目前，镍的选矿回收率83.3%，镍的冶炼回收率92.9%，矿石损失率、贫化率均在5%以下。

能源利用——

自2006年以来，金川公司先后安排近200亿元资金实施了贫矿开采工程扩能改造、选矿节能降耗技术改造、闪速炉节能降耗综合技术改造、铜冶炼节能降耗综合技术改造、镍精炼节能降耗技术改造、富氧顶吹镍熔炼工程、2×N150MW热电联产工程、厂区采暖系统节能降耗综合技术改造、40万吨离子膜烧碱工程、绿色照明工程、淘汰落后产能以及公司低品位余热回收利用研究等一批以节能降耗为主要目标的综合技术改造和科研项目。这些重点项目和技术改造项目的建设实施，大幅度提升了生产能力和技术经济指标，降低了能源消耗和生产成本。

2010年公司万元产值能耗为0.7356吨标煤，比“十五”末下降28.16%，提前两年完成国家提出下降20%的目标。2010年公司镍冶炼和铜冶炼综合能耗分别为3.64吨标煤/吨和0.49吨标煤/吨，分别比“十五”末下降7.61%和33.37%。目前，公司铜冶炼可比综合能耗达到国内先进水平，镍冶炼可比综合能耗已达国际先进水平。

废气综合利用——

金川公司积极实施二氧化硫回收利用，努力改善环境质量。“十一五”期间，公司实施了70万吨/年硫酸工程的建设、铜冶炼烟气综合治理项目、三硫酸配套闪速炉冷修匹配化技术改造、15万吨亚钠续建工程、镍铜五大硫酸尾气治理、合金硫化炉烟气治理、硫酸贮存和运输设施建设等项目，形成了冶炼、化工相配套的二氧化硫烟气综合回收利用设施。在项目实施过程中，公司以低浓

甘肃省省长刘伟平考察金川集团重点项目

度二氧化硫治理为重点，不断优化和完善污染减排方案，通过自主创新，同步建成了低浓度冶炼烟气混配气制酸系统，解决了困扰公司多年的低浓度二氧化硫烟气直排的环境问题。硫酸、亚硫酸钠生产能力分别达到200万吨和15万吨，成为国内利用SO_2烟气生产硫酸的最大企业之一。

公司二氧化硫排放总量由“十五”末的10.29万吨下降到4.99万吨，减少了5.3万吨，降幅达51.5%，达到政府总量控制目标；冶炼烟气二氧化硫利用率由“十五”末的81.5%提高到95.76%，提高14.26个百分点。

废水综合利用——

金川公司不断加大工业水的重复和循环使用，按照“清污分流、一水多用”的原则，组织实施了8000吨/日含重金属离子废水处理站改造项目、镍铜冶炼酸性废水减排再利用项目、三厂区中水回用管线建设项目、尾矿提浓与以中水替代回用水输送尾矿等节水项目，完善了厂区废水排水管网及中水回用设施改造等废水综合利用项目，实现了工业废水源头治理、分级处理、集中回用的总体目标。中水利用量由“十五”末的78万吨提高到2010年的1300万吨，提高近17倍。目前，公司工业水重复利用率接近90%，有效地缓解了金昌地区的供水矛盾。

固体废弃物综合利用——

金川公司按照“减量化、资源化、再利用”的原则，不断加大固体废物综合利用项目的规划和实施，建成了具有国际领先水平的利用尾矿砂、水淬渣代替细砂、水泥的矿山膏体泵送充填利用设施，金川尾矿酸浸提取镍铜及综合利用铁镁硅研究项目已完成试验研究，具备向工程化转化的条件，选矿尾矿再选研究项目、镍冶炼炉渣还原提铁试验研究项目取得积极进展。1万吨/年白烟灰综合利用项目建成投运，110万吨/年铜炉渣选矿工程已开工建设，黑铜渣生产电积铜项

金川集团生态修复

目进入试生产阶段，固体废物资源化处置项目完成可研报告。公司用于矿山充填的粉煤灰、尾矿砂、冶炼渣逐年增加，2010年，矿山充填利用粉煤灰、冶炼水淬渣约13万吨，尾矿砂11万吨，固废综合利用量较“十五”末增加约70%。

余热利用——

金川公司供热系统已形成以热电联产、余热利用为主，区域锅炉房集中供热为辅，边远分散锅炉房独立供热为补充的较为合理的供热体系，提高了锅炉燃烧效率，使公司热源效率由“十五”末的75.02%提高到86%以上，每年减少二氧化硫排放量1192吨、烟尘340吨。每年利用余热和蒸汽量达70多万吨，创经济效益4000余万元。冶炼系统生产过程实现了部分或全部以煤代油，年节约燃料费达1000万元。

生态保护——

金川公司通过不断加大对生态保护的投入，初步形成了防护绿地、专用绿地、公共绿地、工矿企业防护林和苗圃基地等较为完整的富有金川特色的企业园林绿化体系，绿化面积达407万平方米，改善了企业的生态环境，极大地提升了环境效益、社会效益和经济效益。

在发展循环经济的过程中，企业内部小循环、园区间的中循环和区域间的大循环在金川集团逐渐形成。公司充分发挥区域核心企业的作用，积极推动区域循环经济发展，最大限度地发挥公司在资源等方面的优势，采取互补、共生、耦合等多种思路促进区域循环经济发展，使公司的减排产品和废料成为下游相关企业的原材料。金昌化工集团有限公司作为金川公司的下游企业，每年消耗金川公司70万吨的硫酸，用于生产磷酸、农用肥等；金化集团产生的烧碱又可作为金川公司镍精炼过程中的试剂。金川公司年产20万吨烧碱项目所产生的液氯供新川化工公司生产20万吨聚氯乙稀，聚氯乙稀生产过程中的电石渣供金泥集团生产水泥。通过企业与企业之间形成一种固定的生产联系，建立稳定的废弃物循环利用网络，推动了整个地区的工业生态化和区域循环经济的发展。

三、金川集团“十二五”发展循环经济总体目标

公司核心竞争力和资源综合利用水平不断提高，废弃物产生排放量逐步减少，自然资源得到合理利用，逐步减缓资源耗竭，从而降低整个工业活动对人类和环境的影响。到“十二五”末，公司的万元工业增加值能耗降低24.7%，工业固废综合利用率达到88.0%，工业用水循环利用率达到95.0%，产品销售收入确保达到1500亿元，资产总额达到1500亿元，进入世界500强。

大连开发区循环经济（生态工业园）促进中心

大连开发区循环经济（生态工业园）促进中心成立

大连开发区循环经济（生态工业园建设）促进中心于2008年6月正式成立，是借鉴国内外循环经济、生态产业发展方面先进的运营和管理模式，经大连开发区管委会同意，由大连开发区循环经济领域的几十家企业和大专院校发起设立的非赢利性社会法人机构，以全面推进大连开发区循环经济、节能减排、生态工业园区建设、低碳经济发展等各项工作。

大连开发区循环经济促进中心作为一个政策咨询、智力资源整合、信息服务、技术咨询服务、项目管理等方面的支持平台，在发展循环经济和节能减排方面，起到了企业、社会和政府之间的桥梁纽带作用。配合政府，为企业服务做了大量的工作，打开了区域循环经济良好的工作局面。

促进中心自成立以来，吸纳了多家优秀企业和单位作为会员，目前已经发展会员单位80余家，包括英特尔半导体（大连）有限公司、大众一汽发动机（大连）有限公司、中国第一重型机械股份公司、东泰产业废弃物有限公司、葆光节能空调设备厂、大连理工大学等大型知名企业和重点高校。为大连开发区的循环经济发展吸引了一大批“生力军”。

大连开发区循环经济（生态工业园）促进中心自成立以来，在管委会领导和致力于发展循环经济的企业和单位的支持下，开展了大量的工作：

一、积极推动和协助政府开展相关工作

1、《信息通讯技术推动大连可持续发展的报告》

会同英特尔半导体（大连）有限公司和大连市发展研究中心编制了《ICT产业促进大连市可持续发展报告》。该报告作为2011年9月份夏季大连达沃斯会议期间的重要课题之一，向全世界展示了大连市“十一五”期间在可持续发展方面所作出的努力，并提出了“十二五”努力的方向、目标、发展原则和发展的战略。

2、负责编制了《大连经济技术开发区循环经济（重点区域）试点单位实施方案》；组织编制了《大连开发区节能降耗、发展循环经济促进办法》。

3、与大连理工大学环境保护与规划研究所、开发区规划设计院共同编制了“大连开发区污水处理及再生水利用设施建设、固体废弃物处理及利用体系建设（2009~2014年）”及“十二五”相关规划四个；这方面体系建设规划的编制，是开发区建区以来的首次，为污水和垃圾处理系统布局、项目储备、技术关键路线、项目建设和运营体制建立提供依据和工作指导，解决了开发区当前和长远发展过程中污水和垃圾处理项目体系建设无规划可循的问题。

4、承担了金州新区公共机构节能工作日常管理咨询服务，克服了诸多困难，开展了公共机构节能工作，编制了“十二五”规划，制定了相关年度的工作方案，建立了工作管理和统计系统，收集了300余家单位的的能源资源年度和月度消耗状况；组织技术服务咨询公司，为政府机构事业单位提供节能审计服务和节能改造方案编制。

二、积极开展“两化融合”促进循环经济和节能减排事业发展

我中心是国家“两化融合（即工业化与信息化，下同）促进节能减排试点示范单位”重点关注单位，促进中心会员单位和相关企业主动实践，以“两化”融合促进区域绿色经济大发展。

促进中心的工作重点是为政府和企业之间建立5种交流平台：

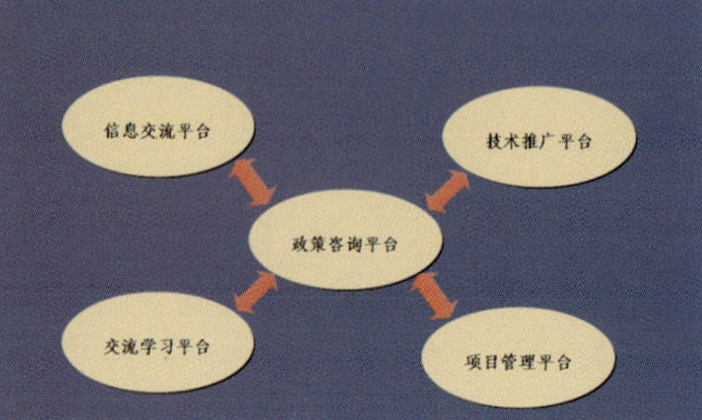

1、建立了大连开发区循环经济信息化管理平台并投入运行

是一个政府、企业和社会信息及时沟通，发展绿色产业信息交流、产品技术服务交换、管理监测的公共信息平台。该平台分三期实现功能，一期主要是公共信息平台功能，能够及时提供国家对绿色产业、循环经济、节能降耗各项法律、法规、政策；反映国内外的发展动态、大连市及开发区的工作动态；推出循环经济、绿色产业、节能降耗的基础知识和培训、专家咨询、生态社会等内容。二期建设完成后一是可实现生产企业废旧、闲置资源（包括厂房、土地、设备、产品、物料等）、消费领域二手商品供求等方面资源和信息交换和发布功能；二是节能减排、循环经济方面的产业服务（包括产品技术推广服务、培训教育、网上孵化器等方面）信息平台功能；三是信息平台的搭建实现循环经济的产品和技术交易中心建设、数据中心建设、监测中心管理和项目管理融资中心等相关内容。

节能减排、循环经济资金支持政策及融资政策信息交流会

2、与英特尔共同举办绿色IT报告会

2010年4月，由会员单位英特尔半导体（大连）有限公司主办，促进中心和大连日信资讯系统有限公司协办召开大连开发区绿色IT报告会。邀请了来自大连市政府、区管委会主管单位领导、政府及事业单位相关部门IT主管领导及技术负责人、英特尔半导体（大连）有限公司主管领导、大型企业、主要金融单位、通讯营运单位、区内大专院校、文教卫生、设计单位等单位的IT主管领导及技术负责人，共计130多人。本次报告会根据国家循环经济、节能减排政策和低碳经济政策引导方向和国际发展动态，为政府部门和企业提供能实现IT节能减排的理念和解决方案基本思想。得到了与会者的一致好评。

大连开发区2010年绿色IT报告会

三、积极支持企业在绿色领域的发展

1、与多家银行、金融机构联合举办“节能减排、循环经济资金支持政策和融资信息交流会”，为众多家企业牵线搭桥，解决资金创造条件，帮助企业度过经济危机。

2、积极组织会员单位和其他企业参加国内外的各类循环经济和绿色产品技术交易博览会。取得的成果丰硕，受到国家发改委的表彰。

3、发挥核心会员单位优势，大力开展技术推广服务性工作，如配合葆光成功举办污水源热泵空调系统大型的技术推介活动，推广太阳能应用、清除野广告技术应用、新型纸塑包装技术、节能变配电产品、LED、新能源汽车等多项高效节能环保产品和技术推介，促成多起会员单位和其他企业之间的技术和商务合作。

4、促进中心组织开发区企业开展申报工作，共向大连市和国家申报了56个循环经济、节能减排项目，使20多家企业获得国家省市的资金支持。

四、组织区内企业开展各项绿色公益事业

1、与英特尔共同支持在中小学绿色素质教育基地建设联合区域性循环经济专业机构、教育培训机构，共同打造循环经济教育示范基地的综合教育和展示平台总基地；并充分发挥企业和社会的积极性，在区域中选择具备基本条件的若干个项目单位，建立不同特色的典型示范教育分基地。

2、组织策划公益活动

与环保局，志愿者协会及企业和高校志愿者联合开展了多项以“校企联动、发展循环经济、实现可持续发展”为主题的公益活动，组建大学生节能减排循环经济创业联盟，通过在沙滩节、冬泳节上开展的志愿者活动，向国内外游客展示了开发区在保护环境的工作上所作出的努力。

3、筹建金州新区新能源汽车产业联盟

联合大连市及金州新区新能源汽车相关的企业、科研单位、高等院校共同召开了新能源汽车产业联盟研讨会，探索科学管控战略联盟的新模式，整合联盟内成员单位的优势资源，加快突破新能源汽车核心及关键技术，推动相关技术成果的转化及产业化进程，形成一批拥有核心技术的企业实现规模经济。使本土汽车产业以一个全新的面貌站在世界更高的起点，在竞争中获得先机。目前已完成前期调研、实施方案和章程起草。

大化集团有限责任公司

大化集团大孤山基地海水淡化装置

大化集团是有80年历史的特大型化工企业。大化集团于“十一五”期间实施了企业整体搬迁改造，从大连城市中心区域搬迁到大连金州新区大孤山石化工业园区和大连普湾新区松木岛化工园区，带动并形成了大连市两大石化产业基地。

在此次搬迁改造中，大化集团通过自主创新和引进、吸收再创新等举措，在完成产品结构调整和技术升级的同时，重点落实节能降耗和污染减排措施，按照循环经济的发展模式建设新厂区。注重优化产业链配置，通过减量化和再利用达到节能降耗，通过加大综合与循环利用的力度达到污染减排。

2010年大化集团大孤山和松木岛新厂区搬迁改造一期工程投产。在松木岛厂区主要有30万吨/年合成氨、60万吨/年联碱、3万吨/年浓硝酸、10万吨/年硝酸铵、4×220t锅炉的热电等生产装置，形成了完整的氨加工产品链。在大孤山厂区主要有30万吨/年甲醇、3×410t锅炉的热电、参股建设的120万吨/年PTA和70万吨/年PX等生产装置，与大连西太平洋石化一起形成了石化产品加工链，结束了大连市“有油头无化尾”的历史。同时大化集团为两个生产基地配套建设了热电站、铁路等公用工程项目。

搬迁改造后的大化集团，消除了大连市主城区一大安全隐患，彻底杜绝了碱渣排放污染，每年分别减少氮氧化物排放4539吨、减少二氧化硫排放6759吨、减少COD排放4524吨、减少固体悬浮物排放10801吨。搬迁改造后的整体装备达到国内先进水平，万元产值综合能耗下降15%，从搬迁改造前的4.22吨标煤降低到3.61吨标煤，达到国家对化工行业2010年综合能耗的标准要求。园区化公用工程配置科学、合理，为后续发展提供了基础条件。

大化集团大孤山生产基地以循环经济为建设原则，企业内部及企业之间形成了紧密的综合循环利用关

大化集团碳化工公司

大连德泰控股有限公司

大连德泰控股有限公司，是经大连市人民政府批准设立的国有资产授权经营机构，公司注册资本37亿元人民币，拥有包括自来水、燃气、供热、排水、投资、管理、文化发展、绿化、市管、房地产等全资、控股、参股企业20余家。投资经营范围涉及城市基础设施建设、土地包片开发、市政设施维护管理、城市公用产品（水、热、燃气）供应、金融、通讯、信息技术、房地产、生态环保、旅游、风险投资等多个领域。

大连德泰小窑湾污水处理厂——循环经济思路引领城市污水处理新理念

作为大连开发区循环经济试点工作的核心项目和中央拉动内需支持的项目，该项目对大连市副中心小窑湾高档商务区域的生活污水和中心工业区（含英特尔及配套企业）的工业废水进行处理，采用改良AA/O工艺，达到《城镇污水处理厂污染物排放标准》中一级A标准，污水治理后的出水水质经深度处理后可作为工业冷却水和城市杂用水使用，并满足排入卧龙河要求，解决卧龙河环境质量恶化问题。项目总投资21772万元，规划用地面积9.3263万平方米，总处理规模12万m^3/d。一期处理规模5万m^3/d，其中一单元规模2.5万m^3/d，于2008年底开始动工建设，2009年底建成。二单元规模2.5万m^3/d，于2010年6月开始施工，2011年6月建成。一单元2010年6月开始运行，截止目前已运行18个月，处理后出水指标均达到一级A标准。全年减少污染物COD排放量418.8吨，取得了显著的环境效益。在该项目上实施了污水源热泵试点项目，采用污水源热泵机组对污水中的热能对小窑湾污水处理厂供暖设施进行供暖，既开发了一种清洁能源，同时又降低了城市废热的排放，保护了环境。是一项具有节能和环保双重意义的水源热泵应用技术。通过一年的试运行，利用了再生水，降低了运行费用，节约了能源，减少了温室气体的排放，给公司带来了经济效益，为全区使用污水源作为热源提供了宝贵经验。

二厂升级改造及中水工程

大连开发区排水管理公司污水处理二厂升级改造是将原来按国家城镇污水厂二级排放标准提高到一级A排放标准，改造工艺采用改良AA/O，项目总投资概算1.741亿元，日处理量8万吨，分两期改造。改造完成后每年可削减排放COD14600吨、$BOD_5$584吨、SS584吨、TN1898吨、TP248.2吨。目前已完成一期日处理量4万吨的改造任务，二期日处理量4万吨的改造正在进行中，2012年6月完成。

大连德朗水务有限公司负责投资建设污水处理二厂再生水项目工程，该项目是将二厂的一级A出水经过进一步的生化、软化、消毒处理后送至开发区第二热电厂作为生产用水，是开发区第二热电厂附属工程，日处理再生水4万吨，工程投资约5000万元，目前完成土建及部分设备安装调试工作，预计2012年6月可以给二热电供水。该项目是资源再利用的环保项目，年节约淡水1000万吨，COD减排约500吨。

大连北方科技企业孵化基地循环经济工作

公司所属大连北方科技企业孵化基地（以下简称“孵化基地”）作为科技企业创业孵化器，按照国家省市及当地政府的相关要求，结合园区内企业生产的实际情况，发挥产业集聚和生态效应,宣传倡导循环经济理念，围绕循环经济知识普及大力宣传循环经济理念、循环经济从源头抓起鼓励企业采用清洁生产技术、重点培养园区内节能减排类企业等方面开展各项工作，努力构建园区循环经济体系。

孵化基地内成功地培育了许多如大连葆光节能空调设备厂这样从事循环经济领域研发生产型中小企业，未来，我们将继续大力推进，努力实现经济、环境和社会效益相统一，全力打造“效益孵化器”、“生态孵化器”、“和谐孵化器”。目前在孵化中心在孵化的企业中有近50%是循环经济、节能减排类的企业和项目。

大连东泰产业废弃物处理有限公司

2007年大连开发区作为国家循环经济试点园区，培育建成了一批循环经济型企业。大连东泰产业废弃物处理有限公司作为园区循环经济核心骨干企业，将“让资源循环无限、让地球洁净如初”作为公司的宗旨，以减量化、再利用、资源化为核心，发挥企业管理和技术优势，围绕工业固体废物综合利用和深度资源化开发拓展企业发展领域和空间，首批获得了国家环境保护部颁发的工业固体废物运营资质证书，与大连市700多加工业企业建立了长期稳定的工业固体废物委托处理合作关系，2010年回收处理各类工业废物约12万吨（不含粉煤灰及废渣），其中50%废弃物得到综合利用或资源化再利用。

回转窑、炉排烧系统

为扩大生产经营规模和提升工业固体废物深度资源化利用水平，大连东泰产业废弃物处理有限公司东泰公司投资1.1亿元对危险废物处置设施进行扩建，并被国家发改委和环保部列为“全国危险废物和医疗废物处置设施建设规划”项目。目前已完成扩建项目建设。扩建项目包括：废有机溶剂再生系统，；危险废物焚烧系统（回转窑+炉排焚烧系统）；污水处理系统；新建废包装容器清洗系统；危险废物填埋场扩建等。

资源再生利用装

由大连东泰产业废弃物处理公司投资兴建的东泰有机废物处理有限公司专门处理城市市政污泥，采用厌氧发酵工艺技术将市政污泥反应转化为燃气，日处理能力为600吨，日产燃气能力约为2万立方米。

大连东泰公司还投资兴建了大连卓瑞资源有限公司，将石油炼制行业产生的含贵重金属废催化剂进行资源化利用，生产钴、钼、镍系列化工产品年处理废物能力5000吨，贵重金属的回收率均达95%以上。

危险重度污染污水

东泰公司建有电子废物拆解利用装置，被列入辽宁省电子废物定点回收处理企业名录中，是大连市电子废物回收处理资质的企业。主要接收处理辽宁省部分地区各类电子产品生产厂家生产过程中产生的电子废物，同时也回收处理政府、企事业单位废弃的电子办公设备等电子废物以及国家开展家电以旧换新活动收回的废家电产品。

大连卓瑞资源再生有限公司

大连市产业危险废弃物扩建项目厂区

国家循环经济试点园区

大连松木岛化工园区

大连松木岛化工园区成立于2005年，园区总体规划面积36.35平方公里，园区由海洋化工、特色石油化工、精细化工、合成气化工、化工产品深加工五大产业链构成。2007年11月，大连松木岛化工园区被国家列为第二批循环经济试点单位。

园区在规划、招商、设计、施工过程中始终坚持循环经济的理念，积极借鉴、吸取国内外化工园区开发建设的经验和教训；强调资源节约、再利用、再循环技术及其它环保技术的应用和推广；注重区内外产品代谢链条，尤其是废物代谢链条的构建。

大化集团作为园区的龙头企业，通过自主创新，在完成产品结构调整和技术升级的同时，重点落实节能降耗和污染减排措施。大化一期搬迁工程产业链中，合成氨作为下游产品原料，其排放的二氧化碳气体也作为联碱生产原料以及工业气体产品原料；彻底杜绝碱渣排放污染，每年减少氮氧化物排放4539吨、二氧化硫排放6759吨、COD排放4524吨、固体悬浮物排放10801吨；万元产值综合能耗从搬迁改造前的4.22吨标煤降低到3.61吨标煤，下降了15%，整体装备达到国内先进水平。“十二五”期间，大化集团以科学发展观为指导、以充分发挥现有产业优势为基础，强化产业与资源、生态与循环经济整合。

在未来的发展和建设中，大连松木岛化工园区将按照循环经济的理念，根据《大连松木岛化工园区循环经济实施方案》的内容继续开展各项工作。推动区域内外的产业共生网络构建；加强土地、水、固废、能源和废气5个方面的综合管理；激励技术创新与集成管理，提升资源效率；强化园区开发期循环经济及节能减排工作。

大化-合成氨反应塔

大连理工齐旺达科技股份有限公司成立

大连百傲化学有限公司反应釜车间

大化集团

湖南汨罗工业园

国务院副秘书长尤权（左三）视察汨罗工业园项目

汨罗市位于湖南省东北部，总面积1562平方公里，总人口66万，被誉为“端午源头、龙舟故里、红色家园”。湖南汨罗工业园区位于汨罗市东部的汨罗江畔，前身为汨罗市罗城经济开发区（1994年湖南省人民政府批准为省级开发区），2006年经国家发改委审核，更名为湖南汨罗工业园，为省级工业园区，规划面积15平方公里。近年来，园区契合国家产业政策，依托再生资源市场优势，大力发展循环经济，形成了以再生资源产业为主导的特色园区，“十一五”期间，园区共实现工业总产值276亿元，其中，再生资源产业完成259亿元，占园区工业总产值九成以上。

汨罗有收旧利废的优良传统，发展再生资源产业有近200年的历史。新世纪以来，汨罗引入循环经济理念，不断推进再生资源产业优化升级。2005年10月，汨罗再生资源集散市场被国家发改委等六部委列为国家首批循环经济试点。2006年3月，“建设湖南汨罗等再生资源回收利用市场和加工示范基地”载入国家“十一五”规划纲要。2008年，汨罗被纳入长株潭“两型社会”试验区政策核心区，并被定位为“全国循环经济试验园区、全国主要再生资源产业基地”。2010年5月，湖南汨罗工业园被国家发改委和财政部批准为国家首批七个“城市矿产”示范基地之一。根据实施方案，2010～2015年，工业园将分两期投资69亿元，把面积扩展到18平方公里，工业总产值提高到300亿元，有望打造成中南地区最大、全国最有影响力的“城市矿产”示范基地。

一年来，汨罗积极探索，着力创新，逐步实现从国家循环经济试点向“城市矿产”全国示范基地迈进。

一、升级和完善回收体系，推动资源聚散网络化

一是以专业公司促进专业回收。发展专业的回收公司，形成以专业公司带动个体经营户的回收格局。目前，全市集聚回收公司146家、经营户4000余户，5000多个收购网点覆盖全国30多个省市。收购品种主要有废铜、铝、不锈钢、塑料、橡胶、纸和电子废弃物等。二是以专业市场增强聚集功能。按照功能分区、集中经营的要求，加快建设再生资源交易市场、再生原料交易市场和再生产品交易市场。特别是启动了容量更大、拆解分拣更专业的再生资源二期市场建设。该项目占地2000亩，总投资8.57亿元。目前，已完成投资3.4亿元。三是以信息技术提升交易效率。建设中南再生资源网和再生资源产业信息中心，创办《再生资源产业信息报》，及时发布国内及汨罗市场供求、价格动态、政策法规等信息，打造全国首家县级循环经济及再生资源综合信息平台。四是以现代物流促进高效聚散。以现代物流助推回收网络壮大，加速回收体系发展。在工业园内高标准规划建设同力众发物流园，目前，该项目已完成投资6517万元。

国家“城市矿产”示范基地

二、升级和完善园区平台，推动资源利用集群化

近年来，汨罗市投入大量人力物力，继续加大工业园基础设施建设投入，力争吸引更多的外地项目落户汨罗。2010年，投资4亿多元，建成主次干道24公里、污水管网12公里，园区面积拓展到10平方公里。依托园区优良的软硬件环境，已引进振纲铝材、佳华铝材、万容报废汽车拆解等多个关联度大、带动性强的产业龙头项目入园，纵向协调、横向互补的产业体系加速升级，初步实现资源综合利用集群化。目前，园区已聚集加工企业130多家，其中规模企业70家，仅再生铜行业，规模加工企业就达26家，总投资近15亿元，年产能20万吨以上，年产值过100亿元，成为

全国知名的铜材加工基地。2010年，汨罗市就地加工废旧物资68.9万吨，是2000年的67倍。

三、升级和完善技术支撑，推动企业发展高新化

规范审批，规范拨付，用好国家“城市矿产”专项资金，扶持企业技改扩能。设立科技进步奖励资金，激励企业自主研发。以再生资源研发中心为平台，成立中国社科院“城市矿产” 循环经济调研基地、湖南省第一个再生资源经济与管理研究中心、第一个设在省级工业园的国家级博士后科研工作站，引导企业与高等院校和科研院所建立战略合作关系，研发创新共性技术，最大限度地提高再生资源的利用率和产出率。2010年，园区高新技术企业发展到10家，8项发明获得国家专利和省科技进步奖。长江铜业攻克“低温扒渣”工艺中铜损耗大的行业难题；五祥建材利用废塑料加工生产的PVC板材、型材和复合型塑料材料，填补湖南空白，获得国家专利；湘北铜业生产的无氧铜杆达到国内先进水平；平桂制塑成为湖南省PVC行业标准制定者之一；鑫祥碳素入选“2011年第一批国家行业标准制修订单位”； “九喜”获评中国驰名商标；“现代美”获评省著名商标。目前，园区再生铝、再生铜深加工技术处于国内领先地位，园区再生资源循环利用过程中，主成分及伴生成分的直接利用率达到90%以上，固体废弃物的综合利用率达到70%以上。

国家发改委副主任解振华在湖南省省长徐守盛陪同下考察汨罗工业园

湖南省委书记周强视察湖南汨罗工业园

四、升级和完善信用平台，推动融资机制规范化

融资难一直是制约湖南汨罗工业园“城市矿产”示范基地建设顺利推进的一大瓶颈。为解决这一难题，汨罗市积极探索建立以信用为基础的融资平台，成功创建省级金融安全区，大力开展金融招商，顺利引进国开行在汨罗市设立全国第9家、全省最大的村镇银行。进一步规范 “一会三公司”（再生资源行业信用协会、会计咨询公司、资产管理公司、中小企业信用担保公司）运作，目前，“一会三公司”累计为企业融资2300多笔，累计金额15亿元，无一家逾期还贷，无一人拖欠利息，有效破解了制约汨罗市“城市矿产”示范基地快速发展的根本性问题。

园区全景图

五、升级和完善环保措施，推动产业发展两型化

良好的环保是“城市矿产”示范成功的基础。目前，汨罗市已形成再生铜、铝、钢、塑料等回收加工产业链，相当于为国家建起一座千万吨级的“城市矿产”，有效减少了全社会的分散污染，创造了良好的资源和环境效益。同时，为防治“二次污染”，我们突出三抓：一抓环保设施。坚持环保设施先行，高起点规划、高标准建设园区污水处理系统和固废处置设施，提高“三废”处理能力。目前，已建成日处理能力2.5万吨的污水处理厂1座、污水收集主干管网30公里，重金属污水处理中心完成投资3200万元，垃圾消纳场启动二库区建设。二抓环保审批。坚决落实新上项目“环保第一审批权”，严格执行环评和“三同时”制度，切实做到了“四个不批”，即不符合环保法律法规和产业政策的一律不批，布局不合理、投资强度不达标的一律不批，高能耗的一律不批，产能相对过剩、技术含量不高的一律不批。三抓环保执法。建立环保联合执法体系，加大对企业、市场和园区的日常管理和执法力度，严厉打击乱焚乱烧、乱堆乱放行为，促进划行归市。实施“淘汰落后产能”行动，坚决取缔“十五小”企业。实施“清洁生产”行动，严格清洁生产审核，签订清洁生产协议的企业新增18家。

海南昌江循环经济工业园区

海南省省委书记罗保铭（左二）在工业区调研

2004年8月31日海南省委、省政府决定设立昌江循环经济工业区,2007年11月经国务院批准为国家级循环经济示范试点产业园区，是全省唯一的国家级循环经济示范区。海南昌江循环经济工业园区位于昌江县石碌镇和叉河镇境内，距海口市180公里，三亚市190公里，八所港55公里，洋浦港100公里。园区规划总面积54.86平方公里，建设用地总面积20.58平方公里，园区分叉河片区和太坡片区，其中叉河片区建设用地17.16平方公里，太坡片区建设用地3.42平方公里。截止2011年底，园区内共有企业38家，其中规模以上工业企业有海南矿业股份有限公司、华润水泥（昌江）有限公司、昌江华盛天涯水泥有限公司、鸿启实业有限公司叉河水泥分公司等8家，工业总产值达68亿元。园区主要产业有铁矿石采掘和选矿业、水泥产业、钴铜冶炼、橡胶加工、生态环保建材，并已初步形成了产业链。

海南昌江循环经济工业园区全面树立和落实科学发展观，按照《海南省昌江循环经济工业区循环经济试点实施方案》，大力发展循环经济，如利用废弃贫矿、尾矿、废石、绿泥等固体废弃物和实施皮带走廊节能工程、余热发电、沼气利用、污水处理等项目。海南矿业股份有限公司110万t/a贫矿选矿项目每年为国家提供品位为65%的铁精矿55.68万吨；昌江华盛天涯水泥有限公司于2007年开始实施了金海纸浆厂绿泥代替钙质原料项目，年消耗绿泥3万吨，目前共消耗12万吨；年产高端环保建材约286万立方米（折合标准砖20亿块）的瑞图环保建材项目近期将动工建设，项目建成后将每年可吃掉约200万吨以上的外排灰渣及尾矿砂等固体废弃物；工业园区的三家水泥生产企业都建设了低温余热发电项目，低温余热发电总装机容量56MW，2011年发电量3.2亿度。

在未来的发展和建设中，海南昌江循环经济工业园区将按照循环经济理念，根据《海南省昌江循环经济工业区循环经济试点实施方案》的内容继续开展各项工作。“十二五”期间，一是加大企业内部资源循环利用，节能减排。如海南矿业股份公司的贫矿、尾矿资源利用，华润、华盛和鸿启叉河水泥生产企业的余热发电，琼胶金林橡胶加工厂的沼气利用等。二是促进企业之间的生态循环。如利用海矿公司的尾矿做为水泥生产企业原料，利用水泥资源优势引见水泥管、桩、柱生产企业，以及引进环保建材项目消化海矿公司的贫矿、尾矿和废矿等。三是探讨企业与城市之间的生态系统建立。主要有城市生活垃圾的水泥窑无害化、资源化处理，减少落后的垃圾焚烧和填埋，以及发展城市矿产理念，进行废旧电器、机电产品、通讯产品等的资源化处理。

华盛新型干法水泥生产线

昌江华盛水泥厂

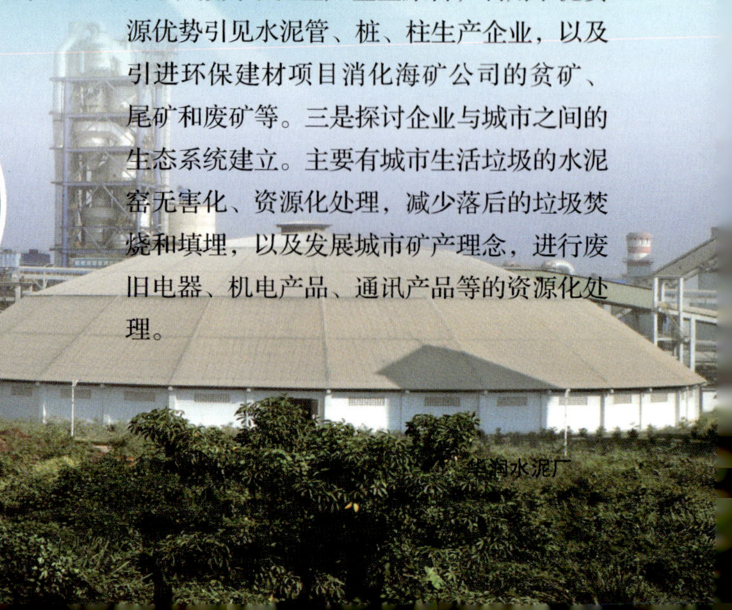

华润水泥厂

伟翔环保科技发展（上海）有限公司

伟翔环保科技发展（上海）有限公司成立于2005年9月，是新加坡TES Environcorp (Holding) Pte Ltd全额投资、中国团队运作、专业从事电子废弃物处置的跨国企业。投资总额为1800万美金，年处理废弃物能力达39000吨，是目前上海地区唯一具有全段处理能力的电子废弃物处置利用厂商。

伟翔主要从事电子产品及衍生废弃物的回收及循环再生利用；废水、废液、废渣、废纸的综合利用和处理处置；危险废弃物处理处置资源再生及综合利用技术的研发推广和相关产品的生产；环境保护产品的研制；环境污染治理设施的建设经营及为产废企业提供相关服务等。在当今世界同行业中，伟翔的技术处于国际一流水准。

先进的技术及优良的服务也使公司获得了社会各界的广泛赞誉和认可。2006年，伟翔得到CHWMEG全球组织的认可，成为当时上海市得到该组织认可的唯一的电子废弃物回收处理厂。2007年，伟翔被国家发改委等六部委指定为“国家第二批循环经济试点单位”。同年，伟翔也作为电子废弃物回收的示范企业，被国务院新闻办指定为环保事业发展采访点之一，对境外媒体开放。2008年又被上海世博会定为上海电子废弃物处理示范工厂。2009年8月开始，在国家废旧家电“以旧换新”项目中，伟翔又成为上海“以旧换新”项目指定的拆解企业，迄今为止收集处置量以达190多万台。2011年，伟翔获得国家高新技术企业和上海市科技小巨人培育企业称号。

在循环经济的试点工作中，伟翔已初步完成了一系列重点工作，如：在发展中进一步加强和完善公司对电子废弃物回收网络的建设；与清华大学，同济大学等高等学府建立产学研联盟。此外，伟翔环保科技发展（上海）有限公司是在中国的电子废弃物处理处置中心，为进一步提升伟翔在电子废弃物处理领域的实力，适应循环经济发展的需要及中国政府对电子废弃物管理的新规定，完成伟翔集团在全球的战略部署，伟翔将于近期建设新厂房，将集伟翔集团全球最先进的生产工艺于一体，包含完善的回收体系、系统化的分类和拆解、创新的物理处理工艺、湿法化学线的生产、各类塑料的环保利用及全面的环境保护措施。

在循环经济的实践中，伟翔已经形成了有自身发展特色的专业电子废弃物处理模式：以高科技为依托，凭借自身节能降耗和不产生二次污染、再生利用率高。最大限度的对电子废弃物进行循环利用，使多样化的电子废弃物“变废为宝”，实现环境和经济的双赢。

公司成立伊始，就将“我们有志于成为中国环保事业的杰出先锋，为我们的子孙后代构造一个清洁、绿色及安全的环境”作为公司的方针。为实现这一方针，公司发挥跨国集团的优势，将先进的技术和设备优化整合为高效的处理流程；将成熟的管理和优质的服务引入中国；将“4R”理念和环保责任感传递给客户和合作者。立志作为中国电子废弃物处置技术的领跑者、中国环保产业的探索者、中国环保理念的传播者。

伟翔再生资源拆解生产线

伟翔新厂房概念图

山东临沂金升有色金属（再生）产业基地

山东省副省长才利民视察金升集团

山东金升有色集团有限公司是以再生铜回收、精炼、深加工为主导产业的大型企业集团。集团公司现有一条以废杂铜为原料年产10万吨和一条年产20万吨（再生铜产业化一期项目，在建）高纯阴极铜生产线，以及一条年产10万吨光亮圆铜杆连铸连轧生产线，拥有一处占地600亩、各类废旧有色金属成交量超过120万吨/年的集散交易市场——华东有色金属城，是我国长江以北最大的废旧有色金属集散基地和再生铜回收利用企业。

在近年来的企业发展过程中，金升集团坚持以科学发展观为指导，以资源高效利用、循环利用为核心，以建设低能耗、低排放、高效率的资源节约型、环境友好型企业为目标，走出了一条“资源—产品—废弃物—再生资源”循环利用和工贸结合促发展的新路子，实现了科学发展、和谐发展和跨越式发展。2007年，被国家批准为全国第二批循环经济试点单位，临沂金升有色金属产业基地被山东省人民政府批准为全省重点培育的循环经济型园区，并先后被授予国家火炬计划重点高新技术企业、中国大企业集团竞争力500强、山东省循环经济示范单位、山东省节能突出贡献企业、省级环境友好型企业等荣誉称号。

金升集团董事长王景连与美国哈兹莱特公司总经理哈兹莱特先生合影留念

2010年，金升集团再生铜加工主导产业完成产值64.25亿元，利税4.71亿元，其中上缴国家税收3.68亿元，连续5年实现纳税过亿元。各类废旧有色金属成交量达120多万吨，其中废杂铜40多万吨，废铅20多万吨，废铝及铝合金30多万吨，废不锈钢20多万吨，锌、镍、锡等其它有色金属10多万吨。根据《国家发展改革委、财政部关于开展城市矿产示范基地建设的通知精神和集团公司“十二五”发展规划，坚持以国家级循环经济试点单位和省级循环经济园区为平台，以废旧有色金属回收交易市场为载体，通过国家“城市矿产”示范基地建设，进一步规范完善再生资源回收体系建设，促进再生资源回收市场和回收业户的规范化、秩序化经营，提升再生资源的聚集规模，形成规划合理、分工有序、有机整合的回收集散网络体系。

一、发展目标

利用5年（2011–2015）时间，新增投资17.92亿元，建设华东有色金属城扩建提升、高纯阴极铜年产32万吨铜合金线杆生产线、废杂铜年产20万吨高纯阴极铜（再生铜产业化项目二期）生产线、废杂铝年产10万吨再生铝生产线、阳极泥金银贵金属回收利用生产线和废水集中式处置与循环利用中心、环境监控、污染风险预警及应急指挥系统、公共服务平台建设9个重点项目。项目全部建成达产后，预计年新增各类废旧有色金属聚集量100万吨，年新增工业产值289.6亿元，利税17.1亿元；年新增铜、铝再生有色金属利用量67万吨。到“十二五”末，金升集团的再生有色金属工业生产总值力争达到350亿元，利税突破20亿元，真正建设成为技术先进、环保达标、管理规范、利用规模化、辐射作用强的标志化国家“城市矿产”示范基地。

二、主要任务

围绕建成产业规模发展、资源高效利用、环境生态友好的临沂金升有色金属（再生）产业基地这一目标，以交易市场扩建升级、废杂铜铝大规模清洁高值利用，园区循环化改造升级为3个核心，从回收体系、废旧有色金属资源化与高值化利用、园区环境保护与生态建设、废旧有色金属高值利用关键技术研发、园区信息化管理支撑等方面布局5大主要任务，重点推进华东有色金属城扩建提升、废杂铜年产20万吨高纯阴极铜、再生阴极铜年产32万吨铜合金线杆、废杂铜精炼阳极泥金银贵金属回收利用、废杂铝年产10万吨再生铝、工业废水集中式处理处置与循环利用中心、固废集中化处理处置中心、环境监控、污染风险预警及应急指挥系统、公共服务平台建设9项核心项目建设。

三、保障措施

——组织保障体系。成立了临沂金升城市矿产示范基地建设工作领导协调小组，组长由临沂市政府市长担任，主管副市长任副组长，经信、节能、发改、财政、税务、环保、国土等相关部门主要负责人为领导小组成员。健全了基地常设管理机构——临沂金升有色金属产业基地管理委员会。具体负责基地建设工作的协调推进和日常管理，以及各项制度文件的起草，监督检查和考核计划目标的实施和落实，以确保“城市矿产”示范基地建设工作的扎实有效开展。各相关部门明确分工，相互配合，密切衔接，有序推进，确保基地建设顺利完成。聘请科研院校等有关专家、知名企业人员等成立了专家咨询委员会。

——地方政策支持。山东省、临沂市对城市矿产资源的开发利用产业高度重视。临沂市政府进一步完善制订《临沂市“十二五”再生资源回收体系建设规划》、《临沂市再生资源回收体系建设实施方案》、《临沂市再生资源回收体系建设项目规范》等一系列再生资源回收相关的政策、规范等，在土地规划、专项资金、金融信贷等方面给予了政策倾斜和重点扶持，为临沂金升城市矿产示范基地建设提供了有力的政策支持。

——完善创新制度体系。制定和完善技术标准和技术规范，参照国际和国家有关标准规范，建立有色金属资源回收利用清洁生产、资源效率、能源效率、废弃物排放等企业标准与规范；制定园区内企业准入标准和合格评定制度；加强节能、节水等资源节约标准化工作；加快再生金属加工利用相关污染控制标准制定等，逐步建立健全资源节约、环境保护标准体系；在示范基地企业开展清洁生产审核、质量管理体系认证、环境管理体系认证等，实现企业、园区规范化、有序化发展。完善统计评价考核制度。建立执法主体责任追究制度，逐步建立园区各项统计指标监管工作考核奖惩机制，使监管工作数量化、具体化、目标化。建立园区监管工作督查落实机制，强化监督检查。

——资金政策保障体系。充分利用国家有关资源综合利用、环境保护和废旧物资回收经营的税收优惠政策，鼓励引进国内外先进的节能、节水、节材等技术、设备和产品。加大对循环经济企业和产业的扶持力度。企业使用或者生产列入国家清洁生产、资源综合利用等鼓励名录的技术、工艺、设备或者产品的，按照国家有关规定享受税收优惠。充分发挥政策性补贴对银行信贷资金的杠杆作用，对政府鼓励的项目、园区建设或基础设施建设，政府给予贷款贴息，鼓励银行对其放贷，从而吸收大量的信贷资金投入到城市矿产资源化建设中，保证银行金融机构信贷的盈利性，减轻企业等的资金负担、降低风险、提高积极性。加大金融部门对发展循环经济政策性信贷优惠扶持力度的同时，广泛利用项目融资，多渠道筹措建设资金，充分发挥金升担保公司和小额贷款公司的作用，给予提供流资贷款支持。

——技术支撑与人才培养。充分利用省内外优势科技资源，建立以企业为主体、市场为导向、产学研相结合的技术创新机制。围绕发展循环经济和城市矿产示范基地建设，大力培养、积极引进、合理使用人才，建立高水平的人才队伍。

——公共服务平台建设。示范基地建设的废旧有色金属资源信息综合管理平台、园区环境质量综合管理平台数据将实现与临沂市的资源、环境相关统计数据的对接，实现与市级统计数据动态监控及统计的长效链接。

——整合市场和资源，推动有色再生行业整体结构升级。以园区为核心，以骨干企业为龙头，以“城市矿产”基地建设为契机，进一步整合再生资源回收利用网络体系，将临沂市的废旧资源回收与利用企业统一纳入以园区为核心的“城市矿产”基地建设体系，强化管理，综合协调，合理布局，加快形成“专业市场整合、区域逆向物流、资源高效利用、行业协同发展”的模式。实现区域“城市矿产”资源的有效整合和高效利用，推动有色金属再生行业的整体结构升级。

心等项目。

园区从建设之初就受到了国家部委、省委、省政府和市委、市政府高度重视，先后视察园区建设，对园区建设给予了充分肯定并提出建议及意见。

园区建设有利于改善当地环境。随着一期800亩园区的道路、地下管网、污水处理厂、消防中心等配套设施的建设完工，并将牛棚子经营户引进园区集散交易市场，彻底改善当地脏乱差环境，消除了环保、交通、安全、消防等隐患。

园区建设有利于提高资源利用率。园区采用先进的分拣、深加工工艺流程，引进高效的分拣加工成套设备和深加工工艺设备，工人经过专业技能培训持证上岗，精细分拣，使再生资源利用率大大提高。

园区建设有利于引导再生资源行业产业升级。园区建有技术研发中心、信息中心，并与当地高校合作，实现了产学研一体化，将引导再生资源行业从手工作坊式向现代化加工方式转变的产业升级。

园区建设有利于地方政府对再生资源行业实施规范管理。园区建成后将消除回收行业中广泛存在的无组织、无证经营的现状，建立合法经营、有序竞争的现代再生资源管理体系，从而实现再生资源行业的完善和升级。

园区建设有利于扩大就业，增加社会和谐。园区建成后可安排2万人就业，间接增加社会就业人数约6000多人，增加农民就业，提高农民收入，是一项政府执政为民的社会公益项目。

园区建设有利于提高社会公众、青少年对发展循环经济重要性的认识。园区作为全国首批、西部第一“城市矿产”示范基地，将在循环经济建设中做好示范带动，将在发展循环经济的同时，通过加强对园区的宣传、教育和知识普及活动，溶入循环经济教育元素，彰显示范基地的教育功能，提升社会公众、青少年对发展循环经济的感性认识和参与程度。

2011年6月，国家财政部、工业和信息化部、环保部、中华全国供销合作总社、四川省委、省政府、省级相关部门、内江市委、市政府及市级相关部门参加产业园区一期开园二期开工庆典

再生资源集散市场

废家电拆解厂

废家电拆解厂

污水处理厂

园区厂房

国家再制造试点单位

济南复强动力有限公司

科技部部长万钢到复强公司考察指导

国家发改委副主任解振华在复强公司视察工作

济南复强动力有限公司（简称复强公司）隶属于中国重型汽车集团有限公司（简称中国重汽），是中国重汽为进一步履行企业的社会责任，从国家节能减排和可持续发展战略出发设立的国内第一家从事汽车发动机再制造的公司。公司位于山东省济南中国重汽章丘工业园，占地面积73000㎡，建筑面积36000 ㎡，员工1400余人，拥有近500家合作加盟店，产品覆盖国内除港澳台外的所有地区，已成为国内一流、国际先进、资源利用率居世界前列、综合经济效益和社会效益突出的专业化汽车零部件再制造企业。

济南复强动力有限公司是国家首批循环经济示范试点单位、科技部科技支撑项目承建单位、国家首批汽车零部件再制造试点单位、再制造国家标准编制单位、汽车零部件再制造行业协会理事长单位、北美发动机再制造协会（PERA）会员、装备再制造技术国防科重点实验室科研教学实践基地。通过项目的投入和建设，复强公司具备了先进的"绿色"拆解、环境友好的清洁生产技术手段；开创的表面工程修复加工技术手段填补了国内空白，提高了再制造产品的质量和旧件利用率，节能环保优势明显；升级性再制造技术处于行业领先，用户可采用以旧换新的形式，以较低的价格获得升级型的再制造发动机或者燃气发动机，实现用户利益最大化。此外，公司还具备了发动机缸体、缸盖、曲轴、凸轮轴、连杆等零件恢复加工工艺手段，具备了发动机再制造零部件和再制造工艺过程个性化管理的仓储信息化管理手段。经过多年发展，公司已建立起完整的汽车零部件再制造技术、生产、管理和营销体系，并通过ISO9001-2000和TS16949质量管理体系认证，是一家具有国际水准的汽车发动机再制造公司。

一、循环经济工作取得的成效

自开展循环经济示范试点工作以来，复强公司始终将"发展壮大再制造产业、实施节能减排、发展循环经济"作为公司发展的战略目标，切实推动节能减排工作的开展，确保节能减排目标的实现。在实施循环经济的过程中，不断进行再制造产业链条的延伸，拓展再制造产业新领域，提高再制造产品的旧件利用率；不断进行自主创新关键修复技术的研究与开发，逐步进行报废产品的尺寸恢复和性能提升，旧件利用率提高到84%，高于试点初期的60%近24个百分点，降低了生产成本，推动了再制造发动机业务的开展。截至2010 年底，已累计生产再制造发动机50000 台，初步完成了绿色清洗关键技术的原理和技术难点研究、无损拆解技术研究、产品质量控制技术与评价技术研究，逐步建立起了比较完善的再制造技术研究和质量控制体系，全面提升自主创新能力。。2010年产销再制造发动机17200台，旧件利用率提高到84%（主要为空压机再制造后提高了0.4个百分点），与旧机回炉相比节能1851.53万度，相当于节约6665.5吨标准煤，减少CO_2排放918.2吨，利用废旧金属1.032万吨；提供劳动就业岗位100余人，社会效益非常显著。

二、采取的措施

在实现循环经济发展目标的过程中，通过一系列措施的实施，积极向市场推广再制造发动机，取得了良好效果。主要有以下几个方面：

（一）加大调研、积极宣传，提高认识

自开展循环经济试点工作以来通过各种途径和方法广泛进行再制造产品的市场调研，在调研的同时，通过宣传广告、循环经济成果展览、项目推介会、展品展示会等形式积极的向公众宣传再制造产品，提升公众认知度，进而拓展潜在的市场，逐步在公众中形成了良好的市场氛围，为汽车零部件再制造产品的市场拓展打下了坚实基础。

（二）发挥主机厂优势、完善物流体系建设、推行亲人延伸服务

复强公司从2007 年开始同中国重汽集团销售公司联合，借助重汽售后服务特约维修站，在重汽用户中开展“亲人”延伸服务，依靠重汽集团遍布全国的1800家服务站，全方位推广复强动力公司的再制造发动机，所有通过售后服务系统采购复强再制造发动机的用户均可享受到等同新机的质保承诺和等同服务。

在推行亲人服务的同时还建立了自己的销售体系，在不断进行市场调研的基础上，逐步地建立各种品牌尤其是斯太尔发动机的大修机档案，可以很好的了解业内行情，为公司再制造业务的开展提供有力的证据。通过对散户的跟踪服务，逐步地建立起了散户的发动机信息档案，并在以后的发展中逐步地加大散户的跟踪与服务力度，为公司再制造业务的拓展提供更为广阔的市场，更加合理的建议。

销售服务网络遍布全国，目前有1000 余家服务站，800 余家经销商为广大用户提供最及时最贴心的服务。

（三）建设、完善质量保证体系，全面提升再制造产品质量

公司成立的初期即具备了国际同期的技术水平，并严格按照欧美模式和标准建立起技术、生产、供应和营销体系。建厂的同时就严格执行ISO9000 质量标准体系，并于2007 年通过了TS16949 质量体系认证。

（四）建立再制造实施工作组织管理体系

成立了以济南复强动力有限公司董事长为组长的工作领导小组，负责方案的实施和进度安排；成立了以徐滨士（装备再制造技术国防科技重点实验室主任、中国工程院士、教授）为组长的专家顾问组，为企业提供战略建议和技术支持。

同时依托装备再制造技术国防重点实验室成立循环经济实施工作专家顾问组，协助编制和监督工作实施方案，指导工作中的科研开发工作。

（五）以产学研为基础，进行再制造技术创新体系建设和关键技术的研究与应用

复强动力公司非常重视自主知识产权技术的研发及申报工作，通过积极地引进与消化吸收，逐步的形成了一套拥有自主知识产权的技术及产品。并且在一些关键领域内达到甚至超过国际先进水平。通过不断地探索与实践，形成了一整套技术创新体系建设方案。

复强公司承担了“十一五”国家科技支撑计划项目《绿色再制造关键技术与装备》项目，与装备再制造技术国防科技重点实验室密切合作，开展了旧件剩余寿命研究及先进表面工程技术的实践与研发。表面工程技术有：纳米电刷镀、高速电弧喷涂、微脉冲冷焊、粘涂、微弧等离子熔敷等，对缸体、曲轴、连杆等10 多种零件进行了再制造加工工艺试验。先进表面工程技术在循环经济中的推广应用，可大大提高了旧件利用率，降低了再制造成本，不仅使工厂获得了经济效益，还为国家节能、节材及保护环境等方面做出积极贡献。

通过循环经济试点工作的实施，加强了复强公司与实验室在循环经济关键技术研究领域的合作，并共同承担了中国工程院咨询项目“废旧机电产品资源化”、“建设节约型社会战略研究”，国家发改委论证项目“开展发动机再制造示范试点研究、促进循环经济发展”、“推进再制造产业发展实施方案研究”等咨询课题项目，英国Lister-Petter公司“再制造路虎发动机缸盖”等项目，有效提升了科研创新能力。

（六）以产业升级和结构调整为主线、全方位提升绿色再制造水平

针对发动机再制造过程中拆解、清洗和修复过程中产生废液、废气和噪声污染，采用先进技术进行治理，使再制造的全过程实现绿色清洁生产。引进了绿色清洗处理设备、循环水处理系统、自动化试验设备等一批先进的技术及设备，使得公司的产能扩大一倍以上，再制造发动机在再制造过程中的节能减排效果进一步得到体现，极大地促进了循环经济工作的开展。

与改造前相比，节能效果提升了30%，减排效果提高了60%，拆解环境得到进一步改善，零部件处理质量得到进一步提高，所有排放物质均达到国家排放标准，大大提升了绿色生产水平，充分体现节能减排、循环利用、环境友好的原则。

（七）建立完善的信息化物流管理系统，实现了发动机再制造的物流信息化管理

针对废旧发动机数量大、品种多，管理难度大的特点，开发了ERP生产管理系统，重点完善旧机回收、仓储管理、产品销售过程的软硬件建设，实现发动机再制造的物流信息化管理。先进的信息化及仓储管理系统可以协助公司对产品品种型号多样化、损毁情况个性化的旧发动机进行有效的分类管理，有效指导生产、降低成本和提高生产管理效率。

国家再制造试点单位

广州市花都全球自动变速箱有限公司

广州市花都全球自动变速箱有限公司成立于1998年，专业从事自动变速箱等汽车传动系统零部件再制造、汽车传动系统零部件再制造设备及专用工具研发和生产、零配件销售、再制造技术培训等。2010年公司再制造自动变速箱13297台，年产值11300万元。公司于2008年3月成为国家发改委首批14家汽车零部件再制造试点示范单位，2008年12月成为国家高新技术企业。

公司通过了ISO9001：2008质量体系认证和ISO14001：:2004环境管理体系认证，并编制了《汽车零部件再制造产品技术要求　自动变速器》等7份国家标准，已经获得21家汽车生产厂家和变速箱生产厂家的自动变速箱再制造授权，经各厂家多批次的严格检验证明，公司的再制造产品完全达到新品的各项技术指标。为配合上海通用SGM的需求，公司在上海专门成立直属分厂上海天脉为其进行再制造服务；为配合东风日产无级变速箱再制造需求，公司在总厂投资建立专业工厂，专门针对日本JATCO无级变速箱的再制造，全套流程和标准经过了日本JATCO、日本日产NISSAN、东风日产三方专家联合认证、审核并最终授权（日本JATCO在海外共授权两家，本公司是其授权的唯一非直属控股公司）。

公司一贯具有严谨的经营管理体制，在全体员工的努力下，业绩蒸蒸日上，连续多年产值、销售收入均呈增长态势。近年来，除了在国内占据着市场龙头的地位之外，公司业务已延伸至东北亚（日韩）、东南亚（新马泰）、哈萨克斯坦、俄罗斯、澳大利亚、德国、荷兰等国家和地区。经过多年的市场发展，公司累计再制造各类型汽车自动变速箱60000台，为社会节约消耗资金13.5亿元，节约原材料20多万吨（含金属、橡胶、汽油等），总价值10多亿元，在汽车零部件的资源综合利用利用领域成效显著。据统计，每再制造一台4T65E型自动变速箱，耗能仅占生产新机耗能的5%~10%，能够回收原产品中94.1%重量的材料继续使用；每再制造10000台4T65E型自动变速箱和这些零部件回炉变成原材料相比，可以节电7.6x106 千瓦时，减少CO_2排放约0.3kt，直接再用金属947t，具有显著的社会效益、经济效益和环境效益。

国家发改委副主任解振华到公司考察

获世界著名自动变速箱生产企业日本JatcoCVT2再制造授权

一、主要开展的工作

一是扩大自动变速器再制造种类和授权，由试点前37种增加到目前的108种。再制造授权企业整车厂合约由15个增加到21个。

二是建立完善的现代生产管理体系。建立起涵盖再制造各个流程的计算机信息管理系统，包括从旧件回收、零件失效、零件清单、采购管理、生产过程、技术参数、质量管理、编码标识等再制造全过程管理信息。

三是注重绿色生产、清洁生产。企业已自愿开展清洁生产审核，积极参加清洁生产资助计划项目。

四是加强技术研发和合作。企业与香港汽车工业学会开展自动变速器再制造业务、技术合作交流，与多家科研单位开展产学研合作，积极参加再制造标准的编制工作。

五是拓展产品市场范围。依托上海、长春等汽车生产基地，在上海和长春、杭州等地相继开设了4家控股直属分厂，增强了公司再制造产品的辐射力，拓宽了市场范围。

液力变矩器焊装台

自动变速箱液压控制系统测试台

数控自动变速器总成测试台

二、主要经验和体会

注重同汽车厂家合作。目前我们已同包括日本捷特科、上海通用、东风日产等21家汽车品牌或厂家进行了合作，这些合作首先增加了公司的市场份额，其次引进了一些先进的技术和质量管理经验，提升了公司的运营水平，最后我们同整车厂的合作也使整车企业的售后更加便捷，例如我们同上海通用的合作过程中，他们制定了在售后市场不供应新件、只供应再制造件的政策，既方便了他们自己的生产供应系统，又有利于我们的再制造推广，实现了生产厂和再制造企业的双赢。

连锁经营，效益显著。公司自2001年起在行业内率先开展了网络连锁经营模式，现在北京、香港、武汉等多个大中城市设立9家网络分厂，27家加盟店。为配合客户的就近需求，2008年以来公司已在上海和长春等地开设上海四惠汽车技术发展有限公司、上海天脉汽车销售服务有限公司、长春花都全球自动变速箱有限公司、杭州四惠全球自动变速箱有限公司共4家控股直属分厂，这些直属分厂、网络分厂和加盟店绝大部分都是当地的定点维修网点或者汽车4S店，在营销渠道上有的设立了再制造产品的展示专柜，加强了普通民众对于再制造产品的认识。同时，由于这些直属公司分属独立型、承包型、OEM型及联合型的再制造企业，这样在客观上创新了再制造模式，丰富了再制造试点的内容。此外，21家授权企业也各有自己的售后服务体系，目前公司的再制造产品进入到授权企业市场，真正逐步做到了再制造产品的生产与售后服务一体化。

采取适当的价格策略和优质的售后服务。在进行市场推广的活动过程中，在保证达到新品的质保期的前提下，我们的再制造产品到达终端客户手上时的价格仅仅是新品的一半甚至更低，而且时间更快；同时，我们配备了专业的售后服务队伍，实行与新品一样的售后服务承诺。

重视技术研发队伍和能力建设。国内自动变速箱的研究生产还相对落后，相关的技术信息来源也较为有限，为保证再制造质量水平，公司除了加强同授权厂的合作外，还委派员工到国外生产厂或再制造公司进修学习。公司重视技术研发和知识产权工作，自成立以来技术团队开发出新型汽车自动变速箱总成测试机等15大系列20多种型号等产品。公司已经申请了9项国家专利（其中发明专利2项），获得授权6项（其中1项发明专利）；获得国家注册商标4项。同时，公司成为政府的知识产权试点示范单位。公司正在筹建由政府立项的汽车自动变速箱再制造工程技术研究开发中心。

积极进行产学研合作。公司同装甲兵工程学院装备再制造技术国防科技重点实验室合作开展自动变速箱零件表面修复技术工艺及设备研发，同广东省汽车工程重点实验室、华南理工大学汽车工程学院、广东技术师范学院合作开展汽车自动变速箱动态模拟检测方面的研究开发工作。目前，公司已经进行了4T65E型自动变速箱链轮、涡轮、锁止压盘的表面修复前期研究，并取得初步成果。4T65E经清洗后可直接使用的主要零部件占总数量的65%，占总重量的46%，占总价值的36%；4T65E可再制造加工的主要零部件占总数量的25%，占总重量的26.5%，占总价值的55%；旧件利用率超过85%。

加强对再制造产品的宣传推广。试点以来，我们先后会同上海通用开展了“绿动未来 从现在起程”的再制造专项宣传活动，还同东风日产合作，开展“新生品质 心动价值”的再制造零部件专项宣传推广活动，对其全国的4S店售后服务总监进行再制造产品的专项培训。

推行绿色生产。公司建立了清洗污水处理工程，参加了广州市清洁生产审核，污水排放标准达到一级标准，污水回用标准达到国家《城市污水再生利用城市杂用水水质》的城市绿化标准。公司通过采用国家公布的清洁生产工艺技术与装备、综合利用、改善管理等措施，在减少资源和能源消耗、防治环境污染方面成效显著；公司的能耗指标、物耗指标、污染物排放指标明显下降，预计可以实现100多万元的收益。实践表明，重视环保工作可以为企业和社会带来当前和长远价值。

中国人民解放军第六四五六工厂

2009年10月21日，由国家省、市发改委部门领导和再制造国家重点实验室主任徐滨士院士（前中）等专家组成的检查团一行20余人到工厂，对汽车发动机再制造项目建设和试点情况进行检查指导

六四五六工厂车辆发动机再制造生产线项目开工典礼暨1号综合厂房奠基仪式

六四五六工厂隶属总装备部通用装备保障部，是通用装备及车辆柴油机、汽油机大修和再制造的大型企业，总资产2.95亿元。2000年工厂技术中心被认定为省级技术中心。工厂已通过ISO9002质量体系认证和GJB9001A-2001体系认证，现为国家一级计量合格单位、国防科技工业三级计量机构、省级“重合同守信用”单位、“AAA信用等级”单位，连续多年荣获总装备部企业管理达标示范企业和总装备部通用装备保障部直属装备修理工厂先进单位等称号。

经总装备部批准，2006年8月发动机再制造生产线项目建设正式启动，借鉴发达国家民用和军事装备再制造经验，充分利用装甲兵工程学院国防科技再制造国家重点实验室成熟的再制造技术和工艺，2008年9月通过总装备部组织的项目建设验收。工厂现拥有专用拆洗、鉴定、修复、组装、试验、烤漆、仓储等先进设备200多台套，是目前国内建设标准最高、军民一体化保障能力最强、具有中国特色的发动机再制造企业之一。经国务院领导批准，2008年3月被国家发改委确定为国家汽车零部件再制造试点企业。项目建设和运行期间，总装备部和通保部首长、国家发改委领导和地方政府领导以及我国再制造创始人中国工程院徐滨士院士等专家先后就项目选址、论证、建设、发展军民一体化等工作专程到厂视察、指导。

一、按试点方案要求完成试点任务，发挥试点示范作用

高度重视、周密安排。为保证国家试点工作顺利进行，工厂成立了以厂长为组长的汽车发动机再制造项目试点工作领导小组，下设项目建设组、生产准备组、质量和环境体系认证组、人力资源组、试点工作对接及政策研究组等五个工作组，分别负责项目的建设、生产技术及工艺准备、质量管理及环境体系认证、员工招聘及培训、任务分配和落实以及政府相关部门联络等工作。

克服困难、按时完成。工厂通过多种渠道积极筹集项目建设资金，确保了项目建设按时完成。2008年9月，通过总装备部通保部组织的专家组对再制造生产线建设进行了验收，对项目建设和工厂的组织工作给予很高的评价。2009年10月21日，由国家发改委组织、徐滨士院士带队的汽车零部件再制造试点项目调研组来厂调研，对再制造试点项目的建设及情况给了肯定和高度赞扬。

批量生产、积累经验。认真摸索再制造规律，积累真实数据，在实践中不断总结技术工艺、设备保障、生产运行、旧件来源、市场、政策等方面好的经验，积极参加国家发改委组织的相关再制造会议，建言献策，为国家发改委再制造产业化发展和政策制定提供建设性意见。

发挥作用、试点示范。通过对地方和同行开放和展示，为军民融合发展和军民一体化保障，为地方循环经济建设发挥积极的产业示范带动作用。

二、项目管理和运行情况

工厂组建了汽车发动机再制造分厂，设置了技术质量部、生产保障部、综合管理部、配件供应部、经营销售部5个职能部门和拆鉴、表面修复、装试3个工段，现已完成了定岗、定编、定员、定责、定薪的工作，二年来，分厂各项管理、制度逐渐完善，形成了团结协作、指挥顺畅、管理规范，生产运行步入正轨。

生产技术研发工作。截至2010年年底，设计完成各类非标设备、工装及工位器具，制作完成690台套。购置各种量具326套。编制各种工艺指导书、工艺规范、生产过程卡片等技术资料3 52份。完成2 6种机型的拆解、装配工艺验证。对技术文件进行了规范化管理。在产品研发方面，二年的时间内共开发了解放CA6102；东风EQ6100；桑塔纳系列5个机型；捷达系列6个机型；猎豹系列4个机型；北京吉普2个机型；依维柯8140.27S；康明斯系列6BT5.9、6BT118B-1等特种用途机型，初步形成了批量化的、系列化的生产能力。

再制造关键技术应用。工厂现已拥有无损检测、探伤、激光熔覆、纳米电刷镀、高速电弧喷涂、等离子弧熔覆、超音速等离子喷涂等再制造技术手段，并在超音速等离子喷涂方面实现机器人操作，处于国内领先地位。目前应用再制造技术对凸轮轴磨损修复、曲轴花键修复、活塞裙部喷涂修复、冷补焊、氩弧焊对缺陷部件的修复、缸体珩磨、连杆珩磨加工得到了广泛的应用。

质量保证体系建设。按国军标体系运行，规范生产过程操作行为，做好质量问题的责任追溯和考核。

调整发动机试验工艺。采用快速磨合介质提高磨合效率，降低能耗。仅燃油消耗一项就由原来的每100台消耗2.8吨，降至现在每100台消耗1.17吨，降幅达58%。

三、积极参与国家、地方和行业再制造的相关工作

2008年3月工厂被河南省发改委、环保厅等六部门批准为省级循环经济示范单位。2008年5月至2010年12月，工厂主要参与了部委、装工院、行业协会组织的再制造经验、政策交流研讨会、展示会6次，发表论文和介绍经验材料四篇（次），提出建议15条，提出市场调研报告2份，先后参与国务院307号文修订征求意见稿、国务院11部委关于推进再制造产业发展的意见征求意见稿的座谈讨论并提出建议。2009年9月，工厂牵头国家再制造汽车零部件清洗标准起草工作。2010年2月3号，工厂和中国质量认证中心、装甲兵工程学院共同签订建设国家再制造检测中心六四五六工厂再制造分支机构的协议。2010年2月，制定了《六四五六工厂汽车发动机再制造产品标志使用及销售管理办法》。2010年10月始，积极筹备加入国家再制造工程中心相关工作。

四、试点工作开展取得的成效

——形成年再制造汽车发动机2.5万台能力，军民一体化保障能力得到增强。

——截至2010年年底累计再制造东风、解放、桑塔纳、猎豹、北京吉普等系列29个机型发动机近5000台，产值近亿元。

——为国家和军队节约钢铁1500吨，节约有色金属50吨以上，节约电能310万度，减少CO_2排放近190吨，既循环又经济，社会效益和产业示范作用十分显著。

——再制造产品质量和性能达到或超过新品，成本是新产品的50%，节能60%，节材70%。

——达到了试点目标和循环经济指标要求：重量计算发动机再制造旧件利用率达到88%以上；工业用水循环利用率达到74%以上；万元产值平均能耗为0.2054吨标煤；万元产值平均水耗为1.8吨；再制造发动机试验性能达到或超过新机性能，在保证装备动力维修需要和提升装备维修水平的同时，充分利用工厂再制造生产线及其先进的再制造技术也能为民用车辆和地方经济发展做出一定贡献。

五、项目建设和试点工作的主要体会

项目的建成和运行与总装备部首长、部局机关的支持分不开，尤其是得益于国家发改委特别是环资司领导和环资处领导的关怀、帮助、指导。

河南省发改委对项目给予了高度重视和具体指导，省发改委领导及环境资源处积极帮助企业解决实施过程中的实际困难，为企业争取省和国家发改委政策及资金支持。协调军地关系，为项目实施方案的制定和项目顺利发展提出了很多建设性意见。南阳市发改委领导和环境资源科做了大量的指导、协调、服务性工作。

项目的论证、选址、建设过程中，徐滨士院士及装工院、军交学院、国家再制造重点实验室等院所的再制造专家和教授，多次到工厂调研，参与项目评审，指导项目建设，为项目发展提供了强大的技术支撑。

汽车零部件再制造产业顺应国家发展循环经济的要求，符合国家产业政策，符合市场需求，是军民一体化保障的好项目，具有强大的生命力。

激光熔覆

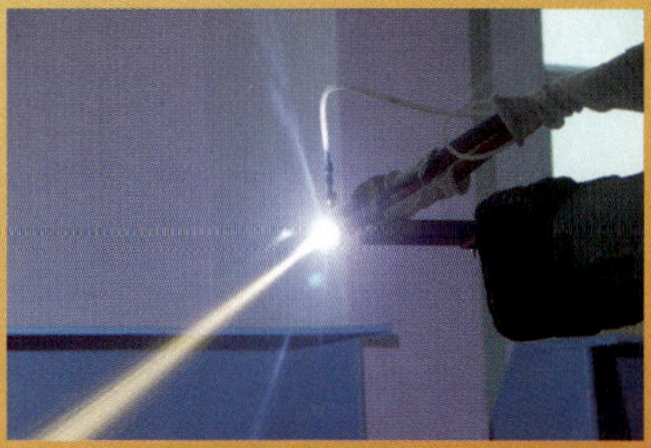
等离子喷涂

汽车发动机拆洗线

再制造后发动机

PICO 柏科（常熟）电机有限公司

TS16949管理研讨会

原机械工业部部长何光远莅临柏科公司指导

再制造实验室

柏科（常熟）电机有限公司是香港柏科公司的子公司。香港柏科公司1986年在深圳蛇口建立了再制造汽车发电机起动机厂，当时年产量仅10万台，100%用作外销。1993年扩大厂部规模，年产量增至40万台，销售近8000万元，2002年迁至常熟生产。公司曾是美国通用Delco、Bosch、Ampere、AAP的主要供应商，掌握这些大公司的标准，为发展再制造汽车发电机起动机打下了坚实的技术基础。

2004年，柏科（常熟）电机有限公司（以下简称柏科公司）在发改委环资司的指导下，对汽车零部件的再制造理论有了深刻的认识。尤其是徐滨士院士提出的再制造产品能达到全新产品的水平，并且能超过全新产品的理论。柏科公司通过探索研究和实验，积极推动再制造技术的发展。2008年，柏科公司被评为14家汽车再制造试点企业之一。三年来，柏科公司重新组织人员、整顿企业，严格执行发改委【2008】523号文件中的管理办法。

柏科公司是全国第一家再制造发电机起动机的专业工厂。1993年，柏科公司加入美国APRA（美国汽车零件再制造协会），多次在各项国际会议上与同行进行学术交流。柏科公司是汽车工业协会再制造分会的理事单位，也是中国物资再生协会再制造分会付主任委员单位之一，热心参与和支持再制造汽车零部件的各种学术工作。

一、开展的主要工作

（一）保证产品质量

巩固完善ISO9001及TS16949管理系统。柏科公司在省市发改委的支持下，进一步建立完善质量管理，技术生产管理体系，并且已经通过ISO9001及TS16949的质量管理体系认证。

参加再制造汽车发电机、起动机标准起草工作。柏科

优化布局：在集聚中推进产业结构升级

近年来，德阳经济技术开发区认真贯彻落实省委、省政府关于加快产业园区建设的精神，把开发区可持续发展作为园区工业发展的重点。初步形成了一批比较完整的以新装备制造业产业链和新装备制造业集群为代表的特色优势产业集群。开发区东方自控、东汽树脂、东方阿海珐、东电中型电机等一大批拥有自主知识产权、提供“绿色动力”的高科技企业与中国二重、东方电机、东方汽轮机、东方锅炉、中国化工集团等国家大型骨干企业一道，形成了国内重要的风电、核电、太阳能发电、潮汐发电等新能源设备产业体系，集中了一大批专业技术人才和制造人才，具有独特的区域优势和特色。开发区产业发展已开始步入“经济园区化、园区产业化、产业集群化”的经济发展新模式，开发区已经成为全市工业重要的增长极和新型工业化加快发展的主战场。2010年2月，以德阳经济技术开发区等为主体园区，被国家工信部授予首批“国家新型工业化产业示范基地（装备制造）”。截止目前，开发区已有各类企业2000余家，工业企业429户，其中规模以上工业企业110余户。2010年开发区工业总产值突破500亿元，占全市工业总产值近三分之一，在全省重点培育的成长型特色产业园区“1525”工程中率先并提前两年实现500亿工业园区目标。

图为中国二重自行研制的160MN水压机雄姿

东方汽轮机有限公司产品

东方电机产品

东方电机杭州新能源1.5兆瓦直驱型风电机组并网发电

转变方式：在调整中促进可持续发展

在国家提出转变经济发展方式以来，德阳经济技术开发区更加注重资源节约型和环境友好型的循环工业体系建设，强力推进开发区工业结构向绿色产业、循环经济产业转型，大力发展低碳经济、循环经济、绿色经济，实现经济发展由线性增长向循环增长转变，推动开发区工业经济发展方式取得根本性转变。2010年以来，相继淘汰和关闭南邡有色金属、八角水泥厂、锦城化工等一批落后产能和高耗能企业。2010年，开发区万元工业增加值能耗下降12%以上。淘汰落后产能的实施，对降低单位能耗发挥了重要作用，有力促进了产业结构优化升级和可持续发展。

德阳经济技术开发区紧紧围绕德阳市“一三五八”发展战略，以“国家新型工业化示范基地（装备制造业）和联合国“清洁技术与新能源装备制造业国际示范城市”为载体，以“新能源、新装备、新材料”“三新”产业为主导产业，倾力于打造具有国际竞争力的重大技术装备制造业基地、国内一流的战略性新兴产业示范基地、国家级生态示范园区和现代服务业基地，力争2015年实现1000亿工业园区，成为德阳现代产业发展的重要引擎和经济发展的重要增长极，成为全市科学发展的先导区、创新的领航区、新型工业化的标志区、和谐发展的示范区和现代化的新城区。

二重万力公司生产装备

东方自控新能源产品

四川省循环经济试点单位

四川德胜集团钢铁有限公司

SICHUAN DESHENG GROUP IRON AND STEEL CO.,LTD.

低碳排放 循环利用 快速发展

集团办公大楼

德胜集团是一家横跨川滇两省的大型现代民营企业集团，已形成四川和云南两大经济产业链，以黑色金属冶炼及压延加工为主业，集矿产、煤化工、水泥制造、机械制造、物流仓储、电力能源、房地产、旅游、国际贸易等多元化发展格局。

四川德胜集团钢铁有限公司作为德胜集团的核心企业，同集团旗下的攀枝花煤化工、攀枝花骏丰矿业、攀枝花青杠坪矿业、德兴物流、乐山瑞达利等矿业组成了钢铁从矿山开采、煤化工到钢铁冶炼的“一条龙”产业链。2010年公司实现销售收入47.3亿元，比上年增长15.53%；上缴税金1.4亿元。

公司坚持走节能减排、资源综合利用的低碳经济和循环经济的发展道路“十一五”以来，累计投入节能减排和循环经济项目资金12亿元，吨钢综合能耗从2005年的1. 11吨标煤降低到0. 67吨标煤，累计节能33. 72万吨标煤，提前超额完成省政府下达的7. 68万吨标煤节能任务。

2010年12月，四川省副省长李成云对四川德胜集团低碳发展和循环经济的有益探索作出重要指示：德胜集团的经验值得全省企业借鉴。

加快升级改造 实现规模发展

公司按照国家产业政策导向，淘汰价值6亿元的落后产能设备，包括112立方米高炉、20吨转炉、W一85型焦炉和450毫米、350毫米轧钢生产线等，年节约煤炭50万吨、焦炭10万吨，减排二氧化硫2000吨。从2002年起经过三次技术改造，特别是2009年投资27亿元实施综合技术改造，投入3亿多完成全系统节能环保治理，投入2000多万元完成12万多平方米绿化和环境美化，拥有采用烟气脱硫、低温余热发电等节能新技术的260 m2烧结机、富氧大喷煤的1250 m3现代化高炉、现代化顶底复吹新型炼钢转炉、提钒转炉、高速抗震螺纹钢棒材生产线等主要生产设备和烧结脱硫、煤气回收余热发电、余压发电等节能减排、资源回收利用等配套设备。使公司从10万吨产能迅速发展成为年产200万吨钢的百亿产值企业，打造了全线运用高新技术、节能减排、综合利用资源、清洁环保的钢

采用蓄热式加热炉的抗震钢材生产线

铁生产循环经济链和花园式工厂。

2010年9月，公司综合技改工程竣工投产。通过回收轧钢加热炉蒸汽、炼钢蒸汽，新上烧结低温余热发电项目，回收转炉煤气、高炉煤气的5万发电机组等项目，使工序能耗再创新低。对高炉水渣、炼钢钢渣的微粉化处理和全厂污水的综合回收，进一步促进了废弃资源的循环利用。

公司建设污水处理回收站，采用化学沉淀污水处理技术，每小时综合处理污水2500吨，工业用水循环利用率达94%以上。投资6.5亿元建成一条年产200万吨新型千法水泥生产线，每年可利用82万吨高炉渣、53万吨钢渣，实现炼钢、炼铁等环节产生的废渣全部利用。

公司全面推行合同能源管理，与专业公司签订节能服务协议，实施烧结主抽风机、炼钢主风机、轧钢风机、水泵电机等环节变频调速节能技术改造，年节电3360万千瓦时，创效益1600万元。

技术创新促节能

公司大力发展煤气、余热、余压发电。采用低热值高炉煤气回收发电技术，建成50兆瓦发电机组；采用高炉余压发电技术，建成3台总计15兆瓦余压发电机组；在炼钢转炉环节，建成12兆瓦煤气发电机组。通过煤气、余热、余压发电，该公司发电总装机容量达101兆瓦，自发电量占总用电量的48%以上，年创经济效益2.5亿元。

公司大力提高煤气利用效率。在炼铁高炉环节，建成2套富氧喷煤装置，采用富氧大喷煤技术，喷煤达到每吨145千克，富氧率达到2.5%，降低炼铁焦比116千克。在炼钢转炉环节，建成5万立方米煤气柜、实现转炉煤气全部回收利用，减少煤气散放1.8亿立方米。在轧钢环节，建成2座高炉煤气双蓄热式加热炉，采用蓄热式燃烧技术和钢坯热送热装技术，年回收使用煤气6亿立方米，用能仅相当于过去的40%。

新建成的烧结脱硫厂房

采用低温余热发电、脱硫减排等新技术的新烧结厂房

5万立方米煤气回收柜及50兆瓦转炉煤气回收发电站

江苏省循环经济试点单位

怡球金属资源再生（中国）

怡球金属资源再生（中国）股份有限公司位于江苏省太仓市浮桥镇再生资源加工区，成立于2001年3月，公司集研发、生产、销售为一体，为综合性现代化循环经济有色金属生产企业，主要产品为铝合金锭。公司注册资本3.05亿元人民币，占地面积700亩，现有员工约1300人。2010年公司销售额达到13.96亿元，利税总额3.13亿元，荣获国家资源节约型、环境友好型试点企业、江苏省循环经济试点企业、江苏省高新技术企业、苏州企业技术中心、江苏省名牌产品、江苏省高新技术产品。公司产品满足于不同领域之需要，主要应用于汽车、机车发动机，零部件、电子配件、家电、五金工具等。公司的客户群来自于世界各地著名厂商，如：荷兰飞利浦公司、知名的汽车制造商丰田、本田以及日产等公司。

推进循环经济工作的做法与成效

- 改进炉体结构、燃料种类和熔炼工艺，提高产品回收率，解决了国内其他同行企业铝合金回收率普遍较低的问题

通过淘汰原有的单室重油熔炼炉，改用双室天然气熔炼炉，在实际操作中，废杂铝直接加入到外熔室的铝融液中，并迅速被过热的铝融液淹没，由于废铝避免了与火焰直接接触，因此废铝的烧损很低，可以大幅度提高铝的回收率。同时利用永磁搅拌机对金属液体进行非接触搅拌，能使熔体在熔炼过程中温度均匀，从而可以避免熔体局部过热和过烧现象的发生。

- 采用自动化的再生原料压碎分选系统，提高原料分选自动化水平，解决了国内企业普遍依靠大量人工进行分选，产业无法形成规模化的问题。

通过自主研发，建设了自动化的再生原料压碎分类分选系统，再生原料经过压碎、磁选、涡电流分选等流程，对非铝金属和其他杂质物完全分离，分离后品质较好的废铝料可直接进炉熔炼。采用该生产线后，明显减轻污染和降低人员负荷，提高了自动化水平，有利于企业规模化发展。

- 采用余热收集利用系统，提高了热利用效率，降低了单位产品能耗，解决了国内企业能耗普遍偏

成品输送带

高的问题。利用烟气余热对助燃空气进行预热，在空气进入燃烧器之前，通过熔炼产生的余热对助燃空气进行预热。利用烟气余热对入炉原料进行预热，通过燃烧烟气将铝原料进行预热后，直接进入熔炼炉中熔炼，这样大大的降低了熔炼过程中燃料消耗，提高了热效率；原料预热设备，是一种先进的余热利用技术。

- 公司购进大量的国际先进的分选、熔炼和环保设备，先进的废铝再生处理工艺，延伸再生铝加工利用产业链，提高再生加工利用水平，使节能和环保等方面处于国内领先水平。并以循环经济为宗旨，大力推进节能减排工作，进一步提高再生铝的加工技术，扩大再生铝生产加工能力，创造一条完整的再生铝加工利用产业链。公司基本上做到了清洁生产，完全按照ISO14001环境管理体系的要求执行，以建立国家级再生铝加工利用基地为目标，提高当地生态环境质量，带动周边地区的资源综合利用产业。
- 公司在发展的同时，非常重视研究开发工作，经过多年的发展与积累，拥有雄厚的研究力量。公司已具备较强的再生铝合金研发和生产能力，并与高校、科研院所合作建立再生金属技术研究中心，构建再生资源加工利用技术支撑体系，加强对循环经济共性和关键技术的研究开发，为公司的技术改造提供有力的支持。

推进循环经济工作的思路

- 强化组织成员，明确管理职能

为了推进循环经济工作的进一步发展，公司强化了循环经济工作小组。在董事长担任组长及副董事长担任副组长的领导下，更引进了技术工程师及相关技术人员，使工作小组的职责更加强大。

- 加大资金投入

资金是循环经济项目实施的关键，公司充分利用多种渠道筹集资金，保证循环经济建设项目的顺利实施。每年投入一部分资金用于设备改造和技术升级，以推动循环经济建设项目开展。通过市场直接融资，或吸引社会各方面的资金投入以用于循环经济项目的建设。积极争取国家专项引导资金支持，配合完成国家节能减排目标的实现。

- 完善循环经济管理

公司十分重视从制度上保证循环经济建设的顺利推进。在现有的企业环境保护管理规定、生产区环境管理方法、清洁生产审核生产操作规程及安全制度、卫生防疫制度、劳动保护制度等规章制度前提下，进一步完善循环经济激励机制与考核制度，将企业清洁生产与循环经济的实施情况纳入员工考核指标。

- 依靠科技创新保证循环经济项目建设

公司与国内高等院校、科研院所交流与合作，特别注重结合实际情况，融入循环经济理念研究开发出一系列废杂铝再生利用技术。专门制定了优惠政策和奖励机制，广泛引进并任用高层次人才，吸引优秀人才在企业进行科研和技术开发。通过学习、借鉴、引进国外先进技术和管理经验，不断充实提高技术和管理水平。

永兴县

探索“零资源”循环经济发展模式

永兴县回收提炼金、银、钯等稀贵金属已有300余年的历史。近年来，永兴县大力发展综合利用、高效利用、循环利用为主要特征的稀贵金属再生利用产业，形成了以其为核心的独特的“零资源”循环经济发展模式，推动了县域经济又好又快发展，成为了享誉中外的“中国银都”和国家第二批循环经济试点单位以及国家稀贵金属再生利用产业化基地。2011年，永兴从“三废”中回收生产白银2080吨、黄金6.8吨、铋4500吨、铂金3.5吨、钯2.1吨、硒160吨、碲200吨，其他有色金属15.8万吨，实现产值180亿元，税收4.5亿元，出口创汇2.3亿美元。

通过几年国家循环经济试点工作的推进，永兴在稀贵金属循环利用领域的优势更加明显。主要特点和优势有以下几点：

（一）为国家储备了大量战略矿产资源。永兴县已经成为了我国有色金属“三废”的主要处理基地和稀贵金属的生产基地，白银产量已经连续十年保持全国第一，铂族金属、铋、碲产量全国第一，铟、锑、硒、镍的产量据全国前列。近10年来，永兴从“三废”和“城市矿产”中回收提炼白银18000吨、黄金53吨、铟450吨、铋25000吨、铂族金属30吨，其它有色金属120余万吨。和原矿开采比较，相当减少2亿吨以上的原矿开采量，从而为国家节约了大量的矿产资源。

（二）为国家环保和节能减排做出重大贡献。永兴境内没有任何含金银的有色金属矿产资源，每年处理有色金属工业“三废”和“城市矿产”上百万吨，变废为宝，为全国的大环保做出巨大贡献。每年从“三废”中提炼稀贵金属和有色金属过15万吨，相比从原矿中提取等量金属量减少废渣排放千万吨以上、减少二氧化硫排放1.5万吨以上，同时可节约标煤90万吨、节水5263万吨。

（三）具备了业内领先的回收技术和完备的产业体系。通过引导企业与大专院校、科研院所和国有大中型企业进行技术合作，实现了传统冶炼技术、精深加工技术、环保工艺水平的提质升级，稀贵金属综合回收部分工艺代表了国内甚至国际先进水平，能综合回收金、银、钯、铋、硒、锑、铂、钌、铟、铑、镍20余种稀贵有色金属，综合回收率处于国内领先地位；开发了高纯银、银基触点材料、超细银粉、饰品工艺银、铋钯等深加工产品16个，形成了较完备的产业体系。

（四）培育了一个竞争力强大的稀贵金属产业集群。常年在全国各地收集“三废”原料的业务人员3万余人，有通过环评的规模稀贵金属回收加工企业128家，其中年销售收入过亿元的45家，年销售收入过10亿元的2家，税收过1000万元的12家，已形成一个在国内外较有影响力、产值过100亿元的稀贵金属产业集群。目前正在加大企业整合力度，力求2015年128家企业整合成30家集团式、股份式的现代企业，实现工业总产值400亿。

（五）形成了较完备和先进的环境保护体系。一是“三废”治理项目建设成效显著。在循环经济试点工作的推进下，投资1000万元在太和循环经济项目区建成湖南省第一个园区废气集中处理站，投资2000万元建设了太和、洞口、黄泥等项目区的污水集中处理站；投资2500万建设了太和、洞口、黄泥、柏林、塘门口渣场，投资1.6亿元建设了全县固体废物终极无害化处理中心，以终极废渣为原料生产微晶板材，投资6000万元建设了的高浓度废水处理中心。二是加强了对所有流入我县的固体废物进行综合管理。对危险废物转移实行“五联单”制度。三是完成了三个层次环评，即总体规划的环评、园区的环评、企业的环评。

杭州锦江集团
HANGZHOU JINJIANG GROUP

引领中国城市生活垃圾无害化处理产业
为发展中国家尽一份力
是我们的责任 也是毕生的事业

杭州锦江集团源于20世纪80年代，经过近30年发展，现已成为一家以环保能源、有色金属、化工为主产业的大型现代化民营企业集团。近年来，杭州锦江集团整合矿业、电力、氧化铝、电解铝等优势资源，打造成极具竞争力的资源性产业链——有色金属产业，并将其作为集团未来可持续发展的重点产业，目前集团已拥有氧化铝生产能力400万吨/年。另外还以西部大开发为契机，将产业链延伸到了化工领域，充分利用当地的资源优势和投资环境，组建了国内一流的大型化肥、烧碱及聚氯乙烯生产企业，并已成为集团的主要产业之一。

在环保能源领域，锦江拥有被誉为世界五大废弃物能源处置技术流派之一的异重循环流化床垃圾焚烧发电技术，在与浙江大学、中科院紧密合作的基础上，采用国产化装置，走出了一条产学研相结合的适合发展中国家国情的城市生活垃圾无害化、资源化、减量化处理之路，并利用自主知识产权和国产化装置处理城市生活垃圾，形成了以投资管理、建设管理、运行管理和经济管理为核心的产业链管理体系。目前杭州锦江集团在国内及东南亚地区已建成资源综合利用电厂和热电厂逾三十家，成为国内拥有垃圾焚烧电厂最多、累计处理垃圾能力最大的企业集团之一。

〖浙大锦江异重循环流化床焚烧发电技术特点〗

- 完全适合中国垃圾特性
- 中低循环倍率的焚烧方式
- 异重度流化床的稳定燃烧
- 有效的防腐蚀措施
- 分段燃烧方式及二次风旋涡切圆布置方式
- 优越的二噁英排放控制
- 特殊布风结合风帽布置方式，提高截面垃圾处理量

通过产、学、研结合，浙江大学与杭州锦江集团联合开发的具有自主知识产权的循环流化床垃圾焚烧技术得到了很好地推广应用，市场占有率高，推动了垃圾焚烧技术国产化，成为促进我国垃圾焚烧产业发展的重要力量。

杭州锦江集团垃圾焚烧发电技术应用业绩表

序号	项目名称	装机规模(MW)	垃圾处理量(吨/日)
1	余杭锦江环保能源有限公司	12	750
2	菏泽锦江环保能源有限公司	12	600
3	杭州锦江绿色能源有限公司(杭州乔司)	18	1000
4	郑州荥锦绿色环保能源有限公司	39	2000
5	安徽芜湖绿洲环保能源有限公司	12	1200
6	嘉兴绿色能源有限公司(中科技术)	12	600
7	嘉兴步云热电厂	6	300
8	杭州萧山锦江绿色能源有限公司	24	1400
9	淄博环保能源有限公司	27	1800
10	昆明鑫兴泽环境资源产业有限公司(昆明五华)	24	1200
11	武汉市绿色环保能源有限公司	24	1000
12	武汉汉口绿色能源有限公司	37	2000
13	云南绿色能源有限公司(昆明西山)	24	1000
14	连云港晨兴环保产业有限公司	18	800
15	内蒙古普拉特交通能源有限公司(包头)	27	1200
16	天津晨兴力克环保科技发展有限公司	12	600
17	吉林省鑫祥有限责任公司(长春)	27	2000
18	银川中科环保电力有限公司	24	1000

中国城市生活垃圾无害化处理引导者和国产化技术推广者

公司地址：杭州市湖墅南路111号锦江大厦20-22楼
法人代表：钭正刚　　电话：0571-88389111　　传真：0571-88388848
公司网址：www.jinjiang-group.com

广东省循环经济试点单位

推进发展循环经济 促进企业发展壮大

广东塔牌集团股份有限公司

张德江副总理担任广东省委书记时到塔牌考察察

广东省省长黄华华（右）到塔牌考察时与钟烈华董事长亲切交谈

广东塔牌集团股份有限公司（证券简称：塔牌集团,证券代码：002233）地处粤东地区，总部位于梅州市蕉岭县，是一家以水泥为主业，跨区域、跨行业、多元化发展的大型水泥上市企业，是广东省最具规模和综合竞争力的水泥龙头企业之一，是国家重点支持60家大型水泥企业之一。公司目前形成了“三大”水泥生产基地（广东惠州基地、广东梅州基地、福建武平基地），拥有9个大中型熟料、水泥生产企业，并涉及电力、矿山、铁路运输和设备制造安装等行业；资产总额50亿元；水泥生产规模1200万吨。

推进发展循环经济的做法

多年来，公司一直以“为股东提供回报、为员工提供平台、为客户创造价值、为社会创造繁荣”为已任，大力发展循环经济，推进经济社会可持续发展。一是大力推行旋窑水泥生产线配套余热发电系统，充分利用水泥窑余热发展循环经济。二是充分利用企业省级技术中心这一平台，大力推进粉煤灰、煤渣、铁渣、废石膏模、脱硫石膏等工业废物在生产中的应用。三是大力推进新型干法旋窑熟料生产线建设，稳定入窑物料质量，降低消耗，提升产品质量。

推进发展循环经济的成效

——余热发电。2010年，公司余热发电供电量21978.4万千瓦时；2011年1-10月公司余热发电供电量22943.4万千瓦时。按2010年全国火电机组平均供电煤耗333g/千瓦时计，分别实现节约标准煤7.32万吨、7.64万吨，分别减少温室气体二氧化碳排放量19.73万吨、20.60万吨。依据当地市场电价0.58元/度电计，合共实现节约电费26054.64万元。

目前公司拥有六条水泥窑余热发电系统，装机容量达到48.5MW，余热发电供电约3.2亿kW.h。约可以解决企业生产用电量的30%左右。

——工业废渣材料循环利用。公司坚持采用资源利用率高、污染物排放量少的设备和工艺，应用经济合理的废弃物综合利用技术和污染物处理技术，在各生产工艺中做到“低消耗、低排放、高效率”。2010年，公司在生产中利用工业废渣材料合计78.95万吨，2011年1～10月，在生产中利用工业废渣材料合计68.95万吨。

绿化办公

——新型干法旋窑熟料生产线。目前，公司已掌握大型新型干法水泥熟料生产技术、新型干法旋窑无烟煤煅烧技术、新型干法旋窑余热锅炉发电技术、低热水泥生产技术等，各主要技术性能指标达到了目前国际先进水平。现拥有6条大型新型干法旋窑生产工艺的生产线，均配套余热发电系统。截至2011年10月，公司新型干法旋窑熟料产能占比达96.5%，远高于广东省乃至全国的平均水平。

公司将继续落实行业结构调整政策措施，把发展循环经济作为公司义不容辞的责任，努力打造“创新型、环保型、效益型、和谐型” 现代化特大型水泥生产企业。

福建省宏源废旧家电回收处理有限公司

福建省宏源废旧家电回收处理有限公司是经福建省国有资产监督管理委员会审核批准，由福建省物资（集团）有限责任公司出资组建的国有控股企业。公司成立于2006，主营业务：废旧家电及电子废弃物回收及无害化处理，是一家专业从事废弃电子电器产品拆解、销售的环保企业。目前是福建省家电“以旧换新”定点拆解企业，福建省资源综合利用带头企业，同时，也是致力于宣传我国低碳环保的实业型企业。

公司现有员工143人，公司设拆解场、回收部、环保工程部、信息部等部门，具有一批丰富经验的家电回收业务人员和高素质的环保专业人才。公司废旧家电和电子废弃物处理基地设在福州市仓山区城门镇樟岚村，占地32亩，废旧家电和电子废弃物处理厂房5800平方米，有拆解家电的流水线两条，电子显像管利用设备1套，联合国无偿提供氟利昂回收装置8套、电子线路板总装置1套等设备，及其他配套设施若干，处理废旧家电能力200万台/年。

氟利昂回收罐

2009年8月18日，福州市家电“以旧换新”试点工作启动，省宏源公司经过层层筛选被确定为福州市唯一一家家电“以旧换新”拆解处理企业；

2010年9月1日，公司再次被福建省家电“以旧换新”领导小组确定为福建省废旧家电及电子废物回收处理中标处理企业，是福建省唯一专业规范回收处理电子产品的示范项目；

2010年公司被评为福建省交通集团有限责任公司2010年度先进单位。

废印刷电路板拆解设务

公司遵循“促进资源综合利用，节约资源，保护环境，保障人体健康，缓解由废旧家电造成的生态破坏、环境污染”的宗旨，推进发展循环经济,提升资源利用率，延伸产业链，加快发展。公司积极扩大规模，拓展业务,正筹建“现代化再生资源加工园区”，已新购置了土地厂房，为循环经济发展和人民生活服务。

苏州啸波再生金属设备成套有限公司

ISO9001:2008单位

苏州啸波再生金属设备成套有限公司，是国内唯一能提供全套有色金属再生设备设计、制造、安装和调试的专业技术公司，其设计和建造的多家冶炼公司设备技术水平国内领先，并达到了国际水平，受到广泛赞誉。其主要产品为金属再生熔炼设备，各种吨位，各类品位的废金属熔化炉和精炼炉、保温炉，以及炉渣（灰）处理设备、铸锭设备等。公司的拳头产品为铝屑熔化炉，采用特殊熔化工艺及搅拌方法，是目前世界铝屑熔化的最先进技术，代表了世界铝屑熔化的技术潮流。除此本公司还可提供目前在节能、排放烟气等均达到世界水平的新型炉型——熔铜、熔铝竖平炉。把一般反射熔铝炉的单耗＞85万千卡/吨铝锭下降到≤70万千卡/吨铝锭，烟尘排放浓度达到≤50mg/Nm^3。在2011年即将投产的年产6万吨及1.5-2万吨废铝熔炼竖平炉组，在废铝连续熔炼和节能方面一定会再创佳绩。

公司董事长兼总经理：张正国

地址：苏州市东环路328号东环大厦五楼504室
邮编：215000
TeL：0512-67585385
Fax：0512-62578397
E-mail：xbzs2009@163.com
http：//www.xbzs.com.cn

30t废铜熔炼竖平炉

1t/h铝屑炉

科技支撑

中国资源综合利用技术政策大纲

国家发展改革委　科技部　工业和信息化部
国土资源部　住房城乡建设部　商务部
（2010年7月1日）

一、总论

（一）意义和目的

改革开放以来，我国经济持续快速增长，各项建设取得了巨大成就。与此同时，也付出了资源和环境代价，经济发展与资源环境的矛盾日益突出。“十二五”时期，我国仍将处于工业化和城镇化加快发展阶段，面临的资源和环境形势将更加严峻。开展资源综合利用，推动循环经济发展，是我国转变经济发展方式，走新型工业化道路，建设资源节约型、环境友好型社会的重要措施。

加快资源综合利用技术开发、示范和推广应用，引导社会资金投向，为相关单位开展资源综合利用工作提供技术支持，提升我国资源综合利用整体水平，是制定《中国资源综合利用技术政策大纲》的主要目的。

（二）指导思想和基本原则

以邓小平理论和“三个代表”重要思想为指导，深入贯彻落实科学发展观，坚持节约资源和保护环境的基本国策，遵循政府推动、市场引导、企业主体、自主创新、因地制宜、重点突破的方针，加快科技创新，推广先进适用技术，推进资源综合利用产业化，提高资源利用效率，减少废弃物排放，促进经济社会又好又快发展。

坚持宏观调控与市场机制相结合，发挥市场配置资源的基础性作用，完善政策体系，建立有利于促进资源综合利用的长效机制；坚持以企业为主体，产学研相结合，选择环境影响严重、产生量大的废弃资源，组织技术攻关，强化科技创新能力建设；坚持重点突破和全面推进相结合，依据资源禀赋和产业构成，形成资源综合利用产业集群，探索和完善循环经济发展模式。

（三）主要范围

一是在矿产资源开采过程中对共生、伴生矿进行综合开发与合理利用的技术；二是对生产过程中产生的废渣、废水(废液)、废气、余热、余压等进行回收和合理利用的技术；三是对社会生产和消费过程中产生的各种废弃物进行回收和再生利用的技术。

二、矿产资源综合利用技术

（一）能源矿产资源综合利用技术

1.石油天然气矿产资源综合利用技术

（1）推广在油田开发建设中，采用适用技术，对伴生天然气进行回收利用。

（2）推广从石油和天然气中回收硫资源生产硫磺技术。

（3）推广高效井下污水处理和再生利用技术。

（4）推广柴油机余热利用技术。

（5）推广采用不稳定排放硫化氢气体资源化利用技术回收井口无组织排放的含硫化氢气体。

（6）推进页岩气勘探开发技术。

（7）研发废弃钻井液、井下作业废液资源化利用和无害化处置技术。

2.煤炭资源综合利用技术

（1）推广无煤柱开采技术，推广采用不稳定或难采煤层开采技术、边角煤残采技术。

（2）推广煤系高岭土超细、增白、改性技术。

（3）推进煤系铝矾土、耐火粘土、膨润土、硅藻土、硫铁矿、油母页岩和石墨等资源综合利用技术的产业化。

（4）推进煤炭地下气化（UCG）技术的产业化，特别是加快具有井下无人、无设备，集建井、采煤、气化三大工艺于一体，适用于煤矿大量的煤柱、建筑物下压煤等呆滞煤量回收利用技术的研发和产业化。

（5）研发难选煤、干法选煤和高硫煤综合利用技术。

（6）研发"三下"(建筑物下、铁路下、水体下)及矸石充填采煤技术；研究提高开采上限技术。

（7）研发矿井水资源化利用技术。

3.地热资源利用技术

推广采用热泵等技术，利用地下热能进行采暖和制冷。

（二）金属矿产资源综合利用技术

1.黑色金属矿产资源综合利用技术

（1）推广磁铁矿精选作业的磁筛等高效利用技术。

（2）推广含稀土复合矿和钒钛磁铁矿综合利用技术。

（3）推广低品位、表外矿、复杂共伴生黑色金属矿产资源综合利用技术。

（4）推进尾矿再选技术及生产各种建筑材料的产业化。

（5）研发低品位硫铁矿选矿富集技术。

（6）研发尾矿干堆技术和尾矿高效浓缩工艺及设备。

2.有色金属矿产资源综合利用技术

（1）无废（少废）开采技术

——推广尾砂充填、废石充填、全尾砂膏体充填等充填法采矿技术。

——推广原地浸出采矿技术。

（2）推广采用大型低品位矿产自然崩落法技术开采。

（3）推广拜耳法用于低铝硅比一水硬铝石矿的选矿。

（4）推广低品位、表外矿、复杂共伴生有色金属矿产资源综合利用技术。

（5）推广复杂多金属硫化矿矿浆电解处理技术及中低品位氧化锌矿选冶联合处理技术。

（6）推广铜铅锌锡矿细粒、微细粒矿载体浮选技术。

（7）推广铜矿等有色金属矿伴生金、银等贵金属的综合利用技术。

（8）推广有色金属硫化——氧化混合矿选矿技术。

（9）推广湿法冶金关键装备应用。

（10）研发矿山塌陷区、废石堆场和尾矿库修复与垦植技术。

（11）研发对复杂有色金属矿石选别与富集技术。

（12）研发低品位矿生物提取技术。

（13）研发尾矿有价金属综合回收利用技术。

3.贵金属矿产资源综合利用技术

（1）推广含金银等多金属矿选矿尾渣中综合回收有价金属成分和非金属矿资源的矿物加工技术。

（2）推广采用复杂金矿循环流态化焙烧技术。

（3）推广高硫高砷高碳复杂难处理金矿的预处理技术。

（4）推广浮选富集—炭浸工艺技术等低品位金矿的综合利用技术。

4.稀有、稀土金属矿产资源综合利用技术

（1）推广采用电解工艺开发稀土镁中间合金技术，综合利用稀土尾矿。

（2）推广高效低毒高纯氧化铕提取技术。

（3）推进稀土冶炼分离清洁生产工艺技术的产业化。

（三）非金属矿产资源综合利用技术

1.化工原料非金属矿产资源综合利用技术

（1）盐湖钾盐综合利用技术

——推进盐湖钾盐伴生矿综合利用技术的产业化。

——研发固体难采钾矿溶采技术，非水溶性钾矿开发利用技术。

（2）磷矿综合利用技术

——推广磷矿伴生铁、硫、氟、碘、钒、钛等资源综合回收技术。

——推广反（双）浮选磷矿降镁技术。

——研发中低品位磷矿、中低品位胶磷矿选矿技术和窑法直接利用技术。

（3）硼矿综合利用技术

——研发低品位硼矿选矿技术。

——研发硼铁矿中硼、铁、铀有效分离和回收技术。

（4）研发中低品位萤石综合利用技术。

（5）研发钾长石综合利用技术。

2.建材原料非金属矿产资源综合利用技术

（1）玻璃陶瓷原料非金属矿有效利用技术

——推广硅质原料非金属矿产的均化开采以及浮选技术。

——推广陶瓷生产采用低品位原料配方技术产业化。

——推广利用中低品位高岭岩替代叶蜡石生产玻璃纤维技术产业化。

（2）填料及其它深加工用非金属矿的合理利用技术

——推广利用煤系高岭土生产高档填料、涂料技术。

——推广温石棉尾矿提取轻质氧化镁及综合利用技术。

——推广伟晶岩中石英提纯技术。

（3）推广石灰石矿均化开采配比技术。

（4）推广石英砂岩提纯技术。

（5）研发低品位菱镁矿、滑石、硅藻土、蓝晶石族等非金属矿选矿综合利用技术。

三、工业“三废”综合利用技术

（一）煤炭工业“三废”综合利用技术

1.煤矸石综合利用技术

（1）煤矸石发电技术

——推广适合燃烧煤矸石的大型循环流化床锅炉，在有条件的地区推广热、电、冷联产技术和热、电、煤气联供技术。

——推广炉内石灰脱硫和静电除尘技术。

——研发煤矸石等低热值燃料电厂锅炉高效除尘、脱硫、灰渣干法输送、存储及利用技术。

（2）煤矸石生产建筑材料技术

——制砖技术。推广全煤矸石生产承重多孔砖、非承重空心砖和清水墙砖技术。

——制水泥技术。推广利用煤矸石为原料，部分或全部代替粘土配制水泥生料，烧制水泥熟料技术。

——生产其他建材产品技术。推广利用煤矸石为原料生产陶瓷制品、陶粒、岩棉、加气混凝土等技术。

（3）推广利用煤矸石充填采煤塌陷区、采空区和露天矿坑及煤矸石复垦造地造田技术。

（4）推广利用煤矸石制取聚合氯化铝、硫酸铝、合成系列分子筛等化工产品技术。

（5）推广利用煤矸石生产复合肥料技术。

（6）推广煤矸石中极细粒钛铁矿、锐钛矿等杂质的分离技术。

（7）研发利用煤矸石生产特种硅铝铁合金、铝合金技术，以及利用煤矸石生产铝系列、铁系列超细粉体的技术。

（8）研发煤矸石提取五氧化二钒及其他稀有元素技术。

2.矿井水综合利用技术

推广采用混凝、沉淀（或浮升）以及过滤、消毒等技术，净化处理煤矿矿井水。

3.煤层气综合利用技术

（1）推进煤层气民用、发电、化工等技术的产业化。

（2）研发低浓度瓦斯利用技术。

（二）电力工业“三废”综合利用技术

1.粉煤灰、脱硫石膏综合利用技术

（1）粉煤灰综合利用技术

——推广采用粉煤灰生产水泥、砌块、陶粒等建筑材料技术。

——推广采用粉煤灰建造水坝、油井平台、道路路基等建筑工程技术。

——推广粉煤灰制取漂珠、空心微珠、碳等化合物技术。

——推进高铝粉煤灰提取氧化铝技术的产业化。

——推进粉煤灰造纸及生产岩棉技术的产业化。

——研发粉煤灰用于农业（改良土壤、生产复合肥料、造地）、污水处理以及各类填充材料等技术。

（2）推广脱硫石膏制水泥缓凝剂、纸面石膏板、建筑石膏、粉刷石膏、砌块等建材产品的综合利用技术。

（3）研发脱硫石膏免煅烧制干混砂浆。

2.废水综合利用技术

推广灰场冲灰废水封闭式循环利用等技术。

3.废气综合利用技术

推广燃煤电厂烟气中回收硫资源生产硫磺技术。

（三）石油天然气工业“三废”综合利用技术

1.废渣综合利用技术

（1）推广对油气采炼过程中产生的各类油砂、污泥、残渣、钻屑采用固化等无害化综合处理技术，并用于筑路、制造建筑材料、调剖堵水剂等。

（2）推广石油焦乳化焦浆/油（EGC）代油节能技术。

（3）研发改进缓和湿式氧化(WAO)—间歇式生物反应器(SBR)处理碱渣联合工艺，形成专有成套技术。

（4）研发污水处理场油泥(包括罐底泥)、浮渣和剩余活性污泥处理组合技术。

2.废水（液）综合利用技术

（1）推广钻井污水、废液综合处理技术，实现闭路循环利用。

（2）推广炼油企业含氢尾气膜法回收技术。利用膜分离技术建设芳烃、加氢尾气膜法回收装置，回收芳烃预加氢精制单元酸性气、异构化富氢、加氢裂化低分气、柴油加氢低分气中的富含氢气体。

（3）推广采用中和、酸化以及各种精制技术，从石油炼制产生的酸碱废液、废催化剂中，回收环烷酸、粗酚、碳酸钠、浮选捕集剂等资源。

（4）研发石油化工高浓度、难降解的有机废水处理技术以及油田废水替代清水技术。

（5）研发经济有效的废水深度处理技术和回用技术、氨氮废水处理技术与回收利用技术。

3.废气综合利用技术

（1）推广对炼油厂催化裂化过程中产生的高温烟气采用气能量回收技术进行能量回收。

（2）研发催化裂化再生烟气、加热炉气、工艺排气及电站排气中二氧化硫和氮氧化物处理技术。

（四）钢铁工业“三废”综合利用技术

1.冶炼废渣综合利用技术

（1）推广炼钢炉渣回收和磁选粉深加工处理技术。

（2）推广立磨粉磨粒化高炉矿渣技术。

（3）推广硫铁矿烧渣综合利用技术。

（4）推广冷轧盐酸再生及铁粉回收技术。

（5）推广钢渣返回烧结，替代石灰作为炼铁厂烧结溶剂技术。

（6）推广转炉煤气干法除尘及尘泥压块技术。

（7）推广氧化铁皮回收利用技术。采用直接还原技术制取粉末冶金用的还原铁粉。

（8）推广含铁尘泥综合利用技术。

（9）推广废钢渣生产磁性材料技术。

（10）研发含锌尘泥综合利用技术。

（11）研发不锈钢和特殊钢渣的处理和利用技术，特别是防止水溶性铬离子浸出的技术。

（12）研发钢铁渣游离氧化钙、游离氧化镁降解处理技术。

2.废水（液）综合利用技术

（1）推广对不同浓度的焦化废水优化分级处理与使用技术。

（2）推广采用“电氧化气浮”技术对废水进行深度处理并回用。

（3）推广污水深度处理脱盐回用技术。采用抗污染芳香族聚酰胺反渗透膜，生产高品质的回用水。

（4）推广冷轧含油乳化液膜分离回收技术。

（5）研发矿山酸性废水治理与循环利用技术。

（6）研发矿山含硫矿物，As、Pb、Cd废水处理与循环利用技术。

3.废气及余热、余压综合利用技术

（1）推广全燃烧高炉煤气锅炉的应用技术。

（2）推广焦炉、高炉、转炉煤气的回收技术。

（3）推广利用还原铁生产中回转窑废高温烟气余热发电技术。

（4）推广高炉煤气余压发电TRT(高炉煤气余压透平发电装置)结合干法除尘技术。

（5）推广采用利用溴化锂制冷等技术回收利用冶金生产过程中炉窑烟气余热。

（6）推广采用双预蓄热式燃烧技术,实现炉窑废气余热的利用。

（7）推广铁合金矿热炉、烧结机等中低温烟气余热发电技术。

（8）推广焦化干熄焦技术，回收利用焦炭显热。

（9）推广低热值煤气燃气–蒸汽联合循环发电技术（CCPP）。

（10）推广炼钢厂除尘系统高温烟气余热发电技术。

（11）推广电炉余热回收及综合利用技术。

（12）推进烧结烟气脱硫副产石膏资源化利用技术的产业化。

（五）有色金属工业“三废”综合利用技术

1.冶炼废渣综合利用技术

（1）推广采用炉渣选矿法从冶炼炉渣中回收金属铜技术。

（2）推广铜冶炼阳极泥及废渣（料）综合利用技术，回收金、银、铂、钯、硒、碲、铅、铋、铟等。

（3）推广铜冶炼冷态渣，镍冶炼冷态渣深度还原磁选提铁综合利用技术。

（4）推广采用“破碎—磁选分选焦煤”、“球磨—磁选生产铁粉”等技术处理锌渣、窑渣。

（5）推广从铅电解阳极泥中提取金银的火法和湿法技术工艺。

（6）推广锌渣中提取银的技术。

（7）推广从锌浸出渣中提取铟技术。

（8）推广金属镁还原渣部分替代钙质和硅质原料生产水泥技术。

（9）研发高效利用铅锌冶炼渣再回收铅锌技术，以及稀散金属回收技术。

（10）研发低耗高效脱除氟、氯、氧化锌物料技术。

（11）研发采用氢气还原法从冶炼各类烟尘中制取金属锗综合利用技术。

（12）研发赤泥综合利用技术。

2.废水（液）综合利用技术

（1）推广轧制废油回收利用技术。

（2）推广从生产印刷线路板产生含铜废液中回收金属铜技术。

（3）研发加工生产过程中表面处理废液、酸洗污泥综合回收技术。

3.废气及余热综合利用技术

（1）推广采用氨吸收法技术，回收铜、铅、锌等有色金属冶炼企业产生的烟气二氧化硫，副产硫酸铵、硫酸钾等。

（2）推广采用钙吸收技术，对二氧化硫烟气脱硫并回用。

（3）推广采用氧化锌渣脱除铅锌冶炼烟气二氧化硫技术。

（4）推广冶炼废气中有价元素的回收利用技术。

（5）推广菱镁矿资源利用过程中二氧化碳回收以及生产二氧化碳衍生产品先进技术。

（6）推广有色冶金炉窑烟气余热利用技术。

（六）化学工业“三废”综合利用技术

1.磷石膏等化工废渣综合利用技术

（1）推广蒸氨废渣综合利用技术。

（2）推广采用电石渣替代石灰石用于水泥工业、纯碱工业以及电厂的烟气脱硫技术。

（3）推广利用铬渣作水泥矿化剂技术；铬渣制自溶性烧结矿并冶炼含铬生铁技术；铬渣作为熔剂生产钙镁磷肥技术；铬渣制钙铁粉、铸石、人造骨料、玻璃着色剂及铬渣棉等技术。

（4）推广磷石膏制磷酸联产水泥、制硫酸钾、制硫铵和碳酸钙以及制硫酸铵、硫酸铵钾等作为化工原料的综合利用技术；磷石膏制水泥缓凝剂、纸面石膏板、建筑石膏、粉刷石膏、砌块等建材产品的综合利用技术；磷石膏作为盐碱地改良剂技术。

（5）推广黄磷炉渣生产水泥、混凝土、磷渣砖、保温材料、低温烧结陶瓷等技术。

（6）推广黄磷泥生产五氧化二磷以及双渣肥等综合利用技术。

（7）推广造气煤渣综合利用技术。

（8）推广利用硼泥制备轻质碳酸镁、氧化镁等镁盐技术。

（9）推广利用硼泥生产建筑材料、农业肥料和冶金辅助材料技术。

（10）推广氟石膏生产建筑材料等综合利用技术。

（11）研发磷石膏充填采矿技术。

2.废水（液）综合利用技术

（1）推广纯碱生产中蒸氨废清液晒盐技术，采用高效蒸发技术和设备制氯化钙联产氯化钠。

（2）推广合成氨生产中采用水解汽提技术回收尿素。

（3）推广氮肥生产污水回用技术。

（4）推广循环冷却水超低排放技术。

（5）推广回收硼酸母液制备硼镁肥、轻质碳酸镁、氧化镁等镁盐产品技术。

（6）推广采用大孔径吸附树脂对2,3-酸废水回收利用技术。

（7）推广“树脂吸附—氧化—树脂吸附”技术对2–萘酚生产废水进行治理和资源化利用。

（8）推广处理DSD(4,4–二氨基二苯乙烯–二磺酸)酸氧化工序生产废水采用树脂法将有机物吸附并洗脱和回收利用的资源化技术。

（9）推广苯胺、邻甲苯胺和对甲苯胺生产废水资源化技术。

（10）推广树脂吸附法处理氯化苯水洗废水综合利用技术。

（11）推广从电镀废水中回收镍、钴等稀有金属技术。

（12）推广从制盐母液中提取氯化钾、工业溴、氯化镁技术。

3.废气、余热综合利用技术

（1）推广采用吸附、汽提、变压吸附等技术，从电石法聚氯乙烯生产尾气中回收氯乙烯、乙炔气。

（2）推广利用黄磷尾气发电并提纯一氧化碳生产甲醇、甲酸等化工产品技术。

（3）推广醇烃化工艺替代铜洗工艺技术。

（4）推广全燃式造气吹风气余热回收利用技术。

（5）推广湿法磷酸及磷肥生产副产品氟生产各种氟化物技术。

（6）推广以碳酸钠吸收硝酸生产尾气中的氮氧化物，生产硝酸钠、亚硝酸钠的技术。

（7）推广利用电石、炭黑生产尾气中的一氧化碳，作为燃料及化工原料用于制甲醇、合成氨和羰基产品技术。

（8）推广对含二氧化碳废气进行综合利用技术。其中利用氨水吸收尾气中二氧化碳制取碳酸氢铵；深冷制取液态二氧化碳或干冰；用纯碱吸收二氧化碳制取碳酸氢钠；用二氧化碳废气制取轻质碳酸镁；用烧碱废液吸收二氧化碳制取纯碱；用废气中的二氧化碳代替硫酸分解酚钠提取酚。

（9）推广氯化氢废气综合利用技术。其中用甘油吸收氯化氢制取二氯丙醇；在催化剂作用下制取环氧氯丙烷、二氯异丙醇，制取氯磺酸、染料、二氯化碳等化工产品；采用催化氯化法、电解法、硝酸氧化法生产氯气；副产盐酸生产聚氯乙烯等产品。

（10）推广催化干气蒸汽转化法制氢技术。

（11）推广草甘膦与有机硅生产中的氯元素循环利用技术。将草甘膦生产中的尾气经回收净化用于有机硅单体的合成。有机硅单体生产中产生盐酸，经净化后用于草甘膦合成，从而使含氯元素的化合物（氯甲烷、氯化氢）在草甘膦和有机硅两大类产品之间实现循环利用。

（七）建材工业“三废”综合利用技术

1.废渣综合利用技术

（1）推广石材加工碎石和采矿废石生产人造石材（装饰材料）技术。

（2）研发废陶瓷高附加值再利用技术。

2.废水综合利用技术

推广采用无机混凝剂(PAC)＋高分子助凝剂(PHM)等混凝沉淀处理技术。

3.废气、余热综合利用技术

（1）推广水泥窑废气余热发电技术。

（2）推进玻璃熔窑废气余热发电技术产业化。

（八）食品发酵工业“三废”综合利用技术

1.废渣综合利用技术

（1）推广玉米脱胚提油和小麦提取蛋白技术。

（2）推广利用酒精糟生产全糟蛋白饲料等技术。

（3）推广啤酒废酵母干燥生产饲料酵母技术；废酵母经酶处理制备医药培养基酵母浸膏技术。

（4）推广柠檬酸废渣替代天然石膏技术。

（5）推进啤酒废酵母生产制备核苷酸、氨基酸类物质技术的产业化。

（6）推广玉米芯生产木寡糖技术。

（7）推广利用制糖废糖蜜生产高活性酵母等发酵制品技术。

（8）推进利用酶技术从麦糟中提取功能性膳食纤维和蛋白质的产业化。

（9）推进果蔬浓缩汁生产废渣制备果胶、功能性膳食纤维和蛋白饲料技术的产业化。

（10）研发酵母细胞壁残渣制备甘露糖蛋白质及水溶性葡聚糖等。

（11）研发啤酒糟采用多菌种混合固体发酵生物改性，生产肽蛋白技术。

（12）研发马铃薯、木薯淀粉生产废渣综合利用技术。

2.废水（液）综合利用技术

（1）推广发酵剩余资源厌氧发酵生产沼气技术。

（2）推广麦汁煮沸二次蒸汽回用技术。

（3）推广味精废母液生产复合肥技术。

（4）推广玉米浸泡水和谷氨酸离交尾液混合培养饲用酵母粉技术。

（5）推广木薯干片干式粉碎和鲜木薯湿法破碎分离技术，浓缩出精淀粉浆液和蛋白黄浆。

（6）研发采用膜过滤技术（MF）回收菌体制成饲料技术。

（7）研发薯类淀粉生产高浓工艺废水（俗称汁水或细胞水）回收蛋白技术。

（8）研发适用于食品行业生产的膜材料及膜分离装置；研发排放废水深度处理的膜技术与膜材料。

3.废气综合利用技术

研发利用酒精等生产过程中产生的二氧化碳生产降解塑料技术。

（九）纺织工业资源综合利用技术

1.废旧纤维等废渣综合利用技术

（1）推广废旧纤维循环利用技术。利用废旧涤纶及锦纶纤维、生产废料等生产再生纤维技术。

（2）推广利用废旧纤维作为产业用增强材料技术。

（3）推广溶解、萃取、离子交换等技术，对化纤工业产生的固体废弃物进行回收利用。

（4）推广针刺、热熔、纺粘、缝编等技术对废花、落棉、纱布角、短纤维等废弃物进行回收利用。

（5）推进废弃毛中提取蛋白制备生物蛋白纤维技术的产业化。

（6）推进利用双氧水对剥茧抽丝后的废弃物进行湿法纺丝技术的产业化。

（7）推进蚕蛹蛋白提炼及深加工、桑柞蚕丝下脚料生产针刺无纺布等综合利用产业化。

2.废水（液）综合利用技术

（1）推广采用水蒸汽直接蒸馏法从含溴染料废水中制取溴素技术；以分散蓝2BLN水解母液以及硝化废酸为原料从废水中离析回收2,4–二硝基苯酚。

（2）推进洗毛废水采用高效分离回收等工艺设备提取羊毛脂技术产业化。

（3）推进聚酯企业生产废水中乙醛等有机物回收与利用技术产业化。

（4）研发适用于排放废水深度处理的膜材料，并研发适用于浆料、染料浓缩与回收工艺的膜分离装置。

（十）造纸工业“三废”综合利用技术

1.废渣综合利用技术

（1）推广造纸废渣污泥资源化利用技术。

（2）推进制浆碱回收白泥生产优质碳酸钙技术的产业化。

2.废水（液）综合利用技术

（1）推广制浆造纸过程水的梯级使用和废水深度处理部分回用技术。

（2）推广造纸白水多圆盘过滤机处理回收利用技术。

（3）推广厌氧生物处理高浓废水生产沼气技术。

（4）推广制浆封闭式筛选、中浓技术。

（5）推进纸浆废液生产微生物制剂技术的产业化。

四、再生资源回收利用技术

（一）废旧金属再生利用技术

1.推广采用机械化手段对废旧汽车、废旧船舶等机械设备的拆解和利用。

2.推广黄杂铜直接生产高精度板、带、管等技术。

3.推广紫杂铜熔炼除氧、除杂技术以及轧制过程中的表面处理和精整技术。

4.推广组合式熔炼炉组生产再生铝合金技术。

5.推广废铝易拉罐钻切屑利用技术；电解铝残极（阳极、阴极）生产石墨化炭阴极技术。

6.推广废铅酸蓄电池机械化拆解、破碎分选技术，分别回收处理塑料壳、铅极板、含铅物料（铅膏）、废酸液等；再生铅渣回收锡、锑等有价金属的技术。

7.研发废钢铁镀锌、镀铬等镀层的处理技术；废高合金钢的鉴定、检测和分选技术；混堆状废线材加工处理技术及装备；废易拉罐等优质废铝的保级利用技术。

（二）废旧家电及电子产品再生利用技术

1.推广电热丝等干法分离阴极射线管屏锥玻璃技术。采用工业吸尘器回收并妥善收集荧光粉。

2.推广加热析出、催化分解等技术，回收液晶面板上的液晶物质和稀贵金属铟并做无害化处理。

3.推广环保型的溶蚀、酸解、电解、精炼等技术，处理芯片等含稀贵金属的废料，回收金、银、钯等。

4.推广高效粉碎、分选技术，处理已去除芯片、电容器等部件的线路板，回收铜、玻璃纤维和树脂等。

5.推广粉碎、分选等物理方法在密闭的设施中处理含有多溴联苯、多溴二苯醚等有害成分的电线、电缆，回收铜、铝和塑料。

6. 推广破碎、分选等物理方法在设置有环保和安全措施的密闭设施中处理废旧冰箱、空调、冷柜等制冷电器。

（三）废旧橡胶、轮胎再生利用技术

1.推广胶粉活化技术，提高胶粉活性，扩大胶粉利用率。

2.推广“预硫化和无模硫化翻新”轮胎翻新技术。

3.推广废旧橡胶常温粉碎、湿法粉碎、冷冻粉碎等生产精细胶粉技术。

（四）废纸板和废纸再生利用技术

1.推广废瓦楞纸箱中高浓连续碎解、纤维分级处理、中高浓筛选、大直径盘磨打浆技术，生产包装纸及纸板。

2.推广高浓筛选、高浓漂白、高浓揉搓等技术，处理废旧报纸及带有涂料、印刷油墨等需脱墨的纸张。

3.研发大型废纸和废纸板制浆技术及成套设备。

（五）废塑料再生利用技术

1.推广废塑料物理再生利用和机械化分类技术。

2.推广废塑料活化无机填料改件、纤维增强改性、弹性体增韧改性、树脂合金改性、链结构改性等化学再生利用技术。

3.推广利用废旧聚酯瓶生产聚酯切片技术。

4.推广利用废旧塑料、废弃木质材料生产木塑材料及其制品技术。

（六）废玻璃再生利用技术

1.推广废玻璃作为原料生产平板玻璃、瓶罐器皿等玻璃制品直接再利用技术。

2.推广废玻璃生产建筑和保温隔音等材料的间接再生利用技术。

（七）建筑废弃物再生利用技术

1.推广改性沥青混合料再生道路材料制备技术及装备。

2.研发建筑垃圾减量化控制技术及建筑垃圾再生材料在建筑工程中应用的成套技术。

五、其它废弃物资源综合利用

（一）农林废弃物资源综合利用技术

1.推广利用废弃木质材料（GB/T22529–2008定义内容）为主要原料生产低甲醛或无甲醛人造板、层积材（集成材）、指接材及其他建筑装饰材料技术。

2.推广防腐、防霉、防虫（蚁）、干燥、阻燃、改性、染色等木材保护技术。

3.推广以竹材为主要原料造纸、生产人造板、层积材（集成材）、地板、家具等技术。

4.推广以农作物剩余物及其他生物质材料为主要原料造纸、生产人造板、加工固体成型燃料，以及气化(沼气)等技术。

5.推广秸秆快速堆沤腐解、高效生物有机肥还田、过腹还田、菌渣、沼渣等还田技术。

6.推广秸秆饲料、饲料添加剂技术。

7.研发蚕业副产品蛹油、蛹蛋白、蛹皮、肽头渣等综合利用技术。

8.研发高效发酵菌剂与反应装置，完善秸秆沼气规模化工程技术。

9.研发生物酶转化、裂解和液化等技术,制取秸秆液态运输燃料、氢气和化工产品等。

10.研发利用秸秆纤维素生产燃料乙醇技术。

（二）生活废弃物再生利用技术

1.推广城市垃圾好氧堆肥技术、沼气技术、卫生填埋（含生物反应器技术）技术。

2.推广城市生活垃圾发电技术。

3.推广新型干法水泥窑处理可燃生活废弃物技术。

4.推广餐厨垃圾分类生产饲料、有机肥等资源化技术。

5.推广住宅中水回用系统和技术；采用浸没式超滤处理技术，深度处理城市污水。

6.研发城市生活垃圾、污泥高效焚烧和烟气处理技术。

7.研发城市污泥生产有机肥料技术，解决重金属残留等问题。

8.研发城市污泥生产烧结砖技术。

（三）养殖废弃物综合利用技术

1.推广养殖业废弃物好氧堆肥、厌氧发酵生产有机肥技术。

2.推广畜禽粪便厌氧细菌分解生产沼气技术。

3.推广沼渣生产优质高效肥料技术。

4.推进畜禽屠宰废弃物生产饲料及相关生物制品技术的产业化。

5.研发利用虾蟹壳等废弃物开发相关生物制品技术。

六、资源综合利用现行税收优惠政策

（一）增值税

1.资源综合利用及其他产品增值税政策（财税[2008]156号）

（1）免征

——再生水（再生水是指对污水处理厂出水、工业排水、生活污水、垃圾处理厂渗透液等水源进行回收并经适当处理后在一定范围内重复利用的水资源）。

——利用废旧轮胎为原料生产胶粉和翻新轮胎。

——生产原料中掺兑废渣比例不低于30%的特定建材产品（特定建材产品指砖、砌块、陶粒、墙板、管材、混凝土、砂浆、道路井盖、道路护栏、防火材料、耐火材料、保温材料、矿岩棉）。

（2）即征即退

——以工业废气为原料生产的高纯度二氧化碳产品。

——以垃圾为燃料生产的电力或热力（其中垃圾用量占发电燃料的比重不低于80%；垃圾是指城市生活垃圾、农作物秸秆、树皮废渣、污泥、医疗垃圾）。

——以煤炭开采过程中伴生的舍弃物油母页岩为原料生产的页岩油。

——以废旧沥青混凝土为原料生产的再生沥青混凝土（废旧沥青混凝土用量占生产原料的比重不低于30%）。

——采用旋窑法工艺生产并且生产原料中掺兑废渣比例不低于30%的水泥（包括水泥熟料）。

（3）即征即退50%

——以退役军用发射药为原料生产的涂料硝化棉粉（退役军用发射药在生产原料中的比例不低于90%）。

——对燃煤发电厂及各类工业企业产生的烟气、高硫天然气进行脱硫生产的副产品（副产品是指石膏、硫酸、硫酸铵和硫磺）。

——以废弃酒糟和酿酒底锅水为原料生产的蒸汽、活性炭、白炭黑、乳酸、乳酸钙、沼气（废弃酒糟和酿酒底锅水在生产原料中所占的比重不低于80%）。

——以煤矸石、煤泥、石煤、油母页岩为燃料生产的电力和热力（煤矸石、煤泥、石煤、油母页岩用量占发电燃料的比重不低于60%）。

——部分新型墙体材料产品（具体范围按新型墙体材料目录执行）。

（4）先征后退

以废弃的动物油和植物油为原料生产的柴油（废弃的动物油和植物油用量占生产原料的比重不低于70%）。

2.再生资源增值税政策（财税[2008]157号）

2010年底前，对符合条件的增值税一般纳税人销售再生资源缴纳的增值税实行先征后退政策。具体退税比例2009年为70%，2010年为50%。

3.农林剩余物为原料的综合利用产品增值税政策（财税[2009]148号）

在2010年12月31日前对企业以三剩物、次小薪材、农作物秸秆、蔗渣为原料自产的综合利用产品享受增值税即征即退政策。具体退税比例2009年为100%，2010年为80%。

（二）企业所得税

企业所得税法及其实施条例规定：企业以《资源综合利用企业所得税优惠目录》规定的资源作为主要原材料，生产国家非限制和禁止并符合国家和行业相关标准的产品取得的收入，减按90%计入收入总额。

1.共生、伴生矿产资源

以100%的煤系共生、伴生矿产资源、瓦斯为原料生产的高岭岩、膨润土、电力、热力及燃气。

2.废水（液）、废气、废渣

（1）以70%以上的煤矸石、石煤、粉煤灰、采矿和选矿废渣、冶炼废渣、工业炉渣、脱硫石膏、磷石膏、江河（渠）道的清淤（淤沙）、风积沙、建筑垃圾、生活垃圾焚烧余渣、化工废渣、工业废渣为原料生产的砖（瓦）、砌块、墙板类产品、石膏类制品以及商品粉煤灰。

（2）以100%的转炉渣、电炉渣、铁合金炉渣、氧化铝赤泥、化工废渣、工业废渣为原料生产的铁、铁合金料、精矿粉、稀土。

（3）以70%以上的化工、纺织、造纸工业废液及废渣为原料生产的银、盐、锌、纤维、碱、羊毛脂、聚乙烯醇、硫化钠、亚硫酸钠、硫氰酸钠、硝酸、铁盐、铬盐、木素磺酸盐、乙酸、乙二酸、盐酸、粘合剂、酒精、香兰素、饲料酵母、肥料、甘油、乙氰。

（4）以70%以上的制盐液（苦卤）及硼酸废液为原料生产的氯化钾、硝酸钾、溴素、氯化镁、氢氧化镁、无水硝、石膏、硫酸镁、硫酸钾、肥料。

（5）以100%的工业废水、城市污水为原料生产的再生水。

（6）以100%的废生物质油、废弃润滑油为原料生产的生物柴油及工业油料。

（7）以焦炉煤气、化工、石油（炼油）化工废气、发酵废气、火炬气、炭黑尾气为原料生产的硫磺、硫酸、磷铵、硫铵、脱硫石膏、可燃气、轻烃、氢气、硫酸亚铁、有色金属、二氧化碳、干冰、甲醇、合成氨。

（8）以转炉煤气、高炉煤气、火炬气以及除焦炉煤气以外的工业炉气，工业过程中的余热、余压为原料生产的电力、热力。

3.再生资源

（1）以100%的废旧电池、电子电器产品为原料生产的金属（包括稀贵金属）、非金属。

（2）以100%的废感光材料、废灯泡（管）为原料生产的有色（稀贵）金属及其产品。

（3）以100%的锯末、树皮、枝丫材为原料生产的人造板及其制品。

（4）以100%的废、旧轮胎为原料生产的胶粉、翻新轮胎。

（5）以100%的废弃天然纤维、化学纤维及其制品为原料生产的造纸原料、纤维纱及织物、无纺布、毡、粘合剂、再生聚酯。

（6）以70%以上的农作物秸秆及壳皮（包括粮食作物秸秆、农业经济作物秸秆、粮食壳皮、玉米芯）为原料生产的代木产品、电力、热力及燃气。

关于印发聚氯乙烯等17个重点行业清洁生产技术推行方案的通知

工信部节[2010]104号

各省、自治区、直辖市及计划单列市、新疆生产建设兵团工业和信息化主管部门，有关行业协会，有关中央企业：

为深入贯彻落实《中华人民共和国清洁生产促进法》，加快重大清洁生产技术的示范应用和推广，提升行业整体清洁生产水平，我部组织编制了聚氯乙烯等17个重点行业清洁生产技术推行方案(以下简称“方案”)，现印发给你们，并就做好方案实施工作提出如下要求：

一、地方工业主管部门要将清洁生产技术推广工作作为推动节能减排的重要措施，加大力度，加快实施推行方案。

（一）加强调查研究，摸清本地区清洁生产技术推行现状、推行潜力，结合实际制定有针对性的清洁生产技术推行计划。

（二）加大政策资金引导和支持力度。方案中载明的清洁生产技术是国家清洁生产专项资金优先支持领域，地方工业主管部门要将其列为节能减排、技术改造、清洁生产、循环经济等财政引导资金支持的重点。

（三）加大宣传培训力度，加强有关信息交流，引导企业应用清洁生产技术。

二、行业协会要充分发挥企业和政府之间的桥梁和纽带作用，做好信息咨询、技术服务、交流研讨、效果追踪、问题反馈等工作，推动行业清洁生产技术升级，促进行业健康可持续健康发展。

三、企业作为应用清洁生产技术的主体，要把应用先进适用的技术实施清洁生产技术改造，作为提升企业技术水平和核心竞争力，从源头预防和减少污染物产生，实现清洁发展的根本途径。中央企业集团要积极支持所属企业应用推广方案中的清洁生产技术，对相关示范推广项目要优先列入集团项目实施计划并提供资金支持。

工业和信息化部

二〇一〇年三月十四日

附件：聚氯乙烯等17个重点行业清洁生产技术推行方案

（聚氯乙烯行业清洁生产技术推行方案见附件；发酵行业清洁生产技术推行方案等略）

附件：

聚氯乙烯行业清洁生产技术推行方案

一、总体目标

1.到2012年，力争我国电石法聚氯乙烯行业低汞触媒普及率达50%，降低汞使用量208吨/年，并全部合理回收废汞触媒；盐酸深度脱吸技术推广到50%以上，处理废酸25万吨/年；全部利用电石渣，减排电石渣1258万吨；废水排放减到4230万吨/年，减排3990万吨；COD排放减到5770吨/年，减排13460吨；节约标煤200万吨。

2.加大分子筛固汞触媒技术研究力度，加大无汞触媒技术投入。

3.争取控氧干馏法回收废汞触媒中的氯化汞与活性炭技术及高效汞回收工艺的示范工程建设。

4.推广先进适用的清洁生产技术。到2012年实现我国电石法聚氯乙烯行业低汞触媒产能普及率达50%；完成260万吨产能的干法乙炔工艺的新建及技术改造，并配套完成780万吨干法水泥生产装置的投产；完成3600万吨的聚合母液废水处理工程；盐酸深度脱吸技术配套硫氢化钠处理含汞废水技术普及率达到50%；进一步推广精馏尾气变压吸附技术。

二、推广技术

指目前普及程度较低，需要进一步推广扩大应用范围，成熟的先进、适用清洁生产技术。见附表。

附表：

序号	技术名称	适用范围	技术主要内容	解决的主要问题	技术来源	所处阶段	应用前景分析
1	乙烯氧氯化生产聚氯乙烯	新建PVC企业及电石法PVC企业改造	乙烯在含铜催化剂存在下经过氯化反应生产出二氯乙烷，纯净的二氯乙烷经过裂解生产氯乙烯和氯化氢，氯化氢再与乙烯氧氯化反应生成二氯乙烷，二氯乙烷裂解生产氯乙烯，氯乙烯经聚合成聚氯乙烯。	乙烯原料路线相对电石乙炔原料路线来说，生产工艺没有电石渣等废物产出，同时不使用汞触媒，排放物少。	自主研发	推广阶段	乙烯氧氯化法原料路线的产量约占PVC总产量14%；采用二氯乙烷主体联合法原料路线的产量约占PVC总产量16%。在东部沿海地区采用这种方法有一定的优势。但我国的乙烯资源短缺，为乙烯氧氯化生产氯乙烯带来了障碍。
2	低汞触媒生产技术配套控氧干馏法回收废触媒中的$HgCl_2$及活性炭的新工艺一体化技术	新建汞触媒生产企业或者高汞触媒生产企业改造、汞触媒回收企业	低汞触媒的氯化汞含量在6%左右（高汞触媒的氯化汞含量为10.5%~12%），是采用多次吸附氯化汞及多元络合助剂技术将氯化汞固定在活性炭有效孔隙中的一种新型催化剂，大大提高了催化剂的活性、降低了汞升华的速度，重金属污染物汞的消耗量和排放量均大幅度下降。 控氧干馏法回收废触媒中的$HgCl_2$及活性炭的新工艺是针对低汞触媒开发的国内最先进的废汞触媒回收技术，这项工艺有效回收废汞触媒中的氯化汞，并使活性炭重复利用。整个生产工艺完全做到了密闭循环，没有废气、废液和废渣的排放，是汞触媒生产与回收的清洁生产技术。	1.降低了汞的消耗及汞的排放量。新型低汞触媒的含量只有6%左右，汞消耗量下降50%。同时减少了氯化汞的升华，因此降低了后处理中汞的排放。 2.减少了含汞废活性炭的排放。传统的废汞触媒回收，在回收汞的过程中残渣排放、填埋。控氧干馏法回收废触媒中的$HgCl_2$及活性炭的新工艺回收的是氯化汞，活性炭可以回收利用，因此不会有含汞废活性炭的排放，避免了汞流失到环境中。 3.提高了汞的回收效率。传统的废汞触媒氯化汞回收的是汞，回收效率70%左右，而新的废汞触媒回收技术回收的是氯化汞，效率可以达到99%以上。 4.实现氯化汞循环。由于低汞触媒是由特殊的活性炭生产的，因此可以实现氯化汞的回收循环利用，进一步降低汞的消耗，低汞触媒氯化汞的升华量很小，失活后废汞触媒中的氯化汞含量仍很高，经回收可再利用，从而实现氯化汞的循环，使电石法聚氯乙烯行业汞消耗量下降70%，汞排放量下降90%。 5.回收工艺无“三废”排放。目前产生的废汞触媒用传统的回收方式污染严重，废渣、废气和废液都随便排放，而新型废汞触媒回收技术是在密闭条件下分别回收活性炭和氯化汞，没有三废的排放问题。	自主研发	推广阶段	低汞触媒无论是使用寿命、反应活性及选择性都达到或优于高汞触媒，完全可以代替高汞触媒并使PVC生产成本有所下降。不仅降低了氯化汞的含量还减少了氯化汞的升华量，是一项清洁生产技术，可予全行业推广。 全行业推广需求量1万吨/年左右，目前生产能力只有4000吨，年产量1500吨左右。 全行业推广以后，汞的消耗量下降70%以上，汞的排放量下降90%以上。 该项技术相对原来的废汞触媒回收技术不仅可以高效的回收氯化汞还可以回收活性炭。目前行业内每年产生的废汞触媒和含汞废活性炭有1万吨以上。实现全行业回收后，可实现回收氯化汞600吨/年左右，减少200吨/年汞的排放。 计划到2012年，低汞触媒的普及率达到50%，每吨PVC汞的消耗量将下降25%，汞的排放量下降50%以上。行业内产生的含汞活性炭实现全部回收。

3	干法乙炔发生配套干法水泥技术	新建电石法PVC生产企业及现有电石法PVC生产企业建设改造	干法乙炔发生是用略多于理论量的水以雾态喷在电石粉上产生乙炔气，同时产生的电石渣为含水量1%～15%干粉，不再产生电石渣浆废水。 干法乙炔工艺产生的电石渣可直接用于干法水泥生产，是解决电石渣排放最大、最有效的方法，同时干法乙炔发生产生的电石渣水分含量低，从而省去了压滤和烘干步骤，可以节省大量的能源。	1.解决了电石渣的排放。电石法PVC生产过程中，每吨PVC会产生1.5吨（干基）的电石渣。目前行业内的电石渣产生量超过1000万吨，大多数采用填埋，干法乙炔发生技术配套干法水泥生产技术把原产生的电石渣改变为石灰粉，并用于水泥生产、制砖等，拓宽了应用领域。 2.杜绝了电石渣浆的排放。湿法乙炔发生工艺，电石与水的反应比例为1:17，因此每生产1吨PVC生产出25吨左右的电石渣浆。干法乙炔发生不产生电石渣废水。 3.节水、节能效果明显。采用干法乙炔发生配套干法水泥工艺可以使每吨PVC降低水耗3吨，同时干法乙炔发生产生的电石渣生产水泥更加节能。 4.降低能耗。新型干法水泥装置热耗由湿磨干烧的4600kJ/kg熟料降低到新型干法水泥的3800kJ/kg熟料，节煤21%以上，相当于减少0.18吨标煤/吨，该工艺具有较好的节能效果。	自主研发	推广阶段	目前国内已有6~10家使用此技术。在行业内的普及率已有20%。该技术可在全行业内应用。 全行业推广以后，减少近2亿吨电石渣浆的产生。同时产生的电石渣将全部用于生产水泥。 完成260万吨产能的干法乙炔工艺配套780万吨的干法水泥生产装置的新建及技术改造。减少6500万吨电石渣浆排放，减排约400万吨的电石渣。
4	低汞触媒应用配套高效汞回收技术	新建电石法PVC生产企业与电石法PVC生产企业技术改造	低汞触媒技术是聚氯乙烯行业减排方面的重大突破，它的汞含量在6%左右，氯化汞固定在活性炭有效孔隙中的一种新型催化剂，提高了催化剂的活性、降低了汞升华的速度，重金属污染物汞的消耗量和排放量均大幅度下降。对我国电石法PVC行业所面临的汞问题的压力可以起到缓解作用。在不改变生产工艺、设备的前提下，完全可以替代传统的高汞触媒。 高效氯化汞回收技术是指通过工艺改造将升华到氯乙烯中的氯化汞回收的技术。PVC生产过程中升华的氯化汞蒸气随着氯乙烯气体进入汞吸附系统（包括冷却器、特殊结构的汞吸附器以及新型汞吸附剂），采用高效吸附工艺及吸附剂，可回收大部分氯化汞，这是有效截止氯化汞进入下道工序的关键。	1.降低行业内汞的使用量与排放量。 2.减少行业内排放的废水、废渣中的汞的含量。 3.降低PVC成本。由于低汞触媒的价格比较低，因此在一定程度上会降低PVC的生产成本。 4.可回收再利用氯化汞。	自主研发	推广阶段	高效汞回收技术是通过工艺改造，最大效率的回收已升华的氯化汞，有效截止氯化汞进入下道工序，应用前景良好。 全行业内目前使用汞触媒量在8000吨年/以上，计划到2012年，低汞触媒推广率达到50%，每吨PVC使用汞的量下降25%。实现高效汞回收技术的工业化。

5	盐酸脱吸工艺技术	新建电石法PVC生产企业与电石法PVC企业改造	氯乙烯混合气中混有约5%～10%的HCl气体，经过水洗后产生一定量的含汞副产盐酸，目前处理副产盐酸的最好方法即采用盐酸全脱吸技术，将脱除的氯化氢重新回收利用，废水进吸收塔重新回到水洗工序，从而充分的利用了氯化氢资源，且保证了含汞废水的不流失。	1. 回收利用氯化氢、废酸达标，降低对环境的污染。 2. 降低废酸中的汞对环境的污染。	自主研发	推广阶段	技术推广后，将杜绝通过盐酸出售而将汞带出系统之外。实现氯化氢的综合利用。 目前行业内每年产生的含汞废盐酸在40万吨左右，只有20%废酸通过盐酸脱析技术处理。计划到2012年该技术推广率达到50%以上。
6	PVC聚合母液处理技术	新建PVC企业和原来PVC企业技术改造	PVC聚合母液是聚氯乙烯行业的主要废水，聚合母液中含有一定量的聚氯乙烯聚合用的助剂，COD在300g/t左右。 生物膜法是利用附着生长于某些固体物表面的微生物（即生物膜）进行有机污水处理的方法。生物膜法技术净化的母液废水出水指标满足GB50335-2002《污水再生利用工程设计规范》中电厂循环水的回用水标准。 生化处理技术可以使母液中的COD降到30g/t以下。 双膜法是采用超滤膜和反渗透膜两层主要的过滤膜来处理聚合母液，通过对母液废水的净化达到母液废水回用的效果。 膜处理技术主要是通过纳滤膜+反渗透，母液回收率在70%左右。	1. 降低排放污水中的COD含量。 2. 使废水综合利用，减少了母液污水的排放。	自主研发	推广阶段	目前以我国PVC产量计算，每年产生的含COD废水在6000万吨以上，如果全部采用该项技术，可减少COD排放1.62万吨以上，可回收4200万吨母液废水。 计划到2012年建成3600万吨聚合母液处理装置。可减少0.97万吨/年的COD排放，可回收2500万吨以上的母液废水。

当前国家鼓励发展的环保产业设备（产品）目录（2010年版）

（国家发展和改革委员会、环境保护部2010年第6号公告，2010年4月16日）

序号	产品名称型号	主要性能指标	主要应用领域
一、水污染治理设备			
1	膜生物反应器	单元组器处理水量：325～1000t/d； 平板膜运行寿命时间：≥8年,中空纤维膜运行寿命时间：≥5年； 吨水能耗指标：≤0.5 kWh/t； 处理出水水质达到和超过《城镇污水处理厂污染物排放标准》（GB 18918）一级A标准；再生水达到《城市污水再生利用 城市杂用水水质》（GB/T 18920）。	市政污水深度处理或再生水生产、高浓度有机废水处理。
2	上流式多级厌氧反应器	污水停留时间：3～10h； 容积负荷：15～35kgCOD/m^3·d； 进水水质BOD_5/COD：≥0.3； BOD_5、COD去除率：≥80%； 反应水温：30～40℃。	高浓度有机废水处理。
3	超旋磁氧曝气污水处理装置	出水指标达到《城镇污水处理厂污染物排放标准》（GB 18918）的一级B标准； 运行电耗：0.18kW·h/吨水； 动力效率：4.75kgO_2/kW·h； 运行温度：40～-30℃。	住宅小区、旅游景点、部队营房等污水处理站。
4	碳系载体生物滤池	处理能力：1～10000m^3/d； 载体比表面积：100 m^2/g； 总孔体积：0.28ml/g； 松散密度：335g/l； 石墨态密度：2250g/l； 动力效率：4.8kg/kW·h； 曝气量设计：0.1m^3/m^2·min； 处理吨水产污泥量：0.00016m^3； 进水：COD：≤500mg/l，BOD_5：≤300mg/l，TN：≤60mg/l，TP：≤6mg/l,SS：≤400mg/l； 出水：COD：≤50mg/l，BOD_5：≤10mg/l，TN：≤15mg/l，TP：≤0.5mg/l，SS：≤10mg/l。	生活污水处理，湖泊水体修复，河流水质净化，可生化工业废水处理。
5	活性污泥生物膜复合式一体化处理设备	处理能力：50～200t/d； 进水：COD：≤500mg/l，BOD_5：≤300mg/l，TN：≤60mg/l，TP：≤4mg/l,SS：≤200mg/l； 出水：COD：≤50mg/l，BOD_5：≤20mg/l，TN：≤15mg/l，TP：≤1mg/l，SS：≤8mg/l,浊度：≤1NTU； 吨水电耗：0.24kW·h/m^3。	城市生活小区、宾馆、医院、学校、旅游景点、海岛以及乡镇污水处理。也适用于零下30℃寒冷地区。

6	六维三相生物反应器	容积负荷：2.0～5.5kgBOD_5／m^3·d； 出水水质：CODcr：≤15mg／l；BOD_5：≤10mg／l；SS:≤12mg／l；NH_3-N去除率:≥98%。	小区、小城镇生活污水处理及回用，尤其是对氮、磷有特殊要求的生活污水处理。
7	含盐高浓度有机废水处理设备	耐盐度：30000mg/l； 耐盐度变化：5000mg/l； COD去除率：≥96%； BOD去除率：≥96%； SS去除率：≥96%。	高含盐类有机废水处理。
8	曝气生物滤池专用滤料	采用天然火山灰制成； 视密度：0.8～0.9g/cm^3； 抗压强度：＞1.7MPa； 孔隙率：＞48%； 磨损率：＜3%； 粒径：3～5；4～6mm。	用于曝气生物滤池。
9	中空纤维超（微）滤膜组件	纤维内外径：1.0mm/1.6mm； 膜孔径：0.001～0.3μm； 纯水通量：60～1500L/m^2·h·0.1 MPa ； 进水浊度：≤50NTU； 进水压力：≤0.3MPa； 产品水浊度：＜0.1NTU； 滤芯使用寿命：≥3年。	海水淡化和苦咸水预处理、工业废水处理、中水回用、工业纯水制备。
10	聚酰胺复合反渗透膜	工业通用膜元件：脱盐率≥99.0%，回收率15%； 海水淡化膜元件：脱盐率≥99.7%，回收率8%，膜使用寿命≥3年； 抗污染膜元件：脱盐率≥99.5%，回收率15%； 抗氧化膜元件：脱盐率≥99.2%，回收率15%； 家用型膜元件：脱盐率≥97.5%，回收率15%，膜使用寿命≥1年。	废水处理与回用，海水淡化，工业与饮用纯水制备。
11	陶瓷滤膜组件	以氧化铝、氧化钛、氧化锆等经高温烧结而成的具有多孔结构的精密陶瓷过滤材料； 抗折强度：≥4000N； 孔隙率：≥30%； 分离精度达纳米级过滤； 耐强酸强碱（pH范围0～12）和有机溶剂； 耐温：350℃； 使用寿命：≥5年。	工业废水处理与回用，工业纯水制备。
12	纳滤膜元件	单支膜元件有效膜面积：7.5m^2； 产水量：1.5t/h水； 回收率：15%； 膜片采用聚酰胺材质： NF-40：对氯化钠的脱除率35%～45%； NF-70：对氯化钠的脱除率65%～75%； NF-90：对氯化钠的脱除率85%～95%。	工业废水脱色与除盐处理，微污染水处理，垃圾渗滤液处理。
13	电驱动膜分离器	电流效率：≥80%； 单级脱盐率：≥12%； 单级进出口压降：≤40 kPa； 单级单段（100对膜，400×1600）膜通量：5t/h； 使用寿命（苦咸水）：≥2年。	化工、冶金、食品、生物、医药工业污水处理等。

14	净水器	产品结构安全性达到0～1.05MPa压力15万次疲劳测试，耐压测试可达2.55MPa，耐压15分钟。设备使用寿命≥10年； 出水水质达到《生活饮用水水质卫生规范》、《饮用净水水质标准》（CJ 94）、《欧盟饮用水标准》和《美国国家标准》；水质色度：≤5度；浊度：≤0.50 NTU；细菌总数=0 CFU/ml；铅：≤0.01 mg/l；汞：≤0.001 mg/l；镉：≤0.005 mg/l；铬（六价）：≤0.05 mg/l；砷：≤0.01 mg/l；三氯甲烷：≤5.0 μg/l；四氯化碳：≤0.5 μg/l。	家庭生活用水、饮用水的处理，学校、政府机关及企事业单位安全饮水处理。
15	移动式组合净水设备	设备过滤速度：10～12m^3/h； 工作压力：0.3～0.6MPa； 适用水质：源水符合《地表水环境质量标准》（GB3838）及《地下水质量标准》（GB/T 14848）； 出水指标：浑浊度≤3NTU；色度≤15度；PH值6.5～8.5；铁≤0.3 mg/l；锰≤0.1 mg/l；细菌总数≤100 CFU/ml；总大肠菌群水中不得检出。	地震灾区、湖泊、水库等浑浊水处理，特别适用于灾区。
16	陶瓷真空精密过滤机	真空度：0.09～0.098MPa； 滤液含固量：≤0.005%； 陶瓷过滤材料孔隙：2μm； 过滤板开孔率：92%； 功率消耗：真空过滤机的1/4； 使用寿命：≥3年； 耐压值：≥1.5MPa。	化工、冶金污水处理，金属尾矿脱水。
17	纤维滤池	过滤速度：20～30m/h； 截污容量：5～10kg/m^3； 自用水耗：周期制水量的1%； 悬浮物去除率：接近100%； 出水浊度：＜1FTU。	工业用水和生活用水及其废水处理。
18	含油污水真空分离净化机	含油污水真空分离净化后水质达到： 含油量：≤1mg/l； CODcr：≤50mg/l； SS：≤20mg/l； 机械杂质粒径：≤20μm。	钢铁、电力、造纸、石油石化工业污水处理。
19	造纸黑液碱回收成套设备	黑液提取率：草浆88%～90%，木浆98%； 碱回收率：≥85%（草浆）； 白泥下料干度：草浆60%，木浆75%； 洗后白泥残碱：草浆0.8%，木浆0.5%。	制浆造纸黑液提取及碱回收利用。
20	蒸气管回转式干燥机	进料温度：≥70℃； 进料湿度：≤35%； 转速：2～8r.p.m； 电耗：260kWh/t； 蒸发强度：6～7kgH_2O/m^2·h； 蒸汽耗量：1.1～1.3t/t水。	发酵行业高浓度有机废水糟粕的干燥。

21	污泥干燥焚烧装置	污泥焚烧渣减量：≥90%； 含水率偏差：≤5%； 干化污泥颗粒粒径：30～500μm之间； 系统粉尘排放浓度：≤50mg/m^3； 干燥系统氧气含量：≤4%。	城市污水处理厂污泥处置。
22	太阳能水源热泵污泥干化装置	混合造粒系统造粒能力：50～100吨/天； 适应含水率范围：35%～80%。 污泥含水率：干燥前80%；干燥后15% ； 粒径：Φ4mm； 均匀布料宽度：1200mm； 太阳能集热器：热转换效率≥65%，每平米产生热风量 120m^3 ； 热泵：COP值为4～5；温度90～100℃。	城市污水处理厂污泥处置。
二、空气污染治理设备			
23	海水烟气脱硫设备	包括烟气系统、SO_2吸收系统、海水输送系统、脱硫海水水质恢复系统、排放监测系统、以及电气与仪表控系统等； 脱硫效率：≥95%； 除尘效率：≥50%； 脱硫排放海水pH值：≥6.8； 脱硫后的海水通过曝气方式进行水质恢复，达到海水排放指标。	沿海燃煤电厂。
24	循环流化床干法烟气脱硫装置	脱硫效率：≥ 90%； 出口烟尘浓度：≤50mg/Nm^3 ； Ca/S：≤1.22 mol/mol； 脱硫除尘岛压降：≤2600Pa； 设备噪声：≤85dB（A）； 系统可用率：≥98%； 脱硫除尘岛漏风率：≤4%。	电力、冶金、建材、化工工业烟气中SO_2、SO_3、HF、HCl有害气体治理。
25	过滤镁法除尘脱硫设备	除尘效率 ：≥99.5%； 脱硫效率：≥95%； 烟尘限值：≤10mg/Nm^3； 二氧化硫限值：≤20mg/Nm^3。	燃煤工业锅炉、大中型工业炉窑的烟气除尘脱硫。
26	多相反应器	液气比：6～8 l/m^3； 系统阻力：≤1500Pa； 脱硫率：＞95%； 系统运行率：≥98%； 使用寿命：＞15年。	燃煤（油、气）工业锅炉、工业炉窑烟气脱硫。
27	高压细水雾脱硫除尘降温成套设备	处理烟气量：1万～200万m^3/h； 烟尘排放浓度：＜50mg/m^3；除尘效率：99.9%； SO_2排放浓度：＜200mg/m^3；脱硫效率：≥98%； 林格曼黑度：＜1级； 热态阻力：800～1200 Pa。	燃煤工业锅炉、工业炉窑烟气和冶炼尾气处理。
28	循环喷动式半干式烟气处理系统	烟气处理量：配150～600t/d垃圾焚烧炉，负荷适应能力60～110%； 排放指标达到并优于《生活垃圾焚烧污染控制标准》（GB 18485）的排放要求，其中： HCl：≤30mg/Nm^3； SO_2：≤80mg/Nm^3； 粉尘：≤30mg/ m^3； 中和剂利用率：≥85%。	垃圾焚烧炉、煤粉炉烟气处理。

29	半干法烧结机烟气脱硫除尘净化系统	Ca/S：≤1.3； 反应塔出口SO_2：≤200mg/Nm^3； 脱硫系统出口烟尘浓度：≤50mg/Nm^3 ； 出口烟气温度：≥70℃； 脱硫副产品100%利用。	钢铁烧结机烟气脱硫。
30	烟气脱硝设备	脱硝效率：50%～90%； 氨逃逸率：≤3ppm； SO_2/SO_3转化率：≤1%。	燃煤电厂烟气脱硝。
31	电袋复合式除尘器	烟尘排放浓度：＜50mg/Nm^3； 具有自动控制、检测、故障和安全保障系统； 设备阻力：≤1200Pa； 漏风率：≤3%； 在同等条件和同等效果时，比常规电除尘器占地面积小20%，投资成本节约20%； 滤袋寿命：≥3年。	电力、冶金、建材等行业在用电除尘器的提效改造。
32	烧结机机尾烟气长袋低压脉冲除尘器	入口含尘浓度：5～7g/Nm^3； 出口含尘浓度：10～15mg/Nm^3； 设备阻力：≤1100Pa； 岗位粉尘浓度：2～9.6mg/Nm^3； 漏风率：≤3%。	烧结机机尾烟气除尘。
33	电除尘高频高压整流设备	变换器形式：全桥串并联混合谐振； 谐振频率：30～40kHz； 变换器效率：＞0.92 ； 功率因数：＞0.9； 运行方式：纯直流供电、间歇供电； 控制系统：采用16位单片机控制，具有与上位机通讯功能、远程控制功能；具有高低压一体化控制功能，包括振打控制和断电振打控制；具有反电晕检测控制。	电力、冶金、建材、化工等行业的电除尘器配套。
34	工业炉窑袋式除尘装置	系统除尘效率：≥99.5%； 烟气排放浓度：≤30mg/m^3； 林格曼：Ⅰ级； 设备阻力：≤1200Pa； 漏风率：≤3%； 耐压强度：＞5kPa； 滤袋寿命≥3年。	铸造工业炉窑烟尘治理。
35	脉冲袋式除尘器	系统除尘效率：≥99.5%； 烟气排放浓度：≤30mg/m^3； 设备阻力：≤1200Pa； 漏风率：≤3%； 滤袋使用寿命：≥3年。	建材、电力、冶金工业燃煤锅炉和炉窑烟气治理。
36	转炉煤气湿法电除尘器	除尘器入口含尘浓度：≤150mg/Nm^3； 除尘器出口含尘浓度：≤2mg/Nm^3。	转炉煤气除尘 。
37	等离子体废气净化机	输出脉冲频率：4～20kHz； 输出脉冲电压：≥40kV； 控制箱接地电阻：≤2Ω； 电极间绝缘电阻：≥50MΩ； 废气去除率：≥95%； 噪声：≤50dB(A)。	工业有机废气和恶臭异味的处理。

38	燃煤烟气CO_2捕集和精制成套设备	CO_2捕集系统捕集到的CO_2纯度99.5%；精制产出液体CO_2纯度99.997%，达到国家食品级标准； 蒸汽消耗：3.5 GJ/t CO_2； 电耗：200kW/t CO_2； 溶液消耗：≤1.5 kg/t CO_2。	燃煤电站烟气CO_2回收利用。
39	碳氢溶剂型真空清洗机	每批次处理重量：200～1000kg ； 溶剂再生回收率：≥99%； 再生溶剂纯度：≥99%； 每批清洗周期时间：≤35分钟。	零部件热处理、电镀、涂层等清洗，替代各类ODS和有害溶剂清洗。
40	煤气净化成套设备	净化前煤气中杂质含量： 杂质成分 NH_3≥6g/m^3；H_2S≥6 g/m^3；HCN≥1.5 g/m^3；苯≥34g/m^3； 净化后煤气中杂质含量： 杂质成分 焦油≤0.05 g/m^3；NH_3≤0.05 g/m^3；H2S≤0.2 g/m^3；HCN≤0.3 g/m^3；苯≤4 g/m^3；萘≤0.3 g/m^3； 设备为钛及钛合金材料，耐腐蚀性能优良。	煤化工、焦化和城市煤制气净化。
41	沼气净化器	脱硫性能：脱硫器首次使用脱硫率≥98%； 累计硫容：≥30%； 耐压密封：10kPa；外部承压：300kPa。	沼气脱硫净化。
42	空气消毒净化机（器）	处理风量：800～6000m/h； 甲苯、甲醛、丙酮、三氯乙烯、硫化氢、氨气等有害物质净化效率：≥50%； 细菌杀灭率：≥99.9%（消毒），≥99%（净化）； 噪声：≤55dB（A）。	人居环境空气消毒净化。
43	空调风管清洗机器人	最大移动速度：20m/min； 单方向行走距离35m； 越障高度：4cm； 爬坡能力：40°； 清洗效果：残留积尘量<0.1g/m^2；细菌总数：<100cfu/cm^2；真菌总数：<100cfu/cm^2； 风管适应性：高度200～500mm； 具备前进后退和转弯功能。	空调风管清洗。
44	空调系统污染物捕集装置	处理风量：≥4000m^3/h； 0.3μm过滤效率：≥95%； PM10排放浓度：≤0.15mg/m^3； 噪声：≤82dB（A）。	空调风管清洗。
三、 固体废物处理设备			
45	医疗废物高温蒸汽灭菌设备	单台设备处理能力：≥150kg/h,系统包括进料单元、蒸汽灭菌单元、破碎单元、压缩单元、蒸汽供给单元、自动控制单元、废气与废液处理单元及其它辅助单元； 灭菌室真空度：≥0.095MPa； 空气抽除率：≥93%； 灭菌温度：≥134℃； 灭菌室内压力：≥220kPa； 灭菌时间：≥45min； 杀菌率：≥99.999%。	医疗废物无害化处理。

46	化学废弃物等离子体处理装置	焚烧温度：≥1350℃； 烟气停留时间：≥2s； 处理能力：≥1t/d； 有机物分解效率：≥99.5%，无二次污染； 烟道气冷却时间：0.5s内由800～900℃降至80℃以下。	有机氟残液、化学毒剂、医疗垃圾等废弃物处理。
47	工业固体废物处置设备	工业固体废物和危险物通过用水泥法、石灰法和药剂法进行搅拌，充分进行化学反应变成惰性物质，之后打包制成砌块； 搅拌机装干料容量：1.6m^3； 搅拌机出料容量：1.0 m^3； 搅拌站最大生产效率：15t/h； 搅拌废物最大粒径（卵石/碎石）：80/60mm； 水泥筒仓容重：50t×2； 粉尘排放应符合《一般工业固体废物贮存、处置场污染控制标准》（GB 18599）。	工业酸碱性废渣、固态有机物、重金属盐等废物处理。
48	路面洗扫车	采用高压力、低流量水流冲洗，并结合扫刷刷洗路面、吸嘴收集，实现了一次作业完成清扫、高压清洗并能回收清洗后污水； 作业宽度：3.1 m； 速度：3～15 km/h； 最高水压力：10MPa； 污水回收率≥90； 清洗洁净率 ≥95%。	道路洗扫。
49	清洗车	清洗速度：0～15km/h； 最高清洗水压力：10MPa； 清洗水流量：70 l/min； 低压冲洗宽度：24m； 路面清洗宽度：70m； 污水回收率：90%； 清洗效率：90% 。	城市道路清洗。
50	铁路站段固定式真空卸污设备	系统最大真空度：-80kPa； 可通过固体的直径：60mm； 机组功率：2×22 kW/台； 卸污能力：卸污时间为每列车卸污作业小于20分钟，可四口同时作业； 抽吸能力：160m^3/h； 系统真空度：-40～-60kPa。	铁路客站、大型客轮卸污作业。
51	建筑垃圾破碎设备	处理能力： 100～150t/h ； 钢筋取出尺寸： Φ30 ×600 mm； 最大进料粒度： 600 mm； 粉尘排放应符合《一般工业固体废物贮存、处置场污染控制标准》（GB 18599）； 噪音应符合有关标准。	建筑垃圾破碎、筛分处理。
52	商用食物垃圾处理器	电机功率：750～3750W； 粉碎后的颗粒直径：≤2mm； 脱水压缩减量比：10～12%； 油水分离率：92%； 使用寿命：≥10年。	食堂、酒店、餐饮业餐厨垃圾处理，实现食物残渣、油、水即时分离。

53	有机垃圾生化处理机	餐厨垃圾利用率（扣除水分）：≥95%； 单台单班额定投放量：80～2500kg； 产出物单台单班产量：48～1500kg； 产出物吨耗能（标煤）：0.09～0.172吨； 饲料型的再生产品符合《饲料卫生标准》(GB13078)；菌肥产品符合《农用微生物菌剂》(GB20287)； 设备废气排放执行《恶臭污染物排放标准》（GB14554）规定的恶臭排放指标；设备废水排放执行《污水排入下水道水质标准》（CJ 3082）规定指标。	大、中型餐厨垃圾集中处理站、酒店酒楼、机关学校街道社区等。
54	废钢破碎生产线	转子直径：1500～2200mm； 进料宽度：2000～2600mm； 驱动功率：≥750kW； 生产能力：15～45 t/h。	废钢铁、废汽车回收。
55	大型废钢剪断机	剪切力：12500kN； 压料力：3500kN； 送料力：800kN； 剪切次数：3～5次 / min； 系统工作压力：31.5MPa； 剪切范围（$\sigma b \leq 441N/mm^2$）：圆钢：Φ210mm；方钢：185×185mm；钢板：130×900mm。	废钢铁、废汽车回收。
56	废电线粉碎分选设备	经过粉碎机、分级筛，以及精选机，使铜和电线外皮彻底分离； 处理能力：2～2.5t/d； 处理废线直径0.3～1mm； 分离后的铜米纯度：99%。	废旧电线、电缆回收。
57	有色金属分选机	处理能力：6～12m^3/h； 带宽：650～1200mm； 分离粒度：≥25mm； 分选效率：≥95%。	固体垃圾中有色金属分离。
58	残膜回收与茎秆粉碎联合作业机	配套动力：47.8 kW以上轮式拖拉机； 工作幅宽：1600mm； 工作深度：30～50mm； 作业速度：4～6km/h； 作业小时生产率：≥0.6hm^2/h 残膜回收率：≥88%； 茎杆粉碎长度：≤100mm。	农田残膜污染治理。
59	收膜联合作业机	配套动力：88kW以上轮式拖拉机； 工作幅宽：3000mm； 工作深度：50～100mm； 作业速度：4～6km/h； 纯作业小时生产率：≥1.2hm^2/h； 残膜回收率：≥70%； 碎土率：≥85%。	农田残膜污染治理。
四、 噪声控制设备			
60	声屏障	平均隔声量：≥30dB(A)； 平均吸声系数：≥0.8。	道路交通噪声、工业设备噪声治理。

61	内燃机电站噪声控制设备	适配发电机功率：12～2000kW； 进气消声系统消声量：20～30dB(A)； 排气消声系统消声量：20～30dB(A)； 排烟消声器消声量：30～40dB(A)； 距离降噪设备1米处噪声：60～75dB(A)。	内燃机发电设备噪声控制。
五、 环境监测仪器			
62	氨氮自动监测仪	测量范围：0.015～2.0mg/l，2.0～1000mg/l； 间断测量间隔时间：1～12h； 示值误差限：±10%； 重复性：相对标准偏差≤3%； 稳定性：≤10%/4h； 响应时间(T90)：≤5min； 输出信号：隔离(4～20)mA（最大负载750Ω）； 平均无故障连续运行时间：不小于360小时/次。	工业废水、城市污水监测，地表水水质监测，近岸海域海水中氨氮的监测。
63	化学需氧量水质在线监测仪	分段测量覆盖范围：0～20000mg/l； 具有数据远程传输功能； 精度：±2%； 分辨率：1mg/l； 误差：＜5%； 最短测量周期：5min。	工业废水、城市污水监测，地表水水质监测，近岸海域海水水质的监测。
64	紫外（UV）吸收水质自动在线监测仪	COD：10～1000mg/l（可扩展至10000mg/l）； SAC：0.01～50m^{-1}、0.1～500m^{-1}、0～1000m^{-1}可选； 准确度：5%F.S； 重现性：2%F.S； 零点漂移：≤2%F.S； 量程漂移：≤2%F.S； 每次测量耗时：1～2秒； 数据存储：可存储12个月的COD有效数据； 功率：小于100W； 工作条件：环境温度：0～50℃； 水样温度：0～60℃。	自来水和地表水水质监测，近岸海域海水海水水质的监测。
65	紫外差分烟气排放连续监测系统	SO_2测量范围： 0～300～5000ppm； NO_X测量范围：0～300～5000ppm； 测量精度：±1%，线性误差≤±1%F.S.； 零点漂移和量程漂移：≤±1%F.S./周； 响应时间：≤30s； 含尘量分析： 测量范围： 0～1000～13000 mg/Nm^3； 分辨率：≤±0.5%，线性误差≤±1%； 光程： 0.5～15m； 零点漂移：≤±1%F.S./24h； 量程漂移：≤±2%F.S./24h； 响应时间：1～600s（可设）。	燃煤烟气排放监测。

66	激光过程气体分析系统	HCl：最小量程 0～10 ppm、最大量程0～100%； HF：最小量程 0～1ppm、最大量程0～100%； NH_3：最小量程 0～10 ppm、最大量程0～100%； 线性误差：≤±1%F·S； 量程漂移：≤±1%F·S/半年； 重复性误差：≤±1%F·S； 防爆等级：Expxmd ⅡCT5。	工业炉窑、垃圾焚烧炉烟气监测。
六、 节能与可再生能源利用设备			
67	水泥窑纯低温余热锅炉	蒸发量：≤65t/h； 蒸汽压力：0.6～2.45MPa； 蒸汽温度：250～400℃或饱和； AQC余热锅炉平均余热利用率：≥70%；SP余热锅炉平均余热利用率：≥36%；ASH余热过热器平均余热利用率：≥28%； 余热锅炉运行噪音：<85dB(A)； 余热锅炉不能对外排放任何污染物。	水泥窑余热回收。
68	生物质型煤锅炉	使用低热值（≤16748kJ/kg）生物质混合燃料的燃烧设备，不需要除尘装置和脱硫系统； 烟尘排尘浓度：≤10mg/m^3； SO_2浓度：<30mg/m^3； NO_X浓度：<100mg/m^3； 热效率：≥80%； 燃烧效率：≥94%； 炉渣含炭量：≤4%； 排烟温度：<100℃； 排渣温度：≤60℃。	采暖、洗浴、饮用水、制冷，特别适合排放标准严格的地区。
69	秸秆发电锅炉	锅炉额定蒸发量：75t/h； 锅炉额定蒸汽压力：3.82MPa； 锅炉额定蒸汽温度：450℃； 锅炉给水温度：150℃； 锅炉排烟温度：140℃； 锅炉效率：≥85%； 燃料：农作物秸秆。	生物质发电。
70	高低差速循环流化床油页岩锅炉	采用高低差速床工作原理，高效率燃烧与综合利用低值油页岩（<5800kJ/kG）； 锅炉热效率：≥84%； 飞灰与冷渣含碳量：≤1%； SO_2与NO_X排放均达到相关标准。	油页岩发电站和热电联产。
71	蓄热稳燃高炉煤气锅炉	额定蒸发量：20～465t/h； 燃料为纯高炉煤气，消耗气量：1000Nm^3/h/蒸吨。 额定工作压力：1.25～13.7MPa； 饱和蒸汽温度：450～550℃； 锅炉效率：≥91%。	钢铁低热值煤气回收利用。
72	燃气轮机余热锅炉	额定蒸发量：30～350t/h； 蒸汽压力：2.45～9.81MPa； 蒸汽温度：250～540℃； 容量：25～350MW。	燃气联合循环发电。

73	生物质循环流化床锅炉	额定负荷：75t/h； 额定蒸汽压力：5.29MPa； 额定蒸汽温度：485℃； 锅炉热效率：90.5%。	生物质电厂发电或热电联产。
74	煤泥循环流化床锅炉	锅炉蒸发量：75t/h； 煤泥水分：25%～30%； 煤泥含灰量：30%～50%； 煤泥燃料比例：100%； 过热蒸汽压力：3.82～5.29MPa； 过热蒸汽温度：450～485℃； 锅炉热效率：≥86% 。	煤矿和焦化洗煤泥燃烧发电。
75	H型省煤器	压力：20MPa； 温度：330℃； 流量：2000t/h； 效率指标：与同等重量光管省煤器相比换热能力可以提高20%～25%； 再用锅炉改造可提高锅炉热效率1.5%。	电站锅炉、船用锅炉、生物发电锅炉及余热回收锅炉节能改造。
76	生物质发电燃料输送系统	料仓堆料能力：400m^3/h； 料仓取料能力：200m^3/h； 系统给料能力：0～400m^3/h。	秸秆发电物料输送。
77	秸秆燃料压块机	生产每吨生物质块状燃料耗电25～35kWh，主轴转速160 r.p.m； 产品尺寸：32mm×32mm×80mm； 产品密度：0.6～1.1g/cm^3； 产品含水率：＜14%； 产品热值：3700～4200kcal/kg。	秸秆燃料压制成型。
78	等离子点火系统	等离子燃烧器型式：直流等离子燃烧器旋流等离子燃烧器两种； 等离子燃烧器出力：3～12t/h； 等离子发生器功率：50～150kW； 阴极寿命：100h； 阳极寿命：500h。	燃煤发电煤粉锅炉无油点火。
79	钢厂余热热管式回收设备	设备容量：6～20t/h； 工作压力：1.4MPa； 过热蒸汽出口温度：310℃； 空气出口温度：150℃。	钢厂余热回收。
80	中低热值燃气轮机	40MW机组在燃料LHV=5577kJ/Nm^3（1332 kcal/Nm^3）的高炉及焦炉混合煤气，在15℃、96.7kPa、60% 湿度条件下参数如下： 功率：43660 kW； 热耗率：10340kJ/kWh； 排气流量：594.8t/h； 排气温度：528.6℃； 进气损失：101.6mm H_2O。	钢铁及煤化工余热利用。
81	高炉余压透平发电装置	设备规格：3000～30000kW； 高精度的顶压控制：正常调节顶压波动值±2kPa，紧急切换顶压波动值±4kPa； 机组振动值：20～30μ； 机组年运行时间：≥8000h。	高炉炉顶煤气余压发电。

82	钢坯步进蓄热式加热炉	燃料：高炉与转炉混合煤气； 单位能耗：1.12GJ/t钢坯； 钢坯氧化烧损：0.8%； 空、燃混合气加热温度：≥1050℃； 蓄热材料为氧化铝蜂窝陶瓷蓄热体，燃烧方式：高温空气贫氧燃烧（HTAC）； 蓄换热比：100:75； 燃料热效率：≥70%； 氮氧化物排放浓度：≤96ppm。	热轧钢坯加热。
83	水源热泵机组	执行《水源热泵机组》（GB/T 19409），在名义制冷工况条件下，冷热水型水源热泵机组能效比EER达到下列数值： 水环式水源热泵机组： 制冷量＜50时，≥4.55 W/W；50≤制冷量＜230时，≥4.75 W/W；制冷量≥230时，≥4.95 W/W； 地下水式水源热泵机组： 制冷量＜50时，≥5.25 W/W；50≤制冷量＜230时，≥5.55 W/W；制冷量≥230时，≥5.85 W/W； 地下环路式水源热泵机组： 制冷量＜50时，≥5.10 W/W；50≤制冷量＜230时，≥5.30 W/W；制冷量≥230时，≥5.60 W/W。	污水、海水、湖水等为热源的区域供冷与供热。
84	空气源热泵热水机组	执行《商业或工业用及类似用途的热泵热水机》（GB/T 21362）。在名义工况条件下，COP达到下列数值： 一次加热式：≥ 4.4 W/W； 循环加热式：不提供水泵时≥4.4W/W；提供水泵时≥4.3W/W。	用于提供生活用水和工业热水。
85	低温水-直燃单双效溴化锂吸收式冷温水机	参考执行《直燃型溴化锂吸收式冷（温）水机组》（GB/T 18362）。在名义工况条件下，即冷水进出口温度12～7℃、冷却水进出口温度32～37.5℃时，COP值： 太阳能温水：≥0.7； 直燃制冷：≥1.30； 热泵制热：≥1.90。	利用太阳能、工艺废热水（汽）、地下水、河水或海水制冷采暖。
86	蒸汽、热水型溴化锂吸收式冷水机组	执行标准《蒸汽和热水型溴化锂吸收式冷水机组》（GB/T 18431），在名义工况条件下，即冷水进出口温度12～7℃、冷却水进出口温度32～38℃时，单位热水消耗率达到下列数值： 1. 蒸汽型吸收式制冷机： 蒸汽压力0.4MPa时，热源单耗≥1.31 kg/（h.kW）； 蒸汽压力0.6MPa时，热源单耗≥1.22 kg/（h.kW）； 蒸汽压力0.8MPa时，热源单耗≥1.18 kg/（h.kW）； 2. 热水型吸收式制冷机： 热水进出口98～88℃时：COP≥0.75。	回收工艺废水（废蒸汽）、余（废）热，用于空调制冷。
87	双工况太阳能热泵空调机组	制冷量： 风冷工况127.0kW，能效比2.58； 水冷工况153.5kW，能效比5.1； 制热量： 风冷工况147.5kW，性能系数3.1； 太阳能工况 227.9kW，性能系数5.06。	利用工业领域废热制冷、采暖。

88	加油站、油库油气回收设备	加油站油气回收系统： 油气回收系统的气液比：1.0～1.2； 装置排放浓度：≤25g/m³； 油库油气回收系统： 油气排放浓度：≤25g/m³； 油气处理效率：≥95%； 设备通过防爆防火认证，PLC程序自动控制。满足《储油库大气污染物排放标准》（GB 20950）、《加油站大气污染物排放标准》（GB 20952）要求。	加油站、油库油气回收。
89	热法磷酸生产热能利用装置	热能回收率：≥65 %； 减少循环冷却水：≥60%； 减少酸量：≥50%。	热法磷酸行业余热回收。
90	硫酸生产余热回收装置	焚硫炉高温烟气产汽系统的给水预热，产生可达200℃以上、5.5MPa的蒸汽，用于发电，从而降低后续排烟温度。	硫酸生产余热回收。
91	涡轮式蒸汽压缩机	传输介质：饱和蒸汽； 质量流量：25t/h； 进口温度：58℃； 进口最大温度：80℃； 饱和出口温度：63.5℃； 出口过热温度：82.5℃。	化工、生化、环保行业蒸发溶液、浓缩物料及废液回收。
92	油水井工况采集分析优化系统装置	油田机械集采系统效率提高3%； 油井计量误差：≤±10%； 工作环境：-25～55℃野外环境。	油田输注管线泄漏预警及定位，防止原油及污水泄漏；控制抽油机井平衡率；远程实时监测等领域。
93	制冷系统负荷节能仪	电源：Ac380V/50Hz； 温度测量范围：-50～100℃； 压力测量范围：0～1.6MPa； 温差控制范围：2～15℃； 节电率：≥20%以上。	制冷系统节能。
94	中、低压变频装置	额定电压：≤690V； 额定频率50Hz； 额定功率：0.5～630kW； 额定输出频率：0～500Hz， 频率分辨率：0.01Hz； 输出频率精度：-0.01%～+0.01%， 输入功率因数：≥0.9； 效率：≥0.96； 过载能力：120%2分钟、150%1分钟、200%立即； 限流保护：10%～150%； 加减速时间：5～1600s； 工作环境温度：-5～+45℃； 谐波含量：≤5%。	用于风机、泵类、纺织机、挤出机、机床、压缩机、搅拌机、提升机等设备。

95	高压变频调速器装置	额定电压2.3～10kV； 额定频率：50Hz； 额定功率：≥200kW； 输出频率：0～50 Hz； 输出频率稳定精度：-0.1%～+0.1%； 频率分辨率：0.01Hz； 输入功率因数：≥0.95； 效率：≥0.96； 过载能力：120%2分钟、150%1分钟、200%立即； 限流保护：10%～150%； 加减速时间：5～1600s； 工作环境温度：-5～+45℃； 谐波含量：≤5%。	石油化工、城镇供水、水处理、引水工程、冶金、建材、热力、电力、矿山的各类泵、风机、起重机、压缩机等。
96	高压电网动态无功补偿装置（SVC）	额定电压：Ac6～66kV； 额定功率：6～300MVar； 晶闸管冷却方式：热管风冷或水冷； 控制系统： 全数字控制系统； 控制方式：无功功率、电压、电流； 无功调节方式：-100%～+100%； 调节方式：分相调节； 调节系统响应时间：小于10毫秒； 功率因数：96%。	适用电弧炉、轧机、电力机车供电、风力发电机、城市二级变电站、城市局域电网、远距离电力传输、提升机等其它重工业负载。
97	干式半芯电抗器	额定电压：Ac6～500kV； 额定容量：20～40000kVar； 额定电流：50～1000A； 额定频率：50Hz； 额定电抗率：1%、4.5%、5%，6%、12%、13%； 额定损耗：0.54～280kW。	高压输变电系统、钢铁冶炼、石油、化工、铁路电气化等行业。
98	油浸式变压器	额定容量：50～240000kVa； 额定频率：50Hz； 额定电压：6～220kV； 空载损耗低于国家标准20%，负载损耗低于国家标准15%，噪声达到国家标准要求。	城乡电网、城市公共建筑、工矿企业。
99	干式电力变压器	额定电压6～12kV/0.4kV； 额定频率50Hz； 额定容量30～3150kVa； 空载电流：2.9～1.1%； 空载损耗低于国家标准20%；负载损耗低于国家标准15%；噪声低于国家标准10～20dB(A)。	电网输配电系统。
100	三维立体卷铁心干式变压器	容量：2000kVa； 额定电压：Ac10kv/0.4kV； 额定频率：50Hz； 短路阻抗：8%； 空载电流：0.16%； 空载损耗：2.8kW； 负载损耗(145℃)：16.2kW； 噪声：47dB（A）。	电网输配电系统。

101	非晶合金变压器	额定电压：Ac6/0.4kV、10/0.4kV； 额定功率：30～1600kVA； 短路阻抗：4%； 空载损耗：0.16kW； 负载损耗：600～14500W； 噪声：≤50dB(A)； 联结组标号：Dyn11。	城乡电网、城市公共建筑、工矿企业。
102	壳式电炉变压器	额定容量：15000kVA； 额定电压：35kV/0.314V； 额定电流：247.4/27572A； 总损耗：108.8kW； 载损耗：83.42kW； 空载电流：0.83%； 短路阻抗：4.941%； 噪音：58dB(A)。	各种冶炼电炉炉前变压器。
103	电机软起动器	额定电压：AC380V； 额定频率：50Hz； 额定电流：45～630A； 软起动时间：2～75s； 起动电流限制：1.5～4.0倍额定电流； 软停时间：0～75s； 起动初始电压：20%～80%的电源电压； 过流保护：8In； 保护时间：45（1±0.05）s； 三相电流不平衡保护：任意两相电流相差≥25%； 谐波含量：达到国家标准要求； 工作环境温度：-20～+40℃。	电动机起动与运行的控制。
104	三相异步电动机	额定效率：达到《中小型三相异步电动机能效限定值及能效等级》（GB 18613）2级以上能效等级； 防护等级：IP55； 冷却方式：IC411； 额定电压：380V； 额定频率：50Hz； 额定功率：0.55～500kW； 起动转矩倍数：1.8～2.3倍； 堵转电流：6倍。	用于工业设备配套。
105	永磁同步电机	功率：7.5～55kW； 输入电压：380V/660V、 660V/1140V； 频率：50Hz； 功率因数：0.98； 堵转转矩倍数：大于3.5； 堵转电流倍数：小于8.5； 绝缘等级：F级； 效率：≥94%。	用于工业设备配套。
106	变极起动无滑环绕线转子感应电动机	额定电压：Ac380V； 输出功率：90～5000kW； 起动转矩倍数：Tst＞1.6； 起动电流倍数：Ist＜4.5； 最大转矩倍数：km＞3.2； 额定功率因数：＞0.9； 额定效率：＞0.94； 系统节电率：3%～10%。	建材、矿山、冶金、石化、煤碳、化工、发电等大中型机械设备。

107	电力节能器	额定电压：380V； 额定容量：50～3150VA； 空载损耗：100～1795W； 负载损耗：170～4180W； 噪声：45～55dB(A)； 功率因数提高：5%； 节电率：≥10%。	用于电网系统中的配电变压器低压侧的供电回路节能。
七、 资源综合利用与清洁生产设备			
108	蚀刻液回收装置	蚀刻废液处理量：≥2500 l/d； 洗板废水处理量：≥1000 l/d； 金属铜回收：≥350kg/d，回收铜纯度99.95%； 废液处理率：100%，蚀刻液循环使用； 废水排放达到《污水综合排放标准》（GB 8978）。	印制电路工艺废蚀刻液再生、金属铜回收和废水处理。
109	废弃热固性塑料的再生利用设备	设备处理能力：1000～1200 kg/h； 装机容量：130 kW； 改性VT粉质量技术指标： 平均密度：1.5； 堆积密度：1.0； 颜色：灰褐色、灰绿色； 热分解温度：180℃； 粒径分布：<600目； 吸油值：40，分散性好。	热固性废塑胶材料再生利用。
110	木塑复合材料挤出成型机	单螺杆：直径：45～120mm；长径比L/D：≥25； 双螺杆：（小径/大径）45～92mm / 90～188mm； 生产量：A. 单螺杆：30～300 kg/h； B. 双螺杆：60～500 kg/h； 功率： A. 单螺杆：11～75kW； B. 双螺杆：15～110kW； 转速： A. 单螺杆：≤50r.p.m ； B. 双螺杆：≤40r.p.m ； 加工温度：145～165℃； 原料混配比例：木粉/塑料＝（40%～70%）/（60%～30%）。	利用木屑、秸秆、废塑料生产木塑制品。
111	有机废气净化装置	有机废气净化率：≥95%； 有机溶剂回收率：≥90%； 含水率：≤0.1%。	工业有机废气净化回收。
112	废有机溶剂蒸馏回收系统	可处理沸点小于200℃（常压、负压）的废有机溶剂； 回收率：≥90%； 含水率：≤0.1%。	通过蒸馏、吸附、渗透汽化膜方法，提纯回收各种废有机溶剂。
113	移动式橡胶沥青生产设备	产量≧15t/h；达到20秒沥青升温20度；预拌系统达到零结块，橡胶颗粒分布均匀，连续式自动上料系统计量精度±5‰，采用plc控制系统； 橡胶沥青性能： 粘度(177℃)：1.5～4.0 Pa·s； 针入度（25℃，100g，5s）：≥25(0.1mm)； 软化点：≥54℃； 弹性恢复(25℃)：≥60%；	利用废旧轮胎胶粉制备改性沥青。

114	废旧轮胎胶粉改性沥青设备	处理能力：8～25 t/h； 投料粒度：20～30目； 出料指标： 粒度：80～100目； 针入度（25℃，100g，5S）：40～60(0.1mm)； 延度(5cm/min，5℃)：≥10cm； 软化点（环球法）：≥55℃； 离析，软化点差：≤ 2.5℃。	利用废旧轮胎胶粉制备改性沥青。
115	废旧轮胎常温法制取精细胶粉成套生产线	年产5000吨生产线，整线装机功率不大于436kW，占地面积小于350m²，噪声小于75dB（A），精细胶粉粒度：40～120目，全线有自动化监测系统。	废旧轮胎再生利用。
116	沥青混凝土再生设备	额定生产率：3～120t/h； 再生料出料温度稳定性：±10℃； 燃油消耗率：≤6.5kg/t； 烟气黑度：≤I级； 烟尘排放浓度：≤100mg/Nm³； 混合料达到《公路沥青路面施工技术规范》（JTG F40）规定的各项指标。	利用废旧沥青混凝土进行路面修复作业。
117	磁场筛选机	磁场筛选机能按磁铁矿物的品质差异分选，对给矿浓度、流量、粒度等波动适应性强，比同类磁聚机设备用省水50%以上，可提高精矿品位2～5个百分点，提高生产能力5%～15%。	铁矿石分选。
118	烧结空心砖真空挤出机	利用100%煤矸石或掺兑量大于50%粉煤灰等废渣生产的建材产品，其质量达到相应产品国家标准，并应符合《建筑材料 放射性核素限量》（GB 6566）中对放射性指标的要求； 生产能力（折普通砖）：10000～30000块/h ； 真空值：≤0.092MPa； 许用挤出压力：4.0MPa。	利用煤矸石、粉煤灰生产墙体材料。
119	自动液压墙体砖压砖机	工业废弃物综合利用率：平均≥80%； 生产能力（折标砖）：≥3千万块/年； 粉煤灰等固体废弃物掺加比例：90%； 双向加压，单位压强：240kg/cm²； 压制数量：≥24块； 压制周期：13～16s； 公称压力：≥6000kN。	采用多种工业废弃物生产墙体材料。
120	人造板成套设备	设计生产能力：15000m³/a； 板的计算密度：670kg/ m³； 成品板板厚： 6～25mm； 成品板尺寸： 1220×2440mm； 毛板尺寸： 1270×7380mm； 板材基本厚度：19mm； 人造板达到《中密度纤维板》（GB/T 11718）要求。	利用农业秸秆生产人造板。

121	增强空心条板挤出装备	自动化生产线年产轻质隔墙板300000m²/套； 生产速度：1.5～2.2m/min ； 产品尺寸(mm)：（2000～3000）×600×（75～120） 产品隔声量：≥40dB（A）； 干燥收缩值：≤0.6mm/m； 防火性能：不燃A级； 抗弯破坏载荷：板自重2.1倍。	利用农业秸秆生产增强空心条板。
122	废酸回收成套装置	利用钛白粉生产中转窑尾气的热量与废硫酸进行传质，使20%以下硫酸提高到30%～34%，然后通过一效、二效、三效蒸汽真空浓缩使硫酸含量提高到68%以上。	工业废酸回收利用。
123	蓄电池活化仪	在10%浓度活化液和秒脉冲活化仪的作用下，$PbSO_4$钝化结晶体的复原率：平均≥85%； 活化液热稳定性：≤5% （~10～＋45℃）； 残留物质：≤15ppm。	铅酸蓄电池维护及复原再生。
124	封闭式圆形料场机械系统	包括悬臂式堆料机、刮板取料机、振动式给料机、全自动工作操作控制系统； 堆场直径：70～120m； 单座堆场堆存能力可达：30000～240000t。	工业散装物料密闭存储、清洁输送。
125	管状带式输送机	在物料输送过程中处于输送带卷成的管状封闭空间内，没有扬尘； 管径：150～500mm； 输送能力：50～5000t/h； 输送距离：80～5000m。	工业散状物料的密闭清洁输送。
126	干湿耦合式冷却塔	冷却水量：3000～5000m³/h； 水温差：10℃； 年平均蒸发水损失：≤1.6%； 空气室安装管翅式空气冷却器。	石油、石化、化工、纺织、钢铁等行业。
127	一步法气流分筛式回转煅烧窑	副产磷石膏脱硫石膏处理能力：5～30万吨/年； 煅烧系统热效率：≥80%； β半水石膏性能指标达到国标优等品标准； 尾气烟尘排放浓度：≤50mg/m³。	利用磷肥厂磷石膏、电站脱硫石膏替代β型半水建筑石膏粉生产建材。
128	散煤运输封尘剂及喷洒设备	封尘剂喷洒于煤料表面后可在60～90分钟形成具有耐温性的有效固化层，该固化层在-20～-40℃无变化，性能稳定，有显著节煤效果； 封尘剂为水溶剂，外观为黄色半透明溶液，无毒无味；对煤的灰分、发热量、灰熔融性等各项煤质指标无任何影响； 封尘剂的用量：每平方米煤料表面1.5～1.8L； 封尘剂的密度：1.08～1.30kg/m³； 封尘剂的粘度：10～80MPa·s。	用于散煤运输，防止煤尘损失及扬尘污染。

129	扬尘覆盖剂	产品为无味不易燃溶液； 粘度(25℃)：≥30 MPa·s； pH值(原液)：6～8； 固含量：<5%； 煤炭高位发热量的减少量：≤0.1%，低位发热量的减少量：≤0.1%； 灰分增量：<4%； 小鼠急性经口毒性：MTD>60.0ml/cm^2.h1，皮肤刺激度<2.0，总汞≤0.05mg/l；总镉≤0.1mg/l，总铅≤1.0mg/l，总铬≤1.5mg/l，总砷≤0.5mg/l，甲醛≤150mg/l。	用于散煤料场、建筑工地。
八、环保材料与药剂			
130	脱硫剂制备成套装置	硫剂最大硝化量规格（kg/h）：1000～5000； 可预置浆液浓度：5%～20%； 给料精度误差：±3%； 浆液浓度误差：±5%； 可硝化脱硫剂种类：钙基和镁基两种； 最大除渣率：15%。	燃煤锅炉脱硫。
131	脱硝催化剂	脱硝效率：≥90%； SO_2转化率：≤1%； 氨逃逸量：≤3ppm； 催化剂寿命设计值：≥16000h。	燃煤电厂脱硝。
132	燃煤催化乳液	节省燃煤：4.2%； 锅炉热效率：提高3%； SO_2含量：减少30%～40%； 烟雾黑度：下降； 炉渣中可燃物含量：减少2%～3%。	燃煤锅炉提效。
133	玻璃纤维覆膜滤料（FILTEX）	质量：400、700g/m^2； 透气率：2～6 cm/s； 耐温：260℃； 经向拉伸断裂强力：≥1300、1600N/25mm； 纬向拉伸断裂强力：≥1100、1800N/25mm； 过滤效率（1μm）：≥99%； 出口烟尘排放浓度：≤30mg/Nm^3； 使用寿命：≥3年。	用于高温袋式除尘装置。
134	聚苯硫醚除尘滤布	克重：500 g/m^2； 透气量：130 l/m^2·min； 横向断裂强度：1000 N/5cm； 纵向断裂强度：800 N/5cm； 过滤效率：99.99%； 排放浓度：≤30mg/Nm^3； 使用温度：≤160℃； 使用寿命：≥3年。	用于袋式除尘器。

135	生物净化剂	外观：白色粉末、无杂质； pH值（1%水溶液）：5.5～7.5； 甲醛吸收率：≥90.0%； 粘度（10%水溶液，25℃，涂-4杯）：12～15。	用于室内空气污染治理。
136	纳米光催化净化组件	甲醛、乙酸、氨气的去除率：≥90%； 大肠杆菌、金黄色葡萄球菌的杀菌效率：≥99.5%。	用于室内空气污染治理。
137	生物杀菌过滤器	过滤效率：≥99.9%； 杀菌效率：对金黄色葡萄球菌、大肠杆菌、肺炎克雷伯氏菌、黑曲霉菌、枯草芽孢杆菌的杀菌率≥99%。	医药、电子、精密制造等环境洁净要求较严格场所的抑菌、滤尘等。
138	光触媒组件	二氧化钛粒度：5～15nm； 比表面积：≥140m^2/g； 干燥后硬度：≥5 H。 净化效果：甲苯浓度降低80%，氨降解率≥80%，甲醛降解率≥80%，硫化氢≥90%，杀菌率≥98%。	室内空气污染治理、污水处理。
139	层状结晶二硅酸钠	钙交换能力：≥300； 镁交换能力：≥370； 白度≥：85%； pH值：≤12.0； 灼烧失量：≤1； 化学组成：Na_2O+SiO_2之和≥95%； Na_2O与SiO_2摩尔比：2.0±0.1。	用于洗衣粉行业。
140	微生物除臭剂	氨的降解率：≥90%； 对硫化氢使用后10分钟的降解率：89.0%； 对垃圾中的臭气浓度使用后10分钟降解率：90%； 平均抑菌率：97.0%； 对人体无毒，对皮肤和黏膜无刺激性，对环境微生物无诱变作用。	垃圾处理厂站、污水处理厂除臭，公共场所除臭、消毒。
141	生物复合菌剂	外观： 粉状、松散； 有效活菌数（cfu）：≥0.50亿/g； 水分： ≤30.0%； 纤维素酶活：≥30.0U/g； pH：5.5～8.5； 有效期：≥12月； 产品无害化指标：大肠菌值≤1000个/g(ml)；蛔虫卵死亡率≥95%；致病菌（沙门氏菌等肠道致病菌）不得检出。	城市有机生活垃圾、农作物秸秆、禽畜粪便、园林落叶等的厌氧分解。
142	纳米微晶复合滤料	比表面积：200m^2/g； 阳离子可交换量：150mqul/100g； TP静态吸附量：120mg/g； TN静态吸附量：·80mg/g。	各种污水净化处理工程生物挂膜材料、中水回用系统过滤吸附材料、饮用水高级净水吸附过滤。
143	聚乙烯土工膜	拉伸强度：≥20MPa； 断裂伸长率：≥700%； 直角撕裂强度：≥150N/mm； 水蒸气渗透：≤1.0×10^{-13}g•cm/(cm^2•s•Pa)； 耐环境应力开裂F20：≥1500小时； 200℃时氧化诱导时间：≥20分钟。	垃圾填埋场、危险废物填埋场防渗层。

144	多金属硫化矿捕收剂	含量：≥87% ； 比重（25℃）：0.99g/cm^3； 闪点：47℃　应避火源； LD_50：对老鼠≥780mg/kg、对兔子≥2000mg/kg； 沸点：225～226℃； 凝固点：≤-25.5℃。	多金属硫化矿的浮选、分离与回收。
145	汽、柴油清净助燃剂	汽油平均节油率：5%以上； 柴油平均节油率：2%以上； 尾气排放污染物中：碳氧化合物下降20%，一氧化碳下降10%，氮氧化合物下降4%，颗粒物下降25%，黑烟下降50%。	用于各类内燃机。
146	轻质瓷填料	产品为三角形组合型归整式（六棱环、六棱环多筋环、六棱一筋环），以粉煤灰掺量＞50%、滑石粘土用量＞40%的配比，用湿法连续挤出成形，在1050℃以上、8h以内低温快烧制出含莫来石晶体的耐腐蚀规整陶瓷填料； 开孔率：≥70%； 比表面积：≥120m^2/m^3； 产品抗压强度：≥11MPa； 耐酸度：≥99%； 耐碱度：≥90%； 吸水率：10%～35%； 抗热震性：220～20℃一次不裂； 体积密度：＜1.8g/cm^3。	煤炭焦化气化、钢铁冶金、煤气化工化肥煤气净化处理,石化、化工、化肥、制药、钢铁行业水处理。
147	聚丙烯酸酯系水性木器涂料	以水为分散稀释剂，不含可挥发性有机物，使用中无有机物排放； 硬度：2H； 室温耐水性：96h； 耐100℃水：≥15min； 耐酸、碱、盐性能好； 耐人工老化：≥500h。 色差降：≤2。	室内木器、加具的涂装。

国家发展和改革委员会公告：国家重点节能技术推广目录（第三批）

2010年 第33号

为贯彻落实《中华人民共和国节约能源法》、《国务院关于加强节能工作的决定》和《国务院关于进一步加大工作力度确保实现“十一五”节能减排目标的通知》，加快重点节能技术的推广普及，引导用能单位采用先进的节能新工艺、新技术和新设备，提高能源利用效率，我们组织编制了《国家重点节能技术推广目录（第三批）》，现予公布。

本目录涉及煤炭、电力、钢铁、有色金属、石油石化、化工、建材、机械、纺织、建筑、交通等11个行业，共30项高效节能技术。

附件：国家重点节能技术推广目录（第三批）

国家发展和改革委员会

二〇一〇年十一月二十九日

附件：

国家重点节能技术推广目录（第三批）

序号	节能技术名称	适用范围	主要技术内容	典型项目				单位节能量	目前推广比例（%）	预计2015年		
				适用的技术条件	项目建设规模	投资额	项目节能量			该技术在行业能推广到的比例（%）	总投入*（万元）	节能能力（万tce/a）
1	矿井乏风和排水热能综合利用技术	煤炭行业煤矿中央并列式通风系统	选用水源热泵机组取代传统燃煤锅炉以充分利用地热。冬季，利用水处理设施提供的20℃左右的矿井排水和乏风作为热能介质，通过热泵机组提取矿井水中蕴含的热量，提供45～55℃的高温水为井口供暖。夏季，利用同样水源通过水源热泵机组制冷，通过整体降低进风流的温度来解决矿井高温热害问题。	煤炭矿井排水和乏风的平均温度≥15℃	项目供热量（制冷量）为4200kW	750万元	1000 tce/a	0.24tce/（kW·a）	<10	30	400000	55
2	新型高效煤粉锅炉系统技术	煤炭行业供暖或生产用蒸汽、民用供暖	新型高效煤粉锅炉房系统采用煤粉集中制备、精密供粉、空气分级燃烧、炉内脱硫、锅壳（或水管）式锅炉换热、高效布袋除尘、烟气脱硫和全过程自动控制等先进技术，实现了燃煤锅炉的高效运行和洁净排放。	区域锅炉房供暖改造、工业锅炉改造	供热面积29万m^2的煤粉锅炉房系统改造	870万元	2550 tce/150天采暖期	0.02tce/蒸吨	<1	10	2000000	500

注：总投入指2011~2015年期间，推广率达到预计比例时，投入的资金总量（下同）。

国家重点节能技术推广目录（第三批）

序号	节能技术名称	适用范围	主要技术内容	典型项目				单位节能量	目前推广比例（%）	预计2015年		
				适用的技术条件	项目建设规模	投资额	项目节能量			该技术在行业能推广到的比例（%）	总投入*（万元）	节能能力（万tce/a）
3	汽轮机组运行优化技术	电力行业火电厂或核电厂汽轮机组	通过先进的诊断及在线控制技术，分析火电厂热力系统的设备性能及运行参数，优化热力系统各项运行指标；减少系统泄露，达到最优运行状态；提高机组启停的自动控制水平，简化操作程序，缩短启停时间，提高启停运行的安全性，实现节能降耗。	火电厂热力系统改造及运行系统优化	300MW机组	400万元	7500 tce/a·机	平均供电煤耗下降5gce/kWh	<10	30	100000	210
4	火电厂烟气综合优化系统余热深度回收技术	电力行业燃煤火电机组	在除尘器之后的烟道中布置烟气冷却器，降低排烟温度。回收的烟气余热用于加热主凝结水以提高低压给水温度或者加热冷空气以提高锅炉进风温度。从而减少回热系统或者暖风器的抽汽量，提高机组发电出力，降低发电煤耗，提高机组运行的经济性，节约能源。	排烟温度较高的火电机组	300～1000MW机组	640万元	3990 tce/a	发电煤耗降低2 gce/kWh	< 1	50	720000	320

国家重点节能技术推广目录（第三批）

序号	节能技术名称	适用范围	主要技术内容	典型项目				单位节能量	目前推广比例（%）	预计2015年		
				适用的技术条件	项目建设规模	投资额	项目节能量			该技术在行业能推广到的比例（%）	总投入*（万元）	节能能力（万tce/a）
5	火电厂凝汽器真空保持节能系统技术	电力行业火力发电机组	通过替代汽轮机凝汽器传统的清洗方法：包括胶球清洗装置，彻底解决凝汽器污垢问题，长期保持凝汽器冷却管清洁，改善端差和真空度，降低汽轮机煤耗和冷却水泵能耗。	各种规格的火力发电机组水冷式凝汽器	2×300MW发电机组	1000万元	12000 tce/a	平均发电煤耗降低4gce/kWh	<1	20	133000	200
6	高压变频调速技术	电力、钢铁、化工、水泥等行业	高压变频调速技术采用单元串联多电平技术或者IGBT元件直接串联高压变频器等技术，实现变频调速系统的高输出功率（功率因数>0.95），同时消除对电网谐波的污染。对中高压、大功率风机、水泵的节电降耗作用明显，平均节电率在30%以上。	电力、钢铁、化工等行业的高压电机、风机的变频调速改造	1000kW/6kV风机高压变频器改造	280万元	1160 tce/a	0.086 kgce/kW	15	50	384000	300
7	电炉烟气余热回收利用系统技术	钢铁行业电炉炼钢	烟气全燃法，采用余热锅炉技术最大限度回收烟气余热生产蒸汽。	50t以上的电炉	50t电炉烟气余热利用系统	1286万元	5600 tce/a	12.4 kgce/t钢	<1	30	80000	35

国家重点节能技术推广目录（第三批）

序号	节能技术名称	适用范围	主要技术内容	典型项目				单位节能量	目前推广比例（%）	预计2015年		
				适用的技术条件	项目建设规模	投资额	项目节能量			该技术在行业能推广到的比例（%）	总投入*（万元）	节能能力（万tce/a）
8	矿热炉烟气余热利用技术	钢铁行业硅系铁合金化工电石行业	结合矿热炉生产运行情况，进行合理的矿热炉烟气封闭导出工艺改造，使矿热炉整体烟气无组织排放现状进一步改善；结合矿热炉现有除尘条件，使烟气余热在有效导出利用的同时，保证铁合金生产主工艺的正常进行；解决了矿热炉烟气中粉尘附着余热锅炉热交换器管壁的清除问题，提高余热利用效率。	硅铁类铁合金矿热炉余热利用	16台14000kVA矿热炉配套安装8台13t余热锅炉及24MW余热发电机组及配套设施	17100万元	67200 tce/a	960kWh/t铁合金	30	60	1100000	105
9	铅闪速熔炼技术	有色金属行业冶炼	实现低铅杂料的高效利用和自热熔炼，大幅提高硫的利用率和热能利用效率，实现节能降耗。	铅冶炼	10万吨粗铅/年闪速炉改造	6000万元	10200 tce/a	0.102tce/t粗铅（与2009年粗铅综合能耗0.332tce相比）	<3	30	38400	15
10	氧气侧吹熔池熔炼技术	有色金属行业冶炼	集物料干燥和熔炼于一身，熔炼强度大，可充分利用原料自身的化学反应热，产生的烟气通过余热锅炉回收余热后进行发电，有效降低了能耗。	铅、铜、镍等金属冶炼	15万t/a电铜熔池改造	7500万元	15000 tce/a	0.150tce/t电铜（与2009年0.336tce/t电铜相比）	8	15	29500	30

国家重点节能技术推广目录（第三批）

序号	节能技术名称	适用范围	主要技术内容	典型项目				单位节能量	目前推广比例（%）	预计2015年		
				适用的技术条件	项目建设规模	投资额	项目节能量			该技术在行业能推广到的比例（%）	总投入*（万元）	节能能力（万tce/a）
11	油田采油污水余热综合利用技术	石油、化工行业	利用油田伴生气或者原油作为驱动热源，采用直燃式热泵技术，回收采油污水中的热量，制取中温热水，用于外输原油加热器和油管道伴热，或者采油区的生活供暖，降低燃料消耗。	油气田开采	2×2910kW采油污水余热综合利用系统	800万元	2257 tce/a7点·台	0.76tce/kW·a	<1	30	127000	35
12	换热设备超声波在线防垢技术	石化行业换热设备	超声脉冲振荡波在换热器管、板壁传播，在金属管、板壁和附近的液态介质之间产生效应，破坏污垢的附着条件，防止换热设备在运行过程中结垢，提高换热设备传热能力，降低达到同样工艺要求所需的能耗，达到节能目的。	800万吨常减压装置	在21台脱前原油、脱后原油和初底油换热设备上应用超声波防垢技术	985万元	7272 tce/a	0.67kgce/t原油（仅常减压装置部分）	<1	40	76000	55
13	氯化氢合成余热利用技术	石化行业现有或新建氯碱企业的氯化氢或盐酸合成炉新建或改造	将氯化氢合成的热能利用率提高到70%，副产蒸汽压力可在0.2～1.4MPa间任意调节，可并入中、低压蒸汽网使用，使热能得到充分利用。	氯化氢制备	副产蒸汽氯化氢合成炉一套，日产氯化氢140t，副产1.2MPa蒸汽84t	400万元	3780 tce/a	0.09tce/t-HCl	<1	70	50680	35

国家重点节能技术推广目录（第三批）

序号	节能技术名称*	适用范围	主要技术内容	典型项目				单位节能量	目前推广比例（%）	预计2015年		
				适用的技术条件	项目建设规模	投资额	项目节能量			该技术在行业能推广到的比例（%）	总投入*（万元）	节能能力（万tce/a）
14	水溶液全循环尿素节能生产工艺技术	化工行业氮肥生产行业	由液相逆流式尿素合成、两次加热-降膜逆流换热的尿素中压分解、三段吸收-蒸发式氨冷-低水碳比的尿素中压回收、补碳-利用解吸水解余热的尿素低压分解回收、回收中压分解热的尿素一段蒸发、高效安全的尾气净氨等关键技术集成。	采用水溶液全循环生产工艺的尿素装置	年产30万t尿素装置	15400万元	21000 tce/a	70.3kgce/t尿素	1	30	97500	70
15	Low-E节能玻璃技术	建材行业	在普通浮法玻璃生产线锡槽的末端或者退火窑的前端增加一套Low-E镀膜设施，在浮法玻璃生产线上实现在线CVD或者PCVD镀膜生产。	浮法玻璃熔窑	15万m^2 Low-E节能玻璃	1200万元	4180 tce/a	27.86kgce/m^2·a	2	10	264000	95
16	烧结多孔砌块及填塞发泡聚苯乙烯烧结空心砌块节能技术	建材行业	利用固体废弃物煤矸石及荒山页岩为原料，不需要内掺煤和外投煤，生产环节耗能低，利用烧结多孔砌块或内填聚苯材料的新型建材替代建筑物外墙保温，实现了非承重墙隔热节能的效果。	建筑物非承重墙部位使用	年产6000万块标砖规模	5000万元	3000 tce/a	500kgce/万块标砖	<1	10	200000	50

国家重点节能技术推广目录（第三批）

序号	节能技术名称	适用范围	主要技术内容	典型项目				单位节能量	目前推广比例（%）	预计2015年		
				适用的技术条件	项目建设规模	投资额	项目节能量			该技术在行业能推广到的比例（%）	总投入*（万元）	节能能力（万tce/a）
17	节能型合成树脂幕墙装饰系统技术	建材行业建筑墙体装饰	以合成树脂为主要粘结材料，与颜料、体质颜料及各种助剂配制成腻子以及各种涂料，分层施涂在建筑物墙体上，形成具有幕墙外观的建筑装饰层，替代传统铝塑板幕墙，节约生产、施工和使用能耗。	建筑外墙	墙体面积5万m^2	500万元	2900 tce/a	58.01 kgce/m^2	3	10	225000	130
18	预混式二次燃烧节能技术	建材行业工业窑炉	改进燃烧器结构，优化陶瓷窑燃烧系统，控制空燃比；提高火焰温度15%～20%，改善陶瓷窑内温度场分布的均匀性；延长火焰在炉膛中的停留时间；采用二次空气补偿，提高火焰梯度的燃烧强度；调节热烟气的喷嘴射程。	采用较清洁的燃气，鼓风式燃烧工业窑炉	对14条辊道窑进行预混式二次燃烧节能技术改造	600万元	5300 tce/a	15.7kgce/t-陶瓷	<1	20	30000	45

国家重点节能技术推广目录（第三批）

序号	节能技术名称	适用范围	主要技术内容	典型项目				单位节能量	目前推广比例（%）	预计2015年		
				适用的技术条件	项目建设规模	投资额	项目节能量			该技术在行业能推广到的比例（%）	总投入*（万元）	节能能力（万tce/a）
19	机械式蒸汽再压缩技术	轻工行业生化或化工行业废水或物料的浓缩	利用高能效蒸汽压缩机压缩蒸发系统产生的二次蒸汽，提高二次蒸汽的焓，被提高热能的二次蒸汽进入蒸发系统作为热源循环使用，从而不需要新鲜蒸汽，依靠蒸发器自循环来实现蒸发浓缩的目的。	单效或多效蒸发浓缩系统	年产10000t木糖项目，其中2台18t/h和1台10t/h的机械式蒸发器	1150万元	11000tce/a（与四效蒸发器相比）	1.1tce/t木糖	6	20	330000	145
20	聚能燃烧技术	轻工行业燃气具产品、工业燃烧加热工序	采用金属蜂窝体燃烧技术、催化燃烧技术、聚能护围结构技术、多层隔热技术等提高灶具的燃烧效率。	台式燃气灶、民用取暖产品、工业采暖等	16768台聚能型炉灶	3320万元	1400tce/a	0.23kgce/（台•天）	2	20	2100000	120
21	高强度气体放电灯用大功率电子镇流器新技术	轻工行业适用于高压钠灯、金卤灯照明用电子镇流器	用电子镇流器取代高压钠灯及金卤素灯上使用的电感镇流器，提高用电效率，使低频变高频，达到节能的效果。	大功率电感镇流器的照明设备	3000个高强度气体放电灯用电子镇流器	600万元	406tce/a	135kgce/（台•年）	2	10	1000000	125

国家重点节能技术推广目录（第三批）

序号	节能技术名称	适用范围	主要技术内容	典型项目				单位节能量	目前推广比例（%）	预计2015年		
				适用的技术条件	项目建设规模	投资额	项目节能量			该技术在行业能推广到的比例（%）	总投入*（万元）	节能能力（万tce/a）
22	新型生物反应器和高效节能生物发酵技术	轻工行业发酵和化工等行业	1. 发酵用压缩空气的一级冷却采用风冷技术，被加热的空气作为烘干发酵菌渣的加热剂。 2. 增加发酵罐高度，拌代替机械搅拌的反应器，可去掉搅拌电机节约电能。发酵罐的内冷却管替代外盘管，可以提高传热效率，缩短冷却时间。利用二次补气发酵技术提高发酵溶氧率和空气利用率改善发酵环境，缩短发酵时间降低单罐能耗。	生物反应器及发酵过程的节能改造	年产300t阿维菌素生产系统	7196万元	28621 tce/a	95tce/t阿维素	12	60	160000	120
23	直燃式快速烘房技术	机械行业瓷器坯件烘干	气体燃料的燃烧产能与循环热风混合作为干燥介质，直接烘干坯件。	以天然气为燃料	40间100m³烘房	1100万元	920 tce/a	0.437kgce/kg水	3(电瓷行业)	30	100000	15

国家重点节能技术推广目录（第三批）

序号	节能技术名称	适用范围	主要技术内容	典型项目				单位节能量	目前推广比例（%）	预计2015年		
				适用的技术条件	项目建设规模	投资额	项目节能量			该技术在行业能推广到的比例（%）	总投入*（万元）	节能能力（万tce/a）
24	塑料注射成型伺服驱动与控制技术	机械行业注塑机行业合模力400～80000kN注塑机	应用伺服电机驱动定量泵及控制技术，精确、快速地控制伺服电机的转速和扭矩，实现液压系统压力和流量双闭环控制，使伺服电机运行功率与负载需求功率完好匹配，达到大幅节能效果。	注塑机专用交流伺服系统	50台注塑机	2500万元	2310 tce/a	155.4kgce/台·天	10	30	100000	35
25	电子膨胀阀变频节能技术	机械行业家用空调、商用空调、冷冻及冷藏设备	在空调以及冷冻、冷藏设备上使用电子膨胀阀，采用变频节能技术提高设备能效。	可变频控制的压缩机	600万套/a	7500万元	260000 tce/a	43.3kgce/台	20	50	20000	85
26	工业冷却塔用混流式水轮机技术	机械行业化工、冶炼、轻纺等使用工业冷却塔的行业	充分利用循环冷却水系统存在的重力势能，通过水轮机带动风机进行冷却，可以替代传统的电机驱动风机技术。在循环冷却水系统存在9～10m落差的条件下，可用水轮机完全取代传统的风机电机。	存在落差的循环冷却水系统	2座4000t/h流量冷却塔	240万元	1108 tce/a	400tce/台·年	<1	10	700000	240

国家重点节能技术推广目录（第三批）

序号	节能技术名称	适用范围	主要技术内容	典型项目				单位节能量	目前推广比例（%）	预计2015年		
				适用的技术条件	项目建设规模	投资额	项目节能量			该技术在行业能推广到的比例（%）	总投入*（万元）	节能能力（万tce/a）
27	缸内汽油直喷发动机技术	汽车行业	缸内汽油直喷发动机兼有柴油机热效率高和汽油机升功率大的特点，与传统进气道喷射相比，缸内汽油直喷发动机具有冷启动碳氢排放低、充气效率高、燃油经济性好、瞬时反应快、起动快、空燃比控制更精确等优势。	轿车生产整车搭载	20万台缸内汽油直喷发动机生产线	71000万元	128000 tce/a	0.64tce/（车·年）	5	20	6000000	255
28	沥青路面冷再生技术在路面大中修工程中的应用技术	交通行业各等级公路沥青路面大中修养护工程	对沥青路面进行冷铣刨、破碎和筛分，掺入一定数量的新集料、再生结合料、活性填料（水泥、石灰等）、水（新材料掺配比例一般在30%以内），经过常温拌和、常温摊铺、常温碾压等工序，实现旧沥青路面再生的技术。	高速公路大中修养护工程	90公里高速公路大修	100万元	780 tce/a	8.6tce/km	<1	80（公路大修）	53000	40

国家重点节能技术推广目录（第三批）

序号	节能技术名称	适用范围	主要技术内容	典型项目				单位节能量	目前推广比例（%）	预计2015年		
				适用的技术条件	项目建设规模	投资额	项目节能量			该技术在行业能推广到的比例（%）	总投入*（万元）	节能能力（万tce/a）
29	轮胎式集装箱门式起重机“油改电”节能技术	交通行业集装箱堆场等集装箱装卸港口或物流企业	集装箱堆场装卸采用轮胎式集装箱门式起重机作业，用柴油发电机组供电，能耗较大，且排放大量废气、噪声，对环境产生一定的影响。改造后，利用市电作为动力，降低了能耗和运营成本，环境质量得到改善。	配备轮胎式集装箱门式起重机的码头或港口	60台轮胎式集装箱门式起重机高架滑触线供电方式油改电改造	4000万元	1687 tce/a	0.459 kgce/操作TEU	10	75	300000	20
30	温湿度独立调节系统	建筑行业公共建筑、住宅建筑等的采暖供冷系统节能	温湿度独立调节空调系统采用两套独立的系统，分别控制、调节室内空气的温度与湿度。	新建或改造民用建筑项目配套	3.55万m^2住宅室内空调系统	350万元	320 tce/a	3.5kgce/m^2·a	<1	5	2000000	175

关于发布2010年度《国家先进污染防治示范技术名录》和《国家鼓励发展的环境保护技术目录》的公告

公告2010年　第103号

为贯彻落实《国务院关于落实科学发展观加强环境保护的决定》（国发〔2005〕39号）以及《国务院关于印发节能减排综合性工作方案的通知》（国发〔2007〕15号）精神，加快污染防治技术示范、应用和推广，引导环保产业发展，我部组织编制了2010年度《国家先进污染防治示范技术名录》（以下简称《示范名录》）和《国家鼓励发展的环境保护技术目录》（以下简称《鼓励目录》）。

《示范名录》所列的新技术、新工艺在技术方法上具有创新性，技术指标具有先进性，已基本达到实际工程应用水平。《鼓励目录》所列的技术是已经工程实践证明的成熟技术。国家鼓励对《示范名录》中的新技术、新工艺进行工程示范和推广，对《鼓励目录》中的污染防治技术进行应用。

现将2010年度《国家先进污染防治示范技术名录》和《国家鼓励发展的环境保护技术目录》予以发布，请参照执行。2009年发布的《国家先进污染治理示范技术名录》和《国家鼓励发展的环境保护技术目录》同时废止。

附件：1.2010年度国家先进污染防治示范技术名录

2.2010年度国家鼓励发展的环境保护技术目录

环境保护部

二〇一〇年十二月三十一日

附件一：

2010年度国家先进污染防治示范技术名录

序号	技术名称	技术指标	适用范围	发展状况	解决的技术难题
一、城市污水、污泥、垃圾渗滤液处理及水体修复技术					
1	交替式活性污泥法生活污水处理技术	该技术采用UNITANK工艺，三池之间水力连通，每池都设有曝气系统，边池设有出水堰及剩余污泥排放口，作为曝气池和沉淀池交替运行。通过调整系统的运行，形成好氧、厌氧或缺氧条件，以适应不同处理目标的要求。COD去除率 80%～90%，氨氮去除率85%～90%，总磷去除率大于80%。出水COD低于60mg/L，氨氮低于8mg/L。	适用于城镇污水和与其水质相近的工业废水的处理。	已完成工业化试验	解决了与工艺相配套的高效、低能耗的成套设备及系统自动化控制问题。
2	城市污水、污泥双V深井曝气处理技术	该技术利用潜置于地下的深井（口径 0.7～6m、井深 90～120m）反应器对污水或污泥进行超深水曝气、好氧生物处理，减少了曝气量，提高了单位反应区的处理效率。处理污水时氧传导率约80%，BOD_5去除率大于95%，处理污泥时氧传导率 50%～85%，处理后的城市污泥达到无害化要求，可直接用作土壤肥料。	适用于生活污水、污泥以及工业废水处理，尤其适用于北方寒冷地区。	已有少量工程应用	解决了污泥处理处置的问题。

序号	技术名称	技术指标	适用范围	发展状况	解决的技术难题
3	垃圾渗滤液处理技术	（1）该技术采用“絮凝沉淀+MBR +特种膜集成分离”组合工艺，先通过絮凝沉淀去除部分重金属离子和悬浮物，然后进入MBR反应器，出水经特种集成膜分离设备处理后排放或回用，浓水进入干燥池强化风干。对于150m^3/d的垃圾渗滤液处理，在进水COD低于50000mg/L、氨氮低于1500mg/L的情况下，出水COD低于90mg/L、氨氮低于10mg/L。 （2）该技术采用“电解+UASB+MBR”组合工艺系统处理垃圾渗滤液。其中电解工艺可选择性去除毒害性有机物，并使BOD_5/COD值从原水的0.26增加到0.54，VFA含量增至约15%；UASB工艺将90%以上的难降解有机物转变为可降解物质；MBR的膜截留作用可延长大分子物质及有效微生物在生物反应器中的停留时间，提高对污染物的降解能力。日处理12m^{3}的中试系统COD去除率达99%，氨氮去除率达95%。 （3）该技术采用“生化（厌氧、缺氧、好氧）+膜分离（微滤、超滤、纳滤、反渗透）”组合工艺处理垃圾渗滤液，膜分离后的清液排放，浓液返回系统，剩余污泥脱水后填埋。进水COD低于30000mg/L、BOD_5低于15000mg/L、氨氮低于2000mg/L、SS低于1500mg/L时，出水COD低于70mg/L、BOD_5低于20mg/L、氨氮低于10mg/L、SS低于10mg/L。 （4）该技术采用 “絮凝沉淀→吹脱→混凝沉淀→厌氧生化→接触氧化→膜生物反应器→纳滤”的工艺流程。进水COD 60000 mg/L、BOD_5 30000 mg/L、氨氮 1200 mg/L时；纳滤系统出水COD 90mg/L、BOD_5 20mg/L；氨氮 10mg/L。 （5）该技术采用生化、物化和高级氧化的组合工艺，工艺流程为“生化→混凝→高级氧化→深度生化”。进水COD 5000～11500mg/L、氨氮 300～1600mg/L、总氮 400～1700mg/L、总磷 8～35mg/L；经处理出水COD 60～100mg /L、氨氮 0.2～11mg/L、总氮 25～40mg/L、总磷 0.1～0.5mg/L 。	适用于垃圾填埋场和焚烧厂渗滤液处理。	（2）已完成工业化试验 （1）、（3）、（4）、（5）已有少量工程应用	（1）待解决膜污染及清洁、运行稳定性、降低运行费用等问题。 （2）待解决电解作为预处理工艺费用高、对特种污染物选择性差的问题。 （3）和（4）待解决进一步降低能耗和成本的问题。 （5）解决了膜处理带来的费用高、浓水无法处理等问题。
4	城市污水厂污泥热解法稳定化处理技术	（1）该技术采用以水热处理为核心的污泥处理组合工艺，先通过水热处理将难脱除的细胞水转化为自由水，难降解的大分子有机物水解为小分子；再经重力浓缩和机械脱水，使泥饼含水率降低至50%；最后采用厌氧发酵法处理脱水废液产生沼气、回收热能。污泥减容率大于90%，进料污泥含水率 90%～95%，出料为50%，呈半干化状态，可直接焚烧。日处理污水5万t的污水处理厂（日产含水率为80%的污泥30t），污泥处理设施建设投资约20万元/t。 （2）该技术采用蒸汽对污泥进行热工调理，打破污泥原有持水结构，含水约80%的污泥经处理后，二次脱水含水率可降至约50%，处理过程同时完成了杀菌、除臭，所得产物可资源化利用。	适用于城市污水厂污泥处理。	已完成工业化试验	解决了污水厂污泥稳定化问题，提高了脱水率。

序号	技术名称	技术指标	适用范围	发展状况	解决的技术难题
二、工业废水处理、回用与减排技术					
5	马铃薯淀粉废水提取蛋白综合利用技术	该类技术采用凝聚法或生物发酵法，从马铃薯淀粉加工废水中提取蛋白饲料。提取蛋白后的废水COD负荷可降低75%（COD 1500～5000 mg/L），氨氮负荷可降低60%，SS负荷可降低95%，为废水的后续处理奠定了基础。年产5000t淀粉的工厂，可生产蛋白液25000t，饲料蛋白50t，微生物制剂100t，蛋白提取率大于 90%。凝聚法废水停留时间 6～8h，温度-5℃以上（冬季），变性剂投加量 20～30g/t废水。生物发酵法发酵时间为4d，饲料蛋白含量 35%。	适用于淀粉年产量在5000～ 30000t企业的马铃薯淀粉废水综合利用。	已完成工业化试验	凝聚法待解决化学混凝剂对饲料安全性的影响和后续水深度处理问题；生物发酵法待解决投资、运行费用高、能耗高、且运行效果不稳定问题。
6	牛仔服洗磨污水净化再生回用技术	该技术将吸附、精细过滤和固液分离3个工序合并设计在一个一体化处理装置内，水力停留时间 30min。当原水COD 200～400mg/L、色度 50～250倍时，处理后出水COD 30～50mg/L、色度低于10倍。系统节水率可达80%。	适用于牛仔服洗磨加工企业洗磨污水再生回用。	已有少量工程应用	解决了服装洗磨废水处理装置的一体化问题。
7	氯碱化工废水处理技术	该技术针对北方氯碱厂水质较硬、盐较高等特点，采用“调节隔油＋气浮＋活性炭＋反渗透”处理工艺，注重膜前预处理，保证反渗透的运行效果，反渗透产水可达到脱盐水补水水质。原水硬度 1000mg/L时，出水可降至150mg/L；出水可回用于氯碱工业生产，废水回用率达80%。	适用于氯碱化工（烧碱、聚氯乙烯）废水处理。	已有少量工程应用	解决了氯碱化工废水处理的难题。
8	聚合母液废水生物处理及回收技术	该技术根据聚乙烯（PVC）母液废水含盐不高、含低浓度有机物等特点，采用高效菌种降解PVC母液中的多种难降解有机物。工艺流程为“水解→好氧生物处理→二沉池→过滤→回用”，处理后的出水COD低于20mg/L。	适用于聚乙烯生产工艺中聚合母液的处理与回用。	已有少量工程应用	待解决保持生化处理体系的适应性和稳定性问题。
9	膜法浓缩、回收氰化钠技术	该技术采用膜分离工艺回收浓缩废水中的氰化钠等污染物，达到一定浓度后回收使用。氰化钠原液浓度 2 g/L，透析后出水质与自来水相当，可供冷冻行业生产使用，浓缩液浓度为10 g/L，浓缩倍数 2.5～5倍。	适用于金属冶炼行业。	已有少量工程应用	待解决氰化钠浓缩液的使用安全性问题。
10	有毒有机工业废水吸附法处理及回收技术	该技术采用海绵状高分子吸附材料，根据废水中污染物特性，将吸附材料设计合成不同结构和组分的吸附树脂，选用多种单体共聚，并加入特制的交联剂，使其网络结构可控，交联度适中，提高了树脂的强度。对高浓度疏水性有毒有机物的吸附容量大于10g/g；吸附树脂重复使用100次后，其吸附容量仍可达初期饱和吸附量的70%以上。	适用于化工、石化、印染、冶金等行业高浓度有毒有机废水的处理。	已完成工业化试验	解决了工程化应用中树脂不能重复使用的问题。

序号	技术名称	技术指标	适用范围	发展状况	解决的技术难题
11	高浓度、难生化废水湿式催化氧化处理技术	（1）采用湿式催化氧化法处理有毒高浓度有机废水，使用特制的催化剂使废水中的高分子有机物在催化剂作用下直接氧化降解为无机物或小分子有机物。COD去除率大于90%，总有机碳去除率大于85%，有机硫去除率大于85%。处理COD为80000mg/L的乙基氯化物废水时，催化剂制备成本低于60000元/t，吨水处理费用低于52元，每公斤COD处理费用低于0.7元。 （2）该技术采用高温、高压湿式催化氧化技术，将高浓度、难生物降解有机废水中的有机物、氨氮、氰化物等分解为二氧化碳、氮气和水等。当处理原水中COD大于30000mg/L、氨氮大于3000mg/L、总氮大于10000mg/L时，在200～300℃的反应温度和5～10MPa的反应压力下，COD、氨氮和总氮的去除率均大于95%。	适用于农药、染料、焦化、石化等行业高浓度、难降解的有机废水处理。	（1）已完成工业化试验 （2）已有少量工程应用	（1）待解决应用过程中能耗高的问题，提高处理效率，减少运行费用。 （2）解决了高浓度有机废水和氨氮废水的处理难题。
12	高效脱氮、低产泥污水处理技术	该技术将高效填料、司步硝化反硝化、优势菌、食物链动物捕食等技术进行优化集成，形成高效生物膜反应器，前段辅以水解预处理。进水COD 1000mg/L、氨氮 50mg/L时，COD去除率大于90%，氨氮去除率大于80%，总氮去除率大于70%。产泥率为常规方法的15%～25%，可实现污泥基本全部回流。	适用于高浓度有机废水的处理和分散型中小规模的水处理。	已完成中试	解决了原位排泥的问题。
13	印染废水生物处理-高效澄清-过滤组合处理技术	该技术采用“调节＋厌氧水解＋A/O（生物活性炭法）＋高效澄清池＋过滤”组合工艺处理综合印染废水，当过水pH为9、COD 500mg/L、总氮 40mg/L、氨氮 30 mg/L、总磷 3mg/L、色度 100倍时，经处理后出水pH 7.4、COD 50mg/L、总氮 7.5mg/L、氨氮 0.25mg/L、总磷 0.05mg/L、色度 16倍。设计规模2万t的印染废水处理厂工程总投资3300万元，吨水直接运行成本约1.70元。	适用于印染废水深度处理。	已有少量工程应用	解决了原系统耐冲击负荷较低，印染废水可生化性较差，难生物处理的问题。
14	石化工业废水处理技术	该技术采用“水解+A/O”工艺处理石化废水。水解采用一孔一点的布水方式，布水均匀，并能在水解池中形成高浓度酸化污泥床，出水进入A/O单元再进行生化处理。当进水COD 1000mg/L、氨氮 30mg/L、BOD_5 200mg/L时，经处理后出水COD 100mg/L、氨氮 0.4 mg/L、BOD_5 10mg/L。	适用于500～100000m^3 /d的石油化工、化工等行业污水处理。	已有少量工程应用	解决了石化废水氨氮达标问题。
15	电絮凝水处理技术	该技术具有电解氧化还原、絮凝气浮功能，可以氧化有机物、分离重金属氢氧化物絮团，实现降解有机物、去除重金属的目的。电解停留时间20～90s，总停留时间不超过1h。设备占地是化学法的五分之一。铅、镉、锌的去除率大于95%，污泥产生量约为化学法的40%。	适用于金属表面加工业及电镀、有色金属冶炼业废水的处理。	已有少量工程应用	解决了系统结垢的问题。

序号	技术名称	技术指标	适用范围	发展状况	解决的技术难题
16	环保型循环冷却水处理技术	该技术采用高级氧化还原技术，有效破坏生物膜，起到杀菌、阻垢和缓蚀等作用，可替代传统化学药剂处理循环冷却水。处理后污垢热阻小于3.44×10-4·m^2K/W，腐蚀率小于0.075 mm/a（碳钢），细菌总数低于1×103个/mL，生物粘泥低于3 mL/m^3，浊度低于5NTU，pH 7.0～9.0，总铁浓度低于1.0mg/L。	适用于敞开式工业循环冷却水系统。	已有少量工程应用	解决了添加化学药剂的污染和系统智能化控制问题。
三、脱硫、脱硝、除尘技术					
17	烧结机循环流化床烟气脱硫技术	该技术采用干态消石灰粉脱硫剂，通过在脱硫反应塔中部喷水，脱除烟气中的二氧化硫。脱硫后的烟气进入布袋除尘器中，脱除颗粒物后排入大气，颗粒物经过再循环系统返回到脱硫反应塔中循环利用。钙硫比为1.2时，脱硫效率能大于90%，粉尘排放量低于30mg/m^3。	适用于烧结机烟气脱硫。	已有少量工程应用	解决了大于300m^2烧结机的烟气脱硫除尘问题。
18	燃煤电厂氨法烟气脱硫技术	该技术以一定浓度的氨水或液氨作吸收剂，与烟气发生反应产生亚硫酸铵，亚硫酸铵在吸收塔内氧化生成硫铵溶液并经离心分离、蒸发浓缩，得到固体硫酸铵。脱硫效率大于95%，脱硝效率大于20%，氨逃逸浓度低于8mg/m^3。	适用于具有氨吸收剂来源、燃料硫含量大于1.5%的大型工业锅炉和电站锅炉的烟气脱硫。	已有少量工程应用	待解决大于300MW机组燃用中高硫煤时的稳定运行问题。
19	脱硝催化剂载体二氧化钛产业化技术	该技术以硫酸法钛白粉生产的偏钛酸为原料，制备脱硝用催化剂载体。主要流程包括前处理、硫酸处理、载入活性组分、凝胶化、过滤、干燥煅烧、超细粉碎、包装等环节。生产的载体二氧化钛为锐钛型结晶度，比表面积控制在90±10 m^2/g，晶粒尺寸小于20nm，Fe小于0.01%，NaO_2/KO_2小于0.01%，P小于0.05%。	适用于电力、化工、冶金、汽车等高温燃烧烟气的氮氧化物处理。	已完成工业化试验	解决了催化剂载体国产化问题。
四、固体废物综合利用、处理处置及土壤修复技术					

序号	技术名称	技术指标	适用范围	发展状况	解决的技术难题
20	脱硫石膏综合利用技术	（1）该技术将脱硫石膏经计量后通过原浆制浆系统，与特制的Ca、K、Mg混合制成一定浓度的石膏原浆，送至反应釜内，以蒸汽外加的形式，控制反应釜反应温度在95℃左右，当釜内石膏浆液电导率达到一定数值后，得到a半水石膏浆液，经脱水后干燥洗磨得成品，产品符合行业标准。 （2）该技术根据脱硫石膏综合利用要求，优化了电厂工艺参数：石灰石纯度大于90%、烟气飞灰含量低于50mg/m^3、pH 5.5～6.5、液气比 11～15L/m^3；不掺入添加剂、不干燥直接制成脱硫石膏，用作水泥缓凝剂。采用双筒回转窑生产脱硫建筑石膏，指标达到《建筑石膏》质量要求，生产的粉刷石膏、石膏砌块也达到标准要求。	适用于脱硫石膏综合利用。	（1）已完成中试 （2）已有少量工程应用	解决了脱硫石膏综合利用中石膏形成、加工、应用的技术问题。
21	电子废弃物处理及资源化技术	该技术将电子废弃物经人工拆解、破碎分离后，利用磁选、风选、电选等技术，有效回收和利用热塑性塑料和热固性塑料、有色金属、钢铁等材料，其回收率分别大于90%、95%、98%。	适用于电子废弃物处理。	已有少量工程应用	解决了电子废弃物的处理处置和资源化问题，同时避免二次污染。
22	工业含盐固体废物的处理技术	该技术将含盐固体废物中的易挥发或易降解的胺、酚、醚等有机物高温分解去除，回收工业盐并用于氯碱生产。分解温度 470～490℃；物料停留4～6h。产品盐总氮小于20ppm，总磷小于5ppm，有机杂质总量小于0.5%。	适用于化工行业每年副产1000～200000 吨含盐固体废物的企业或地域的工业含盐固体废物的处理。	已完成中试	解决了工业含盐固体资源化利用问题。
23	木薯渣饲料资源化技术	该技术从细菌和真菌中筛选出能降解木薯渣中纤维素的菌株，经过物理和化学等多种方式诱变处理后作为生产菌种，将木薯渣转化为饲料原料。处理后的木薯渣氨基酸含量提高，赖氨酸0.90%，蛋氨酸0.8%，苏氨酸0.54%。	适用于农副产品加工的糟渣处理。	已完成工业化试验	解决了木薯渣饲料资源化菌种生产的问题。
24	生活垃圾焚烧飞灰药剂稳定卫生填埋技术	该技术将焚烧厂飞灰装入飞灰槽罐车后，直接运输至填埋坑，用车载空气压缩机产生压缩空气，通过管道将飞灰送入专门设计的混合器，混合器的另一入口联接药剂液管道，药剂由液压泵提供一定的压力，灰、液经混合器喷射而出，利用二者速度差，产生吸附作用，并起到充分混合效果，混合料直接进入填埋坑，然后进行摊平、压实作业。该技术配套装置处理能力 20～40t/a，较传统飞灰处置技术可节约三分之一的填埋库容。	适用于垃圾焚烧飞灰的处理。	已完成工业化试验	解决了飞灰稳定化关键技术的工程化及飞灰中二噁英的稳定性问题。

序号	技术名称	技术指标	适用范围	发展状况	解决的技术难题
25	石油污染土壤生态修复技术	该技术采用以植物~微生物联合为主、辅以物理化学措施的生态修复技术体系；利用固定化外源微生物的保护机制，辅以合理的作物品种、种植结构、污染物活化及农田管理措施强化污染土壤处理效果，实现生态修复。土壤中石油类污染物在第一个生长季中的降解率55%～70%，平均在60%以上。原位修复耕层土壤（0～20cm）时，固定化菌剂接种量为土壤体积1%～2%。	适用于石油污水灌区的土壤生态修复。	已完成工业化试验	解决了污染土壤生态修复过程中的外源微生物菌剂固定化问题；微生物固定化效率问题有待解决。
26	农田土壤中残留农药的微生物降解和修复技术	该技术采用在农药污染土壤中添加高效工程菌的方法，强化微生物的降解作用，降低土壤中农药残留，提高农产品品质。该技术对农田土壤中农药的降解率约90%。使用该菌剂，每亩约需成本100元，同时可减少农产品污染。	适用于受农药污染的农田土壤。	已有少量工程应用	解决了农药的降解效率问题；对靶标农药降解的广谱性问题有待解决。
27	多氯联苯污染土壤的生态修复技术	利用植物-微生物制剂联合修复技术，辅以调理剂和生态调控手段，实现土壤中多氯联苯（PCBs）污染的原位修复。该技术工艺包括：中和调控修复、土壤耕作修复、紫花苜蓿修复和苜蓿放压绿肥修复四个阶段。可使污染土壤的pH值从4调节至6以上，基本满足植物的生长要求；污染土壤中的PCBs总量可从0.5～1.0mg/kg下降至0.1mg/kg以下，PCBs去除率大于85%。以工程修复600亩计算，工程费用约360万元。	适用于受多氯联苯污染农田土壤。	已完成中试	解决了植物微生物协同效应问题；修复成本控制问题有待解决。
28	土壤中挥发性有机污染物的气相抽提和生物通风修复技术	该技术采用气相抽提+生物通风工艺修复土壤中挥发性有机污染。前期土壤中污染物含量较高时，采用气相抽提，后期土壤中污染物含量较低时，采用生物通风。中试单组份污染物（正己烷）连续抽提操作90h，污染物浓度由450mg/m^{3}下降至6.5mg/m^3。抽出尾气中的污染气体可通过化工吸附解析处理和活性碳去除。在200m^{3}处理规模上，投资约2万元，运行费为5500元。	适用于受挥发性有机污染物污染的不饱和区砂质土壤。	已完成中试	解决了抽提-通风的协同控制问题；污染物拖尾问题有待进一步解决。
29	多环芳烃污染土壤生物堆修复技术	将受污染土壤经预处理后堆放成垛（条），然后通风、补水、提供营养物和添加剂，强化土著微生物的好氧降解过程，加速土壤中多环芳烃的降解。主要工艺过程包括：土壤破碎、筛分、含水量调节、pH调节、碳氮比调节、孔隙度调节等。该技术可以使土壤中典型多环芳烃化合物苯并(a)芘浓度从20mg/kg下降到1.3mg/kg以下，单批处理量可达600m^3，修复后的土壤可用于垃圾填埋场的封盖。处理9600 m^{3}污染土壤，投资成本约为160万元，运行费用为70万元。	适用于受多环芳烃污染的土壤。	已完成中试	解决了生物堆降解效率问题；生物堆的物料优化传质问题有待进一步解决。

序号	技术名称	技术指标	适用范围	发展状况	解决的技术难题
30	工业污染场地化学氧化修复技术	通过向土壤中注入高锰酸钾等化学氧化剂，氧化土壤中的有机污染物，达到修复目的。工艺流程为：将氧化剂和水按一定比例搅拌溶解，通过加压泵注入到土壤中，使氧化剂与土壤中的污染物发生氧化还原反应，将污染物转化为二氧化碳或其他低危害产物，氧化剂为浓度为1.5%的高锰酸钾，氧化剂注入速度为100～1000L/h。氧化处理后，土壤中典型多环芳烃的去除率大于90%。以150m^3土壤处理规模计算，投资成本约40万元。	适用于受有机污染物污染的工业场地。	已完成中试	解决了氧化条件的优化问题；氧化效率的提高和成本控制问题有待进一步解决。
五、工业清洁生产技术					
31	色谱法提取柠檬酸技术	该技术用热水作洗脱剂、以树脂色谱分离技术替代现行的钙盐法生产柠檬酸，消除了二氧化碳废气、硫酸钙等废渣排放；废糖水循环发酵，可循环回用200次以上。柠檬酸收率大于98%，固定相利用率提高2～5倍，降低生产成本达10%～15%，产品浓度提高5%～15%。	适用于有机酸生产行业。	已有少量工程应用	解决了在柠檬酸行业的硫酸钙废渣排放和规模扩大问题。
32	干法乙炔制备技术	该技术用略多于理论量的水，以雾态喷在电石粉上使之水解生产乙炔。反应温度气相为90～93℃，固相为100～110℃，水与电石的比例约为1.2:1，电石水解率大于99%，电石渣含水率低，乙炔收率大于98%。提高了生产安全性，工艺水循环使用。生产密闭进行，无废气排放。无须沉降和压滤处理，节省投资和占地面积，年产10万t 聚乙烯节约成本约800万元。	适用于电石法聚氯乙烯生产行业。	已有少量工程应用	解决了乙炔制备工艺的环境污染问题。
33	锅炉烟气净化硫酸钙型卤水技术	该技术采用“石灰—芒硝—CO_2净化卤水技术”净化硫酸钙型卤水，可以利用制盐锅炉烟气中CO_2和制盐母液中芒硝作为净化卤水的原料，既降低锅炉烟气中CO_2和制盐母液对环境的污染，又可降低生产成本。年产60万t装置，每年可减排CO_2 5000t、SO_2 4000t；吨制盐降低成本 15～20元；年节能1.35万t标煤。	适用于制盐行业，60～100万t/年卤折盐卤水净化。	已完成工业化试验	解决了利用锅炉烟气净化卤水的国产化应用问题。
34	蛋白质纤维微悬浮体染色技术	采用特制的微悬浮体化助剂，使微悬浮体的染料颗粒达到纳米级，从而对纤维的吸附能力显著加强，可提高固色率 10%～30%，缩短染色时间 1/3～1/2，减少染料用量10%左右。	适用于毛用活性染料、酸性染料、中性染料及酸性络合染料对蛋白质纤维的染色加工。	已完成工业化试验	解决了各种蛋白质纤维染料的微悬浮体化，提高染料对纤维的吸附率及体系中各种相关参数的优化。

序号	技术名称	技术指标	适用范围	发展状况	解决的技术难题
35	涤纶织物的无助剂免水洗染色技术	该技术使用微胶囊化分散染料，配合专用的染料萃取器，对传统的高温高压染色工艺和设备实施改造，缩短了聚酯纤维制品染色工艺流程，可使染色用水单耗下降70%，热能消耗降低1/3。	适用于对疏水性纤维（涤纶、锦纶）及涤/棉等混纺织物的染色加工。	已完成工业化试验	解决了产业化过程各种织物微胶囊材料工艺的开发与优化，提高系统稳定性。
36	氧化白液制备技术	该系统的反应器上部为二段填料塔，白液进入二段填料顶部，通过反应器均匀喷洒在填料层，白液从上向下流动，氧气从氧化白液连接部分向上流动，二者产生液相反应，生成氧化白液，代替外购碱，降低碱的成本并更好地控制系统碱平衡。成本仅为外购碱的50%，白液回收前硫化度为20%～30%，氧化白液硫化钠含量低于1.5g/L。	适用于制浆造纸行业氧化白液的制备。	已完成工业化试验	待解决浓度、压力等技术参数控制问题，降低碱回收成本。
37	煤矿井下采煤工作面环保单体支柱防锈技术	该技术采用多元素合金沉积法对煤矿采煤工作面用于支护的单体液压支柱进行防锈处理，代替传统的乳化液防锈。工作介质采用清水以后防止了乳化液在支柱回收时排入采空区而污染地下水。按全年生产120～150万根计算，采用该技术，生产成本提高3600~4500万元，但节约乳化剂费用1.4～2.1亿元。	适用于煤矿井下采煤工作面用于支护的单体液压支柱的防锈处理。	已完成工业化试验	解决了乳化液污染地下水的问题。
38	绿色电镀技术	该技术采用生化除油、电解除油自动控制、薄膜阳极及离子交换系统处理钝化液等技术集成，可大幅度降低电镀生产废水中COD、锌、铁等污染物排放量（COD削减85%，锌削减65%），提高换槽周期（从1月提高到12月），工艺用电量小于传统工艺的30%，电流效率提高50%，生产过程不产生氰化物，钝化药品使用寿命比传统工艺延长3倍，减少70%以上钝化液排放。	适用于五金电镀行业的清洁生产。	已有少量工程应用	解决了电镀污染物排放量较高的问题。
六、噪声与振动控制技术					
39	阻尼弹簧浮置板轨道隔振技术	该技术以阻尼弹簧隔振技术为基础，采用大荷载阻尼弹簧隔振器和浮置板道床工艺技术相结合进行隔振处理。阻尼弹簧浮置板轨道隔声装置的隔振效果大于25dB，每个阻尼弹簧隔振器的承载能力为30～80kN，隔振系统阻尼比为0.05～0.08。隔振效果可达昼间 70dB，夜间 67dB的要求。采用该技术的轨道隔振工程费约0.6～0.75万元/m。	适用于城市轨道交通的隔振。	已完成中试	解决了抗冲击负荷和小型化及相应的铺设工艺、隔离层施工到浮置板顶升、轨道调整等工装技术问题。

序号	技术名称	技术指标	适用范围	发展状况	解决的技术难题
40	阵列式消声技术	该技术采用规格一致的柱状吸声主体和框架支撑结构组成的消声器，吸声体可以在消声器的宽度和高度方面上灵活调整，可有效提升低频和高频段降噪效果、减小系统阻力损失，还可提高生产效率，方便运输和贮存。在保证同样降噪效果的情况下，可降低通风系统的运行成本。	适用于地铁隧道通风空调和大型建筑风道的通风消声。	已有少量工程应用	解决了产品标准化问题。
七、监测检测技术					
41	开放光路傅立叶变换红外光谱多组分气体在线监测技术	该技术采用开放光路测量方法，实现对大气、污染源排放、污染源周边多组分污染物的非接触实时监测，检测污染物10～20种，监测范围为50～500m，动态范围响应为ppb级到ppm级，检测精度优于5%，响应时间小于1min。	适用于污染源排放监测。	已完成中试	解决了多点监测及长期连续自动监测的问题。
42	污染气体垂直柱浓度监测技术	该技术设备系统由光学导入系统、光纤、HR2000光谱仪、步进电机、电机温度控制电路及工控机等组成。太阳散射光经90度反射镜反射后被望远镜接收、汇聚后经光纤导入光谱仪中完成光谱信号的采集、数字化，经USB线传输到工控机进行光谱数据的处理、存储等工作，最终实现对大气痕量气体垂直浓度及轮廓线的解析。光谱仪采用CCD为探测元件，光谱范围290～420nm，光谱分辨率0.5nm。可测大气成分有NO_2、SO_2、O_3。NO_2斜柱浓度精度为5%、SO_2斜柱浓度精度为10%、O_3斜柱浓度精度为5%。	适用于区域污染监测。	已有少量工程应用	解决了大气痕量气体垂直浓度及轮廓线的解析问题。
43	水体藻类原位荧光快速监测技术	该技术根据藻类活体激发荧光光谱的特征对淡水藻类进行分类，通过光谱的拟合实现对绿色藻、蓝色藻和棕色藻浓度的分类测量，该方法集成了光信号调制技术、荧光信号检测技术和计算机技术。藻类测量种类为3种(绿藻、蓝藻、棕藻)、测量范围为0～100μg/L、测量灵敏度为0.1μg/L。	适用于环境监测、饮用水安全监测。	已有少量工程应用	解决了对不同藻类的分类监测问题。

序号	技术名称	技术指标	适用范围	发展状况	解决的技术难题
44	在线脱硝监测技术	（1）该系统采用稀释抽取采样分析法，稀释后的样气通过采样管线正压传送到NO_X自动监测仪器或NO_X-NH_3自动监测仪器测量浓度。测量主要参数包括NO、NO_2、NO_X、NH_3和O_2，系统稀释比为50～250，零点漂移小于±2.5%F.S.，量程漂移小于±2.5%F.S.，响应时间小于200s，示值误差小于±5%F.S.。 （2）该技术利用非分散红外检测原理，通过被测气体对红外光谱的吸收，得出被测气体浓度。量程50～2000ppm，重复性±0.5%F.S.，零点漂移为±1.0%F.S.。NH_3测量量程为0～100mg/m^3，零点漂移小于±1% F.S.。 （3）该技术利用紫外差分原理测NO_X：量程（0～300～5000）ppm，线性误差小于±1%F.S.，响应时间小于2s。利用半导体激光吸收光谱技术原理测NH_3：量程（0～5～10）ppm，响应时间小于1s，线性误差小于±1%F.S.，重复性误差小于±1%F.S.。	适用于电厂、供热、钢铁、冶金、水泥和化工等行业脱硝的在线监测。	（1）已有少量工程应用 （2）已完成工业化试验 （3）已有少量工程应用	（1）解决了低量程测量、预处理系统维护量大、样气在传输过程中冷凝吸附和采样探头的腐蚀等的问题。 （2）解决了预处理系统必须全程高温伴热的问题。 （3）解决了工艺点粉尘大、测量难的技术问题。
45	在线VOC监测技术	该技术运用气相色谱（GD/FID/PID）、气相色谱/质谱（GC/MS）的原理，实现对大气挥发性有机物的连续采样和测量，并进行定性定量分析，形成整套具有自主知识产权的大气挥发性有机物在线监测系统。CO_2量程 0～1000ppm；零点漂移 ±0.1ppm/d，量程漂移±2.0%F.S./d。CH_4量程 0～100ppm或0～1000ppm；线性小于 1%。O_3线性 ±1.0%F.S.；零点漂移小于±1.0%F.S./d 。	适用于环境空气质量监测、污染源现场监测、工况企业过程控制，以及气象、科研、化工园区、居住场所气体监测。	已有少量工程应用	解决了空气中有毒有害挥发性有机化合物的在线监测问题。

序号	技术名称	技术指标	适用范围	发展状况	解决的技术难题
46	在线温室气体监测技术	（1）该技术利用红外和紫外吸收测量原理，通过被测气体对红外或紫外光谱的吸收，得到CO_2、O_3等气体的监测数据。CO_2量程 0～1000ppm，零点漂移 ±0.1ppm/d，量程漂移±2.0%F.S./d。CH_4量程为0～100或0～1000，线性小于 1%。O_3线性 ±1.0%F.S.，零点漂移小于±1.0%F.S./d 。 （2）半导体激光气体CO_2分析仪：量程 0～2000ppm或0～100%Vol.，响应时间小于1s，线性误差小于±1%F.S.，重复性误差小于±1%F.S.；气相色谱法CH_4、非CH_4总烃分析仪：检出限甲烷0.1ppm、非甲烷总烃 50ppb ，可选量程甲烷 0.1～10ppm或0.1～1000ppm 、非甲烷总烃 0.05～100ppm ，分析周期30s，重现性±1%F.S.。	（1）适用于环境空气监测研究、工业过程控制及各种科研领域环境大气温室气体的监控。 （2）适用于排气管中CO_2、CH_4、非CH_4总烃分析，大气中CH_4、非CH_4总烃分析。	已有少量工程应用	（1）解决了光谱测量系统的选型、优化；测量数据优化等问题。 （2）解决了在线检测温室气体，特别是有机类温室气体的问题。
47	污染源在线监测设备智能化诊断技术	该技术通过现场运行服务器（数采仪）实时提取监测设备、治理设施的运行状态数据，通过GPRS/CDMA网络上传给中心平台，中心平台对设备进行隐患预诊断和故障诊断，同时把诊断结果送到环保部门、运营单位、设备生产厂商，及时提示相关人员对设备进行维护或维修。	适用于电力、垃圾焚烧、冶金、石化化工等污染源排放企业在线监测设备的智能化诊断。	已有少量工程应用	解决了在线监测设备的数据有效性问题。
48	智能水中生物在线监测预警技术	该技术以国际标准受试鱼种蓝腮太阳鱼为监测对象，以蓝腮太阳鱼的行为变化为指标，借助信号检测分析技术，分析受试鱼种的行为生态学变化，通过专业软件的数字化计算，判断水体的污染程度，从而实现对监测水体的实时在线监测及安全预警。蓝腮太阳鱼能够对水体中的单一化学毒素或综合毒素做出迅速、准确的生理反应，特别是能够对水体中的重金属、氰化物、有机溶剂及杀虫剂等27种毒素做出迅速的生理反应。浓度反应级别分别为（0.01～0.1）mg/L、（0.1～1）mg/L、（1～10）mg/L、（10～100）mg/L和大于100mg/L。	适用于大型湖泊、水库、饮用水源地、自来水厂、河流断面、水产养殖基地等供水的应急监测。	已有少量工程应用	解决了水体中大部分化学毒性污染物的监测问题。

序号	技术名称	技术指标	适用范围	发展状况	解决的技术难题
49	便携式GC-MS技术	（1）采用四极杆质谱技术，保留了被测物谱图的完美匹配性及定量的稳定性；同时又克服了传统的GC / MS 中真空泵对环境苛刻要求的局限性，可检测纳克/升（ppt） 范围的化学物。检测元素范围为Al～U，绝对检测下限为（0.1～10）ng（铅、镉、汞、铬、镍、砷）；浓度检测下限为（0.1～10 ）ng/m^3（元素同上，采样时间小于1h）；准确度Er为±20%（元素含量>100ng）；重复性小于4%（浓度大于500ng/m^3）。 （2）采用离子阱质量分析器，具有时间串联多级质谱功能，能有效地抵抗复杂基质的干扰；特有的低热容气相色谱（LTM-GC）技术、电子压力控制模块（EPC）和多阶程序升温技术构建成具有高稳定度和检测重复性的高性能小型色谱单元；实现色谱柱的快速程序升温，缩短分析时间、改善分析性能；专门的脉冲式内离子源技术（PIIS）提高质谱的灵敏度，自动增益控制（AGC）功能使仪器具有6个数量级的动态范围。最快扫描频率为10000D/s；质量范围为（15～55）OD；多级质谱：MSN，N大于3；单次分析时间小于10s（单质谱模式），单次分析时间小于15min（色谱-质谱联用模式）。	（1）适用于突发性环境污染事故中扩散到环境空气、水、土壤中的有机物的检测，以及对蔬菜农药残留和水环境中有机物的检测。 （2）适用于环境应急监测、公共安全、公安刑侦、军队防化、食品安全现场检测。	（1）已完成工业化试验 （2）已有少量工程应用	（1）解决了随时应对紧急情况、防水、防震等问题。 （2）解决了同分异构体的准确分离和检测问题。
50	便携式FTIR技术	该技术利用干涉图和光谱图之间的对应关系，通过测量干涉图和对干涉图进行傅立叶积分变换的方法来测定和研究光谱。与传统的色散型光谱仪相比，傅立叶变换光谱仪能同时测量、记录所有波长的信号，并以更高的效率采集来自光源的辐射能量，具有更高的波长精度、分辨率和信噪比，可在宽波段范围内实现微量、痕量气体污染物的检测。光谱范围（4000～650）cm^{-1}；分辨率4 cm^{-1}。	适用于现场环境空气的快速分析。	已完成工业化试验	解决了傅立叶光谱仪核心技术的国产化问题。

附件二：

2010年度国家鼓励发展的环境保护技术目录

序号	技术名称	技术内容	适用范围
一、城镇污水、污泥处理及水体修复技术			
1	A2/O城市污水处理技术	该技术采用分离池型的反应池，单独设立缺氧池（除磷时还应设厌氧池）及好氧池，并采取内部循环的混合液回流、鼓风微孔曝气或射流曝气方式。COD去除率大于85%，BOD_5去除率大于95%，氨氮去除率大于90%，总氮去除率大于75%，SS去除率大于95%。	适用于5～150万m^3/d 生活污水或水质类似的工业废水处理。
2	改进型A/O污水处理技术	该技术在密闭反应器中采用“厌氧水解+富氧空气曝气+微气浮”组合技术。将常用的鼓风曝气改为加压富氧空气曝气，使混合液中氧的溶解度从2mg/L提高到8～10 mg/L，反应时间短，占地少。进水COD 70～200 mg/L，BOD_5 30～100 mg/L，氨氮 20～80 mg/L，总磷 2～10 mg/L时，出水COD低于50 mg/L，BOD_5低于10 mg/L，氨氮低于5 mg/L，总磷低于1 mg/L。	适用于生活污水或水质类似的工业废水处理。
3	氧化沟活性污泥法污水处理技术	该技术采用环形廊道反应池和延时曝气，曝气设备可采用鼓风微孔曝气方式，也可以采用表面曝气方式。COD去除率大于85%，BOD_5去除率大于95%，氨氮去除率大于90%，总氮去除率大于75%，SS去除率大于95%。	适用于大中型生活污水或水质类似的工业废水处理。
4	序批式活性污泥法污水处理技术	该技术在一个或多个带有选择器、平行运行且在反应容积可变的池子中完成生物降解和泥水分离过程。每次工艺操作按进水/曝气→进水/沉淀→滗水→闲置（视具体运行条件而定）进行，在曝气阶段完成生物降解，在非曝气阶段完成泥水分离，在滗水阶段出水并排出剩余污泥。COD去除率大于85%，BOD_5去除率大于95%，氨氮去除率大于90%，总氮去除率大于75%，SS去除率大于95%。	适用于2～10万m^3/d生活污水或水质类似的工业废水处理。
5	恒水位改良型序批式活性污泥法污水处理技术	该技术集成了A2/O工艺和SBR工艺的优点，由七个水力连通的生物反应格组成，前三格分别为预缺氧、厌氧、好氧；第四格和第六格为对称的辅助曝气格，第五格和第七格是对称的SBR格，进行周期性互换。SBR格连续进水、连续出水，水位始终恒定。BOD_5去除率大于85%，总氮去除率大于60%，总磷去除率大于60%。	适用于0.25～12万m^3/d城市污水的一级处理和现有污水处理厂升级改造。

序号	技术名称	技术内容	适用范围
6	好氧生物流化床污水处理技术	该技术采用内循环三相生物流化床工艺，填充高强度轻质载体以降低流化过程的动力消耗，采用迷宫式载体分离器结构保证载体的年流失率小于10%，进水有机负荷 5～15kgCOD/kgMLSS，COD去除率 80%～90%，出水COD低于60mg/L，氨氮低于8mg/L。	适用于工业园区集中式污水处理和中小城镇生活污水处理。
7	水解+生物流化床污水处理技术	该技术采用“膨胀水解+生物流化床”，生物流化床分成厌氧、缺氧和好氧三格，好氧段添加悬浮填料。COD去除率大于85%，氨氮去除率大于85%，总氮去除率大于70%，总磷去除率大于90%。	适用于城镇污水处理。
8	生物移动床深度脱氮除磷技术	该技术是在A2/O工艺中的好氧段添加载体，并在载体中添加一种能进行亲水及酶促进改性的助剂。COD去除率大于85%，BOD_5去除率大于95%，SS去除率大于95%，氨氮去除率大于95%，总氮去除率大于75%，总磷去除率大于80%。	适用于市政污水处理以及水质类似的工业废水处理。
9	膜生物反应器污水处理技术	该技术采用内置超滤膜或微滤膜的生物反应器（曝气池），反应器由生物单元和膜分离单元组成，在生物反应池和膜单元之间形成水力循环，保证生物单元具有较高的污泥浓度。生物单元出水经膜的高效截留作用，实现固液分离，出水COD低于50mg/L，氨氮低于5mg/L。	适用于生活污水深度处理、小区中水回用。
10	生物接触氧化污水处理技术	该技术采用特效微生物菌剂，以复合填料作为生物载体，通过对曝气及微生物反应过程的调控，实现对生物接触氧化技术的优化。该技术应用于处理城镇污水时，出水COD低于60mg/L，氨氮低于8mg/L。	适用于中小型城镇污水处理厂。
11	高效生物曝气滤池用于污水回用技术	污水进入生物絮凝池后，经沉淀池去除大部分SS和有机污染物，再经高效曝气生物滤池和消毒处理后排放。通过改善后续高效曝气生物滤池的工况条件、降低负荷，处理后出水满足城镇杂用水或循环冷却系统补充水的水质要求。	适用于要求回用的城市生活污水处理。
12	悬挂链曝气污水处理成套技术	该技术采用经防渗处理的土地结构作为一体化生物处理反应器，悬浮富氧曝气机或悬浮曝气链为充氧设备，形成曝气池中多级A/O交错的污水处理单元，在保证脱氮除磷效果的前提下使能耗降到最低。与常规活性污泥工艺相比，可降低工程投资40%以上， SS去除率大于87%，COD去除率大于80%，BOD_5 去除率大于83%，总磷去除率大于65%，氨氮去除率大于75%。用于城镇污水处理时，出水COD低于60mg/L，BOD_5低于20 mg/L，SS低于20 mg/L，氨氮低于8mg/L ，总磷低于0.5 mg/L。	适用于城镇生活污水及啤酒、食品加工等行业废水的处理。
13	导流曝气生物滤池污水处理技术	该技术通过合理设计，将接触氧化生物过滤区、污泥回流区和曝气生物过滤区整合成一套装置，经预处理的污水先从顶部进入装置中心的接触氧化生物过滤区完成一级处理，污泥依靠重力作用进入装置底部的污泥回流区，清液自下而上通过装置四周的曝气生物过滤区完成二级处理。污水经处理COD去除率大于95%、BOD_5去除率大于92%、氨氮去除率大于93%、总磷去除率大于99%。	适用于小区生活污水、小城镇生活污水处理及回用。

序号	技术名称	技术内容	适用范围
14	水蚯蚓原位消解污泥技术	该技术是在城镇污水处理系统好氧生化段接种水蚯蚓，实现污泥过程减量50%～80%（以80%含水率的泥饼计），出水COD低于60mg/L，BOD_5 低于20mg/L。	适用于城镇生活污水的处理。
15	污泥常温深度脱水技术	该技术通过加药调节、高效机械式污泥压榨处理，使含水80%的污泥压滤脱水至55%，脱水后的污泥可直接与燃煤掺烧。	适用于市政污水处理厂污泥处理。
16	污泥高温好氧发酵与生态利用技术	（1）该技术采用好氧发酵技术，综合考虑污泥好氧发酵周期、腐熟度、能耗、运行成本等指标，分别设定发酵初、中、后期三阶段的曝气参数（曝气量、曝气时间、曝气频率），提高堆肥效率。堆肥周期夏季10d、冬季15d以内；发酵后污泥含水率低于35%，各项指标符合污泥稳定化和粪便无害化要求，可用于园林绿化、植被恢复、回填土或制成有机肥等。 （2）该技术采用自动控制生物堆肥工艺，对污泥好氧高温发酵过程温度、氧气等参数进行实时在线监测和计算机自动测控，优化了堆肥过程中的温度和氧气调控，实现工业化自动生产有机肥产品或有机-无机复合肥原料。处理后污泥含水率为40%，能减容1/3，堆肥过程始终处于好氧状态，避免排放恶臭气体和招引蚊蝇，利于厂区的清洁卫生和环境安全。 （3）该技术采用“好氧堆制＋生物淋滤＋植物富集”工艺降低、去除和固定重金属，实现污泥的无害化。该技术提出适宜的C/N比，并筛选出金属富集植物，将污泥应用于林地及园林植物，提高造林成活率35%～40%。	适用于污水处理厂污泥资源化处理。
17	污泥厌氧消化技术	该技术是在密闭的消化槽内，保持30°C环境，贮停15～20d，定期排泥，当VSS/SS比值在（45±5%）时，污泥经厌氧消化达到稳定。	适用于污水处理厂污泥的稳定化处理。
18	污泥加钙稳定干化处理技术	该技术将生石灰按一定比例与脱水泥饼均匀掺混形成碱性环境，结合反应放出热量形成的高温环境，达到杀菌、降低含水率、钝化重金属及改变污泥性质的效果。经加钙稳定干化处理后的污泥可作为填埋场覆盖土、建筑材料或土壤改良剂。污泥经处理后含水率低于60%、特征粒径Φ10mm的比例大于80%、杀菌率大于99%、烧失量减少30%。	适用于污水处理厂污泥的稳定化处理。
19	水生植物法湖泊生态修复技术	该技术以水生植被恢复/重建为核心，将水质和底质改善技术有机结合，为水生植物的恢复创造条件；通过种类筛选与定植技术，促使水生植物恢复，重建湖泊生态系统。在高氮、高磷、低透明的条件下，逐步恢复以沉水植物为主的水生植被，使氮、磷去除率分别大于30%和60%。	适用于城市景观水体和自然湖泊生态系统的恢复。
20	水葫芦快速防治及资源化利用技术	该技术采用专用水葫芦生长抑制剂进行叶面喷洒，杀灭后的水葫芦采用“打捞+就地发酵+添加重金属失效处理剂+制有机肥”工艺，实现资源化利用。水葫芦生长抑制剂喷洒浓度 0.5%～2%，水葫芦杀灭时间 12～36h，重金属失效剂量 2%～5%，水葫芦发酵时间 20～40d，有机肥有机质 30%，NPK含量 8%～10%。	适用于河流、水库、湖泊等水葫芦泛滥地区。

序号	技术名称	技术内容	适用范围
21	人工快渗水处理技术	该技术模拟并强化了土地处理工艺，采用渗透性能良好的CRI介质和干湿交替的运转方式，污水自上而下流经填料过程中发生综合性物理、化学、生物作用，使污染物得以去除。当进水COD为100～600mg/L、BOD_5为50～300 mg/L、氨氮为20～60 mg/L、总磷低于3.0 mg/L时，出水COD低于50 mg/L、BOD_5 低于10mg/L、氨氮低于5 mg/L、总磷低于0.5 mg/L。	适用于中水回用、受污染水体修复以及微污染原水资源化处理，规模在10～100000m^3/d之间。
二、工业废水处理、回用与减排技术			
22	高浓度有机废水浓缩燃烧技术	（1）该技术利用耐热渗透酵母菌以间接加热蒸馏的方式生产糖蜜酒精，并对糖蜜酒精废液进行回用，可提高废液排放浓度，减少废液量，使每吨酒精产生9t 20°Bx的废液。将废液浓缩到60°Bx（低位热值7000J/kg）后焚烧，可实现浓缩工艺的能量自给。焚烧炉渣的钾含量达15%，可用于制造复合有机肥或加工成硫酸钾。 （2）该技术将初始浓度为10～17°Bx的有机废水经蒸发浓缩至55～70°Bx的浓废水，然后直接喷射进生物质锅炉中燃烧（无需添加任何辅助燃料），产生的蒸汽进入汽轮机发电机组发电，炉渣含钾量大于10%，可回收利用；从发电机组出来的蒸汽再用于生产工艺和浓缩废水，在废水浓缩过程中的汽凝水全部回用于生产。	适用于酿造、酒精、制糖、造纸、食品等行业高浓度有机废液的处理。
23	厌氧颗粒污泥床废水处理技术	该技术采用厌氧颗粒污泥悬浮床反应器，针对不同的进水水质，培养具有特定功能的自固定化颗粒污泥或固定在颗粒载体上的厌氧生物膜，在高效厌氧反应器内处理淀粉废水等高、中浓度工业有机废水。对于高浓度易降解有机废水，在设计条件下厌氧反应器负荷可达40 kgCOD/(m^3·d)；对于难降解有机废水，负荷可达15 kgCOD/(m^3·d) 在10～12℃温度范围内，负荷大于8 kgCOD/(m^3·d)。产生的沼气可用于发电。	适用于玉米淀粉及各类高、中浓度工业有机废水的处理。
24	改进型高效折板厌氧反应技术	该技术是在折流厌氧反应器（ABR）的基础上，根据屠宰、制药废水的特性，对ABR的配水、隔室宽度、填料筛选和安装位置进行改良和优化，增设中间池，在中间池进行出水沉淀和预曝气，将沉淀污泥回流。改进型高效折板反应系统容积负荷在处理屠宰废水时为6.0kgCOD/（m^3·d），在处理中药制药废水时为4.5 kgCOD/m^3·d，HRT在18～24h之间，COD去除率85%～87%，与UASB相比投资节省30%。	适用于屠宰、制药废水的处理。
25	庆大霉素废水处理技术	先分别采用加药絮凝和气浮的方法对庆大霉素废水和麦白废水进行预处理，回收丝蛋白和溶媒。采用“UASB+SBR”工艺处理混合废水，将内循环三相流化床和拼装搪瓷罐应用于制药废水，有效进行SBR反应池程序控制，使出水COD低于150mg/L，BOD_5低于50mg/L，SS低于80mg/L，去除率均大于99%。	适用于微生物发酵生产庆大霉素等抗菌素企业的废水处理。
26	化学机械浆废水低排放技术	该技术采用“蒸发浓缩+传统碱回收”的工艺流程，该技术的关键在碱回收系统。采用再压缩式蒸发技术，节能高效。废水原始COD为1300mg/L，最终处理后可作为生物质能源送至碱回收工段燃烧，余热发电，蒸汽冷凝水回用。	适用于化学浆碱回收系统以及新建化学机械浆生产线的制浆造纸企业。

序号	技术名称	技术内容	适用范围
27	印染废水处理和回用技术	（1）该技术对印染废水进行清污分流后，采用“水质水量调节+生化处理+混凝沉淀+过滤+活性炭吸附+软化+出水回用”工艺，对染色残液及初次漂洗水进行处理，处理后出水回用于生产。中和调节停留时间约4.5h，生化系统水力停留时间约4h，沉淀池表面负荷2.4m^3/（m^2·h），过滤滤速7m/h，软化器滤速20m/h。 （2）该技术采用清浊分流，轻污染水（COD小于300mg/L）经“生物接触氧化+生物滤池+复合反应器+陶瓷膜处理”后回用，回用率大于60%。污染物削减率大于75%，色度低于25倍，高锰酸盐指数低于20mg/L，pH为6～9。 （3）该技术采用“调节+水解酸化+好氧生物处理+化学处理”工艺，出水水质pH 6.5～8.5、COD 40～70 mg/L、BOD_5 8～12 mg/L、SS 10～20 mg/L、色度 5～10倍，削减率均大于80%，污泥经脱水后外运。 （4）采用“生化（UASB厌氧+缺氧/好氧）+物化（絮凝/沉淀）”组合处理工艺，处理绒线、色织等印染废水，污泥经压榨脱水后外运处置。该技术以厌氧取代常用的水解酸化，强化废水有机物的降解和脱色，免去加药法的化学脱色处理，进水COD 1500～1800 mg/L、BOD_5 400～600 mg/L、SS 400～500 mg/L、色度500倍时，处理后出水COD低于100 mg/L、BOD_5低于20 mg/L、SS低于70 mg/L、色度低于50倍。 （5）该技术采用“调节池+加压生化+生物过滤+生物炭吸附（再生）+再回用”工艺流程，处理COD 120～150mg/L的缫丝废水等低浓度易降解废水，并将废水中70%的余热加以回收利用，废水回用率大于90%。	适用于印染行业废水处理及回用。
28	染料废水处理及回用技术	该技术对硫酸浓度8%～10%及以上的染料母液及中间体的酸性废水进行四级多效浓缩，浓缩到硫酸浓度为40%～50%后，有机杂质可析出；过滤除杂后，过滤液中加入氯化纳置换出氯化氢，制成工业盐酸、氯磺酸和硫酸钠。硫酸钠纯度达到98%，可用于染料生产作添加剂，结晶母液可循环回用。废渣采用焚烧处理。	适用于低浓度硫酸废水综合利用。
29	高浓度含盐有机废水生化处理技术	该技术采用“折流厌氧+好氧生物气浮+折流缺氧+好氧生物膜”工艺，以牡蛎壳为载体，富集并固定耐盐菌（氯化物），处理高含盐量（10000～24000mg/ L）有机废水。处理出水pH 6～9，SS低于20mg/L，BOD_5低于20mg/L，COD低于60mg/L。	适用于使用海水做生产用水企业的高含盐有机废水的处理。

序号	技术名称	技术内容	适用范围
30	焦化废水处理技术	（1）该技术先通过生物处理，利用硝化、反硝化菌的生物作用去除大部分有机物和氨氮，再采用超滤+纳滤的双膜法工艺去除废水中的胶体、少量矿物油和部分有机物等；膜的反冲洗水经混凝沉淀后，重新进入系统，使超滤和纳滤系统回收率大于98%。悬浮物、胶体、硬度的去除率均大于98%，COD去除率大于90%，出水COD低于30mg/L、氨氮低于5mg/L。 （2）该技术采用设立预曝气池和投加HSBEMBM微生物菌剂的方法处理生化废水。HSBEMBM微生物菌剂包含40多个菌属的100余种微生物，对焦化废水有较好的适应性。当原水COD 3000～5500 mg/L、氨氮 150～450 mg/L、挥发酚600～1000 mg/L、氰化物 10～50 mg/L时，经处理后出水COD低于100 mg/L、氨氮低于10 mg/L、挥发酚和氰化物均低于0.5 mg/L。	适用于焦化废水处理。
31	高氨氮废水处理技术	（1）该技术采用双污泥系统，“初曝池＋初沉池”构成一个独立污泥系统，“兼（缺）氧池＋好氧池＋二沉池”构成一个独立污泥系统，在每一段污泥系统中，微生物制剂结合生物载体将传统的活性污泥法和生物膜法进行有机结合。双污泥工艺的抗冲击能力较强，使用的微生物制剂菌群能较完全地分解底物，产泥量仅为常规活性污泥法的1/10。在进水COD 800～4500mg/L、氨氮 100～650mg/L、挥发酚低于1000mg/L、氰化物低于70mg/L、BOD_5/COD为0.1～0.3的情况下，经处理后出水COD低于100mg/L、氨氮低于15mg/L。 （2）该技术为吸纳了“短程硝化-反硝化”与“同时硝化反硝化”脱氮技术的改进A/O法，在进水氨氮 150～250 mg/L、COD 350～1000 mg/L、C/N 2～4:1时，经处理后出水COD低于20 mg/L、氨氮低于1.0 mg/L、总氮低于30 mg/L。为进一步去除NO_X-N、延长后续双膜（超滤+反渗透膜）的使用寿命，出水继续进行脱氮处理和微污染水处理，达到COD低于10 mg/L、氨氮低于0.2 mg/L、浊度低于5 NTU后，经双膜处理后回用。 （3）该技术采用常温碱化吹脱脱氨技术，工艺流程为“废水预碱化+氨吹脱+氨气吸收”。利用酸性吸收液对吹脱尾气进行氨吸收，设置封闭式吹脱气体循环装置，将吸收过氨氮的吹脱尾气封闭循环到吹脱塔，以有效减少吹脱废气外排量，处理后氨氮低于15mg/L。 （4）该技术采用蒸汽脱氨技术，工艺流程为“废水预热→蒸汽脱氨→氨水回收→尾气吸收”。设置多级变压、控温吸收装置，将脱出的氨氮尾气进行有效吸收，馏出组分制成工业氨水，以实现氨氮的资源化回收利用和废气的无害化排放。采用该技术可将废水中的氨含量从5000～50000mg/L降至15mg/ L以下。	（1）适用于化工行业高氨氮废水的处理。 （2）适用于煤制氮肥高氨氮废水的处理。 （3）适用于石油化工、化肥、纺织等生产和使用含氮有机物或含氨氮物质的行业，规模为10～200t/h的废水处理。 （4）适用于工业含氨废水的脱氨处理。

序号	技术名称	技术内容	适用范围
32	化工园区废水综合处理技术	该技术是包含点源预处理、集中污水处理、过程监控管理和污泥处理处置的集成技术。点源预处理以电解催化氧化为核心、集中处理集合多重循环生物强化技术（包括厌氧水解、缺氧、预曝、初沉、高效好氧（MBBR+活性污泥）、二沉池），并采用计算机动态监控管理的水质在线监测系统。处理后出水COD低于120mg/L。	适用于高浓度、难降解、有毒有害的化工废水处理。
33	化纤碱减量废水综合处理技术	该技术提取化纤碱减量废水中的对苯二甲酸，对其粗品进行规模化生产利用，大幅削减废水的有机负荷，保障后续废水处理达标。苯二甲酸提取率85%～90%，总回收率65%～70%。	适用于化纤碱减量废水中对苯二甲酸的回收利用。
34	糠醛工业废水综合利用技术	该技术采用双效蒸发技术处理糠醛废水，处理出水回用于锅炉补充水及锅炉烟气脱硫除尘补充用水；对残余有机污染物及醋酸钙镁进行集中处理，无害化后可取代食盐作为生产融雪剂的工业原料。出水COD低于100mg/L、SS低于70 mg/L、BOD_5低于30 mg/L、pH 6～9，污染物去除率均大于95%。	适用于糠醛废水处理。
35	钢铁企业综合污水处理及回用技术	该技术将钢铁企业综合污水经药剂软化、絮凝、澄清、过滤、杀菌处理后，去除大部分COD、SS、油类、硬度。一部分直接回用，一部分经膜处理脱盐后，与滤后水混合并控制含盐量，回用于工业循环水。技术关键点为具有自主知识产权的多流向强化澄清池（表面负荷10～15m^3/（m^2·h）、反渗透脱盐及回用水含盐量控制技术。以日处理10万t污水厂计，吨水投资1200元，吨水运行费用0.42元。	适用于钢铁工业废水处理。
36	涂装工业废水处理技术	该技术以“混凝沉淀+水解酸化+SBR”工艺处理涂装废水，沉淀池表面负荷10m^3/（m^2·h），水解酸化停留时间8h，SBR负荷 0.1～0.2kgBOD_5/kgMLSS·d，污泥浓度 3～4g/L。BOD_5、COD、磷酸盐、重金属、SS的去除率均可达99%。	适用于涂装工业（汽车制造、电器制造）废水处理。
37	火电厂烟气脱硫废水处理技术	该技术采用“氧化+pH调节+混凝反应+沉淀分离”的工艺路线。处理量 2～40m^3/h，混凝剂投加量 30～50mg/L、金属离子沉淀剂投加量 0.2～0.5mg/L、絮凝剂投加量 0.2～0.5mg/L、pH 9～10。各项污染物的削减率：悬浮物大于99%、COD大于50%、氟化物大于50%；出水汞离子低于0.05mg/L。	适用于脱硫废水处理。
38	电子、电镀废水处理及回用技术	（1）该技术通过超滤、反渗透和离子交换，提取电镀废水中的重金属离子，重新应用于电镀生产过程。重金属回收率大于95%，综合废水处理回用量大于75%。 （2）该技术采用“溶剂萃取+膜处理+电积还原”对蚀刻废液进行再生处理，首先利用萃取剂对蚀刻液中的铜离子进行萃取，实现铜的无损分离，萃余液经膜处理、组分调节，恢复其蚀刻性能后全部返回蚀刻生产线使用，最后利用电解法对反萃后的电解液进行电积，得到含铜99.95%以上的副产品—阴极铜。 （3）该技术采用旋转阴极直接电解沉积工艺，通过加入特殊的铜沉积添加剂，将废水中99%以上的铜电解回收，并获得纯度大于99.8%的电解铜板；处理后废液可回用于印制电路板厂脱膜显影废液的酸化处理。	适用于电子、电镀企业废水的处理。

序号	技术名称	技术内容	适用范围
39	电解锰企业末端废水铬锰离子回收技术	该技术将电解锰企业末端废水经预处理后，采用高选择性吸附材料回收废水中的铬，然后用沉淀法分离废水中的锰和镁，最后用高选择性吸附材料回收废水中剩余的锰。锰和铬的回收率均大于95%，回收的锰、铬可直接回用于主体生产工艺。	适用于电解锰行业末端废水处理。
40	矿山废水膜处理技术	该技术将选矿废水先后经机械过滤器、纤维球过滤器、活性碳过滤器、精密过滤器除去油质、浮选剂和一些难处理的悬浮物，再用高压泵加压进入反渗透膜处理系统，出水可用于选矿新水源，浓水含有重金属，经回收后循环用于选矿。	适用于矿山采选废水和尾矿库废水处理。
41	三元复合驱采油污水深度处理与回用技术	该技术在保留油田现有处理工艺的基础上，采用“UV/O_3/H_2O_2＋膜过滤”工艺对三元复合驱采油污水进行深度处理，有效降解污水中的聚合物PAM和表面活性剂等，对污水中的悬浮物和细微颗粒进行较彻底的清除。深度处理后水质可达到油田回注水要求，对岩芯渗透率的伤害程度低于30%。	适用于三次采油作业产生的三元复合驱采油污水处理。
42	双膜法浓水循环中水回用技术	该技术是中空纤维多孔膜和反渗透膜的组合膜处理技术，原水先经中空纤维多孔膜过滤掉部分污染物，再进入具有浓水在线增压回流和双向进水功能的反渗透膜，其中浓水在线增压回流功能利用了回流浓水的余压，双向进水功能使膜组件的两端可换用，进一步提高膜的抗污染能力。反渗透系统脱盐率大于95%。	适用于印染、电镀、皮革、钢铁等工业废水深度处理及回用。
43	有机废水碳氮硫同步脱除技术	该技术采用生物技术对废水进行碳氮硫同步脱除，并回收单质硫。利用自养和异养微生物的联合作用实现生态强化反硝化脱硫过程，并利用自养微生物将含硫化合物转化为单质硫。该技术处理特征污染物的浓度范围：COD 2000～15000mg/L、硫酸盐 1000～3000mg/L、氨氮 200～1000mg/L。系统出水COD低于120mg/L、硫酸盐低于40mg/L、氨氮低于20mg/L；COD去除率大于99%、硫酸盐去除率大于98%、氨氮去除率大于98%。	适用于制药、化工等重污染行业高浓度含硫含氮有机废水的生物处理，水量500～10000m^3/d。

序号	技术名称	技术内容	适用范围
44	高浓度难降解废水处理技术	（1）该技术采月“三维过电位电解+固定化微生物”的A/O生物处理工艺。三维过电位电解在保证良好的电催化活性的前提下具有较好的稳定性和耐腐性，单位污染物去除能耗0.8kW·h/kgCOD，电极材料的年腐蚀率约为0.04%，COD平均去除率35%；再经高效生物处理，出水COD浓度低于100mg/L，凯氏氮去除率30%～50%，CN^-的去除率40%～60%。 （2）该技术采用新型微电解装置对废水进行预处理后，再投加高效菌剂的UASB工艺进行处理，COD从3000～3500mg/L降至40～60mg/L；酚类从150～100mg/L降至0.5～0.8mg/L；氨氮从140～200mg/L降至2～3mg/L。 （3）该技术以“电化学氧化+MBR”为核心工艺，电化学氧化预处理有效提高废水可生化性，配合MBR处理杀菌剂废水，出水可回月。特制的钛基纳米管电极能耗低、运行成本低、选择性强，氧化电压 5～8V，电流密度 $15mA/cm^2$，氧化时间 0.5～4h。 （4）该技术以典型的高浓度难降解有机工业废水为处理对象，开发了结合“叠片展开式蜂窝状微生物载体技术”、“厌氧缺氧高效搅拌技术”、“填料生物膜—活性污泥复合技术”和“曝气池泡沫控制和消除技术”的高浓度复合生化反应器。采用该技术可处理COD为5000mg/L的难降解有机废水，COD容积负荷约为$1.5kgCOD/(m^3 \cdot d)$。	（1）适用于制药行业和储罐行业难降解废水处理，规模通常在$10000m^3/d$以下。 （2）适用于焦化、煤化工、军工、等难降解废水处理。 （3）适用于高浓度、生物难降解工业有机废水。 （4）适用于焦化、聚甲醛、化工等难降解有机废水处理及回用。
三、脱硫、脱硝、除尘技术			
45	石灰石/石灰-石膏法烟气脱硫及关键设备制造技术	该技术采用石灰石/石灰浆液洗涤烟气，SO_2与烟气中的碱性物质在不同结构形式的吸收塔中发生化学反应生成亚硫酸盐，经氧化后形成硫酸钙，连续地从浆液中分离出来并排往沉淀池，脱去烟气中的SO_2。脱硫效率大于95%、钙硫比小于1.03、脱硫装置电耗小于1.5%、石膏中$CaSO_4 \cdot 2H_2O$含量大于90%、含水率小于10%。	适用于单台装机容量大于等于200MW的燃煤电站锅炉烟气脱硫。
46	烟气循环流化床干法脱硫技术	该技术以消石灰粉为吸收剂，将其喷入脱硫吸收塔内，并通过吸收剂的内外多次循环，实现高效脱硫，脱硫后气体中的固体颗粒物通过布袋除尘器收集可进一步综合利用。系统没有废水产生，系统烟道和设备无需防腐；SO_2脱除率大于85%，并可有效脱除HCl、HF；脱硫装置阻力小于1500Pa。	适用于300MW及以下机组烟气脱硫。
47	燃煤工业锅炉烟气袋式除尘湿法脱硫技术	该技术为负压袋式除尘正压湿式脱硫烟气净化技术，对锅炉烟气的净化采用一级袋式除尘，有效去除烟尘；除尘后烟气进入二级脱硫系统进行湿法脱硫，有效去除SO_2和粉尘，除尘效率大于99%，脱硫效率大于90%，系统阻力小于2200Pa。	适用于20t/h以上的燃煤工业锅炉除尘脱硫。

序号	技术名称	技术内容	适用范围
48	废碱渣（液）烟气脱硫技术	（1）该技术用钢渣作为脱硫剂，SO_2与经磨细的钢渣浆液在脱硫塔中反应，生成物经氧化后排往沉淀池，经沉淀压滤后的脱硫副产物用于盐碱地的改良。脱硫效率大于95%、脱硫渣水分小于20%。 （2）该技术以电石渣、造纸白泥为脱硫剂，采用湿法工艺对造纸行业等工业锅炉进行烟气脱硫。通过对石膏浆液采用沉降分离、旋流器旋流分离等技术，降低石膏浆液中胶状物的比例，提高石膏脱水性能；控制塔内分区pH值，去除抑制氧化的还原性物质，提高氧化率和副产石膏的品质。脱硫效率大于90%；白泥的资源化利用率大于90%，脱硫副产物氧化率大于95%，脱硫石膏纯度大于90%，钙硫比小于1.03，净烟气出口雾滴含量小于75mg/m^3。 （3）该技术一级处理用电除尘，二级处理用印染废水脱硫，印染废水经预处理去除杂质后，与烟气中的SO_2在脱硫塔中反应，生成亚硫酸钠和硫酸钠，达到脱硫除尘的目的。脱硫效率大于95%、液气比小于4、脱硫装置电耗小于20kW/10t锅炉、系统阻力小于950Pa。	（1）适用于工业窑炉、燃煤锅炉、有色冶炼炉的烟气脱硫。 （2）适用于周边有白泥来源的燃煤烟气脱硫。 （3）适用于周边有印染废水来源的燃煤工业锅炉或热电联产锅炉烟气脱硫。
49	百万千瓦燃煤发电机组电除尘技术	该技术采用电除尘器，通过对装置极配型式、振打方式、配套高压供电电源选型和控制方式等的改进和完善，使其处理能力达到百万数量级烟气量，并保证设备大型化后每室烟气量分配均衡、气流分布均匀、减少系统阻力。出口烟尘排放浓度低于50mg/m^3，除尘效率大于99.5%，设备阻力小于300Pa。	适用于100万千瓦燃煤发电机组烟气除尘处理。
50	电除尘用高频高压整流技术	该技术利用国产超微晶材料自主开发了一种高频高压整流装置，采用三相供电及高低压一体化结构，输出直流平均电流为0.4～2A，输出直流平均电压为60～80kV，输出直流功率为24～160kW，有利于提高除尘效率。	适用于电除尘高压控制。
51	大型燃煤电厂袋式除尘技术	该技术对大型袋式除尘器进行结构优化，采用长袋及低压脉冲喷吹，降低了设备阻力，烟尘捕集效率大于99.8%、设备阻力小于1200Pa、烟尘排放浓度低于30mg/m^3。	适用于600MW及以下燃煤电厂锅炉烟气粉尘治理。
52	脉冲袋式除尘技术	该技术采用自主创新的脉冲清灰，提高了单个脉冲阀的脉冲喷吹面积，滤袋长度7～9m，设备阻力小于1100Pa，整机静态漏风率小于2%，烟尘排放浓度低于10mg/m^3。	适用于电力、钢铁、有色金属、冶金、建材、垃圾焚烧、化工等多个行业的工业除尘。
53	三维非对称微孔结构聚苯硫醚针刺毡滤料制备技术	该技术使不同细度的聚苯硫醚纤维在工作截面呈梯度分布，并在滤料的面层引入异形纤维，组成三维非对称结构，有利于提高过滤效率，降低除尘器的运行能耗。该项技术具有表层微孔化、过滤效率高、易清灰、运行阻力低及表层过滤等特点，除尘效率大于99.9%。	适用于燃煤锅炉、工业炉窑的新建袋式除尘器或电除尘器改袋式除尘器。

序号	技术名称	技术内容	适用范围
54	电袋复合除尘技术	该技术采用电除尘和布袋除尘的组合技术，除尘效率99.9%，排尘浓度低于30mg/m^3，设备阻力 600～1000Pa，过滤速度大于1.2m/min；滤袋寿命大于4年。	适用于电力、建材、冶金等行业燃煤锅炉烟气除尘，特别适用于现役机组除尘系统改造和工业炉窑除尘。
55	高炉煤气袋式除尘技术	该技术采用袋式除尘系统。除尘系统采用组合式筒体分筒离线清灰技术，具备在线检修功能，减少了占地面积和设备重量。除尘后，出口烟尘排放浓度低于10mg/m^3，除尘效率大于99.99%，滤袋使用寿命大于3年。	适用于高炉煤气除尘。
56	焦炉烟气净化技术	该技术在焦炉装煤、出焦两个环节，将烟气导入除尘地面站系统中，经袋式除尘器除尘后排入大气。除尘器回收的粉尘送到储灰仓中。烟尘捕集率大于95%，烟尘净化率大于99%，经处理后的烟尘含尘浓度低于50 mg/m^3。	适用于钢铁和炼焦行业焦炉烟气净化。
57	第四代“OG”法转炉烟气净化及煤气回收技术	该技术是将转炉烟气经冷却塔冷却初级除尘，再经环隙喉口精除尘。第四代“OG”法与传统的湿法除尘相比，除尘系统的阻力下降20%～25%，水耗下降30%，粉尘排放浓度从150mg/m^3下降到50mg /m^3，其主要技术参数为：处理烟气量10000～300000m^3/h，阻力小于2000Pa，设备的整体泄漏率小于0.5%，除尘效率大于99.95%。	适用于炼钢转炉煤气净化回收系统。
58	大型密闭电石炉炉气干法除尘技术	该系统主要由回热式冷却器、火星捕集器、布袋除尘器、风机等组成。系统通过回热式冷却器、混风阀及冷却变频风机等设备的自动控制将炉气温度控制在220～260℃之间，采用密封防爆技术防止CO泄露。系统运行稳定，漏风率小于0.01%，出口粉尘排放浓度小于10mg/m^3。	适用于2.55×104KVA及以上密闭电石炉。
59	大型冲天炉除尘脱硫一体化技术	该技术利用冲天炉高温烟气加热空气作为燃烧空气，换热后的烟气进入湿法喷淋一级除尘脱硫，再进入净化器进行二级除尘脱硫后排向大气。烟气处理前粉尘 500mg/m^3、SO_2 1300mg/m^3，处理后粉尘小于 30mg/m^3、SO_2小于 40 mg/m^3。	适用于冲天炉除尘脱硫。
60	SCR燃煤锅炉烟气脱硝技术	该技术通过在锅炉省煤器和空气预热器之间安装脱硝反应器，在催化剂的作用下，喷入的反应剂（通常为氨气）与燃煤烟气中的氮氧化物反应生成氮气和水，氨气可来自液氨蒸发、尿素分解、氨水等，脱硝效率大于80%以上，氨逃逸浓度低于2.5mg/m^3。	适用于燃煤发电锅炉的烟气脱硝。
61	SNCR燃煤锅炉烟气脱硝技术	该技术将还原剂（NH_3或尿素）喷入一定温度条件下（800～1100℃）的烟气中，与其中的NO_X发生反应，生成氮气和水。SNCR工艺不需催化剂，脱硝效率 30%～40%，氨逃逸率小于8mg/m^3。	适用于煤粉燃烧发电锅炉烟气脱硝。
62	低氮燃烧技术	该技术利用分级燃烧原理降低煤粉燃烧时所产生的NO_X，燃用烟煤的机组NO_X排放浓度可控制在300mg/m^3以下；燃用贫煤的机组NO_X排放浓度控制在400mg/m^3以下。	适用于四角切圆和对冲燃烧方式的煤粉燃煤锅炉。

序号	技术名称	技术内容	适用范围
四、工业废气治理、净化及资源化技术			
63	硫酸工业废气酸洗净化技术	该技术将沸腾炉出口的烟气经过余热锅炉、旋风除尘器、电除尘器后，进入两级洗涤器进行降温除尘，最后烟气进入电除雾器除去酸雾。第一级洗涤器排出的稀酸经斜管沉降器固液分离后循环使用，第二级洗涤器排出的稀酸经板式换热器移走热量后循环使用。电除雾排出的稀酸和第二洗涤循环系统多余稀酸串入第一洗涤循环系统，由斜管沉降器固液分离后，一部分循环使用，一部分经脱气塔吸收后外排。与水法净化技术相比，酸洗净化产生的污水量仅为水法净化的1/100～1/80。	适用于硫铁矿制酸和有色金属冶炼、石化工业产生的含硫废气的治理。
64	蓄热式有机废气热力焚化技术	该技术将待处理的有机废气引入蓄热室的陶瓷介质层，废气经过直接热交换升温后进入氧化室，使废气中的VOC氧化分解为CO_2和H_2O，并将热量“贮存”到蓄热体后排放。热交换效率大于90%，VOC净化率达95%。	适用于浓度大于1500mg/m^{3}的有机废气净化。
65	有机废气活性碳吸附及回收技术	该技术以活性炭纤维或颗粒活性炭为吸附剂，实现工艺过程中吸附、脱附工序与吸附床干燥工序的连续切换运行。废气中有机溶剂的回收率大于90%，回收的溶剂可直接用于生产或经过提纯后用于其他目的。	适用于浓度较低的常温有机废气处理。
66	恶臭气体微生物治理技术	该技术采用废气生物净化技术，将废气引入带有填料的生物滴滤床或生物过滤床，废气中的污染物被附着在填料中的微生物消化分解。设计空床停留时间小于20s，H_2S、恶臭去除率大于90%。	适用于恶臭气体的治理。
67	挥发性有机物吸附催化净化技术	该技术是一项吸附浓缩和催化氧化组合净化工艺，低浓度有机废气首先经过吸附床吸附，然后利用低流量热空气流进行解吸，解吸后产生的高浓度废气进入催化燃烧器氧化分解。利用燃烧后产生的热量加热解吸空气，运行费用低，净化效率大于90%。	适用于浓度小于1500mg/m^3、风量大于10000m^3/h的有机废气处理。
68	油气回收技术	该技术采用双罐交替吸附真空脱附，用汽油淋洗回收并循环净化。处理能力100～2000m^3/h，油气原始浓度800～1200 g/m^3，经处理后气体排放浓度5～20g/m^3，回收率大于98%。	适用于汽油储油库汽油转运过程中所产生的油气净化。
69	喷浆造粒污染烟气治理技术	该技术采用文丘里洗涤、喷淋塔洗涤、气溶胶静电处理等多级处理技术，用于喷浆造粒尾气（富含VOC_S和$SVOC_S$气溶胶烟气污染物）的处理。有机物去除效率大于95%，各处理单元气体流速分别为：文丘里约 43m/s，喷淋塔约2.2m/s，气溶胶约 0.6m/s。	适用于发酵行业、制药行业、肥料行业、饲料等行业烟气治理。
70	生阳极车间沥青烟气净化技术	该技术利用生产原材料焦粉或无烟煤粉尘为吸附剂，吸附混捏成型过程中产生的沥青烟气，吸附后的物料可以直接返回工艺中使用。整套系统循环操作，无二次污染和物料的对外转运。设置自动灭火系统提高系统的安全性。沥青烟气排放浓度低于20mg/m^3，系统出口浓度粉尘浓度低于10mg/m^3，焦油浓度低于5mg/m^3。	适用于冶金行业烟气净化。

序号	技术名称	技术内容	适用范围
71	铝电解烟气净化技术	该技术采用干法氧化铝吸附原理处理电解铝过程中产生的氟化物，使电解烟气中烟囱氟化物排放浓度低于1mg/m^3，粉尘排放浓度低于5mg/m^3。对于年产30万t的电解企业，每年可多回收约100t的氟化盐。	适用于冶金行业烟气净化。
72	双介质阻挡放电等离子体工业异味废气处理技术	该技术通过双介质阻挡电离方式产生等离子体，在外加电场的作用下，放电产生的大量携能电子轰击污染物分子，使其电离、解离和激发，使大分子污染物变成简单小分子，或有毒有害物质转变为无毒无害或低毒低害物质。该技术耗电约2W/m^{3}气体，对恶臭污染物如胺类、苯系物等的去除效率较高，异味去除率大于70%。	适用于石油化工、制药、垃圾厂、皮革厂、食品厂、香精料厂等行业产生的异味气体的处理，规模在1000～100000m^3/h之间。
73	黄磷尾气回收利用技术	该技术采用变温变压吸附黄磷尾气中的一氧化碳，利用羰基合成技术生产甲酰胺等系列产品。净化后黄磷尾气中磷、硫、砷、氟化物杂质含量小于1ppm，一氧化碳回收率大于85%。	适用于黄磷生产企业尾气治理。
五、固体废物综合利用、处理处置及土壤修复技术			
74	氰化尾渣资源化技术	该技术利用铅锌硫化矿物的浮选特性，从氰化尾渣回收铅锌混合精矿，实现选矿过程的清洁生产和尾水低排放。混合浮选技术主要以电化学为基础，通过在矿浆中添加“YO+硫酸铜”组合活化药剂，增加铅锌硫化矿物的可浮性，铅锌总回收率约90%。	适用于年处理矿石量5万t以上、含有多金属矿石(铜、铅、锌)的黄金开采行业的氰化尾渣处理。
75	碱回收白泥污染控制及资源化技术	该技术通过在碱回收苛化工段中增加石灰和苛化绿液，深度净化，提高白泥（碳酸钙）的纯度和白度，达到造纸过程中所加填料碳酸钙的质量要求，回收草浆白泥。生产的含水沉淀碳酸钙经烘干后碳酸盐不溶物大于97%，pH为9～11，筛余物（325目）小于0.5%，白度高于88%。	适用于碱回收白泥的综合利用。
76	啤酒废酵母利用技术	该技术是将啤酒废酵母经酶解等工艺生产4种单核苷酸，降解率稳定在80%以上，产品纯度大于95%，每年可减少废酵母液（COD：1C～20万mg/L）排放约1.6万t；或经除杂除苦后，采用胞壁溶解酶和磷酸二酯酶实现破壁自溶，生产粗产品酵母精，细胞壁残渣则利用酶膜反应器制备甘露糖蛋白及水溶性葡聚糖，年生产啤酒100万t，可利用废酵母1500t。	适用于啤酒废酵母综合利用与处理。
77	啤酒麦糟资源化开发和利用	该技术利用酶技术和膜分离工艺从麦糟中提取功能性膳食纤维和蛋白质作为食品配料，并采用挤压改性技术开发麦糟膳食纤维方便食品。膳食纤维回收率大于90%（以干基计）。年生产10万t啤酒，投资2000万元，利用麦糟可生产1250t膳食纤维，5000t挤压膳食纤维食品。	适用于啤酒麦糟资源化利用。

序号	技术名称	技术内容	适用范围
78	丢弃酒糟无害化、效益化处理技术	该技术采用2000m³大窖，以酿酒丢弃酒糟为原料，加入糖化酶和固体酵母生产复糟白酒；生产复糟白酒后的丢糟经烘干后作为锅炉燃料生产蒸汽；燃烧后的酒糟灰再采用沉淀法（低压液相法）生产水玻璃，进而生产白炭黑。使酿酒丢弃酒糟资源化、减量化、无害化，实现固态酿酒清洁生产。	适用于白酒酿酒行业丢弃酒糟处理。
79	制革固体废弃物资源化利用技术	该技术以废皮屑为原料，制造固化单宁和固化金属离子吸附材料，可分别用于工业废水中有毒重金属离子的吸附和无机阴离子、染料、有机物等的吸附。年产1000t吸附材料的项目总投资约1100万元，可实现总产值960万元/年，投资平均利润率约为45%。	适用于制革废物资源化利用。
80	屠宰厂、皮革厂废弃物生产蛋白质技术	该技术利用自主生产的复合蛋白酶，将屠宰场、肉联厂、皮革厂生产的废弃物、啤酒厂生产的酵母泥、淀粉加工厂废水提取物经过加工生产蛋白质系列产品。剩下的骨渣、肉渣、皮渣作为饲料添加剂，油作为化工原料；生产废水经处理后回收用于生产，清洗设备、生产场及原料的用水经分离沉淀，沉淀污泥作肥料使用。	适用于屠宰厂、皮革厂生产的废弃物的处理。
81	废碱焚烧中熔融碳酸钠固体回收技术	该技术采用“汽液动雾化+饱和溶液载送”组合工艺，回收废碱液中的粗碳酸钠产品。污水中碳酸钠排放削减率大于99%。	适用于环己酮生产排放的含碳酸钠废水处理。
82	钢渣热闷自解处理技术	该技术充分利用钢渣余热生成蒸汽，消解f-CaO、f-MgO，使其稳定。钢渣中废钢回收率高，尾渣中金属含量小于1%，粉尘和污水排放低。钢渣粉比表面积大于420m²/kg，吨产品主机电耗32kW·h。年处理钢渣168万t项目投资12600万元，单位产品成本23元/t，电耗6.8 kW·h/t，水耗0.27m³/t，利润100元/t。年生产钢渣粉80万t项目投资8800万元，单位产品成本75元/t，电耗40kW·h/t，水耗0.12m³/t，利润65元/t。	适用于冶炼钢渣处理。
83	生活垃圾焚烧处理系统技术	该技术采用炉排炉结构使垃圾充分燃烧，并利用垃圾焚烧产生的余热，通过汽轮机发电转化为电能。灰渣送去填埋处理，烟气经半干式烟气处理装置除去有害气体和粉尘后排放。喷雾塔、除尘器收集下来的飞灰与烟气处理系统的残余物收集到灰仓，经固化后按照危险废物管理规定安全处置。单台处理能力300t/d以上，炉膛设计确保烟气在850℃的停留时间大于2s。	适用于低位热值大于5000kJ/kg的城镇生活垃圾焚烧处理。

序号	技术名称	技术内容	适用范围
84	沼气利用技术	（1）该技术采用数学模型对填埋气体产生量及收集量进行预测，设计出适用于新建、正在运行和封场垃圾填埋场的填埋气体导排井、集气管网、排水井、监测井、抽气风机、燃烧器、发电机组等，将收集的填埋气经过预处理后通入装机容量为500kW以上的沼气内燃机组燃烧发电，使填埋场气体能源化，减少温室气体排放。 （2）该技术先通过变压吸附将甲烷气体和其他气体分离，再经预处理系统对其进行脱水、脱硫、多级过滤等，保证系统和设备的安全稳定运行，最后经脱氧、深度脱硫、深度干燥等处理。产品气中CH_4浓度稳定保持在90%左右，最高超过94%。 （3）该技术采用常压多胺法净化填埋场气体，收集的填埋沼气经煤气风机加压后进入净化塔，在净化塔内，填埋沼气与吸收液进行化学反应，使其CO_2含量从37%降到2%以下，CH_4含量从50%提高到95%以上。净化后的气体性能同二级天然气，经过加压至25MPa，可送汽车加气站。吸收液经解吸后循环利用。	（1）适用于填埋量大于300t/d的垃圾填埋场。 （2）适用于规模不小于100Nm^3/h的沼气利用工程。 （3）适用于城市生活垃圾填埋沼气净化利用。
85	医疗废物非焚烧处理技术	该技术采用高温蒸汽、微波或其组合消毒技术处理医疗废物，实现医疗废物的消毒、灭菌和毁形。繁殖体细菌、真菌、亲脂性/亲水性病毒、寄生虫和分枝杆菌的杀灭对数值大于6，枯草杆菌黑色变种芽孢（B. subtilis-ATCC 9372）的杀灭对数值大于4。	适用于10t/d以下的医疗废物集中处置。
86	含油污泥过热蒸汽喷射处理技术	该技术将高温蒸汽（0.3MPa）与含油污泥碰撞，油份和水分被瞬间蒸出，与固体颗粒一起进入旋风分离器，在旋风作用下实现蒸汽和固体颗粒的分离，蒸汽冷却后可直接回收原油，固体颗粒进入残渣罐内作为制砖原料或掺入煤粉作为燃料。对油水含量为90%的污泥，其污染物消减率90%，残渣含油量小于1%。	适用于油田、化工企业等产生的含油污泥。
87	工业危险废物焚烧处理技术	该技术采用分系统进料的方式将工业危险废物送入回转窑处理系统，废物在一燃室的温度约为850～950℃，二燃室的燃烧温度高于1100℃，烟气停留时间大于2s。高温烟气经余热利用后采用“烟气急冷、干式脱酸+活性炭吸附+袋式除尘+湿式洗涤-烟气再加热”的烟气处理工艺，焚毁去除率大于99.99%，残渣热灼减率小于5%。另外，该技术进料系统设置了两级封闭门，实现上料口不漏烟，并配备自动控制和监测系统，可对主要工艺参数自动控制。	适用于工业废物（包括皮革）、危险废物（包括农药）及医疗垃圾，可同时处理固态、半固态、液态等不同相态的废物处理，适用于日处理规模2～50t的装置。
88	精对苯二甲酸残渣资源化利用技术	该技术采用热溶解法、固液分离、蒸馏和精馏等集成技术，通过优化工艺参数和操作过程实现精对苯二甲酸残渣资源化综合利用，提取醋酸、苯甲酸、对苯二甲酸等化工产品，产品回收率大于70%，对于不能回收的残渣采用免燃料高温焚烧处理，温度达1100～1300℃，实现焚毁去除率大于99.99%，燃烧过程产生的热能可综合利用，并实现钴、锰等金属回收利用。	适用于精对苯二甲酸（PTA）残渣资源化处理及综合利用。

序号	技术名称	技术内容	适用范围
89	焦化有机固废综合利用技术	该技术将来自焦化厂的有机固废按照一定比例混合后与炼焦煤定量配料，配制成预成型均混料送入高压成型机制得炼焦用型煤产品，与炼焦配煤混合入炉炼焦。年消纳处理焦化有机固废4000t，生产型煤50000t，全部供给焦化厂焦炉炼焦。	适用于焦化废物（焦油渣、酸焦油、生化污泥等）综合利用。
90	糠醛厂固体废弃物综合处理技术	该技术利用特殊菌种，将糠醛工业废渣和糠醛废水直接自然高温堆肥，在不添加任何化学材料的条件下，使糠醛废渣的pH值由2转变成约7的近中性堆肥，堆肥前后糠醛废水和废渣中的可溶性COD含量的去除率大于90%，使低劣品味的糠醛工业废渣和高浓度的糠醛废水转化成为环境友好型的有机肥料。	适用于以玉米芯为主要原材料生产糠醛的工厂。
91	PCBs、农药等污染土壤的间接热脱附处置技术	该技术将污染土壤预处理后，在高于500℃环境下热脱附，使土壤中PCBs和农药的含量低于相关标准，土壤排渣经工业循环废水冷却和水化后排放。污染气体部分经除尘后通过湿法洗涤，洗涤后气体经过滤、冷凝、吸附等处理，洗涤废水经中和、沉降、分液后循环利用，对污染物进行固态分离后进行异地焚烧终端处理。	适用于受到PCBs和农药污染土壤的处理。
92	赤泥堆场生态修复技术	该技术通过选择适宜的、抗逆性好的植被品种，对赤泥堆场进行生态修复。该技术不需要覆土，实施无土植被恢复，人工改善基质，植被覆盖率大于80%，减少水土流失和扬尘85%以上，可显著减少流域水体、土壤的酸碱、重金属污染。	适用于同类尾矿库及类似废弃物堆场的治理。
六、工业清洁生产技术			
93	用于脱除淡盐水中硫酸根的膜法技术	该技术采用预处理、膜过滤和后续处理工艺，预处理去除游离氯，防止破坏滤膜，膜过滤浓缩淡盐水中的硫酸根，浓缩液经后续处理实现氯化钠和硫酸钠分离。所有的氯化钠全部回收，十水硫酸钠以副产品的形式外卖。	适用于氯碱行业精制盐水工序中硫酸根的去除。
94	湿法磷酸生产用水多次串级循环使用技术	该技术在湿法磷酸生产中将工艺水经过5～7次的串级和循环使用，实现节约用水和减少排污。工艺水逐级由轻污染到重污染，最后转变成磷酸。与传统的湿法磷酸生产相比，工艺水消耗从7～11m^3/ m^3/tP_2O_5减少到3～4m^3/ m^3/tP_2O_5，污水排放量从1.5～2.0m^3/ m^3/tP_2O_5减少到几乎全部回用，30万t/年的磷酸装置可减少污水排放量45～60万m^3/年。	适用于磷酸生产工艺的节水改造。
95	冷冻法处理卤水中硫酸盐技术	该技术在卤水代盐生产烧碱工艺中，将富集硫酸盐的高芒母液与原卤混合后进行冷冻，经沉降分离出十水芒硝，可去除卤水中的硫酸根离子。与传统的化学沉淀法相比，年减排硫酸钡盐泥8万m^3，分离出的十水芒硝再经蒸发、干燥得元明粉，实现排放废物的综合利用。	适用于用卤水或部分卤水制碱的氯碱企业。

序号	技术名称	技术内容	适用范围
96	氮肥生产企业清洁生产技术	（1）该技术采用洗涤回收技术，将尿素造粒塔尾气中的尿素粉尘含量从100mg/m^3以上降到30mg/m^3以下，氨含量由50 mg/m^3以上降到10mg/m^3以下。采用大型吹风气余热集中回收技术、三废流化混燃技术、全燃渣循环流化床锅炉、循环流化床锅炉等回收造气吹风气、合成放空气、弛放气、造气炉渣、煤灰、无烟煤末、煤矸石等的余热，副产3.8MPa及以上压力等级蒸汽。蒸汽先发电后供生产使用，实现能量的梯级利用。每生产1t合成氨可副产3.8MPa、350℃蒸汽2000kg，发电220 kW·h。减少造气炉渣排放量约200kg，减少吹风气中CO排放量约150 m^3。锅炉炉渣用于生产水泥等建材。 （2）该技术将反渗透脱盐水作为循环水系统的补充水，在保证循环冷水水质的前提下，大大提高循环水的浓缩倍数，使循环冷却水做到低基本不排放。吨氨循环冷却水排放量可由10～50m^3减至2m^3以下。该技术与清洁生产工艺改造、闭路循环改造、末端治理回用和在线监测管理相结合，可实现氮肥企业的生产污水全部回用和废水的低排放。每生产1t氨可减排氨氮 3.4kg、COD 7kg、氰化物 0.05kg、SS 10kg、石油类 0.5kg、挥发酚 0.01kg、硫化物 0.05kg，节约用水 10～50t。	（1）适用于采用自然通风造粒塔的尿素企业，以及以无烟煤为原料，采用固定床间歇式制气工艺的氮肥企业。 （2）适用于氮肥企业废水处理。
97	尿素工艺冷凝液低压水解技术	该技术利用低压蒸汽，将尿素生产产生的工艺冷凝液中的氨、尿素水解解析出来，生成氨和二氧化碳，然后再返回系统中生成尿素，减少氨氮的排放。处理前氨 0.07%(重量)，尿素 1.15%(重量)，处理后氨低于5ppm，回收率大于99%，尿素低于5ppm，回收率大于98%，回收的氨和尿素可以减少吨尿素的氨耗约3～5kg。	适用于化工厂、氮肥生产企业废水处理。
98	还原靛蓝生产中氨气回收再利用技术	该技术将反应过程中压力在0.25MPa，温度230℃状态下间歇式排放的氨气经过降温冷却、过滤、干燥、压缩后形成氨液，再作为原料用于生产。约80%的废氨气可回收再利用，有效降低大气污染，同时降低生产成本。	适用于精细化工行业氨气回收再利用。
99	有机颜料生产中二乙二醇浓缩再利用技术	该技术采用压滤机将捏合物料打浆水回收，用蒸发器浓缩、离心机固液分离。使二乙二醇从年排放850t/t产品降低到年排放42kg/t产品；污水中COD的含量由2000mg/kg降低到150mg/kg。	适用于精细化工行业二乙二醇回收再利用。
100	染料清洁生产技术	（1）该技术在染料生产过程中，采用膜处理工艺代替原盐析和压滤工艺，提高染料的回收率，并对滤后水进行催化氧化、pH调节、沉淀和膜处理。出水COD 180mg/L、BOD_5 30 mg/L、色度 80倍、氨氮 25mg/L、pH 6～9、含盐量1%～2%，达到工业用水的水质要求。减少精盐用量1.5t/t染料，降低生产成本1.2万元/t，处理成本为每t废水12元，比传统喷雾干燥工艺节约了近90%。 （2）该技术采用纳滤膜处理工艺和浓缩液喷雾干燥工艺进行染料后加工，削减固体废物和废水量。喷雾干燥设备主要参数：塔径 6m、塔高 49m、进口温度 220℃、出口温度 85℃、水分蒸发量 1100kgH_2O/h；纳滤膜设备主要参数：分子量为350、面积为800m^2、通透量为1.1～2.0t/h。	适用于染料生产行业的清洁生产。

序号	技术名称	技术内容	适用范围
101	蜡染行业皂化松香回收利用技术	该技术将蜡染花布洗蜡后产生的皂化松香类悬浮颗粒先用涡凹气浮分离，再经过脱色除杂提纯后再回用于生产，回收提纯率 95%。工艺流程：蜡染皂化蜡废水→加酸中和→涡凹气浮分离→晾晒脱水(或加热脱水) →与溶剂混合→静置分层（萃取）→蒸发溶剂→脱色除杂后的松香→回用于生产。	适用于印染行业中的蜡染企业皂化松香的回收利用。
102	数码喷射印花技术	该技术将花样图案输入计算机，由微压电式喷嘴把专用染料喷到纺织品上，形成所需图案。染料用量仅为传统的40%，仅有50%被洗掉，耗水量节约60%。进水水质：COD 1100mg/L、BOD_5 150 mg/L、pH 9；经处理后出水COD 40 mg/L、BOD_5 15mg/L、pH 7.5。	适用于印染行业印花工序的清洁生产。
103	泡沫染整技术	该技术通过机械方法，利用空气对高浓度染料和助剂进行稀释，形成细微并可控制的精确气泡，通过PLC控制均匀施加于织物上，渗透到纤维织物表面或一定深度范围，再通过烘干等工艺完成染色或整理，水耗节省约50%。	适用于纺织品印染企业的清洁生产。
104	高温高压气流染色技术	该技术采用空气动力学原理，通过高压离心风机产生的高速气流经喷嘴雾化染液，喷向织物着色，并带动其运行，浴比仅为1:4。染色相同条件的等重织物，与传统的溢流喷射染色机相比，可节省助剂（盐、碱）50%以上，耗水量节省50%，节省蒸汽45%～50%，且染色时间缩短约15%，排污可减少50%。	适用于纺织印染行业的清洁生产。
105	棉针织冷堆前处理技术	该技术结合针织布结构松弛的特点，提出了松式浸液、平式堆置、无张力蒸洗工艺，即“浸处理液+堆置（25℃ 4h）+短蒸（98℃ 10min）+连续平洗”。与传统前处理工艺相比，用水由30～40t/t降至15t/t，COD由2000～4000mg/L降至1800～2000mg/L。	适用于年产印染针织布不低于3000t针织印染行业的清洁生产。
106	竹浆高效高白度清洁漂白技术	该技术采用氧气和过氧化氢为主要漂白剂取代全氯漂白剂，通过活化处理，提高过氧化氢漂白效果，漂后浆白度达到85%ISO。与传统的全氯漂白比较，有效氯用量减少70%、AOX产生量减少70%、清水用量减少60%、漂白废水排放量减少60%。	适用于造纸行业纸浆漂白生产线的新建和旧全氯漂白生产线的改造。
107	纸浆生物助漂技术	该技术采用木聚糖酶AU-PE89进行纸浆助漂。木聚糖酶AU-PE89只降解木聚糖而不能使纤维素分解，它在碱法制浆的高温和碱性环境下有效，在降解木聚糖的同时破坏LCC联接，有利于这部分木素的脱除；此外，木聚糖酶通过水解部分被吸回的木聚糖使残余木素暴露出来，使得化学药品易与残余木素发生作用，从而达到脱除木素的目的。使用该技术可降低漂白化学品 15%～50%，漂白段污水COD总量下降15%～35%。	适用于碱法麦草浆、碱法苇浆、碱法蔗渣浆、碱法杨木浆、硫酸盐桉木浆、硫酸盐马尾松等制浆工艺的清洁生产。

序号	技术名称	技术内容	适用范围
108	啤酒清洁生产技术	该技术采用“低压煮沸+动态煮沸+循环煮沸”工艺，缩短麦汁煮沸时间 30%～50%。低压或常压回收麦汁煮沸产生的二次蒸汽；热麦汁冷却过程采用真空蒸发技术回收瞬间真空产生的二次蒸汽。将回收二次蒸汽的热量用于预热麦汁或作为热水用于投料、洗涤等。与无此技术的常压煮沸相比，减少蒸汽用量 30%～60%。对于年产30万t冷麦汁的糖化生产线，每年减少原煤消耗量约2200t，减排SO_2 约5 t、烟尘约0.5t，并减少约7000 t二次蒸汽直接排入大气。	适用于啤酒厂糖化工艺的清洁生产。
109	酿酒底锅黄水生产乳酸及乳酸钙技术	该技术充分利用酿酒底锅黄水中的有机酸、残糖、残淀等有益成分，运用现代生物工程技术接种黄水中的乳酸菌发酵，再经过中和、沉降、结晶、干燥酸解、除杂、真空浓缩等工序，生产出符合国家食品标准的乳酸和乳酸钙，提取乳酸和乳酸钙后的废水再进入废水站处理。	适用于酿酒底锅黄水的预处理。
110	低效应低电压铝电解节能减排技术	该技术为无阳极效应铝电解PFC减排工艺技术、无效应铝电解PFC减排控制技术、电解槽突发效应早期诊断及预警技术、外部限电情况下无阳极效应控制技术、非效应PFC抑制技术、低电压最佳极距判断技术及低电压生产工艺条件与能量平衡调控技术的集成，通过降低效应系数降低PFC排放和能耗、降低槽电压直接降低能耗，应用新型槽控制体系，减少非效应PFC排放量。该技术应用后平均槽效应系数为0.03次/（槽·的）， 全行业年节电5亿kW·h，减少500万t/a当量的二氧化碳排放量。	适用于电解铝技术改造。
111	环形套筒窑环保型石灰煅烧技术	该技术具有特殊的环形结构和拱桥结构，在运行时窑内形成微负压环境，废气在排放前经过二次除尘，有效控制粉尘排放。该技术可以使用低热值煤气作为燃料，燃烧效率高，减少石灰石的消耗，减少CO和SO_2的排放，废气除尘前烟尘浓度 1200～1500 mg/m^3，除尘后烟尘排放浓度低于20mg/m^3，SO_2排放低于20mg/m^3，CO燃烧前体积含量为56%，燃烧后为0.01%，废气烟气黑度1级，噪音低于86dB(A)，电耗小于26kW·h/t，热耗小于4000kJ/kg石灰。	适用于钢铁、有色金属、电石等行业环形套筒窑的烟气治理。
112	清洁镀金技术	该技术在镀金工艺中用一水合柠檬酸一钾二（丙二腈合金[I]）作为镀金或化学镀金的原料替代剧毒品氰化亚金钾，实现电镀工艺的低毒化和生产安全。使用新材料镀金后，排放废水的氰化物低于0.3mg/L，若再经次氯酸钠破氰可低于0.1mg/L。	适用于化工、镀金工业的清洁生产。

序号	技术名称	技术内容	适用范围
七、农村污染治理技术			
113	农村生活污水一体化处理技术	（1）该技术采用底部相通的四个同心环组成的一体化自回流多级生化处理装置，由内自外分别为厌氧区、缺氧区、好氧区和沉淀区，污水在厌氧区停留约1h、缺氧区约2h、好氧区约6h，沉淀区的污泥借重力作用下沉到好氧区，无需使用污泥回流泵。装置的COD和BOD_5消减率大于85%，COD排放浓度小于40mg/L，BOD_5排放浓度小于20mg/L。 （2）该技术由圆筒形结构的钢混管件和钢制罐体组装成型，采用厌氧—好氧法处理生活污水，厌氧区投放填料利于微生物附着挂膜，同时在厌氧段和好氧段投加高效菌种，使其对污水降解能力比普通活性污泥效果提高20%～30%。出水COD低于45mg/L、BOD_5低于8mg/L、SS低于10mg/L，对氨氮、COD、浊度的去除率均大于90%。 （3）该技术由生物处理单元及生态处理单元串联而成，生物处理单元采用厌氧+跌水充氧生物处理，生态处理单元包含了人工湿地、生态沟渠净化与回灌、生态净化塘等。COD去除率 70%～90%，BOD_5去除率 70%～90%，氨氮去除率70%～90%，总氮去除率 70%～90%，总磷去除率 70%～90%。	适用于1000～30000t/d的农村生活污水处理。
114	生态填料土地处理技术	该技术用薄膜在地下围成一个生物滤池，以透气性土壤作为好氧填料，将生活污水引进草坪下，通过布水系统均匀地由透气性土壤向下渗滤，污水滞留到厌氧砂盘后，再通过表面张力作用上升，越过砂盘的堰之后，再通过虹吸作用连续地向下层土壤渗透并流出生物滤池。在上述渗滤过程中，水与污染物分离，污染物通过物理化学吸附作用被截留在土壤中，由土壤中的好氧微生物降解，其降解物再被草坪等植物所利用，出水作为中水回用。	适用于农村低浓度污水处理。
115	高负荷地下渗滤污水处理技术	该技术包含隔油沉淀与水量调节、高负荷地下渗滤和深度处理（上流式人工湿地）三个单元。高负荷地下渗滤单元的水力负荷约$0.5t/m^2 \cdot d$，分为多个功能结构层，地表可规划为花园绿地、停车场等，其运行方式为间歇性布水，落干时间歇通风。当进水COD 120～400mg/L、氨氮 30～100mg/L 、总磷 5～15mg/L 、SS 50～300mg/L时，高负荷地下渗滤单元出水COD30～50mg/L、氨氮5～15mg/L 、总磷 1～3mg/L 、SS 10～30mg/L，经深度处理后可用作绿化和景观用水，杀菌后可用作生活杂用水。	适用于处理规模5～1000t/d之间的生活污水处理工程。

序号	技术名称	技术内容	适用范围
116	人工湿地污水处理技术	（1）该技术采用预处理与人工湿地组合的工艺，针对北方冬季特点进行了抗寒保温设计，使污水处理设施在低温条件下正常运行，具有占地面积小，负荷高等特点。对各类污染物去除率：COD 80%，BOD_5 85%，SS 85%，氨氮60%，总磷 70%，出水COD低于60mg/L，氨氮低于8mg/L。 （2）该技术采用以沸石为基质的潜流人工湿地，辅以厌氧生物滤池处理生活污水。原水经格栅进入厌氧生物滤池，滤池出水进入人工湿地进行深度处理。BOD_5的去除率在85%～95%之间，COD去除率大于80%，总氮去除率大于60%，总磷去除率大于90%。 （3）该技术首先利用厌氧微生物的水解作用分解污水中的有机污染物，再通过人工湿地土壤的渗滤作用及其培植的水生植物和微生物的综合生态效应降解有机污染物、脱氮除磷，然后经过生态塘内的菌藻和水生植物深度处理，出水可作为农田灌溉用水。厌氧池停留时间 5～8h，人工湿地水力负荷 0.5～0.7m^3/（m^2·d），生态塘水力负荷1.0～1.5m^3/（m^2·d），水深 0.5～1.2m。	（1）和（2）适用于村镇、农村生活污水处理，以及河道的水质改善与生态环境修复。 （3）适用于南方地区的农村生活污水处理，规模在20～2000m^3/d之间。
117	厌氧产沼污水处理技术	（1）该技术采用囊式厌氧反应器，利用自身空间实现三相分离、储存沼气、厌氧消化于一体，施工简便（挖掘土方池，安装囊式结构），可将反应器容量建到10万立方米以上。反应器可承受COD约20000mg/L的高浓度有机废水，容积负荷为0.6kg/m^3，水力停留时间 13d，适应中温和低温运行，COD去除率大于90%，BOD_5去除率大于85%，产沼气量 0.3m^3 /kgCOD。 （2）该技术采用高强度、高弹力涤纶丝网布和双面涂刮橡塑改性增强树脂，通过高周波自动控温控压熔接工艺，制成弹性软体沼气发生装置、贮气袋，代替传统沼气发生池，具有施工快、可折叠、自重轻、可二次移动等特点。人畜粪便经该装置消化分解后，COD去除率80%～85%，BOD_5去除率85%～90%，根据处理量的不同，可并联、串联成300～5000m^3的装置，8m^3的软体沼气发生池建池费用600元，装置费用1800元。	适用于畜禽养殖粪便、污泥消化处理及高浓度有机废水的处理。

序号	技术名称	技术内容	适用范围
118	畜禽养殖场粪污处理和利用技术	（1）该技术将固、液分别处理。液体经厌氧UASB或USR反应器降解后，产生的沼气存入贮气柜；沼液作为液体有机肥料利用或经过好氧生物处理后排放；沼渣和固体粪便高效堆肥。堆肥时间通常为5～7d，USR厌氧反应器内水力停留时间通常为7～10d，COD负荷8～10kg/（m^3·d）；UASB反应器COD负荷2～5kg/（m^3·d）。氨氮、总氮去除率分别达95%和90%。 （2）在USR厌氧消化工艺基础上，通过增加搅拌装置和保温增温措施，提高了产气率1 m^3/（m^3·d)和产气稳定性，进料浓度大于8%；采用该技术进行处理后，粪污中50%以上有机物转化为沼气，氨氮等转移到沼液变成有机肥料，并保证了在寒冷地区的连续稳定运行。 （3）利用蚯蚓生物消解床将畜禽粪便转化为蚓粪和蚯蚓活体，每亩消解床年处理粪便200～250t，年产蚯蚓3～4t，蚓粪 70～110t。与畜禽粪便相比，蚓粪物理性质得到明显改善，容重减少，含水率降低，体积减少 30%。年经济效益可达2万元/亩以上。	（1）适用于规模化畜禽养殖场粪污和废水的处理。 （2）适用于寒冷地区规模化畜禽养殖粪便、污水的综合治理与资源化利用。 （3）适用于中小型畜禽养殖场粪便处理及资源化利用。
119	生态养殖技术	该技术在养殖池塘中央底部增设引水口和引水通道，在池塘堤坝边增建短程平流沉淀槽，将池塘中央底部养殖废水引至沉淀槽，有机物沉淀下来，上层养殖水沿池塘坝内斜坡形成薄层水流，经太阳光照射净化后，返回养殖池塘再利用，沉淀污泥可制生物肥料。系统COD平均去除率为25%，SS去除率为82%，硝态氮去除率为10%～25%，亚硝态氮去除率为20%～45%，溶解性磷酸盐去除率为40%～50%。	适用于热带、亚热带海水或淡水养殖业。
120	生物质能源化利用技术	该技术利用农业废弃物（树枝、木屑等）为原料，经过常压、高温无氧热解（热解温度为400～800℃），得到优质可燃气、木炭、木焦油和木醋液。一吨原料可产300m^3可燃气（热值大于15000kJ）、300kg木炭（热值大于30000kJ）、50kg木焦油、220kg木醋液。	适用于农业废弃物处理。
121	用于污染控制和资源回收的源分离负压排水技术	该技术利用低于大气压的管道压力单独收集粪、尿和生活杂排水，避免粪尿被稀释与其它废水混合，降低处理难度。收集的粪、尿污水经稳定化处理后作为肥料，分离后的杂排水简单处理后作为景观水体的补给水或绿化、灌溉用水使用。由于采用负压排水（负压管网的工作压力为0.4～0.7bar），系统的节水效果明显，与传统混合排放相比，室内排水的总量减少约1/3。	适用于农村生活污染治理。
八、噪声与振动控制技术			
122	大型发电厂环境噪声综合治理技术	该技术采用隔声、消声、吸声等综合降噪措施，对燃气、燃油、燃煤发电厂和热电厂的各项高噪声设备进行声源识别，对高压排气噪声、吹管噪声和主机设备空气声隔离降噪30dB以上。	适用于各种燃气、燃油、燃煤发电厂和热电厂的环境噪声综合治理。

序号	技术名称	技术内容	适用范围
123	双曲线冷却塔噪声控制技术	（1）该技术利用声学和空气动力学原理，采用在冷却塔进风口周围设置大型通风消声装置的降噪措施，在获得良好降噪效果的同时保证冷却塔的热工性能。 （2）该技术在冷却塔上加吸声遮阳板，加强了隔声屏障的作用，并将隔声屏障整体做成圆弧状，扩大声影区，增强隔声效果。	（1）适用于双曲线冷却塔淋水降噪。 （2）适用于各种规模形式的双曲线自然通风冷却塔噪声治理。
124	道路声屏障材料、结构及其应用技术	该技术采用不同类型和参数的声屏障治理噪声污染，其材料、结构（包括隔声量、吸声性能、面密度）应满足不同声屏障插入损失设计和不同环境条件的使用要求。当道路声屏障的传声损失TL为20～30dB，由声透射引起的插入损失的降低量为△Lt时，TL~△Lt大于10dB；当声屏障的道路一侧附加吸声结构时，所使用的吸声材料的吸声性能应具有全天候功效，特别是应不受雨水、潮湿、粉尘条件的影响；3～6m高的声屏障，其声影区内的降噪效果应为5～12dB。	适用于道路交通噪声污染治理。
125	直流输电工程大型换流站噪声综合治理技术	该技术根据直流输电工程大型换流站噪声特点，自主创新开发了大型平波电抗器噪声控制设备、大型换流变压器噪声控制设备和低噪声电抗器。装置外3m处，噪声插入损失约15dB。	适用于大型输送变电换流站环境噪声污染治理。
126	室内低频噪声和固体声污染控制设备及集成控制技术	该技术采用以低频噪声和固体声分析识别技术为基础的高效低频隔振器件、隔振基础等各类隔振系统，控制室内噪声。隔振效率在宽频带大于95%，采用集成控制技术，可以使室内低频噪声（200Hz以下）和固体声降低10dB以上。	适用于城市民用建筑和公共建筑的低频噪声和固体声污染控制。
九、监测检测技术			
127	简易瞬态工况（质量法）排放检测系统	该技术使用涡结流量计和氧气稀释比计算瞬态测试过程中每秒废气排放体积，通过气体分析仪采集逐秒数据，并和气体流量数据在时间上进行对齐，来计算逐秒的污染物排放质量（g/s），最后计算总的污染物排放质量结果，并发送至主机，计算得出每种污染物每公里的排放质量。技术误判率低于5%，能基本反映车辆实际行驶的排放特征。	适用于机动车尾气检测。

序号	技术名称	技术内容	适用范围
128	烟气水分在线监测技术	该技术运用阻容法原理，采用在线扩散方式，可以长期在线监测烟气的含湿量，温度测量范围为0～180℃，水分测量范围0～40vol%，响应时间小于3s。	适用于电力、钢铁、石化、水泥等固定污染源烟气排放的在线监测。
129	氨氮在线监测技术	（1）该技术采用分光光度法，用流动注射分析技术（FIA）和气液分离器组成的氨氮在线分析仪，以价廉无毒的酸碱指示剂作为吸收显示剂，测量范围0.05～300 mg/L，检出限0.05 mg/L，精度1% F.S.，稳定度小于8%F.S.，准确度2%F.S.。游离态的氨或以铵离子等形式存在的氨氮与纳氏试剂反应生成黄棕色络合物，该络合物的色度与氨氮的含量成正比，可用分光光度法测定。 （2）该技术用氨气敏电极对水中的氨氮进行测量，氨气敏电极包括平头的pH玻璃电极和银/氯化银电极，两支电极通过含有铵离子的内充液被组装在一起，作为pH值测量电对。内充液通过气透膜与样品隔开，当把电极浸入加有试剂的待测液中时，待测液中的离子态铵变为游离态氨，随同待测液中的游离态氨一同通过气透膜进入内充液，使内充液的pH值发生变化，并产生与样品浓度的对数呈正比的电压变化信号。测量范围为0.05～500mg/L，检出限为0.05 mg/L,测量误差为±2%F.S.。	适用于地表水、污染源、地下水和市政污水监测。

统计数据

（国家统计局提供）

一、自然资源

表1-1　自然状况

项　　目		2010
国土		
国土面积	（万平方公里）	960
海域面积	（万平方公里）	473
海洋平均深度	（米）	961
海洋最大深度	（米）	5377
岸线总长度	（公里）	32000
大陆岸线长度		18000
岛屿岸线长度		14000
岛屿个数	（个）	5400
岛屿面积	（万平方公里）	3.87
气候		
热量分布	（积温≥0℃）	
黑龙江北部及青藏高原		2000~2500
东北平原		3000~4000
华北平原		4000~5000
长江流域及以南地区		5800~6000
南岭以南地区		7000~8000
降水量	（毫米）	
台湾中部山区		≥4000
华南沿海		1600~2000
长江流域		1000~1500
华北、东北		400~800
西北内陆		100~200
塔里木盆地、吐鲁番盆地和柴达木盆地		≤25
气候带面积比例	（国土面积=100）	
湿润地区	（干燥度<1.0）	32
半湿润地区	（干燥度=1.0~1.5）	15
半干旱地区	（干燥度=1.5~2.0）	22
干旱地区	（干燥度>2.0）	31

注：1. 气候资料为多年平均值。
2. 岛屿面积未包括香港、澳门特别行政区和台湾省。

表1-2 土地状况

项　目	面 积	占 总 面 积 (%)
总面积　（万平方公里）	960	100.00
按地形分　（万平方公里）		
山地	320	33.33
高原	250	26.04
盆地	180	18.75
平原	115	11.98
丘陵	95	9.90
按地高分　（万平方公里）		
500米以下	241.7	25.18
500~1000米	162.5	16.93
1000~2000米	239.9	24.99
2000~3000米	67.6	7.04
3000米以上	248.3	25.86
按特征分　（万公顷）		
耕地	12172	12.68
林地	30590	31.86
森林	19545	20.36
内陆水域面积	1747	1.82
草地	39283	40.92
可利用草地	33100	34.48
其他	12208	12.72

注：1. 本表数字多为过去清查数。
2. 耕地面积数据来源于国土资源部2008年底数据。

表1-3 主要矿产基础储量

项 目		2010
石油	（万吨）	317435.3
天然气	（亿立方米）	37793.2
煤炭	（亿吨）	2793.9
铁矿	（矿石，亿吨）	222.0
锰矿	（矿石，万吨）	19515.6
铬矿	（矿石，万吨）	442.1
钒矿	（万吨）	1242.6
原生钛铁矿	（万吨）	23043.0
铜矿	（铜，万吨）	2870.7
铅矿	（铅，万吨）	1272.0
锌矿	（锌，万吨）	3251.4
铝土矿	（矿石，万吨）	89732.7
镍矿	（镍，万吨）	312.1
钨矿	（WO3，万吨）	220.8
锡矿	（锡，万吨）	138.2
钼矿	（钼，万吨）	463.0
锑矿	（锑，万吨）	71.0
金矿	（金，吨）	1863.4
银矿	（银，吨）	36363.7
菱镁矿	（矿石，万吨）	182936.8
普通萤石	（矿物，万吨）	4055.9
硫铁矿	（矿石，万吨）	159152.1
磷矿	（矿石，亿吨）	29.6
钾盐	（KCl，万吨）	43885.6
盐矿	（NaCl，亿吨）	1750.7
芒硝	（Na_2SO_4，亿吨）	91.1
重晶石	（矿石，万吨）	9498.6
玻璃硅质原料	（矿石，万吨）	146170.5
石墨	（矿物，万吨）	5412.3
滑石	（矿石，万吨）	12594.2
高岭土	（矿石，万吨）	63933.2

注：本表资料由国土资源部提供。其中，石油和天然气的数据为剩余技术可采储量（下表同）。

表1-4 各地区主要能源、黑色金属矿产基础储量 (2010年)

地 区	石 油（万吨）	天然气（亿立方米）	煤 炭（亿吨）	铁 矿（矿石，亿吨）	锰 矿（矿石，万吨）	铬 矿（矿石，万吨）	钒 矿（万吨）	原生钛铁矿（万吨）
全 国	317435.27	37793.20	2793.93	222.32	19515.64	442.10	1242.63	23042.96
北 京			3.79	0.89				
天 津	3415.91	288.64	2.97					
河 北	27780.80	359.32	60.59	37.49	4.80	6.90	13.18	361.05
山 西			844.01	12.13	12.90			
内蒙古	7643.80	7149.44	769.86	12.12	566.00	60.35	0.77	
辽 宁	18799.01	209.43	46.63	75.46	1412.41			
吉 林	18861.77	681.26	12.40	2.31	0.40			
黑龙江	54516.41	1454.98	68.17	0.42				
上 海								
江 苏	2689.35	23.66	14.23	1.72			2.48	
浙 江			0.49	0.16				
安 徽	186.73	0.06	81.93	8.19	8.80		8.27	
福 建			4.06	3.54	64.48			
江 西			6.74	1.91			2.16	
山 东	34310.68	366.99	77.56	10.31				99.67
河 南	5051.21	99.21	113.49	1.65				0.46
湖 北	1307.97	4.68	3.30	3.73	807.10		40.49	
湖 南			18.76	1.63	5711.10		226.03	
广 东	8.16	0.31	1.89	1.59	215.81			
广 西	146.41	3.39	7.74	1.10	4033.44		171.49	
海 南	~17.27	0.70	0.90	1.04				
重 庆	160.44	1921.02	22.49	0.01	2252.62			
四 川	514.74	6763.11	54.37	28.73	97.74		686.77	22534.64
贵 州		10.61	118.46	0.51	2468.87			
云 南	12.21	2.41	62.47	3.82	905.86		0.07	
西 藏			0.12	0.27		199.49		
陕 西	24947.67	5628.11	119.89	4.04	279.74	1.10	0.89	
甘 肃	16085.39	191.80	58.05	3.91	263.14	124.83	89.87	
青 海	5635.18	1321.89	16.22	0.07		0.48		
宁 夏	202.77	2.75	54.03					
新 疆	51163.47	8616.43	148.31	3.57	410.43	48.95	0.16	47.14
海 域	44012.46	2693.00						

表1-5 各地区主要有色金属、非金属矿产基础储量（2010年）

地区	铜矿（铜，万吨）	铅矿（铅，万吨）	锌矿（锌，万吨）	铝土矿（矿石，万吨）	菱镁矿（矿石，万吨）	硫铁矿（矿石，万吨）	磷矿（矿石，亿吨）	高岭土（矿石，万吨）
全国	2870.69	1272.04	3251.42	89732.66	182936.82	159152.07	29.63	63933.24
北京	0.02							
天津								
河北	15.29	18.66	154.62	393.80	866.26	1765.86	2.12	58.30
山西	215.67	0.55	0.32	13592.14		614.98		160.20
内蒙古	365.93	301.12	588.89			15745.76	0.02	433.18
辽宁	16.13	13.62	39.83		165672.68	2504.88	0.81	525.00
吉林	20.44	10.19	13.55		1.10	728.39		50.38
黑龙江	119.61	5.35	21.55			48.20		
上海								
江苏	5.50	15.03	24.80			412.78	0.25	749.44
浙江	8.44	41.26	67.37			717.64		750.87
安徽	192.53	5.09	12.07			14912.71	0.38	303.37
福建	83.11	24.28	48.65	65.00		1011.72	0.04	5608.66
江西	698.58	58.25	85.91			14892.60	0.72	3137.89
山东	29.60	7.11	2.58	412.70	16158.28	311.70	0.67	533.96
河南	14.15	36.29	38.58	21525.87	2.11	8726.70	0.07	31.31
湖北	120.71	1.49	4.02	244.20		3841.20	7.17	467.03
湖南	39.31	111.64	178.99	174.10		6303.31	2.79	2109.18
广东	58.14	105.66	192.26			27903.63		27853.43
广西	14.41	17.72	149.25	27236.89		4556.91		18733.32
海南	2.67	1.15	0.61				0.04	1872.60
重庆		3.94	14.78	3639.10		1976.80		
四川	75.61	82.95	222.40	14.40	186.49	42807.04	3.45	71.87
贵州	0.34	6.32	15.62	20157.04		5623.90	3.62	11.45
云南	274.25	191.01	682.05	1551.84		3099.18	6.66	390.70
西藏	199.38							
陕西	16.03	14.82	84.92	725.58		577.62	0.21	81.10
甘肃	171.98	84.15	379.51			1.00		
青海	41.19	79.38	137.76		49.90	50.20	0.60	
宁夏							0.01	
新疆	71.67	35.01	90.53			17.36		
海域								

二、土地利用与生态

表2-1 各地区土地利用情况 (2008年)

单位：万公顷

地区	土地调查面积	农用地			建设用地			
			园地	牧草地		居民点及工矿用地	交通运输用地	水利设施用地
全国	95069.3	65687.6	1179.1	26183.5	3305.8	2691.6	249.6	364.5
北京	164.1	109.6	12.0	0.2	33.8	27.9	3.3	2.6
天津	119.2	69.3	3.5	0.1	36.8	28.1	2.2	6.5
河北	1884.3	1308.2	70.5	79.9	179.4	154.5	12.0	12.9
山西	1567.1	1014.3	29.5	65.8	86.9	77.3	6.3	3.3
内蒙古	11451.2	9523.0	7.3	6560.9	149.2	123.9	16.0	9.3
辽宁	1480.6	1122.8	59.6	34.9	139.9	115.9	9.2	14.8
吉林	1911.2	1639.3	11.5	104.4	106.5	84.2	6.7	15.6
黑龙江	4526.5	3792.4	6.0	220.8	149.2	116.1	11.9	21.2
上海	82.4	36.7	2.1		25.4	23.0	2.1	0.2
江苏	1067.4	671.6	31.6	0.1	193.4	161.0	13.1	19.3
浙江	1054.0	867.2	66.1		104.9	81.7	9.5	13.8
安徽	1401.3	1119.0	33.9	2.8	166.2	133.4	10.1	22.7
福建	1240.2	1073.1	62.9	0.3	64.7	50.7	7.9	6.1
江西	1668.9	1416.4	27.8	0.4	95.4	67.5	7.5	20.5
山东	1571.3	1156.6	100.7	3.4	251.1	209.3	16.3	25.5
河南	1655.4	1228.1	31.4	1.4	218.7	188.3	12.2	18.2
湖北	1858.9	1465.2	42.4	4.4	140.0	100.9	9.2	30.0
湖南	2118.5	1789.8	49.0	10.4	139.0	108.8	10.4	19.8
广东	1798.1	1489.1	100.8	2.7	179.0	145.7	12.1	21.1
广西	2375.6	1786.6	53.9	71.6	95.4	71.0	8.8	15.5
海南	353.5	282.3	53.2	1.9	29.8	22.3	1.4	6.1
重庆	822.7	692.0	24.0	23.7	59.3	48.9	4.8	5.5
四川	4840.6	4239.8	71.6	1371.1	160.3	136.6	13.5	10.2
贵州	1761.5	1524.6	12.1	159.8	55.7	45.7	6.1	4.0
云南	3831.9	3176.0	84.2	78.2	81.6	62.8	10.0	8.8
西藏	12020.7	7760.6	0.2	6444.1	6.7	4.2	2.4	0.1
陕西	2057.9	1847.8	70.6	306.4	81.7	71.0	6.6	4.0
甘肃	4040.9	2387.9	20.0	1261.3	97.7	88.2	6.6	2.9
青海	7174.8	4372.4	0.7	4034.7	32.7	24.7	3.2	4.8
宁夏	519.5	417.4	3.4	226.4	21.2	18.6	1.9	0.7
新疆	16649.0	6308.5	36.4	5111.4	124.0	99.3	6.3	18.4

表2-2　各地区森林资源情况

地　区	林地面积（万公顷）	森林面积（万公顷）		森林覆盖率（%）	活立木总蓄积量（万立方米）	森林蓄积量（万立方米）
			人工林			
全　国	30590.41	19545.22	6168.84	20.36	1491268.19	1372080.36
北　京	101.46	52.05	35.65	31.72	1291.29	1038.58
天　津	14.22	9.32	8.88	8.24	277.01	198.89
河　北	705.37	418.33	212.27	22.29	10183.91	8374.08
山　西	754.58	221.11	102.74	14.12	8846.96	7643.67
内蒙古	4394.93	2366.40	303.91	20.00	136073.62	117720.51
辽　宁	666.28	511.98	283.03	35.13	21174.91	20226.85
吉　林	848.73	736.57	148.94	38.93	88244.21	84412.29
黑龙江	2184.16	1926.97	235.68	42.39	165191.60	152104.96
上　海	7.46	5.97	5.97	9.41	275.20	100.95
江　苏	128.64	107.51	104.15	10.48	5022.59	3501.75
浙　江	667.97	584.42	267.44	57.41	19382.93	17223.14
安　徽	439.40	360.07	209.87	26.06	16258.35	13755.41
福　建	914.81	766.65	359.18	63.10	53226.01	48436.28
江　西	1054.92	973.63	291.87	58.32	45045.51	39529.64
山　东	342.12	254.46	244.38	16.72	8627.99	6338.53
河　南	502.02	336.59	217.39	20.16	18051.16	12936.12
湖　北	822.01	578.82	167.01	31.14	23121.55	20942.49
湖　南	1234.21	948.17	464.04	44.76	38177.20	34906.67
广　东	1073.07	873.98	503.18	49.44	32160.74	30183.37
广　西	1496.45	1252.50	515.52	52.71	51056.78	46875.18
海　南	208.73	176.26	125.29	51.98	7940.93	7274.23
重　庆	400.18	286.92	76.20	34.85	13803.63	11331.85
四　川	2311.66	1659.52	415.65	34.31	168753.49	159572.37
贵　州	841.23	556.92	199.86	31.61	27911.53	24007.96
云　南	2476.11	1817.73	326.77	47.50	171216.68	155380.09
西　藏	1746.63	1462.65	3.36	11.91	227271.36	224550.91
陕　西	1205.80	767.56	183.27	37.26	36144.16	33820.54
甘　肃	955.44	468.78	80.77	10.42	21708.26	19363.83
青　海	634.00	329.56	4.44	4.57	4413.80	3915.64
宁　夏	179.03	51.10	10.38	9.84	625.93	492.14
新　疆	1066.57	661.65	61.75	4.02	33914.50	30100.54

注：1. 本表为第七次全国森林资源清查（2004~2008）资料。
2. 全国总计数包括台湾省和香港、澳门特别行政区数据。

表2-3　造林面积

单位：公顷

年份 / 地区	造林总面积	按造林方式分			按林种用途分				
		人工造林	飞播造林	无林地和疏林地新封山育林	用材林	经济林	防护林	薪炭林	特种用途林
2000	5105138	4345008	760130		1218461	1350277	2430834	82338	23228
2001	4953038	3977324	975714		905518	1068540	2913538	45611	19831
2002	7770971	6896041	874930		898736	964211	5828810	59144	20070
2003	9118894	8432486	686408		1175812	797318	7087319	37070	21374
2004	5598079	5018885	579194		871132	456691	4210768	49966	9522
2005	3647942	3231556	416386		607547	337816	2678214	16074	8291
2006	2717925	2446122	271803		481629	403322	1824687	4837	3450
2007	3907711	2738521	118671	1050519	610367	478417	2790172	7993	20762
2008	5354387	3684913	154065	1515409	782109	850774	3697812	4020	19672
2009	6262330	4156293	226337	1879700	801317	1002555	4407654	23705	27099
	5909919	3872762	195948	1841209	809937	1110896	3943432	18887	26767
北　京	13887	7765		6122		721	11989		1177
天　津	11315	11315			6246	750	4319		
河　北	283878	138365	76601	68912	18951	14784	249143		1000
山　西	282371	156785	2668	122918	10	52304	223722	6335	
内蒙古	655180	229930	76679	348571	10219	5434	638740		787
辽　宁	190669	102903		87766	26344	7497	156795		33
吉　林	82584	39329		43255		30	82487		67
黑龙江	233777	166411		67366	15211	659	210287	796	6824
上　海	1349	1349				465	884		
江　苏	86256	73234		13022	15868	7476	62226	129	557
浙　江	15214	12999		2215	1162	2329	11709		14
安　徽	48711	28465		20246	10371	7765	30106	469	
福　建	29875	29125		750	15345	3350	11148	30	2
江　西	200778	170875		29903	103883	32509	59733	2119	2534
山　东	205131	198998		6133	36101	37856	129877		1297
河　南	231700	178850		52850	50928	23208	157306		258
湖　北	192213	119075		73138	53721	28569	105752	1854	2317
湖　南	213448	178146		35302	71886	32285	108005	551	721
广　东	95144	91952		3192	33620	11061	50383		80
广　西	143254	125341		17913	108013	9323	25577	1	340
海　南	14166	14166			600	2085	11256	40	185
重　庆	255235	173188		82047	71723	27090	153755	1973	694
四　川	382225	206421		175804	66328	29189	286636		72
贵　州	206603	72714		133889	9541	35676	159885	1034	467
云　南	661500	596879		64621	71629	482862	104722	1125	1162
西　藏	62299	42010		20289	1667	585	60047		
陕　西	364312	199534	40000	124778	3886	59410	300883	133	
甘　肃	232761	148567		84194		32223	194671		5867
青　海	117804	33720		84084			117804		
宁　夏	94932	71001		23931	1608	25153	68121		50
新　疆	251601	203603		47998	1996	138248	108797	2298	262
大兴安岭	3080	3080			3080				

注：2010年全国合计造林面积中包括军事管理区46667公顷人工营造的防护林。根据造林技术规程（GB/T　15776~2006），自2006年起将无林地和疏林地新封山育林面积计入造林总面积。

表2-4 各地区草原建设利用情况(2010年)

单位：千公顷

地 区	草原总面积	可利用草原面积	累计种草保留面积	当年新增种草面积	草原鼠害		草原虫害		草原火灾受害面积
					危害面积	治理面积	危害面积	治理面积	
全 国	392832.7	330995.4	21350.0	7502.3	38678.0	6415.6	18066.6	5285.3	5.3
北 京	394.8	336.3	11.1	6.8					
天 津	146.6	135.4	7.0	6.5					
河 北	4712.1	4085.3	668.5	138.6	493.3	268.1	526.8	239.4	
山 西	4552.0	4552.0	365.7	90.4	478.7	116.7	353.0	87.4	
内蒙古	78804.5	63591.1	4368.1	1901.1	6548.0	1567.9	7962.8	2146.3	1.8
辽 宁	3388.8	3239.3	575.9	362.8	271.3	140.6	290.7	144.1	
吉 林	5842.2	4379.0	702.4	363.9	500.0	466.7	386.0	156.0	0.9
黑龙江	7531.8	6081.7	1328.1	381.2	604.7	110.7	678.0	139.1	0.2
上 海	73.3	37.3	1.2						
江 苏	412.7	325.7	39.9	31.9					
浙 江	3169.9	2075.2	50.5	34.9					
安 徽	1663.2	1485.2	127.5	70.3					
福 建	2048.0	1957.1	54.4	32.2					
江 西	4442.3	3847.6	247.5	134.2					
山 东	1638.0	1329.2	180.2	82.0					
河 南	4433.8	4043.3	293.0	52.7					
湖 北	6352.2	5071.5	179.1	82.0					
湖 南	6372.7	5666.3	226.2	58.9					
广 东	3266.2	2677.2	36.6	22.1					
广 西	8698.3	6500.3	86.2	19.5					
海 南	949.8	843.3	18.2	0.2					0.1
重 庆	2158.4	1867.2	81.1	35.6					
四 川	20380.4	17753.1	1818.4	1082.5	2918.0	459.7	810.1	361.3	0.9
贵 州	4287.3	3759.7	491.4	174.5					
云 南	15308.4	11925.6	657.9	212.8					
西 藏	82051.9	70846.8	1176.1	220.0	5933.3	360.7	196.8	52.0	
陕 西	5206.2	4349.2	856.0	91.8	1200.0	186.7	400.7	63.3	
甘 肃	17904.2	16071.6	3409.4	583.2	5272.7	492.2	1342.9	305.2	0.3
青 海	36369.7	31530.7	799.3	580.2	8072.0	802.1	1802.3	312.0	1.0
宁 夏	3014.1	2625.6	831.6	236.6	621.3	44.7	616.6	101.1	
新 疆	54504.2	45902.2	1527.6	391.0	5483.3	1252.3	2363.5	1018.0	0.1
兵 团	2754.6	2104.6	133.7	21.6	281.3	146.7	336.4	160.1	

表2-5 各地区湿地面积

地 区	湿地面积（千公顷）	天然湿地					人工湿地	湿地面积占国土面积比重（%）
			近岸及海岸	河 流	湖 泊	沼 泽		
全 国	38485.5	36200.6	5941.7	8207.0	8351.6	13700.3	2285.0	4.01
北 京	34.4	5.0		5.0			29.4	1.93
天 津	171.8	133.7	58.1	55.1	12.3	8.2	38.1	14.95
河 北	1081.9	1042.3	278.8	319.3	307.2	136.9	39.6	5.82
山 西	499.9	462.2		454.1	8.1		37.7	3.19
内蒙古	4245.0	4200.8		607.5	495.2	3098.1	44.3	3.66
辽 宁	1219.6	1106.8	738.1	252.2	6.3	110.2	112.9	8.37
吉 林	1203.4	1016.4	5.8	581.4	74.5	354.7	187.0	6.37
黑龙江	4314.8	4182.8		460.7	401.9	3320.3	132.0	9.49
上 海	319.7	319.4	305.4	7.2	6.8		0.3	53.68
江 苏	1674.7	1651.1	843.5	203.3	604.2		23.6	16.32
浙 江	802.2	695.9	574.3	118.5	3.0	0.1	106.3	7.88
安 徽	653.9	590.0		239.5	350.5		63.9	4.73
福 建	443.0	421.2	370.6	31.1	19.5		21.8	3.65
江 西	998.8	872.9		314.9	443.2	114.8	125.9	5.99
山 东	1784.1	1681.4	1210.9	301.1	165.5	3.9	102.7	11.72
河 南	624.1	482.2		472.7	2.6	6.9	141.9	3.74
湖 北	927.3	730.5		377.4	294.7	58.4	196.9	4.99
湖 南	1226.9	1047.5		683.1	359.3	5.1	179.5	5.79
广 东	1398.1	1252.0	1017.8	231.7	1.5	1.0	146.0	7.86
广 西	656.1	567.5	348.4	219.1			88.6	2.76
海 南	311.5	256.6	190.0	38.3	17.3	11.0	54.9	9.13
重 庆	43.2	31.9		31.6	0.3		11.3	0.52
四 川	961.7	919.5		563.9	13.4	342.3	42.1	1.98
贵 州	79.4	65.9		58.0	2.3	5.7	13.5	0.45
云 南	235.3	220.3		119.8	96.5	4.0	15.0	0.61
西 藏	5232.0	5231.5		231.1	2538.6	2461.7	0.5	4.26
陕 西	292.9	277.2		252.1	7.3	17.8	15.7	1.42
甘 肃	1258.1	1131.4		565.6	44.3	521.5	126.7	2.80
青 海	4126.0	4087.7		107.5	1232.0	2748.1	38.3	5.72
宁 夏	255.6	252.4		104.1	148.3		3.2	3.85
新 疆	1410.2	1264.6		200.2	694.9	369.5	145.5	0.86

注：本表为中国首次湿地调查（1995~2003）资料，不包括台湾省、香港和澳门特别行政区；湿地面积不包括水稻田湿地。

表2-6 各地区城市绿地和园林(2010年)

地 区	城市绿地面积(公顷)	#公园绿地	公 园(个)	公园面积(公顷)	建成区绿化覆盖率(%)
全 国	2134339	441276	9955	258177	38.6
北 京	62672	19020	217	9960	
天 津	19221	5266	76	1666	32.1
河 北	68958	21849	381	12164	42.7
山 西	31061	9061	176	5698	38.0
内蒙古	38143	10352	157	7715	33.4
辽 宁	92751	21593	316	11005	39.3
吉 林	37895	10974	127	4402	34.1
黑龙江	69581	15284	285	9066	34.9
上 海	120148	16053	148	1915	38.2
江 苏	227584	33585	584	12433	42.1
浙 江	79459	20090	914	12631	38.3
安 徽	71463	13630	247	8685	37.5
福 建	47904	10972	392	8819	41.0
江 西	42288	10733	238	6442	46.6
山 东	156243	43191	595	21350	41.5
河 南	66790	18361	262	9296	36.6
湖 北	57883	16818	260	8078	37.7
湖 南	46028	10969	175	6763	36.6
广 东	420370	58514	2682	58341	41.3
广 西	60225	8331	146	5842	35.0
海 南	49029	2561	48	1863	42.6
重 庆	37695	14032	175	5532	40.6
四 川	72259	16133	319	7900	37.9
贵 州	28675	3969	56	3645	29.6
云 南	28126	6811	487	5246	37.3
西 藏	2090	260	75	681	25.4
陕 西	26063	8402	124	2924	38.3
甘 肃	15275	4392	83	2451	27.1
青 海	3387	1014	22	478	29.4
宁 夏	17387	3626	57	2030	38.8
新 疆	37686	5430	131	3156	36.4

注：公园绿地面积包括综合公园、社区公园、专类公园、带状公园和街旁绿地。

三、能源

表3-1　能源生产总量及构成

年　份	能源生产总量(万吨标准煤)	占能源生产总量的比重（%）			
		原　煤	原　油	天然气	水电、核电、风电
1978	62770	70.3	23.7	2.9	3.1
1980	63735	69.4	23.8	3.0	3.8
1985	85546	72.8	20.9	2.0	4.3
1990	103922	74.2	19.0	2.0	4.8
1991	104844	74.1	19.2	2.0	4.7
1992	107256	74.3	18.9	2.0	4.8
1993	111059	74.0	18.7	2.0	5.3
1994	118729	74.6	17.6	1.9	5.9
1995	129034	75.3	16.6	1.9	6.2
1996	133032	75.0	16.9	2.0	6.1
1997	133460	74.3	17.2	2.1	6.5
1998	129834	73.3	17.7	2.2	6.8
1999	131935	73.9	17.3	2.5	6.3
2000	135048	73.2	17.2	2.7	6.9
2001	143875	73.0	16.3	2.8	7.9
2002	150656	73.5	15.8	2.9	7.8
2003	171906	76.2	14.1	2.7	7.0
2004	196648	77.1	12.8	2.8	7.3
2005	216219	77.6	12.0	3.0	7.4
2006	232167	77.8	11.3	3.4	7.5
2007	247279	77.7	10.8	3.7	7.8
2008	260552	76.8	10.5	4.1	8.6
2009	274619	77.3	9.9	4.1	8.7
2010	296916	76.5	9.8	4.3	9.4

注：电力折算标准煤的系数根据当年平均发电煤耗计算(下表同)。

表3–2 能源消费总量及构成

年 份	能源消费总量（万吨标准煤）	占能源消费总量的比重（%）			
		煤 炭	石 油	天然气	水电、核电、风电
1978	57144	70.7	22.7	3.2	3.4
1980	60275	72.2	20.7	3.1	4.0
1985	76682	75.8	17.1	2.2	4.9
1990	98703	76.2	16.6	2.1	5.1
1991	103783	76.1	17.1	2.0	4.8
1992	109170	75.7	17.5	1.9	4.9
1993	115993	74.7	18.2	1.9	5.2
1994	122737	75.0	17.4	1.9	5.7
1995	131176	74.6	17.5	1.8	6.1
1996	135192	73.5	18.7	1.8	6.0
1997	135909	71.4	20.4	1.8	6.4
1998	136184	70.9	20.8	1.8	6.5
1999	140569	70.6	21.5	2.0	5.9
2000	145531	69.2	22.2	2.2	6.4
2001	150406	68.3	21.8	2.4	7.5
2002	159431	68.0	22.3	2.4	7.3
2003	183792	69.8	21.2	2.5	6.5
2004	213456	69.5	21.3	2.5	6.7
2005	235997	70.8	19.8	2.6	6.8
2006	258676	71.1	19.3	2.9	6.7
2007	280508	71.1	18.8	3.3	6.8
2008	291448	70.3	18.3	3.7	7.7
2009	306647	70.4	17.9	3.9	7.8
2010	324939	68.0	19.0	4.4	8.6

表3-3　农村水电建设和发电量

年份/地区	本年完成投资额（万元）	年末发电设备容量（千瓦）	本年新增发电设备容量	在建电站规模（千瓦）	当年新开工电站规模	发电量（万千瓦时）
1990	348848	13978100	791000			4181100
1991	476529	14942700	1009100			4066800
1992	594081	15728195	964769	4170000		4818494
1993	792747	16622781	995124	9600000		5841049
1994	1020937	17566675	1163873	10500000		5771834
1995	1321689	18721073	1207854	10760000		6316247
1996	1442828	20095552	1408342			6496723
1997	1452004	21771773	1780352			7221270
1998	1585787	23390300	1741631			7560916
1999	1833853	25562760	2344285	8717000	386000	7715124
2000	2220993	27487791	2060127	7459500	2384000	8755014
2001	2133741	28787476	1714454	3547500	1462800	9490187
2002	2393195	31044576	1883648	5680800	1419000	10366868
2003	3006249	34157792	2702834	10850143	6385500	10966512
2004	3762995	38655048	4363322	16652425	5362090	11045527
2005	4343826	43090145	4964672	17727677	4284511	13571702
2006	4604296	47196651	6403520	20653424	4501575	14835889
2007	5117926	53855597	6578193	20944545	4498420	16346041
2008	4568884	51274371	4194106	21239258	3787365	16275902
2009	4563240	55121211	3807072	12890100	2194445	15672471
2010	4398453	59240191	3793551	13700560	2425973	20444256
北　京		42920				2489
天　津		5000				1400
河　北	8403	370983	1055	40500	13130	35087
山　西	4555	173245	850	72085	3135	20309
内蒙古	216	63960	10500	9900		10232

辽　宁	4506	311488	4155	43525	4105	106461
吉　林	50232	399310	11265	291860	37560	145847
黑龙江	7430	241605	150	57880	14400	59603
上　海						
江　苏		52396				9963
浙　江	109694	3698568	104830	245325	21180	1092619
安　徽	29472	840484	13155	17900	1000	232856
福　建	35853	6994576	170597	96250	5580	2895219
江　西	46220	2635634	56840	244575	76055	795307
山　东	4	73052	5919			7699
河　南	7174	368356	12290	12720	960	78377
湖　北	638038	2900244	211509	1043600	141345	820752
湖　南	265612	5127968	264900	851740	249455	1534473
广　东	198521	6997224	235121	531045	155835	2772822
广　西	364276	3676328	245770	1306900	47890	1091919
海　南	5380	347531	50820	83160	13630	99451
重　庆	249933	1671691	202180	671430	37275	588136
四　川	842208	7161930	368125	2821025	652858	3102543
贵　州	157976	2168566	219770	1185610	234970	720948
云　南	892457	8223596	1088410	2142620	457160	2543189
西　藏		180158	10320	7960	600	37461
陕　西	84696	925618	101270	586020	7700	295353
甘　肃	276258	1703667	155120	1048240	154170	632247
青　海	56181	744650	151620	186410	74060	332819
宁　夏		3200				800
新　疆	13352	750688	62230	71260		221786
新疆兵团	49807	280255	34780	31020	21920	102528
水利部						
直属		105300				53563

注：本表由水利部农村水电及电气化发展局提供。农村水电是以小水电为主体，直接为农村经济社会发展服务的水电站及其供电网络。 2008年起，对农村水电统计范围进行了调整，有关数据作了相应调整。

表3-4 按行业分能源消费量(2009年)

行业	能源消费总量(万吨标准煤)	煤炭消费量(万吨)	焦炭消费量(万吨)	原油消费量(万吨)	汽油消费量(万吨)	煤油消费量(万吨)	柴油消费量(万吨)	燃料油消费量(万吨)	天然气消费量(亿立方米)	电力消费量(亿千瓦小时)
消费总量	306647.15	295833.08	31849.97	38128.59	6172.69	1439.41	13756.64	2827.80	895.20	37032.14
农、林、牧、渔、水利业	6251.18	1582.11	44.59		168.06	0.76	1134.15	1.05		939.90
工业	219197.16	279888.52	31743.32	37975.17	671.07	32.04	2348.80	1521.53	577.90	26854.49
采掘业	17585.17	21728.00	139.04	1078.98	65.46	4.64	498.62	35.06	122.93	1761.77
煤炭开采和洗选业	10206.55	20245.30	28.26		21.21	2.90	108.69	4.83	4.70	691.13
石油和天然气开采业	3945.90	557.60		1078.98	25.04	0.05	230.37	29.61	117.40	333.34
黑色金属矿采选业	1250.90	167.84	83.82		6.46	0.45	51.92	0.32	0.03	289.73
有色金属矿采选业	832.89	94.26	14.89		7.64	0.87	18.85	0.04	0.04	215.72
非金属矿采选业	1095.77	660.74	12.07		5.08	0.37	87.64	0.26	0.76	155.26
其他采矿业	253.16	2.26			0.03		1.14		0.01	76.59
制造业	180595.97	112005.84	31572.03	36891.89	571.16	27.28	1596.84	1268.49	321.14	19685.98
农副食品加工业	2795.37	1673.25	10.56	0.10	32.98	0.22	51.88	12.68	0.65	389.32
食品制造业	1563.34	1047.01	7.13		14.16	0.11	30.22	13.76	2.31	166.54
饮料制造业	1191.44	814.72	0.94	0.20	10.39	0.29	15.73	11.06	1.43	117.03
烟草制品业	233.80	89.20			0.75		4.71	0.90	0.52	41.70
纺织业	6251.01	2433.32	4.10	0.20	26.25	0.43	44.11	23.98	1.35	1147.50
纺织服装、鞋、帽制造业	713.08	219.34	1.40	0.33	17.18	0.28	33.62	6.63	0.24	132.54
皮革、毛皮、羽毛(绒)及其制品业	384.48	85.72	0.31	0.03	9.22	0.29	16.05	8.43	0.07	78.45
木材加工及木竹藤棕草制品业	1049.09	441.63	2.46	0.28	7.94	0.20	15.23	0.50	0.34	191.53
家具制造业	183.81	29.74	1.01		7.84	0.13	12.62	0.26	0.44	35.59
造纸及纸制品业	4101.00	4006.28	4.35	0.36	12.83	0.41	30.92	19.58	1.06	482.73
印刷业和记录媒介的复制	357.48	39.47	0.56		8.77	0.23	13.74	1.44	0.52	83.01
文教体育用品制造业	214.62	17.63	5.06	0.04	4.43	0.12	15.90	2.14	0.11	48.09
石油加工、炼焦及核燃料加工业	15328.29	27204.87	97.16	34047.74	39.81	1.24	72.24	263.66	26.72	475.07
化学原料及化学制品制造业	28946.07	15014.41	2105.35	2821.81	49.80	3.69	201.25	219.98	176.84	2907.12
医药制造业	1354.58	697.32	1.24	0.03	12.07	0.07	17.15	5.40	2.35	188.99

化学纤维制造业	1436.85	733.36	5.54	10.01	1.61	0.11	9.59	18.80	0.29	269.93
橡胶制品业	1344.72	453.90	3.25	0.40	11.06	0.08	7.72	11.90	0.69	280.28
塑料制品业	1894.96	367.29	3.07	0.02	18.24	0.23	46.67	14.51	1.36	460.29
非金属矿物制品业	26882.28	23753.51	384.65	8.89	36.95	1.23	317.08	411.12	44.62	2126.16
黑色金属冶炼及压延加工业	56404.37	26553.24	27191.81	0.04	15.52	1.39	112.33	59.20	18.81	4020.52
有色金属冶炼及压延加工业	11401.37	3086.63	676.48	0.61	10.14	1.65	64.93	77.89	6.73	2576.15
金属制品业	3037.78	334.90	98.22	0.18	31.13	1.64	73.24	14.67	2.47	744.40
通用设备制造业	2985.24	425.42	663.64	0.06	50.48	3.88	68.25	11.50	6.06	502.04
专用设备制造业	1671.52	576.83	100.74	0.05	28.30	0.53	42.81	5.75	4.67	256.94
交通运输设备制造业	3031.90	845.85	163.67	0.10	42.74	7.16	105.66	12.75	12.18	565.40
电气机械及器材制造业	1854.48	383.11	23.21	0.12	35.60	0.50	68.65	9.63	3.03	423.49
通信设备、计算机及其他电子设备制造业	2216.28	184.68	1.74	0.25	19.25	0.22	69.75	27.34	4.88	558.96
仪器仪表及文化、办公用机械制造业	291.92	25.16	8.32	0.01	6.85	0.69	12.56	0.18	0.36	68.54
工艺品及其他制造业	1413.73	457.67	1.81	0.02	8.18	0.23	18.15	2.28	0.06	335.49
废弃资源和废旧材料回收加工业	61.11	10.36	4.25		0.69	0.03	4.08	0.57		12.15
电力、煤气及水生产和供应业	21016.02	146154.67	32.24	4.30	34.45	0.12	253.34	217.98	133.82	5406.74
电力、热力的生产和供应业	19574.86	144877.42	8.13	4.09	26.53	0.12	238.93	216.65	127.91	5079.98
燃气生产和供应业	566.25	1248.90	24.02	0.21	2.88		10.21	0.83	5.79	70.23
水的生产和供应业	874.91	28.35	0.09		5.04		4.20	0.50	0.12	256.53
建筑业	4562.02	635.59	5.68		235.43	10.39	415.29	34.18	0.97	421.90
交通运输、仓储和邮政业	23691.84	640.89	0.14	153.42	2881.59	1314.25	7891.96	1250.64	91.07	617.01
批发、零售业和住宿、餐饮业	6412.26	1977.89	3.94		147.52	29.15	181.74	8.11	23.96	1136.77
其他行业	12689.81	1986.14	3.47		1069.93	33.67	1131.80	12.30	23.64	2189.92
生活消费	33842.88	9121.95	48.84		999.08	19.15	652.91		177.67	4872.16

表3-5 能源加工转换效率

单位：%

年 份	总效率	发电及电站供热	炼 焦	炼 油
1983	69.93	36.94	91.18	99.16
1984	69.16	36.95	90.08	99.17
1985	68.29	36.85	90.79	99.10
1986	68.32	36.69	90.63	99.04
1987	67.48	36.75	90.46	98.81
1988	66.54	36.34	90.77	98.76
1989	66.51	36.74	90.30	98.57
1990	66.48	37.34	91.28	90.19
1991	65.90	37.60	89.90	98.10
1992	66.00	37.80	92.70	96.80
1993	67.32	39.90	98.05	98.49
1994	65.20	39.35	89.62	97.48
1995	71.05	37.31	91.99	97.67
1996	70.19	36.63	94.07	97.46
1997	69.76	35.89	94.01	97.37
1998	69.28	37.09	94.97	96.41
1999	69.25	37.04	96.13	97.51
2000	69.04	37.36	96.21	97.32
2001	69.34	37.63	96.48	97.92
2002	69.04	38.73	96.63	96.71
2003	69.40	38.83	96.13	96.80
2004	70.91	39.46	97.55	96.43
2005	71.55	39.87	97.57	96.86
2006	71.24	39.87	97.77	96.86
2007	70.77	40.24	97.56	97.17
2008	71.55	41.04	97.75	97.17
2009	72.01	41.73	97.38	96.63

表3-6 平均每天能源消费量

能源品种	1990	1995	2000	2005	2007	2008	2009
合计(万吨标准煤)	270.4	359.4	397.6	646.6	768.5	796.3	840.1
煤炭(万吨)	289.1	377.2	385.5	635.2	747.2	768.0	810.5
焦炭(万吨)	18.9	29.4	29.6	68.8	79.9	81.7	87.3
原油(万吨)	32.2	40.8	58.0	82.4	93.2	97.0	104.5
燃料油(万吨)	9.2	10.2	10.6	11.6	11.4	8.8	7.8
汽油(万吨)	5.2	8.0	9.6	13.3	15.1	16.8	16.9
煤油(万吨)	1.0	1.4	2.4	3.0	3.4	3.5	3.9
柴油(万吨)	7.4	11.8	18.6	30.1	34.2	37.0	37.7
天然气(亿立方米)	0.4	0.5	0.7	1.3	1.9	2.2	2.5
电力(亿千瓦时)	17.1	27.5	36.8	68.3	89.6	94.4	101.5

表3-7 生活能源消费量

能源品种	1990	1995	2000	2005	2007	2008	2009
合计(万吨标准煤)	15799	15745	15614	25305	30814	31898	33843
煤炭(万吨)	16700	13530	8457	10039	9761	9148	9122
煤油(万吨)	105	64	72	26	20	13	19
液化石油气(万吨)	159	534	858	1329	1638	1457	1496
天然气(亿立方米)	19	19	32	79	143	170	178
煤气(亿立方米)	29	57	126	145	186	184	166
热力(万百万千焦)	8972	12637	23234	52044	57689	62765	67000
电力(亿千瓦时)	481	1006	1452	2885	4063	4396	4872

表3-8 各地区“十一五”节能目标完成情况

地　区	2005		2010	
	单位地区生产总值能耗(等价值)(吨标准煤/万元)	“十一五”时期计划降低(%)	单位地区生产总值能耗(等价值)(吨标准煤/万元)	比2005年降低(%)
北　京	0.792	20.00	0.582	26.59
天　津	1.046	20.00	0.826	21.00
河　北	1.981	20.00	1.583	20.11
山　西	2.890	22.00	2.235	22.66
内蒙古	2.475	22.00	1.915	22.62
辽　宁	1.726	20.00	1.380	20.01
吉　林	1.468	22.00	1.145	22.04
黑龙江	1.460	20.00	1.156	20.79
上　海	0.889	20.00	0.712	20.00
江　苏	0.920	20.00	0.734	20.45
浙　江	0.897	20.00	0.717	20.01
安　徽	1.216	20.00	0.969	20.36
福　建	0.937	16.00	0.783	16.45
江　西	1.057	20.00	0.845	20.04
山　东	1.316	22.00	1.025	22.09
河　南	1.396	20.00	1.115	20.12
湖　北	1.510	20.00	1.183	21.67
湖　南	1.472	20.00	1.170	20.43
广　东	0.794	16.00	0.664	16.42
广　西	1.222	15.00	1.036	15.22
海　南	0.920	12.00	0.808	12.14
重　庆	1.425	20.00	1.127	20.95
四　川	1.600	20.00	1.275	20.31
贵　州	2.813	20.00	2.248	20.06
云　南	1.740	17.00	1.438	17.41
西　藏	1.450	12.00	1.276	12.00
陕　西	1.416	20.00	1.129	20.25
甘　肃	2.260	20.00	1.801	20.26
青　海	3.074	17.00	2.550	17.04
宁　夏	4.140	20.00	3.308	20.09
新　疆	(另行考核)			

注：1. 地区生产总值按2005年价格计算。
2. 西藏自治区数据由西藏自治区政府提供。

表3-9 各地区城市燃气情况(2010年)

地区	人工煤气生产能力(万立方米/日)	管道长度(公里)			全年供气总量			用气人口(万人)		
		人工煤气	天然气	液化石油气	人工煤气(万立方米)	天然气(万立方米)	液化石油气(吨)	人工煤气	天然气	液化石油气
全国	8509.0	38877	256429	13374	2799380	4875808	12680054	2801.9	17021.2	16502.7
北京			15500	245		719740	323104		1291.9	394.0
天津			10791	181		169453	53368		573.5	41.8
河北	161.1	3536	8155	278	89834	106740	205007	179.6	838.8	502.8
山西	226.7	4418	3429	384	87203	141440	63331	238.1	430.8	201.4
内蒙古	164.0	325	2925	108	3069	69531	74251	51.9	258.0	353.9
辽宁	321.2	5476	7405	644	55177	66173	395058	542.4	797.0	652.1
吉林	90.0	1759	3976	87	16727	43462	214818	164.6	289.9	460.9
黑龙江	67.4	594	6032	22	7587	72497	219784	74.4	567.5	506.7
上海	817.4	5517	17317	512	142167	450032	398427	357.7	1092.6	851.6
江苏	5328.4	2450	27641	1082	1931995	472309	766586	89.8	1299.7	1115.0
浙江	1.8	114	13962	2238	484	118884	877956	4.6	552.9	1244.4
安徽			9803	323		112190	615770		635.6	491.1
福建	8.0	275	4296	940	2673	51101	333758	14.7	274.3	699.0
江西	160.0	2120	3220	377	58208	11263	188847	149.8	156.8	453.5
山东	78.5	2097	24518	1320	35730	326931	760332	159.3	1444.4	1104.3
河南	187.6	1806	11914	19	109500	158928	241602	164.6	830.9	564.2
湖北	57.2	626	11371	642	12042	152833	421507	41.2	700.5	861.7
湖南		512	7177	32	3044	111757	252906	33.3	421.7	611.8
广东	47.8	272	10683	3329	7037	170266	5055955	17.9	921.7	3275.0
广西	10.6	409	3974	44	4517	10320	303804	42.5	106.0	633.8
海南			1366	18		14264	63959		77.1	111.0
重庆			8351			254021	92807		860.7	114.4
四川	511.0	514	23889	163	159719	525686	191071	40.9	1164.5	131.0
贵州	191.8	2830	195	132	26963	3546	63772	166.8	11.7	199.2
云南	13.6	2323	337	170	33818	119	166108	232.8	36.8	290.0
西藏							5521			35.9
陕西			6901			164654	43381		546.6	165.5
甘肃	15.9	618	900	1	9438	72917	185523	20.3	197.0	184.7
青海			830			61557	7142		89.0	18.9
宁夏		215	2424		697	108485	14984	6.2	108.5	82.6
新疆	49.0	71	7145	82	1752	134711	79617	8.8	445.0	150.6

四、水资源和废水排放及处理

表4-1 水资源情况

年份 地区	水资源总量 (亿立方米)				人均水资源量 (立方米/人)
		地表 水资源量	地下 水资源量	地表水与地下 水资源重复量	
2000	27700.8	26561.9	8501.9	7363.0	2193.9
2001	26867.8	25933.4	8390.1	7455.7	2112.5
2002	28261.3	27243.3	8697.2	7679.2	2207.2
2003	27460.2	26250.7	8299.3	7089.9	2131.3
2004	24129.6	23126.4	7436.3	6433.1	1856.3
2005	28053.1	26982.4	8091.1	7020.4	2151.8
2006	25330.1	24358.1	7642.9	6670.8	1932.1
2007	25255.2	24242.5	7617.2	6604.5	1916.3
2008	27434.3	26377.0	8122.0	7064.7	2071.1
2009	24180.2	23125.2	7267.0	6212.1	1816.2
2010	30906.4	29797.6	8417.0	7308.2	2310.4
北京	23.1	7.2	18.9	3.0	124.2
天津	9.2	5.6	4.5	0.8	72.8
河北	138.9	56.6	112.9	30.6	195.3
山西	91.5	52.8	77.4	38.7	261.5
内蒙古	388.5	253.4	227.6	92.5	1576.1
辽宁	606.7	554.0	146.8	94.1	1392.1
吉林	686.7	622.1	141.9	77.3	2503.3
黑龙江	853.5	725.2	277.9	149.6	2228.6
上海	36.8	30.9	8.9	3.0	163.1
江苏	383.5	291.2	108.9	16.6	489.2
浙江	1398.6	1382.9	264.7	249.1	2608.7
安徽	922.8	876.3	197.8	151.3	1526.9
福建	1652.7	1651.5	353.8	352.6	4491.7
江西	2275.5	2255.2	486.8	466.5	5116.7
山东	309.1	199.1	181.2	71.2	324.4
河南	534.9	415.7	214.7	95.5	566.2
湖北	1268.7	1239.1	306.1	276.5	2216.5
湖南	1906.6	1899.4	430.0	422.8	2938.7
广东	1998.8	1989.5	478.3	468.9	1943.3
广西	1823.6	1823.6	355.8	355.8	3852.9
海南	479.8	474.3	105.7	100.2	5538.7
重庆	464.3	464.3	96.3	96.3	1616.8
四川	2575.3	2573.7	594.9	593.3	3173.5
贵州	956.5	956.5	251.4	251.4	2726.8
云南	1941.4	1941.4	686.0	686.0	4233.1
西藏	4593.0	4593.0	1033.6	1033.6	153681.9
陕西	507.5	482.5	142.9	117.9	1360.3
甘肃	215.2	206.7	124.2	115.7	841.7
青海	741.1	715.8	340.1	314.8	13225.0
宁夏	9.3	7.0	22.8	20.4	148.2
新疆	1113.1	1051.2	624.3	562.3	5125.2

表4-2 供水用水情况

年份 地区	供水总量 (亿立方米)	地表水	地下水	其他	用水总量 (亿立方米)	农业	工业	生活	生态	人均用水量 (立方米/人)
2000	5530.7	4440.4	1069.2	21.1	5497.6	3783.5	1139.1	574.9		435.4
2001	5567.4	4450.7	1094.9	21.9	5567.4	3825.7	1141.8	599.9		437.7
2002	5497.3	4404.4	1072.4	20.5	5497.3	3736.2	1142.4	618.7		429.3
2003	5320.4	4286.0	1018.1	16.3	5320.4	3432.8	1177.2	630.9	79.5	412.9
2004	5547.8	4504.2	1026.4	17.2	5547.8	3585.7	1228.9	651.2	82.0	428.0
2005	5633.0	4572.2	1038.8	22.0	5633.0	3580.0	1285.2	675.1	92.7	432.1
2006	5795.0	4706.8	1065.5	22.7	5795.0	3664.4	1343.8	693.8	93.0	442.0
2007	5818.7	4723.9	1069.1	25.7	5818.7	3599.5	1403.0	710.4	105.7	441.5
2008	5910.0	4796.4	1084.8	28.7	5910.0	3663.5	1397.1	729.3	120.2	446.2
2009	5965.2	4839.5	1094.5	31.2	5965.2	3723.1	1390.9	748.2	103.0	448.0
2010	6022.0	4881.6	1107.3	33.1	6022.0	3689.1	1447.3	765.8	119.8	450.2
北京	35.2	7.2	21.2	6.8	35.2	10.8	5.1	15.3	4.0	189.4
天津	22.5	16.2	5.9	0.5	22.5	11.0	4.8	5.5	1.2	177.9
河北	193.7	36.1	156.0	1.6	193.7	143.8	23.1	24.0	2.9	272.3
山西	63.8	29.3	34.5		63.8	38.0	12.6	10.6	2.6	182.2
内蒙古	181.9	92.6	88.6	0.7	181.9	134.5	22.6	15.0	9.8	737.9
辽宁	143.7	72.1	67.6	4.0	143.7	89.8	25.0	25.5	3.4	329.7
吉林	120.0	75.9	44.2		120.0	73.8	26.1	16.4	3.7	437.6
黑龙江	325.0	178.9	146.1		325.0	249.6	56.0	17.6	1.8	848.6
上海	126.3	126.1	0.2		126.3	16.8	84.8	23.5	1.2	559.7
江苏	552.2	543.5	8.7		552.2	304.2	191.9	52.9	3.2	704.4
浙江	203.0	198.1	4.3	0.6	203.0	94.6	59.7	39.4	9.3	378.7
安徽	293.1	265.6	26.6	0.9	293.1	166.7	94.0	30.2	2.2	485.0
福建	202.5	197.5	4.6	0.3	202.5	97.2	81.3	22.7	1.3	550.2
江西	239.7	229.8	9.9		239.7	151.0	57.4	27.5	3.9	539.1
山东	222.5	127.1	91.3	4.0	222.5	154.8	26.8	36.2	4.6	233.5
河南	224.6	88.6	135.1	0.9	224.6	125.6	55.6	36.1	7.3	237.8
湖北	288.0	278.1	9.0	0.8	288.0	138.3	117.1	32.4	0.2	503.1
湖南	325.2	304.0	21.1		325.2	185.8	89.8	46.4	3.2	501.2
广东	469.0	446.4	21.3	1.3	469.0	227.5	138.8	94.2	8.6	456.0
广西	301.6	289.3	11.1	1.1	301.6	194.6	55.2	46.5	5.3	637.2
海南	44.4	41.0	3.3		44.4	33.9	3.8	6.5	0.1	511.9
重庆	86.4	84.6	1.8	0.1	86.4	19.8	47.4	18.6	0.5	300.8
四川	230.3	210.7	16.9	2.6	230.3	127.3	62.9	38.0	2.1	283.8
贵州	101.4	93.8	7.2	0.5	101.4	50.0	34.3	16.5	0.6	289.2
云南	147.5	139.0	4.8	3.7	147.5	95.3	25.5	22.8	3.9	321.6
西藏	35.2	32.4	2.8		35.2	31.7	1.5	2.0		1177.7
陕西	83.4	49.5	33.3	0.5	83.4	55.5	12.1	14.8	1.0	223.5
甘肃	121.8	96.1	24.2	1.5	121.8	94.3	13.7	10.8	3.0	476.3
青海	30.8	25.6	5.0	0.1	30.8	23.2	3.3	3.5	0.8	549.2
宁夏	72.4	67.0	5.4		72.4	65.0	4.1	1.8	1.4	1150.4
新疆	535.1	439.2	95.2	0.7	535.1	484.6	11.2	12.8	26.5	2463.7

注：生态用水仅包括部分河湖、湿地人工补水和城市环境用水。

表4-3 各地区废水排放及处理情况 (2010年)

地 区	废水治理设施数(套)	工业废水排放总量(万吨)	#直接排入海	工业废水排放达标量(万吨)	工业废水中化学需氧量排放量(万吨)	工业废水中氨氮排放量(万吨)	生活污水排放量(万吨)	生活污水中化学需氧量排放量(万吨)	生活污水中氨氮排放量(万吨)
全 国	80332	2374732	117979	2263587	434.77	27.28	3797830	803.29	93.01
北 京	481	8198		8096	0.49	0.04	128217	8.71	1.17
天 津	912	19680	469	19671	2.22	0.32	48516	10.98	1.66
河 北	4008	114232	415	112627	21.80	1.82	148311	32.81	3.63
山 西	2633	49881		47221	13.77	1.19	68418	19.54	2.97
内蒙古	956	39536		35675	9.13	0.69	53012	18.38	3.37
辽 宁	2793	71521	24919	66206	20.18	0.91	146668	33.98	4.70
吉 林	659	38656		34393	13.11	0.29	75775	22.11	2.68
黑龙江	1192	38921		36073	11.25	0.53	79654	33.20	3.81
上 海	1749	36696	2009	35973	2.16	0.32	211554	19.82	2.43
江 苏	6973	263760	705	258622	25.63	1.50	291740	53.17	4.80
浙 江	8214	217426	12369	209195	24.41	1.40	177402	24.27	2.57
安 徽	2084	70971		69518	11.48	1.21	113729	29.63	3.22
福 建	3153	124168	59215	122525	8.29	0.66	114334	28.97	2.32
江 西	2014	72526		68307	11.78	0.87	88135	31.33	2.59
山 东	5142	208257	9406	205010	29.51	1.54	228115	32.54	5.10
河 南	3105	150406		146449	29.56	2.31	208273	32.41	4.94
湖 北	2093	94593		91538	16.52	1.49	176162	40.71	4.65
湖 南	3155	95605	24	89583	18.79	1.74	172505	61.02	5.78
广 东	9651	187031	5503	174153	23.44	1.06	535947	62.40	9.63
广 西	2405	165211	756	160139	49.27	1.45	147419	44.42	3.29
海 南	278	5782	2188	5656	0.92	0.05	30907	8.31	0.72
重 庆	1498	45180		42798	8.65	0.54	82933	14.80	1.97
四 川	4437	93444		90194	25.08	1.64	162651	49.00	4.42
贵 州	1755	14130		10919	1.60	0.07	46693	19.19	1.58
云 南	2044	30926		28403	8.93	0.38	61066	17.90	1.70
西 藏	16	736		217	0.11		3089	2.77	0.18
陕 西	4827	45487		44353	12.14	0.73	70186	18.63	2.50
甘 肃	672	15352		12791	4.51	0.76	35889	12.25	1.60
青 海	103	9031		5412	4.47	0.23	13578	3.84	0.60
宁 夏	359	21977		17304	9.28	0.89	18676	2.89	0.40
新 疆	971	25413		14569	16.29	0.63	58277	13.32	2.04

表4-4　工业按行业分废水排放及处理情况（2010年）

行　业	汇总工业企业数（个）	工业废水排放总量（万吨）	工业废水排放达标量（万吨）
行业总计	112798	2118585	2030907
煤炭开采和洗选业	4623	104765	97542
石油和天然气开采业	228	11555	11530
黑色金属矿采选业	1232	15353	14002
有色金属矿采选业	1679	38852	36001
非金属矿采选业	763	7683	7313
其他采矿业	78	375	356
农副食品加工业	8132	143100	131538
食品制造业	3683	54549	50304
饮料制造业	2968	75519	70859
烟草制品业	158	2673	2631
纺织业	7891	245470	239135
纺织服装、鞋、帽制造业	1063	12039	11613
皮革毛皮羽毛(绒)及其制品业	1537	28173	26527
木材加工及木竹藤棕草制品业	1797	5036	4608
家具制造业	487	2146	2114
造纸及纸制品业	5570	393699	378019
印刷业和记录媒介的复制	436	1578	1524
文教体育用品制造业	238	1071	1033
石油加工、炼焦及核燃料加工业	1139	70024	68700
化学原料及化学制品制造业	10157	309006	296943
医药制造业	2920	52606	51247
化学纤维制造业	370	42371	40131
橡胶制品业	825	7042	6931
塑料制品业	1354	4962	4743
非金属矿物制品业	23328	32313	30314
黑色金属冶炼及压延加工业	3513	116948	114992
有色金属冶炼及压延加工业	2722	31118	29906
金属制品业	6221	30152	28962
通用设备制造业	3660	13055	12638
专用设备制造业	1251	9714	9440
交通运输设备制造业	2388	26219	25347
电气机械及器材制造业	1725	11652	10984
通信计算机及其他电子设备制造业	1862	35965	35427
仪器仪表及文化办公用机械制造业	400	4965	4908
工艺品及其他制造业	680	2559	2390
废弃资源和废旧材料回收加工业	221	1147	1030
电力、热力的生产和供应业	4132	129624	127132
燃气生产和供应业	92	1931	1782
水的生产和供应业	205	31189	30908
其他行业	1070	10387	9406

表4-5 主要城市工业废水排放及处理情况（2010年）

城　市	工业废水排放量（万吨）	工业废水排放达标量（万吨）	工业废水中化学需氧量排放量（吨）	工业废水中氨氮排放量（吨）	废水治理设施数（套）	本年运行费用（万元）
北　京	8198	8096	4882.3	392.1	481	68058.5
天　津	19680	19671	22217.7	3196.8	912	69321.1
石家庄	19254	19114	40855.2	4017.6	905	60323.7
太　原	2557	2490	4721.6	582.2	230	50670.8
呼和浩特	2637	2637	2853.4	368.9	56	7957.1
沈　阳	6141	5913	10732.2	1043.0	341	18178.9
长　春	5815	5597	31815.0	485.5	116	5809.1
哈尔滨	3283	3216	10914.0	344.2	189	19656.2
上　海	36696	35973	21574.9	3192.4	1749	157318.3
南　京	33784	32164	26119.8	1233.2	708	97166.0
杭　州	80468	77957	87312.0	1558.8	1161	92510.4
合　肥	3290	3167	4008.7	251.3	196	9428.6
福　州	4933	4684	4510.8	513.2	410	21698.0
南　昌	10534	9928	24141.7	1341.8	219	13041.5
济　南	5594	5576	8816.4	428.2	230	25586.6
郑　州	13484	13234	13251.9	431.7	368	16147.2
武　汉	22465	22286	19645.0	1299.1	251	31663.6
长　沙	4343	3961	4903.9	256.7	266	4411.0
广　州	23586	22783	21026.8	1006.3	1012	62139.3
南　宁	12426	11866	66507.1	1183.8	351	18092.6
海　口	513	513	350.4	11.1	33	1509.1
重　庆	45180	42798	86549.0	5440.1	1498	56491.5
成　都	12259	12234	47468.1	9306.9	1203	85280.5
贵　阳	2380	2280	1707.0	82.3	298	11220.1
昆　明	3225	3225	3127.3	165.1	517	21949.8
拉　萨	492	217	411.1	2.7	13	158.2
西　安	12330	11800	35526.0	2412.9	346	12907.1
兰　州	2529	2406	3203.4	209.8	81	9462.7
西　宁	4052	3607	15934.1	1108.1	70	4927.4
银　川	5894	5864	14834.3	1844.5	82	12738.3
乌鲁木齐	5174	4039	7198.7	1203.8	82	10621.8

五、废气排放及处理

表5-1 各地区化学需氧量排放量

单位：万吨

地 区	2002	2003	2004	2005	2006	2007	2008	2009	2010
全 国	1366.9	1332.9	1339.2	1414.2	1428.2	1381.8	1320.7	1277.5	1238.1
北 京	15.2	13.4	13.0	11.6	11.0	10.6	10.1	9.9	9.2
天 津	10.3	13.0	13.7	14.6	14.3	13.7	13.3	13.3	13.2
河 北	64.0	63.6	65.8	66.1	68.8	66.7	60.5	57.0	54.6
山 西	31.0	35.8	38.0	38.7	38.7	37.4	35.9	34.4	33.3
内蒙古	23.8	27.4	27.5	29.7	29.8	28.8	28.0	27.9	27.5
辽 宁	59.3	54.6	50.0	64.4	64.1	62.8	58.4	56.3	54.2
吉 林	35.7	37.2	36.6	40.7	41.7	40.0	37.4	36.1	35.2
黑龙江	51.4	51.0	50.5	50.4	49.8	48.8	47.6	46.2	44.4
上 海	33.0	33.8	29.4	30.4	30.2	29.4	26.7	24.3	22.0
江 苏	78.4	76.7	85.4	96.6	93.0	89.1	85.1	82.2	78.8
浙 江	57.8	56.2	55.7	59.5	59.3	56.4	53.9	51.4	48.7
安 徽	41.1	41.2	42.7	44.4	45.6	45.1	43.3	42.4	41.1
福 建	28.2	35.1	35.9	39.4	39.5	38.3	37.8	37.6	37.3
江 西	39.1	42.2	45.4	45.7	47.4	46.9	44.5	43.5	43.1
山 东	86.0	83.0	77.9	77.0	75.8	72.0	67.9	64.7	62.1
河 南	74.3	70.7	69.6	72.1	72.1	69.4	65.1	62.6	62.0
湖 北	66.3	63.4	61.4	61.6	62.6	60.1	58.6	57.6	57.2
湖 南	74.1	81.4	85.0	89.5	92.3	90.4	88.5	84.8	79.8
广 东	95.2	98.2	92.7	105.8	104.9	101.7	96.4	91.1	85.8
广 西	84.6	92.7	99.4	107.0	111.9	106.3	101.3	97.6	93.7
海 南	6.6	6.8	9.3	9.5	9.9	10.1	10.1	10.0	9.2
重 庆	25.0	26.1	27.0	26.9	26.4	25.1	24.2	24.0	23.5
四 川	93.6	93.6	88.2	78.3	80.6	77.1	74.9	74.8	74.1
贵 州	20.5	22.0	22.3	22.6	22.9	22.7	22.2	21.6	20.8
云 南	30.1	28.5	29.0	28.5	29.4	29.0	28.1	27.3	26.8
西 藏	0.8	0.8	1.4	1.4	1.5	1.5	1.5	1.5	2.9
陕 西	32.3	32.1	33.8	35.0	35.5	34.5	33.2	31.8	30.8
甘 肃	13.0	15.8	15.8	18.2	17.8	17.4	17.1	16.8	16.8
青 海	3.3	3.2	3.9	7.2	7.5	7.6	7.5	7.6	8.3
宁 夏	11.1	10.2	6.6	14.3	14.0	13.7	13.2	12.5	12.2
新 疆	20.5	22.9	26.2	27.1	28.8	29.0	28.7	28.7	29.6

表5-2 主要城市空气质量指标（2010年）

单位：毫克/立方米

城　市	可吸入颗粒物 (PM_{10})	二氧化硫 (SO_2)	二氧化氮 (NO_2)	空气质量达到及好于二级的天数（天）	空气质量达到二级以上天数占全年比重（%）
北　京	0.121	0.032	0.057	286	78.4
天　津	0.096	0.054	0.045	308	84.4
石家庄	0.098	0.054	0.041	319	87.4
太　原	0.089	0.068	0.020	304	83.3
呼和浩特	0.068	0.046	0.034	349	95.6
沈　阳	0.101	0.058	0.035	329	90.1
长　春	0.089	0.030	0.044	341	93.4
哈尔滨	0.101	0.045	0.048	313	85.8
上　海	0.079	0.029	0.050	336	92.1
南　京	0.114	0.036	0.046	302	82.7
杭　州	0.098	0.034	0.056	314	86.0
合　肥	0.115	0.020	0.030	310	84.9
福　州	0.073	0.009	0.032	351	96.2
南　昌	0.087	0.055	0.042	343	94.0
济　南	0.117	0.045	0.027	308	84.4
郑　州	0.111	0.053	0.046	318	87.1
武　汉	0.108	0.041	0.057	284	77.8
长　沙	0.083	0.040	0.046	338	92.6
广　州	0.069	0.033	0.053	357	97.8
南　宁	0.069	0.028	0.030	349	95.6
海　口	0.040	0.007	0.015	365	100.0
重　庆	0.102	0.048	0.039	311	85.2
成　都	0.104	0.031	0.051	316	86.6
贵　阳	0.075	0.057	0.027	343	94.0
昆　明	0.072	0.040	0.046	365	100.0
拉　萨	0.048	0.007	0.021	361	98.9
西　安	0.126	0.043	0.045	304	83.3
兰　州	0.155	0.057	0.048	223	61.1
西　宁	0.124	0.039	0.026	312	85.5
银　川	0.093	0.039	0.026	332	91.0
乌鲁木齐	0.133	0.089	0.067	266	72.9

表5-3 各地区废气排放及处理情况（2010年）

地区	废气治理设施数(套)	工业废气排放总量(亿标立方米)			工业二氧化硫排放量(万吨)	生活二氧化硫排放量(万吨)	工业二氧化硫去除量(万吨)	工业烟尘排放量(万吨)	生活烟尘排放量(万吨)	工业烟尘去除量(万吨)	工业粉尘排放量(万吨)	工业粉尘去除量(万吨)
			燃料燃烧	生产工艺								
全　国	187401	519168	303897	215271	1864.4	320.7	3304.0	603.2	225.9	38941.4	448.7	9501.7
北　京	2468	4750	1857	2894	5.7	5.8	13.0	2.1	2.7	190.8	1.7	78.1
天　津	3126	7686	5254	2432	21.8	1.8	37.4	5.4	1.1	484.5	0.8	54.8
河　北	13743	56324	27750	28574	99.4	24.0	170.6	32.3	17.7	2806.7	32.1	526.7
山　西	9517	35190	22669	12520	114.7	10.2	194.6	43.2	18.9	2581.7	36.5	302.2
内蒙古	5183	27488	17476	10013	119.3	20.1	160.3	47.6	17.1	2645.7	16.0	259.7
辽　宁	9641	26955	12949	14006	85.9	16.3	129.5	39.8	23.5	2220.3	16.7	562.2
吉　林	3144	8240	5786	2454	30.1	5.6	20.3	21.0	9.1	968.0	5.3	436.0
黑龙江	4396	10111	8304	1807	41.7	7.3	11.0	29.7	12.5	1306.2	5.7	108.6
上　海	4319	12969	5089	7880	22.1	13.7	35.0	4.2	6.0	472.3	1.0	138.2
江　苏	11631	31213	20235	10978	100.2	4.8	215.8	29.9	3.6	2345.9	15.1	344.5
浙　江	21702	20434	13480	6954	65.4	2.4	129.7	16.5	0.9	1246.6	13.9	813.1
安　徽	4933	17849	8860	8989	48.4	4.8	161.3	20.7	4.8	1716.5	26.4	356.8
福　建	6470	13507	8322	5185	39.1	1.8	40.5	10.0	3.9	740.8	14.0	570.5
江　西	4141	9812	5248	4564	47.1	8.6	162.8	13.9	2.5	834.9	22.4	463.9
山　东	11886	43837	25874	17963	138.3	15.5	315.2	29.1	10.0	3596.0	18.9	767.2
河　南	9079	22709	12929	9780	116.3	17.6	143.3	47.4	7.3	2810.7	22.7	540.6
湖　北	5478	13865	7451	6414	51.6	11.7	109.1	14.5	4.8	1069.6	14.6	476.1
湖　南	5154	14673	5011	9662	62.7	17.4	100.2	23.5	7.7	786.8	39.4	373.2
广　东	12789	24092	16627	7465	98.9	6.1	145.0	25.3	5.8	1499.3	10.4	476.0
广　西	6017	14520	8584	5936	84.8	5.6	98.4	25.0	1.1	526.8	31.8	335.7
海　南	472	1360	1010	350	2.8	0.1	8.8	0.7	0.2	78.2	0.7	4.7
重　庆	3511	10943	7756	3187	57.3	14.7	96.2	10.2	10.6	377.3	8.4	95.4
四　川	7346	20107	11111	8995	93.8	19.3	86.8	26.0	8.2	1275.7	14.1	318.8
贵　州	2910	10192	6866	3327	63.8	51.1	215.9	11.3	13.9	1325.8	8.6	163.1
云　南	5649	10978	5235	5743	44.0	6.1	148.3	8.9	4.9	1088.2	9.2	211.0
西　藏	46	16	13	3	0.1	0.3		0.1	0.2	0.1	0.1	
陕　西	3983	13510	8695	4815	70.7	7.2	107.6	11.5	4.8	836.5	18.5	284.1
甘　肃	2769	6252	3401	2852	45.2	9.9	173.5	9.8	6.5	355.6	9.3	142.5
青　海	981	3952	855	3097	13.3	1.0	2.8	5.2	2.5	117.6	9.8	82.3
宁　夏	1370	16324	13491	2834	28.0	3.0	53.0	13.6	3.6	2221.5	6.1	126.3
新　疆	3547	9310	5711	3598	51.8	7.0	17.9	24.8	9.6	415.2	18.5	89.3

表5-4 工业按行业分废气排放及处理情况 (2010年)

单位：万吨

行业	工业二氧化硫排放量	工业二氧化硫去除量	工业烟尘排放量	工业烟尘去除量	工业粉尘排放量	工业粉尘去除量
行业总计	1705.45	3304.00	549.24	38941.38	408.94	9501.72
煤炭开采和洗选业	16.03	4.96	11.62	118.65	14.91	16.17
石油和天然气开采业	3.56	6.09	1.28	8.35		0.01
黑色金属矿采选业	5.28	2.07	1.89	13.79	5.33	16.08
有色金属矿采选业	11.12	56.03	1.28	16.56	0.86	5.28
非金属矿采选业	4.13	2.15	2.47	26.26	2.86	4.28
其他采矿业	0.13	0.01	0.19	0.94	0.13	0.98
农副食品加工业	16.93	6.88	11.97	123.85	0.46	10.23
食品制造业	11.56	4.75	5.85	90.26	0.08	7.09
饮料制造业	11.18	5.49	7.19	74.69	0.08	0.66
烟草制品业	1.00	1.52	0.40	2.24	0.08	1.97
纺织业	24.72	9.96	11.99	124.69	0.12	0.33
纺织服装、鞋、帽制造业	1.12	0.28	0.78	7.51	0.02	0.04
皮革毛皮羽毛(绒)及其制品业	1.40	0.33	0.84	3.89		
木材加工及木竹藤棕草制品业	3.26	0.66	4.31	14.60	2.50	54.06
家具制造业	0.22	0.06	0.17	1.18	0.12	0.34
造纸及纸制品业	50.82	23.18	19.57	375.12	0.57	4.63
印刷业和记录媒介的复制	0.30	0.05	0.17	0.65		
文教体育用品制造业	0.11	0.02	0.08	0.18	0.02	0.18
石油加工、炼焦及核燃料加工业	63.53	238.89	23.03	323.72	19.21	85.93
化学原料及化学制品制造业	104.00	123.30	43.56	785.21	14.12	117.22
医药制造业	7.94	4.25	4.40	49.48	0.07	0.07
化学纤维制造业	10.69	17.26	2.76	70.07	0.07	3.80
橡胶制品业	3.95	3.69	1.67	31.61	0.07	1.22
塑料制品业	2.95	1.37	1.07	7.59	0.02	0.14
非金属矿物制品业	168.62	40.48	106.93	2052.12	232.47	5643.15
黑色金属冶炼及压延加工业	176.65	82.64	56.28	2199.54	93.47	2863.46
有色金属冶炼及压延加工业	80.33	712.52	14.98	674.75	10.38	542.86
金属制品业	3.50	1.07	1.91	8.38	0.72	6.44
通用设备制造业	5.05	2.33	3.78	13.29	3.46	45.05
专用设备制造业	3.91	2.46	1.17	21.28	1.77	10.31
交通运输设备制造业	3.39	1.67	2.70	36.83	3.21	15.84
电气机械及器材制造业	1.35	0.65	0.65	5.58	0.09	0.25
通信计算机及其他电子设备制造业	0.65	0.38	0.34	1.78	0.06	0.43
仪器仪表及文化办公用机械制造业	0.14	0.11	0.05	0.38	0.03	0.21
工艺品及其他制造业	0.88	0.04	0.31	1.40	0.02	0.03
废弃资源和废旧材料回收加工业	0.22	0.49	0.07	0.63	0.28	0.21
电力、热力的生产和供应业	899.79	1941.74	198.95	31632.15	0.62	0.47
燃气生产和供应业	2.01	1.58	0.77	16.67	0.32	0.04
水的生产和供应业	0.21	0.04	0.05	0.12		
其他行业	2.81	2.54	1.78	5.37	0.33	42.26

表5-5 各地区二氧化硫排放量

单位：万吨

地区	2002	2003	2004	2005	2006	2007	2008	2009	2010
全　国	1926.6	2158.5	2254.9	2549.4	2588.8	2468.1	2321.2	2214.4	2185.1
北　京	19.2	18.3	19.1	19.1	17.6	15.2	12.3	11.9	11.5
天　津	23.5	25.9	22.8	26.5	25.5	24.5	24.0	23.7	23.5
河　北	127.9	142.2	142.8	149.6	154.5	149.2	134.5	125.3	123.4
山　西	119.9	136.3	141.5	151.6	147.8	138.7	130.8	126.8	124.9
内蒙古	73.1	128.8	117.9	145.6	155.7	145.6	143.1	139.9	139.4
辽　宁	79.3	82.3	83.1	119.7	125.9	123.4	113.1	105.1	102.2
吉　林	26.5	27.2	28.5	38.2	40.9	39.9	37.8	36.3	35.6
黑龙江	28.7	35.6	37.3	50.8	51.8	51.5	50.6	49.0	49.0
上　海	44.7	45.0	47.3	51.3	50.8	49.8	44.6	37.9	35.8
江　苏	112.0	124.1	124.0	137.3	130.4	121.8	113.0	107.4	105.0
浙　江	62.4	73.4	81.4	86.0	85.9	79.7	74.1	70.1	67.8
安　徽	39.6	45.5	48.9	57.1	58.4	57.2	55.6	53.8	53.2
福　建	19.3	30.4	32.6	46.1	46.9	44.6	42.9	42.0	40.9
江　西	29.3	43.7	51.9	61.3	63.4	62.1	58.3	56.4	55.7
山　东	169.0	183.6	182.1	200.3	196.2	182.2	169.2	159.0	153.8
河　南	93.7	103.9	125.6	162.5	162.4	156.4	145.2	135.5	133.9
湖　北	53.9	60.9	69.2	71.7	76.0	70.8	67.0	64.4	63.3
湖　南	74.3	84.8	87.2	91.9	93.4	90.4	84.0	81.2	80.1
广　东	97.4	107.5	114.8	129.4	126.7	120.3	113.6	107.0	105.1
广　西	68.3	87.4	94.4	102.3	99.4	97.4	92.5	89.0	90.4
海　南	2.2	2.3	2.3	2.2	2.4	2.6	2.2	2.2	2.9
重　庆	70.0	76.6	79.5	83.7	86.0	82.6	78.2	74.6	71.9
四　川	111.7	120.7	126.4	129.9	128.1	117.9	114.8	113.5	113.1
贵　州	132.5	132.3	131.5	135.8	146.5	137.5	123.6	117.5	114.9
云　南	36.4	45.3	47.8	52.2	55.1	53.4	50.2	49.9	50.1
西　藏	0.1	0.1	0.1	0.2	0.2	0.2	0.2	0.2	0.4
陕　西	63.8	76.6	81.8	92.2	98.1	92.7	88.9	80.4	77.9
甘　肃	42.7	49.4	48.4	56.3	54.6	52.3	50.2	50.0	55.2
青　海	3.2	6.0	7.4	12.4	13.0	13.4	13.5	13.6	14.3
宁　夏	22.2	29.3	29.3	34.3	38.3	37.0	34.8	31.4	31.1
新　疆	29.6	33.1	48.0	51.9	54.9	58.0	58.5	59.0	58.8

六、固体废物与生活垃圾处理利用

表6-1 各地区工业固体废物产生及处理利用情况（2010年）

地　区	工业固体废物产生量（万吨）	危险废物	工业固体废物综合利用量（万吨）	工业固体废物贮存量（万吨）	工业固体废物处置量（万吨）	工业固体废物排放量（吨）	“三废”综合利用产品产值（万元）
全　国	240944	1587	161772	23918	57264	4981976	17785034
北　京	1269	11	835	40	780	611	34366
天　津	1862	10	1845		27		192650
河　北	31688	37	17973	1831	12007	44506	1071801
山　西	18270	11	12059	997	5273	953817	426372
内蒙古	16996	35	9562	2152	5295	45294	272375
辽　宁	17273	95	8210	2535	6767	27877	328090
吉　林	4642	78	3114	952	578		391663
黑龙江	5405	16	4169	835	445	18619	323471
上　海	2448	51	2367	1	94	2	170379
江　苏	9064	133	8761	215	139		2189749
浙　江	4268	64	4033	69	174	6177	2863867
安　徽	9158	12	7849	518	916	15	566922
福　建	7487	8	6215	108	1181	35163	375029
江　西	9407	9	4379	557	4487	132314	593473
山　东	16038	289	15297	384	475	110	1871898
河　南	10714	19	8380	722	1770	2150	743909
湖　北	6813	17	5521	238	1097	41693	822836
湖　南	5773	67	4797	769	448	163714	901207
广　东	5456	118	4953	177	350	141609	624265
广　西	6232	24	4231	439	1563	91391	510233
海　南	212		178	33		10	31623
重　庆	2837	36	2317	288	155	1336308	291327
四　川	11239	133	6159	1323	3758	32240	457847
贵　州	8188	52	4174	1473	2498	597582	179143
云　南	9392	62	4798	1845	2911	363098	654555
西　藏	11			7		41243	239
陕　西	6892	26	3753	1030	2177	133926	293500
甘　肃	3745	34	1783	1012	1150	113758	224121
青　海	1783	86	759	1035	1	21652	55188
宁　夏	2465	4	1422	564	490	9220	100750
新　疆	3914	49	1877	1771	256	627877	222187

表6-2 按行业分工业固体废物产生及处理利用情况（2010年）

行　业	工业固体废物产生量（万吨）	危险废物	工业固体废物综合利用量（万吨）	工业固体废物贮存量（万吨）	工业固体废物处置量（万吨）	工业固体废物排放量（万吨）	“三废”综合利用产品产值（万元）
行业总计	225093.6	1586.75	150899.4	22117.5	53652.5	437.89	17785034
煤炭开采和洗选业	27316.1	0.01	20906.1	1627.0	5327.0	187.73	299842
石油和天然气开采业	206.6	17.50	78.0	6.7	122.7	0.04	235807
黑色金属矿采选业	31968.9	0.01	6657.9	5463.4	19841.3	21.62	36844
有色金属矿采选业	29338.4	164.31	11581.9	4880.8	12908.4	77.84	325171
非金属矿采选业	1780.2	93.49	932.5	411.1	432.0	5.66	30891
其他采矿业	72.6		52.3	4.9	15.2	0.29	1457
农副食品加工业	2119.7	0.18	2073.0	8.0	34.8	4.71	513159
食品制造业	668.4	0.86	652.7	0.8	13.3	1.54	198922
饮料制造业	929.1	0.17	910.0	1.2	15.9	2.39	284846
烟草制品业	40.7	0.01	33.7	0.6	5.8	0.57	8031
纺织业	753.8	17.00	706.4	0.3	46.6	0.45	278413
纺织服装、鞋、帽制造业	56.0	0.31	53.2		2.4	0.42	2965
皮革毛皮羽毛(绒)及其制品业	74.7	3.45	59.9	0.1	14.3	0.32	19014
木材加工及木竹藤棕草	209.7	0.01	207.5		2.0	0.23	109439
家具制造业	17.9	0.14	17.5		0.3	0.08	6853
造纸及纸制品业	2321.3	123.95	2107.1	57.0	160.9	2.87	2298091
印刷业和记录媒介的复制	13.1	1.15	10.9		2.2		6487
文教体育用品制造业	4.1	0.31	3.6		0.4	0.04	830
石油加工、炼焦及核燃料加工业	3512.6	176.85	2761.2	56.3	710.9	2.36	1118174
化学原料及化学制品制造业	14359.1	390.03	10178.5	1475.6	2787.6	12.10	1357445
医药制造业	405.6	33.71	370.9	2.0	31.8	1.42	144234

化学纤维制造业	460.6	49.10	436.3	8.4	15.4	1.48	111179
橡胶制品业	140.8	0.45	136.9		3.5	0.37	90802
塑料制品业	74.6	2.43	69.8		4.7	0.05	65850
非金属矿物制品业	5160.6	12.33	5234.5	36.8	235.0	26.98	4303750
黑色金属冶炼及压延加工业	38007.9	103.16	33318.5	1359.5	3370.9	10.55	2782605
有色金属冶炼及压延加工业	8791.1	181.84	4352.8	1181.7	3261.3	26.68	1238399
金属制品业	364.1	37.46	322.5	0.5	41.1	0.18	150871
通用设备制造业	573.2	7.87	535.6	2.5	34.6	1.12	123278
专用设备制造业	211.2	3.72	183.4	9.2	17.3	1.37	72677
交通运输设备制造业	561.8	20.34	495.5	1.1	64.1	1.07	234705
电气机械及器材制造业	80.5	13.48	69.8	0.1	10.7	0.02	77390
通信计算机及其他电子设备制造业	166.3	96.19	123.4	0.3	42.6	0.12	301913
仪器仪表及文化办公用机械制造业	30.6	15.11	14.9		15.7		18900
工艺品及其他制造业	34.2	0.42	33.3		0.9	0.09	6514
废弃资源和废旧材料回收加工业	66.4	0.52	63.7	0.9	1.7	0.21	140315
电力、热力的生产和供应业	53823.1	16.79	44819.5	5493.6	4040.3	44.86	742238
燃气生产和供应业	73.3	0.58	65.8		7.5	0.03	2342
水的生产和供应业	21.9	1.34	13.1	0.1	8.7	0.03	538
其他行业	282.6	0.17	255.2	26.8	0.5		43855

表6-3 主要城市工业固体废物产生及处理利用情况（2010年）

单位：万吨

城　　市	工业固体废物产生量	危险废物	工业固体废物综合利用量	工业固体废物排放量(吨)	工业固体废物综合利用率(%)
北　京	1268.9	11.4	835.2	611	65.8
天　津	1862.4	10.2	1845.1		98.6
石家庄	1567.6	23.3	1498.1		93.4
太　原	2554.6	2.3	1335.3	78754	52.3
呼和浩特	826.1	0.2	319.8		38.7
沈　阳	895.4	7.7	856.7	214	95.7
长　春	474.2	1.3	472.1		99.6
哈尔滨	1442.8	1.3	1293.9	2481	89.7
上　海	2448.4	51.2	2366.9	2	96.2
南　京	1656.5	22.5	1471.4		88.8
杭　州	707.2	8.2	665.7	1800	94.1
合　肥	339.5	0.4	335.3		98.8
福　州	693.3	1.5	557.6	2820	80.4
南　昌	216.9	0.4	203.0	6472	93.6
济　南	1011.7	4.1	986.7		97.5
郑　州	958.9	0.3	796.2	350	83.0
武　汉	1324.8	3.6	1337.3		98.6
长　沙	149.0	0.2	148.6	1799	99.7
广　州	692.1	24.5	622.2	45	89.8
南　宁	407.7		384.2	1100	94.0
海　口	4.2	0.1	4.1		97.0
重　庆	2837.4	36.4	2316.8	1336308	80.2
成　都	513.4	1.9	511.2		99.6
贵　阳	1167.7	0.9	658.5	508	56.2
昆　明	2284.0	1.3	944.0	94830	41.3
拉　萨	6.7		0.1	8361	1.3
西　安	248.5	1.0	243.6	1790	98.1
兰　州	507.3	14.0	413.2		78.9
西　宁	391.8	13.3	339.2	8172	83.6
银　川	197.7	0.7	149.1	6900	75.4
乌鲁木齐	691.8	1.0	471.8	7712	68.2

表6-4 各地区城市生活垃圾清运和处理情况 (2010年)

地区	生活垃圾清运量(万吨)	无害化处理厂数(座)				无害化处理能力(吨/日)				无害化处理量(万吨)				粪便清运量(万吨)	粪便无害化处理量(万吨)	生活垃圾无害化处理率(%)
			卫生填埋	堆肥	焚烧		卫生填埋	堆肥	焚烧		卫生填埋	堆肥	焚烧			
全国	15804.8	628	498	11	104	387607	289957	5480	84940	12317.8	9598.3	180.8	2316.7	1950.5	690.8	77.9
北京	633.0	20	15	3	2	16680	12080	2400	2200	613.7	445.4	79.3	89.1	194.4	168.6	97.0
天津	183.7	8	6		2	8000	6200		1800	183.7	125.4		58.3	25.3		100.0
河北	589.3	26	20		4	13614	10064		2450	411.5	311.6		58.9	112.0	54.0	69.8
山西	361.2	17	14		3	10568	7968		2600	265.8	213.5		52.3	82.2	0.5	73.6
内蒙古	334.0	18	17	1		9167	8367	800		276.5	251.7	24.9		129.2	35.7	82.8
辽宁	837.3	25	24	1		17247	16647	600		593.5	571.6	21.9		124.3	32.6	70.9
吉林	499.4	7	5		2	6496	4456		2040	222.3	172.4		49.9	76.3	45.0	44.5
黑龙江	782.4	20	17		2	10969	9869		500	315.7	284.6		16.6	166.7	49.3	40.4
上海	732.0	12	4	2	3	10545	5750	520	2575	599.2	416.5	21.2	108.1	201.0		81.9
江苏	1017.1	44	30		14	37637	22445		15192	951.7	488.5		458.7	84.9	47.5	93.6
浙江	959.0	52	30		22	33323	16438		16885	942.7	504.9		437.8	83.7	40.3	98.3
安徽	435.3	16	13		3	9420	7670		1750	281.0	231.1		49.9	57.4	5.4	64.6
福建	417.3	20	14		6	12747	7197		5550	383.8	241.7		142.0	25.9	3.7	92.0
江西	284.0	13	13			6066	6066			243.9	243.9			40.4	5.2	85.9
山东	992.0	55	46		8	35225	26425		8200	911.6	751.9		131.4	105.4	56.5	91.9
河南	694.6	38	35	1	2	20416	17616	400	2400	573.7	501.0	6.9	65.7	52.8	14.8	82.6
湖北	711.1	23	21		1	12800	11400		1000	436.9	405.8		18.4	52.4	31.4	61.4
湖南	505.2	21	21			11818	11818			399.1	399.1			4.9	0.1	79.0
广东	1938.6	41	25		16	33956	22213		11743	1398.0	1031.6		366.4	114.7	16.0	72.1
广西	245.1	20	16	1	3	8191	6871	400	920	223.3	203.5	9.3	10.5	22.7	9.3	91.1
海南	97.7	3	2		1	1764	1539		225	66.4	61.6		4.8	8.5		68.0
重庆	256.7	13	12		1	6465	5265		1200	253.7	216.3		37.4	72.6	6.8	98.8
四川	656.0	30	23		5	16974	13334		2340	569.8	464.3	7.0	80.8	31.7	15.5	86.9
贵州	213.3	12	12			5697	5697			193.3	193.3			4.1	4.1	90.6
云南	265.5	19	12	2	3	7749	3849	360	2870	234.4	123.2	10.4	77.7	27.3	11.9	88.3
西藏	16.3															
陕西	388.3	15	11		1	10707	9347		500	310.0	281.2		2.2	18.5	13.6	79.8
甘肃	278.3	13	13			3355	3355			105.6	105.6			21.0	17.7	38.0
青海	86.3	3	3			931	931			58.1	58.1			1.2		67.3
宁夏	91.9	7	7			2785	2785			85.0	85.0			5.0	2.4	92.5
新疆	303.3	17	17			6295	6295			214.0	214.0			4.1	2.9	70.6

中国循环经济大事记

（2010年）

中国循环经济大事记

（2010年）

1月14~16日 由国家发展改革委、中国工程院联合组织的循环经济专家行活动在甘肃省开展，循环经济专家行调研组先后赴白银市和金昌市进行调研，国家发展改革委副主任解振华参加了在白银市的调研活动。

1月15日 甘肃省委、省政府召开全省推进循环经济发展电视电话会议。应甘肃省委、省政府邀请，国家发展改革委副主任解振华在主会场出席会议并做重要讲话。解振华在讲话中指出，发展循环经济，可以实现经济增长、节约资源和保护环境的有机结合，能够从根本上解决资源环境瓶颈约束，是落实科学发展观的必然要求。解振华要求甘肃省以《总体规划》实施为契机，努力建成全国循环经济示范区。

1月19日 天津排放权交易所和中国石油天然气股份有限公司宁夏石化分公司、北京水木能环科技有限公司签订《宁夏石化—化肥工艺尾气增压回收再利用技术服务合同》和《宁夏石化—化肥工艺尾气增压回收再利用项目备忘录》，启动中国首笔通过排放权交易市场达成的合同能源管理项目，标志着天津排放权交易所合同能源管理服务模式正式推出。

1月21日 国家发展改革委、国家电监会发出《关于2010年1~9月可再生能源电价补贴和配额交易方案的通知》，明确“可再生能源电价附加资金补贴范围为2010年1~9月可再生能源发电项目上网电价高于当地脱硫燃煤机组标杆上网电价的部分、公共可再生能源独立电力系统运行维护费用、可再生能源发电项目接网费用。对纳入补贴范围内的秸秆直燃发电项目1~6月份继续按上网电量给予临时电价补贴，补贴标准为每千瓦时0.1元。”

2月9日 国务院新闻办召开新闻发布会，环境保护部副部长张力军、国务院第一次全国污染源普查领导小组办公室主任王玉庆、国家统计局社会科技司司长马京奎、农业部科技教育司巡视员王衍亮介绍第一次全国污染源普查的基本情况和普查成果，并答记者问。

2月20日 国家发改委、国家工商管理总局联合发布《关于启用并加强汽车零部件再制造产品标志管理与保护的通知》。

2月25日 财政部、商务部、环境保护部联合发布《关于家电以旧换新推广实施申报工作的通知》，称现有试点省市的以旧换新政策在2010年5月底到期后将继续实施，其他省市符合条件的也可申报参与。

2月25日 国家发展改革委批复《深圳市循环经济试点实施方案》。

3月3~13日 全国政协十一届三次会议在人民大会堂召开，节能减排和低碳经济是委员们关注的话题。政协第十一届全国委员会提案委员会关于政协十一届三次会议提案审查情况的报告中指出，发展循环经济、低碳经济和大力发展绿色经济以及落实强农惠农政策、加强粮食安全保障能力建设等内容成为提案的主要建议。九三学社提交的“关于推动我国低碳经济发展的提案”被列为一号提案。

3月13日 十一届全国人大三次会议新闻中心在梅地亚中心举行的主题为“再制造与汽车产业的可持续发展”的集体采访，国家发展改革委环资司巡视员何炳光出席并回答了记者提问。来自美国、英国、俄罗斯、日本、新加坡、中国台湾、中国香港和大陆地区的50多家媒体的60多位记者参加了此次集体采访，人民网、中国网、中央人民广播电台等媒体进行了现场直播，中央电视台“新闻30分”、“新闻联播”等栏目进行了报道，国内各大主流媒体对集体采访活动均进行了报道和转载。

3月14日 工业和信息化部发布《关于印发聚氯乙烯等17个重点行业清洁生产技术推行方案的通知》。

3月15日 国务院批复国家发改委、青海省政府编制的《青海省柴达木循环经济试验区总体规划》，这是国务院批复的第二个国家级循环经济发展规划，充分体现了国家通过发展循环经济推动经济结构调整、转变经济发展方式的战略部署。对于资源赋存丰富、生态环境脆弱地区走出一条通过发展循环经济、实现科学发展的可持续发展的路子，具有十分重要的示范意义。

3月16日 国家发展改革委会同环境保护部、工业和信息化部邀请有关专家、行业协会、企业代表成立的《废弃电器电子产品处理目录》管理委员会召开第一次工作会议，三部委有关司局负责同志介绍了工作进展情况。

3月16日 国家统计局召开循环经济统计研讨会，讨论了在“十二五”期间，国家统计局会同国家发改委等有关部门做好循环经济指标体系建立的问题。此次研讨会主要针对国家统计局核算司、环保部、国家发改委环资司历时一年研究的循环经济指标体系具体操作问题进行了探讨，其中涉及到“十二五”规划关于发展循环经济的内容。

3月17日 为落实国务院领导的重要批示精神，加快推进废旧家电的拆解处理工作，国家发改委环资司司长赵家荣率队到北京华星集团环保产业发展有限公司调研废旧家电拆解处理情况。华星公司被国家发展改革委列为国家废旧家电拆解试点企业以来，已累计回收废旧家电100余万台，处理80余万台。

3月17~18日 全国发展改革系统资源节约和环境保护工作会议在湖南长沙召开，国家发展和改革委副主任解振华作“扎实做好资源节约和环境保护工作，加快经济发展方式转变”的报告。来自全国各省、自治区、直辖市及计划单列市、新疆生产建设兵团发展改革委，部分省（区、市）经贸委（经委、经信委），国务院有关部门及委内相关司共170多名代表参加了会议。湖南省委副书记、省长徐守盛同志出席会议并致辞。会议以科学发展观为指导，认真学习贯彻党的十七届五中全会、中央经济工作会议、十一届全国人大四次会议、全国发展改革工作会议精神，全面总结交流发展改革系统“十一五”推进节能减排、发展循环经济、加强环境保护的成效、经验及存在的问题，研究了“十二五”工作思路，部署了2011年的工作。

3月18日 工业和信息化部印发《2010年工业节能与综合利用工作要点》，明确2010年工业节能与综合利用工作的总体要求是，深入贯彻落实科学发展观，按照中央经济工作会议及全国工业和信息化工作会议部署，以结构调整和发展方式转变为主线，突出抓好节能降耗，全面推行清洁生产，加强工业“三废”综合利用，积极发展工业循环经济，加快建设资源节约型、环境友好型工业体系，力争单位工业增加值能耗下降7%，工业固体废物综合利用率提高1.5个百分点，完成淘汰落后产能年度计划任务，为全面实现“十一五”节能减排目标和应对气候变化作出积极贡献，努力推动工业发展方式转变。

3月19日 国家发展改革委、青海省人民政府共同举行《青海省柴达木循环经济试验区总体规划》新闻发布会。国家发展改革委副主任解振华，青海省委副书记、省长骆惠宁，青海省政协副主席、海西州委书记罗朝阳，国家发展改革委环资司巡视员何炳光解答了新闻记者的现场提问。

3月20日 经过大胆创新，在全国率先建成了首个利用新型干法水泥窑技术焚烧处理城市生活垃圾的工程。铜陵市城市生活垃圾无害化处理工程项目总投资约2.47亿元，分两期建设。项目坐落于世界上单厂规模最大的熟料生产基地之一——铜陵海螺水泥有限公司内。首期项目2008年10月28日开工，2010年3月20日正式运行。该项目每年可处理城市生活垃圾约20万吨，节约标煤1.3万吨，减排二氧化碳约3万吨。

3月23日 “欧盟滨海新区产业共生项目”在天津开发区启动。该项目将通过引进英国先进的产业共生管理系统，发动供应链上的中小企业发展工业产业共生项目，服务滨海新区循环经济建设。

3月26日 为进一步督促中央企业落实节能减排社会责任，建设资源节约型和环境友好型企业，加快经济发展方式转变，在认真总结中央企业节能减排工作的基础上，国务院国资委颁布了《中央企业节能减排监督管理暂行办法》（国资委令第23号），指导监督中央企业在节能减排和转变发展方式中进一步发挥表率作用。

3月28~29日 全国工业节能与综合利用工作会议在江苏省南京市召开，国务院有关部门，各省、自治区、直辖市及计划单列市、副省级省会城市、新疆生产建设兵团工业和信息化主管部门、节能中心以及有关行业协会代表共二百余人参加会议。工业和信息化部苏波副部长出席会议并讲话。

4月4~8日 中共中央政治局常委、中央纪委书记贺国强先后到海南省海口市、三亚市、澄迈县、儋州市、东方市、乐东县、保亭县等地和海南农垦总局、洋浦经济开发区调研。在三亚槟榔生态文明村、保亭县槟榔谷等地考察时，贺国强强调，要积极发展循环经济，强化环境污染防治，切实把海南这个祖国的四季花园保护好、发展好。

4月6日 《国家粮食局关于切实加强节约粮食 反对浪费工作的实施意见》发布，强调要加强粮油资源的高效利用，尤其是米糠、胚芽、稻壳等副产物的高效转化。引导和推进加工业规模化和集约化经营，发展粮食循环经济，延长产业链条，促进加工转化增值，发展低消耗、低排放、高效率的加工用粮模式，有效利用粮食资源。

4月7日 国家发展改革委环资司与日本国际协力机构（JICA）在京举行“中日合作城市典型废弃物循环利用体系建设及示范试点项目启动仪式”，并为“项目办公室”揭牌，标志着该项目正式启动。国家发展改革委环资司巡视员何炳光、日本驻华大使馆参赞岩本桂一、日本国际协力机构中国事务所所长中川闻夫出席会议并致辞，外交部、科技部、环境保护部、住房城乡建设部的代表出席了会议。

4月8日～5月18日 由国家发展改革委环资司指导，中国经济导报和中国社会科学院循环经济研究中心共同主办的“首届中国循环经济十大新闻评选”，通过网民网上投票的方式，评选出2009年度循环经济十大新闻。分别为：一、《循环经济促进法》正式施行；二、节能环保产业被列为“战略性新兴产业”之一；三、中国公布降低碳强度目标引发世人关注循环经济；四、国务院批复我国首个省级循环经济总体规划；五、我国首个大型沼气工程CDM项目成功运行；六、煤炭行业第一个全新规划的循环经济运营投产；七、国家开发投资公司在津首创“五位一体”循环经济模式；八、《废弃电器电子产品回收处理管理条例》正式颁布；九、家电汽车以旧换新促进资源循环利用和产品更新换代；十、资源循环利用产业年实现产值逾万亿元。

4月15日 全国人大常委会副委员长陈至立率全国人大环境和资源委员会调研组到北京开展“以科技促进循环经济”专题调研。陈至立说，发展循环经济、倡导节能减排是全面贯彻落实科学发展观，转变经济发展方式，建设资源节约型、环境友好型社会的必由之路，也是具有巨大市场潜力的新的经济增长点。全国人大相继出台了循环经济促进法等一系列法律，为循环经济发展提供法制保障。希望北京继续发挥引领示范作用，成为全国循环经济的产业中心、技术中心和标准中心。

4月19日 国家发展改革委、中国人民银行、中国银监会、中国证监会联合发布了《关于支持循环经济发展的投融资政策措施意见的通知》。这是我国出台《循环经济促进法》以来，国家出台的第一部促进循环经济发展的宏观政策指导文件，旨在解决循环经济发展投入不足、融资难的问题，以促进循环经济形成较大规模。《通知》要求，对列入国家、省级的循环经济示范试点园区（示范基地）、企业和重大循环经济项目，银行业金融机构要积极给予包括信用贷款在内的多元化信贷支持；对由国家、省级政府支持的节能、节水、节材、综合利用、清洁生产、海水淡化和“零”排放等减量化项目，银行业金融机构要重点给予信贷支持；对示范市、县园区（示范基地）的循环基础设施、相关公共技术服务平台、公共网络信息服务平台的建设和运营，银行业金融机构也应给予相应的信贷支持。

4月22日 为进一步提高我国生活垃圾无害化处理的能力和水平，指导各地选择适宜的生活垃圾处理技术路线，有序开展生活垃圾处理设施规划、建设、运行和监管工作，住房城乡建设部会同国家发改委、环境保护部共同印发了《生活垃圾处理技术指南》。《指南》对卫生填埋、焚烧等主要垃圾处理技术的适用性、建设技术要求及运行监管要求做了详细规定。《指南》指出，对生活垃圾处理与处置，应结合当地的人口聚集程度、土地资源状况、经济发展水平、生活垃圾成分和性质等情况，因地制宜地选择生活垃圾处理技术路线，并应满足选址合理、规模适度、技术可行、设备可靠和可持续发展等方面的要求。同时，《指南》对垃圾的源头减量、分类收集和运输等提出了指导意见。

4月28日 国务院总理温家宝主持召开国务院常务会议，部署进一步加大工作力度确保实现“十一五”节能减排目标。会议指出，“十一五”前四年，全国单位国内生产总值能耗累计下降14.38%，但与“十一五”降低20%左右的目标仍有较大差距，特别是2009年三季度以来，高耗能、高排放行业快速增长，一些淘汰的落后产能死灰复燃，能耗强度下降趋势减缓甚至由降转升，节能减排形势十分严峻。

5月4日 国务院发布《关于进一步加大工作力度确保实现“十一五”节能减排目标的通知》，我国将从14个方面进一步加大工作力度，确保“十一五”实现单位国内生产总值能耗降低20%左右的目标。

5月4日 国家发展改革委、住房城乡建设部、环境保护部、农业部联合印发了《关于组织开展城市餐厨废弃物资源化利用和无害化处理试点工作的通知》，拟选择部分具备条件的设区的城市或直辖市市辖区开展餐厨废弃物资源化利用和无害化处理试点，探索我国餐厨废弃物处理问题的有效解决途径。

5月5日 国务院召开全国节能减排工作电视电话会议，动员和部署加强节能减排工作。国务院总理温家宝做了重要讲话，他强调，要切实把节能减排作为加强宏观调控、调整经济结构、转变发展方式的重要任务，本着对国家、对人民、对历史高度负责的精神，下更大的决心，花更大的气力，做更大的努力，确保实现“十一五”节能减排目标。

5月5日 国家发展改革委会同环境保护部共同发布了《当前国家鼓励发展的环保产业设备（产品）目录（2010年）》，包括水污染治理设备、空气污染治理设备、固体废弃物处理设备、噪声控制设备、环境监测仪器、节能与可再生利用设备、资源综合利用与清洁生产设备、环保材料与药剂八个领域，共计147项产品。

5月7～12日 国家发展改革委、中国工程院联合开展的“循环经济专家行”活动先后在江苏省、上海市进行。

5月7日 《国务院关于鼓励和引导民间投资健康发展的若干意见》（国发〔2010〕13号）发布，鼓励和引导民营企业发展战略性新兴产业。广泛应用信息技术等高新技术改造提升传统产业，大力发展循环经济、绿色经济，投资建设节能减排、节水降耗、生物医药、信息网络、新能源、新材料、环境保护、资源综合利用等具有发展潜力的新兴产业。

5月9日 国家发展改革委印发《关于促进中部地区城市群发展的指导意见》，强调要加强资源节约和综合利用。坚持开发节约并重、节约优先的发展理念，大力推进节能节水节材，全面推行清洁生产，加强资源综合利用，在城市群率先形成低投入、低消耗、低排放和高效率的经济发展方式。依法编制循环经济发展规划，建设一批符合循环经济发展要求的工业园区，以企业为主体，着力培育资源高效、循环利用的产业链，在更大范围内推动资源合理开发和利用，促进节能环保产业快速发展。

5月10日 宁夏首个“盐化工扶贫循环经济示范区”在我国最贫困的地区固原市启动建设。项目分期建设，先开工建设热电站、煤焦化、轻质碳酸钙、电石、烧碱、水泥、草酸、甲酸钠、氯乙酸等多个项目，预计总投资超过200亿元，实现资源优势向经济优势转化，对带动整个固原地区经济发展、提升固原的工业档次具有重要的促进作用。

5月12日 国家发展改革委和财政部下发的《关于开展城市矿产示范基地建设的通知》指出，我国决定用5年时间在全国建成30个左右技术先进、环保达标、管理规范、利用规模化、辐射作用强的“城市矿产”示范基地，推动报废机电设备、手机、铅酸电池、塑料、橡胶等重点“城市矿产”资源的循环利用、规模利用和高值利用。

5月12日 国家发展改革委等14个部委联合发出《关于2010年全国节能宣传周活动安排意见的通知》，决定于6月12至18日举办全国节能宣传周活动，主题是“节能攻坚、全民行动”。

5月13日 国家发展改革委、科技部、工业和信息化部等11个部门发布《关于推进再制造产业发展的意见》，我国将以汽车发动机、变速箱、发电机等零部件再制造为重点，把汽车零部件再制造试点范围扩大到传动轴、机油泵、水泵等部件。同时，推动工程机械、机床等再制造及大型废旧轮胎翻新。我国将紧紧围绕提高资源利用效率，从提高再制造技术水平、扩大再制造应用领域、培育再制造示范企业、规范旧件回收体系、开拓国内外市场着手，加强法规建设，强化政策引导，逐步形成适合我国国情的再制造运行机制和管理模式，实现再制造规模化、市场化、产业化发展，努力将再制造产业培育成为新的经济增长点，推动循环经济形成较大规模，加快建设资源节约型、环境友好型社会。

5月14日 中共中央政治局常委、国务院副总理李克强在北京实地考察循环经济试点企业，现场主持召开循环经济工作座谈会并讲话。他强调，要按照科学发展观的要求，认真贯彻落实国务院节能减排工作电视电话会议精神，加快推广循环经济，着力推动绿色发展，努力实现提高资源利用效率和保护生态环境的双赢。

5月16日 东方希望集团和河南省平顶山市政府签署协议，拟投资50亿元在被称为“中国盐业之都”的平顶山市叶县建设盐化工循环经济项目。该项目位于平顶山化工产业集聚区，建设工期5年，项目一期为年产2×60万吨真空制盐，二期包括年产30万吨离子膜烧碱、年产36万吨PVC、2×13.5万千瓦煤矸石热电联产、粉煤灰电石渣综合利用等项目。

5月17日 乌海华油天然气有限责任公司焦炉煤气节能减排综合利用项目在千里山工业园区开工建设，可利用乌海市焦化企业产生的焦炉煤气30亿立方米，将在短期内解决焦化企业焦炉煤气排放问题。该项目是中国石油在内蒙古乌海市投资建设的焦炉煤气综合利用项目，主要依托本地丰富的焦炉煤气，采用高新技术，以循环经济的模式，发展国家鼓励的清洁能源产业。

5月26日 为贯彻落实国务院《关于进一步加大工作力度　确保实现“十一五”节能减排目标的通知》（国发[2010]12号）精神，加快高效节能产品的推广使用，财政部、国家发展改革委、工业信息化部联合下发了《关于印发“节能产品惠民工程”节能汽车（1.6升及以下乘用车）推广实施细则的通知》，财政部、国家发展改革委联合下发了《关于印发“节能产品惠民工程”高效电机推广实施细则的通知》，正式启动财政补贴推广节能汽车和高效电机。

5月27日 由台湾和桐化学公司和江苏沙钢集团合股投资的沙桐煤化工项目在省级泰兴经济开发区开工。沙桐煤化工项目占地710亩左右，包括60万吨煤焦油、20万吨粗苯深加工及30万吨石化油品仓储配套设施。其中，一期占地450亩，投资9980万美元，将形成年加工煤焦油30万吨、粗苯10万吨的能力。项目符合节能环保及循环经济政策导向，在增加企业效益的同时，减少废渣、废液、废气、废水外排，实现资源的循环利用。

5月28日 国家发展改革委印发《关于发挥试点示范作用　为实现“十一五”节能减排目标作贡献的通知》，强调要把发展循环经济作为推进节能减排的重要举措。国家循环经济试点单位要切实贯彻《循环经济促进法》确定的“减量化”优先原则，实现生产过程的“减物质化”；坚持“再利用、资源化”原则，遵循物质流循环的要求，构建循环型产业链，实现资源再生利用。

5月28日 第五届中国循环经济发展高峰论坛在北京举行，以“发展循环经济，应对气候变化”为主题，探索了在新形势下如何加快推动循环经济由试点向行业及区域发展的模式及路径。

5月 国家发展改革委、环境保护部联合印发通知，共同组织开展钢铁、有色等非电行业烟气脱硫试点示范，并将利用中央预算内投资对试点示范项目予以支持。钢铁、有色等非电行业二氧化硫的排放量较大，脱硫减排具有较大空间，通过开展钢铁、有色等非电行业烟气脱硫试点示范项目，对加强非电行业烟气脱硫工程的建设，实现二氧化硫持续减排，改善城市大气环境质量具有十分重要的作用。

6月1日 国家发展改革委环资司巡视员何炳光在2010年循环经济政策聚焦暨首届中国循环经济十大新闻评选结

果发布会上说，未来将进一步突出循环经济在国家经济社会发展中的战略地位。

6月11日 由国家发改委和中国工程院主办、装甲兵工程学院等单位协办的全国再制造技术与经验现场交流会召开，国家发展和改革委员会副主任解振华表示，大力发展再制造业是中国实现节能减排目标的重要途径之一。

6月21日 为妥善解决生活垃圾处理及污染问题，环保部、住建部、国家发改委研究拟定了《关于加强生活垃圾处理和污染综合治理工作的意见》的征求意见稿，向社会公开征求意见。意见要求，各地合理选择处理方式，对于拥有相应土地资源且具有较好污染控制条件的地区，可采用卫生填埋方式处理生活垃圾；对于土地资源紧张、生活垃圾热值满足要求的地区，可采用清洁焚烧处理技术；对于实行可降解有机垃圾分类回收的地区，可采用适宜的生物处理技术；对于生活垃圾混合收集的地区，不宜采用生物堆肥技术。

6月22日 财政部、国家发展改革委印发《关于开展节能减排财政政策综合示范工作的通知》，决定“十二五”期间，在部分城市开展节能减排财政政策综合示范，并选定了北京、深圳、重庆、杭州、长沙、贵阳、吉林、新余8个城市作为首批示范城市。

6月24~25日 国家发展改革委、联合国开发计划署驻华代表处联合主办的淘汰低效照明产品国际研讨会在北京召开。来自全球11个国家的近200名代表共聚北京，回顾照明发展历程、探讨照明未来发展。国家发展改革委环资司、财政部国际司、联合国开发计划署驻华代表处及中国全球环境基金工作秘书处有关负责同志出席会议并致辞。

6月26~27日 由工业和信息化部、科技部、国务院参事室主办的“2010年中国绿色工业论坛”在北京举行。全国人大环资委主任汪光焘委员做主旨演讲指出，绿色发展的本质内涵，是通过发展环境友好型产业，降低能耗和物耗，保护和修复生态环境，发展循环经济和低碳经济，使经济社会发展与自然相协调。

6月29日 最高人民法院印发《关于为加快经济发展方式转变提供司法保障和服务的若干意见》，要求各级人民法院要依法受理环境保护行政部门代表国家提起的环境污染损害赔偿纠纷案件，明确要求各级人民法院要严格执行环境资源保护法律法规，依法保障和促进循环经济和节能环保产业的发展。

7月1日 为进一步推动资源综合利用，提高资源利用效率，发展循环经济，建设资源节约型、环境友好型社会，国家发展和改革委员会、科学技术部、工业和信息化部、国土资源部、住房和城乡建设部、商务部发布《中国资源综合利用技术政策大纲》。

7月5~6日 中共中央、国务院召开的西部大开发工作会在北京举行，胡锦涛、温家宝发表重要讲话，李克强做总结讲话，吴邦国、贾庆林、李长春、习近平、贺国强、周永康出席。胡锦涛在讲话中强调，要加快构建功能配套、安全高效的现代化基础设施体系和国家生态安全屏障，加快形成连通内外、覆盖城乡的综合交通运输网络，加强水利建设规划，推进油气管道和电网建设，加快信息基础设施建设，着力发展绿色经济、循环经济。

7月7~9日 全国煤炭工业节能减排暨循环经济现场会在山西大同市召开，进一步确立煤炭行业循环经济发展理念，促进节能减排工作，保护矿区生态环境，切实转变煤炭经济发展方式，努力构建清洁高效的新型煤炭工业体系。

7月8~10日 中共中央政治局委员、国务院副总理张德江在甘肃嘉峪关、兰州等地对钢铁、轻工、能源、装备制造、有色、汽车企业进行调研时指出，要充分利用好甘肃风、光、热等资源条件，把资源优势转化为经济优势，加快建设新能源基地。要加快传统产业改造升级，大力培育战略性新兴产业，大力发展循环经济，把甘肃工业提高到一个新水平，促进甘肃和西部地区综合经济实力迈上一个新台阶。

7月17~18日 中共中央政治局常委、中央书记处书记、国家副主席习近平在河北唐山调研时强调，要深入贯彻落实科学发展观，以转变经济发展方式为主线，以高新技术为支撑，坚持绿色增长的发展方向，大力发展循环经济，着力发展绿色产业、建设绿色城市，努力走出一条资源节约、环境友好、创新驱动的发展道路。

7月19日 国务院法制办公布《报废机动车回收拆解管理条例(征求意见稿)》全文，征求社会各界意见。

7月27日 国家发改委和国家统计局联合召开"循环经济统计试点工作会议"，确定山西、浙江、山东三省为循环经济统计试点地区。此次试点主要是研究建立资源产出率的统计核算方法，为进一步完善循环经济统计评价指标体系、建立循环经济统计评价考核制度、反映循环经济发展成效、推动我国经济社会可持续发展奠定基础。

8月3日 我国最大的有机硅产业园项目——新疆西部合盛硅材料循环经济产业园在石河子经济技术开发区奠基，全国人大副委员长陈昌智宣布奠基。总投资70亿元的新疆西部合盛硅材料循环经济产业园由浙江宁波合盛集团投资建设，包括年产40万吨的有机硅、16万吨工业硅、6000吨气相白炭黑、20万吨甲醇、2×30MW发电厂、6万吨氯化钾、3万吨石墨电极等7个配套项目，待项目全部建成达产后，将形成100亿元以上的工业总产值。

8月10日 工业和信息化部、科技部联合下发《赤泥综合利用指导意见》。《意见》从指导思想、目标、重点技术和重点工程以及保障措施等方面对赤泥综合利用做了总体部署，对当前和今后一段时期我国提高赤泥综合利用率和综合利用技术水平，减少赤泥堆存对环境、安全造成的影响具有重要的指导意义。

8月16日 为引导社会资金向循环经济产业合理流动，促进循环经济产业的快速发展，推进产业结构调整和新型产业的发展，由忠诚信集团和富康医药集团共同发起的青海省首个循环经济创业投资基金——昆仑基金成立。

8月17日 国土资源部出台《矿产资源节约与综合利用专项工作管理办法》，要求规范矿产资源节约与综合利用专项工作。专项工作要遵循以下原则：围绕国民经济和社会发展的需要，促进矿产资源节约与综合利用，提高矿产资源对经济社会可持续发展的保障能力；以绩论奖，推进科技进步，提高管理水平，激励矿山企业采用先进技术、先进工艺，完善管理制度，不断提高矿产资源节约与综合利用水平；示范引导，推广先进适用技术，促进矿产资源领域循环经济发展；按照公开、公平、公正的要求，遴选获奖和示范工程资金补助的矿山企业，接受社会监督。

8月19日 国家循环经济统计试点在山东省启动，青岛市、莱芜市成为试点地区，试点将以资源产出率作为指标评价循环经济发展成效。

8月20日 第三届中国能源环境高峰论坛在北京人民大会堂举行。国家发改委环资司巡视员何炳光在会上介绍了中国循环经济的发展。

8月22日 全国首个"国家环境保护工业资源循环利用工程技术中心"在昆明高新开发区举行奠基仪式。

8月23日 全国人大常委会副秘书王万宾向十一届全国人大常委会第十六次会议做了围绕十二五规划纲要开展调研的工作报告。报告提出了加强统筹规划、从源头上削减污染、提高资源利用效率、完善财税金融政策和配套法规、加大资金投入、集中力量开展关键共性技术攻关、加快先进适用技术示范和推广应用、健全发展循环经济和推进清洁生产的市场机制、倡导健康文明环保的消费理念和消费模式等建议。

8月29日 国务院总理温家宝在中南海紫光阁会见来京出席第三次中日经济高层对话的日本外务大臣冈田克也一行。温家宝说，中日经贸关系经受住了国际金融危机的严峻考验，呈现积极向上的发展势头。中国从日本的进口和对日投资增长较快，循环经济、绿色经济、节能环保有望成为双方合作新亮点。

8月31日 国务院发出《关于印发"十二五"节能减排综合性工作方案的通知》。《通知》要求各省、自治区、直辖市人民政府，国务院各部委、各直属机构结合本地区、本部门实际，认真贯彻执行。充分认识做好"十二五"节能减排工作的重要性、紧迫性和艰巨性，真正把思想和行动统一到中央的决策部署上来，切实增强全局意识、危机意识和责任意识，树立绿色、低碳发展理念，进一步把节能减排作为落实科学发展观、加快转变经济发展方式的重要抓手，作为检验经济是否实现又好又快发展的重要标准，下更大决心，用更大气力，采取更加有力的政策措施，大力推进节能减排，加快形成资源节约、环境友好的生产方式和消费模式，增强可持续发展能力；严格落实节能减排目标责任，进一步形成政府为主导、企业为主体、市场有效驱动、全社会共同参与的推进节能减排工作格局；全面加强对节能减排工作的组织领导，狠抓监督检查，严格考核问责，结合实际抓紧制定具体实施方案，明确目标责任，狠抓贯彻落实，坚决防止出现节能减排工作前松后紧的问题，确保实现“十二五”节能减排目标。

9月2日 住房城乡建设部、国家发展和改革委在北京召开全国节水型城市创建工作会议。国家发展和改革委副主任解振华、住房城乡建设部副部长仇保兴出席会议并讲话。解振华副主任指出，水资源短缺已成为我国经济和社会发展的重要制约因素之一。“十二五”时期，国家发展和改革委将采取六项措施，大力推动节水型城市创建活动，一是优化产业结构，二是发展循环经济，三是抓好示范工程，四是完善水价政策，五是推动公共机构节水，六是研究节水重大问题。仇保兴副部长要求各地高度重视城市节水工作，以城市规划、建设和市政公用行业为平台，落实责任，增加投入，加强监管，完善政策，进一步推进城市节水工作。科技部、工业和信息化部、环境保护部、水利部、国家能源局等部委，各省（区、市）住房城乡建设、发展改革部门，57个全国节水型城市，相关行业协会、学会和科研院所的代表共400余人参加了会议。

9月7日 工业和信息化部与新疆维吾尔自治区人民政府在乌鲁木齐签署《工业和信息化部、新疆自治区人民政府关于共同推进新疆工业和信息化发展的合作协议》。工业和信息化部部长李毅中和新疆自治区人民政府主席努尔•白克力分别在合作协议上签字。合作包括积极推进节能减排，加大对新疆发展循环经济、清洁生产、机电产品再制造试点等工作的支持力度。

9月8日 经国务院批准，国家发展改革委、环境保护部、工业和信息化部发布了2010年第24号公告，公布了《废弃电器电子产品处理目录（第一批）》和《制订和调整废弃电器电子产品处理目录的若干规定》。

9月9日 天津静海“琉森•源”发展区暨林海循环经济示范区成为“联合国千年发展目标实验园区”、“联合国千年发展目标城乡建设循环经济论坛永久性会址”，并打造全球循环经济总部基地。规划两大主题，即沧海桑田绿色人居历史博物院、绿色生态地球村等；引入联合国地球基金、以世界环保领域奠基人莫里斯•斯特朗之名命名此中国基金会，建设中国最大的CDM碳交易中心、全球绿色产品交易和认证中心，最终成为联合国千年发展目标循环经济示范区案例工程。

9月10日 首届世界城市科学发展论坛的主论坛会议在北京召开。这个论坛也同时为庆祝联合国千年发展目标实施十周年而举行。首届论坛的主题是“关注世界城市化进程，共谋世界可持续发展之路”。在此次论坛上，国家发展改革委解振华副主任被国际信息发展组织（DEVNET）、世界城市科学发展联盟共同授予“联合国千年发展目标——千年贡献奖”，以表彰他在促进资源节约、环境保护、应对气候变化和推动可持续发展等方面做出的杰出贡献。

9月14~17日 国家发展改革委针对山西代表团提出的“关于支持山西省煤炭循环经济园区建设的建议”，由环资司负责同志带队，与全国人大环资委调研室，全国人大常委会办公厅联络局，财政部经建司、税政司，国家能源局煤炭司有关同志，以及部分行业专家组成调研组，赴山西省听取全国人大代表对办理工作的意见和建议，并对煤炭企业、园区进行专题调研。代表们就煤炭领域循环经济发展中面临的问题提出了进一步建议。山西省相关部门、有关行业专家就促进山西省循环经济发展提出了意见和建议。

9月16日 国务院新闻办公室举行新闻发布会，科学技术部副部长张来武介绍科技创新在节能减排中的作用等情况。“十一五”期间，国家科技计划累计安排节能减排研发项目经费超过100亿元，为国民经济单位GDP能耗和主要污染物排放量的降低提供了有力的支撑。加强节能减排关键技术攻关与示范，为应对气候变化、发展循环经济等提供有力支撑。

9月26日 国务院发出《关于对“十一五”节能减排工作成绩突出的省级人民政府给予表扬的通报》。国务院决定，对“十一五”期间在节能工作中成绩突出的北京、天津、山西、内蒙古、吉林、江苏、山东、湖北等8省（区、市）人民政府，在减排工作中成绩突出的山东、江苏、广东、河南、浙江、辽宁、上海、陕西等8省（市）

人民政府，予以通报表扬。

9月28日 新疆南部地区最大的PVC及综合配套循环经济项目在拜城县重化工工业园区新区开工建设。山西金晖集团在拜城规划建设的100万吨PVC循环经济工业园计划分两期建设，主要项目包括年产300万吨焦炭、100万吨PVC、40万吨烧碱、150万吨电石联产、200万吨水泥、540万吨洗煤厂及4×300MW自备电厂等，总投资达到200亿元，整个项目将在2018年全部建成投产。

10月1日 《大连市循环经济促进条例》施行。这是《循环经济促进法》实施后出台的第一个地方性法规。

10月4～6日 第二届亚洲3R区域论坛在马来西亚吉隆坡召开，国家发改委环资副巡视员赵鹏高参加并作发言。

10月10日 国家发改委副主任解振华赴天津静海县子牙循环经济产业区进行调研。解振华充分肯定了子牙循环经济产业区建设进展情况，指出积极、合理利用“城市矿产”资源是缓解资源瓶颈约束、减轻环境污染、应对气候变化的重要途径，有助于培育新的经济增长点，实现可持续发展。子牙循环经济产业区要用循环经济理念统筹项目布局，拉长延伸产业链，利用再生资源深加工，生产高价值的再生产品，形成完善的产业链条；要尽快建立完善回收网络，保障稳定的原材料来源。

10月10日 全国集体林权制度改革百县经验交流会在北京召开。中共中央政治局常委、国务院总理温家宝作出重要批示，中共中央政治局委员、国务院副总理回良玉在北京出席会议并发表讲话，认为转变经济发展方式的一个重要方面，就是要大力推进节能减排，走循环经济、绿色经济、低碳经济的发展新路。林业是庞大的循环经济体，是绿色经济的重要组成部分，也是发展低碳经济极其有效的途径。

10月11日 由规划院林木生物质能源咨询评估中心承担的《全国林业生物质能源发展规划（2011–2020）》通过专家评审。

10月15~18日 党的十七届五中全会在北京举行。全会听取和讨论了胡锦涛总书记受中央政治局委托做的工作报告，审议通过了《中共中央关于制定国民经济和社会发展第十二个五年规划的建议》。强调节约资源和保护环境是我们的基本国策。无论是发展战略性新兴产业，还是改造传统产业、促进服务业发展、加强基础设施建设，都要切实加强节约增效和生态环保，加快发展绿色经济、循环经济、低碳技术，大力推进节能环保技术改造，努力降低能源消耗强度和二氧化碳排放强度。

10月17日 国务院办公厅印发《关于进一步支持甘肃经济社会发展若干意见重点工作分工方案》，要求对涉及本部门的工作抓紧制定具体措施，认真抓好落实。同一项工作涉及多个部门的，部门间要密切协作，牵头部门要加强组织协调。做大做强石油化工、有色冶金、装备制造、新材料、生物制药等主导产业。加快陇东煤炭、油气资源开发步伐，构建以平凉、庆阳为中心的传统能源综合利用示范区。建设金昌、白银等为重点的循环经济区，大力推行清洁生产。

10月19日 山西省“十一五”规划重点项目——同煤集团4500t/d新型干法水泥熟料生产线项目正式建成投产。标志着我国首个煤炭循环经济园区闭合链正式完成，并与已经形成的电力、化工、煤机制造为主的非煤产业群，为实现节能减排，建设循环经济，提高企业的综合实力奠定了坚实的基础。

10月21日 平凉市人民政府与酒泉钢铁（集团）有限责任公司在兰州签订总投资437亿元的煤电化循环经济项目，这是双方共同落实甘肃省区域发展战略、建设陇东能源化工基地投资数额最大的合作项目。

10月24日 第五届中日节能环保综合论坛在日本东京举行。日本经济产业大臣大畠章宏致辞，国家发展改革委副主任张晓强、商务部副部长蒋耀平等做主旨发言。中日两国官员、专家、企业家1200多人参加论坛，签署了包括资源循环与低碳技术城市示范、智能交通信息系统、燃煤电厂节能诊断、城市垃圾污水零排放技术研发等在内的44个合作项目。

10月 中国社会科学院数量经济与技术经济研究所、社会科学文献出版社发布《中国循环经济发展报告》（2009～2010），这是中国第一部循环经济发展报告。报告对中国循环经济发展的实践进行了初步总结，描述了中国发展循环经济的历史进程，对重点行业和有代表性的地区、工业园区、企业发展循环经济的进程和经验进行了凝练，分析了成功的循环经济发展模式。

11月4~6日 应法兰西共和国总统尼古拉•萨科齐邀请，中华人民共和国主席胡锦涛对法兰西共和国进行了国事访问。两国元首就双边关系和国际问题深入交换了意见，达成广泛共识。双方希望在新能源、生物、新材料、电动汽车、循环经济以及低碳技术等新兴领域加强合作。

11月8日 西部最大的石材产业园在广汉开工。该园区集石材产销于一体，总投资50亿元，首次在业内引入了“循环经济”概念，统一对石材废料资源实施综合利用，变废为宝。

11月10日 中国国务院副总理、中国环境与发展国际合作委员会主席李克强出席国合会2010年年会开幕式并讲话。李克强指出，调整经济结构、推动绿色发展，有利于从源头上减少资源消耗、环境污染，也有利于培育发展新优势、拓宽发展新空间。我们将促进战略性新兴产业、高技术产业和现代服务业加快发展，积极发展循环经济，以节能环保为重点对传统产业进行技术改造，继续淘汰落后产能，着力构建有利于节约环保的产业体系、生产方式和消费模式，既为当代提供发展的支撑，又为未来留下发展的基础。

11月14日 世界单机容量及总装机容量最大的生物质电厂——广东粤电湛江生物质发电项目（2×50MW）2号机组顺利通过72+24小时满负荷试运行，标志着该项目全面正式投入商业运营。湛江生物质发电有限公司两台机组总装机容量为2×50MW，是目前世界上单机容量及总装机容量最大的生物质发电厂。第1号机组已于2011年8月20日投入运营。试运期间，该机组平均负荷为50.3兆瓦，负荷率达100.6%，各项技术参数指标优良，创造了国内生物质发电领域新纪录。该项目属于国家鼓励和支持的环保可再生能源产业，同时也是国家和省重点发展节能减排的阳光产业。

11月16日 节水型社会建设试点验收工作会在银川召开，宁夏作为全国首个省级节水型社会建设试点通过验收。

11月22日 国家发展改革委、环境保护部在北京联合召开全国清洁生产工作会议，总结交流清洁生产促进法颁布实施以来各地区、各领域推行清洁生产的主要做法和经验，部署全面深入推行清洁生产工作。国家发展改革委解振华副主任、环境保护部吴晓青副部长出席会议并做重要讲话。

11月24日 由商务部、宣传部、国家发展和改革委员会、财政部、教育部、科学技术部、工业和信息化部、环境保护部、住房和城乡建设部、交通部、国家知识产权局、中国科学院等12个单位共同举办的“2010中国绿色产业和绿色经济高科技国际博览会”在北京展览馆开幕，主题是“绿色经济，互利共赢”。共有来自25个国家和地区的200多家知名企业参展，设置了低碳技术、循环经济、节能减排等场馆。中共中央政治局常委、国务院副总理李克强出席了开幕式，并发表讲话。

11月24日 2010中国绿色产业和绿色经济高科技高峰论坛在北京钓鱼台国宾馆举行。国家发展和改革委员会副主任解振华在论坛上发表演讲指出，中国是发展中国家，正处于工业化、城镇化加快发展的阶段，面临发展经济、改善民生、保护环境、应对气候变化的多重挑战，转变经济发展方式，发展绿色经济、循环经济，大力调整经济结构，用绿色低碳技术改造传统的产业，提高可持续发展能力，实现科学发展，是我们唯一、必然的选择。

11月25日 国家发展改革委会同环境保护部共同组织召开了《“十二五”节能环保产业发展规划》专家论证会，国家发展改革委解振华副主任主持会议。

11月26日 “首届亚洲国家合作社循环经济培训班”在北京举办。参加此次培训班的主要有来自柬埔寨、印度、印度尼西亚、伊朗、马来西亚、蒙古、缅甸、斯里兰卡、泰国、越南等10个国家的20余名合作社管理人员。开